中华经典普及文库

佛教十三经

中华书局

图书在版编目(CIP)数据

佛教十三经/鸠摩罗什等著. —北京:中华书局,2010.11
(2025.3 重印)
(中华经典普及文库)
ISBN 978-7-101-07637-0

Ⅰ.佛…　Ⅱ.鸠…　Ⅲ.佛经-汇编　Ⅳ.B942

中国版本图书馆 CIP 数据核字(2010)第 199455 号

书　　名　佛教十三经
著　　者　鸠摩罗什等
丛 书 名　中华经典普及文库
责任编辑　舒　琴　张彩梅
装帧设计　毛　淳
责任印制　陈丽娜
出版发行　中华书局
　　　　　(北京市丰台区太平桥西里 38 号　100073)
　　　　　http://www.zhbc.com.cn
　　　　　E-mail:zhbc@zhbc.com.cn
印　　刷　三河市中晟雅豪印务有限公司
版　　次　2010 年 11 月第 1 版
　　　　　2025 年 3 月第 20 次印刷
规　　格　开本/880×1230 毫米　1/32
　　　　　印张 15¼　字数 450 千字
印　　数　145001-150000 册
国际书号　ISBN 978-7-101-07637-0
定　　价　35.00 元

"中华经典普及文库"出版缘起

中华民族五千年历史孕育了优秀的中华文化,产生了大量优秀的经典著作。对于中国人,特别是对于当代读者来说,在浩瀚的优秀文化海洋里,哪些是最基本的,哪些是最经典的?换句话说,作为一个中国人最应该知晓、阅读的基本书是什么?作为一个中国家庭最应该拥有并收藏的经典是什么?

多年来,中华书局一直致力于向广大读者提供优秀传统文化经典读本,推出的《史记》《资治通鉴》等白文普及本图书受到了读者的欢迎和好评。在此基础上,中华书局编辑部推出"中华经典普及文库"。

本套文库有三个特点。第一是经典。入选本文库的都是我国优秀传统文化中的精品,是经史子集中的顶峰,堪称"经典中的经典"。如列"二十四史"之首,被誉为"史家之绝唱,无韵之《离骚》"的《史记》,又如被称为中国传统文化核心的"四书五经"等。第二是精品。中华书局成立90多年来,以弘扬优秀传统文化为己任,出版了大批由国内一流学者精心校勘整理而成的传统典籍。本套丛书或以中华书局原整理本为底本,或约请著名学者精加整理,从而保证了其学术可靠性、文字准确性,堪称质量上乘的版本。第三是方便。对于广大读者来说,本书最大的特点是阅读方便。众所周知,古代图书中涉及大量古代的人名、地名、书名,即便是专业研究人员,也不是很容易识别的。因此本书保留了古籍整理图书人名、地名下加专名线(——),书名下加波浪线(﹏﹏)的做法,使读者一目了然,不会因为不熟悉这些专有名词而误读、错读。另外,为了保证阅读的连贯性,删除了原整理本中的古注、校勘记及不便当代读者阅读的部分。可以说,本套丛书是方便现代读者阅读经典巨著的较好的白文普及本。

　　热忱希望广大读者对这套文库提出批评建议，以便于我们加以改进，将这套旨在为中国人提供基本书的文库编辑好，出版好。

中华书局编辑部

2008年12月

出版说明

佛教有三藏十二部经、八万四千法门，典籍浩瀚，博大精深，即便是专业研究者，用其一生的精力，恐也难阅尽所有经典。加之，佛典有经律论、大小乘之分，每部佛经又有节译、别译等多种版本，因此，大藏经中所收录的典籍，也不是每一部佛典、每一种译本都非读不可。因此之故，古人有"阅藏知津"一说，意谓阅读佛典，如同过河、走路，要先知道津梁渡口或方向路标，才能顺利抵达彼岸或避免走弯路；否则只好望河兴叹或事倍功半。《佛教十三经》编选的初衷类此。面对浩如烟海的佛教典籍，究竟哪些经典应该先读，哪些论著可后读？哪部佛典是必读，哪种译本可选读？哪些经论最能体现佛教的基本精神，哪些撰述是随机方便说？凡此等等，均不同程度影响着人们读经的效率与效果。为此，我们精心选择了对中国佛教影响最大、最能体现中国佛教基本精神的十三部佛经，认为举凡欲学佛或研究佛教者，均可从"十三经"入手，之后再循序渐进，对整个中国佛教作进一步深入的了解与研究。

"佛教十三经"的说法，由来有自。杨仁山、梅吉庆以及中国佛学院都曾选有"佛教十三经"，所选经典大同小异。上述三家都选录的经典有：《金刚经》《维摩诘经》《法华经》《楞伽经》《楞严经》；被两家选录的经典有：《心经》《胜鬘经》《观经》《无量寿经》《圆觉经》《金光明经》《梵网经》《坛经》。此外，《四十二章经》《佛遗教经》《解深密经》《八大人觉经》《大乘密严经》《地藏菩萨本愿经》《菩萨十住行道品经》《大毗卢遮那成佛神变加持经》为一家所选。本着以上所说的"对中国佛教影响最大、最能体现中国佛教基本精神"的原则，这次我们选择了以下十三部经典：《心经》《金刚经》《无量寿经》《圆觉经》《梵网经》《坛经》《楞严经》《解深密经》《维摩诘经》《楞伽经》《金光明经》《法华经》《四十二章经》。

佛教发展至今已有两千多年的历史，就其历史发展、思想内容说，有大乘、小乘之分。《佛教十三经》所收录之经典，除了《四十二章经》外，多为大乘经典。此中之缘由，盖因佛法之东渐，虽是大小二乘兼传，但是，小乘佛教在传入中国之后，始终成不了气候，且自魏晋以降，更是日趋式微；直到十三世纪以后，才有南传上座部佛教在云南一带的流传，且范围十分有限。与此相反，大乘佛教自传入中土后，先依傍魏晋玄学，后融汇儒家的人性、心性学说而蔚为大宗，成为与儒道二教鼎足而三、对中国社会各个方面产生着巨大影响的一股重要的社会思潮。既然中国佛教的主体在大乘，《佛教十三经》所收录的佛经自然以大乘经典为主。

对于大乘佛教，通常人们又因其思想内容的差异把它分为空、有二宗。空宗的代表性经典是"般若经"。中国所见之般若类经典，以玄奘所译之《大般若经》为最，有六百卷之多。此外还有各类小本"般若经"的编译与流传，其中以《金刚经》与《心经》最具代表性与影响力。

"般若经"的核心思想是"空"。但佛教所说的"空"，非一无所有之"空"，而是以"缘起"说"空"，亦即认为，世间的万事万物，都是条件（"缘"即"条件"）的产物，都会随着条件的变化而变化。条件具备了，它就产生了（"缘起"）；条件不复存在了，它就消亡了（"缘灭"）。世间的一切事物，都不是一成不变的，而是一个念念不住的过程，因此都是没有自性的，无自性故"空"。《金刚经》和《心经》作为般若经的浓缩本，"缘起性空"同样是其核心思想，但二者又进一步从"对外扫相"和"对内破执"两个角度去讲"空"。《金刚经》的"对外扫相"思想集中体现在"一切有为法，如梦幻泡影，如露亦如电，应作如是观"这个偈句上，"对内破执"则有"应无所住而生其心"这一点睛之笔。《心经》则是以"色不异空，空不异色；色即是空，空即是色；受想行识，亦复如是"来对外破五蕴身，以"心无挂碍"来破心执。两部经典都从扫外相、破心著的角度去说"空"。

有宗在否定外境外法的客观性方面与空宗没有分歧，差别仅在于，有宗虽然主张"外境非有"，但又认为"内识非无"，倡"三界唯心"、"万法唯识"，认为一切外境、外法都是"内识"的变现。在印度佛教中，有宗一直比较盛行，但在中国佛教史上，唯有玄奘、窥基创立的"法相唯识宗"全力弘扬"有宗"的思想，并把《解深密经》等"六经十一论"作为立宗的根据，《佛教十三经》选录了对"唯识宗"影响较大的《解深密经》进行注译。

《解深密经》的核心思想在论证一切外境外法与识的关系，认为一切诸法乃识之变现，阿赖耶识是生死轮回的主体，是万物生起的种子。经中还提出了著名的"三性"、"三无性"问题，并深入地论述了一切虚妄分别相与真如实性的关系。

与印度佛教不尽相同，中国佛教的主流或主体不在纯粹的"空宗"或

"有宗"，而在大乘佛教基本精神与中国传统文化（特别是儒家心性学说）汇集交融而成的"真常唯心"思想，这种"真常唯心"思想也可称之为"妙有"的思想。首先创立并弘扬这种"妙有"思想的是智者大师创建的天台宗。

天台宗把《法华经》作为立宗的经典依据，故又称"法华宗"。《法华经》的核心思想，是"开权显实，会三归一"，倡声闻乘、缘觉乘、菩萨乘同归一佛乘，主张一切众生悉有佛性。《法华经》是南北朝之后，中国佛教走向以大乘佛教为主流的重要经典依据，也是中国佛教佛性理论确立以一切众生悉有佛性、都能成佛为主流的重要经典依据。而《法华经》的"诸法实相"也成为中国佛教"妙有"思想的重要思想资源和理论依据。

中国佛教注重"妙有"之思想特色的真正确立，当在禅宗。慧能南宗把天台宗肇端的"唯心"倾向推到极致，作为标志，则是《坛经》的问世。《坛经》是中国僧人撰写的著述中唯一被冠以"经"的一部佛教典籍，其核心思想是"即心即佛"、"顿悟成佛"。《坛经》在把佛性归诸心性、把人变成佛的同时，倡导"即世间求解脱"，主张把入世与出世统一起来，而这种思想的经典根据，则是《维摩诘经》。

《维摩诘经》可以说是对中国佛教影响最大的一部佛经，不论是作为中国佛教代表的禅宗，还是成为现、当代佛教主流的人间佛教，《维摩诘经》中的"心净则佛土净"及"亦入世亦出世"、"在入世中出世"的思想，都是其最为重要的思想资源和经典依据。尤其值得一提的是，贯穿于整部《维摩诘经》的一根主线——"不二法门"，更是整个中国佛教的方法论依据。

《楞伽经》也是一部对禅宗、唯识乃至整个中国佛教有着重大影响的佛经。《楞伽经》思想有两个重要特点，一是融汇了空、有二宗，既注重"二无我"，又讲"八识"、"三自性"；二是把"如来藏"和"阿赖耶识"巧妙地统合起来。因此之故，《楞伽经》既是"法相唯识宗"借以立宗的"六经"之一，又被菩提达摩作为"印心"的依据，并形成一代楞伽师和在禅宗发展史颇具影响的"楞伽禅"。

《楞严经》则是一部对中国佛教之禅、净、律、密、教都有着广泛而深刻影响的大乘经典。该经虽有真、伪之争，但内容十分宏富，思想体系严密，几乎把大乘佛教所有重要理论都囊括其中，故自问世后，就广泛流行。该经以理、行、果为框架，谓一切众生都有"菩提妙明元心"，但因不明自心清净，故流转生死，如能修禅证道，即可成就无上正等正觉。这一思想对中国佛教的各宗各派都产生了极其深刻的影响。

《圆觉经》是一部非常能够体现中国佛教注重"妙有"思想特色的佛

经。该经主张一切众生都具足圆觉妙心，本当成佛，无奈为妄念、情欲等所覆盖，才于六道中生死轮回；如能顿悟自心本来清净，此心即佛，无须向外四处寻求。该经所明为大乘圆顿之理，故对华严宗、天台宗、禅宗都有十分重要的影响。

《金光明经》对中国佛教的影响，主要体现在其"三身"、"十地"思想、大乘菩萨行之舍己利他、慈悲济世思想、金光明忏法及忏悔思想、以及天王护国思想。由于经中所说的诵持本经能够带来不可思议的护国利民功德，故长期以来被视为护国之经，在所有大乘佛教流行的地区都受到了广泛重视。

《无量寿经》是根据"十方净土"的思想建立起来的净土类经典，也是净土宗所依据的"三经"之一。经中主要叙述过去世法藏菩萨历劫修行成无量寿佛的经过，及西方极乐世界的种种殊胜。净土信仰自宋之后就成为与禅并驾齐驱的两大佛教思潮之一，到近现代更出现"家家阿弥陀，户户观世音"景象，故《无量寿经》在中国佛教史上的影响至为广泛和深远。

《梵网经》在佛教"三藏"中属"律藏"，是大乘戒律之一，在中国佛教大乘戒律中，《梵网经》的影响最大。经中主要讲述修菩萨的阶位（发趣十心、长养十心、金刚十心和体性十地）和菩萨戒律（十重戒和四十八轻戒），是修习大乘菩萨行所依持的主要戒律。另外，经中把"孝"与"戒"相融通、"孝名为戒"的思想颇富中国特色。

所以把《四十二章经》也收入《佛教十三经》，主要因为该经是我国最早译出的佛教经典，而且是一部含有较多早期佛教思想的佛经。经中主要阐明人生无常等佛教基本教义和讲述修习佛道应远离诸欲、弃恶修善及注重心证等重要义理，且文字平易简明，可视为修习佛教之入门书。

此次将上述十三部佛经结集出版，收入"中华经典普及文库"。本书约请有关专家，选用金陵刻经处版、《大正藏》等权威版本，并参校相关版本详加校勘，保证了版本的权威性和准确性。佛经中涉及大量人名、地名、书名，即便是研究佛教的专业人士，也不是很容易识别的。因此，本书采用了在人名、地名下加专名线（＿＿＿），在书名下加波浪线（﹏﹏）的做法，使读者一目了然，不会因为不熟悉这些专有名词而误读、错读。因此，可以说，本书是方便现代读者阅读佛经的较好的白文普及本。

中华书局编辑部
2010年10月

目 录

心　经

金刚经

无量寿经

圆觉经

梵网经

坛　经

楞严经

解深密经

金光明经

卷　一

卷　二

卷　三

卷　四

法华经

四十二章经

心经

观自在菩萨，行深般若波罗蜜多时，照见五蕴皆空，度一切苦厄。

舍利子，色不异空，空不异色，色即是空，空即是色，受、想、行、识，亦复如是。

舍利子，是诸法空相，不生不灭，不垢不净，不增不减。

是故，空中无色，无受、想、行、识；无眼、耳、鼻、舌、身、意；无色、声、香、味、触、法；无眼界，乃至无意识界；无无明，亦无无明尽，乃至无老死，亦无老死尽；无苦、集、灭、道，无智亦无得。

以无所得故，菩提萨埵，依般若波罗蜜多故，心无挂碍。无挂碍故，无有恐怖。远离颠倒梦想，究竟涅槃。三世诸佛，依般若波罗蜜多故，得阿耨多罗三藐三菩提。

故知般若波罗蜜多，是大神咒，是大明咒，是无上咒，是无等等咒，能除一切苦，真实不虚。

故说般若波罗蜜多咒，即说咒曰：

揭谛，揭谛，波罗揭谛，波罗僧揭谛，菩提萨婆诃。

金刚经

法会因由分第一

如是我闻：

一时，佛在舍卫国 祇树给孤独园，与大比丘众千二百五十人俱。尔时，世尊食时着衣持钵，入舍卫大城乞食。于其城中次第乞已，还至本处。饭食讫，收衣钵，洗足已，敷座而坐。

善现启请分第二

时，长老须菩提在大众中，即从座起，偏袒右肩，右膝着地，合掌恭敬而白佛言："希有，世尊！如来善护念诸菩萨，善付嘱诸菩萨。世尊，善男子、善女人，发阿耨多罗三藐三菩提心，应云何住？云何降伏其心？"

佛言："善哉！善哉！须菩提，如汝所说，如来善护念诸菩萨，善付嘱诸菩萨。汝今谛听，当为汝说。善男子、善女人发阿耨多罗三藐三菩提心，应如是住，如是降伏其心。"

"唯然，世尊。愿乐欲闻。"

大乘正宗分第三

佛告须菩提："诸菩萨摩诃萨应如是降伏其心：所有一切众生之类，若卵生，若胎生，若湿生，若化生；若有色，若无色；若有想，若无想，若非有想非无想，我皆令入无余涅槃而灭度之。如是灭度无量无数无边众生，实无众生得灭度者。何以故？须菩提，若菩萨有我相、人相、众生相、寿者相，即非菩萨。"

妙行无住分第四

"复次，须菩提，菩萨于法应无所住，行于布施。所谓不住色布施，不住声、香、味、触、法布施。须菩提，菩萨应如是布施，不住于相。何以故？若菩萨不住相布施，其福德不可思量。须菩提。于意云何？东方虚空可思量不？"

"不也，世尊。"

"须菩提，南、西、北方、四维、上下虚空可思量不？"

"不也，世尊。"

"须菩提，菩萨无住相布施福德，亦复如是不可思量。须菩提，菩萨但应如所教住。"

如理实见分第五

"须菩提，于意云何？可以身相见如来不？"

"不也，世尊。不可以身相得见如来。何以故？如来所说身相即非身相。"

佛告须菩提："凡所有相皆是虚妄。若见诸相非相，则见如来。"

正信希有分第六

须菩提白佛言："世尊，颇有众生得闻如是言说章句，生实信不？"

佛告须菩提："莫作是说。如来灭后，后五百岁，有持戒修福者，于此章句能生信心，以此为实。当知是人不于一佛、二佛、三、四、五佛而种善根，已于无量千万佛所种诸善根。闻是章句乃至一念生净信者。须菩提，如来悉知悉见，是诸众生得如是无量福德。何以故？是诸众生无复我相、人相、众生相、寿者相，无法相亦无非法相。何以故？是诸众生，若心取相，则为著我、人、众生、寿者；若取法相，即著我、人、众生、寿者。何以故？若取非法相，即著我、人、众生、寿者，是故不应取法，不应取非法。以是义故，如来常说汝等比丘知我说法如筏喻者。法尚应舍，何况非法。"

无得无说分第七

"须菩提，于意云何？如来得阿耨多罗三藐三菩提耶？如来有所说法耶？"

须菩提言："如我解佛所说义，无有定法名阿耨多罗三藐三菩提，亦无有定法如来可说。何以故？如来所说法皆不可取，不可说，非法、非非法。所以者何？一切贤圣皆以无为法而有差别。"

依法出生分第八

"须菩提，于意云何？若人满三千大千世界七宝，以用布施，是人所得福德宁为多不？"

须菩提言："甚多，世尊。何以故？是福德即非福德性，是故如来说福德多。"

"若复有人于此经中，受持乃至四句偈等，为他人说，其福胜彼。何以故？须菩提，一切诸佛及诸佛阿耨多罗三藐三菩提法皆从此经出。须菩提，所谓佛法者即非佛法。"

一相无相分第九

"须菩提，于意云何？须陀洹能作是念，我得须陀洹果不？"

须菩提言："不也，世尊。何以故？须陀洹名为入流，而无所入，不入色、声、香、味、触、法，是名须陀洹。"

"须菩提，于意云何？斯陀含能作是念，我得斯陀含果不？"

须菩提言："不也，世尊。何以故？斯陀含名一往来，而实无往来，是名斯陀含。"

"须菩提，于意云何？阿那含能作是念，我得阿那含果不？"

须菩提言："不也，世尊。何以故？阿那含名为不来，而实无不来，是故名阿那含。"

"须菩提，于意云何？阿罗汉能作是念，我得阿罗汉道不？"

须菩提言："不也，世尊。何以故？实无有法名阿罗汉。世尊，若阿罗汉作是念，我得阿罗汉道，即为著我、人、众生、寿者。世尊，佛说我得无诤三昧，人中最为第一，是第一离欲阿罗汉。世尊，我不作是念，我是离欲阿罗汉。世尊，我若作是念，我得阿罗汉道，世尊则不说须菩提是乐阿兰那行者。以须菩提实无所行，而名须菩提，是乐阿兰那行。"

庄严净土分第十

佛告须菩提："于意云何？如来昔在然灯佛所，于法有所得不？"

"不也，世尊。如来在然灯佛所，于法实无所得。"

"须菩提，于意云何？菩萨庄严佛土不？"

"不也，世尊。何以故？庄严佛土者即非庄严，是名庄严。"

"是故，须菩提，诸菩萨摩诃萨应如是生清净心，不应住色生心，不应住声、香、味、触、法生心，应无所住而生其心。须菩提，譬如有人身如须弥山王，于意云何？是身为大不？"

须菩提言："甚大，世尊。何以故？佛说非身是名大身。"

无为福胜分第十一

"须菩提，如恒河中所有沙数，如是沙等恒河，于意云何？是诸恒河沙宁为多不？"

须菩提言："甚多，世尊。但诸恒河尚多无数，何况其沙！"

"须菩提，我今实言告汝：若有善男子、善女人，以七宝满尔所恒河沙数三千大千世界，以用布施，得福多不？"

须菩提言："甚多，世尊。"

佛告须菩提："若善男子、善女人，于此经中乃至受持四句偈等，为他人说，而此福德胜前福德。"

尊重正教分第十二

"复次，须菩提，随说是经乃至四句偈等，当知此处一切世间天、人、阿修罗，皆应供养如佛塔庙，何况有人尽能受持、读诵。须菩提，当知是人成就最上第一希有之法。若是经典所在之处，即为有佛，若尊重弟子。"

如法受持分第十三

尔时，须菩提白佛言："世尊，当何名此经？我等云何奉持？"

佛告须菩提："是经名为金刚般若波罗蜜，以是名字，汝当奉持。所以者何？须菩提，佛说般若波罗蜜，即非般若波罗蜜，是名般若波罗蜜。须菩提，于意云何？如来有所说法不？"

须菩提白佛言："世尊，如来无所说。"

"须菩提，于意云何？三千大千世界所有微尘，是为多不？"

须菩提言："甚多，世尊。"

"须菩提，诸微尘，如来说非微尘，是名微尘。如来说世界非世界，是名世界。须菩提，于意云何？可以三十二相见如来不？"

"不也，世尊。不可以三十二相得见如来，何以故？如来说三十二相即是非相，是名三十二相。"

"须菩提，若有善男子、善女人，以恒河沙等身命布施，若复有人，于此经中乃至受持四句偈等，为他人说，其福甚多。"

离相寂灭分第十四

尔时，须菩提闻说是经，深解义趣，涕泪悲泣而白佛言："希有，世尊。佛说如是甚深经典，我从昔来所得慧眼，未曾得闻如是之经。世尊，若复有人得闻是经，信心清净，即生实相，当知是人成就第一希有功德。世尊，是实相者，即是非相，是故如来说名实相。世尊，我今得闻如是经典，信解受持不足为难。若当来世后五百岁，其有众生得闻是经，信解受持，是人即为第一希有。何以故？此人无我相、无人相、无众生相、无寿者相。所以者何？我相即是非相，人相、众生相、寿者相即是非相。何以故？离一切诸相即名诸佛。"

佛告须菩提："如是，如是。若复有人得闻是经，不惊不怖不畏，当知是人甚为希有。何以故？须菩提，如来说第一波罗蜜，即非第一波罗蜜，是名第一波罗蜜。

"须菩提，忍辱波罗蜜，如来说非忍辱波罗蜜，是名忍辱波罗蜜。何以故？须菩提，如我昔为歌利王割截身体，我于尔时无我相、无人相、无众生相、无寿者相。何以故？我于往昔节节支解时，若有我相、人相、众生相、寿者相，应生嗔恨。

"须菩提，又念过去于五百世作忍辱仙人，于尔所世无我相、无人相、无众生相、无寿者相。是故，须菩提，菩萨应离一切相，发阿耨多罗三藐三菩提心。不应住色生心，不应住声、香、味、触、法生心，应生无所住心。若心有住，即为非住。是故，佛说菩萨心不应住色布施。须菩提，菩萨为利益一切众生故，应如是布施。如来说一切诸相即是非相，又说一切众生即非众生。

"须菩提，如来是真语者、实语者、如语者、不诳语者、不异语者。须菩提，如来所得法，此法无实无虚。须菩提，若菩萨心住于法而行布施，如人入暗即无所见。若菩萨心不住法而行布施，如人有目，日光明照，见种种色。

"须菩提，当来之世，若有善男子、善女人，能于此经受持读诵，即为如来以佛智慧悉知是人，悉见是人，皆得成就无量无边功德。"

持经功德分第十五

"须菩提，若有善男子、善女人，初日分以恒河沙等身布施，中日分复以恒河沙等身布施，后日分亦以恒河沙等身布施，如是无量百千万亿劫以身布施。若复有人闻此经典，信心不逆，其福胜彼，何况书写、受持、读诵、为人解说！

"须菩提，以要言之，是经有不可思议、不可称量无边功德。如来为发大乘者说，为发最上乘者说。若有人能受持、读诵、广为人说，如来悉知是人，悉见是人，皆得成就不可量、不可称、无有边、不可思议功德。如是人等，即为荷担如来阿耨多罗三藐三菩提。何以故？须菩提，若乐小法者，著我见、人见、众生见、寿者见，即于此经不能听受、读诵、为人解说。

"须菩提，在在处处，若有此经，一切世间天、人、阿修罗所应供养，当知此处即为是塔，皆应恭敬作礼围绕，以诸华香而散其处。"

能净业障分第十六

"复次，须菩提，善男子、善女人受持读诵此经，若为人轻贱，是人先世罪业应堕恶道，以今世人轻贱故，先世罪业即为消灭，当得阿耨多罗三藐三菩提。

"须菩提，我念过去无量阿僧祇劫，于然灯佛前，得值八百四千万亿那由他诸佛，悉皆供养承事无空过者。若复有人于后末世，能受持读诵此经所得功德，于我所供养诸佛功德，百分不及一，千万亿分乃至算数、譬喻所不能及。

"须菩提，若善男子、善女人于后末世，有受持读诵此经，所得功德，我若具说者，或有人闻心即狂乱，狐疑不信。须菩提，当知是经义不可思议，果报亦不可思议。"

究竟无我分第十七

尔时，须菩提白佛言："世尊，善男子、善女人发阿耨多罗三藐三菩提心，云何应住？云何降伏其心？"

佛告须菩提："善男子、善女人发阿耨多罗三藐三菩提心者，当生如是心。我应灭度一切众生，灭度一切众生已，而无有一众生实灭度者。何以故？须菩提，若菩萨有我相、人相、众生相、寿者相，即非菩萨。所以者何？须菩提，实无有法发阿耨多罗三藐三菩提心者。须菩提，于意云何？如来于然灯佛所，有法得阿耨多罗三藐三菩提不？"

"不也，世尊。如我解佛所说义，佛于然灯佛所，无有法得阿耨多罗三藐三菩提。"

佛言："如是如是。须菩提，实无有法如来得阿耨多罗三藐三菩提。须菩提，若有法如来得阿耨多罗三藐三菩提者，然灯佛即不与我授记，汝于来世当得作佛，号释迦牟尼。以实无有法得阿耨多罗三藐三菩提，是故然灯佛与我授记，作是言，汝于来世当得作佛，号释迦牟尼。何以故？如来者，即诸法如义。若有人言如来得阿耨多罗三藐三菩提，须菩提，实无有法佛得阿耨多罗三藐三菩提。

"须菩提，如来所得阿耨多罗三藐三菩提，于是中无实无虚。是故如来说一切法皆是佛法。须菩提，所言一切法者，即非一切法，是故名一切法。须菩提，譬如人身长大。"

须菩提言："世尊，如来说人身长大即为非大身，是名大身。"

"须菩提，菩萨亦如是。若作是言，我当灭度无量众生，即不名菩萨。何以故？须菩提，实无有法名为菩萨。是故佛说一切法无我、无人、无众生、无寿者。须菩提，若菩萨作是言，我当庄严佛土，是不名菩萨。何以故？如来说庄严佛土者，即非庄严，是名庄严。须菩提，若菩萨通达无我法者，如来说名真是菩萨。"

一体同观分第十八

"须菩提，于意云何？如来有肉眼不？"

"如是，世尊，如来有肉眼。"

"须菩提，于意云何？如来有天眼不？"

"如是，世尊，如来有天眼。"

"须菩提，于意云何？如来有慧眼不？"

"如是，世尊，如来有慧眼。"

"须菩提，于意云何？如来有法眼不？"

"如是，世尊，如来有法眼。"

"须菩提，于意云何？如来有佛眼不？"

"如是，世尊，如来有佛眼。"

"须菩提，于意云何？如恒河中所有沙，佛说是沙不？"

"如是，世尊，如来说是沙。"

"须菩提，于意云何？如一恒河中所有沙，有如是沙等恒河，是诸恒河所有沙数佛世界，如是宁为多不？"

"甚多，世尊。"

佛告须菩提："尔所国土中所有众生，若干种心如来悉知。何以故？如来说诸心皆为非心，是名为心。所以者何？须菩提，过去心不可得，现在心不可得，未来心不可得。"

法界通化分第十九

"须菩提，于意云何？若有人满三千大千世界七宝以用布施，是人以是因缘得福多不？"

"如是，世尊，此人以是因缘得福甚多。"

"须菩提，若福德有实，如来不说得福德多。以福德无故，如来说得福德多。"

离色离相分第二十

"须菩提，于意云何？佛可以具足色身见不？"

"不也，世尊，如来不应以具足色身见。何以故？如来说具足色身，即非具足色身，是名具足色身。”

“须菩提，于意云何？如来可以具足诸相见不？”

“不也，世尊。如来不应以具足诸相见。何以故？如来说诸相具足即非具足，是名诸相具足。”

非说所说分第二十一

“须菩提，汝勿谓如来作是念，我当有所说法，莫作是念。何以故？若人言如来有所说法即为谤佛，不能解我所说故。须菩提，说法者无法可说，是名说法。”

尔时，慧命须菩提白佛言：“世尊，颇有众生于未来世闻说是法，生信心不？”

佛言：“须菩提，彼非众生非不众生。何以故？须菩提，众生众生者，如来说非众生，是名众生。”

无法可得分第二十二

须菩提白佛言：“世尊，佛得阿耨多罗三藐三菩提，为无所得耶？”

佛言：“如是如是。须菩提，我于阿耨多罗三藐三菩提，乃至无有少法可得，是名阿耨多罗三藐三菩提。”

净心行善分第二十三

“复次，须菩提，是法平等无有高下，是名阿耨多罗三藐三菩提。以无我、无人、无众生、无寿者修一切善法，即得阿耨多罗三藐三菩提。须菩提，所言善法者，如来说即非善法，是名善法。”

福智无比分第二十四

“须菩提，若三千大千世界中所有诸须弥山王，如是等七宝聚，有人持用布施。若人以此般若波罗蜜经乃至四句偈等，受持读诵，为他人说，于前福德百分不及一，百千万亿分乃至算数、譬喻所不能及。”

化无所化分第二十五

“须菩提，于意云何？汝等勿谓如来作是念，我当度众生。须菩提，莫作是念。何以故？实无有众生如来度者，若有众生如来度者，如来则有我、人、众生、寿者。

"须菩提,如来说有我者,即非有我,而凡夫之人以为有我。须菩提,凡夫者,如来说即非凡夫,是名凡夫。"

法身非相分第二十六

"须菩提,于意云何?可以三十二相观如来不?"

须菩提言:"如是如是,以三十二相观如来。"

佛言:"须菩提,若以三十二相观如来者,转轮圣王即是如来。"

须菩提白佛言:"世尊,如我解佛所说义,不应以三十二相观如来。"

尔时,世尊而说偈言:

> 若以色见我,以音声求我,是人行邪道,不能见如来。

无断无灭分第二十七

"须菩提,汝若作是念,如来可以具足相故,得阿耨多罗三藐三菩提。须菩提,莫作是念,如来不以具足相故,得阿耨多罗三藐三菩提。须菩提,汝若作是念:'发阿耨多罗三藐三菩提心者,说诸法断灭。'莫作是念。何以故?发阿耨多罗三藐三菩提心者,于法不说断灭相。"

不受不贪分第二十八

"须菩提,若菩萨以满恒河沙等世界七宝持用布施,若复有人知一切法无我,得成于忍,此菩萨胜前菩萨所得功德。何以故?须菩提,以诸菩萨不受福德故。"

须菩提白佛言:"世尊,云何菩萨不受福德?"

"须菩提,菩萨所作福德,不应贪著,是故说不受福德。"

威仪寂净分第二十九

"须菩提,若有人言如来若来,若去,若坐,若卧,是人不解我所说义。何以故?如来者,无所从来,亦无所去,故名如来。"

一合理相分第三十

"须菩提,若善男子、善女人,以三千大千世界碎为微尘,于意云何?是微尘众宁为多不?"

须菩提言:"甚多,世尊。何以故?若是微尘众实有者,佛即不说是微尘众。所以者何?佛说微尘众即非微尘众,是名微尘众。世尊,如来所说三千大千世界，即非世界，是名世界。何以故？若世界实有者，即是一合相。如来说一合相，即非一合相，是名一合相。"

"须菩提，一合相者，即是不可说，但凡夫之人贪著其事。"

知见不生分第三十一

"须菩提，若人言佛说我见、人见、众生见、寿者见，须菩提，于意云何？是人解我所说义不？"

"不也，世尊，是人不解如来所说义。何以故？世尊说我见、人见、众生见、寿者见，即非我见、人见、众生见、寿者见，是名我见、人见、众生见、寿者见。"

"须菩提，发阿耨多罗三藐三菩提心者，于一切法，应如是知，如是见，如是信解，不生法相。须菩提，所言法相者，如来说即非法相，是名法相。"

应化非真分第三十二

"须菩提，若有人以满无量阿僧祇世界七宝持用布施，若有善男子、善女人发菩提心者，持于此经乃至四句偈等，受持读诵，为人演说，其福胜彼。云何为人演说？不取于相，如如不动。何以故？一切有为法，如梦幻泡影，如露亦如电，应作如是观。"

佛说是经已，长老须菩提及诸比丘、比丘尼、优婆塞、优婆夷，一切世间天、人、阿修罗，闻佛所说，皆大欢喜，信受奉行。

无量寿经

法会圣众第一

如是我闻。一时佛在王舍城 耆阇崛山中，与大比丘众万二千人俱，一切大圣。神通已达。其名曰：尊者憍陈如、尊者舍利弗、尊者大目犍连、尊者迦叶、尊者阿难等，而为上首；又有普贤菩萨、文殊师利菩萨、弥勒菩萨，及贤劫中一切菩萨，皆来集会。

德遵普贤第二

又贤护等十六正士，所谓善思惟菩萨、慧辩才菩萨、观无住菩萨、神通华菩萨、光英菩萨、宝幢菩萨、智上菩萨、寂根菩萨、信慧菩萨、愿慧菩萨、香象菩萨、宝英菩萨、中住菩萨、制行菩萨、解脱菩萨，而为上首。

咸共遵修普贤大士之德，具足无量行愿，安住一切功德法中。游步十方，行权方便，入佛法藏，究竟彼岸。

愿于无量世界成等正觉，舍兜率，降王宫，弃位出家，苦行学道。作斯示现，顺世间故。以定慧力，降伏魔怨，得微妙法，成最正觉。天人皈仰，请转法轮。常以法音，觉诸世间，破烦恼城，坏诸欲堑，洗濯垢污，显名清白。调众生、宣妙理、贮功德、示福田。以诸法药救疗三苦。升灌顶阶，授菩提记，为教菩萨，作阿阇黎，常习相应无边诸行，成熟菩萨无边善根，无量诸佛咸共护念。诸佛刹中，皆能示现。譬善幻师，现众异相，于彼相中，实无可得。此诸菩萨，亦复如是，通诸法性，达众生相，供养诸佛，开导群生。化现其身，犹如电光，裂魔见网，解诸缠缚。远超声闻、辟支佛地，入空、无相、无愿法门。善立方便，显示三乘。于此中下，而现灭度，得无生无灭诸三摩地，及得一切陀罗尼门。随时悟入华严三昧，具足总持百千三昧。住深禅定，悉睹无量诸佛。于一念顷，遍游一切佛土。得佛辩才，住普贤行。善能分别众生语言，开化显示真实之际。超过世间诸所有法，心常谛住度世之道。于一切万物，随意自在，为诸庶类，作不请之友。受持如来甚深法藏，护佛种性常使不绝。兴大悲、悯有情、演慈辩、授法眼、杜恶趣、开善门。于诸众生，视若自己，拯济负荷，皆度彼岸。悉获诸佛无量功德，智慧圣明，不可思议。

如是等诸大菩萨，无量无边，一时来集。又有比丘尼五百人、清信士七千人、清信女五百人、欲界天、色界天、诸天梵众，悉共大会。

大教缘起第三

尔时世尊，威光赫奕，如融金聚。又如明镜，影畅表里。现大光明，数千百变。

尊者阿难，即自思惟："今日世尊，色身诸根，悦豫清净，光颜巍巍，宝刹庄严。从昔以来，所未曾见，喜得瞻仰。"生希有心，即从座起，偏袒右肩，长跪合掌，而白佛言："世尊，今日入大寂定，住奇特法，住诸佛所住导师之行、最胜之道，去来现在佛佛相念，为念过去未来诸佛耶？为念现在他方诸佛耶？何故威神显耀，光瑞殊妙乃尔？愿为宣说。"

于是世尊，告阿难言："善哉！善哉！汝为哀愍利乐诸众生故，能问如是微妙之义。汝今斯问，胜于供养一天下阿罗汉、辟支佛，布施累劫，诸天人民、蜎飞蠕动之类，功德百千万倍。何以故？当来诸天人民，一切含灵，皆因汝问而得度脱故。阿难，如来以无尽大悲，矜哀三界，所以出兴于世。光阐道教，欲拯群萌，惠以真实之利。难值难见，如优昙华，希有出现。汝今所问，多所饶益。阿难当知，如来正觉，其智难量，无有障碍。能于念顷，住无量亿劫，身及诸根，无有增减。所以者何？如来定慧，究畅无极。于一切法，而得最胜自在故。阿难谛听，善思念之，吾当为汝分别解说。"

法藏因地第四

佛告阿难："过去无量不可思议、无央数劫，有佛出世，名世间自在王如来、应供、等正觉、明行足、善逝、世间解、无上士、调御丈夫、天人师、佛世尊。在世教授四十二劫，时为诸天及世人民说经讲道。有大国主名世饶王。闻佛说法，欢喜开解，寻发无上真正道意，弃国捐王，行作沙门，号曰法藏，修菩萨道。高才勇哲，与世超异，信解明记，悉皆第一；又有殊胜行愿，及念慧力，增上其心，坚固不动。修行精进，无能逾者。往诣佛所，顶礼长跪，向佛合掌，即以伽他赞佛，发广大愿。颂曰：

> 如来微妙色端严，一切世间无有等。光明无量照十方，日月火珠皆匿曜。世尊能演一音声，有情各各随类解。又能现一妙色身，普使众生随类见。愿我得佛清净声，法音普及无边界。宣扬戒定精进门，通达甚深微妙法。智慧广大深如海，内心清净绝尘劳。超过无边恶趣门，速到菩提究竟岸。无明贪嗔皆永无，惑尽过亡三昧力。亦如过去无量佛，为彼群生大导师。能救一切诸世间，生老病死众苦恼。常行布施及戒忍，精进定慧六波罗。未度有情令得度，已度之者使成佛。假令供养恒沙圣，不如坚勇求正觉。愿当安住三摩地，恒放光明照一切。感得广大清净居，殊胜庄严无等伦。轮回诸趣众生

类，速生我刹受安乐。常运慈心拔有情，度尽无边苦众生。我行决定坚固力，唯佛圣智能证知。纵使身止诸苦中，如是愿心永不退。"

至心精进第五

法藏比丘说此偈已，而白佛言："我今为菩萨道，已发无上正觉之心，取愿作佛，悉令如佛。愿佛为我广宣经法，我当奉持，如法修行，拔诸勤苦生死根本，速成无上正等正觉。欲令我作佛时，智慧光明，所居国土，教授名字，皆闻十方。诸天人民及蜎蠕类，来生我国，悉作菩萨。我立是愿，都胜无数诸佛国者，宁可得否？"

世间自在王佛即为法藏而说经言："譬如大海，一人斗量，经历劫数，尚可穷底；人有至心求道，精进不止，会当克果，何愿不得？汝自思惟，修何方便，而能成就佛刹庄严？如所修行，汝自知之，清净佛国，汝应自摄。"

法藏白言："斯义弘深，非我境界，惟愿如来，应正遍知，广演诸佛无量妙刹。若我得闻，如是等法，思惟修习，誓满所愿。"

世间自在王佛知其高明，志愿深广，即为宣说二百一十亿诸佛刹土功德严净，广大圆满之相，应其心愿，悉现与之。说是法时，经千亿岁。

尔时法藏闻佛所说，皆悉睹见，起发无上殊胜之愿。于彼天人善恶，国土粗妙，思惟究竟，便一其心，选择所欲，结得大愿。精勤求索，恭慎保持，修习功德，满足五劫，于彼二十一俱胝佛土，功德庄严之事，明了通达，如一佛刹。所摄佛国，超过于彼。

既摄受已，复诣世自在王如来所，稽首礼足，绕佛三匝，合掌而住，白言世尊："我已成就庄严佛土，清净之行。"

佛言："善哉，今正是时，汝应具说，令众欢喜。亦令大众，闻是法已，得大善利。能于佛刹，修习摄受，满足无量大愿。"

发大誓愿第六

法藏白言："唯愿世尊，大慈听察。我若证得无上菩提，成正觉已，所居佛刹，具足无量不可思议功德庄严。无有地狱、饿鬼、禽兽、蜎飞蠕动之类。所有一切众生，以及焰摩罗界，三恶道中，来生我刹，受我法化，悉成阿耨多罗三藐三菩提，不复更堕恶趣。得是愿，乃作佛；不得是愿，不取无上正觉。

（一、国无恶道愿；二、不堕恶趣愿）

"我作佛时，十方世界，所有众生，令生我刹，皆具紫磨真金色身，三十二种大丈夫相。端正净洁，悉同一类。若形貌差别，有好丑者，不取正

觉。（三、身悉金色愿；四、三十二相愿；五、身无差别愿）

"我作佛时，所有众生，生我国者，自知无量劫时宿命，所作善恶，皆能洞视、彻听，知十方去来现在之事。不得是愿，不取正觉。（六、宿命通愿；七、天眼通愿；八、天耳通愿）

"我作佛时，所有众生，生我国者，皆得他心智通。若不悉知亿那由他百千佛刹众生心念者，不取正觉。（九、他心通愿）

"我作佛时，所有众生，生我国者，皆得神通自在、波罗蜜多。于一念顷，不能超过亿那由他百千佛刹，周遍巡历，供养诸佛者，不取正觉。（十、神足通；十一、遍供诸佛愿）

"我作佛时，所有众生，生我国者，远离分别，诸根寂静。若不决定成等正觉，证大涅槃者，不取正觉。（十二、定成正觉愿）

"我作佛时，光明无量，普照十方。绝胜诸佛，胜于日月之明千万亿倍。若有众生，见我光明，照触其身，莫不安乐，慈心作善，来生我国。若不尔者，不取正觉。（十三、光明无量愿；十四、触光安乐愿）

"我作佛时，寿命无量。国中声闻天人无数，寿命亦皆无量。假令三千大千世界众生，悉成缘觉，于百千劫，悉共计校，若能知其量数者，不取正觉。（十五、寿命无量愿；十六、声闻无数愿）

"我作佛时，十方世界无量刹中，无数诸佛，若不共称叹我名，说我功德国土之善者，不取正觉。（十七、诸佛称叹愿）

"我作佛时，十方众生，闻我名号，至心信乐，所有善根，心心回向，愿生我国，乃至十念。若不生者，不取正觉。唯除五逆，诽谤正法。（十八、十念必生愿）

"我作佛时，十方众生，闻我名号，发菩提心，修诸功德，奉行六波罗蜜，坚固不退。复以善根回向，愿生我国。一心念我，昼夜不断。临寿终时，我与诸菩萨众迎现其前，经须臾间，即生我刹，作阿惟越致菩萨。不得是愿，不取正觉。（十九、闻名发心愿；二十、临终接引愿）

"我作佛时，十方众生，闻我名号，系念我国，发菩提心，坚固不退，植众德本，至心回向，欲生极乐，无不遂者。若有宿恶，闻我名字，即自悔过，为道作善，便持经戒，愿生我刹，命终不复更三恶道，即生我国。若不尔者，不取正觉。（二十一、悔过得生愿）

"我作佛时，国无妇女。若有女人，闻我名字，得清净信，发菩提心，厌患女身，愿生我国，命终即化男子，来我刹土。十方世界诸众生类，生我国者，皆于七宝池莲华中化生。若不尔者，不取正觉。（二十二、国无女人愿；

二十三、厌女转男愿；二十四、莲华化生愿）

"我作佛时，十方众生，闻我名字，欢喜信乐，礼拜归命，以清净心，修菩萨行，诸天世人，莫不致敬。若闻我名，寿终之后，生尊贵家，诸根无缺，常修殊胜梵行。若不尔者，不取正觉。（二十五、天人礼敬愿；二十六、闻名得福愿；二十七、修殊胜行愿）

"我作佛时，国中无不善名。所有众生，生我国者，皆同一心，住于定聚，永离热恼，心得清凉，所受快乐，犹如漏尽比丘。若起想念，贪计身者，不取正觉。（二十八、国无不善愿；二十九、住正定聚愿；三十、乐如漏尽愿；三十一、不贪计身愿）

"我作佛时，生我国者，善根无量，皆得金刚那罗延身，坚固之力。身顶皆有光明照耀，成就一切智慧。获得无边辩才，善谈诸法秘要，说经行道，语如钟声。若不尔者，不取正觉。（三十二、那罗延身愿。三十三、光明慧辩愿；三十四、善谈法要愿）

"我作佛时，所有众生，生我国者，究竟必至一生补处。除其本愿为众生故。被弘誓铠，教化一切有情，皆发信心，修菩提行，行普贤道。虽生他方世界，永离恶趣。或乐说法，或乐听法，或现神足，随意修习，无不圆满。若不尔者，不取正觉。（三十五、一生补处愿；三十六、教化随意愿）

"我作佛时，生我国者，所须饮食、衣服、种种供具，随意即至，无不满愿。十方诸佛，应念受其供养。若不尔者，不取正觉。（三十七、衣食自至愿；三十八、应念受供愿）

"我作佛时，国中万物，严净光丽，形色殊特，穷微极妙，无能称量。其诸众生，虽具天眼，有能辨其形色、光相、名数，及总宣说者，不取正觉。（三十九、庄严无尽愿）

"我作佛时，国中无量色树，高或百千由旬，道场树高四百万里。诸菩萨中，虽有善根劣者，亦能了知。欲见诸佛净国庄严，悉于宝树间见，犹如明镜，睹其面相。若不尔者，不取正觉。（四十、无量色树愿；四十一、树现佛刹愿）

"我作佛时，所居佛刹，广博严净，光莹如镜，彻照十方无量无数、不可思议诸佛世界。众生睹者，生希有心。若不尔者，不取正觉。（四十二、彻照十方愿）

"我作佛时，下从地际，上至虚空，宫殿、楼观、池流、华树，国土所有一切万物，皆以无量宝香合成。其香普薰十方世界，众生闻者，皆修佛行。若不尔者，不取正觉。（四十三、宝香普薰愿）

"我作佛时，十方佛刹，诸菩萨众，闻我名已，皆悉逮得清净、解脱、普等三昧。诸深总持，住三摩地，至于成佛。定中常供无量无边一切诸佛，不失定意。若不尔者，不取正觉。（四十四、普等三昧愿；四十五、定中供佛愿）

"我作佛时，他方世界，诸菩萨众，闻我名者，证离生法，获陀罗尼，清净欢喜，得平等住，修菩萨行，具足德本。应时不获一二三忍，于诸佛法，不能现证不退转者，不取正觉。"（四十六、获陀罗尼愿；四十七、闻名得忍愿；四十八、现证不退愿）

必成正觉第七

佛告阿难："尔时法藏比丘说此愿已，以偈颂。"曰：

> 我建超世志，必至无上道。斯愿不满足，誓不成等觉。复为大施主，普济诸穷苦。令彼诸群生，长夜无忧恼。出生众善根，成就菩提果。我若成正觉，立名无量寿。众生闻此号，俱来我刹中。如佛金色身，妙相悉圆满。亦以大悲心，利益诸群品。离欲深正念，净慧修梵行。愿我智慧光，普照十方刹。消除三垢冥，明济众厄难。悉舍三涂苦，灭诸烦恼暗。开彼智慧眼，获得光明身。闭塞诸恶道，通达善趣门。为众开法藏，广施功德宝。如佛无碍智，所行慈愍行。常作天人师，得为三界雄。说法师子吼，广度诸有情。圆满昔所愿，一切皆成佛。斯愿若克果，大千应感动。虚空诸天神，当雨珍妙华。

佛告阿难："法藏比丘，说此颂已，应时普地六种震动，天雨妙华，以散其上，自然音乐空中赞言：决定必成无上正觉。"

积功累德第八

"阿难，法藏比丘于世自在王如来前，及诸天人大众之中，发斯弘誓愿已，住真实慧，勇猛精进，一向专志庄严妙土。所修佛国，开廓广大，超胜独妙，建立常然，无衰无变。

"于无量劫，积植德行，不起贪嗔痴欲诸想，不著色声香味触法，但乐忆念过去诸佛所修善根。行寂静行，远离虚妄。依真谛门，植众德本，不计众苦，少欲知足，专求白法，惠利群生。志愿无倦，忍力成就。

"于诸有情，常怀慈忍，和颜爱语，劝谕策进。恭敬三宝，奉事师长，无有虚伪谄曲之心。庄严众行，轨范具足。观法如化。三昧常寂。善护口业，不讥他过；善护身业，不失律仪；善护意业，清静无染。

"所有国城、聚落、眷属、珍宝，都无所著，恒以布施、持戒、忍辱、精进、禅定、智慧，六度之行，教化安立众生，住于无上真正之道。

"由成如是诸善根故，所生之处，无量宝藏，自然发应。或为长者居士，豪姓尊贵，或为刹利国王，转轮圣帝，或为六欲天主，乃至梵王。于诸佛所，尊重供养，未曾间断。如是功德，说不能尽。身口常出无量妙香，犹如栴檀、优钵罗华，其香普薰无量世界。随所生处，色相端严，三十二相，八十种好，悉皆具足。手中常出无尽之宝，庄严之具，一切所须，最上之物，利乐有情。由是因缘，能令无量众生皆发阿耨多罗三藐三菩提心。"

圆满成就第九

佛告阿难："法藏比丘，修菩萨行，积功累德，无量无边。于一切法，而得自在，非是语言分别之所能知。所发誓愿，圆满成就。如实安住，具足庄严，威德广大，清净佛土。"

阿难闻佛所说，白世尊言："法藏菩萨成菩提者，为是过去佛耶？未来佛耶？为今现在他方世界耶？"

世尊告言："彼佛如来，来无所来，去无所去，无生无灭，非过现未来。但以酬愿度生，现在西方，去阎浮提百千俱胝那由他佛刹，有世界名曰极乐。法藏成佛，号阿弥陀。成佛以来，于今十劫，今现在说法，有无量无数菩萨声闻之众，恭敬围绕。"

皆愿作佛第十

佛说阿弥陀佛为菩萨求得是愿时，阿阇王子与五百大长者闻之，皆大欢喜，各持一金华盖，俱到佛前作礼，以华盖上佛已，却坐一面听经。心中愿言："令我等作佛时，皆如阿弥陀佛。"佛即知之，告诸比丘："是王子等，后当作佛。彼于前世住菩萨道，无数劫来，供养四百亿佛。迦叶佛时，彼等为我弟子，今供养我，复相值也。"时诸比丘闻佛言者，莫不代之欢喜。

国界严净第十一

佛语阿难："彼极乐界，无量功德，具足庄严。永无众苦、诸难、恶趣、魔恼之名；亦无四时、寒暑、雨冥之异，复无大小江海，丘陵坑坎，荆棘沙砾，铁围、须弥、土石等山，唯以自然七宝、黄金为地，宽广平正，不可限极。微妙奇丽，清净庄严，超逾十方一切世界。"

阿难闻已，白世尊言："若彼国土无须弥山，其四天王天及忉利天，依何而住？"

佛告阿难："夜摩、兜率，乃至色，无色界，一切诸天，依何而住？"

阿难白言："不可思议业力所致。"

佛语阿难："不思议业，汝可知耶？汝身果报，不可思议，众生业报，亦不可思议。众生善根，不可思议，诸佛圣力，诸佛世界，亦不可思议。其国众生，功德善力，住行业地，及佛神力，故能尔而。"

阿难白言："业因果报，不可思议，我于此法，实无所惑。但为将来众生，破除疑网，故发斯问。"

光明遍照第十二

佛告阿难："阿弥陀佛威神光明，最尊第一，十方诸佛，所不能及。遍照东方恒沙佛刹，南西北方，四维上下，亦复如是。若化顶上圆光，或一二三四由旬，或百千万亿由旬。诸佛光明，或照一二佛刹，或照百千佛刹，唯阿弥陀佛，光明普照无量无边无数佛刹。诸佛光明所照远近，本其前世求道，所愿功德大小不同。至作佛时，各自得之，自在所作，不为预计。阿弥陀佛，光明善好，胜于日月之明，千亿万倍。光中极尊，佛中之王。

"是故无量寿佛，亦号无量光佛、亦号无边光佛、无碍光佛、无等光佛，亦号智慧光、常照光、清净光、欢喜光、解脱光、安隐光、超日月光、不思议光。

"如是光明，普照十方一切世界。其有众生，遇斯光者，垢灭善生，身意柔软。若在三途极苦之处，见此光明，皆得休息，命终皆得解脱。若有众生，闻其光明、威神、功德，日夜称说，至心不断，随意所愿，得生其国。"

寿众无量第十三

佛语阿难："无量寿佛，寿命长久，不可称计。又有无数声闻之众，神智洞达，威力自在，能于掌中持一切世界。我弟子中大目犍连，神通第一，三千大千世界，所有一切星宿众生，于一昼夜，悉知其数。假使十方众生，悉成缘觉，一一缘觉，寿万亿岁，神通皆如大目犍连，尽其寿命，竭其智力，悉共推算，彼佛会中，声闻之数，千万分中不及一分。

"譬如大海，深广无边，设取一毛，析为百分，碎如微尘，以一毛尘，沾海一滴，此毛尘水，比海孰多？

"阿难，彼目犍连等所知数者，如毛尘水；所未知者，如大海水。彼佛寿量，及诸菩萨、声闻、天人，寿量亦尔，非以算计譬喻之所能知。"

宝树遍国第十四

"彼如来国，多诸宝树。或纯金树、纯白银树、琉璃树、水晶树、琥珀树、美玉树、玛瑙树，唯一宝成，不杂余宝。或有二宝三宝，乃至七宝，转共合成。根茎枝干，此宝所成，华叶果实，他宝化作。或有宝树，黄金为根，白银为身，琉璃为枝，水晶为梢，琥珀为叶，美玉为华，玛瑙为果。其余诸树，复有七宝，互为根干枝叶华果。种种共成，各自异行，行行相值，茎茎相望，枝叶相向，华实相当。荣色光曜，不可胜视。清风时发，出五音声，微妙宫商，自然相和。是诸宝树，周遍其国。"

菩提道场第十五

"又其道场，有菩提树，高四百万里，其本周围五千由旬，枝叶四布二十万里。一切众宝，自然合成，华果敷荣，光辉遍照。复有红绿青白，诸摩尼宝，众宝之王，以为璎珞，云聚宝锁，饰诸宝柱。金珠铃铎，周匝条间。珍妙宝网，罗覆其上，百千万色，互相映饰，无量光炎，照耀无极。一切庄严，随应而现。微风徐动，吹诸枝叶，演出无量妙法音声。其声流布，遍诸佛国，清畅哀亮，微妙和雅，十方世界音声之中，最为第一。若有众生，睹菩提树，闻声，嗅香，尝其果味，触其光影，念树功德，皆得六根清彻，无诸恼患，住不退转，至成佛道。复由见彼树故，获三种忍：一音响忍，二柔顺忍，三者无生法忍。"

佛告阿难："如是佛刹，华果树木，与诸众生，而作佛事，此皆无量寿佛，威神力故，本愿力故，满足愿故，明了、坚固、究竟愿故。"

堂舍楼观第十六

"又无量寿佛讲堂精舍，楼观栏楯，亦皆七宝自然化成。复有白珠摩尼以为交络，明妙无比。诸菩萨众，所居宫殿，亦复如是。中有在地讲经、诵经者，有在地受经、听经者。有在地经行者、思道，及坐禅者。有在虚空讲诵受听者、经行、思道，及坐禅者。或得须陀洹，或得斯陀含，或得阿那含、阿罗汉。未得阿惟越致者，则得阿惟越致。各自念道，说道，行道，莫不欢喜。

泉池功德第十七

"又其讲堂左右，泉池交流，纵广深浅，皆各一等。或十由旬，二十由旬，乃至百千由旬。湛然香洁，具八功德。岸边无数栴檀香树，吉祥果树，华果恒芳，光明照耀，修条密叶，交覆于池，出种种香，世无能喻。随风散馥，沿水流芬。

"又复池饰七宝，地布金沙，优钵罗华、钵昙摩华、拘牟头华、芬陀利华，杂色光茂，弥覆水上。若彼众生，过浴此水，欲至足者，欲至膝者，欲至腰腋，欲至颈者；或欲灌身，或欲冷者、温者、急流者、缓流者，其水一一随众生意。开神悦体，净若无形。宝沙映彻，无深不照。微澜徐回，转相灌注，波扬无量微妙音声。或闻佛法僧声，波罗蜜声、止息寂静声、无生无灭声、十力无畏声；或闻无性无作无我声、大慈大悲喜舍声、甘露灌顶受位声。得闻如是种种声已，其心清静，无诸分别，正直平等，成熟善根。随其所闻，与法相应。其愿闻者，辄独闻之；所不欲闻，了无所闻，永不退于阿耨多罗三藐三菩提心。

"十方世界诸往生者，皆于七宝池莲华中，自然化生，悉受清虚之身，无极之体。不闻三途恶恼苦难之名，尚无假设，何况实苦？但有自然快乐之音，是故彼国名为极乐。"

超世希有第十八

彼极乐国，所有众生，容色微妙，超世希有，咸同一类，无差别相。但因顺余方俗，故有天人之名。

佛告阿难："譬如世间贫苦乞人，在帝王边，面貌形状，宁可类乎？帝王若比转轮圣王，则为鄙陋，犹彼乞人，在帝王边也。转轮圣王，威相第一，比之忉利天王，又复丑劣。假令帝释，比第六天，虽百千倍，不相类也。第六天王，若比极乐国中，菩萨声闻，光颜容色，虽万亿倍，不相及逮。

"所处宫殿，衣服饮食，犹如他化自在天王。至于威德、阶位、神通变化，一切天人，不可为比，百千万亿，不可计倍。阿难应知，无量寿佛 极乐国土，如是功德庄严，不可思议。"

受用具足第十九

"复次极乐世界，所有众生，或已生，或现生，或当生，皆得如是诸妙色身：形貌端严，福德无量，智慧明了，神通自在。受用种种，一切丰足。宫殿、服饰、香花、幡盖，庄严之具，随欲所须，悉皆如念。

"若欲食时，七宝钵器，自然在前；百味饮食，自然盈满。虽有此食，实无食者，但见色闻香，以意为食，色力增长，而无便秽；身心柔软，无所味著。事已化去，时至复现。

"复有众宝妙衣，冠带，璎珞，无量光明，百千妙色，悉皆具足。自然在身。所居舍宅，称其形色。宝网弥覆，悬诸宝铃。奇妙珍异，周遍校饰，光色晃曜，尽极严丽。楼观栏楯，堂宇房阁，广狭方圆，或大或小，或在虚空，或在平地，清净安隐，微妙快乐。应念现前，无不具足。"

德风华雨第二十

"其佛国土，每于食时，自然德风徐起。吹诸罗网，及众宝树，出微妙音，演说苦、空、无常、无我诸波罗蜜，流布万种温雅德香。其有闻者，尘劳垢习，自然不起。风触其身，安和调适，犹如比丘得灭尽定。

"复吹七宝林树，飘华成聚。种种色光，遍满佛土。随色次第，而不杂乱。柔软光洁，如兜罗绵，足履其上，没深四指，随足举已，还复如初。过食时后，其华自没，大地清净。更雨新华。随其时节，还复周遍。与前无异，如是六反。"

宝莲佛光第二十一

"又众宝莲华周满世界，一一宝华百千亿叶，其华光明，无量种色。青色青光，白色白光，玄黄朱紫，光色亦然。复有无量妙宝百千摩尼，映饰珍奇，明曜日月。彼莲华量，或半由旬，或一二三四，乃至百千由旬。一一华中，出三十六百千亿光；一一光中，出三十六百千亿佛。身色紫金，相好殊特。一一诸佛，又放百千光明，普为十方说微妙法。如是诸佛，各各安立无量众生于佛正道。"

决证极果第二十二

"复次阿难：彼佛国土，无有昏暗、火光、日月、星曜、昼夜之象，亦无岁月、劫数之名，复无住著家室。于一切处，既无标示名号，亦无取舍分别，惟受清净最上快乐。若有善男子、善女人，若已生，若当生，皆悉住于正定之聚，决定证于阿耨多罗三藐三菩提。何以故？若邪定聚，及不定聚，不能了知建立彼因故。"

十方佛赞第二十三

"复次阿难：东方恒河沙数世界，一一界中如恒沙佛，各出广长舌相，放无量光，说诚实言，称赞无量寿佛不可思议功德。南西北方，恒沙世界，诸佛称赞，亦复如是。四维上下，恒沙世界，诸佛称赞，亦复如是。

"何以故？欲令他方所有众生，闻彼佛名，发清净心，忆念受持，归依供养，乃至能发一念净信，所有善根，至心回向，愿生彼国。随愿皆生，得不退转，乃至无上正等菩提。"

三辈往生第二十四

佛告阿难:"十方世界诸天人民,其有至心愿生彼国。凡有三辈:其上辈者,舍家弃欲,而作沙门,发菩提心,一向专念阿弥陀佛,修诸功德,愿生彼国。此等众生,临寿终时,阿弥陀佛,与诸圣众,现在其前,经须臾间,即随彼佛往生其国,便于七宝华中自然化生。智慧勇猛,神通自在。是故阿难,其有众生欲于今世见阿弥陀佛者,应发无上菩提之心,复当专念极乐国土,积集善根,应持回向。由此见佛,生彼国中,得不退转,乃至无上菩提。

"其中辈者,虽不能行作沙门,大修功德,当发无上菩提之心,一向专念阿弥陀佛。随己修行,诸善功德,奉持斋戒,起立塔像,饭食沙门,悬缯然灯,散华烧香,以此回向,愿生彼国。其人临终,阿弥陀佛化现其身,光明相好,具如真佛。与诸大众,前后围绕,现其人前,摄受导引,即随化佛往生其国,住不退转,无上菩提。功德智慧,次如上辈者也。

"其下辈者,假使不能作诸功德,当发无上菩提之心,一向专念阿弥陀佛。欢喜信乐,不生疑惑,以至诚心,愿生其国。此人临终,梦见彼佛,亦得往生。功德智慧次如中辈者也。

"若有众生住大乘者,以清净心,向无量寿,乃至十念,愿生其国。闻甚深法,即生信解,乃至获得一念净心。发一念心念于彼佛,此人临命终时,如在梦中,见阿弥陀佛,定生彼国,得不退转无上菩提。"

往生正因第二十五

"复次阿难:若有善男子,善女人,闻此经典,受持读诵,书写供养,昼夜相续,求生彼刹,发菩提心,持诸禁戒,坚守不犯。饶益有情,所作善根,悉施与之,令得安乐。忆念西方阿弥陀佛,及彼国土。是人命终,如佛色相种种庄严,生宝刹中,速得闻法,永不退转。

"复次阿难:若有众生,欲生彼国,虽不能大精进禅定,尽持经戒,要当作善。所谓:一不杀生,二不偷盗,三不淫欲,四不妄言,五不绮语,六不恶口,七不两舌,八不贪,九不嗔,十不痴。如是昼夜思惟,极乐世界阿弥陀佛,种种功德,种种庄严,志心归依,顶礼供养。是人临终,不惊不怖,心不颠倒,即得往生彼佛国土。

"若多事物,不能离家,不暇大修斋戒,一心清净,有空闲时,端正身心,绝欲去忧,慈心精进。不当嗔怒、嫉妒,不得贪餮悭惜,不得中悔,不得狐疑。要当孝顺,至诚忠信。当信佛经语深,当信作善得福。奉持如是等法,不得亏失。思惟熟计,欲得度脱,昼夜常念,愿欲往生阿弥陀佛清净佛国。十日十夜，乃至一日一夜，不断绝者，寿终皆得往生其国，行菩萨道。

"诸往生者，皆得阿惟越致，皆具金色三十二相，皆当作佛。欲于何方佛国作佛，从心所愿。随其精进早晚，求道不休，会当得之，不失其所愿也。

"阿难，以此义利故，无量无数不可思议无有等等、无边世界，诸佛如来，皆共称赞无量寿佛所有功德。"

礼供听法第二十六

"复次阿难！十方世界诸菩萨众，为欲瞻礼极乐世界无量寿佛，各以香华幢幡宝盖，往诣佛所，恭敬供养，听受经法，宣布道化，称赞佛土功德庄严。"

尔时世尊即说颂曰：

　　东方诸佛刹，数如恒河沙。恒沙菩萨众，往礼无量寿。南西北四维，上下亦复然。咸以尊重心，奉诸珍妙供。畅发和雅音，歌叹最胜尊。究达神通慧，游入深法门。闻佛圣德名，安隐得大利。种种供养中，勤修无懈倦。观彼殊胜刹，微妙难思议。功德普庄严，诸佛国难比。因发无上心，愿速成菩提。应时无量尊，微笑现金容。光明从口出，遍照十方国。回光还绕佛，三匝从顶入。菩萨见此光，即证不退位。时会一切众，互庆生欢喜。佛语梵雷震，八音畅妙声。十方来正士，吾悉知彼愿。志求严净土，受记当作佛。觉了一切法，犹如梦幻响。满足诸妙愿，必成如是刹。知土如影像，恒发弘誓心。究竟菩萨道，具诸功德本。修胜菩提行，受记当作佛。通达诸法性，一切空无我。专求净佛土，必成如是刹。闻法乐受行，得至清净处。必于无量尊，受记成等觉。无边殊胜刹，其佛本愿力。闻名欲往生，自致不退转。菩萨兴至愿，愿己国无异。普念度一切，各发菩提心。舍彼轮回身，俱令登彼岸。奉事万亿佛，飞化遍诸刹。恭敬欢喜去，还到安养国。

歌叹佛德第二十七

佛语阿难："彼国菩萨，承佛威神，于一食顷，复往十方无边净刹，供养诸佛。华香幢幡，供养之具，应念即至，皆现手中。珍妙殊特，非世所有，以奉诸佛及菩萨众。

"其所散华，即于空中，合为一华，华皆向下。端圆周匝，化成华盖，百千光色，色色异香，香气普薰。盖之小者，满十由旬，如是转倍，乃至遍覆三千大千世界。随其前后，以次化没。若不更以新华重散，前所散华终不复落。于虚空中共奏天乐，以微妙音歌叹佛德。

"经须臾间，还其本国，都悉集会七宝讲堂。无量寿佛，则为广宣大教，演畅妙法。莫不欢喜，心解得道。即时香风吹七宝树，出五音声。无量妙华，随风四散，自然供养，如是不绝。一切诸天，皆赍百千华香，万种伎乐，供养彼佛，及诸菩萨声闻之众。前后往来，熙怡快乐。此皆无量寿佛本愿加威，及曾供养如来，善根相续，无缺减故，善修习故，善摄取故，善成就故。"

大士神光第二十八

佛告阿难："彼佛国中诸菩萨众，悉皆洞视，彻听八方、上下、去来、现在之事。诸天人民，以及蜎飞蠕动之类，心意善恶，口所欲言，何时度脱，得道往生，皆豫知之。又彼佛刹诸声闻众，身光一寻，菩萨光明，照百由旬。有二菩萨，最尊第一，威神光明，普照三千大千世界。"

阿难白佛："彼二菩萨，其号云何？"佛言："一名观世音，一名大势至。此二菩萨，于娑婆界，修菩萨行，往生彼国，常在阿弥陀佛左右。欲至十方无量佛所，随心则到。现居此界，作大利乐。世间善男子，善女人，若有急难恐怖，但自归命观世音菩萨，无不得解脱者。"

愿力宏深第二十九

"复次阿难：彼佛刹中，所有现在，未来，一切菩萨，皆当究竟一生补处。唯除大愿，入生死界，为度群生，作师子吼。擐大甲胄，以宏誓功德而自庄严。虽生五浊恶世，示现同彼，直至成佛，不受恶趣。生生之处，常识宿命。

"无量寿佛意欲度脱十方世界诸众生类，皆使往生其国，悉令得泥洹道。作菩萨者，令悉作佛。既作佛已，转相教授，转相度脱。如是辗转，不可复计。十方世界，声闻菩萨，诸众生类，生彼佛国，得泥洹道，当作佛者，不可胜数。彼佛国中，常如一法，不为增多。所以者何？犹如大海，为水中王，诸水流行，都入海中，是大海水，宁为增减？

"八方上下，佛国无数，阿弥陀国，长久广大，明好快乐，最为独胜。本其为菩萨时，求道所愿，累德所至。无量寿佛，恩德布施八方上下，无穷无极，深大无量，不可胜言。"

菩萨修持第三十

"复次阿难：彼佛刹中一切菩萨，禅定、智慧、神通、威德，无不圆满。诸佛密藏,究竟明了。调伏诸根,身心柔软,深入正慧,无复余习,依佛所行,七觉圣道,修行五眼。照真达俗,肉眼简择,天眼通达,法眼清净,慧眼见真,佛眼具足,觉了法性。

"辩才总持,自在无碍。善解世间无边方便。所言诚谛,深入义味。度诸有情,演说正法,无相无为,无缚无脱,无诸分别,远离颠倒。于所受用,皆无摄取,遍游佛刹,无爱无厌,亦无希求不希求想,亦无彼我违怨之想。

"何以故?彼诸菩萨,于一切众生,有大慈悲利益心故,舍离一切执着,成就无量功德,以无碍慧,解法如如。善知集灭,音声方便,不欣世语,乐在正论。知一切法,悉皆空寂。生身烦恼,二余俱尽。于三界中,平等勤修,究竟一乘,至于彼岸。决断疑网,证无所得,以方便智,增长了知。从本以来,安住神通。得一乘道,不由他悟。"

真实功德第三十一

"其智宏深,譬如巨海;菩提高广,喻若须弥。自身威光,超于日月;其心洁白,犹如雪山;忍辱如地,一切平等;清净如水,洗诸尘垢;炽盛如火,烧烦恼薪;不著如风,无诸障碍;法音雷震,觉未觉故;雨甘露法,润众生故;旷若虚空,大慈等故;如净莲华,离染污故;如尼拘树,覆荫大故;如金刚杵,破邪执故;如铁围山,众魔外道不能动故。

"其心正直,善巧决定。论法无厌,求法不倦;戒若琉璃,内外明洁;其所言说,令众悦服。击法鼓,建法幢,曜慧日,破痴暗。淳净温和,寂定明察。为大导师,调伏自他。引导群生,舍诸爱著,永离三垢,游戏神通。

"因缘愿力,出生善根,摧伏一切魔军。尊重奉事诸佛,为世明灯,最胜福田,殊胜吉祥,堪受供养。赫奕欢喜,雄猛无畏。身色相好,功德辩才,具足庄严,无与等者。常为诸佛所共称赞,究竟菩萨诸波罗蜜,而常安住不生不灭诸三摩地,行遍道场,远二乘境。

"阿难!我今略说,彼极乐界,所生菩萨,真实功德,悉皆如是。若广说者,百千万劫,不能穷尽。"

寿乐无极第三十二

佛告弥勒菩萨、诸天人等:"无量寿国,声闻菩萨,功德智慧,不可称说。又其国土微妙、安乐,清净若此,何不力为善,念道之自然。

"出入供养,观经行道,喜乐久习。才猛智慧,心不中回,意无懈时。外若迟缓,内独驶急。容容虚空,适得其中。中表相应,自然严整。检敛端直,身心洁净，无有爱贪。志愿安定，无增缺减，求道和正，不误倾邪。随经约令，不敢蹉跌，若于绳墨。咸为道慕，旷无他念，无有忧思。自然无为，虚空无立，淡安无欲。作得善愿，尽心求索。含哀慈愍，礼义都合，苞罗表里，过度解脱。自然保守，真真洁白。志愿无上，净定安乐。一旦开达明彻，自然中自然相，自然之有根本，自然光色参回，转变最胜。郁单成七宝，横览成万物。光精明俱出，善好殊无比。著于无上下，洞达无边际。

"宜各勤精进，努力自求之，必得超绝去，往生无量清净阿弥陀佛国。横截于五趣，恶道自闭塞。无极之胜道，易往而无人。其国不逆违，自然所牵随。捐志若虚空，勤行求道德。可得极长生，寿乐无有极。何为著世事，诙诙忧无常。"

劝谕策进第三十三

"世人共争不急之务，于此剧恶极苦之中，勤身营务，以自给济。尊卑、贫富、少长、男女，累念积虑，为心走使。无田忧田，无宅忧宅。眷属财物，有无同忧。有一少一，思欲齐等。适小具有，又忧非常，水火盗贼，怨家债主，焚漂劫夺，消散磨灭。心悭意固，无能纵舍。命终弃捐，莫谁随者？贫富同然，忧苦万端。

"世间人民，父子兄弟，夫妇亲属，当相敬爱，无相憎嫉。有无相通，无得贪惜。言色常和，莫相违戾。或时心净，有所恚怒，后世转剧，至成大怨。世间之事，更相患害。虽不临时，应急想破。人在爱欲之中，独生独死，独去独来，苦乐自当，无有代者。善恶变化，追逐所生，道路不同，会见无期。何不于强健时，努力修善，欲何待乎？

"世人善恶自不能见，吉凶祸福，竞各作之。身愚神暗，转受余教。颠倒相续，无常根本。蒙冥抵突，不信经法。心无远虑，各欲快意。迷于嗔恚，贪于财色，终不休止，哀哉可伤！

"先人不善，不识道德，无有语者，殊无怪也。死生之趣，善恶之道，都不之信，谓无有是。更相瞻视，且自见之。或父哭子，或子哭父，兄弟夫妇，更相哭泣。一死一生，迭相顾恋；忧爱结缚，无有解时。思想恩好，不离情欲，不能深思熟计，专精行道，年寿旋尽，无可奈何！惑道者众，悟道者少。各怀杀毒，恶气冥冥。为妄兴事，违逆天地，恣意罪极，顿夺其寿，下入恶道，无有出期。

"若曹当熟思计，远离众恶，择其善者，勤而行之。爱欲荣华，不可常保，皆当别离，无可乐者。当勤精进，生安乐国。智慧明达，功德殊胜。勿得随心所欲,亏负经戒,在人后也。"

心得开明第三十四

弥勒白言:"佛语教戒,甚深甚善,皆蒙慈恩解脱忧苦。佛为法王,尊超群圣。光明彻照,洞达无极,普为一切天人之师。今得值佛,复闻无量寿声,靡不欢喜,心得开明。"

佛告弥勒:"敬于佛者,是为大善,实当念佛,截断狐疑,拔诸爱欲,杜众恶源。游步三界,无所挂碍,开示正道,度未度者。

"若曹当知十方人民,永劫以来,辗转五道,忧苦不绝。生时苦痛,老亦苦痛,病极苦痛,死极苦痛。恶臭不净,无可乐者。宜自决断,洗除心垢,言行忠信,表里相应。人能自度,转相拯济。至心求愿,积累善本。虽一世精进勤苦,须臾间耳。后生无量寿国,快乐无极,永拔生死之本,无复苦恼之患,寿千万劫,自在随意。宜各精进,求心所愿,无得疑悔,自为过咎,生彼边地,七宝城中,于五百岁受诸厄也。"

弥勒白言:"受佛明诲,专精修学,如教奉行,不敢有疑。"

浊世恶苦第三十五

佛告弥勒:"汝等能于此世,端心正意,不为众恶,甚为大德。所以者何?十方世界善多恶少,易可开化。唯此五恶世间,最为剧苦。我今于此作佛,教化群生,令舍五恶,去五痛,离五烧,降化其意。令持五善,获其福德。何等为五?

"其一者,世间诸众生类,欲为众恶,强者伏弱,转相克贼,残害杀伤,迭相吞啖。不知为善,后受殃罚。故有穷乞、孤独、聋盲、喑哑、痴恶、尫狂,皆因前世不信道德、不肯为善。其有尊贵、豪富、贤明、长者、智勇、才达,皆由宿世慈孝,修善积德所致。世间有此目前现事,寿终之后,入其幽冥,转生受身,改形易道,故有泥犁、禽兽、蜎飞蠕动之属。譬如世法牢狱,剧苦极刑,魂神命精,随罪趣向。所受寿命,或长或短,相从共生,更相报偿。殃恶未尽,终不得离,辗转其中,累劫难出。难得解脱,痛不可言。天地之间,自然有是,虽不即时暴应,善恶会当归之。

"其二者,世间人民不顺法度,奢淫骄纵,任心自恣。居上不明,在位不正,陷人冤枉,损害忠良,心口各异,机伪多端。尊卑中外,更相欺诳,嗔恚愚痴,欲自厚己。欲贪多有,利害胜负,结忿成仇,破家亡身。不顾前后。富有悭惜,不肯施与。爱保贪重,心劳身苦。如是至竟,无一随者。善恶祸福,追命所生，或在乐处，或入苦毒。又或见善憎谤，不思慕及，常怀盗心，悕望他利，用自供给，消散复取。神明克识，终入恶道，自有三途无量苦恼，辗转其中，累劫难出，痛不可言。

"其三者，世间人民，相因寄生，寿命几何？不良之人，身心不正，常怀邪恶，常念淫妷，烦满胸中，邪态外逸，费损家财，事为非法。所当求者，而不肯为。又或交结聚会，兴兵相伐，攻劫杀戮，强夺迫胁。归给妻子，极身作乐。众共憎厌，患而苦之。如是之恶，著于人鬼，神明记识，自入三途。无量苦恼，辗转其中，累劫难出，痛不可言。

"其四者，世间人民不念修善。两舌、恶口、妄言、绮语。憎嫉善人，败坏贤明，不孝父母，轻慢师长，朋友无信，难得诚实。尊贵自大，谓己有道，横行威势，侵易于人，欲人畏敬，不自惭惧，难可降化，常怀骄慢，赖其前世，福德营护。今世为恶，福德尽灭，寿命终尽，诸恶绕归。又其名籍，记在神明，殃咎牵引，无从舍离，但得前行，入于火镬，身心摧碎，神形苦极。当斯之时，悔复何及？

"其五者，世间人民徙倚懈怠，不肯作善，治身修业。父母教诲，违戾反逆，譬如怨家，不如无子。负恩违义，无有报偿。放恣游散，耽酒嗜美，鲁扈抵突，不识人情，无义无礼，不可谏晓。六亲眷属，资用有无，不能忧念。不惟父母之恩，不存师友之义。意念身口，曾无一善。不信诸佛经法，不信生死善恶。欲害真人，斗乱僧众，愚痴蒙昧，自为智慧。不知生所从来，死所趣向，不仁不顺，希望长生。慈心教诲，而不肯信，苦口与语，无益其人。心中闭塞，意不开解。大命将终，悔惧交至。不豫修善，临时乃悔，悔之于后，将何及乎？

"天地之间，五道分明。善恶报应，祸福相承。身自当之，无谁代者。善人行善，从乐入乐，从明入明。恶人行恶，从苦入苦，从冥入冥。谁能知者？独佛知耳。教语开示，信行者少。生死不休，恶道不绝。如是世人，难可具尽。故有自然三途，无量苦恼，辗转其中，世世累劫，无有出期，难得解脱，痛不可言。如是五恶、五痛、五烧，譬如大火，焚烧人身，若能自于其中一心制意，端身正念，言行相副，所作至诚，独作诸善，不为众恶，身独度脱，获其福德，可得长寿泥洹之道。是为五大善也。"

重重诲勉第三十六

佛告弥勒："吾语汝等，如是五恶五痛五烧，辗转相生，敢有犯此，当历恶趣。或其今世，先被病殃，死生不得，示众见之。或于寿终，入三恶道，愁痛酷毒，自相燋然，共其怨家，更相杀伤。从小微起，成大困剧。皆由贪著财色，不肯施惠；各欲自快，无复曲直；痴欲所迫，厚己争利；富贵荣华，当时快意；不能忍辱，不务修善；威势无几，随以磨灭。天道施张，自然纠举。茕茕忪忪，当入其中。古今有是，痛哉可伤。

"汝等得佛经语，熟思惟之，各自端守，终身不怠。尊圣敬善，仁慈博爱，当求度世，拔断生死众恶之本，当离三涂、忧怖苦痛之道。若曹作善，云何第一？当自端心，当自端身，耳目口鼻，皆当自端。身心净洁，与善相应。勿随嗜欲，不犯诸恶，言色当和，身行当专。动作瞻视，安定徐为。作事仓促，败悔在后。为之不谛，亡其功夫。"

如贫得宝第三十七

"汝等广植德本，勿犯道禁，忍辱精进，慈心专一。斋戒清静，一日一夜，胜在无量寿国为善百岁。所以者何？彼佛国土，皆积德众善，无毫发之恶。于此修善，十日十夜，胜于他方诸佛国中，为善千岁。所以者何？他方佛国，福德自然，无造恶之地。惟此世间，善少恶多，饮苦食毒，未尝宁息。

"吾哀汝等，苦心诲喻，授与经法。悉持思之，悉奉行之。尊卑、男女、眷属、朋友，转相教语，自相约检，和顺义理，欢乐慈孝。所作如犯，则自悔过。去恶就善，朝闻夕改。奉持经戒，如贫得宝。改往修来，洒心易行，自然感降，所愿辄得。佛所行处，国邑丘聚，靡不蒙化，天下和顺：日月清明，风雨以时，灾厉不起，国丰民安，兵戈无用，崇德兴仁，务修礼让，国无盗贼，无有怨枉，强不凌弱，各得其所。

"我哀汝等，甚于父母念子。我于此世作佛，以善攻恶，拔生死之苦，令获五德，升无为之安。吾般泥洹，经道渐灭，人民谄伪，复为众恶，五烧五痛，久后转剧。汝等转相教诫，如佛经法，无得犯也。"

弥勒菩萨，合掌白言："世人恶苦，如是如是。佛皆慈哀，悉度脱之。受佛重诲，不敢违失。"

礼佛现光第三十八

佛告阿难："若曹欲见无量清净平等觉，及诸菩萨、阿罗汉等所居国土，应起西向，当日没处，恭敬顶礼，称念南无阿弥陀佛。"

阿难即从座起，面西合掌，顶礼白言："我今愿极乐世界阿弥陀佛，供养奉事，种诸善根。"顶礼之间，忽见阿弥陀佛，容颜广大，色相端严，如黄金山，高出一切诸世界上。又闻十方世界，诸佛如来，称扬赞叹阿弥陀佛种种功德，无碍无断。

阿难白言："彼佛净刹，得未曾有，我亦愿乐生于彼佛诸土。"世尊告言："其中生者，已曾亲近无量诸佛，植众德本。汝欲生彼，应当一心归依瞻仰。"

作是语时，阿弥陀佛即于掌中放无量光，普照一切诸佛世界。时诸佛国，皆悉明现，如处一寻。以阿弥陀佛殊胜光明，极清净故，于此世界所有黑山、雪山、金刚、铁围大小诸山，江河、丛林、天人宫殿，一切境界，无不照见。譬如日出，明照世间，乃至泥犁、溪谷、幽冥之处，悉大开辟，皆同一色。犹如劫水弥满世界，其中万物，沉没不现，滉瀁浩汗，唯见大水。彼佛光明，亦复如是，声闻菩萨，一切光明，悉皆隐蔽，唯见佛光，明曜显赫。

此会四众、天龙八部、人非人等，皆见极乐世界，种种庄严。阿弥陀佛，于彼高座，威德巍巍，相好光明。声闻菩萨，围绕恭敬。譬如须弥山王，出于海面，明现照耀。清净平正，无有杂秽，及异形类，唯是众宝庄严，圣贤共住。

阿难及诸菩萨众等，皆大欢喜，踊跃作礼，以头着地，称念南无阿弥陀三藐三佛陀。诸天人民，以至蜎飞蠕动，睹斯光者，所有疾苦，莫不休止，一切忧恼，莫不解脱。悉皆慈心作善，欢喜快乐。钟磬琴瑟，箜篌乐器，不鼓自然皆作五音。诸佛国中，诸天人民，各持花香，来于虚空散作供养。

尔时，极乐世界，过于西方百千俱胝那由他国，以佛威力，如对目前，如净天眼，观一寻地，彼见此土，亦复如是。悉睹娑婆世界，释迦如来，及比丘众，围绕说法。

慈氏述见第三十九

尔时，佛告阿难，及慈氏菩萨："汝见极乐世界，宫殿、楼阁、泉池、林树，具足微妙、清净庄严不？汝见欲界诸天，上至色究竟天，雨诸香华，遍佛刹不？"

阿难对曰："唯然已见。"

"汝闻阿弥陀佛大音宣布一切世界，化众生不？"

阿难对曰："唯然已闻。"

佛言："汝见彼国净行之众，游处虚空，宫殿随身，无所障碍，遍至十方供养诸佛不？及见彼等念佛相续不？复有众鸟，住虚空界，出种种音，皆是化作，汝悉见不？"

慈氏白言："如佛所说，一一皆见。"

佛告弥勒："彼国人民有胎生者，汝复见不？"

弥勒白言："世尊，我见极乐世界人住胎者，如夜摩天，处于宫殿。又见众生，于莲华内结跏趺坐，自然化生，何因缘故？彼国人民，有胎生者，有化生者？"

边地疑城第四十

佛告慈氏："若有众生，以疑惑心修诸功德，愿生彼国，不了佛智、不思议智、不可称智、大乘广智、无等无伦最上胜智，于此诸智，疑惑不信，犹信罪福，修习善本，愿生其国。复有众生，积集善根，希求佛智、普遍智、无等智、威德广大不思议智，于自善根，不能生信，故于往生清净佛国，意志犹豫，无所专据，然犹续念不绝，结其善愿为本，续得往生。

"是诸人等，以此因缘，虽生彼国，不能前至无量寿所。道止佛国界边，七宝城中。佛不使尔，身行所作，心自趣向。亦有宝池莲华，自然受身，饮食快乐，如忉利天。于其城中，不能得出，所居舍宅在地，不能随意高大。于五百岁，常不见佛，不闻经法，不见菩萨声闻圣众。其人智慧不明，知经复少，心不开解，意不欢乐。是故于彼，谓之胎生。

"若有众生，明信佛智，乃至胜智，断除疑惑，信己善根，作诸功德，至心回向，皆于七宝华中，自然化生，跏趺而坐。须臾之顷，身相、光明、智慧、功德，如诸菩萨，具足成就。弥勒当知，彼化生者，智慧胜故。其胎生者，五百岁中，不见三宝，不知菩萨法式，不得修习功德，无因奉事无量寿佛。当知此人，宿世之时，无有智慧，疑惑所致。"

惑尽见佛第四十一

"譬如转轮圣王，有七宝狱，王子得罪，禁闭其中。层楼绮殿，宝帐金床，栏窗榻座，妙饰奇珍，饮食衣服，如转轮王。而以金锁，系其两足。诸小王子，宁乐此不？"

慈氏白言："不也，世尊！彼幽絷时，心不自在。但以种种方便，欲求出离。求诸近臣，终不从心。轮王欢喜，方得解脱。"

佛告弥勒："此诸众生，亦复如是。若有堕于疑悔，希求佛智，至广大智，于自善根，不能生信，由闻佛名，起信心故，虽生彼国，于莲华中，不得出现。彼处华胎，犹如园苑宫殿之想。何以故？彼中清净，无诸秽恶，然于五百岁中，不见三宝，不得供养奉事诸佛，远离一切殊胜善根。以此为苦，不生欣乐。若此众生，识其罪本，深自悔责，求离彼处，往昔世中，过失尽已，然后乃出，即得往诣无量寿所，听闻经法，久久亦当开解欢喜，亦得遍供无数无量诸佛，修诸功德。汝阿逸多！当知疑惑，于诸菩萨为大损害，为失大利，是故应当明信诸佛无上智慧。"

慈氏白言："云何此界一类众生，虽亦修善，而不求生？"佛告慈氏："此等众生，智慧微浅，分别西方，不及天界，是以非乐，不求生彼。"慈氏白言："此等众生，虚妄分别，不求佛刹，何免轮回？"

佛言："彼等所种善根，不能离相，不求佛慧，深着世乐，人间福报，虽复修福，求人天果。得报之时，一切丰足，而未能出三界狱中。假使父母、妻子、男女、眷属，欲相救免，邪见业王，未能舍离，常处轮回而不自在。汝见愚痴之人，不种善根，但以世智聪辩，增益邪心，云何出离生死大难？复有众生，虽种善根，作大福田，取相分别，情执深重，求出轮回，终不能得。若以无相智慧，植众德本，身心清净，远离分别，求生净刹，趣佛菩提，当生佛刹，永得解脱。"

菩萨往生第四十二

弥勒菩萨白佛言："今此娑婆世界，及诸佛刹不退菩萨，当生极乐国者，其数几何？"

佛告弥勒："于此世界，有七百二十亿菩萨，已曾供养无数诸佛，植众德本，当生彼国。诸小行菩萨，修习功德，当往生者，不可称计。不但我刹诸菩萨等，往生彼国，他方佛土，亦复如是。从远照佛刹，有十八俱胝那由他菩萨摩诃萨，生彼国土；东北方宝藏佛刹，有九十亿不退菩萨，当生彼国；从无量音佛刹、光明佛刹、龙天佛刹、胜力佛刹、师子佛刹、离尘佛刹、德首佛刹、仁王佛刹、华幢佛刹，不退菩萨当往生者，或数十百亿，或数百千亿，乃至万亿。其第十二佛名无上华，彼有无数诸菩萨众，皆不退转，智慧勇猛，已曾供养无量诸佛，具大精进，发趣一乘，于七日中，即能摄取百千亿劫大士所修坚固之法。斯等菩萨，皆当往生。其第十三佛名曰无畏，彼有七百九十亿大菩萨众，诸小菩萨及比丘等，不可称计，皆当往生。十方世界诸佛名号及菩萨众，当往生者，但说其名，穷劫不尽。"

非是小乘第四十三

佛告慈氏："汝观彼诸菩萨摩诃萨，善获利益。若有善男子、善女人，得闻阿弥陀佛名号，能生一念喜爱之心，归依瞻礼，如说修行，当知此人为得大利，当获如上所说功德。心无下劣，亦不贡高，成就善根，悉皆增上。当知此人非是小乘，于我法中，得名第一弟子。

“是故告汝、天人、世间、阿修罗等，应当爱乐修习，生希有心，于此经中，生导师想。欲令无量众生，速疾安住得不退转，及欲见彼广大庄严，摄受殊胜佛刹，圆满功德者，当起精进，听此法门。为求法故，不生退屈谄伪之心，设入大火，不应疑悔。何以故？彼无量亿诸菩萨等，皆悉求此微妙法门，尊重听闻，不生违背。多有菩萨，欲闻此经而不能得。是故汝等，应求此法。”

受菩提记第四十四

“若于来世，乃至正法灭时，当有众生，植诸善本，已曾供养无量诸佛，由彼如来加威力故，能得如是广大法门。摄取受持，当获广大一切智智。于彼法中，广大胜解，获大欢喜，广为他说，常乐修行。诸善男子，及善女人，能于是法，若已求、现求、当求者，皆获善利。汝等应当安住无疑，种诸善本，应常修习，使无疑滞，不入一切种类珍宝成就牢狱。

“阿逸多！如是等类大威德者，能生佛法广大异门，由于此法不听闻故，有一亿菩萨，退转阿耨多罗三藐三菩提。若有众生，于此经典，书写、供养、受持、读诵，于须臾顷为他演说，劝令听闻，不生忧恼，乃至昼夜思惟彼刹，及佛功德，于无上道，终不退转。彼人临终，假使三千大千世界满中大火，亦能超过，生彼国土。是人已曾值过去佛，受菩提记，一切如来，同所称赞。是故应当专心信受、持诵、说行。”

独留此经第四十五

“吾今为诸众生说此经法，令见无量寿佛，及其国土一切所有。所当为者，皆可求之，无得以我灭度之后，复生疑惑。

“当来之世，经道灭尽，我以慈悲哀愍，特留此经止住百岁。其有众生，值斯经者，随意所愿，皆可得度。如来兴世，难值难见。诸佛经道，难得难闻。遇善知识，闻法能行，此亦为难。若闻斯经，信乐受持，难中之难，无过此难。若有众生得闻佛声，慈心清净，踊跃欢喜，衣毛为起，或泪出者，皆由前世曾作佛道，故非凡人。若闻佛号，心中狐疑，于佛经语，都无所信，皆从恶道中来，宿殃未尽，未当度脱，故心狐疑，不信向耳。”

勤修坚持第四十六

佛告弥勒：“诸佛如来无上之法，十力无畏，无碍无著，甚深之法，及波罗蜜等菩萨之法，非易可遇。能说法人，亦难开示。坚固深信，时亦难遭。我今如理宣说如是广大微妙法门，一切诸佛之所称赞。付嘱汝等，作大守护。为诸有情长夜利益，莫令众生沦堕五趣，备受危苦。应勤修行，随顺我教。当孝于佛，常念师恩。当令是法，久住不灭。当坚持之，无得毁失。无得为妄，增减经法。常念不绝，则得道捷。我法如是，作如是说。如来所行，亦应随行。种修福善，求生净刹。"

福慧始闻第四十七

尔时世尊而说颂曰：

若不往昔修福慧，于此正法不能闻。已曾供养诸如来，则能欢喜信此事。恶骄懈怠及邪见，难信如来微妙法。譬如盲人恒处暗，不能开导于他路。唯曾于佛植众善，救世之行方能修。闻已受持及书写，读诵赞演并供养。如是一心求净方，决定往生极乐国。假使大火满三千，乘佛威德悉能超。如来深广智慧海，唯佛与佛乃能知。声闻亿劫思佛智，尽其神力莫能测。如来功德佛自知，唯有世尊能开示。人身难得佛难值，信慧闻法难中难。若诸有情当作佛，行超普贤登彼岸。是故博闻诸智士，应信我教如实言。如是妙法幸听闻，应常念佛而生喜。受持广度生死流，佛说此人真善友。

闻经获益第四十八

尔时世尊说此经法，天人世间有万二千那由他亿众生，远离尘垢，得法眼净；二十亿众生，得阿那含果；六千八百比丘，诸漏已尽，心得解脱；四十亿菩萨，于无上菩提住不退转，以弘誓功德而自庄严；二十五亿众生，得不退忍；四万亿那由他百千众生，于无上菩提未曾发意，今始初发，种诸善根愿生极乐，见阿弥陀佛。皆当往生彼如来土，各于异方次第成佛，同名妙音如来。

复有十方佛刹若现在生，及未来生，见阿弥陀佛者，各有八万俱胝那由他人，得授记法忍，成无上菩提。彼诸有情，皆是阿弥陀佛宿愿因缘，俱得往生极乐世界。

尔时三千大千世界六种震动，并现种种希有神变，放大光明，普照十方。复有诸天，于虚空中，作妙音乐，出随喜声。乃至色界诸天，悉皆得闻，叹未曾有。无量妙花纷纷而降。尊者阿难、弥勒菩萨、及诸菩萨声闻、天龙八部、一切大众，闻佛所说，皆大欢喜，信受奉行。

圆觉经

序　分

如是我闻。一时，婆伽婆，入于神通大光明藏，三昧正受，一切如来光严住持，是诸众生清净觉地。身心寂灭，平等本际，圆满十方，不二随顺，于不二境，现诸净土。

与大菩萨摩诃萨十万人俱。其名曰文殊师利菩萨，普贤菩萨，普眼菩萨，金刚藏菩萨，弥勒菩萨，清净慧菩萨，威德自在菩萨，辩音菩萨，净诸业障菩萨，普觉菩萨，圆觉菩萨，贤善首菩萨等而为上首，与诸眷属皆入三昧，同住如来平等法会。

文殊师利菩萨

于是文殊师利菩萨在大众中，即从座起，顶礼佛足，右绕三匝，长跪叉手而白佛言："大悲世尊，愿为此会诸来法众，说于如来本起清净因地法行，及说菩萨于大乘中发清净心，远离诸病，能使未来末世众生求大乘者，不堕邪见。"

作是语已，五体投地，如是三请，终而复始。

尔时，世尊告文殊师利菩萨言："善哉！善哉！善男子，汝等乃能为诸菩萨咨询如来因地法行，及为末世一切众生求大乘者，得正住持，不堕邪见。汝今谛听，当为汝说。"

时，文殊师利菩萨奉教欢喜，及诸大众默然而听。

"善男子，无上法王有大陀罗尼门，名为圆觉。流出一切清净真如，菩提涅槃及波罗蜜，教授菩萨。一切如来本起因地，皆依圆照清净觉相，永断无明，方成佛道。

"云何无明？善男子，一切众生从无始来，种种颠倒，犹如迷人，四方易处；妄认四大为自身相，六尘缘影为自心相。譬彼病目，见空中华及第二月。善男子，空实无华，病者妄执。由妄执故，非唯惑此虚空自性，亦复迷彼实华生处，由此妄有轮转生死，故名无明。善男子，此无明者，非实有体。如梦中人，梦时非无，及至于醒，了无所得。如众空华，灭于虚空，不可说言有定灭处。何以故？无生处故。一切众生于无生中，妄见生灭，是故说名轮转生死。

"善男子，如来因地修圆觉者，知是空华，即无轮转，亦无身心受彼生死。非作故无，本性无故。彼知觉者，犹如虚空。知虚空者，即空华相。亦不可说无知觉性。有无俱遣，是则名为净觉随顺。

"何以故？虚空性故，常不动故，如来藏中无起灭故，无知见故。如法界性，究竟圆满遍十方故。是则名为因地法行。菩萨因此于大乘中，发清净心。末世众生依此修行，不堕邪见。"

尔时，世尊欲重宣此义而说偈言：

文殊汝当知，一切诸如来，从于本因地，皆以智慧觉，了达于无明。知彼如空华，即能免流转，又如梦中人，醒时不可得。觉者如虚空，平等不动转，觉遍十方界，即得成佛道。众幻灭无处，成道亦无得，本性圆满故。菩萨于此中，能发菩提心。末世诸众生，修此免邪见。

普贤菩萨

于是普贤菩萨在大众中，即从座起，顶礼佛足，右绕三匝，长跪叉手而白佛言："大悲世尊，愿为此会诸菩萨众，及为末世一切众生修大乘者，闻此圆觉清净境界，云何修行？世尊，若彼众生知如幻者，身心亦幻，云何以幻还修于幻？若诸幻性一切尽灭，则无有心，谁为修行？云何复说修行如幻？若诸众生本不修行，于生死中常居幻化，曾不了知如幻境界，令妄想心云何解脱？愿为末世一切众生，作何方便，渐次修习，令诸众生永离诸幻。"

作是语已，五体投地，如是三请，终而复始。

尔时，世尊告普贤菩萨言："善哉！善哉！善男子，汝等乃能为诸菩萨及末世众生，修习菩萨如幻三昧，方便渐次，令诸众生得离诸幻。汝今谛听，当为汝说。"

时，普贤菩萨奉教欢喜，及诸大众默然而听。

"善男子，一切众生种种幻化，皆生如来圆觉妙心，犹如空华，从空而有，幻华虽灭，空性不坏。众生幻心，还依幻灭，诸幻尽灭，觉心不动。依幻说觉，亦名为幻。若说有觉，犹未离幻。说无觉者，亦复如是。是故幻灭，名为不动。

"善男子，一切菩萨及末世众生，应当远离一切幻化虚妄境界。由坚执持远离心故，心如幻者，亦复远离。远离为幻，亦复远离。离远离幻，亦复远离。得无所离，即除诸幻。譬如钻火，两木相因，火出木尽，灰飞烟灭。以幻修幻，亦复如是。诸幻虽尽，不入断灭。善男子，知幻即离，不作方便。离幻即觉，亦无渐次。一切菩萨及末世众生，依此修行，如是乃能永离诸幻。"

尔时，世尊欲重宣此义而说偈言：

普贤汝当知，一切诸众生，无始幻无明，皆从诸如来，圆觉心建立，犹如虚空华，依空而有相，空华若复灭，虚空本不动，幻从诸觉生，幻灭觉圆满，觉心不动故。若彼诸菩萨，及末世众生，常应远离幻，诸幻悉皆离。如木中生火，木尽火还灭。觉则无渐次，方便亦如是。

普眼菩萨

于是普眼菩萨在大众中，即从座起，顶礼佛足，右绕三匝，长跪叉手而白佛言："大悲世尊，愿为此会诸菩萨众，及为末世一切众生，演说菩萨修行渐次，云何思惟？云何住持？众生未悟，作何方便普令开悟？世尊，若彼众生无正方便及正思惟，闻佛如来说此三昧，心生迷闷，即于圆觉不能悟入。愿兴慈悲，为我等辈及末世众生，假说方便。"

作是语已，五体投地，如是三请，终而复始。

尔时，世尊告普眼菩萨言："善哉！善哉！善男子，汝等乃能为诸菩萨及末世众生，问于如来修行渐次，思惟住持，乃至假说种种方便。汝今谛听，当为汝说。"

时，普眼菩萨奉教欢喜，及诸大众默然而听。

"善男子，彼新学菩萨及末世众生，欲求如来净圆觉心，应当正念，远离诸幻。先依如来奢摩他行，坚持禁戒，安处徒众，宴坐静室。恒作是念：我今此身，四大和合。所谓发毛爪齿，皮肉筋骨，髓脑垢色，皆归于地；唾涕脓血，津液涎沫，痰泪精气，大小便利，皆归于水；暖气归火，动转归风。四大各离，今者妄身，当在何处？即知此身，毕竟无体，和合为相，实同幻化。四缘假合，妄有六根。六根四大，中外合成，妄有缘气，于中积聚，似有缘相，假名为心。

"善男子，此虚妄心，若无六尘，则不能有。四大分解，无尘可得，于中缘尘，各归散灭，毕竟无有缘心可见。

"善男子，彼之众生幻身灭故，幻心亦灭；幻心灭故，幻尘亦灭；幻尘灭故，幻灭亦灭；幻灭灭故，非幻不灭。譬如磨镜，垢尽明现。善男子，当知身心皆为幻垢，垢相永灭，十方清净。

"善男子，譬如清净摩尼宝珠，映于五色，随方各现。诸愚痴者，见彼摩尼，实有五色。

"善男子，圆觉净性现于身心，随类各应。彼愚痴者，说净圆觉，实有如是身心自相，亦复如是，由此不能远于幻化。是故我说身心幻垢，对离幻垢，说名菩萨。垢尽对除，即无对垢及说名者。

"善男子，此菩萨及末世众生，证得诸幻灭影像故，尔时便得无方清净，无边虚空，觉所显发。觉圆明故，显心清净。心清净故，见尘清净。见清净故，眼根清净。根清净故，眼识清净。识清净故，闻尘清净。闻清净故，耳根清净。根清净故，耳识清净。识清净故，觉尘清净。如是乃至鼻、舌、身、意，亦复如是。

“善男子，根清净故，色尘清净。色清净故，声尘清净。香、味、触、法亦复如是。

“善男子，六尘清净故，地大清净。地清净故，水大清净。火大、风大亦复如是。

“善男子，四大清净故，十二处、十八界、二十五有清净。彼清净故，十力、四无所畏、四无碍智、佛十八不共法、三十七助道品清净。如是乃至八万四千陀罗尼门，一切清净。

“善男子，一切实相性清净故，一身清净。一身清净故，多身清净。多身清净故，如是乃至十方众生圆觉清净。

“善男子，一世界清净故，多世界清净。多世界清净故，如是乃至尽于虚空，圆裹三世，一切平等，清净不动。

“善男子，虚空如是平等不动，当知觉性平等不动。四大不动故，当知觉性平等不动。如是乃至八万四千陀罗尼门平等不动，当知觉性平等不动。

“善男子，觉性遍满，清净不动，圆无际故，当知六根遍满法界。根遍满故，当知六尘遍满法界。尘遍满故，当知四大遍满法界。如是乃至陀罗尼门遍满法界。

“善男子，由彼妙觉性遍满故，根性尘性无坏无杂。根尘无坏故，如是乃至陀罗尼门无坏无杂。如百千灯光照一室，其光遍满无坏无杂。

“善男子，觉成就故，当知菩萨不与法缚，不求法脱；不厌生死，不爱涅槃；不敬持戒，不憎毁禁；不重久习，不轻初学。何以故？一切觉故。譬如眼光，晓了前境，其光圆满，得无憎爱。何以故？光体无二，无憎爱故。

“善男子，此菩萨及末世众生，修习此心得成就者，于此无修亦无成就。圆觉普照，寂灭无二。于中百千万亿阿僧祇不可说恒河沙诸佛世界，犹如空华，乱起乱灭，不即不离，无缚无脱，始知众生本来成佛，生死涅槃犹如昨梦。

“善男子，如昨梦故，当知生死及与涅槃，无起无灭，无来无去。其所证者，无得无失，无取无舍。其能证者，无作无止，无任无灭。于此证中，无能无所，毕竟无证，亦无证者。一切法性平等不坏。

“善男子，彼诸菩萨如是修行，如是渐次，如是思惟，如是住持，如是方便，如是开悟，求如是法，亦不迷闷。”

尔时，世尊欲重宣此义而说偈言：

　　普眼汝当知，一切诸众生，身心皆如幻。身相属四大，心性归六尘。四大体各离，谁为和合者？如是渐修行，一切悉清净。不动遍法界，无作止任灭，亦无能证者。一切佛世界，犹如虚空华，三世悉平等，毕竟无来去。初发心菩萨，及末世众生，欲求入佛道，应如是修习。

金刚藏菩萨

　　于是金刚藏菩萨在大众中，即从座起，顶礼佛足，右绕三匝，长跪叉手而白佛言："大悲世尊，善为一切诸菩萨众，宣扬如来圆觉清净大陀罗尼，因地法行，渐次方便，与诸众生开发蒙昧。在会法众，承佛慈诲，幻翳朗然，慧目清净。世尊，若诸众生本来成佛，何故复有一切无明？若诸无明，众生本有，何因缘故如来复说本来成佛？十方异生本成佛道，后起无明，一切如来何时复生一切烦恼？惟愿不舍无遮大慈，为诸菩萨开秘密藏，及为末世一切众生，得闻如是修多罗教了义法门，永断疑悔。"

　　作是语已，五体投地，如是三请，终而复始。

　　尔时，世尊告金刚藏菩萨言："善哉！善哉！善男子，汝等乃能为诸菩萨及末世众生，问于如来甚深秘密究竟方便，是诸菩萨最上教诲，了义大乘，能使十方修学菩萨及诸末世一切众生，得决定信，永断疑悔。汝今谛听，当为汝说。"

　　时，金刚藏菩萨奉教欢喜，及诸大众默然而听。

　　"善男子，一切世界，始终生灭，前后有无，聚散起止，念念相续，循环往复；种种取舍，皆是轮回。未出轮回而辨圆觉，彼圆觉性即同流转。若免轮回，无有是处。譬如动目，能摇湛水；又如定眼，由回转火。云驶月运，舟行岸移，亦复如是。

　　"善男子，诸旋未息，彼物先住尚不可得，何况轮转生死垢心曾未清净，观佛圆觉而不旋复。是故汝等，便生三惑。

　　"善男子，譬如幻翳，妄见空华，幻翳若除，不可说言此翳已灭，何时更起一切诸翳。何以故？翳华二法，非相待故。亦如空华灭于空时，不可说言虚空何时更起空华。何以故？空本无华，非起灭故。生死涅槃同于起灭，妙觉圆照离于华翳。

　　"善男子，当知虚空非是暂有，亦非暂无，况复如来圆觉随顺，而为虚空平等本性。

　　"善男子，如销金矿，金非销有，既已成金，不重为矿。经无穷时，金性不坏，不应说言本非成就。如来圆觉，亦复如是。

"善男子，一切如来妙圆觉心，本无菩提及与涅槃，亦无成佛及不成佛，无妄轮回及非轮回。

"善男子，但诸声闻所圆境界，身心语言皆悉断灭，终不能至彼之亲证所现涅槃，何况能以有思惟心，测度如来圆觉境界。如取萤火，烧须弥山，终不能著。以轮回心，生轮回见，入于如来大寂灭海，终不能至。是故我说：一切菩萨及末世众生，先断无始轮回根本。

"善男子，有作思惟，从有心起，皆是六尘妄想缘气，非实心体，已如空华。用此思惟，辨于佛境，犹如空华复结空果。展转妄想，无有是处。

"善男子，虚妄浮心，多诸巧见，不能成就圆觉方便。如是分别，非为正问。"

尔时，世尊欲重宣此义而说偈言：

> 金刚藏当知，如来寂灭性，未曾有始终。若以轮回心，思惟即旋复。但至轮回际，不能入佛海。譬如销金矿，金非销故有。虽复本来金，终以销成就。一成真金体，不复重为矿。生死与涅槃，凡夫及诸佛。同为空华相，思惟犹幻化，何况诸虚妄。若能了此心，然后求圆觉。

弥勒菩萨

于是弥勒菩萨在大众中，即从座起，顶礼佛足，右绕三匝，长跪叉手而白佛言："大悲世尊，广为菩萨开秘密藏，令诸大众深悟轮回，分别邪正，能施末世一切众生无畏道眼，于大涅槃生决定信，无复重随轮转境界，起循环见。世尊，若诸菩萨及末世众生，欲游如来大寂灭海，云何当断轮回根本？于诸轮回有几种性？修佛菩提几等差别？回入尘劳，当设几种教化方便度诸众生？惟愿不舍救世大悲，令诸修行一切菩萨及末世众生，慧目肃清，照耀心镜，圆悟如来无上知见。"

作是语已，五体投地，如是三请，终而复始。

尔时，世尊告弥勒菩萨言："善哉！善哉！善男子，汝等乃能为诸菩萨及末世众生，请问如来深奥秘密微妙之义，令诸菩萨洁清慧目，及令一切末世众生永断轮回，心悟实相，具无生忍。汝今谛听，当为汝说。"

时，弥勒菩萨奉教欢喜，及诸大众默然而听。

"善男子，一切众生从无始际，由有种种恩爱贪欲，故有轮回。若诸世界一切种性，卵生、胎生、湿生、化生皆因淫欲而正性命。当知轮回，爱为根本。由有诸欲，助发爱性，是故能令生死相续。欲因爱生，命因欲有，众生爱命，还依欲本。爱欲为因，爱命为果。

"由于欲境，起诸违顺。境背爱心而生憎嫉，造种种业，是故复生地狱饿鬼。知欲可厌，爱厌业道，舍恶乐善，复现天人。又知诸爱可厌恶故，弃爱乐舍，还滋爱本，便现有为增上善果。皆轮回故，不成圣道。是故众生欲脱生死，免诸轮回，先断贪欲及除爱渴。

"善男子，菩萨变化示现世间，非爱为本，但以慈悲令彼舍爱，假诸贪欲而入生死。若诸末世一切众生，能舍诸欲及除憎爱，永断轮回，勤求如来圆觉境界，于清净心便得开悟。

"善男子，一切众生由本贪欲，发挥无明，显出五性差别不等，依二种障而现深浅。云何二障？一者理障，碍正知见；二者事障，续诸生死。

"云何五性？善男子，若此二障未得断灭，名未成佛。若诸众生永舍贪欲，先除事障，未断理障，但能悟入声闻缘觉，未能显住菩萨境界。

"善男子，若诸末世一切众生，欲泛如来大圆觉海，先当发愿，勤断二障，二障已伏，即能悟入菩萨境界。若事理障已永断灭，即入如来微妙圆觉，满足菩提及大涅槃。

"善男子，一切众生皆证圆觉，逢善知识，依彼所作因地法行，尔时修习，便有顿渐。若遇如来无上菩提正修行路，根无大小，皆成佛果。若诸众生虽求善友，遇邪见者未得正悟，是则名为外道种性。邪师过谬，非众生咎。是名众生五性差别。

"善男子，菩萨唯以大悲方便，入诸世间，开发未悟，乃至示现种种形相，逆顺境界，与其同事，化令成佛，皆依无始清净愿力。若诸末世一切众生，于大圆觉起增上心，当发菩萨清净大愿。应作是言：愿我今者住佛圆觉，求善知识，莫值外道及与二乘。依愿修行，渐断诸障，障尽愿满，便登解脱清净法殿，证大圆觉妙庄严域。"

尔时，世尊欲重宣此义而说偈言：

> 弥勒汝当知，一切诸众生，不得大解脱，皆由贪欲故，堕落于生死。若能断憎爱，及与贪嗔痴。不因差别性，皆得成佛道。二障永销灭，求师得正悟。随顺菩萨愿，依止大涅槃。十方诸菩萨，皆以大悲愿，示现入生死。现在修行者，及末世众生，勤断诸爱见，便归大圆觉。

清净慧菩萨

于是清净慧菩萨在大众中，即从座起，顶礼佛足，右绕三匝，长跪叉手而白佛言："大悲世尊，为我等辈广说如是不思议事，本所不见，本所不闻。我等今者蒙佛善诱，身心泰然，得大饶益。愿为诸来一切法众，重宣法王圆满觉性，一切众生及诸菩萨如来世尊所证所得，云何差别？令末世众生闻此圣教，随顺开悟，渐次能入。”

作是语已，五体投地，如是三请，终而复始。

尔时，世尊告清净慧菩萨言：“善哉！善哉！善男子，汝等乃能为末世众生，请问如来渐次差别。汝今谛听，当为汝说。”

时，清净慧菩萨奉教欢喜，及诸大众默然而听。

“善男子，圆觉自性，非性性有，循诸性起，无取无证。于实相中，实无菩萨及诸众生。何以故？菩萨众生皆是幻化，幻化灭故，无取证者。譬如眼根，不自见眼，性自平等，无平等者。众生迷倒，未能除灭一切幻化，于灭未灭妄功用中，便显差别。若得如来寂灭随顺，实无寂灭及寂灭者。

“善男子，一切众生从无始来，由妄想我及爱我者，曾不自知念念生灭，故起憎爱，耽著五欲。若遇善友，教令开悟净圆觉性，发明起灭，即知此生性自劳虑。若复有人劳虑永断，得法界净，即彼净解为自障碍，故于圆觉而不自在。此名凡夫随顺觉性。

“善男子，一切菩萨见解为碍，虽断解碍，犹住见觉，觉碍为碍而不自在。此名菩萨未入地者随顺觉性。

“善男子，有照有觉，俱名障碍，是故菩萨常觉不住，照与照者同时寂灭。譬如有人自断其首，首已断故，无能断者。则以碍心自灭诸碍，碍已断灭，无灭碍者。修多罗教，如标月指，若复见月，了知所标毕竟非月。一切如来种种言说开示菩萨，亦复如是。此名菩萨已入地者随顺觉性。

“善男子，一切障碍即究竟觉，得念失念无非解脱，成法破法皆名涅槃，智慧愚痴通为般若，菩萨外道所成就法同是菩提，无明真如无异境界，诸戒定慧及淫怒痴俱是梵行，众生国土同一法性，地狱天宫皆为净土，有性无性齐成佛道，一切烦恼毕竟解脱。法界海慧照了诸相，犹如虚空，此名如来随顺觉性。

“善男子，但诸菩萨及末世众生，居一切时不起妄念，于诸妄心亦不息灭，住妄想境不加了知，于无了知不辨真实。彼诸众生闻是法门，信解受持不生惊畏，是则名为随顺觉性。

“善男子，汝等当知，如是众生已曾供养百千万亿恒河沙诸佛及大菩萨，植众德本，佛说是人名为成就一切种智。”

尔时，世尊欲重宣此义而说偈言：

　　清净慧当知，圆满菩提性，无取亦无证，无菩萨众生。觉与未觉时，
　　渐次有差别，众生为解碍，菩萨未离觉，入地永寂灭。不住一切相，大觉

悉圆满,名为遍随顺。末世诸众生,心不生虚妄,佛说如是人,现世即菩萨。供养恒沙佛,功德已圆满,虽有多方便,皆名随顺智。

威德自在菩萨

于是威德自在菩萨,在大众中即从座起,顶礼佛足,右绕三匝,长跪叉手而白佛言:"大悲世尊,广为我等分别如是随顺觉性,令诸菩萨觉心光明。承佛圆音,不因修习而得善利。世尊,譬如大城,外有四门,随方来者非止一路,一切菩萨庄严佛国及成菩提,非一方便。唯愿世尊广为我等,宣说一切方便渐次,并修行人总有几种,令此会菩萨及末世众生求大乘者速得开悟,游戏如来大寂灭海。"

作是语已,五体投地,如是三请,终而复始。

尔时,世尊告威德自在菩萨言:"善哉!善哉!善男子,汝等乃能为诸菩萨及末世众生,问于如来如是方便。汝今谛听,当为汝说。"

时,威德自在菩萨奉教欢喜,及诸大众默然而听。

"善男子,无上妙觉遍诸十方,出生如来与一切法,同体平等。于诸修行实无有二,方便随顺,其数无量。圆摄所归,循性差别,当有三种。

"善男子,若诸菩萨悟净圆觉,以净觉心,取静为行,由澄诸念,觉识烦动。静慧发生,身心客尘从此永灭,便能内发寂静轻安。由寂静故,十方世界诸如来心,于中显现,如镜中像。此方便者,名奢摩他。

"善男子,若诸菩萨悟净圆觉,以净觉心,知觉心性及与根尘皆因幻化,即起诸幻以除幻者,变化诸幻而开幻众。由起幻故,便能内发大悲轻安。一切菩萨从此起行,渐次增进。彼观幻者,非同幻故,非同幻观,皆是幻故。幻相永离,是诸菩萨所圆妙行,如土长苗。此方便者,名三摩钵提。

"善男子,若诸菩萨悟净圆觉,以净觉心,不取幻化及诸静相,了知身心皆为挂碍,无知觉明,不依诸碍,永得超过碍无碍境。受用世界及与身心,相在尘域,如器中锽,声出于外。烦恼涅槃不相留碍,便能内发寂灭轻安。妙觉随顺寂灭境界,自他身心所不能及,众生寿命皆为浮想。此方便者,名为禅那。

"善男子,此三法门,皆是圆觉亲近随顺,十方如来因此成佛。十方菩萨种种方便,一切同异,皆依如是三种事业,若得圆证,即成圆觉。

"善男子,假使有人修于圣道,教化成就百千万亿阿罗汉辟支佛果,不如有人闻此圆觉无碍法门,一刹那顷随顺修习。"

尔时,世尊欲重宣此义而说偈言:

　　威德汝当知，无上大觉心，本际无二相，随顺诸方便，其数即无量。
如来总开示，便有三种类。寂静奢摩他，如镜照诸像。如幻三摩提，如苗
渐增长。禅那唯寂灭，如彼器中锽。三种妙法门，皆是觉随顺。十方诸如
来，及诸大菩萨，因此得成道。三事圆证故，名究竟涅槃。

辩音菩萨

　　于是辩音菩萨，在大众中，即从座起，顶礼佛足，右绕三匝，长跪叉手，
而白佛言："大悲世尊，如是法门，甚为希有。世尊，此诸方便，一切菩萨于圆
觉门，有几修习? 愿为大众及末世众生，方便开示，令悟实相。"

　　作是语已，五体投地，如是三请，终而复始。

　　尔时，世尊告辩音菩萨言："善哉! 善哉! 善男子，汝等乃能为诸大众及
末世众生，问于如来如是修习。汝今谛听，当为汝说。

　　时，辩音菩萨奉教欢喜，及诸大众默然而听。"

　　"善男子，一切如来圆觉清净，本无修习及修习者。一切菩萨及末世众
生，依于未觉幻力修习，尔时便有二十五种清净定轮。

　　"若诸菩萨唯取极静，由静力故，永断烦恼，究竟成就，不起于座，便入
涅槃。此菩萨者，名单修奢摩他。

　　"若诸菩萨唯观如幻，以佛力故，变化世界，种种作用，备行菩萨清净
妙行。于陀罗尼，不失寂念及诸静慧。此菩萨者，名单修三摩钵提。

　　"若诸菩萨唯灭诸幻，不取作用，独断烦恼。烦恼断尽，便证实相。此菩
萨者，名单修禅那。

　　"若诸菩萨先取至静，以静慧心照诸幻者，便于是中起菩萨行。此菩萨
者，名先修奢摩他，后修三摩钵提。

　　"若诸菩萨以静慧故，证至静性，便断烦恼，永出生死。此菩萨者，名先
修奢摩他，后修禅那。

　　"若诸菩萨以寂静慧，复现幻力，种种变化度诸众生，后断烦恼而入寂
灭。此菩萨者，名先修奢摩他，中修三摩钵提，后修禅那。

　　"若诸菩萨以至静力，断烦恼已，后起菩萨清净妙行，度诸众生。此菩萨
者，名先修奢摩他，中修禅那，后修三摩钵提。

　　"若诸菩萨以至静力，心断烦恼，复度众生，建立世界。此菩萨者，名先
修奢摩他，齐修三摩钵提、禅那。

　　"若诸菩萨以至静力，资发变化，后断烦恼。此菩萨者，名齐修奢摩他、
三摩钵提，后修禅那。

"若诸菩萨以至静力，用资寂灭，后起作用，变化世界。此菩萨者，名齐修奢摩他、禅那，后修三摩钵提。

"若诸菩萨以变化力，种种随顺而取至静。此菩萨者，名先修三摩钵提，后修奢摩他。

"若诸菩萨以变化力，种种境界而取寂灭。此菩萨者，名先修三摩钵提，后修禅那。

"若诸菩萨以变化力，而作佛事，安住寂静，而断烦恼。此菩萨者，名先修三摩钵提，中修奢摩他，后修禅那。

"若诸菩萨以变化力，无碍作用，断烦恼故，安住至静。此菩萨者，名先修三摩钵提，中修禅那，后修奢摩他。

"若诸菩萨以变化力，方便作用，至静寂灭二俱随顺。此菩萨者，名先修三摩钵提，齐修奢摩他、禅那。

"若诸菩萨以变化力，种种起用，资于至静，后断烦恼。此菩萨者，名齐修三摩钵提、奢摩他，后修禅那。

"若诸菩萨以变化力，资于寂灭，后住清净无作静虑。此菩萨者，名齐修三摩钵提、禅那，后修奢摩他。

"若诸菩萨以寂灭力，而起至静，住于清净。此菩萨者，名先修禅那，后修奢摩他。

"若诸菩萨以寂灭力，而起作用，于一切境寂用随顺。此菩萨者，名先修禅那，后修三摩钵提。

"若诸菩萨以寂灭力，种种自性，安于静虑，而起变化。此菩萨者，名先修禅那，中修奢摩他，后修三摩钵提。

"若诸菩萨以寂灭力，无作自性，起于作用，清净境界归于静虑。此菩萨者，名先修禅那，中修三摩钵提，后修奢摩他。

"若诸菩萨以寂灭力，种种清净，而住静虑，起于变化。此菩萨者，名先修禅那，齐修奢摩他、三摩钵提。

"若诸菩萨以寂灭力，资于至静，而起变化。此菩萨者，名齐修禅那、奢摩他，后修三摩钵提。

"若诸菩萨以寂灭力，资于变化，而起至静清明境慧。此菩萨者，名齐修禅那、三摩钵提，后修奢摩他。

"若诸菩萨以圆觉慧，圆合一切，于诸性相，无离觉性。此菩萨者，名为圆修三种自性清净随顺。

"善男子，是名菩萨二十五轮，一切菩萨修行如是。若诸菩萨及末世众生依此轮者，当持梵行，寂静思惟，求哀忏悔。经三七日，于二十五轮各安标记，至心求哀，随手结取，依结开示，便知顿渐。一念疑悔，即不成就。"

尔时，世尊欲重宣此义而说偈言：

> 辩音汝当知，一切诸菩萨，无碍清净慧，皆依禅定生。所谓奢摩他，三摩提禅那。三法渐次修，有二十五种。十方诸如来，三世修行者，无不因此法，而得成菩提。唯除顿觉人，并法不随顺。一切诸菩萨，及末世众生，常当持此轮，随顺勤修习，依佛大悲力，不久证涅槃。

净诸业障菩萨

于是净诸业障菩萨在大众中，即从座起，顶礼佛足，右绕三匝，长跪叉手而白佛言："大悲世尊，为我等辈演说如是不思议事，一切如来因地行相，令诸大众得未曾有。睹见调御，历恒沙劫勤苦境界，一切功用，犹如一念，我等菩萨深自庆慰。世尊，若此觉心本性清净，因何染污，使诸众生迷闷不入？唯愿如来广为我等开悟法性，令此大众及末世众生，作将来眼。"

作是语已，五体投地，如是三请，终而复始。

尔时，世尊告净诸业障菩萨言："善哉！善哉！善男子，汝等乃能为诸大众及末世众生，咨问如来如是方便。汝今谛听，当为汝说。"

时，净诸业障菩萨奉教欢喜，及诸大众默然而听。

"善男子，一切众生从无始来，妄想执有我、人、众生及与寿命。认四颠倒为实我体，由此便生憎爱二境，于虚妄体重执虚妄。二妄相依，生妄业道。有妄业故，妄见流转。厌流转者，妄见涅槃。由此不能入清净觉，非觉违拒诸能入者。有诸能入，非觉入故。是故动念及与息念，皆归迷闷。

"何以故？由有无始本起无明，为己主宰，一切众生生无慧目，身心等性皆是无明。譬如有人不自断命。是故当知，有爱我者，我与随顺；非随顺者，便生憎怨。为憎爱心养无明故，相续求道，皆不成就。

"善男子，云何我相？谓诸众生心所证者。善男子，譬如有人，百骸调适，忽忘我身，四肢弦缓，摄养乖方，微加针艾，则知有我，是故证取方现我体。善男子，其心乃至证于如来，毕竟了知清净涅槃，皆是我相。

"善男子，云何人相？谓诸众生心悟证者。善男子，悟有我者，不复认我，所悟非我，悟亦如是。悟已超过一切证者，悉为人相。善男子，其心乃至圆悟涅槃，俱是我者；心存少悟，备殚证理，皆名人相。

"善男子，云何众生相？谓诸众生心自证悟所不及者。善男子，譬如有人作如是言，我是众生，则知彼人说众生者，非我非彼。云何非我？我是众生，则非是我。云何非彼？我是众生，非彼我故。善男子，但诸众生了证了悟，皆为我人，而我人相所不及者，存有所了，名众生相。

"善男子，云何寿命相？谓诸众生心照清净觉所了者。一切业智所不自见，犹如命根。

"善男子，若心照见一切觉者，皆为尘垢。觉所觉者，不离尘故。如汤销冰，无别有冰知冰销者。存我觉我，亦复如是。

"善男子，末世众生不了四相，虽经多劫勤苦修道，但名有为，终不能成一切圣果，是故名为正法末世。

"何以故？认一切我为涅槃故，有证有悟名成就故。譬如有人认贼为子，其家财宝终不成就。

"何以故？有我爱者，亦爱涅槃，伏我爱根为涅槃相。有憎我者，亦憎生死，不知爱者真生死故，别憎生死名不解脱。

"云何当知法不解脱？善男子，彼末世众生习菩提者，以己微证为自清净，犹未能尽我相根本。若复有人赞叹彼法，即生欢喜，便欲济度。若复诽谤彼所得者，便生嗔恨，则知我相坚固执持，潜伏藏识，游戏诸根，曾不间断。善男子，彼修道者不除我相，是故不能入清净觉。

"善男子，若知我空，无毁我者；有我说法，我未断故。众生寿命，亦复如是。

"善男子，末世众生说病为法，是故名为可怜愍者。虽勤精进，增益诸病，是故不能入清净觉。

"善男子，末世众生不了四相，以如来解及所行处为自修行，终不成就。或有众生未得谓得，未证谓证，见胜进者心生嫉妒。由彼众生未断我爱，是故不能入清净觉。

"善男子，末世众生希望成道，无令求悟，唯益多闻，增长我见。但当精勤降伏烦恼，起大勇猛，未得令得，未断令断，贪嗔爱慢，谄曲嫉妒，对境不生，彼我恩爱一切寂灭。佛说是人渐次成就，求善知识，不堕邪见。若于所求别生憎爱，则不能入清净觉海。"

尔时，世尊欲重宣此义而说偈言：

> 净业汝当知，一切诸众生，皆由执我爱，无始妄流转，未除四种相，不得成菩提。爱憎生于心，谄曲存诸念，是故多迷闷，不能入觉城。若能归悟刹，先去贪嗔痴，法爱不存心，渐次可成就。我身本不有，憎爱何由生？此人求善友，终不堕邪见。所求别生心，究竟非成就。

普觉菩萨

于是普觉菩萨在大众中，即从座起，顶礼佛足，右绕三匝，长跪叉手，而白佛言：“大悲世尊，快说禅病，令诸大众得未曾有，心意荡然，获大安隐。世尊，末世众生去佛渐远，贤圣隐伏，邪法增炽，使诸众生求何等人，依何等法，行何等行，除去何病，云何发心，令彼群盲不堕邪见。”

作是语已，五体投地，如是三请，终而复始。

尔时，世尊告普觉菩萨言：“善哉！善哉！善男子，汝等乃能咨问如来如是修行，能施末世一切众生无畏道眼，令彼众生得成圣道。汝今谛听，当为汝说。”

时，普觉菩萨奉教欢喜，及诸大众默然而听。

“善男子，末世众生将发大心，求善知识欲修行者，当求一切正知见人，心不住相，不著声闻缘觉境界。虽现尘劳，心恒清净。示有诸过，赞叹梵行，不令众生入不律仪。求如是人，即得成就阿耨多罗三藐三菩提。

“末世众生见如是人，应当供养不惜身命。彼善知识四威仪中，常现清净，乃至示现种种过患，心无骄慢，况复抟财妻子眷属。若善男子于彼善友不起恶念，即能究竟成就正觉，心华发明，照十方刹。

“善男子，彼善知识所证妙法，应离四病。云何四病？

“一者作病。若复有人作如是言，我于本心作种种行，欲求圆觉。彼圆觉性非作得故，说名为病。

“二者任病。若复有人作如是言，我等今者不断生死，不求涅槃，涅槃生死无起灭念，任彼一切随诸法性，欲求圆觉。彼圆觉性非任有故，说名为病。

“三者止病。若复有人作如是言，我今自心永息诸念，得一切性寂然平等，欲求圆觉。彼圆觉性非止合故，说名为病。

“四者灭病。若复有人作如是言，我今永断一切烦恼，身心毕竟空无所有，何况根尘虚妄境界。一切永寂，欲求圆觉。彼圆觉性非寂相故，说名为病。

“离四病者，则知清净。作是观者，名为正观，若他观者，名为邪观。

“善男子，末世众生欲修行者，应当尽命供养善友，事善知识。彼善知识欲来亲近，应断骄慢，若复远离，应断嗔恨。现逆顺境，犹如虚空。了知身心毕竟平等，与诸众生同体无异。如是修行，方入圆觉。

“善男子，末世众生不得成道，由有无始自他憎爱一切种子，故未解脱。若复有人观彼怨家，如己父母，心无有二，即除诸病。于诸法中自他憎爱，亦复如是。

"善男子，末世众生欲求圆觉，应当发心作如是言，尽于虚空一切众生，我皆令入究竟圆觉，于圆觉中无取觉者，除彼我人一切诸相。如是发心，不堕邪见。"

尔时，世尊欲重宣此义而说偈言：

> 普觉汝当知，末世诸众生，欲求善知识，应当求正见。心远二乘者，法中除四病，谓作止任灭。亲近无骄慢，远离无嗔恨。见种种境界，心当生希有，还如佛出世。不犯非律仪，戒根永清净。度一切众生，究竟入圆觉，无彼我人相，当依正智慧，便得超邪见，证觉般涅槃。

圆觉菩萨

于是圆觉菩萨在大众中，即从座起，顶礼佛足，右绕三匝，长跪叉手而白佛言："大悲世尊，为我等辈广说净觉种种方便，令末世众生有大增益。世尊，我等今者已得开悟，若佛灭后，末世众生未得悟者，云何安居修此圆觉清净境界？此圆觉中三种净观，以何为首？惟愿大悲，为诸大众及末世众生施大饶益。"

作是语已，五体投地，如是三请，终而复始。

尔时，世尊告圆觉菩萨言："善哉！善哉！善男子，汝等乃能问于如来如是方便，以大饶益施诸众生。汝今谛听，当为汝说。"

时，圆觉菩萨奉教欢喜，及诸大众默然而听。

"善男子，一切众生，若佛住世，若佛灭后，若法末时，有诸众生具大乘性，信佛秘密大圆觉心。欲修行者，若在伽蓝，安处徒众，有缘事故随分思察，如我已说。若复无有他事因缘，即建道场，当立期限。若立长期百二十日，中期百日，下期八十日，安置净居。

"若佛现在，当正思惟。若佛灭后，施设形像，心存目想，生正忆念，还同如来常住之日。悬诸幡华，经三七日，稽首十方诸佛名字，求哀忏悔。遇善境界，得心轻安，过三七日，一向摄念。

"若经夏首，三月安居，当为清净菩萨止住，心离声闻，不假徒众。至安居日，即于佛前作如是言：我比丘、比丘尼、优婆塞、优婆夷——某甲，踞菩萨乘，修寂灭行，同入清净实相住持，以大圆觉为我伽蓝，身心安居平等性智，涅槃自性无系属故。今我敬请，不依声闻，当与十方如来及大菩萨三月安居，为修菩萨无上妙觉大因缘故，不系徒众。善男子，此名菩萨示现安居。过三期日，随往无碍。

“善男子，若彼末世修行众生，求菩萨道入三期者，非彼所闻一切境界，终不可取。

“善男子，若诸众生修奢摩他，先取至静，不起思念，静极便觉，如是初静，从于一身至一世界，觉亦如是。

“善男子，若觉遍满一世界者，一世界中有一众生起一念者，皆悉能知，百千世界亦复如是。非彼所闻一切境界，终不可取。

“善男子，若诸众生修三摩钵提，先当忆想十方如来，十方世界一切菩萨，依种种门，渐次修行勤苦三昧，广发大愿，自熏成种。非彼所闻一切境界，终不可取。

“善男子，若诸众生修于禅那，先取数门，心中了知生、住、灭、念，分剂头数。如是周遍四威仪中，分别念数，无不了知，渐次增进，乃至得知百千世界一滴之雨，犹如目睹所受用物。非彼所闻一切境界，终不可取。

“是名三观初首方便。若诸众生遍修三种，勤行精进，即名如来出现于世。若后末世钝根众生，心欲求道，不得成就，由昔业障，当勤忏悔。常起希望，先断憎爱嫉妒谄曲，求胜上心。三种净观随学一事，此观不得，复习彼观，心不放舍，渐次求证。”

尔时，世尊欲重宣此义而说偈言：

圆觉汝当知，一切诸众生，欲求无上道，先当结三期，忏悔无始业。经于三七日，然后正思惟。非彼所闻境，毕竟不可取。奢摩他至静，三摩正忆持。禅那明数门，是名三净观。若能勤修习，是名佛出世。钝根未成者，常当勤心忏，无始一切罪。诸障若消灭，佛境便现前。

贤善首菩萨

于是贤善首菩萨在大众中，即从座起，顶礼佛足，右绕三匝，长跪叉手而白佛言：“大悲世尊，广为我等及末世众生，开悟如是不思议事。世尊，此大乘教，名字何等？云何奉持？众生修习得何功德？云何使我护持经人？流布此教至于何地。”

作是语已，五体投地，如是三请，终而复始。

尔时，世尊告贤善首菩萨言：“善哉！善哉！善男子，汝等乃能为诸菩萨及末世众生，问于如来如是经教功德名字。汝今谛听，当为汝说。”

时，贤善首菩萨奉教欢喜，及诸大众默然而听。

“善男子，是经百千万亿恒河沙诸佛所说，三世如来之所守护，十方菩萨之所皈依，十二部经清净眼目。

"是经名大方广圆觉陀罗尼,亦名修多罗了义,亦名秘密王三昧,亦名如来决定境界,亦名如来藏自性差别,汝当奉持。

"善男子,是经唯显如来境界,唯佛如来能尽宣说。若诸菩萨及末世众生依此修行,渐次增进,至于佛地。

"善男子,是经名为顿教大乘,顿机众生从此开悟,亦摄渐修一切群品。譬如大海,不让小流,乃至蚊虻及阿修罗,饮其水者,皆得充满。

"善男子,假使有人纯以七宝积满三千大千世界以用布施,不如有人闻此经名及一句义。善男子,假使有人教百恒河沙众生得阿罗汉果,不如有人宣说此经分别半偈。

"善男子,若复有人闻此经名,信心不惑,当知是人非于一佛二佛种诸福慧,如是乃至尽恒河沙一切佛所种诸善根,闻此经教。汝善男子,当护末世修行者,无令恶魔及诸外道恼其身心,令生退屈。"

尔时,会中有火首金刚、摧碎金刚、尼蓝婆金刚等八万金刚,并其眷属,即从座起,顶礼佛足,右绕三匝而白佛言:"世尊,若后末世一切众生,有能持此决定大乘,我当守护,如护眼目。乃至道场所修行处,我等金刚自领徒众,晨夕守护,令不退转。其家乃至永无灾障,疫病消灭,财宝丰足,常不乏少。"

尔时,大梵王,二十八天王,并须弥山王、护国天王等,即从座起,顶礼佛足,右绕三匝而白佛言:"世尊,我亦守护是持经者,常令安隐,心不退转。"

尔时,有大力鬼王,名吉槃荼,与十万鬼王,即从座起,顶礼佛足,右绕三匝而白佛言:"世尊,我亦守护是持经人,朝夕侍卫,令不退屈。其人所居一由旬内,若有鬼神侵其境界,我当使其碎如微尘。"

佛说此经已,一切菩萨天龙鬼神八部眷属,及诸天王、梵王等,一切大众,闻佛所说,皆大欢喜,信受奉行。

梵网经

梵网经序（一）

夫梵网经者，盖是万法之玄宗，众经之要旨，大圣开物之真模，行者阶道之正路。是以如来权教，虽复无量，所言要趣，莫不以此为指南之说。是以秦主识达圜中，神凝纷表，虽威纶四海，而沾想虚玄；虽风偃八荒，而静虑尘外。故弘始三年，淳风东扇。于是诏天竺法师鸠摩罗什在长安 草堂寺，及义学沙门三千余僧，手执梵文，口翻解释五十余部。唯梵网经一百二十卷六十一品，其中菩萨心地品第十，专明菩萨行地。

是时，道融、道影三百人等，即受菩萨戒。人各诵此品，以为心首。师徒义合，敬写一品八十一部，流通于世。欲使仰希菩提者，追踪以悟理故，故冀于后代同闻焉。

梵网经序（二）

夫宗本湛然，理不可易。是以妙穷于玄原之境，万行起于深信之宅。是以天竺法师鸠摩罗什，诵持此品以为心首。此经本有一百十二卷六十一品。什少践于大方，齐异学于迦夷。弘始三年，淳风东扇。秦主姚兴，道契百王，玄心大法。于草堂之中，三千学士，与什参定。大小二乘五十余部，唯梵网经最后诵出。时融、影二百人等，一时受菩萨十戒。岂唯当时之益，乃有累劫之津，故与道融别书出此心地一品。当时有三百余人诵此一品，故即书是品八十一部，流通于后代持诵相授。嘱诸后学好道君子，愿来劫不绝，共见龙华。

卷　上

菩萨心地品之上

尔时，释迦牟尼佛，在第四禅地中摩醯首罗天王宫，与无量大梵天王，不可说不可说菩萨众，说莲华台藏世界，卢舍那佛所说心地法门品。

是时，释迦身放慧光，所照从此天宫，乃至莲华台藏世界。其中一切世界，一切众生，各各相视，欢喜快乐，而未能知此光，光何因？何缘？皆生疑念。无量天人，亦生疑念。

尔时，众中玄通华光主菩萨，从大庄严华光明三昧起，以佛神力，放金刚白云色光，光照一切世界。是中一切菩萨，皆来集会与共，同心异口问此光，光为何等相？

是时，释迦即擎接此世界大众，还至莲华台藏世界，百万亿紫金刚光明宫中，见卢舍那佛，坐百万亿莲华赫赫光明座上。时释迦及诸大众，一时礼敬卢舍那佛足下已。

释迦佛言："此世界中，地及虚空，一切众生为何因缘得成菩萨十地道？当成佛果为何等相？"如佛性本源品中，广问一切菩萨种子。

尔时，卢舍那佛，即大欢喜，现虚空光体性，本源成佛常住法身三昧，示诸大众。

是诸佛子，谛听，善思修行。

我已百阿僧祇劫修行心地。以之为因，初舍凡夫，成等正觉，号为卢舍那，住莲华台藏世界海。其台周遍有千叶，一叶一世界，为千世界。我化为千释迦，据千世界。后就一叶世界，复有百亿须弥山，百亿日月，百亿四天下，百亿南阎浮提，百亿菩萨释迦，坐百亿菩提树下，各说汝所问菩提萨埵心地。其余九百九十九释迦，各各现千百亿释迦，亦复如是。

千叶上佛，是吾化身。千百亿释迦，是千释迦化身。吾以为本源，名为卢舍那佛。

尔时，莲华台藏世界卢舍那佛，广答告千释迦、千百亿释迦所问心地法品。

"诸佛当知，坚信忍中，十发趣心向果：一舍心，二戒心，三忍心，四进心，五定心，六慧心，七愿心，八护心，九喜心，十顶心。

"诸佛当知，从是十发趣心，入坚法忍中，十长养心向果：一慈心，二悲心，三喜心，四舍心，五施心，六好语心，七益心，八同心，九定心，十慧心。

"诸佛当知，从是十长养心，入坚修忍中，十金刚心向果：一信心，二念心，三回向心，四达心，五直心，六不退心，七大乘心，八无相心，九慧心，十不坏心。

"诸佛当知，从是十金刚心，入坚圣忍中。十地向果：一体性平等地，二体性善慧地，三体性光明地，四体性尔焰地，五体性慧照地，六体性华光地，七体性满足地，八体性佛吼地，九体性华严地，十体性入佛界地。

"是四十法门品，我先为菩萨时，修入佛果之根源。如是一切众生，入发趣、长养、金刚、十地，证当成果。无为无相，大满常住。十力、十八不共行、法身、智身满足。"

尔时，莲华台藏世界，卢舍那佛赫赫大光明座上，千华上佛，千百亿佛，一切世界佛。是座中有一菩萨，名华光王大智明菩萨，从坐而立，白卢舍那佛言："世尊，佛上略开十发趣、十长养、十金刚、地名相，其一一义中，未可解了，唯愿说之！唯愿说之！"妙极金刚宝藏一切智门，如来百观品中已明。

十发趣心

尔时，卢舍那佛言："千佛谛听，汝先言云何义者，发趣中。"

第一　舍心　若佛子，一切舍。国土、城邑、田宅、金银、明珠、男女、己身，有为诸物，一切舍。无为无相，我人知见，假会合成，主者，造作我见，十二因缘，无合无散无受者。十二入、十八界、五阴，一切一合相，无我、我所相，假成诸法。若内一切法、外一切法，不舍不受。菩萨尔时名如假会观现前故，舍心入空三昧。

第二　戒心　若佛子，戒、非非戒，无受者。
十善戒，无师说法。欺盗乃至邪见，无集者。慈、良、清、直、正、实、正见、舍、喜等，是十戒体性。制止八倒，一切性离，一道清净。

第三　忍心　若佛子，忍，有无相慧体性。一切空，空忍。一切处忍，名无生行忍。一切处得，名如苦忍。无量行，一一名忍。无受、无打、无刀杖嗔心，皆如如。无一一谛，一相。无无相、有无有相、非非心相、缘无缘相。立住动止，我人缚解。一切法如，忍相不可得。

第四　进心　若佛子，若四威仪一切时行，伏空、假会、法性。
登无生山，而见一切有无，如有如无。天地青黄赤白一切入，乃至三宝智性。一切信进道，空、无生、无作，无慧。起空入世谛，法亦无二。相续空心，通达进分善根。

第五　定心　若佛子，寂灭，无相无相，无量行、无量心三昧。凡夫圣人，无不入三昧，体性相应。
一切以定力故，我、人、作者、受者，一切缚见性，是障因缘，散风动心。不寂而灭，空空八倒无缘。假静慧观，一切假会，念念寂灭。一切三界果罪性，皆由定灭，而生一切善。

第六　慧心　若佛子，空慧非无缘，知体名心。分别一切法，假名主者，与道通同。取果行因，入圣舍凡，灭罪起福，缚解，尽是体性功用。一切见，常、乐、我、净。烦恼，慧性不明故。以慧为首，修不可说观慧，入中道一谛。其无明障慧，非相、非来、非缘、非罪、非八倒、无生灭。慧光明焰，为照乐虚，方便转变神通，以智体性所为，慧用故。

第七　愿心　若佛子，愿，愿大求，一切求。以果行因故，愿心连。愿心连相续百劫，得佛灭罪。求求至心，无生空一愿，观观入定照。无量见缚，以求心故解脱；无量妙行，以求心成菩提；无量功德，以求为本。

初发求心，中间修道，行满愿故，佛果便成。观一谛中道，非阴，非界，非没生。见见，非解慧，是愿体性，一切行本源。

第八　护心　若佛子，护三宝，护一切行功德，使外道八倒，恶邪见，不娆正信。灭我缚、见缚。无生照达二谛，观心现前，以护根本，无相护。护空、无作、无相，以心慧连。慧连，入无生空道、智道，皆明光明光。护观入空、假，分分幻化，幻化所起，如无如无，法体集散不可护，观法亦尔。

第九　喜心　若佛子，见他人得乐，常生喜悦，及一切物。假空照寂，而不入有为，不无寂然大乐。无合有受，而化有法，而见云假。法性平等一观，心心行多闻。一切佛行功德，无相喜智，心心生念。而静照乐心，缘一切法。

第十　顶心　若佛子，是人最上智，灭无我轮、见、疑、身、一切嗔等。如顶观连，观连如顶，法界中因果，如如一道。最胜上如顶，如人顶。非非身见、六十二见、五阴生灭、神我主人动转屈伸，无受无行可捉缚者。

是人尔时，入内空值道，心心众生。不见缘，不见非缘，住顶三昧。寂灭定，发行趣道。性实，我、人、常见、八倒、生缘，不二法门，不受八难，幻化果毕竟不受。

唯一众生，去来坐立，修行灭罪，除十恶，生十善。入道，正人，正智，正行。菩萨达观现前，不受六道果，必不退佛种性中，生生入佛家，不离正信。

上十天光品广说。

十长养心

卢舍那佛言："千佛谛听，汝先问长养十心者。"

第一　慈心　若佛子,常行慈心,生乐因已。于无我智中乐相应观入法,受、想、行、识、色等大法中,无生、无住、无灭,如幻如化,如如无二故。

一切修行成法轮,化被一切,能生正信,不由魔教。亦能使一切众生,得慈乐果。非实,非善恶果,解空体性三昧。

第二　悲心　若佛子,以悲空空无相。悲缘行道,自灭一切苦,于一切众生无量苦中生智。不杀生缘,不杀法缘,不着我缘。故常行不杀、不盗、不淫,而一切众生不恼。

发菩提心者,于空见一切法如实相,种性行中生道智心,于六亲六怨、亲怨三品中与上乐智,上怨缘中九品得乐果。空现时,自身、他、一切众生,平等一乐,起大悲。

第三　喜心　若佛子,悦喜,无生心时,种性体相道智,空空喜心。不着我所,出没三世因果无集。一切有,入空观行成,等喜一切众生。起空入道,舍恶知识,求善知识,示我好道。使诸众生,入佛法家。法中常起欢喜,入佛位中。复是诸众生入正信,舍邪见,背六道苦,故喜。

第四　舍心　若佛子,常生舍心。无造、无相、空法中,如虚空。于善恶,有见无见,罪福二中,平等一照。非人、非我所心,而自他体性不可得,为大舍。及自身肉手足、男女国城,如幻如化,水流灯焰,一切舍。而无生心,常修其舍。

第五　施心　若佛子,能以施心被一切众生,身施、口施、意施、财施、法施,教导一切众生。

内身、外身、国城、男女、田宅,皆如如相。乃至无念财物,受者、施者,亦内亦外,无合无散。无心行化,达理达施,一切相现在行。

第六　好语心　若佛子,入体性爱语三昧。第一义谛法语义,一切实语言,皆顺一语。调和一切众生心,无嗔无诤。

一切法空智无缘,常生爱心,行顺佛意,亦顺一切他人,以圣法语教诸众生,常行如心,发起善根。

第七　益心　若佛子,利益心时,以实智体性,广行智道,集一切明焰法门,集观行七财,前人得利益故。

受身命而入利益三昧，现一切身、一切口、一切意而震动大世界。一切所为所作，他人入法种、空种、道种中，得益得乐。现形六道，无量苦恼之事，不以为患，但益人为利。

第八　同心　若佛子，以道性智，同空无生法中，以无我智，同生无二。空同源境，诸法如相。常生、常住、常灭，世法相续，流转无量，而能现无量形身色心等业，入诸六道，一切事同，空同无生，我同无物，而分身散形故，入同法三昧。

第九　定心　若佛子，复从定心，观慧证空，心心静缘。于我所法，识界、色界中，而不动转，逆顺出没，故常入百三昧、十禅支。以一念智作是见，一切我人，若内若外，众生种子，皆无合散，集成起作，而不可得。

第十　慧心　若佛子，作慧见心，观诸邪见、结、患等缚，无决定体性。顺忍空同故，非阴、非界、非入、非众生、非一我、非因果、非三世法。

慧性起，光光一焰，明明见，虚无受。其慧方便，生长养心，是心，入起空空道，发无生心。上千海眼王品，已说心百法明门。

十金刚心

卢舍那佛言："千佛谛听，汝先言金刚种子，有十心。"

第一　信心　若佛子，信者，一切行以信为首，众德根本。不起外道邪见心，诸见名著，结有造业，必不受。入空无为法中，三相无无，无生无生，无住住，无灭灭，无有一切法空。

世谛，第一义谛智，尽灭异空，色空，细心心空。细心心心空故，信信寂灭，无体性，和合亦无依。然主者，我、人名用，三界假我，我无得集相，故名无相信。

第二　念心　若佛子，作念六念，常觉乃至常施，第一义谛空，无着无解，生、住、灭相，不动，不到，去来。而于诸业受者，一合相，回向入法界智。

慧慧相乘，乘乘寂灭，焰焰无常，光光无无，生生不起，转易空道。变前转后，变转化化，化转转变，同时同住，焰焰一相，生灭一时。已变、未变、变变，化亦得一，受亦如是。

第三 回向心 若佛子,深心者,第一义空,于实法空智,照有实谛。业道相续,因缘中道,名为实谛。

假名诸法,我、人、主者,名为世谛。于此二有谛,深深入空,而无去来,幻化受果而无受,故深深心解脱。

第四 达心 若佛子,达照者,忍顺一切实性,性性无缚、无解。无碍,法达、义达、辞达、教化达。三世因果,众生根行,如如,不合不散,无实用,无用,无名用,用用一切空。空空照达空,名为通达一切法空。空空如如,相不可得。

第五 直心 若佛子,直者,直照取缘神我,入无生智。无明神我空,空中空,空空理心,在有在无,而不坏道种子。

无漏中道一观,而教化一切十方众生,转一切众生,皆萨婆若。空直直性,直行于空,三界生者,结缚而不受。

第六 不退心 若佛子,不退心者,不入一切凡夫地,不起新长养诸见,亦复不起集因、相似、我人。入三界业,亦行空,而不住退解脱。于第一中道,一合行故,不行退。本际无二故,而不念退。空生观智如如,相续乘乘,心入不二。常空生心,一道一净,为不退一道一照。

第七 大乘心 若佛子,独大乘心者,解解一空故,一切行心,名一乘。乘一空智,智乘、行乘,乘智心心,任载任用。

任载,任一切众生,度三界河、结缚河、生灭河。行者,坐乘。

任用,载用智乘,趣入佛海故。

一切众生,未得空智任用,不名为大乘,但名乘,得度苦海。

第八 无相心 若佛子,无相心者,妄想解脱,照般若波罗蜜无二。一切结业,三世法,如如一谛。而行于无生空,自知得成佛,一切佛是我等师,一切贤圣是我同学,皆同无生空,故名无相心。

第九 慧心 若佛子,如如慧者,无量法界,无集,无受生,生生烦恼而不缚。一切法门,一切贤所行道,一切圣所观法,所有亦如是。

一切佛教化方便法,我皆集在心中。外道一切论,邪定功用,幻化,魔说，佛说，皆分别入二谛处。

非一非二，非有阴、界、入，是慧光明，光明照性，入一切法。

第十　不坏心　若佛子，不坏心者，入圣地智，近解脱位，得道正门，明菩提心，伏忍顺空，八魔不坏，众圣摩顶，诸佛劝发，入摩顶三昧。

放身光，光照十方佛土，入佛威神，出没自在，动大千界，与平等地心，无二无别，而非中观知道。

以三昧力故，光中见佛，无量国土，现为说法。尔时即得顶三昧，证虚空平等地，总持法门，圣行满足，心心行空。

空空慧中道，无相照故，一切相灭，得金刚三昧门，入一切行门，入虚空平等地。如佛华经中广说。

十地

卢舍那佛言："千佛谛听，汝先问地者有何义。"

第一　体性平等地　若佛子，菩提萨埵，入平等慧体性地，真实法化，一切行华光满足，四天果乘用，任化无方，理化神通。

十力、十号、十八不共法，住佛净土。无量大愿，辩才无畏，一切论，一切行我皆得入。

生出佛家，坐佛性地，一切障碍，凡夫因果，毕竟不受，大乐欢喜。从一佛土，入无量佛土。从一劫，入无量劫。不可说法，为可说法。反照见一切法，逆顺见一切法，常入二谛，而在第一义中。

以一智，知十地次第，一一事示众生，而常心心中道。以一智，知一切佛土殊品，及佛所说法，而身心不变。以一智，知十二因缘、十恶种性，而常住善道。以一切智，见有无二相。以一智，知入十禅支行、三十七道，而现一切色身六道。以一切智，知十方色色，分分了起，入受色报，而心心无缚，光光照一切。

是故无生信忍空慧，常现在前。从一地、二地，乃至佛界，其中间一切法门，一时而行故。略出平等地功德海藏行愿，如海一滴，毛头许事。

第二　体性善慧地　若佛子，菩提萨埵，善慧体性地，清净明达一切善根。所谓慈、悲、喜、舍、慧，一切功德本。

从观入大空慧方便道智中，见诸众生，无非苦谛，皆有识心，三恶道，刀杖，一切苦恼，缘中生识，名为苦谛。

三苦相者，如者，如身初觉，从刀杖、身色阴，二缘中生觉，为行苦缘。次意地觉，缘身觉所缘，得刀杖及身疮肿等法，故觉苦苦缘，重故苦苦。次受行觉二心，缘向身色阴，坏疮中，生苦觉故，名为坏苦缘。是以三觉，次第生三心故，为苦、苦苦。

一切有心众生，见是三苦，起无量苦恼因缘，故我于是中，入教化道三昧，现一切色身，于六道中，十种辩才，说诸法门。谓苦识、苦缘、刀杖缘，具苦识行，身疮肿发坏，内外触中，或具不具。具二缘中生识，识作识受，触识，名为苦识行。

二缘故，心心缘色，心触触恼，受烦毒时，为苦苦。心缘识，初在根觉缘，名为苦觉。心作心受，触识觉触，未受烦毒时，是名行苦。逼迮生觉，如斲石火，于身心念念生灭。身散坏，转变化，识入坏缘，缘集散，心苦心恼，受念后缘染着，心心不舍，是为坏苦。三界一切苦谛。

复观无明，集无量心，作一切业，相续相连，集因集因，名为集谛。

正见解脱，空空智道，心心名以智道，道谛。

尽有果报，尽有因，清净一照，体性妙智，寂灭一谛。

慧品具足名根。一切慧性，起空入观，是初善根。

第二观舍，一切贪着行，一切平等空，舍无缘，而观诸法，空际一相。我观一切十方地土，皆吾昔身所用故土；四大海水，是吾故水；一切劫火，是吾昔身故所用火；一切风轮，是吾故所用气。我今入此地中，法身满足，舍吾故身，毕竟不受四大分段不净故身，是为舍品具足。

第三次观，于所化一切众生，与人天乐、十地乐、离十恶畏乐，得妙华三昧乐，乃至佛乐。如是观者，慈品具足。

菩萨尔时住是地中，无痴、无贪、无嗔，入平等一谛智，一切行本。游佛一切世界，现化无量法身。如一切众生天华品说。

第三　体性光明地　若佛子，菩提萨埵，光明体性地。以三昧解了智，知三世一切佛法门，十二法品，名、味、句。重诵、记别、直语、偈、不请说、律戒、譬喻、佛界、昔事、方正、未曾有、谈说。是法体性，名一切义别，是名、味、句中说一切有为法，分分受生。

初入识胎，四大增长色心，名六住。于根中起实觉，未别苦乐，名触识。又觉苦乐识，名三受。连连觉着受无穷。以欲我见，戒取。善恶，有。识初名生。识终名死。是十品，现在苦因缘果，观是行相中道，我久已离故，无自体性。

入光明神通，总持辩才，心心行空。而十方佛土中，现劫化转化，百劫千劫，国土中养神通。礼敬佛前，咨受法言。复现六道身，一音中说无量法品，而众生各自分分得闻心所欲之法。苦、空、无常、无我，一谛之音，国土不同，身心别化。

是妙华光明地中，略开一毛头许，如法品解观法门、千三昧品说。

第四　体性尔焰地　若佛子，菩提萨埵，体性地中。尔真焰俗，不断不常，即生即住即灭，一世一时一有，种异异现异故。因缘中道，非一非二，非善非恶，非凡非佛，故佛界、凡界，一一是名为世谛。其智道观，无一无二，玄道定品。

所谓说佛心行，初觉定因。信觉、思觉、静觉、上觉、念觉、慧觉、观觉、猗觉、乐觉、舍觉。是品品方便道，心心入定果。

是人住定中，焰焰见法行空。若起念，定入生心，定生爱顺，道法化生，名法乐忍、住忍、证忍、寂灭忍。

故诸佛于入光光华三昧中，现无量佛，以手摩顶，一音说法，百千起发，而不出定。住定，味乐定，着定，贪定，一劫千劫中住定。见佛莲华坐，说百法门。是人供养听法，一劫住定。

时诸佛光中摩顶，发起定品，出相、进相、去向相故。不没、不退、不堕、不住，顶三昧。法上乐忍，永尽无余。

即入一切佛土中，修行无量功德品，行行皆光明入善权方便，教化一切众生，能使得见佛体性，常乐我净。是人生住是地中，行化法门，渐渐深妙，空华观智，入体性中道。一切法门品满足，犹如金刚。

上日月道品，已明斯义。

第五　体性慧照地　若佛子，菩提萨埵，慧照体性地。法有十种力生品，起一切功德行。以一慧方便，知善恶二业别行，处力品。善作、恶作业，智力品。一切欲求，愿六道生生果，欲力品。六道性分别不同，性力品。一切善恶根，一一不同，根力品。邪定、正定、不定，是名定力品。一切因果，乘是因，乘是果，至果处乘因道，是道力品。五眼知一切法，见一切受生故，天眼力品。百劫事，一一知，宿世力品。于一切生烦恼灭，一切受无明灭，解脱力品。

是十力品智，知自修因果，亦知一切众生因果分别。而身、心、口别用，以净国土为恶国土，以恶国土为妙乐国土；能转善作恶，转恶作善；色为非色，非色为色；以男为女，女为男；以六道为非六道，非六道为六道；乃至地水火风，非地水火风。

是人尔时，以大方便力，从一切众生而见不可思议，下地所不能知觉，举足下足事。是人大明智，渐渐进，分分智，光光无量无量，不可说不可说法门，现在前行。

第六　体性华光地　若佛子，菩提萨埵，体性华光地。能于一切世界中，十神通明智品，以示一切众生种种变化。

以天眼明智，知三世国土中，微尘等一切色，分分成六道众生身，一一身微尘细色，成大色，分分知。

以天耳智，知十方三世六道众生，苦乐音声，非非音，非非声，一切法声。

以天身智，知一切色，色非色，非男非女形。于一念中，遍十方三世国土劫量，大小国土中微尘身。

以天他心智，知三世众生心中所行，十方六道中一切众生心心所念，苦乐善恶等事。

以天人智，知十方三世国土中，一切众生宿世苦乐受命，一一知，命续百劫。

以天解脱智，知十方三世众生解脱，断除一切烦恼，若多若少，从一地乃至十地，灭灭皆尽。

以天定心智，知十方三世国土中，众生心定不定，非定非不定，起定方法，有所摄受，三昧百三昧。

以天觉智，知一切众生，已成佛，未成佛，乃至六道一切人心心，亦知十方佛心中所说之法。

以天念智，知百劫千劫，大小劫中，一切众生受命，命久近。

以天愿智，知一切众生贤圣，十地三十心中，一一行愿。若求苦乐，若法非法，一切求，十愿、百千大愿品具足。

是人住地中，十神通明中，现无量身、心、口别用。说地功德，百千万劫，不可穷尽。而尔所释迦，略开神通明品。如观十二因缘品中说。

第七　体性满足地　若佛子，菩提萨埵，满足体性地。入是法中，十八圣人智品，下地所不共。所谓身无漏过，口无语罪，念无失念，离八法，一切法中舍，常在三昧。是入地六品具足，复从是智，生六足智。

三界结习毕竟不受，故欲具足。一切功德，一切法门，所求满故，进心足。一切法事，一切劫事，一切众生事，以一心中一时知故，念心足。是二谛相，六道众生，一切法故，智慧足。知十法趣人，乃至一切佛，无结习故，解脱足。见一切众生，知他人自我弟子，无漏无诸烦恼习故，以智知他身，六通足。

是人入六满足明智中，便起智身，随六道众生心行。口辩说无量法门品，示一切众生故，随一切众生心行。常入三昧，而十方大地动，虚空化华故，能令众生心行。以大明智具足，见过去一切劫中佛出世，亦是示一切众生心。以无著智，见现在十方一切国土中，一切佛，一切众生，心心所行。以神通道智，见未来中一切劫一切佛出世，一切众生从是佛受道听法故。

住是十八圣人中，心心三昧。观三界微尘等色，是我故身。一切众生，是我父母。而今入是地中，一切功德，一切神光，一切佛所行法，乃至八地、九地中，一切法门品，我皆已入故。于一切佛国土中，示现作佛、成道、转法轮，示入灭度，转化他方，过去来今一切国土中。

第八　体性佛吼地　若佛子，菩提萨埵，佛吼体性地。入法王位三昧，其智如佛，佛吼三昧故。十品大明空门，常现在前，华光音入心三昧。

其空慧者，谓内空慧门，外空慧门，有为空慧门，无为空慧门，性空慧门，无始空慧门，第一义空慧门，空空慧门，空空复空慧门，空空复空空慧门。如是十空门，下地各所不知，虚空平等地不可说不可说神通道智。

以一念智，知一切法分分别异，而入无量佛国土中，一一佛前咨受法，转法度与一切众生，而以法药施一切众生。为大法师，为大导师，破坏四魔，法身具足，化化入佛界。

是诸佛数，是诸九地、十地数中，长养法身。百千陀罗尼门、百千三昧门、百千金刚门、百千神通门、百千解脱门，如是百千虚空平等门中而大自在。一念一时行，劫说非劫，非劫说劫；非道说道，道说非道；非六道众生说六道众生，六道众生说非六道众生；非佛说佛，佛说非佛。而入出诸佛体性三昧中。

反照、顺照、逆照、前照、后照，因照、果照，空照、有照，第一中道义谛照。是智惟八地所证，下地所不及。不动、不到、不出、不入、不生、不灭。

是地法门品，无量无量，不可说不可说，今以略开地中百千分，一毛头许事。罗汉品中已明。

第九　体性华严地　若佛子,菩提萨埵,佛华严体性地。以佛威仪,如来三昧自在王,王定,出入无时。

于十方三千世界,百亿日月,百亿四天下,一时成佛、转法轮,乃至灭度。一切佛事,以一心中,一时示现一切众生。一切色身,八十种好,三十二相。自在乐,虚空同,无量大悲光明相好庄严。非天,非人,非六道,一切法外而常行六道。现无量身、无量口、无量意,说无量法门,而能转魔界入佛界,佛界入魔界;复转一切见入佛见,佛见入一切见;佛性入众生性,众生性入佛性。

其地光,光光照,慧慧照,明焰明焰,无畏无量,十力、十八不共法,解脱涅槃,无为一道清净。

而以一切众生作父母兄弟,为其说法,尽一切劫,得道果。又现一切国土身,为一切众生相视如父如母,天魔外道相视如父如母。

住是地中,从生死际起,至金刚际,以一念心中,现如是事,而能转入无量众生界。如是无量,略说如海一滴。

第十　体性入佛界地　若佛子,菩提萨埵,入佛界体性地。其大慧空空复空空复空,如虚空性平等智,有如来性,十功德品具足。

空同一相,体性无为,神虚体一,法同法性,故名如来。

应顺四谛二谛,尽生死轮际,法养法身无二,是名应供。

遍覆一切世界中,一切事,正智、圣解脱智,知一切法有无,一切众生根故,是正遍知。

明明修行,佛果时足故,是明行足。

善逝三世佛法,法同先佛法,法去时善善,来时善善,是名善善。

是人行是上德,入世间中教化众生,使众生解脱一切结缚,故名世间解脱。

是人一切法上,入佛威神,形仪如佛,大士行处,为世间解脱。

调顺一切众生,名为丈夫。

于天人中,教化一切众生,咨受法言故,是天人师。

妙本无二,佛性玄觉,常常大满,一切众生礼拜故、尊敬故,是佛世尊。

一切世人,咨受奉教故,是佛地。是地中一切圣人之所入处,故名佛界地。

尔时,坐宝莲华上,一切与授记欢喜,法身手摩其顶。同见、同学菩萨,异口同音,赞叹无二。又有百千亿世界中,一切佛,一切菩萨,一时云集,请转不可说法轮,虚空藏化导法门。

是地有不可说奇妙法门品,奇妙三明、三昧门,陀罗尼门,非下地凡夫心识所知,惟佛佛无量身、口、心意,可尽其源。

如光音天品中说十无畏,与佛道同。

尔时,卢舍那佛为此大众,略开百千恒河沙不可说法门中心地,如毛头许。是过去一切佛已说,未来佛当说,现在佛今说。三世菩萨已学、当学、今学。我已百劫修行是心地,号吾为卢舍那。汝诸佛子,转我所说,与一切众生开心地道。

时,莲华台藏世界,赫赫天光师子座上,卢舍那佛放光。光告千华上佛,持我心地法门品而去,复转为千百亿释迦及一切众生,次第说我上心地法门品。汝等受持读诵,一心而行。

尔时,千华上佛,千百亿释迦,从莲华藏世界赫赫师子座起,各各辞退,举身放不可思议光,光光皆化无量佛。一时以无量青、黄、赤、白华,供养卢舍那佛。受持上所说心地法品竟。

各各从此莲华藏世界而没,没已,入体性虚空华光三昧,还本源世界阎浮提菩提树下。从体性虚空华光三昧出,出已,方坐金刚千光王座,及妙光堂,说十世界法门海。复从座起,至帝释宫,说十住。复从座起,至焰天中,说十行。复从座起,至第四天中,说十回向。复从座起,至化乐天,说十禅定。复从座起,至他化天,说十地。复至一禅中,说十金刚。复至二禅中,说十忍。复至三禅中,说十愿。复至四禅中,摩醯首罗天王宫,说我本源莲华藏世界,卢舍那佛所说心地法门品。其余千百亿释迦,亦复如是,无二无别。

如贤劫品中说。

卷　下

梵网经菩萨戒序

诸佛子等,合掌至心听,我今欲说诸佛大戒序。众集默然听,自知有罪当忏悔,忏悔即安乐,不忏悔罪益深。无罪者默然,默然故,当知众清净。

诸大德、优婆塞、优婆夷等谛听,佛灭度后于像法中,应当尊敬波罗提木叉,波罗提木叉者即是此戒。持此戒时如暗遇明,如贫得宝,如病得差,如因系出狱,如远行者得归。

当知此则是众等大师,若佛住世无异此也。怖心难生,善心难发。故经

云：勿轻小罪以为无殃，水滴虽微渐盈大器。刹那造罪殃堕无间，一失人身万
劫不复。壮色不停犹如奔马，人命无常过于山水，今日虽存明亦难保。众等各
各一心勤修精进，慎勿懈怠懒惰睡眠纵意。夜即摄心存念三宝，莫以空过徒
设疲劳后代深悔。众等各各一心谨依此戒，如法修行应当学。

菩萨心地品之下

尔时，释迦牟尼佛，从初现莲华藏世界，东方来入天宫中，说魔受化经
已。下生南阎浮提迦夷罗国，母名摩耶，父字白净，吾名悉达。七岁出家，三十
成道，号吾为释迦牟尼佛。于寂灭道场，坐金刚华光王座，乃至摩醯首罗天
王宫，其中次第十住处所说。

时，佛观诸大梵天王，网罗幢因，为说无量世界，犹如网孔。一一世界，各
各不同，别异无量，佛教门亦复如是。吾今来此世界八千返，为此娑婆世界，坐
金刚华光王座，乃至摩醯首罗天王宫，为是中一切大众，略开心地法门竟。

复从天王宫，下至阎浮提菩提树下，为此地上一切众生，凡夫、痴暗之
人，说我本卢舍那佛心地中，初发心中，常所诵一戒，光明金刚宝戒。是一切
佛本源，一切菩萨本源，佛性种子。一切众生皆有佛性，一切意、识、色、心，
是情是心，皆入佛性戒中。当当常有因故，当当常住法身。

如是十波罗提木叉，出于世界，是法戒，是三世一切众生顶戴受持。吾
今当为此大众，重说十无尽藏戒品。是一切众生戒本源自性清净。

我今卢舍那，方坐莲华台，周匝千华上，复现千释迦。一华百亿国，一
国一释迦，各坐菩提树，一时成佛道。如是千百亿，卢舍那本身。千百亿释
迦，各接微尘众，俱来至我所，听我诵佛戒，甘露门即开。是时千百亿，还
至本道场。各坐菩提树，诵我本师戒，十重四十八。戒如明日月，亦如璎珞
珠。微尘菩萨众，由是成正觉。是卢舍那诵，我亦如是诵。汝新学菩萨，顶
戴受持戒。受持是戒已，转授诸众生。谛听我正诵，佛法中戒藏，波罗提木
叉。大众心谛信，汝是当成佛，我是已成佛。常作如是信，戒品已具足。一
切有心者，皆应摄佛戒。众生受佛戒，即入诸佛位。位同大觉已，真是诸佛
子。大众皆恭敬，至心听我诵。

尔时，释迦牟尼佛，初坐菩提树下，成无上觉。初结菩萨波罗提木叉，孝
顺父母、师、僧、三宝。孝顺，至道之法。孝名为戒，亦名制止。

佛即口放无量光明。是时，百万亿大众、诸菩萨、十八梵天、六欲天子、
十六大国王，合掌至心，听佛诵一切诸佛大乘戒。

佛告诸菩萨言，我今半月半月自诵诸佛法戒，汝等一切发心菩萨亦诵，

乃至十发趣、十长养、十金刚、十地，诸菩萨亦诵。是故戒光从口出。有缘、非无因，故光。光非青黄赤白黑，非色非心，非有非无，非因果法。是诸佛之本源，行菩萨道之根本，是大众诸佛子之根本。是故大众诸佛子，应受持，应读诵，应善学。

诸佛子谛听，若受佛戒者，国王、王子、百官、宰相、比丘、比丘尼、十八梵天、六欲天子、庶民、黄门、淫男、淫女、奴婢、八部鬼神、金刚神、畜生，乃至变化人，但解法师语，尽受得戒，皆名第一清净者。

佛告诸佛子言，有十重波罗提木叉，若受菩萨戒，不诵此戒者，非菩萨，非佛种子。我亦如是诵，一切菩萨已学，一切菩萨当学，一切菩萨今学。

我已略说菩萨波罗提木叉相貌，应当学，敬心奉持。

十重戒

第一　杀戒　佛言：佛子，若自杀，教人杀，方便杀，赞叹杀，见作随喜，乃至咒杀，杀因、杀缘、杀法、杀业，乃至一切有命者，不得故杀。

是菩萨，应起常住慈悲心、孝顺心，方便救护一切众生。而反恣心快意杀生者，是菩萨波罗夷罪。

第二　盗戒　若佛子，自盗，教人盗，方便盗，咒盗，盗因、盗缘、盗法、盗业，乃至鬼神有主物，劫贼物，一切财物，一针一草，不得故盗。

而菩萨应生佛性孝顺心、慈悲心，常助一切人生福生乐。而反更盗人财物者，是菩萨波罗夷罪。

第三　淫戒　若佛子，自淫，教人淫，乃至一切女人，不得故淫。淫因、淫缘、淫法、淫业，乃至畜生女，诸天鬼神女，及非道行淫。

而菩萨应生孝顺心，救度一切众生，净法与人。而反更起一切人淫，不择畜生，乃至母女姊妹六亲行淫。无慈悲心者，是菩萨波罗夷罪。

第四　妄语戒　若佛子，自妄语，教人妄语，方便妄语，妄语因、妄语缘、妄语法、妄语业，乃至不见言见，见言不见，身心妄语。

而菩萨常生正语、正见，亦生一切众生正语、正见。而反更起一切众生邪语、邪见、邪业者，是菩萨波罗夷罪。

第五　酤酒戒　若佛子，自酤酒，教人酤酒，酤酒因、酤酒缘、酤酒法、酤酒业，一切酒不得酤，是酒起罪因缘。

而菩萨应生一切众生明达之慧。而反更生一切众生颠倒之心者，是菩萨波罗夷罪。

第六　说四众过戒　若佛子，口自说出家、在家菩萨、比丘、比丘尼罪过，教人说罪过，罪过因、罪过缘、罪过法、罪过业。

而菩萨闻外道、恶人，及二乘恶人，说佛法中非法非律，常生慈心，教化是恶人辈，令生大乘善信。而菩萨反更自说佛法中罪过者，是菩萨波罗夷罪。

第七　自赞毁他戒　若佛子，口自赞毁他，亦教人自赞毁他，毁他因、毁他缘、毁他法、毁他业。而菩萨应代一切众生受加毁辱，恶事自向己，好事与他人。若自扬己德，隐他人好事，令他人受毁者，是菩萨波罗夷罪。

第八　悭惜加毁戒　若佛子，自悭，教人悭，悭因、悭缘、悭法、悭业。

而菩萨见一切贫穷人来乞者，随前人所须，一切给与。而菩萨以恶心、嗔心，乃至不施一钱一针一草；有求法者，不为说一句、一偈、一微尘许法。而反更骂辱者，是菩萨波罗夷罪。

第九　嗔心不受悔戒　若佛子，自嗔，教人嗔，嗔因、嗔缘、嗔法、嗔业。

而菩萨应生一切众生中善根无诤之事，常生慈悲心、孝顺心。而反更于一切众生中，乃至于非众生中，以恶口骂辱，加以手打，及以刀杖，意犹不息；前人求悔，善言忏谢，犹嗔不解者，是菩萨波罗夷罪。

第十　谤三宝戒　若佛子，自谤三宝，教人谤三宝，谤因、谤缘、谤法、谤业。

而菩萨见外道及以恶人，一言谤佛音声，如三百矛刺心，况口自谤。不生信心、孝顺心，而反更助恶人、邪见人谤者，是菩萨波罗夷罪。

善学诸仁者，是菩萨十波罗提木叉，应当学，于中不应一一犯如微尘许，何况具足犯十戒。若有犯者，不得现身发菩提心，亦失国王位、转轮王位，亦失比丘位、比丘尼位，亦失十发趣、十长养、十金刚、十地。佛性常住妙果，一切皆失。堕三恶道中，二劫、三劫，不闻父母三宝名字。以是不应一一犯。

汝等一切诸菩萨，今学，当学，已学，如是十戒，应当学，敬心奉持。八万威仪品当广明。

四十八轻戒

佛告诸菩萨言，已说十波罗提木叉竟，四十八轻今当说。

第一　不敬师友戒　若佛子，欲受国王位时，受转轮王位时，百官受位时，应先受菩萨戒。一切鬼神救护王身，百官之身，诸佛欢喜。既得戒已，生孝顺心、恭敬心，见上座、和尚、阿阇黎、大德、同学、同见、同行者，应起承迎，礼拜问讯。而菩萨反生憍心、慢心、痴心、嗔心，不起承迎礼拜，一一不如法供养。以自卖身、国城、男女、七宝、百物而供给之，若不尔者，犯轻垢罪。

第二　饮酒戒　若佛子，故饮酒，而酒生过失无量。若自身手过酒器，与人饮酒者，五百世无手，何况自饮。

亦不得教一切人饮及一切众生饮酒，况自饮酒。一切酒不得饮，若故自饮，教人饮者，犯轻垢罪。

第三　食肉戒　若佛子，故食肉，一切众生肉不得食。夫食肉者，断大慈悲佛性种子，一切众生见而舍去，是故一切菩萨不得食一切众生肉。食肉得无量罪，若故食者，犯轻垢罪。

第四　食五辛戒　若佛子，不得食五辛：大蒜、革葱、慈葱、兰葱、兴渠。是五种，一切食中不得食。若故食者，犯轻垢罪。

第五　不教悔罪戒　若佛子，见一切众生犯八戒、五戒、十戒、毁禁、七逆、八难，一切犯戒罪，应教忏悔。而菩萨不教忏悔，同住，同僧利养，而共布萨，同一众住说戒，而不举其罪，不教悔过者，犯轻垢罪。

第六　不供给请法戒　若佛子，见大乘法师、大乘同学、同见、同行，来入僧坊、舍宅、城邑，若百里、千里来者，即起迎来送去，礼拜供养。日日三时供养，日食三两金，百味饮食，床座医药，供事法师，一切所须，尽给与之。

常请法师三时说法, 日日三时礼拜, 不生嗔心、患恼之心。为法灭身, 请法不懈。若不尔者, 犯轻垢罪。

第七　懈怠不听法戒　若佛子, 一切处, 有讲法毗尼经律, 大宅舍中有讲法处, 是新学菩萨, 应持经律卷, 至法师所听受咨问。若山林树下, 僧地房中, 一切说法处, 悉至听受。若不至彼听受咨问者, 犯轻垢罪。

第八　背大向小戒　若佛子, 心背大乘常住经律, 言非佛说, 而受持二乘声闻、外道恶见、一切禁戒邪见经律者, 犯轻垢罪。

第九　不看病戒　若佛子, 见一切疾病人, 常应供养, 如佛无异。八福田中, 看病福田, 第一福田。若父母、师僧、弟子病, 诸根不具, 百种病苦恼, 皆供养令差。

而菩萨以嗔恨心不看, 乃至僧房中, 城邑、旷野、山林、道路中, 见病不救济者, 犯轻垢罪。

第十　不畜杀具戒　若佛子, 不得畜一切刀杖、弓箭、矛斧、斗战之具, 及恶罗网杀生之器, 一切不得畜。而菩萨乃至杀父母, 尚不加报, 况杀一切众生? 不得畜杀众生具, 若故畜者, 犯轻垢罪。

如是十戒应当学, 敬心奉持, 下六度品中广明。

第十一　国使戒　佛言: 佛子, 不得为利养、恶心故, 通国使命。军阵合会, 兴师相伐, 杀无量众生。而菩萨尚不得入军中往来, 况故作国贼。若故作者, 犯轻垢罪。

第十二　贩卖戒　若佛子, 故贩卖良人、奴婢、六畜, 市易棺材板木盛死之具, 尚不应自作, 况教人作。若故自作, 教人作者, 犯轻垢罪。

第十三　谤毁戒　若佛子, 以恶心故, 无事谤他良人、善人、法师、师僧、国王、贵人, 言犯七逆十重。父母兄弟六亲中, 应生孝顺心、慈悲心。而反更加于逆害, 堕不如意处者, 犯轻垢罪。

第十四　放火焚烧戒　若佛子, 以恶心故, 放大火烧山林旷野, 四月乃至九月放火。若烧他人家屋宅、城邑、僧房、田木，及鬼神、官物，一切有主物，不得故烧。若故烧者，犯轻垢罪。

第十五　僻教戒　若佛子，自佛弟子，及外道、恶人、六亲，一切善知识，应一一教受持大乘经律，教解义理，使发菩提心。十发趣心、十长养心、十金刚心，于三十心中，一一解其次第法用。而菩萨以恶心、嗔心，横教二乘声闻经律、外道邪见论等，犯轻垢罪。

第十六　为利倒说戒　若佛子，应好心先学大乘威仪经律，广开解义味。

见后新学菩萨，有从百里千里来求大乘经律，应如法为说一切苦行，若烧身、烧臂、烧指。若不烧身、臂、指供养诸佛，非出家菩萨。乃至饿虎、狼、狮子、一切饿鬼，悉应舍身肉手足而供养之。

然后一一次第为说正法，使心开意解。而菩萨为利养故，为名闻故，应答不答，倒说经律文字，无前无后，谤三宝说者，犯轻垢罪。

第十七　恃势乞求戒　若佛子，自为饮食、钱财、利养、名誉故，亲近国王、王子、大臣、百官，恃作形势，乞索打拍牵挽，横取钱财。

一切求利，名为恶求。多求，教他人求，都无慈愍心。无孝顺心者，犯轻垢罪。

第十八　无解作师戒　若佛子，应学十二部经，诵戒，日日六时持菩萨戒，解其义理佛性之性。

而菩萨不解一句一偈，及戒律因缘，诈言能解者，即为自欺诳，亦欺诳他人。一一不解，一切法不知，而为他人作师授戒者，犯轻垢罪。

第十九　两舌戒　若佛子，以恶心故，见持戒比丘，手捉香炉，行菩萨行，而斗遘两头，谤欺贤人，无恶不造者，犯轻垢罪。

第二十　不行放救戒　若佛子，以慈心故，行放生业。应作是念：一切男子是我父，一切女人是我母，我生生无不从之受生，故六道众生皆是我父母，而杀而食者，即杀我父母，亦杀我故身。一切地水是我先身，一切火风是我本体，故当行放生业。

生生受生,常住之法,教人放生。若见世人杀畜生时,应方便救护,解其苦难。常教化讲说菩萨戒,救度众生。若父母兄弟死亡之日,应请法师讲菩萨戒经律,福资亡者,得见诸佛,生人天上。若不尔者,犯轻垢罪。

如是十戒,应当学,敬心奉持。灭罪品中,广明一一戒相。

第二十一　嗔打报仇戒　佛言:佛子,不得以嗔报嗔,以打报打。若杀父母兄弟六亲,不得加报。若国主为他人杀者,亦不得加报。杀生报生,不顺孝道。尚不畜奴婢打拍骂辱,日日起三业,口罪无量,况故作七逆之罪。

而出家菩萨,无慈心报仇,乃至六亲中,故作报者,犯轻垢罪。

第二十二　憍慢不请法戒　若佛子,初始出家,未有所解,而自恃聪明有智,或恃高贵年宿,或恃大姓、高门、大解、大富、饶财七宝,以此憍慢,而不咨受先学法师经律。其法师者,或小姓、年少、卑门、贫穷下贱、诸根不具,而实有德,一切经律尽解。而新学菩萨,不得观法师种姓,而不来谘受法师第一义谛者,犯轻垢罪。

第二十三　憍慢僻说戒　若佛子,佛灭度后,欲以好心受菩萨戒时,于佛菩萨形像前,白誓受戒。当七日佛前忏悔,得见好相,便得戒。

若不得好相时,应二七、三七,乃至一年,要得好相。得好相已,便得佛菩萨形像前受戒。若不得好相,虽佛像前受戒,不得戒。

若现前先受菩萨戒法师前受戒时,不须要见好相。何以故?是法师,师师相授,故不须好相。是以法师前受戒时,即得戒,以生至重心故,便得戒。

若千里内无能授戒师,得佛菩萨形像前自誓受戒,而要见好相。

若法师自倚解经律、大乘学戒,与国王、太子、百官,以为善友。而新学菩萨来问,若经义律义,轻心、恶心、慢心,不一一好答问者,犯轻垢罪。

第二十四　不习学佛戒　若佛子,有佛经律大乘法,正见、正性、正法身,而不能勤学修习。而舍七宝,反学邪见、二乘、外道俗典、阿毗昙、杂论、一切书记,是断佛性,障道因缘,非行菩萨道者。若故作者,犯轻垢罪。

第二十五　不善知众戒　若佛子,佛灭度后,为说法主,为行法主,为僧房主,为教化主,坐禅主,行来主,应生慈心,善和斗诤,善守三宝物,莫无度用,如自己有。

而反乱众斗诤, 恣心用三宝物者, 犯轻垢罪。

第二十六　独受利养戒　若佛子, 先在僧坊中住, 若见客菩萨比丘, 来入僧坊、舍宅、城邑, 若国王宅舍中, 乃至夏坐安居处, 及大会中, 先住僧应迎来送去, 饮食供养, 房舍卧具、绳床木床, 事事给与。若无物, 应卖自身, 及男女身, 应割自身肉卖, 供给所需, 客僧所需都就该尽量予以满足。

若有檀越来请众僧, 客僧有利养分, 僧坊主应次第差客僧受请。而先住僧独受请, 而不差客僧者, 僧坊主得无量罪。畜生无异, 非沙门, 非释种姓, 犯轻垢罪。

第二十七　受别请戒　若佛子, 一切不得受别请、利养入己, 而此利养属十方僧。而别受请, 即是取十方僧物入己。八福田中, 诸佛、圣人、一一师僧、父母、病人物, 自己用故, 犯轻垢罪。

第二十八　别请僧戒　若佛子, 有出家菩萨、在家菩萨, 及一切檀越, 请僧福田求愿之时, 应入僧坊问知事人, 今欲请僧求愿。知事报言, 次第请者, 即得十方贤圣僧。

而世人别请五百罗汉、菩萨僧, 不如僧次一凡夫僧。若别请僧者, 是外道法, 七佛无别请法, 不顺孝道。若故别请僧者, 犯轻垢罪。

第二十九　邪命自活戒　若佛子, 以恶心故, 为利养贩卖男女色, 自手作食, 自磨自舂, 占相男女, 解梦吉凶, 是男是女, 咒术工巧, 调鹰方法, 和合百种毒药, 千种毒药, 蛇毒、生金银毒、蛊毒, 都无慈愍心, 无孝顺心。若故作者, 犯轻垢罪。

第三十　不敬好时戒　若佛子, 以恶心故, 自身谤三宝, 诈现亲附。口便说空, 行在有中。为白衣通致男女, 交会淫色, 作诸缚着。于六斋日, 年三长斋月, 作杀生、劫盗、破斋犯戒者, 犯轻垢罪。

如是十戒, 应当学, 敬心奉持。制戒品中广明。

第三十一　不行救赎戒　佛言: 佛子, 佛灭度后, 于恶世中, 若见外道、一切恶人、劫贼, 卖佛菩萨父母形像, 及卖经律, 贩卖比丘、比丘尼, 亦卖发心菩萨道人。或为官使, 与一切人作奴婢者。而菩萨见是事已, 应生慈悲心,方便救护，处处教化，取物赎佛菩萨形像，及比丘、比丘尼、一切经律。若不赎者，犯轻垢罪。

第三十二　　损害众生戒　若佛子，不得畜刀杖弓箭，贩卖轻秤小斗。因官形势，取人财物，害心系缚，破坏成功。长养猫狸猪狗。若故养者，犯轻垢罪。

第三十三　　邪业觉观戒　若佛子，以恶心故，观一切男女等斗，军阵兵将劫贼等斗。亦不得听吹呗、鼓角、琴、瑟、筝、笛、箜篌，歌叫妓乐之声。不得摴捕、围棋、波罗塞戏、弹棋、陆博、拍毱、掷石投壶、牵道八道行城。爪镜、蓍草、杨枝、钵盂、髑髅，而作卜筮。不得作盗贼使命。一一不得作。若故作者，犯轻垢罪。

第三十四　　暂念小乘戒　若佛子，护持禁戒，行住坐卧，日夜六时，读诵是戒。犹如金刚。如带持浮囊，欲渡大海。如草系比丘。
常生大乘善信，自知我是未成之佛，诸佛是已成之佛。发菩提心，念念不去心，若起一念二乘外道心者，犯轻垢罪。

第三十五　　不发愿戒　若佛子，常应发一切愿。孝顺父母、师僧；愿得好师，同学、善知识，常教我大乘经律；十发趣，十长养，十金刚，十地，使我开解，如法修行，坚持佛戒。宁舍身命，念念不去心。若一切菩萨不发是愿者，犯轻垢罪。

第三十六　　不发誓戒　若佛子，发是十大愿已，持佛禁戒，作是愿言：
宁以此身，投炽然猛火、大坑刀山，终不毁犯三世诸佛经律，与一切女人作不净行。
复作是愿，宁以热铁罗网千重，周匝缠身，终不以此破戒之身，受于信心檀越一切衣服。
复作是愿，宁以此口吞热铁丸，及大流猛火，经百千劫，终不以此破戒之口，食于信心檀越百味饮食。
复作是愿，宁以此身卧大流猛火、罗网热铁地上，终不以此破戒之身，受于信心檀越百种床座。
复作是愿，宁以此身受三百锋刺身，经一劫二劫，终不以此破戒之身，受于信心檀越百味医药。

复作是愿，宁以此身投热铁镬，经百千劫，终不以此破戒之身，受于信心檀越千种房舍、屋宅、园林、田地。

复作是愿，宁以铁锤打碎此身，从头至足，令如微尘，终不以此破戒之身，受于信心檀越恭敬礼拜。

复作是愿，宁以百千热铁刀铧，挑其两目，终不以此破戒之心，视他好色。

复作是愿，宁以百千铁锥，劖刺耳根，经一劫二劫，终不以此破戒之心，听好音声。

复作是愿，宁以百千刃刀割去其鼻，终不以此破戒之心，贪嗅诸香。

复作是愿，宁以百千刃刀割断其舌，终不以此破戒之心，食人百味净食。

复作是愿，宁以利斧斩斫其身，终不以此破戒之心，贪着好触。

复作是愿，愿一切众生成佛。

菩萨若不发是愿者，犯轻垢罪。

第三十七　冒难游行戒　若佛子，常应二时头陀。冬夏坐禅，结夏安居。常用杨枝、澡豆、三衣、瓶、钵、坐具、锡杖、香炉、滤水囊、手巾、刀子、火燧、镊子、绳床、经、律、佛像、菩萨形像。

而菩萨行头陀时，及游方时，行来百里千里，此十八种物常随其身。头陀者，从正月十五日至三月十五日，八月十五日至十月十五日，是二时中，此十八种物，常随其身，如鸟二翼。

若布萨日，新学菩萨，半月半月布萨，诵十重四十八轻。若诵戒时，于诸佛菩萨形像前诵。一人布萨，即一人诵。若二及三人，至百千人，亦一人诵。诵者高座，听者下座，各各披九条、七条、五条袈裟。结夏安居，一一如法。

若头陀时，莫入难处。若国难恶王，土地高下，草木深邃，狮子虎狼，水、火、风，劫贼道路，毒蛇，一切难处，悉不得入。若头陀行道，乃至夏坐安居，是诸难处，亦不得入。若故入者，犯轻垢罪。

第三十八　乖尊卑次序戒　若佛子，应如法次第坐。先受戒者在前坐，后受戒者在后坐。不问老少，比丘、比丘尼、贵人、国王、王子，乃至黄门、奴婢，皆应先受戒者在前坐，后受戒者次第而坐。莫如外道痴人，若老若少，无前无后，坐无次第，如兵奴之法。

我佛法中，先者先坐，后者后坐，而菩萨一一不如法次第坐者，犯轻垢罪。

第三十九　不修福慧戒　若佛子，常应教化一切众生。建立僧房，山林园田，立作佛塔，冬夏安居坐禅处所，一切行道处，皆应立之。而菩萨应为一切众生讲说大乘经律。若疾病、国难、贼难，父母、兄弟、和尚、阿阇黎亡灭之日，及三七日、四五七日，乃至七七日，亦应讲说大乘经律。

一切斋会求福，行来治生，大火所烧，大水所漂，黑风所吹船舫，江河大海罗刹之难，亦读诵讲说此经律。乃至一切罪报，三恶、八难、七逆，杻械枷锁系缚其身，多淫、多嗔、多愚痴、多疾病，皆应讲此经律。而新学菩萨若不尔者，犯轻垢罪。

如上九戒，应当学，敬心奉持。梵坛品当说。

第四十　拣择授戒戒　佛言：佛子与人授戒时，不得拣择。一切国王、王子、大臣、百官，比丘、比丘尼，信男、信女，淫男、淫女，十八梵天、六欲天子，无根、二根、黄门、奴婢，一切鬼神，尽得受戒。

应教身所着袈裟，皆使坏色，与道相应。皆染使青、黄、赤、黑、紫色，一切染衣，乃至卧具，尽以坏色。身所着衣，一切染色。若一切国土中，国人所着衣服，比丘皆应与其俗服有异。

若欲授戒时，应问言：现身不作七逆罪耶？菩萨法师，不得与七逆人现身授戒。七逆者，出佛身血、杀父、杀母、杀和尚、杀阿阇黎、破羯磨转法轮僧、杀圣人。若具七逆，即现身不得戒，余一切人，尽得受戒。

出家人法，不向国王礼拜，不向父母礼拜，六亲不敬，鬼神不礼，但解法师语。有百里千里来求法者，而菩萨法师，以恶心、嗔心，而不即与授一切众生戒者，犯轻垢罪。

第四十一　为利作师戒　若佛子，教化人起信心时，菩萨与他人作教诫法师者，见欲受戒人，应教请二师。和尚、阿阇黎二师，应问言，汝有七遮罪否？若现身有七遮罪者，师不应与授戒；若无七遮者，得与授戒。

若有犯十重戒者，教忏悔。在佛菩萨形像前，日夜六时，诵十重四十八轻戒，苦到礼三世千佛，得见好相者。若一七日，二三七日，乃至一年，要见好相。好相者，佛来摩顶，见光华。种种异相，便得灭罪。若无好相，虽忏无益。是人现身亦不得戒，而得增长受戒益。

若犯四十八轻戒者，对首忏悔，罪便得灭，不同七遮。而教诫师，于是法中，一一好解。

若不解大乘经律，若轻若重，是非之相，不解第一义谛，习种性、长养性、性种性、不可坏性、道种性、正觉性。其中多少观行出入，十禅支，一切行法，一一不得此法中意。

而菩萨为利养，为名闻故，恶求多求，贪利弟子，而诈现解一切经律，为供养故，是自欺诈，亦欺诈他人。故与人授戒者，犯轻垢罪。

第四十二　为恶人说戒戒　　若佛子，不得为利养故，于未受菩萨戒者前，若外道恶人前，说此千佛大戒。邪见人前，亦不得说。除国王，余一切不得说。

是恶人辈，不受佛戒，名为畜生，生生不见三宝。如木石无心，名为外道邪见人辈，木头无异。而菩萨于是恶人前，说七佛教戒者，犯轻垢罪。

第四十三　无惭受施戒　　若佛子，信心出家，受佛正戒。故起心毁犯圣戒者，不得受一切檀越供养。亦不得国王地上行，不得饮国王水。五千大鬼常遮其前，鬼言大贼。入房舍城邑宅中，鬼复常扫其脚迹。一切世人皆骂言，佛法中贼；一切众生，眼不欲见。犯戒之人，畜生无异，木头无异。若故毁正戒者，犯轻垢罪。

第四十四　不供养经典戒　　若佛子，常应一心受持、读诵大乘经律。剥皮为纸，刺血为墨，以髓为水，析骨为笔，书写佛戒。木皮谷纸，绢素竹帛，亦应悉书持。常以七宝，无价香华，一切杂宝为箱囊，盛经律卷。若不如法供养者，犯轻垢罪。

第四十五　不化众生戒　　若佛子，常起大悲心，若入一切城邑、舍宅，见一切众生，应唱言：汝等众生，尽应受三归十戒。

若见牛马猪羊，一切畜生，应心念口言：汝是畜生，发菩提心。

而菩萨入一切处，山林川野，皆使一切众生发菩提心。是菩萨若不发教化众生心者，犯轻垢罪。

第四十六　说法不如法戒　　若佛子，常行教化，起大悲心。入檀越贵人家，一切众中，不得立为白衣说法，应在白衣众前，高座上坐。法师比丘，不得地立为四众白衣说法。若说法时，法师高座，香华供养，四众听者下坐。如孝顺父母，敬顺师教，如事火婆罗门。其说法者，若不如法说，犯轻垢罪。

第四十七　非法制限戒　若佛子，皆以信心受戒者。若国王、太子、百官、四部弟子，自恃高贵，破灭佛法戒律。明作制法，制我四部弟子，不听出家行道，亦复不听造立形像、佛塔、经律。立统制众，安籍记僧。菩萨比丘地立，白衣高座，广行非法，如兵奴事主。而菩萨应受一切人供养，而反为官走使，非法非律。若国王百官，好心受佛戒者，莫作是破三宝之罪。而故作破法者，犯轻垢罪。

第四十八　破法戒　若佛子，以好心出家，而为名闻利养，于国王、百官前说佛戒者，横与比丘、比丘尼菩萨戒弟子，作系缚事，如狱囚法，兵奴之法。如狮子身中虫，自食狮子肉，非余外虫。如是佛子，自破佛法，非外道天魔能破。

若受佛戒者，应护佛戒，如念一子，如事父母，不可毁破。而菩萨闻外道恶人，以恶言谤佛戒之声，如三百铧刺心，千刀万杖打拍其身，等无有异。宁自入地狱，经于百劫，而不闻一恶言破佛戒之声。况自破佛戒，教人破法因缘，亦无孝顺之心。若故作者，犯轻垢罪。

如是九戒，应当学，敬心奉持。

诸佛子，是四十八轻戒，汝等受持，过去诸菩萨已诵，未来诸菩萨当诵，现在诸菩萨今诵。

诸佛子听：十重四十八轻戒，三世诸佛已诵、当诵、今诵，我今亦如是诵。汝等一切大众，若国王、王子、百官、比丘、比丘尼、信男、信女、受持菩萨戒者，应受持、读诵、解说、书写。佛性常住戒卷，流通三世一切众生，化化不绝。得见千佛，佛佛授手，世世不堕恶道八难，常生人道天中。

我今在此树下，略开七佛法戒，汝等大众，当一心学波罗提木叉，欢喜奉行。如无相天王品劝学中，一一广明。

三千学士，时坐听者，闻佛自诵，心心顶戴，喜跃受持。

尔时，释迦牟尼佛说上莲华台藏世界，卢舍那佛心地法门品中，十无尽戒法品竟，千百亿释迦亦如是说。从摩醯首罗天王宫，至此道树下，住处说法品，为一切菩萨，不可说大众，受持读诵，解说其义，亦如是。千百亿世界，莲华藏世界，微尘世界，一切佛心藏、地藏、戒藏、无量行愿藏、因果佛性常住藏。如是一切佛说，无量一切法藏竟，千百亿世界中，一切众生受持，欢喜奉行。

若广开心地相相，如佛华光王七行品中说。

明人忍慧强，能持如是法，未成佛道间，安获五种利：一者十方佛，愍念常守护。二者命终时，正见心欢喜。三者生生处，为诸菩萨友。四者功德聚，戒度悉成就。五者今后世，性戒福慧满。此是诸佛子，智者善思量。计我着相者，不能信是法。灭寿取证者，亦非下种处。欲长菩提苗，光明照世间。应当净观察，诸法真实相。不生亦不灭，不常复不断。不一亦不异，不来亦不去。如是一心中，方便勤庄严。菩萨所应作，应当次第学。于学于无学，勿生分别想，是名第一道，亦名摩诃衍。一切戏论恶，悉从是处灭。诸佛萨婆若，悉由是处出。是故诸佛子，宜发大勇猛，于诸佛净戒，护持如明珠。过去诸菩萨，已于是中学，未来者当学，现在者今学。此是佛行处，圣主所称叹。我已随顺说，福德无量聚。回以施众生，共向一切智。愿闻是法者，疾得成佛道。

坛
经

行由品第一

时，大师至宝林，韶州韦刺史与官僚入山，请师出。于城中大梵寺讲堂，为众开缘说法。

师升座次，刺史官僚三十余人，儒宗学士三十余人，僧尼、道俗一千余人，同时作礼，愿闻法要。

大师告众曰："善知识，菩提自性，本来清净，但用此心，直了成佛。善知识！且听惠能行由得法事意。

"惠能严父，本贯范阳，左降流于岭南，作新州百姓。此身不幸，父又早亡，老母孤遗，移来南海，艰辛贫乏，于市卖柴。时有一客买柴，使令送至客店，客收去，惠能得钱，却出门外，见一客诵经，惠能一闻经语，心即开悟。遂问客诵何经，客曰金刚经。复问从何所来，持此经典。客云，我从蕲州黄梅县东禅寺来。其寺是五祖忍大师在彼主化，门人一千有余。我到彼中礼拜，听受此经。大师常劝僧俗，但持金刚经，即自见性，直了成佛。惠能闻说，宿昔有缘，乃蒙一客，取银十两与惠能，令充老母衣粮，教便往黄梅，参礼五祖。"

惠能安置母毕，即便辞违，不经三十余日，便至黄梅，礼拜五祖。

祖问曰："汝何方人，欲求何物？"

惠能对曰："弟子是岭南新州百姓，远来礼师，惟求作佛，不求余物。"

祖言："汝是岭南人，又是獦獠，若为堪作佛？"

惠能曰："人虽有南北，佛性本无南北，獦獠身与和尚不同，佛性有何差别？"五祖更欲与语，且见徒众总在左右，乃令随众作务。

惠能曰："惠能启和尚，弟子自心常生智慧，不离自性，即是福田。未审和尚教作何务？"

祖云："这獦獠根性大利，汝更勿言，著槽厂去。"

惠能退至后院，有一行者，差惠能破柴踏碓。

经八月余，祖一日忽见惠能，曰："吾思汝之见可用，恐有恶人害汝，遂不与汝言，汝知之否？"

惠能曰："弟子亦知师意，不敢行至堂前，令人不觉。"

祖一日唤诸门人总来："吾向汝说，世人生死事大，汝等终日只求福田，不求出离生死苦海。自性若迷，福何可救？汝等各去，自看智慧，取自本心般若之性，各作一偈，来呈吾看，若悟大意，付汝衣法，为第六代祖。火急速去，不得迟滞。思量即不中用，见性之人，言下须见。若如此者，轮刀上阵，亦得见之。"

众得处分，退而递相谓曰："我等众人，不须澄心用意作偈，将呈和尚，有何所益？神秀上座，现为教授师，必是他得；我辈谩作偈颂，枉用心力。"余人闻语，总皆息心，咸言："我等已后依止秀师，何烦作偈。"

神秀思惟：诸人不呈偈者，为我与他为教授师，我须作偈，将呈和尚。若不呈偈，和尚如何知我心中见解深浅。我呈偈意，求法即善，觅祖即恶，却同凡心夺其圣位奚别？若不呈偈，终不得法，大难大难。

五祖堂前，有步廊三间，拟请供奉卢珍画楞伽经变相及五祖血脉图，流传供养。神秀作偈成已，数度欲呈，行至堂前，心中恍惚，遍身汗流，拟呈不得。前后经四日，一十三度，呈偈不得。

秀乃思惟：不如向廊下书著，从他和尚看见，忽若道好，即出礼拜，云是秀作。若道不堪，枉向山中数年，受人礼拜，更修何道？

是夜三更，不使人知，自执灯，书偈于南廊壁间，呈心所见。偈曰：

　　　　身是菩提树，心如明镜台。时时勤拂拭，勿使惹尘埃。

秀书偈了，便却归房，人总不知。秀复思惟：五祖明日见偈欢喜，即我与法有缘，若言不堪，自是我迷，宿业障重，不合得法，圣意难测。房中思想，坐卧不安，直至五更。

祖已知神秀入门未得，不见自性。天明，祖唤卢供奉来，向南廊壁间绘画图相，忽见其偈。报言："供奉却不用画，劳尔远来。经云：凡所有相，皆是虚妄。但留此偈，与人诵持。依此偈修，免堕恶道。依此偈修，有大利益。"令门人炷香礼敬，尽诵此偈，即得见性。

门人诵偈，皆叹善哉。

祖三更唤秀入堂，问曰："偈是汝作否？"

秀言："实是秀作，不敢妄求祖位。望和尚慈悲，看弟子有少智慧否？"

祖曰："汝作此偈，未见本性，只到门外，未入门内。如此见解，觅无上菩提，了不可得。无上菩提，须得言下识自本心，见自本性。不生不灭，于一切时中，念念自见，万法无滞，一真一切真，万境自如如。如如之心，即是真实。若如是见，即是无上菩提之自性也。汝且去一两日思惟，更作一偈，将来吾看汝偈，若入得门，付汝衣法。"

神秀作礼而出，又经数日，作偈不成，心中恍惚，神思不安，犹如梦中，行坐不乐。

复两日，有一童子，于碓坊过，唱诵其偈。惠能一闻，便知此偈未见本性。虽未蒙教授，早识大意。遂问童子曰："诵者何偈？"

童子曰："尔这獦獠不知。大师言：'世人生死事大。'欲得传付衣法，令门人作偈来看。若悟大意，即付衣法，为第六祖。神秀上座，于南廊壁上，书无相偈，大师令人皆诵，依此偈修，免堕恶道。依此偈修，有大利益。"

惠能曰："我亦要诵此，结来生缘。上人，我此踏碓，八个余月，未曾行到堂前，望上人引至偈前礼拜。"

童子引至偈前礼拜。惠能曰："惠能不识字，请上人为读。"

时有江州别驾，姓张，名日用，便高声读。惠能闻已，遂言："亦有一偈，望别驾为书。"

别驾言："汝亦作偈，其事希有。"

惠能向别驾言："欲学无上菩提，不得轻于初学。下下人有上上智，上上人有没意智。若轻人，即有无量无边罪。"

别驾言："汝但诵偈，吾为汝书。汝若得法，先须度吾，勿忘此言。"

惠能偈曰：

　　菩提本无树，明镜亦非台。本来无一物，何处惹尘埃？

书此偈已，徒众总惊，无不嗟讶，各相谓言："奇哉，不得以貌取人，何得多时使他肉身菩萨。"

祖见众人惊怪，恐人损害，遂将鞋擦了偈，曰："亦未见性。"众以为然。

次日祖潜至碓坊，见能腰石舂米，语曰："求道之人，为法忘躯，当如是乎！"

乃问曰："米熟也未？"

惠能曰："米熟久矣，犹欠筛在。"

祖以杖击碓三下而去。惠能即会祖意。三鼓入室。

祖以袈裟遮围，不令人见。为说金刚经，至"应无所住而生其心"，惠能言下大悟"一切万法不离自性"。遂启祖言："何期自性，本自清净；何期自性，本不生灭；何期自性，本自具足；何期自性，本无动摇；何期自性，能生万法。"

祖知悟本性，谓惠能曰："不识本心，学法无益。若识自本心，见自本性，即名丈夫、天人师、佛。"

三更受法，人尽不知，便传顿教及衣钵。云："汝为第六代祖，善自护念，广度有情，流布将来，无令断绝。听吾偈。"曰：

　　有情来下种，因地果还生。无情既无种，无性亦无生。

祖复曰："昔达磨大师，初来此土，人未之信，故传此衣，以为信体，代代相承。法则以心传心，皆令自悟自解。自古佛佛惟传本体，师师密付本心。

衣为争端，止汝勿传，若传此衣，命如悬丝，汝须速去，恐人害汝。"

惠能启曰："向甚处去？"

祖云："逢怀则止，遇会则藏。"

惠能三更领得衣钵，云："能本是南中人，素不知此山路，如何出得江口？"

五祖言："汝不须忧，吾自送汝。"

祖相送直至九江驿。祖令上船，五祖把橹自摇。惠能言："请和尚坐，弟子合摇橹。"祖云："合是吾渡汝。"惠能云："迷时师度，悟了自度，度名虽一，用处不同。惠能生在边方，语音不正，蒙师传法，今已得悟，只合自性自度。"祖云："如是如是。以后佛法，由汝大行，汝去三年，吾方逝世。汝今好去，努力向南，不宜速说，佛法难起。"

惠能辞违祖已，发足南行。两月中间，至大庾岭，逐后数百人来，欲夺衣钵。

一僧俗姓陈，名惠明。先是四品将军，性行粗糙，极意参寻，为众人先，趁及惠能。惠能掷下衣钵于石上，曰："此衣表信，可力争耶。"

能隐草莽中，惠明至，提掇不动。乃唤云："行者行者，我为法来，不为衣来！"

惠能遂出，盘坐石上。惠明作礼云："望行者为我说法。"惠能云："汝既为法而来，可屏息诸缘，勿生一念，吾为汝说。"

明良久。惠能云："不思善，不思恶，正与么时，那个是明上座本来面目？"

惠明言下大悟。复问云："上来密语密意外，还更有密意否？"

惠能云："与汝说者，即非密也。汝若返照，密在汝边。"

明曰："惠明虽在黄梅，实未省自己面目。今蒙指示，如人饮水，冷暖自知。今行者即惠明师也。"

惠能曰："汝若如是，吾与汝同师黄梅。善自护持。"

明又问："惠明今后向甚处去？"

惠能曰："逢袁则止，遇蒙则居。"

明礼辞。

惠能后至曹溪，又被恶人寻逐。乃于四会，避难猎人队中，凡经一十五载。时与猎人随宜说法。猎人常令守网，每见生命，尽放之。每至饭时，以菜寄煮肉锅。或问，则对曰：但吃肉边菜。

一日思惟：时当弘法，不可终遁。遂出至广州 法性寺，值印宗法师讲涅槃经。时有风吹幡动，一僧曰风动，一僧曰幡动，议论不已。

惠能进曰："不是风动，不是幡动，仁者心动。"

一众骇然。印宗延至上席，征诘奥义。见惠能言简理当，不由文字。宗云："行者定非常人。久闻黄梅衣法南来，莫是行者否？"

惠能曰："不敢。"

宗于是作礼，告请传来衣钵，出示大众。宗复问曰："黄梅付嘱，如何指授？"

惠能曰："指授即无，惟论见性，不论禅定解脱。"

宗曰："何不论禅定解脱？"

能曰："为是二法，不是佛法。佛法是不二之法。"

宗又问："如何是佛法不二之法？"

惠能曰："法师讲涅槃经，明佛性是佛法不二之法。如高贵德王菩萨白佛言：'犯四重禁，作五逆罪，及一阐提等，当断善根佛性否？'佛言：'善根有二：一者常，二者无常。'佛性非常非无常，是故不断，名为不二；一者善，二者不善，佛性非善非不善，是名不二。蕴之与界，凡夫见二，智者了达其性无二，无二之性即是佛性。"

印宗闻说，欢喜合掌，言："某甲讲经，犹如瓦砾；仁者论义，犹如真金。"于是为惠能剃发，愿事为师。惠能遂于菩提树下，开东山法门：

"惠能于东山得法，辛苦受尽，命似悬丝。今日得与使君、官僚、僧尼、道俗同此一会，莫非累劫之缘，亦是过去生中供养诸佛，同种善根，方始得闻如上顿教、得法之因。教是先圣所传，不是惠能自智。愿闻先圣教者，各令净心，闻了各自除疑，如先代圣人无别。"

一众闻法，欢喜作礼而退。

般若品第二

次日，韦使君请益，师升座，告大众曰："总净心念'摩诃般若波罗密多'。"复云："善知识！菩提般若之智，世人本自有之，只缘心迷，不能自悟，须假大善知识，示导见性。当知愚人智人，佛性本无差别，只缘迷悟不同，所以有愚有智。吾今为说摩诃般若波罗密法，使汝等各得智慧，志心谛听，吾为汝说。

"善知识！世人终日口念般若，不识自性般若，犹如说食不饱。口但说空，万劫不得见性，终无有益。

"善知识！摩诃般若波罗密是梵语，此言大智慧到彼岸。此须心行，不在口念。口念心不行，如幻、如化、如露、如电。口念心行，则心口相应。本性是佛，离性无别佛。何名摩诃？摩诃是大，心量广大，犹如虚空，无有边畔，亦无方圆大小，亦非青黄赤白，亦无上下长短，亦无嗔无喜，无是无非，无善无恶，无有头尾。诸佛刹土，尽同虚空。世人妙性本空，无有一法可得。自性真空，亦复如是。

"善知识！莫闻吾说空，便即著空。第一莫著空；若空心静坐，即著无记空。

"善知识！世界虚空，能含万物色像，日月星宿，山河大地，泉源溪涧，草木丛林，恶人善人，恶法善法，天堂地狱，一切大海，须弥诸山，总在空中。世人性空，亦复如是。

"善知识！自性能含万法是大，万法在诸人性中。若见一切人恶之与善，尽皆不取不舍，亦不染著，心如虚空，名之为大，故曰'摩诃'。

"善知识！迷人口说，智者心行。又有迷人，空心静坐，百无所思，自称为大。此一辈人，不可与语，为邪见故。

"善知识！心量广大，遍周法界。用即了了分明，应用便知一切。一切即一，一即一切，去来自由，心体无滞，即是般若。

"善知识！一切般若智，皆从自性而生，不从外入，莫错用意，名为真性自用。一真一切真。心量大事，不行小道。口莫终日说空，心中不修此行。恰似凡人自称国王，终不可得，非吾弟子。

"善知识！何名般若？般若者，唐言智慧也。一切处所，一切时中，念念不愚，常行智慧，即是般若行。一念愚即般若绝，一念智即般若生。世人愚迷，不见般若。口说般若，心中常愚。常自言我修般若，念念说空，不识真空。般若无形相，智慧心即是，若作如是解，即名般若智。

"何名波罗密？此是西国语，唐言到彼岸，解义离生灭。著境生灭起，如水有波浪，即名为此岸；离境无生灭，如水常通流，即名为彼岸，故号波罗密。

"善知识！迷人口念，当念之时，有妄有非。念念若行，是名真性。悟此法者，是般若法，修此行者，是般若行。不修即凡，一念修行，自身等佛。

"善知识！凡夫即佛，烦恼即菩提。前念迷即凡夫，后念悟即佛。前念著境即烦恼，后念离境即菩提。

"善知识！摩诃般若波罗密，最尊最上最第一，无住无往亦无来，三世诸佛从中出。当用大智慧，打破五蕴烦恼尘劳，如此修行，定成佛道，变三毒为戒定慧。

"善知识！我此法门，从一般若生八万四千智慧。何以故？为世人有八万四千尘劳。若无尘劳，智慧常现，不离自性。悟此法者，即是无念。无忆无著，不起诳妄，用自真如性，以智慧观照，于一切法，不取不舍，即是见性成佛道。

"善知识！若欲入甚深法界及般若三昧者，须修般若行，持诵金刚般若经，即得见性。

"当知此经功德，无量无边。经中分明赞叹，莫能具说。此法门是最上乘，为大智人说，为上根人说。小根小智人闻，心生不信。何以故？譬如天龙下雨于阎浮提，城邑聚落，悉皆漂流，如漂枣叶。若雨大海，不增不减。若大乘人，若最上乘人，闻说金刚经，心开悟解，故知本性自有般若之智，自用智慧，常观照故，不假文字。譬如雨水，不从天有，元是龙能兴致，令一切众生、一切草木、有情无情，悉皆蒙润。百川众流，却入大海，合为一体。众生本性般若之智，亦复如是。

"善知识！小根之人，闻此顿教，犹如草木根性小者，若被大雨，悉皆自倒，不能增长。小根之人，亦复如是。元有般若之智，与大智人更无差别，因何闻法不自开悟？缘邪见障重，烦恼根深，犹如大云覆盖于日，不得风吹，日光不现。般若之智亦无大小，为一切众生自心迷悟不同。迷心外见，修行觅佛，未悟自性，即是小根；若开悟顿教，不执外修，但于自心常起正见，烦恼尘劳，常不能染，即是见性。

"善知识！内外不住，去来自由，能除执心，通达无碍。能修此行，与般若经本无差别。

"善知识！一切修多罗及诸文字，大小二乘，十二部经，皆因人置，因智慧性，方能建立。若无世人，一切万法本自不有。故知万法本自人兴，一切经书，因人说有。缘其人中有愚有智，愚为小人，智为大人。愚者问于智人，智者与愚人说法，愚人忽然悟解心开，即与智人无别。

"善知识！不悟即佛是众生；一念悟时，众生是佛。故知万法尽在自心，何不从自心中，顿见真如本性？

"菩萨戒经云：'我本元自性清净，若识自心见性，皆成佛道。'净名经云：'即时豁然，还得本心。'

"善知识！我于忍和尚处，一闻言下便悟，顿见真如本性。是以将此教法流行，令学道者顿悟菩提，各自观心，自见本性。若自不悟，须觅大善知识，解最上乘法者，直示正路。是善知识有大因缘，所谓化导令得见性。一切善法，因善知识能发起故。三世诸佛，十二部经，在人性中本自具有，不能自悟，须求善知识，指示方见。若自悟者，不假外求。若一向执谓须他善知识方得解脱者，无有是处。何以故？自心内有知识自悟。若起邪迷，妄念颠倒，外善知识虽有教授，救不可得。若起正真般若观照，一刹那间，妄念俱灭。若识自性，一悟即至佛地。

"善知识！智慧观照，内外明彻，识自本心。若识本心，即本解脱。若得解脱，即是般若三昧，即是无念。何名无念？若见一切法，心不染著，是为无念。用即遍一切处，亦不著一切处。但净本心，使六识出六门，于六尘中无染无杂，来去自由，通用无滞，即是般若三昧，自在解脱，名无念行。若百物不思，当令念绝，即是法缚，即名边见。

"善知识！悟无念法者，万法尽通；悟无念法者，见诸佛境界；悟无念法者，至佛地位。

"善知识！后代得吾法者，将此顿教法门，于同见同行，发愿受持，如事佛故，终身而不退者，定入圣位。然须传授从上以来默传分付，不得匿其正法。若不同见同行，在别法中，不得传付，损彼前人，究竟无益。恐愚人不解，谤此法门，百劫千生，断佛种性。

"善知识！吾有一无相颂，各须诵取。在家出家，但依此修。若不自修，惟记吾言，亦无有益。听吾颂。"曰：

> 说通及心通，如日处虚空；唯传见性法，出世破邪宗。法即无顿渐，迷悟有迟疾；只此见性门，愚人不可悉。说即虽万般，合理还归一；烦恼暗宅中，常须生慧日。邪来烦恼至，正来烦恼除；邪正俱不用，清净至无余。菩提本自性，起心即是妄；净心在妄中，但正无三障。世人若修道，一切尽不妨；常自见己过，与道即相当。色类自有道，各不相妨恼；离道别觅道，终身不见道。波波度一生，到头还自懊；欲得见真道，行正即是道。自若无道心，暗行不见道；若真修道人，不见世间过。若见他人非，自非却是左；他非我不非，我非自有过。但自却非心，打除烦恼破；憎爱不关心，长伸两脚卧。欲拟化他人，自须有方便，勿令彼有疑，即是自性现。佛法在世间，不离世间觉；离世觅菩提，恰如求兔角。正见名出世，邪见是世间；邪正尽打却，菩提性宛然。此颂是顿教，亦名大法船；迷闻经累劫，悟则刹那间。

师复曰："今于大梵寺说此顿教，普愿法界众生言下见性成佛。"时韦使君与官僚、道俗闻师所说，无不省悟。一时作礼，皆叹："善哉！何期岭南有佛出世！"

疑问品第三

一日，韦刺史为师设大会斋。斋讫，刺史请师升座，同官僚士庶肃容再拜，问曰："弟子闻和尚说法，实不可思议。今有少疑，愿大慈悲，特为解说。"

师曰："有疑即问，吾当为说。"

韦公曰："和尚所说，可不是达磨大师宗旨乎？"

师曰："是。"

公曰："弟子闻达磨初化梁武帝，帝问云：'朕一生造寺度僧，布施设斋，有何功德？'达磨言：'实无功德。'弟子未达此理，愿和尚为说。"

师曰："实无功德，勿疑先圣之言。武帝心邪，不知正法。造寺度僧，布施设斋，名为求福，不可将福便为功德。功德在法身中，不在修福。"

师又曰："见性是功，平等是德。念念无滞，常见本性，真实妙用，名为功德。内心谦下是功，外行于礼是德。自性建立万法是功，心体离念是德。不离自性是功，应用无染是德。若觅功德法身，但依此作，是真功德。若修功德之人，心即不轻，常行普敬。心常轻人，吾我不断，即自无功。自性虚妄不实，即自无德。为吾我自大，常轻一切故。善知识！念念无间是功，心行平直是德。自修性是功，自修身是德。善知识！功德须自性内见，不是布施供养之所求也，是以福德与功德别。武帝不识真理，非我祖师有过。"

刺史又问曰："弟子常见僧俗，念阿弥陀佛，愿生西方。请和尚说，得生彼否？愿为破疑！"

师言："使君善听，惠能与说。世尊在舍卫城中，说西方引化，经文分明，去此不远。若论相说里数，有十万八千，即身中十恶八邪，便是说远。说远为其下根，说近为其上智。

"人有两种，法无两般，迷悟有殊，见有迟疾。迷人念佛求生于彼；悟人自净其心。所以佛言：'随其心净即佛土净。'

"使君东方人，但心净即无罪。虽西方人，心不净亦有愆。东方人造罪，念佛求生西方；西方人造罪，念佛求生何国？

"凡愚不了自性，不识身中净土，愿东愿西；悟人在处一般。所以佛言：随所住处恒安乐。使君心地但无不善，西方去此不遥。若怀不善之心，念佛往生难到。今劝善知识，先除十恶，即行十万；后除八邪，乃过八千。念念见性，常行平直，到如弹指，便睹弥陀。

"使君但行十善，何须更愿往生？不断十恶之心，何佛即来迎请？若悟无生顿法，见西方只在刹那；不悟念佛求生，路遥如何得达？惠能与诸人移西方于刹那间，目前便见，各愿见否？"

众皆顶礼云："若此处见，何须更愿往生？愿和尚慈悲，便现西方，普令得见。"

师言："大众! 世人自色身是城, 眼耳鼻舌是门。外有五门, 内有意门。心是地, 性是王。王居心地上, 性在王在, 性去王无。性在身心存, 性去身心坏。佛向性中作, 莫向身外求。

"自性迷即是众生, 自性觉即是佛。慈悲即是观音, 喜舍名为势至。能净即释迦, 平直即弥陀。

"人我是须弥, 邪心是海水, 烦恼是波浪, 毒害是恶龙, 虚妄是鬼神, 尘劳是鱼鳖, 贪嗔是地狱, 愚痴是畜生。

"善知识! 常行十善, 天堂便至; 除人我, 须弥倒; 去邪心, 海水竭; 烦恼无, 波浪灭; 毒害除, 鱼龙绝。自心地上觉性如来, 放大光明, 外照六门清净, 能破六欲诸天。自性内照, 三毒即除, 地狱等罪, 一时销灭, 内外明彻, 不异西方。不作此修, 如何到彼?"

大众闻说, 了然见性。悉皆礼拜, 俱叹善哉! 唱言："普愿法界众生, 闻者一时悟解。"

师言："善知识! 若欲修行, 在家亦得, 不由在寺。在家能行, 如东方人心善; 在寺不修, 如西方人心恶。但心清净, 即是自性西方。"

韦公又问："在家如何修行? 愿为教授!"

师言："吾与大众说无相颂, 但依此修, 常与吾同处无别。若不依此修, 剃发出家, 于道何益?"颂曰：

> 心平何劳持戒? 行直何用修禅? 恩则孝养父母, 义则上下相怜。让则尊卑和睦, 忍则众恶无喧。若能钻木出火, 淤泥定生红莲。苦口的是良药, 逆耳必是忠言。改过必生智慧, 护短心内非贤。日用常行饶益, 成道非由施钱。菩提只向心觅, 何劳向外求玄。听说依此修行, 西方只在目前。

师复曰："善知识! 总须依偈修行, 见取自性, 直成佛道。时不相待, 众人且散, 吾归曹溪。众若有疑, 却来相问。"

时, 刺史、官僚、在会善男信女, 各得开悟, 信受奉行。

定慧品第四

师示众云："善知识! 我此法门, 以定慧为本。大众勿迷, 言定慧别, 定慧一体, 不是二。定是慧体, 慧是定用, 即慧之时定在慧, 即定之时慧在定。若识此义, 即是定慧等学。诸学道人, 莫言先定发慧、先慧发定各别。作此见者, 法有二相。口说善语, 心中不善, 空有定慧, 定慧不等。若心口俱善, 内外一如, 定慧即等。自悟修行, 不在于诤; 若诤先后, 即同迷人。不断胜负, 却增我法，不离四相。

　　"善知识！定慧犹如何等？犹如灯光。有灯即光，无灯即暗，灯是光之体，光是灯之用。名虽有二，体本同一。此定慧法，亦复如是。"

　　师示众云："善知识！一行三昧者，于一切处行住坐卧，常行一直心是也。净名经云：直心是道场，直心是净土。莫心行谄曲，口但说直，口说一行三昧，不行直心。但行直心，于一切法勿有执著。迷人著法相，执一行三昧，直言常坐不动，妄不起心，即是一行三昧。作此解者，即同无情，却是障道因缘。

　　"善知识！道须通流，何以却滞？心不住法，道即通流。心若住法，名为自缚。若言常坐不动是，只如舍利弗宴坐林中，却被维摩诘诃。

　　"善知识！又有人教坐，看心观静，不动不起，从此置功。迷人不会，便执成颠，如此者众。如是相教，故知大错。"

　　师示众云："善知识！本来正教，无有顿渐，人性自有利钝。迷人渐修，悟人顿契，自识本心，自见本性，即无差别。所以立顿渐之假名。

　　"善知识！我此法门，从上以来，先立无念为宗，无相为体，无住为本。无相者，于相而离相；无念者，于念而无念；无住者，人之本性。于世间善恶好丑，乃至冤之与亲，言语触刺欺争之时，并将为空，不思酬害，念念之中，不思前境。若前念今念后念，念念相续不断，名为系缚。于诸法上，念念不住，即无缚也。此是以无住为本。

　　"善知识！外离一切相，名为无相。能离于相，即法体清净。此是以无相为体。

　　"善知识！于诸境上，心不染，曰无念。于自念上，常离诸境，不于境上生心；若只百物不思，念尽除却，一念绝即死，别处受生，是为大错，学道者思之！若不识法意，自错犹可，更误他人；自迷不见，又谤佛经。所以立无念为宗。

　　"善知识！云何立无念为宗？只缘口说见性迷人，于境上有念，念上便起邪见。一切尘劳妄想，从此而生。自性本无一法可得，若有所得，妄说祸福，即是尘劳邪见。故此法门立无念为宗。善知识！无者，无何事？念者，念何物？无者，无二相，无诸尘劳之心。念者，念真如本性，真如即是念之体，念即是真如之用。真如自性起念，非眼耳鼻舌能念。真如有性，所以起念。真如若无，眼耳色声当时即坏。

　　"善知识！真如自性起念，六根虽有见闻觉知，不染万境，而真性常自在。故经云：能善分别诸法相，于第一义而不动。"

坐禅品第五

师示众云:"此门坐禅,元不著心,亦不著净,亦不是不动。若言著心,心元是妄,知心如幻,故无所著也。若言著净,人性本净;由妄念故,盖覆真如,但无妄想,性自清净。起心著净,却生净妄,妄无处所,著者是妄。净无形相,却立净相,言是工夫,作此见者,障自本性,却被净缚。

"善知识!若修不动者,但见一切人时,不见人之是非善恶过患,即是自性不动。

"善知识!迷人身虽不动,开口便说他人是非长短好恶,与道违背。若著心著净,即障道也。"

师示众云:"善知识!何名坐禅?此法门中,无障无碍,外于一切善恶境界,心念不起,名为坐;内见自性不动,名为禅。善知识!何名禅定?外离相为禅,内不乱为定。外若著相,内心即乱。外若离相,心即不乱。本性自净自定,只为见境思境即乱。若见诸境心不乱者,是真定也。

"善知识!外离相即禅,内不乱即定。外禅内定,是为禅定。菩萨戒经云:我本元自性清净。善知识!于念念中,自见本性清净,自修、自行,自成佛道。"

忏悔品第六

时,大师见广韶洎四方士庶,骈集山中听法,于是升座告众曰:"来,诸善知识!此事须从自性中起。于一切时,念念自净其心,自修自行,见自己法身,见自心佛,自度自戒,始得不假到此。既从远来,一会于此,皆共有缘。今可各各胡跪,先为传自性五分法身香,次授无相忏悔。"

众胡跪。师曰:"一戒香,即自心中,无非、无恶、无嫉妒、无贪嗔、无劫害,名戒香。二定香,即睹诸善恶境相,自心不乱,名定香。三慧香,自心无碍,常以智慧观照自性,不造诸恶。虽修众善,心不执著,敬上念下,矜恤孤贫,名慧香。四解脱香,即自心无所攀缘,不思善,不思恶,自在无碍,名解脱香。五解脱知见香,自心既无所攀缘善恶,不可沉空守寂,即须广学多闻,识自本心,达诸佛理,和光接物,无我无人,直至菩提,真性不易,名解脱知见香。

"善知识!此香各自内熏,莫向外觅。

"今与汝等授无相忏悔,灭三世罪,令得三业清净。

"善知识!各随我语,一时道:弟子等,从前念、今念及后念,念念不被愚迷染。从前所有恶业、愚迷等罪,悉皆忏悔,愿一时销灭,永不复起。

"弟子等，从前念、今念及后念，念念不被骄诳染。从前所有恶业、骄诳等罪，悉皆忏悔，愿一时销灭，永不复起。

"弟子等，从前念、今念及后念，念念不被嫉妒染，从前所有恶业、嫉妒等罪，悉皆忏悔，愿一时销灭，永不复起。善知识！已上是为无相忏悔。

"云何名忏？云何名悔？忏者，忏其前愆。从前所有恶业：愚迷骄诳嫉妒等罪，悉皆尽忏，永不复起，是名为忏。悔者，悔其后过。从今以后，所有恶业，愚迷骄诳嫉妒等罪，今已觉悟，悉皆永断，更不复作，是名为悔，故称忏悔。凡夫愚迷，只知忏其前愆，不知悔其后过。以不悔故，前愆不灭，后过又生；前愆既不灭，后过复又生，何名忏悔？

"善知识！既忏悔已，与善知识发四弘誓愿，各须用心正听：自心众生无边誓愿度，自心烦恼无边誓愿断，自性法门无尽誓愿学，自性无上佛道誓愿成。

"善知识！大家岂不道众生无边誓愿度，怎么道，且不是惠能度。

"善知识！心中众生，所谓邪迷心、诳妄心、不善心、嫉妒心、恶毒心，如是等心，尽是众生，各须自性自度，是名真度。

"何名自性自度？即自心中邪见烦恼愚痴众生，将正见度。既有正见，使般若智打破愚痴迷妄众生，各各自度。邪来正度，迷来悟度，愚来智度，恶来善度。如是度者，名为真度！

"又烦恼无边誓愿断。将自性般若智除却虚妄思想心是也。又法门无尽誓愿学，须自见性，常行正法，是名真学。又无上佛道誓愿成，既常能下心，行于真正，离迷离觉，常生般若，除真除妄，即见佛性；即言下佛道成。常念修行是愿力法。

"善知识！今发四弘愿了，更与善知识授无相三皈依戒。善知识！皈依觉，两足尊；皈依正，离欲尊；皈依净，众中尊！从今日去，称觉为师，更不皈依邪魔外道，以自性三宝常自证明。劝善知识，皈依自性三宝。佛者，觉也；法者，正也；僧者，净也。自心皈依觉，邪迷不生，少欲知足，能离财色，名两足尊。自心皈依正，念念无邪见，以无邪见故，即无人我贡高，贪爱执著，名离欲尊。自心皈依净，一切尘劳爱欲境界，自性皆不染著，名众中尊。

"若修此行，是自皈依。凡夫不会，从日至夜，受三归戒；若言皈依佛，佛在何处？若不见佛，凭何所归？言却成妄。

"善知识！各自观察，莫错用心，经文分明言自皈依佛，不言皈依他佛。自佛不归，无所依处。

"今既自悟，各须皈依自心三宝。内调心性，外敬他人，是自皈依也。

"善知识！既皈依自三宝竟，各各志心。吾与说一体三身自性佛，令汝等见三身，了然自悟自性。总随我道：于自色身，皈依清净法身佛；于自色身，皈依圆满报身佛；于自色身，皈依千百亿化身佛。善知识！色身是舍宅，不可言归。向者三身佛，在自性中，世人总有。为自心迷，不见内性，外觅三身如来，不见自身中有三身佛。汝等听说，令汝等于自身中，见自性有三身佛。此三身佛，从自性生，不从外得。

"何名清净法身佛？世人性本清净，万法从自性生。思量一切恶事，即生恶行；思量一切善事，即生善行。如是诸法在自性中，如天常清，日月常明，为浮云盖覆，上明下暗。忽遇风吹云散，上下俱明，万象皆现。世人性常浮游，如彼天云。

"善知识！智如日，慧如月，智慧常明。于外著境，被妄念浮云盖覆自性，不得明朗。若遇善知识，闻真正法，自除迷妄，内外明彻，于自性中万法皆现。见性之人，亦复如是；此名清净法身佛。

"善知识！自心皈依自性，是皈依真佛。自皈依者，除却自性中不善心、嫉妒心、谄曲心、吾我心、诳妄心、轻人心、慢他心、邪见心、贡高心，及一切时中不善之行；常自见己过，不说他人好恶，是自皈依。常须下心，普行恭敬，即是见性通达，更无滞碍，是自皈依。

"何名圆满报身？譬如一灯能除千年暗，一智能灭万年愚。莫思向前，己过不可得，常思于后，念念圆明，自见本性，善恶虽殊，本性无二。无二之性，名为实性，于实性中，不染善恶，此名圆满报身佛。

"自性起一念恶，灭万劫善因。自性起一念善，得恒沙恶尽。直至无上菩提，念念自见，不失本念，名为报身。

"何名千百亿化身？若不思万法，性本如空。一念思量，名为变化。思量恶事，化为地狱，思量善事，化为天堂；毒害化为龙蛇，慈悲化为菩萨；智慧化为上界，愚痴化为下方。自性变化甚多，迷人不能省觉。念念起恶，常行恶道；回一念善，智慧即生。此名自性化身佛。

"善知识！法身本具，念念自性自见，即是报身佛；从报身思量，即是化身佛；自悟自修自性功德，是真皈依。皮肉是色身，色身是舍宅，不言皈依也。但悟自性三身，即识自性佛。

"吾有一无相颂，若能诵持，言下令汝积劫迷罪，一时销灭。"颂曰：

　　迷人修福不修道，只言修福便是道。布施供养福无边，心中三恶元来造。拟将修福欲灭罪，后世得福罪还在。但向心中除罪缘，名自性中真忏悔。忽悟大乘真忏悔，除邪行正即无罪。学道常于自性观，即与诸佛同一类。吾祖惟传此顿法，普愿见性同一体。若欲当来觅法身，离诸法相心中洗。努力自见莫悠悠，后念忽绝一世休。若悟大乘得见性，虔恭合掌至心求。

师言："善知识！总须诵取，依此修行。言下见性，虽去吾千里，如常在吾边。于此言下不悟，即对面千里，何勤远来？珍重好去！"一众闻法，靡不开悟，欢喜奉行。

机缘品第七

师自黄梅得法，回至韶州 曹侯村，人无知者。有儒士刘志略，礼遇甚厚。志略有姑为尼，名无尽藏，常诵大涅槃经。师暂听，即知妙义，遂为解说。尼乃执卷问字。

师曰："字即不识，义即请问。"

尼曰："字尚不识，焉能会义？"

师曰："诸佛妙理，非关文字。"

尼惊异之。遍告里中耆德云："此是有道之士，宜请供养。"

有魏武侯玄孙曹叔良及居民，竞来瞻礼。时，宝林古寺自隋末兵火，已废。遂于故基重建梵宇，延师居之，俄成宝坊。

师住九月余日，又为恶党寻逐，师乃遁于前山，被其纵火焚草木，师隐身挨入石中得免。石今有师跏坐膝痕，及衣布之纹，因名"避难石"。师忆五祖怀 会止藏之嘱，遂行隐于二邑焉。

僧法海，韶州 曲江人也。初参祖师。

问曰："即心即佛，愿垂指谕。"

师曰："前念不生即心，后念不灭即佛；成一切相即心，离一切相即佛。吾若具说，穷劫不尽。听吾偈。"曰：

即心名慧，即佛乃定；定慧等持，意中清净。悟此法门，由汝习性；用本无生，双修是正。

法海言下大悟，以偈赞曰：

即心元是佛，不悟而自屈；我知定慧因，双修离诸物。

僧法达，洪州人，七岁出家，常诵法华经。来礼祖师，头不至地。

师诃曰："礼不投地，何如不礼？汝心中必有一物，蕴习何事耶？"

曰："念法华经已及三千部。"

师曰："汝若念至万部，得其经意，不以为胜，则与吾偕行。汝今负此事业，都不知过。听吾偈。"曰：

礼本折慢幢，头奚不至地；有我罪即生，亡功福无比。

师又曰："汝名什么？"

曰："法达。"

师曰："汝名法达，何曾达法？"复说偈曰：

汝今名法达，勤诵未休歇，空诵但循声，明心号菩萨。汝今有缘故，吾今为汝说；但信佛无言，莲华从口发。

达闻偈，悔谢曰："而今而后，当谦恭一切。弟子诵法华经，未解经义，心常有疑。和尚智慧广大，愿略说经中义理。"

师曰："法达！法即甚达，汝心不达。经本无疑，汝心自疑。汝念此经，以何为宗？"

达曰："学人根性暗钝，从来但依文诵念，岂知宗趣！"

师曰："吾不识文字，汝试取经诵一遍，吾当为汝解说。"法达即高声念经，至譬喻品。师曰："止！此经元来以因缘出世为宗。纵说多种譬喻，亦无越于此。何者因缘？经云：'诸佛世尊，唯以一大事因缘，出现于世。'一大事者，佛之知见也。

"世人外迷著相，内迷著空。若能于相离相，于空离空，即是内外不迷。若悟此法，一念心开，是为开佛知见。

"佛，犹觉也。分为四门：开觉知见，示觉知见，悟觉知见，入觉知见。若闻开示，便能悟入，即觉知见，本来真性而得出现。

"汝慎勿错解经意：见他道开示悟入，自是佛之知见，我辈无分。若作此解，乃是谤经毁佛也。彼既是佛，已具知见，何用更开？汝今当信佛知见者，只汝自心，更无别佛。盖为一切众生，自蔽光明，贪爱尘境，外缘内扰，甘受驱驰，便劳他世尊，从三昧起，种种苦口，劝令寝息，莫向外求，与佛无二，故云开佛知见。吾亦劝一切人，于自心中，常开佛之知见。世人心邪，愚迷造罪，口善心恶，贪嗔嫉妒，谄佞我慢，侵人害物，自开众生知见。若能正心，常生智慧，观照自心，止恶行善，是自开佛之知见。

"汝须念念开佛知见，勿开众生知见，开佛知见，即是出世。开众生知见，即是世间。汝若但劳劳执念，以为功课者，何异牦牛爱尾？"

达曰："若然者，但得解义，不劳诵经耶？"

师曰："经有何过，岂障汝念！只为迷悟在人，损益由己。口诵心行，即是转经；口诵心不行，即是被经转。听吾偈。"曰：

心迷法华转，心悟转法华。诵经久不明，与义作仇家。无念念即正，有念念成邪。有无俱不计，长御白牛车。

达闻偈，不觉悲泣，言下大悟，而告师曰："法达从昔已来，实未曾转法华，乃被法华转。"再启曰："经云：诸大声闻乃至菩萨，皆尽思共度量，不能测佛智。今令凡夫但悟自心，便名佛之知见，自非上根，未免疑谤。又经说三车，羊鹿牛车与白牛之车，如何区别？愿和尚再垂开示。"

师曰："经意分明，汝自迷背。诸三乘人，不能测佛智者，患在度量也。饶伊尽思共推，转加悬远。佛本为凡夫说，不为佛说。此理若不肯信者，从他退席。殊不知坐却白牛车，更于门外觅三车。况经文明向汝道：唯一佛乘，无有余乘，若二若三，乃至无数方便，种种因缘、譬喻言词，是法皆为一佛乘故。汝何不省！三车是假，为昔时故；一乘是实，为今时故。只教汝去假归实，归实之后，实亦无名。应知所有珍财，尽属于汝，由汝受用；更不作父想，亦不作子想，亦无用想，是名持法华经。从劫至劫，手不释卷，从昼至夜，无不念时也。"

达蒙启发，踊跃欢喜。以偈赞曰：

> 经诵三千部，曹溪一句亡。未明出世旨，宁歇累生狂？羊鹿牛权设，初中后善扬。谁知火宅内，元是法中王。

师曰："汝今后方可名念经僧也。"

达从此领玄旨，亦不辍诵经。

僧智通，寿州安丰人，初看楞伽经，约千余遍，而不会三身四智。礼师求解其义。

师曰："三身者，清净法身，汝之性也；圆满报身，汝之智也；千百亿化身，汝之行也。若离本性，别说三身，即名有身无智。若悟三身无有自性，即名四智菩提。听吾偈。"曰：

> 自性具三身，发明成四智。不离见闻缘，超然登佛地。吾今为汝说，谛信永无迷。莫学驰求者，终日说菩提。

通再启曰："四智之义，可得闻乎？"

师曰："既会三身，便明四智，何更问耶？若离三身，别谈四智。此名有智无身，即此有智，还成无智。"复说偈曰：

> 大圆镜智性清净，平等性智心无病，妙观察智见非功，成所作智同圆镜。五八六七果因转，但用名言无实性，若于转处不留情，繁兴永处那伽定。

通顿悟性智，遂呈偈曰：

> 三身元我体，四智本心明，身智融无碍，应物任随形。起修皆妄动，守住匪真精；妙旨因师晓，终亡染污名。

僧智常，信州 贵溪人。髫年出家，志求见性。一日参礼。

师问曰："汝从何来，欲求何事？"

曰："学人近往洪州 白峰山礼大通和尚，蒙示见性成佛之义，未决狐疑。远来投礼，伏望和尚慈悲指示。"

师曰："彼有何言句，汝试举看？"

曰："智常到彼，凡经三月，未蒙示诲。为法切故，一夕独入丈室，请问如何是某甲本心本性。大通乃曰：'汝见虚空否？'对曰：'见！'彼曰：'汝见虚空有相貌否？'对曰：'虚空无形，有何相貌？'彼曰：'汝之本性，犹如虚空，了无一物可见，是名正见；无一物可知，是名真知。无有青黄长短，但见本源清净，觉体圆明，即名见性成佛，亦名如来知见。'学人虽闻此说，犹未决了，乞和尚开示。"

师曰："彼师所说，犹存见知，故令汝未了。吾今示汝一偈。"曰：

不见一法存无见，大似浮云遮日面。不知一法守空知，还如太虚生闪电。此之知见瞥然兴，错认何曾解方便。汝当一念自知非，自己灵光常显现。

常闻偈已，心意豁然，乃述偈曰：

无端起知见，著相求菩提，情存一念悟，宁越昔时迷。自性觉源体，随照枉迁流，不入祖师室，茫然趣两头。

智常一日问师曰："佛说三乘法，又言最上乘，弟子未解，愿为教授。"

师曰："汝观自本心，莫著外法相。法无四乘，人心自有等差。见闻转诵是小乘，悟法解义是中乘，依法修行是大乘。万法尽通，万法俱备，一切不染，离诸法相，一无所得，名最上乘。乘是行义，不在口争，汝须自修，莫问吾也。一切时中，自性自如。"

常礼谢执侍，终师之世。

僧志道，广州 南海人也。请益曰："学人自出家，览涅槃经十载有余，未明大意，愿和尚垂诲。"

师曰："汝何处未明？"

曰："'诸行无常，是生灭法；生灭灭已，寂灭为乐。'于此疑惑。"

师曰："汝作么生疑？"

曰："一切众生皆有二身，谓色身法身也。色身无常，有生有灭；法身有常，无知无觉。经云：生灭灭已，寂灭为乐者，不审何身寂灭？何身受乐？若色身者，色身灭时，四大分散，全然是苦，苦不可言乐。若法身寂灭，即同草木瓦石，谁当受乐？又法性是生灭之体，五蕴是生灭之用；一体五用，生灭是常。

生则从体起用，灭则摄用归体。若听更生，即有情之类，不断不灭。若不听更生，则永归寂灭，同于无情之物。如是，则一切诸法被涅槃之所禁伏，尚不得生，何乐之有？"

师曰："汝是释子，何习外道断常邪见，而议最上乘法？据汝所说，即色身外别有法身，离生灭求于寂灭。又推涅槃常乐，言有身受用。斯乃执吝生死，耽著世乐。汝今当知佛为一切迷人，认五蕴和合为自体相，分别一切法为外尘相，好生恶死，念念迁流，不知梦幻虚假，枉受轮回，以常乐涅槃，翻为苦相，终日驰求。佛愍此故，乃示涅槃真乐，刹那无有生相，刹那无有灭相，更无生灭可灭，是则寂灭现前。当现前时，亦无现前之量，乃谓常乐。此乐无有受者，亦无不受者，岂有一体五用之名？何况更言涅槃禁伏诸法，令永不生，斯乃谤佛毁法。听吾偈。"曰：

> 无上大涅槃，圆明常寂照。凡愚谓之死，外道执为断；诸求二乘人，目以为无作，尽属情所计，六十二见本。妄立虚假名，何为真实义？惟有过量人，通达无取舍。以知五蕴法，及以蕴中我，外现众色象，一一音声相，平等如梦幻，不起凡圣见，不作涅槃解，二边三际断。常应诸根用，而不起用想；分别一切法，不起分别想。劫火烧海底，风鼓山相击，真常寂灭乐，涅槃相如是。吾今强言说，令汝舍邪见，汝勿随言解，许汝知少分。

志道闻偈大悟，踊跃作礼而退。

行思禅师，生吉州 安城 刘氏，闻曹溪法席盛化，径来参礼。

遂问曰："当何所务，即不落阶级？"

师曰："汝曾作什么来？"

曰："圣谛亦不为。"

师曰："落何阶级？"

曰："圣谛尚不为，何阶级之有？"

师深器之，令思首众。一日，师谓曰："汝当分化一方，无令断绝。"

思既得法，遂回吉州 青原山，弘法绍化。谥弘济禅师。

怀让禅师，金州 杜氏子也。初谒嵩山 安国师，安发之曹溪参扣。让至礼拜。

师曰："甚处来？"

曰："嵩山。"

师曰："什么物，恁么来？"

曰："说似一物即不中。"

师曰："还可修证否？"

曰：“修证即不无，污染即不得。”

师曰：“只此不污染，诸佛之所护念。汝既如是，吾亦如是。西天般若多罗谶：'汝足下出一马驹，踏杀天下人。'应在汝心，不须速说！”

让豁然契会，遂执侍左右一十五载，日臻玄奥。后往南岳，大阐禅宗。

永嘉 玄觉禅师，温州 戴氏子，少习经论，精天台止观法门。因看维摩经，发明心地。偶师弟子玄策相访，与其剧谈，出言暗合诸祖。

策云：“仁者得法师谁？”

曰：“我听方等经论，各有师承。后于维摩经，悟佛心宗，未有证明者。”

策云：“威音王已前即得，威音王已后，无师自悟，尽是天然外道。”

曰：“愿仁者为我证据。”

策云：“我言轻，曹溪有六祖大师，四方云集，并是受法者。若去，则与偕行。”

觉遂同策来参。绕师三匝，振锡而立。

师曰：“夫沙门者，具三千威仪，八万细行。大德自何方而来，生大我慢？”

觉曰：“生死事大，无常迅速。”

师曰：“何不体取无生，了无速乎？”

曰：“体即无生，了本无速。”

师曰：“如是！如是！”

玄觉方具威仪礼拜，须臾告辞。

师曰：“返太速乎？”

曰：“本自非动，岂有速耶？”

师曰：“谁知非动？”

曰：“仁者自生分别。”

师曰：“汝甚得无生之意。”

曰：“无生岂有意耶？”

师曰：“无意谁当分别？”

曰：“分别亦非意。”

师曰：“善哉！少留一宿。”

时谓“一宿觉”。后著证道歌，盛行于世。

禅者智隍，初参五祖，自谓已得正受。庵居长坐，积二十年。师弟子玄策，游方至河朔，闻隍之名，造庵问云：“汝在此作什么？”

隍曰：“入定。”

策云：“汝云入定，为有心入耶，无心入耶？若无心入者，一切无情草木瓦石，应合得定；若有心入者，一切有情含识之流，亦应得定。"

隍曰："我正入定时，不见有有无之心。"

策云："不见有有无之心，即是常定，何有出入？若有出入，即非大定！"

隍无对。良久，问曰："师嗣谁耶？"

策云："我师曹溪六祖。"

隍云："六祖以何为禅定？"

策云："我师所说，妙湛圆寂，体用如如，五阴本空，六尘非有。不出不入，不定不乱。禅性无住，离住禅寂。禅性无生，离生禅想。心如虚空，亦无虚空之量。"

隍闻是说，径来谒师。

师问云："仁者何来？"

隍具述前缘。

师云："诚如所言，汝但心如虚空，不著空见，应用无碍，动静无心，凡圣情忘，能所俱泯，性相如如，无不定时也。"

隍于是大悟，二十年所得心，都无影响。其夜河北士庶闻空中有声云："隍禅师今日得道！"隍后礼辞，复归河北，开化四众。

一僧问师云："黄梅意旨，甚么人得？"

师云："会佛法人得。"

僧云："和尚还得否？"

师云："我不会佛法。"

师一日欲濯所授之衣，而无美泉。因至寺后五里许，见山林郁茂，瑞气盘旋，师振锡卓地，泉应手而出。积以为池，乃跪膝浣衣石上。忽有一僧来礼拜，云："方辩是西蜀国。昨于南天竺国，见达磨大师，嘱方辩速往唐土：吾传大迦叶正法眼藏，及僧伽梨，见传六代，于韶州　曹溪，汝去瞻礼。方辩远来，愿见我师传来衣钵。"

师乃出示。次问："上人攻何事业？"

曰："善塑。"

师正色曰："汝试塑看。"

辩罔措。过数日，塑就真相，可高七寸，曲尽其妙。

师笑曰："汝只解塑性，不解佛性。"

师舒手摩方辩顶。曰："永为人天福田。"

有僧举卧轮禅师偈曰：

　　卧轮有伎俩，能断百思想。对境心不起，菩提日日长。

师闻之，曰："此偈未明心地。若依而行之，是加系缚。"

因示一偈曰：

　　惠能没伎俩，不断百思想；对境心数起，菩提作么长？

顿渐品第八

时，祖师居曹溪 宝林，神秀大师在荆南 玉泉寺。于时两宗盛化，人皆称南能北秀，故有南北二宗顿渐之分。而学者莫知宗趣。师谓众曰："法本一宗，人有南北；法即一种，见有迟疾。何名顿渐？法无顿渐，人有利钝，故名顿渐。"

然秀之徒众，往往讥南宗祖师："不识一字，有何所长？"

秀曰："他得无师之智，深悟上乘，吾不如也。且吾师五祖，亲传衣法，岂徒然哉？吾恨不能远去亲近，虚受国恩。汝等诸人毋滞于此，可往曹溪参决。"一日，命门人志诚曰："汝聪明多智，可为吾到曹溪听法。若有所闻，尽心记取，还为吾说。"

志诚禀命至曹溪，随众参请，不言来处。时祖师告众曰："今有盗法之人，潜在此会。"志诚即出礼拜，具陈其事。师曰："汝从玉泉来，应是细作。"

对曰："不是。"

师曰："何得不是？"

对曰："未说即是，说了不是。"

师曰："汝师若为示众？"

对曰："常指诲大众，住心观静，长坐不卧。"

师曰："住心观静，是病非禅。长坐拘身，于理何益？听吾偈。"曰：

　　生来坐不卧，死去卧不坐；一具臭骨头，何为立功课？

志诚再拜曰："弟子在秀大师处，学道九年，不得契悟。今闻和尚一说，便契本心。弟子生死事大，和尚大慈，更为教示。"

师云："吾闻汝师教示学人戒定慧法，未审汝师说戒定慧行相如何？与吾说看。"

诚曰："秀大师说：诸恶莫作名为戒，诸善奉行名为慧，自净其意名为定。彼说如此，未审和尚以何法诲人？"

师曰："吾若言有法与人，即为诳汝。但且随方解缚，假名三昧。如汝师所说戒定慧，实不可思议；吾所见戒定慧又别。"

志诚曰："戒定慧只合一种，如何更别？"

师曰："汝师戒定慧接大乘人，吾戒定慧接最上乘人，悟解不同，见有迟疾。汝听吾说，与彼同否？吾所说法，不离自性。离体说法，名为相说，自性常迷。须知一切万法，皆从自性起用，是真戒定慧法。听吾偈。"曰：

> 心地无非自性戒，心地无痴自性慧，心地无乱自性定，不增不减自金刚，身去身来本三昧。

诚闻偈，悔谢，乃呈一偈曰：

> 五蕴幻身，幻何究竟？回趣真如，法还不净。

师然之。复语诚曰："汝师戒定慧，劝小根智人；吾戒定慧，劝大根智人。若悟自性，亦不立菩提涅槃，亦不立解脱知见；无一法可得，方能建立万法。若解此意，亦名佛身，亦名菩提涅槃，亦名解脱知见。见性之人，立亦得，不立亦得。去来自由，无滞无碍。应用随作，应语随答，普见化身，不离自性，即得自在神通，游戏三昧，是名见性。"

志诚再启师曰："如何是不立义？"

师曰："自性无非、无痴、无乱，念念般若观照，常离法相，自由自在，纵横尽得，有何可立？自性自悟，顿悟顿修，亦无渐次，所以不立一切法。诸法寂灭，有何次第？"

志诚礼拜，愿为执侍，朝夕不懈。

僧志彻，江西人，本姓张，名行昌，少任侠。自南北分化，二宗主虽亡彼我，而徒侣竞起爱憎。时北宗门人，自立秀师为第六祖，而忌祖师传衣为天下闻，乃嘱行昌来刺师。

师心通，预知其事，即置金十两于座间。时夜暮，行昌入祖室，将欲加害。师舒颈就之，行昌挥刃者三，悉无所损。

师曰："正剑不邪，邪剑不正，只负汝金，不负汝命。"

行昌惊仆，久而方苏，求哀悔过，即愿出家。师遂与金，言："汝且去，恐徒众翻害于汝。汝可他日易形而来，吾当摄受。"行昌禀旨宵遁，后投僧出家，具戒精进。

一日，忆师之言，远来礼觐。师曰："吾久念汝，汝来何晚？"

曰："昨蒙和尚舍罪，今虽出家苦行，终难报德，其惟传法度生乎！弟子常览涅槃经，未晓常无常义，乞和尚慈悲，略为解说。"

师曰："无常者，即佛性也；有常者，即一切善恶诸法分别心也。"

曰："和尚所说，大违经文。"

师曰："吾传佛心印，安敢违于佛经？"

曰："经说佛性是常，和尚却言无常；善恶之法乃至菩提心，皆是无常，和尚却言是常，此即相违，令学人转加疑惑。"

师曰："涅槃经，吾昔听尼无尽藏读诵一遍，便为讲说，无一字一义不合经文。乃至为汝，终无二说。"

曰："学人识量浅昧，愿和尚委曲开示。"

师曰："汝知否？佛性若常，更说什么善恶诸法、乃至穷劫无有一人发菩提心者？故吾说无常，正是佛说真常之道也。又，一切诸法若无常者，即物物皆有自性，容受生死，而真常性有不遍之处。故吾说常者，正是佛说真无常义。佛比为凡夫外道执于邪常，诸二乘人于常计无常，共成八倒。故于涅槃了义教中，破彼偏见，而显说真常真乐真我真净。汝今依言背义，以断灭无常，及确定死常，而错解佛之圆妙最后微言，纵览千遍，有何所益？"

行昌忽然大悟，说偈曰：

因守无常心，佛说有常性；不知方便者，犹春池拾砾。我今不施功，佛性而现前；非师相授与，我亦无所得。

师曰："汝今彻也，宜名志彻。"

彻礼谢而退。

有一童子，名神会，襄阳 高氏子。年十三，自玉泉来参礼。

师曰："知识远来艰辛，还将得本来否？若有本则合识主，试说看！"

会曰："以无住为本，见即是主。"

师曰："这沙弥争合取次语！"

会乃问曰："和尚坐禅，还见不见？"

师以柱杖打三下，云："吾打汝痛不痛？"

对曰："亦痛亦不痛。"

师曰："吾亦见亦不见。"

神会问："如何是亦见亦不见？"

师云："吾之所见，常见自心过愆，不见他人是非好恶，是以亦见亦不见。汝言亦痛亦不痛如何？汝若不痛，同其木石；若痛，则同凡夫，即起恚恨。汝向前见、不见是二边，痛、不痛是生灭。汝自性且不见，敢尔弄人？"

神会礼拜悔谢。

师又曰："汝若心迷不见，问善知识觅路。汝若心悟，即自见性，依法修行。汝自迷不见自心，却来问吾见与不见。吾见自知，岂代汝迷？汝若自见，亦不代吾迷。何不自知自见，乃问吾见与不见？"

神会再礼百余拜，求谢过愆，服勤给侍，不离左右。

一日，师告众曰："吾有一物，无头无尾，无名无字，无背无面，诸人还识否？"

神会出曰："是诸佛之本源，神会之佛性。"

师曰："向汝道无名无字，汝便唤作本源佛性。汝向去有把茆盖头，也只成个知解宗徒。"

祖师灭后，会入京洛，大弘曹溪顿教，著显宗记，盛行于世，是为荷泽禅师。

师见诸宗难问，咸起恶心，多集座下，愍而谓曰："学道之人，一切善念恶念，应当尽除。无名可名，名于自性；无二之性，是名实性。于实性上建立一切教门，言下便须自见。"诸人闻说，总皆作礼，请事为师。

宣诏品第九

神龙元年上元日，则天 中宗诏云："朕请安、秀二师，宫中供养。万机之暇，每究一乘。二师推让云：'南方有能禅师，密授忍大师衣法，传佛心印，可请彼问。'今遣内侍薛简，驰诏迎请，愿师慈念，速赴上京。"

师上表辞疾，愿终林麓。

薛简曰："京城禅德皆云：'欲得会道，必须坐禅习定；若不因禅定而得解脱者，未之有也。'未审师所说法如何？"

师曰："道由心悟，岂在坐也？经云：'若言如来若坐若卧，是行邪道。'何故？无所从来，亦无所去，无生无灭，是如来清净禅；诸法空寂，是如来清净坐。究竟无证，岂况坐耶？"

简曰："弟子回京，主上必问。愿师慈悲，指示心要，传奏两宫，及京城学道者。譬如一灯，然百千灯，冥者皆明，明明无尽。"

师云："道无明暗，明暗是代谢之义。明明无尽，亦是有尽，相待立名。故净名经云：'法无有比，无相待故。'"

简曰："明喻智慧，暗喻烦恼。修道之人，倘不以智慧照破烦恼，无始生死，凭何出离？"

师曰："烦恼即是菩提，无二无别。若以智慧照破烦恼者，此是二乘见解，羊鹿等机；上智大根，悉不如是。"

简曰："如何是大乘见解？"

师曰："明与无明，凡夫见二；智者了达，其性无二。无二之性，即是实性。实性者，处凡愚而不减，在贤圣而不增；住烦恼而不乱，居禅定而不寂。不断不常，不来不去，不在中间，及其内外。不生不灭，性相如如，常住不迁，名之曰道。"

简曰："师说不生不灭，何异外道？"

师曰："外道所说不生不灭者，将灭止生，以生显灭，灭犹不灭，生说不生。我说不生不灭者，本自无生，今亦不灭，所以不同外道。汝若欲知心要，但一切善恶，都莫思量，自然得入清净心体，湛然常寂，妙用恒沙。"

简蒙指教，豁然大悟。礼辞归阙，表奏师语。

其年九月三日，有诏奖谕师曰："师辞老疾，为朕修道，国之福田。师若净名，托疾毗耶，阐扬大乘，传诸佛心，谈不二法。薛简传师指授如来知见，朕积善余庆，宿种善根，值师出世，顿悟上乘，感荷师恩，顶戴无已。并奉磨衲袈裟，及水晶钵，敕韶州刺史修饰寺宇，赐师旧居为国恩寺。"

付嘱品第十

师一日唤门人法海、志诚、法达、神会、智常、智通、志彻、志道、法珍、法如等，曰："汝等不同余人，吾灭度后，各为一方师。吾今教汝说法，不失本宗。

"先须举三科法门，动用三十六对，出没即离两边。说一切法，莫离自性。忽有人问汝法，出语尽双，皆取对法，来去相因。究竟二法尽除，更无去处。

"三科法门者，阴界入也。阴是五阴，色、受、想、行、识是也。入是十二入，外六尘，色、声、香、味、触、法，内六门，眼、耳、鼻、舌、身、意是也。界是十八界，六尘、六门、六识是也。自性能含万法，名含藏识。若起思量，即是转识。生六识，出六门，见六尘，如是一十八界，皆从自性起用。

"自性若邪，起十八邪；自性若正，起十八正。若恶用即众生用，善用即佛用；用由何等，由自性有。

"对法外境，无情五对：天与地对，日与月对，明与暗对，阴与阳对，水与火对，此是五对也。

"法相语言十二对：语与法对，有与无对，有色与无色对，有相与无相对，有漏与无漏对，色与空对，动与静对，清与浊对，凡与圣对，僧与俗对，老与少对，大与小对，此是十二对也。

"自性起用十九对：长与短对，邪与正对，痴与慧对，愚与智对，乱与定对，慈与毒对，戒与非对，直与曲对，实与虚对，险与平对，烦恼与菩提对，常与无常对，悲与害对，喜与嗔对，舍与悭对，进与退对，生与灭对，法身与色身对，化身与报身对，此是十九对也。"

师言："此三十六对法，若解用，即道贯一切经法，出入即离两边。"

"自性动用，共人言语，外于相离相，内于空离空。若全著相，即长邪见。若全执空，即长无明。执空之人有谤经，直言不用文字。既云不用文字，人亦不合语言；只此语言，便是文字之相。又云，直道不立文字，即此不立两字，亦是文字。见人所说，便即谤他言著文字，汝等须知自迷犹可，又谤佛经；不要谤经，罪障无数。

"若著相于外，而作法求真；或广立道场，说有无之过患，如是之人，累劫不得见性。但听依法修行，又莫百物不思，而于道性窒碍。若听说不修，令人反生邪念。但依法修行无住相法施。汝等若悟，依此说，依此用，依此行，依此作，即不失本宗。

"若有人问汝义，问有将无对，问无将有对；问凡以圣对，问圣以凡对。二道相因，生中道义。

"如一问一对，余问一依此作，即不失理也。设有人问：何名为暗？答云：明是因，暗是缘，明没即暗。以明显暗，以暗显明，来去相因，成中道义。余问悉皆如此。汝等于后传法，依此转相教授，勿失宗旨。"

师于太极元年壬子，延和七月，命门人往新州国恩寺建塔，仍令促工。次年夏末落成。七月一日，集徒众曰："吾至八月，欲离世间。汝等有疑，早须相问，为汝破疑，令汝迷尽。吾若去后，无人教汝。"

法海等闻，悉皆涕泣；惟有神会，神情不动，亦无涕泣。

师云："神会小师，却得善不善等，毁誉不动，哀乐不生。余者不得，数年山中，竟修何道？汝今悲泣，为忧阿谁？若忧吾不知去处，吾自知去处，吾若不知去处，终不预报于汝。汝等悲泣，盖为不知吾去处。若知吾去处，即不合悲泣。法性本无生灭去来，汝等尽坐，吾与汝说一偈，名曰真假动静偈。汝等诵取此偈，与吾意同；依此修行，不失宗旨。"

众僧作礼，请师说偈。偈曰：

　　一切无有真，不以见于真；若见于真者，是见尽非真。若能自有真，离假即心真，自心不离假，无真何处真？有情即解动，无情即不动；若修不动行，同无情不动。若觅真不动，动上有不动，不动是不动，无情无佛种。能善分别相，第一义不动；但作如此见，即是真如用。报诸学道人，努力须用意，莫于大乘门，却执生死智。若言下相应，即共论佛义；若实不相应，合掌令欢喜。此宗本无诤，诤即失道意；执逆诤法门，自性入生死。

时，徒众闻说偈已，普皆作礼。并体师意，各各摄心，依法修行，更不敢诤。乃知大师不久住世，法海上座，再拜问曰："和尚入灭之后，衣法当付何人？"

师曰："吾于大梵寺说法，以至于今，抄录流行，目曰法宝坛经。汝等守护，递相传授，度诸群生。但依此说，是名正法。今为汝等说法，不付其衣。盖为汝等信根淳熟，决定无疑，堪任大事。然据先祖达磨大师，付授偈意，衣不合传。"偈曰：

> 吾本来兹土，传法救迷情；一华开五叶，结果自然成。

师复曰："诸善知识！汝等各各净心，听吾说法。若欲成就种智，须达一相三昧，一行三昧。若于一切处而不住相，于彼相中不生憎爱，亦无取舍，不念利益成坏等事，安闲恬静，虚融澹泊，此名一相三昧。若于一切处，行住坐卧，纯一直心，不动道场，真成净土，此名一行三昧。若人具二三昧，如地有种，含藏长养，成熟其实，一相一行，亦复如是。

"我今说法，犹如时雨，普润大地。汝等佛性，譬诸种子，遇兹沾洽，悉得发生。承吾旨者，决获菩提；依吾行者，定证妙果。听吾偈。"曰：

> 心地含诸种，普雨悉皆萌，顿悟华情已，菩提果自成。

师说偈已，曰："其法无二，其心亦然。其道清净，亦无诸相。汝等慎勿观静，及空其心。此心本净，无可取舍，各自努力，随缘好去。"

尔时徒众作礼而退。

大师七月八日，忽谓门人曰："吾欲归新州，汝等速理舟楫。"

大众哀留甚坚。

师曰："诸佛出现，犹示涅槃，有来必去，理亦常然。吾此形骸，归必有所。"

众曰："师从此去，早晚可回？"

师曰："叶落归根，来时无口。"

又问曰："正法眼藏，传付何人？"

师曰："有道者得，无心者通。"

又问："后莫有难否？"

师曰："吾灭后五六年，当有一人来取吾首。听吾记曰：头上养亲，口里须餐；遇满之难，杨柳为官。"

又云："吾去七十年，有二菩萨，从东方来，一出家，一在家，同时兴化，建立吾宗；缔缉伽蓝，昌隆法嗣。"

问曰："未知从上佛祖应现已来，传授几代？愿垂开示。"

师云："古佛应世，已无数量，不可计也。今以七佛为始，过去庄严劫：毗婆尸佛、尸弃佛、毗舍浮佛。今贤劫：拘留孙佛、拘那含牟尼佛、迦叶佛、释迦文佛，是为七佛。已上七佛，今以释迦文佛首传：第一、摩诃迦叶尊者，第二、阿难尊者,第三、商那和修尊者,第四、优波毱多尊者,第五、提多迦尊者,第六、弥遮迦尊者,第七、婆须蜜多尊者,第八、佛驮难提尊者,第九、伏驮蜜多尊者,第十、胁尊者,十一、富那夜奢尊者,十二、马鸣大士,十三、迦毗摩罗尊者,十四、龙树大士,十五、迦那提婆尊者,十六、罗睺罗多尊者,十七、僧伽难提尊者,十八、伽耶舍多尊者,十九、鸠摩罗多尊者,二十、阇耶多尊者,二十一、婆修盘头尊者,二十二、摩拏罗尊者,二十三、鹤勒那尊者,二十四、师子尊者,二十五、婆舍斯多尊者,二十六、不如蜜多尊者,二十七、般若多罗尊者,二十八、菩提达磨尊者,二十九、慧可大师,三十、僧璨大师,三十一、道信大师,三十二、弘忍大师,惠能是为三十三祖。从上诸祖,各有禀承。汝等向后,递代流传,毋令乖误。"

大师先天二年癸丑岁,八月初三日,于国恩寺斋罢,谓诸徒众曰:"汝等各依位坐,吾与汝别。"

法海白言:"和尚留何教法,令后代迷人得见佛性?"

师言:"汝等谛听,后代迷人,若识众生,即是佛性;若不识众生,万劫觅佛难逢。吾今教汝识自心众生,见自心佛性。欲求见佛,但识众生,只为众生迷佛,非是佛迷众生。自性若悟,众生是佛;自性若迷,佛是众生。自性平等,众生是佛;自性邪险,佛是众生。汝等心若险曲,即佛在众生中。一念平直,即是众生成佛。我心自有佛,自佛是真佛。自若无佛心,何处求真佛?汝等自心是佛,更莫狐疑。外无一物而能建立,皆是本心生万种法。故经云:'心生种种法生,心灭种种法灭。'吾今留一偈,与汝等别,名自性真佛偈。"后代之人,识此偈意,自见本心,自成佛道。"偈曰:

> 真如自性是真佛,邪见三毒是魔王。邪迷之时魔在舍,正见之时佛在堂。性中邪见三毒生,即是魔王来住舍。正见自除三毒心,魔变成佛真无假。法身报身及化身,三身本来是一身。若向性中能自见,即是成佛菩提因。本从化身生净性,净性常在化身中。性使化身行正道,当来圆满真无穷。淫性本是净性因,除淫即是净性身。性中各自离五欲,见性刹那即是真。今生若遇顿教门,忽悟自性见世尊。若欲修行觅作佛,不知何处拟求真?若能心中自见真,有真即是成佛因。不见自性外觅佛,起心总是大痴人。顿教法门今已留,救度世人须自修。报汝当来学道者,不作此见大悠悠。

师说偈已,告曰:"汝等好住,吾灭度后,莫作世情悲泣雨泪,受人吊问,身著孝服,非吾弟子,亦非正法。但识自本心,见自本性,无动无静,无生无灭,无去无来,无是无非,无住无往。恐汝等心迷,不会吾意,今再嘱汝,令汝见性。吾灭度后，依此修行，如吾在日。若违吾教，纵吾在世，亦无有益。"复说偈曰：

> 兀兀不修善，腾腾不造恶，寂寂断见闻，荡荡心无著。

师说偈已，端坐至三更，忽谓门人曰："吾行矣！"奄然迁化。

于时异香满室，白虹属地，林木变白，禽兽哀鸣。

十一月，广、韶、新三郡官僚，洎门人僧俗，争迎真身，莫决所之。乃焚香祷曰：香烟指处，师所归焉。

时香烟直贯曹溪。

十一月十三日，迁神龛并所传衣钵而回。

次年七月出龛，弟子方辩以香泥上之。

门人忆念取首之记，仍以铁叶漆布，固护师颈入塔；忽于塔内白光出现，直上冲天，三日始散。

韶州奏闻，奉敕立碑，纪师道行。师春秋七十有六，年二十四传衣，三十九祝发，说法利生，三十七载。嗣法四十三人，悟道超凡者莫知其数。达磨所传信衣，中宗赐磨衲宝钵，及方辩塑师真相，并道具，永镇宝林道场。留传坛经，以显宗旨，兴隆三宝，普利群生者。

楞严经

卷　一

　　如是我闻。一时，佛在室罗筏城 祇桓精舍，与大比丘众千二百五十人俱，皆是无漏大阿罗汉。佛子住持，善超诸有，能于国土，成就威仪。从佛转轮，妙堪遗嘱，严净毗尼，弘范三界，应身无量，度脱众生，拔济未来，越诸尘累。其名曰大智舍利弗、摩诃目犍连、摩诃拘绝罗、富楼那弥多罗尼子、须菩提、优波尼沙陀等而为上首。复有无量辟支无学，并其初心，同来佛所，属诸比丘，休夏自恣；十方菩萨，咨决心疑，钦奉慈严，将求密义。即时如来敷座宴安，为诸会中宣示深奥。法筵清众得未曾有，迦陵仙音遍十方界。恒沙菩萨来聚道场，文殊师利而为上首。

　　时波斯匿王，为其父王讳日营斋，请佛宫掖，自迎如来，广设珍馐无上妙味，兼复亲延诸大菩萨。城中复有长者居士同时饭僧，伫佛来应。佛敕文殊分领菩萨及阿罗汉应诸斋主。唯有阿难先受别请，远游未还，不遑僧次，既无上座及阿阇黎，途中独归。

　　其日无供，即时阿难执持应器，于所游城，次第循乞。心中初求最后檀越以为斋主，无问净秽，刹利尊姓及旃陀罗，方行等慈，不择微贱，发意圆成一切众生无量功德。阿难已知，如来世尊诃须菩提及大迦叶，为阿罗汉心不均平，钦仰如来开阐无遮，度诸疑谤，经彼城隍，徐步郭门，严整威仪，肃恭斋法。

　　尔时，阿难因乞食次，经历淫室，遭大幻术。摩登伽女以娑毗迦罗先梵天咒摄入淫席，淫躬抚摩，将毁戒体。如来知彼淫术所加，斋毕旋归。王及大臣、长者居士，俱来随佛愿闻法要。于时，世尊顶放百宝无畏光明，光中出生千叶宝莲，有佛化身，结跏趺坐，宣说神咒。敕文殊师利将咒往护。恶咒销灭，提奖阿难及摩登伽，归来佛所。

　　阿难见佛，顶礼悲泣，恨无始来一向多闻，未全道力。殷勤启请十方如来，得成菩提，妙奢摩他、三摩、禅那最初方便。于时，复有恒沙菩萨及诸十方大阿罗汉、辟支佛等俱愿乐闻，退坐默然，承受圣旨。

　　尔时，世尊在大众中，舒金色臂摩阿难顶，告示阿难及诸大众："有三摩提，名大佛顶首楞严王，具足万行，十方如来一门超出，妙庄严路。汝今谛听。"阿难顶礼，伏受慈旨。

　　佛告阿难："汝我同气，情均天伦。当初发心，于我法中见何胜相，顿舍世间深重恩爱？"阿难白佛："我见如来三十二相胜妙殊绝，形体映彻，犹如琉璃。常自思惟，此相非是欲爱所生。何以故？欲气粗浊，腥臊交遘，脓血杂乱，不能发生胜净妙明紫金光聚，是以渴仰，从佛剃落。"佛言："善哉！阿难。汝等当知，一切众生从无始来，生死相续，皆由不知常住真心，性净明体，用诸妄想，此想不真，故有轮转。汝今欲研无上菩提，真发明性，应当直心酬我所问。十方如来同一道故，出离生死，皆以直心。心言直故，如是乃至终始地位，中间永无诸委曲相。阿难，我今问汝，当汝发心，缘于如来三十二相，将何所见？谁为爱乐？"阿难白佛言："世尊，如是爱乐，用我心目，由目观见如来胜相，心生爱乐，故我发心，愿舍生死。"佛告阿难："如汝所说，真所爱乐，因于心目。若不识知心目所在，则不能得降伏尘劳。譬如国王为贼所侵，发兵讨除，是兵要当知贼所在。使汝流转，心目为咎。吾今问汝：唯心与目，今何所在？"

阿难白佛言："世尊！一切世间十种异生，同将识心居在身内。纵观如来，青莲花眼，亦在佛面。我今观此，浮根四尘，只在我面，如是识心，实居身内。"佛告阿难："汝今现坐如来讲堂，观祇陀林今何所在？""世尊，此大重阁清净讲堂在给孤园，今祇陀林实在堂外。""阿难，汝今堂中，先何所见？""世尊，我在堂中，先见如来，次观大众，如是外望，方瞩林园。""阿难，汝瞩林园，因何有见？""世尊，此大讲堂户牖开豁，故我在堂得远瞻见。"

尔时，世尊在大众中，舒金色臂摩阿难顶，告示阿难及诸大众："有三摩提，名大佛顶首楞严王，具足万行，十方如来一门超出，妙庄严路。汝今谛听。"阿难顶礼，伏受慈旨。

佛告阿难："如汝所言，身在讲堂，户牖开豁，远瞩林园。亦有众生在此堂中，不见如来，见堂外者？"阿难答言："世尊，在堂不见如来，能见林泉，无有是处！""阿难，汝亦如是。汝之心灵，一切明了。若汝现前所明了心，实在身内，尔时先合了知内身；颇有众生先见身中，后观外物？纵不能见心肝脾胃，爪生发长，筋转脉摇，诚合明了，如何不知？必不内知，云何知外？是故应知，汝言觉了能知之心，住在身内，无有是处。"

阿难稽首而白佛言："我闻如来如是法音，悟知我心实居身外。所以者何？譬如灯光然于室中，是灯必能先照室内，从其室门，后及庭际。一切众生，不见身中，独见身外，亦如灯光居在室外，不能照室。是义必明，将无所惑，同佛了义，得无妄耶？"

佛告阿难："是诸比丘，适来从我室罗筏城循乞抟食，归祇陀林。我已宿斋，汝观比丘，一人食时，诸人饱不？"阿难答言："不也，世尊！何以故？是诸比丘，虽阿罗汉，躯命不同。云何一人能令众饱？"佛告阿难："若汝觉了知见之心，实在身外，身心相外，自不相干，则心所知，身不能觉；觉在身际，心不能知。我今示汝兜罗绵手，汝眼见时，心分别不？"阿难答言："如是，世尊！"佛告阿难："若相知者，云何在外？是故应知，汝言觉了能知之心，住在身外，无有是处。"

阿难白佛言："世尊，如佛所言，不见内故，不居身内；身心相知，不相离故，不在身外。我今思惟，知在一处。"佛言："处今何在？"阿难言："此了知心，既不知内，而能见外，如我思忖，潜伏根里。犹如有人，取琉璃碗合其两眼，虽有物合，而不留碍，彼根随见，随即分别。然我觉了能知之心，不见内者，为在根故；分明瞩外无障碍者，潜根内故。"佛告阿难："如汝所言，潜根内者犹如琉璃，彼人当以琉璃笼眼，当见山河，见琉璃不？""如是，世尊。是人当以琉璃笼眼，实见琉璃。"佛告阿难："汝心若同琉璃合者，当见山河，何不见眼？若见眼者，眼即同境，不得成随。若不能见，云何说言此了知心潜在根内，如琉璃合？是故应知，汝言觉了能知之心潜伏根里，如琉璃合，无有是处。"

阿难白佛言："世尊，我今又作如是思惟，是众生身，腑藏在中，窍穴居外。有藏则暗，有窍则明。今我对佛，开眼见明，名为见外；闭眼见暗，名为见内。是义云何？"佛告阿难："汝当闭眼见暗之时，此暗境界为与眼对？为不对眼？若与眼对，暗在眼前，云何成内？若成内者，居暗室中，无日月灯，此室暗中，皆汝焦腑。若不对者，云何成见？若离外见，内对所成，合眼见暗，名为身中，开眼见明，何不见面？若不见面，内对不成。见面若成，此了知心及与眼根，乃在虚空，何成在内？若在虚空，自非汝体，即应如来今见汝面，亦是汝身。汝眼已知，身合非觉，必汝执言身、眼两觉，应有二知，即汝一身，应成两佛。是故应知，汝言见暗，名见内者，无有是处。"

阿难言："我常闻佛开示四众，由心生故，种种法生，由法生故，种种心生。我今思惟，即思惟体，实我心性，随所合处，心则随有，亦非内、外、中间三处。"

佛告阿难："汝今说言'由法生故，种种心生，随所合处，心随有者'；是心无体，则无所合。若无有体而能合者，则十九界因七尘合，是义不然。若有体者，如汝以手，自挃其体，汝所知心，为复内出？为从外入？若复内出，还见身中；若从外来，先合见面。"阿难言："见是其眼，心知非眼，为见非义。"佛言："若眼能见，汝在室中，门能见不？则诸已死，尚有眼存，应皆见物；若见物者，云何名死？阿难，又汝觉了能知之心，若必有体，为复一体？为有多体？今在汝身，为复遍体？为不遍体？若一体者，则汝以手挃一肢时，四肢应觉。若咸觉者，挃应无在。若挃有所，则汝一体自不能成。若多体者，则成多人，何体为汝？若遍体者，同前所挃。若不遍者，当汝触头，亦触其足，头有所觉，足应无知，今汝不然。是故应知，随所合处，心则随有，无有是处。"

阿难白佛言："世尊，我亦闻佛与文殊等诸法王子谈实相时，世尊亦言'心不在内，亦不在外'。如我思惟，内无所见，外不相知。内无知故，在内不成；身心相知，在外非义。今相知故，复内无见，当在中间。"佛言："汝言中间，中必不迷，非无所在。今汝推中，中何为在？为复在处？为当在身？若在身者，在边非中，在中同内。若在处者，为有所表？为无所表？无表同无，表则无定。何以故？如人以表，表为中时，东看则西，南观成北。表体既混，心应杂乱。"

阿难言："我所说中，非此二种。如世尊言，眼色为缘，生于眼识。眼有分别，色尘无知，识生其中，则为心在。"佛言："汝心若在根尘之中，此之心体为复兼二？为不兼二？若兼二者，物体杂乱，物非体知，成敌两立，云何为中？兼二不成，非知、不知，即无体性，中何为相？是故应知，当在中间，无有是处。"

阿难白佛言："世尊，我昔见佛与大目连、须菩提、富楼那、舍利弗四大弟子共转法轮，常言觉知分别心性，既不在内，亦不在外，不在中间，俱无所在，一切无著，名之为心。则我无著，名为心不？"佛告阿难："汝言觉知分别心性，俱无在者，世间虚空水陆飞行，诸所物象，名为一切，汝不著者，为在？为无？无则同于龟毛兔角，云何不著？有不著者，不可名无。无相则无，非无则相，相有则在，云何无著？是故应知，一切无著，名觉知心，无有是处。"

尔时，阿难在大众中即从座起，偏袒右肩，右膝著地，合掌恭敬而白佛言："我是如来最小之弟，蒙佛慈爱，虽今出家，犹恃憍怜，所以多闻，未得无漏，不能折伏娑毗罗咒，为彼所转，溺于淫舍，当由不知真际所诣。唯愿世尊，大慈哀愍，开示我等奢摩他路，令诸阐提，隳弥戾车。"作是语已，五体投地，及诸大众，倾渴翘伫，钦闻示诲。

尔时，世尊从其面门放种种光，其光晃耀，如百千日，普佛世界六种震动，如是十方微尘国土一时开现。佛之威神令诸世界合成一界，其世界中所有一切诸大菩萨，皆住本国，合掌承听。

佛告阿难："一切众生从无始来种种颠倒，业种自然，如恶叉聚。诸修行人不能得成无上菩提，乃至别成声闻、缘觉，及成外道、诸天魔王及魔眷属，皆由不知二种根本，错乱修习；犹如煮沙，欲成嘉馔，纵经尘劫，终不能得。

"云何二种？阿难，一者无始生死根本，则汝今者与诸众生用攀缘心为自性者；二者无始菩提涅槃元清净体，则汝今者识精元明，能生诸缘，缘所遗者。由诸众生，遗此本明，虽终日行，而不自觉，枉入诸趣。

"阿难，汝今欲知奢摩他路，愿出生死，今复问汝。"即时如来举金色臂，屈五轮指，语阿难言："汝今见不！"阿难言："见。"佛言："汝何所见？"阿难言："我见如来举臂屈指，为光明拳，耀我心目。"佛言："汝将谁见？"阿难言："我与大众，同将眼见。"佛告阿难："汝今答我，如来屈指为光明拳，耀汝心目，汝目可见，以何为心，当我拳耀？"阿难言："如来现今征心所在，而我以心推穷寻逐，即能推者，我将为心。"佛言："咄！阿难，此非汝心！"阿难矍然，避座合掌，起立白佛："此非我心，当名何等？"佛告阿难："此是前尘虚妄相想，惑汝真性。由汝无始至于今生，认贼为子，失汝元常，故受轮转。"

阿难白佛言："世尊，我佛宠弟，心爱佛故，令我出家。我心何独供养如来，乃至遍历恒沙国土，承事诸佛及善知识，发大勇猛，行诸一切难行法事，皆用此心。纵令谤法，永退善根，亦因此心。若此发明不是心者，我乃无心，同诸土木。离此觉知，更无所有，云何如来说此非心？我实惊怖，兼此大众无不疑惑。唯垂大悲，开示未悟。"

尔时，世尊开示阿难及诸大众，欲令心入无生法忍，于师子座摩阿难顶而告之言："如来常说：诸法所生，唯心所现，一切因果、世界、微尘，因心成体。阿难，若诸世界一切所有，其中乃至草叶缕结，诘其根元，咸有体性；纵令虚空，亦有名貌，何况清净妙净明心，性一切心，而自无体？若汝执吝分别觉观所了知性，必为心者，此心即应离诸一切色、香、味、触诸尘事业，别有全性。如汝今者，承听我法，此则因声而有分别；纵灭一切见闻觉知，内守幽闲，犹为法尘分别影事。我非敕汝执为非心，但汝于心微细揣摩。若离前尘有分别性，即真汝心。若分别性离尘无体，斯则前尘分别影事。尘非常住，若变灭时，此心则同龟毛兔角，则汝法身同于断灭，其谁修证无生法忍？"即时，阿难与诸大众默然自失。佛告阿难："世间一切诸修学人，现前虽成九次第定，不得漏尽成阿罗汉，皆由执此生死妄想，误为真实。是故汝今虽得多闻，不成圣果。"

阿难闻已，重复悲泪，五体投地，长跪合掌而白佛言："自我从佛发心出家，恃佛威神，常自思惟，无劳我修，将谓如来惠我三昧，不知身心本不相代，失我本心，虽身出家，心不入道，譬如穷子，舍父逃逝。今日乃知，虽有多闻，若不修行，与不闻等，如人说食，终不能饱。世尊，我等今者二障所缠，良由不知寂常心性。惟愿如来哀愍穷露，发妙明心，开我道眼。"即时如来，从胸卍字涌出宝光，其光晃昱，有百千色，十方微尘普佛世界一时周遍，遍灌十方所有宝刹诸如来顶，旋至阿难及诸大众。告阿难言："吾今为汝建大法幢，亦令十方一切众生，获妙微密性净明心，得清净眼。"

"阿难，汝先答我见光明拳，此拳光明，因何所有？云何成拳？汝将谁见？"阿难言："由佛全体阎浮檀金，赩如宝山；清净所生，故有光明。我实眼观五轮指端，屈握示人，故有拳相。"佛告阿难："如来今日实言告汝，诸有智者要以譬喻而得开悟。阿难，譬如我拳，若无我手，不成我拳，若无汝眼，不成汝见。以汝眼根，例我拳理，其义均不？"阿难言："唯然，世尊。既无我眼，不成我见，以我眼根，例如来拳，事义相类。"佛告阿难："汝言相类，是义不然。何以故？如无手人，拳毕竟灭，彼无眼者，非见全无。所以者何？汝试于途询问盲人：'汝何所见？'彼诸盲人必来答汝：'我今眼前唯见黑暗，更无他瞩。'以是义观，前尘自暗，见何亏损？"阿难言："诸盲眼前，唯睹黑暗，云何成见？"佛告阿难："诸盲无眼，唯观黑暗，与有眼人处于暗室，二黑有别？为无有别？""如是，世尊，此暗中人与彼群盲，二黑校量，曾无有异。""阿难，若无眼人全见前黑，忽得眼光，还于前尘见种种色，名眼见者；彼暗中人全见前黑，忽获灯光，亦于前尘见种种色，应名灯见。若灯见者，灯能有见，自不名灯。又则灯观，何关汝事？是故当知，灯能显色，如是见者，是眼非灯；眼能显色，如是见性，是心非眼。"

阿难虽复得闻是言，与诸大众，口已默然，心未开悟，犹冀如来慈音宣示，合掌清心，伫佛悲诲。尔时，世尊舒兜罗绵网相光手，开五轮指，诲敕阿难及诸大众："我初成道，于鹿园中，为阿若多五比丘等及汝四众言：一切众生不成菩提及阿罗汉，皆由客尘烦恼所误。汝等当时因何开悟，今成圣果？"时憍陈那起立白佛："我今长老，于大众中独得解名，因悟'客尘'二字成果。世尊，譬如行客，投寄旅亭，或宿或食，宿食事毕，俶装前途，不遑安住；若实主人，自无攸往。如是思惟，不住名客，住名主人，以不住者名为客义。又如新霁，清旸升天，光入隙中，发明空中诸有尘相，尘质摇动，虚空寂然。如是思惟，澄寂名空，摇动名尘，以摇动者名为尘义。"佛言："如是！"

即时如来于大众中，屈五轮指，屈已复开，开已又屈，谓阿难言："汝今何见？"阿难言："我见如来百宝轮掌，众中开合。"佛告阿难："汝见我手众中开合，为是我手有开有合？为复汝见有开有合？"阿难言："世尊宝手众中开合，我见如来手自开合，非我见性有开有合。"佛言："谁动谁静？"阿难言：

"佛手不住,而我见性尚无有静,谁为无住?"佛言:"如是。"如来于是从轮掌中飞一宝光在阿难右,即时阿难回首右盼;又放一光在阿难左,阿难又则回首左盼。佛告阿难:"汝头今日何因摇动?"阿难言:"我见如来出妙宝光,来我左右,故左右观,头自摇动。""阿难,汝盼佛光,左右动头,为汝头动?为复见动?""世尊,我头自动,而我见性尚无有止,谁为摇动?"佛言:"如是。"于是如来普告大众:"若复众生,以摇动者名之为'尘',以不住者名之为'客'。汝观阿难,头自动摇,见无所动;又汝观我,手自开合,见无舒卷。云何汝今以动为身,以动为境,从始洎终,念念生灭,遗失真性,颠倒行事;性心失真,认物为己,轮回是中,自取流转。"

卷 二

尔时,阿难及诸大众,闻佛示诲,身心泰然,念无始来失却本心,妄认缘尘分别影事,今日开悟,如失乳儿,忽遇慈母。合掌礼佛,愿闻如来显出身心真妄虚实,现前生灭与不生灭二发明性。

时波斯匿王起立白佛:"我昔未承诸佛诲敕,见迦旃延、毗罗胝子,咸言'此身死后断灭,名为涅槃'。我虽值佛,今犹狐疑:云何发挥证知此心不生灭地?今此大众诸有漏者,咸皆愿闻。"佛告大王:"汝身现在,今复问汝:汝此肉身为同金刚常住不朽?为复变坏?""世尊!我今此身终从变灭。"佛言:"大王!汝未曾灭,云何知灭?""世尊!我此无常变坏之身虽未曾灭,我观现前,念念迁谢,新新不住,如火成灰,渐渐销殒。殒亡不息,决知此身,当从灭尽。"佛言:"如是,大王!汝今生龄已从衰老,颜貌何如童子之时?""世尊!我昔孩孺,肤腠润泽;年至长成,血气充满;而今颓龄,迫于衰耄,形色枯悴,精神昏昧,发白面皱,逮将不久,如何见比充盛之时!"

佛言:"大王,汝之形容应不顿朽?"王言:"世尊!变化密移,我诚不觉,寒暑迁流,渐至于此。何以故?我年二十,虽号年少,颜貌已老初十岁时;三十之年又衰二十;于今六十又过于二,观五十时,宛然强壮。世尊,我见密移,虽此殂落,其间流易,且限十年。若复令我微细思惟,其变宁唯一纪、二纪,实为年变;岂唯年变,亦兼月化;何直月化,兼又日迁。沉思谛观,刹那刹那,念念之间,不得停住。故知我身终从变灭。"

佛告大王:"汝见变化,迁改不停,悟知汝灭;亦于灭时,汝知身中有不灭耶?"波斯匿王合掌白佛:"我实不知。"佛言:"我今示汝不生灭性。

大王，汝年几时见恒河水？"王言："我生三岁，慈母携我谒耆婆天，经过此流，尔时即知是恒河水。"佛言："大王，如汝所说，二十之时衰于十岁，乃至六十，日月岁时，念念迁变，则汝三岁见此河时，至年十三，其水云何？"王言："如三岁时，宛然无异；乃至于今，年六十二，亦无有异。"佛言："汝今自伤发白面皱，其面必定皱于童年；则汝今时观此恒河，与昔童时观河之见，有童耄不？"王言："不也，世尊！"佛言："大王，汝面虽皱，而此见精，性未曾皱。皱者为变，不皱非变；变者受灭，彼不变者元无生灭，云何于中受汝生死？而犹引彼末伽梨等，都言此身死后全灭！"王闻是言，信知身后舍生趣生，与诸大众踊跃欢喜，得未曾有。

阿难即从座起，礼佛合掌，长跪白佛："世尊，若此见闻必不生灭，云何世尊名我等辈遗失真性，颠倒行事？愿兴慈悲，洗我尘垢。"即时如来垂金色臂，轮手下指，示阿难言："汝今见我母陀罗手，为正？为倒？"阿难言："世间众生以此为倒，而我不知谁正谁倒。"佛告阿难："若世间人以此为倒，即世间人将何为正？"阿难言："如来竖臂，兜罗绵手上指于空，则名为正。"佛即竖臂，告阿难言："若此颠倒，首尾相换，诸世间人一倍瞻视；则知汝身与诸如来清净法身，比类发明，如来之身名正遍知，汝等之身号性颠倒。随汝谛观，汝身佛身称颠倒者，名字何处号为颠倒？"

于时阿难与诸大众瞪瞢瞻佛，目睛不瞬，不知身心颠倒所在。佛兴慈悲，哀愍阿难及诸大众，发海潮音遍告同会："诸善男子，我常说言，色心诸缘及心所使，诸所缘法，唯心所现。汝身汝心，皆是妙明真精，妙心中所现物。云何汝等遗失本妙，圆妙明心，宝明妙性，认悟中迷！晦昧为空，空晦暗中，结暗为色，色杂妄想，想相为身。聚缘内摇，趣外奔逸，昏扰扰相，以为心性。一迷为心，决定惑为色身之内。不知色身，外洎山河虚空大地，咸是妙明真心中物。譬如澄清百千大海，弃之，唯认一浮沤体，目为全潮，穷尽瀛渤。汝等即是迷中倍人，如我垂手，等无差别，如来说为可怜愍者！"

阿难承佛悲救深诲，垂泣叉手而白佛言："我虽承佛如是妙音，悟妙明心，元所圆满，常住心地。而我悟佛现说法音，现以缘心，允所瞻仰，徒获此心，未敢认为本元心地。愿佛哀愍，宣示圆音，拔我疑根，归无上道。"

佛告阿难："汝等尚以缘心听法，此法亦缘，非得法性。如人以手，指月示人，彼人因指，当应看月。若复观指，以为月体，此人岂唯亡失月轮，亦亡其指。何以故？以所标指为明月故。岂唯亡指，亦复不识明之与暗。何以故？即以指体为月明性，明暗二性无所了故。汝亦如是。若以分别我说法音为汝心者，此心自应离分别音有分别性。譬如有客寄宿旅亭，暂止便去，终不常住，而掌亭人都无所去,名为亭主。此亦如是。若真汝心,则无所去,云何离声无分别性?斯则岂唯声分别心;分别我容,离诸色相,无分别性。如是乃至分别都无,非色非空,拘舍离等昧为冥谛,离诸法缘无分别性。则汝心性各有所还,云何为主?"

阿难言:"若我心性各有所还,则如来说妙明元心,云何无还?惟垂哀愍,为我宣说。"佛告阿难:"且汝见我,见精明元,此见虽非妙精明心,如第二月,非是月影。汝应谛听,今当示汝无所还地。阿难,此大讲堂洞开东方,日轮升天,则有明耀;中夜黑月,云雾晦暝,则复昏暗;户牖之隙,则复见通;墙宇之间,则复观壅;分别之处,则复见缘;顽虚之中,遍是空性;郁垗之象,则纡昏尘;澄霁敛氛,又观清净。阿难,汝咸看此诸变化相,吾今各还本所因处。云何本因?阿难,此诸变化,明还日轮。何以故?无日不明,明因属日,是故还日。暗还黑月,通还户牖,壅还墙宇,缘还分别,顽虚还空,郁垗还尘,清明还霁,则诸世间一切所有不出斯类。汝见八种,见精明性,当欲谁还?何以故?若还于明,则不明时,无复见暗。虽明暗等种种差别,见无差别。诸可还者,自然非汝,不汝还者,非汝而谁?则知汝心,本妙明净,汝自迷闷,丧本受轮,于生死中,常被漂溺,是故如来,名可怜愍。"

阿难言:"我虽识此见性无还,云何得知是我真性?"佛告阿难:"吾今问汝,今汝未得无漏清净,承佛神力,见于初禅,得无障碍;而阿那律见阎浮提如观掌中庵摩罗果;诸菩萨等见百千界,十方如来穷尽微尘清净国土,无所不瞩;众生洞视不过分寸。阿难,且吾与汝观四天王所住宫殿,中间遍览水陆空行,虽有昏明种种形像,无非前尘分别留碍,汝应于此分别自他。今吾将汝择于见中,谁是我体?谁为物象?阿难,极汝见源,从日月宫,是物非汝;至七金山,周遍谛观,虽种种光,亦物非汝;渐渐更观云腾鸟飞,风动尘起,树木山川,草芥人畜,咸物非汝。阿难,是诸近远诸有物性,虽复差殊,同汝见精清净所瞩;则诸物类自有差别,见性无殊,此精妙明,诚汝见性。

"若见是物,则汝亦可见吾之见。若同见者,名为见吾;吾不见时,何不见吾不见之处?若见不见,自然非彼,不见之相。若不见吾不见之地,自然非物,云何非汝?又则汝今见物之时,汝既见物,物亦见汝,体性纷杂,则汝与我并诸世间,不成安立。阿难,若汝见时,是汝非我,见性周遍,非汝而谁?云何自疑汝之真性,性汝不真,取我求实?

阿难白佛言:"世尊,若此见性必我非余,我与如来观四天王胜藏宝殿,居日月宫,此见周圆,遍娑婆国;退归精舍,只见伽蓝,清心户堂,但瞻檐庑。世尊,此见如是,其体本来周遍一界,今在室中唯满一室;为复此见缩大为小,为当墙宇夹令断绝?我今不知斯义所在,愿垂弘慈,为我敷演。"

佛告阿难:"一切世间大小、内外诸所事业,各属前尘,不应说言见有舒缩。譬如方器,中见方空。吾复问汝,此方器中所见方空,为复定方,为不定方?若定方者,别安圆器,空应不圆;若不定者,在方器中,应无方空。汝言不知斯义所在,义性如是,云何为在?阿难,若复欲令入无方圆,但除器方,空体无方。不应说言,更除虚空方相所在。若如汝问,入室之时,缩见令小,仰观日时,汝岂挽见,齐于日面?若筑墙宇,能夹见断,穿为小窦,宁无续迹?是义不然。一切众生从无始来,迷己为物,失于本心,为物所转,故于是中,观大观小。若能转物,则同如来,身心圆明,不动道场,于一毛端遍能含受十方国土。"

阿难白佛言:"世尊,若此见精必我妙性,今此妙性现在我前,见必我真,我今身心复是何物?而今身心分别有实,彼见无别分辨我身。若实我心,令我今见,见性实我,而身非我,何殊如来先所难言'物能见我'?惟垂大慈,开发未悟。"

佛告阿难:"今汝所言,见在汝前,是义非实。若实汝前、汝实见者,则此见精既有方所,非无指示。且今与汝坐祇陀林,遍观林渠及与殿堂,上至日月,前对恒河。汝今于我师子座前,举手指陈是种种相,阴者是林,明者是日,碍者是壁,通者是空。如是乃至草树纤毫,大小虽殊,但可有形,无不指著。若必其见,现在汝前,汝应以手确实指陈何者是见!阿难当知,若空是见,既已成见,何者是空?若物是见,既已是见,何者为物?汝可微细披剥万象,析出精明净妙见元,指陈示我,同彼诸物,分明无惑。"

阿难言:"我今于此重阁讲堂,远泊恒河,上观日月,举手所指,纵目所观,指皆是物,无是见者。世尊,如佛所说,况我有漏初学声闻,乃至菩萨亦不能于万物象前剖出精见,离一切物别有自性。"佛言:"如是,如是。"

佛复告阿难:"如汝所言,无有见精,离一切物别有自性;则汝所指是物之中,无是见者。今复告汝,汝与如来,坐祇陀林,更观林苑,乃至日月,种种象殊,必无见精受汝所指。汝又发明,此诸物中何者非见?"阿难言:"我实遍见此祇陀林,不知是中何者非见。何以故?若树非见,云何见树?若树即见,复云何树?如是乃至,若空非见,云何见空?若空即见,复云何空?我又思惟,是万象中,微细发明,无非见者。"佛言:"如是,如是。"

于是,大众非无学者闻佛此言,茫然不知是义终始,一时惶悚,失其所守。如来知其魂虑变慹,心生怜愍,安慰阿难及诸大众:"诸善男子,无上法王是真实语,如所如说,不诳不妄,非末伽梨四种不死矫乱论议。汝谛思惟,无忝哀慕。"

是时文殊师利法王子愍诸四众，在大众中即从座起，顶礼佛足，合掌恭敬，而白佛言："世尊，此诸大众，不悟如来发明二种精见、色空，是、非是义。世尊，若此前缘色空等象，若是见者，应有所指；若非见者，应无所瞩。而今不知是义所归，故有惊怖，非是畴昔善根轻鲜。唯愿如来大慈发明，此诸物象与此见精元是何物，于其中间无'是'、'非是'。"

佛告文殊及诸大众："十方如来及大菩萨，于其自住三摩地中，见与见缘并所想相，如虚空华本无所有。此见及缘元是菩提妙净明体，云何于中有'是、非是'？文殊，吾今问汝，如汝文殊，更有文殊是文殊者？为无文殊？""如是，世尊。我真文殊，无是文殊。何以故？若有是者，则二文殊。然我今日非无文殊，于中实无是非二相。"

佛言："此见妙明，与诸空尘，亦复如是。本是妙明无上菩提净圆真心，妄为色空及与闻见。如第二月，谁为是月？又谁非月？文殊，但一月真，中间自无是月非月。是以汝今观见与尘，种种发明，名为妄想，不能于中出'是'、'非是'。由是真精妙觉明性，故能令汝出'指'、'非指'。"

阿难白佛言："世尊，诚如法王所说，觉缘遍十方界，湛然常住，性非生灭；与先梵志娑毗迦罗所谈冥谛，及投灰等诸外道种，说有真我遍满十方，有何差别？世尊亦曾于楞伽山为大慧等敷演斯义：'彼外道等常说自然，我说因缘，非彼境界。'我今观此觉性自然，非生非灭，远离一切虚妄颠倒，似非因缘，与彼自然。云何开示，不入群邪，获真实心，妙觉明性？"

佛告阿难："我今如是开示方便，真实告汝，汝犹未悟，惑为自然！阿难，若必自然，自须甄明，有自然体。汝且观此妙明见中，以何为自？此见为复以明为自？以暗为自？以空为自？以塞为自？阿难，若明为自，应不见暗；若复以空为自体者，应不见塞。如是乃至诸暗等相以为自者，则于明时，见性断灭，云何见明？"

阿难言："必此妙见，性非自然。我今发明是因缘生，心犹未明，咨询如来，是义云何合因缘性？"佛言："汝言因缘，吾复问汝：汝今因见，见性现前。此见为复因明有见，因暗有见，因空有见，因塞有见？阿难，若因明有，应不见暗；如因暗有，应不见明。如是乃至因空因塞，同于明暗。复次，阿难，此见又复缘明有见，缘暗有见，缘空有见，缘塞有见？阿难，若缘空有，应不见塞；若缘塞有，应不见空。如是乃至缘明缘暗，同于空塞。当知如是精觉妙明，非因非缘，亦非自然，非不自然，无非不非，无是非是；离一切相，即一切法。汝今云何于中措心，以诸世间戏论名相而得分别？如以手掌撮摩虚空，只益自劳，虚空云何随汝执捉？"

阿难白佛言："世尊，必妙觉性非因非缘，世尊云何常与比丘宣说见性具四种缘？所谓因空、因明、因心、因眼，是义云何？"佛言："阿难，我说世间诸因缘相，非第一义。阿难，吾复问汝：诸世间人说'我能见'，云何名见？云何不见？"阿难言："世人因于日月灯光见种种相，名之为见。若复无此三种光明，则不能见。""阿难，若无明时名不见者，应不见暗！若必见暗，此但无明，云何无见？阿难，若在暗时不见明故，名为不见；今在明时不见暗相，还名不见。如是二相，俱名不见。若复二相自相陵夺，非汝见性于中暂无。如是则知，二俱名见，云何不见？

"是故，阿难，汝今当知，见明之时，见非是明；见暗之时，见非是暗；见空之时，见非是空；见塞之时，见非是塞。四义成就。汝复应知：见见之时，见非是见，见犹离见，见不能及，云何复说因缘、自然及和合相？汝等声闻狭劣无识，不能通达清净实相。吾今诲汝，当善思惟，无得疲怠妙菩提路。"

阿难白佛言："世尊，如佛世尊为我等辈宣说因缘及与自然、诸和合相与不和合，心犹未开；而今更闻'见见非见'，重增迷闷。伏愿弘慈，施大慧目，开示我等觉心明净。"作是语已，悲泪顶礼，承受圣旨。

尔时，世尊怜愍阿难及诸大众，将欲敷演大陀罗尼，诸三摩提妙修行路，告阿难言："汝虽强记，但益多闻，于奢摩他微密观照，心犹未了。汝今谛听，吾当为汝分别开示，亦令将来诸有漏者获菩提果。

"阿难，一切众生轮回世间，由二颠倒分别见妄，当处发生，当业轮转。云何二见？一者众生别业妄见，二者众生同分妄见。

"云何名为别业妄见？阿难，如世间人目有赤眚，夜见灯光，别有圆影，五色重叠。于意云何？此夜灯明所现圆光，为是灯色，为当见色？阿难，此若灯色，则非眚人何不同见？而此圆影，唯眚之观。若是见色，见已成色，则彼眚人见圆影者，名为何等？复次，阿难，若此圆影，离灯别有，则合傍观屏帐几筵有圆影出；离见别有，应非眼瞩，云何眚人目见圆影？是故当知，色实在灯，见病为影，影见俱眚，见眚非病。终不应言是灯是见，于是中有非灯非见。如第二月，非体非影。何以故？第二之观，捏所成故。诸有智者不应说言：此捏根元，是形非形，离见非见。此亦如是，目眚所成，今欲名谁是灯是见？何况分别非灯非见？

"云何名为同分妄见？阿难，此阎浮提除大海水，中间平陆有三千洲，正中大洲，东西括量，大国凡有二千三百，其余小洲在诸海中，其间或有三两百国，或一或二至于三十、四十、五十。阿难，若复此中有一小洲，只有两国，惟一国人同感恶缘，则彼小洲当土众生，睹诸一切不祥境界：或见二日，或见两月，其中乃至晕适佩玦、彗孛飞流、负耳虹蜺，种种恶相。但此国见，彼国众生本所不见，亦复不闻。

"阿难，吾今为汝，以此二事，进退合明。阿难，如彼众生别业妄见，瞩灯光中所现圆影，虽现似境，终彼见者目眚所成。眚即见劳，非色所造。然见眚者，终无见咎。例汝今日以目观见山河国土及诸众生，皆是无始见病所成；见与见缘，似现前境，元我觉明见所缘眚。觉见即眚。本觉明心，觉缘非眚；觉所觉眚，觉非眚中。此实见见，云何复名觉闻知见？是故汝今见我及汝并诸世间十类众生，皆即见眚，非见眚者。彼见真精，性非眚者，故不名见。

"阿难，如彼众生同分妄见，例彼妄见别业一人，一病目人，同彼一国。彼见圆影眚妄所生，此众同分所现不祥，同见业中瘴恶所起，俱是无始见妄所生。例阎浮提三千洲中，兼四大海，娑婆世界，并洎十方诸有漏国，及诸众生，同是觉明无漏妙心，见闻觉知，虚妄病缘，和合妄生，和合妄死。若能远离诸和合缘及不和合，则复灭除诸生死因，圆满菩提不生灭性，清净本心，本觉常住。

"阿难，汝虽先悟本觉妙明，性非因缘非自然性，而犹未明如是觉元，非和合生及不和合。阿难，吾今复以前尘问汝：汝今犹以一切世间妄想和合诸因缘性，而自疑惑证菩提心和合起者。则汝今者妙净见精，为与明和，为与暗和？为与通和，为与塞和？若明和者，且汝观明，当明现前，何处杂见？见、相可辨，杂何形像？若非见者，云何见明？若即见者，云何见见？必见圆满，何处和明？若明圆满，不合见和。见必异明，杂则失彼，性、明名字；杂失明、性，和明非义。彼暗与通，及诸群塞，亦复如是。

"复次，阿难，又汝今者妙净见精，为与明合，为与暗合？为与通合，为与塞合？若明合者，至于暗时，明相已灭，此见即不与诸暗合，云何见暗？若见暗时，不与暗合，与明合者，应非见明。既不见明，云何明合，了明非暗？彼暗与通，及诸群塞，亦复如是。

阿难白佛言："世尊，如我思惟，此妙觉元与诸缘尘及心念虑非和合耶？"佛言："汝今又言觉非和合，吾复问汝：此妙见精非和合者，为非明和？为非暗和？为非通和？为非塞和？若非明和，则见与明必有边畔。汝且谛观，何处是明？何处是见？在见在明，自何为畔？阿难，若明际中，必无见者，则不相及，自不知其明相所在，畔云何成？彼暗与通，及诸群塞，亦复如是。

"又妙见精非和合者，为非明合？为非暗合？为非通合？为非塞合？若非明合，则见与明性相乖角，如耳与明了不相触。见且不知明相所在，云何甄明合非合理? 彼暗与通, 及诸群塞, 亦复如是。

"阿难, 汝犹未明一切浮尘, 诸幻化相, 当处出生, 随处灭尽, 幻妄称相, 其性真为妙觉明体。如是乃至五阴、六入, 从十二处至十八界, 因缘和合, 虚妄有生, 因缘别离, 虚妄名灭。殊不能知生灭去来, 本如来藏常住妙明, 不动周圆妙真如性。性真常中, 求于去来、迷悟、生死, 了无所得。

"阿难, 云何五阴本如来藏妙真如性?

"阿难, 譬如有人以清净目观晴明空, 唯一晴虚, 迥无所有。其人无故, 不动目睛, 瞪以发劳, 则于虚空别见狂花, 复有一切狂乱非相。色阴当知, 亦复如是。阿难, 是诸狂花非从空来, 非从目出。如是, 阿难, 若空来者, 既从空来, 还从空入; 若有出入, 即非虚空。空若非空, 自不容其花相起灭。如阿难体, 不容阿难。若目出者, 既从目出, 还从目入; 即此花性, 从目出故, 当合有见。若有见者, 去既花空, 旋合见眼。若无见者, 出既翳空, 旋当翳眼; 又见花时, 目应无翳, 云何晴空号清明眼? 是故当知, 色阴虚妄, 本非因缘, 非自然性。

"阿难, 譬如有人手足宴安, 百骸调适, 忽如忘生, 性无违顺。其人无故, 以二手掌于空相摩, 于二手中, 妄生涩滑、冷热诸相。受阴当知, 亦复如是。阿难, 是诸幻触, 不从空来, 不从掌出。如是, 阿难, 若空来者, 既能触掌, 何不触身? 不应虚空, 选择来触。若从掌出, 应非待合。又掌出故, 合则掌知, 离即触入, 臂腕、骨髓应亦觉知入时踪迹。必有觉心, 知出知入, 自有一物, 身中往来, 何待合知要名为触? 是故当知, 受阴虚妄, 本非因缘, 非自然性。

"阿难, 譬如有人, 谈说酢梅, 口中水出; 思踏悬崖, 足心酸涩。想阴当知, 亦复如是。阿难, 如是酢说, 不从梅生, 非从口入。如是, 阿难, 若梅生者, 梅合自谈, 何待人说? 若从口入, 自合口闻, 何须待耳? 若独耳闻, 此水何不耳中而出? 想踏悬崖, 与说相类。是故当知, 想阴虚妄, 本非因缘, 非自然性。

"阿难, 譬如暴流, 波浪相续, 前际后际, 不相逾越。行阴当知, 亦复如是。阿难, 如是流性, 不因空生, 不因水有, 亦非水性, 非离空、水。如是, 阿难, 若因空生, 则诸十方无尽虚空, 成无尽流, 世界自然俱受沦溺。若因水有, 则此暴流, 性应非水, 有、所有相, 今应现在。若即水性, 则澄清时, 应非水体。若离空、水, 空非有外, 水外无流。是故当知, 行阴虚妄, 本非因缘, 非自然性。"

"阿难, 譬如有人取频伽瓶, 塞其两孔, 满中擎空, 千里远行, 用饷他国。识阴当知, 亦复如是。阿难, 如是虚空非彼方来, 非此方入。如是, 阿难, 若彼方来, 则本瓶中, 既贮空去, 于本瓶地应少虚空。若此方入, 开孔倒瓶,应见空出。是故当知，识阴虚妄，本非因缘，非自然性。"

卷 三

"复次，阿难，云何六入本如来藏妙真如性？

"阿难，即彼目睛瞪发劳者，兼目与劳同是菩提瞪发劳相。因于明、暗二种妄尘，发见居中，吸此尘象，名为见性。此见离彼明暗二尘，毕竟无体。如是，阿难，当知是见，非明、暗来，非于根出，不于空生。何以故？若从明来，暗即随灭，应非见暗。若从暗来，明即随灭，应无见明。若从根生，必无明、暗。如是见精，本无自性。若于空出，前瞩尘象，归当见根。又空自观，何关汝入？是故当知，眼入虚妄，本非因缘，非自然性。

"阿难，譬如有人以两手指急塞其耳，耳根劳故，头中作声。兼耳与劳同是菩提瞪发劳相。因于动、静二种妄尘，发闻居中，吸此尘象，名听闻性。此闻离彼动、静二尘，毕竟无体。如是，阿难，当知是闻，非动、静来，非于根出，不于空生。何以故？若从静来，动即随灭，应非闻动。若从动来，静即随灭，应无觉静。若从根生，必无动、静。如是闻体，本无自性。若于空出，有闻成性，即非虚空。又空自闻，何关汝入？是故当知，耳入虚妄，本非因缘，非自然性。

"阿难，譬如有人急畜其鼻，畜久成劳，则于鼻中闻有冷触。因触分别通、塞、虚、实，如是乃至诸香、臭气。兼鼻与劳同是菩提瞪发劳相。因于通、塞二种妄尘，发闻居中，吸此尘象，名嗅闻性。此闻离彼通、塞二尘，毕竟无体。当知是闻，非通、塞来，非于根出，不于空生。何以故？若从通来，塞则闻灭，云何知塞？如因塞有，通则无闻，云何发明香、臭等触？若从根生，必无通、塞。如是闻机，本无自性。若从空出，是闻自当回嗅汝鼻。空自有闻，何关汝入？是故当知，鼻入虚妄，本非因缘，非自然性。

"阿难，譬如有人以舌舐吻，熟舐令劳。其人若病，则有苦味，无病之人，微有甜触。由甜与苦，显此舌根，不动之时，淡性常在。兼舌与劳同是菩提瞪发劳相。因甜苦、淡，二种妄尘，发知居中，吸此尘象，名知味性。此知味性，离彼甜苦及淡二尘，毕竟无体。如是，阿难，当知如是，尝苦淡知，非甜苦来，非因淡有，又非根出，不于空生。何以故？若甜苦来，淡则知灭，云何知淡？若从淡出，甜即知亡，复云何知甜苦二相？若从舌生，必无甜淡及与苦尘。斯知味根，本无自性。若于空出，虚空自味，非汝口知。又空自知，何关汝入？是故当知，舌入虚妄，本非因缘，非自然性。

"阿难，譬如有人以一冷手触于热手，若冷势多，热者从冷；若热功胜，冷者从热。如是以此合觉之触，显于离知。涉势若成，因于劳触。兼身与劳同是菩提瞪发劳相。因于离、合二种妄尘，发觉居中，吸此尘象，名知觉性。此知觉体，离彼离合、违顺二尘，毕竟无体。如是，阿难，当知是觉，非离合来，非违顺有，不于根出，又非空生。何以故？若合时来，离当已灭，云何觉离？违、顺二相，亦复如是。若从根出，必无离、合、违、顺四相，则汝身知，元无自性。必于空出，空自知觉，何关汝入？是故当知，身入虚妄，本非自然性。

"阿难，譬如有人劳倦则眠，睡熟便寤。览尘斯忆，失忆为忘。是其颠倒生、住、异、灭。吸习中归，不相逾越，称意知根。兼意与劳同是菩提瞪发劳相。因于生、灭二种妄尘，集知居中，吸撮内尘，见闻逆流，流不及地，名觉知性。此觉知性离彼寤寐、生灭二尘，毕竟无体。如是，阿难，当知如是觉知之根，非寤寐来，非生灭有，不于根出，亦非空生。何以故？若从寤来，寐即随灭，将何为寐？必生时有，灭即同无，令谁受灭？若从灭有，生即灭无，谁知生者？若从根出，寤、寐二相随身开合，离斯二体，此觉知者同于空花，毕竟无性。若从空生，自是空知，何关汝入？是故当知，意入虚妄，本非因缘，非自然性。

"复次，阿难，云何十二处本如来藏妙真如性？

"阿难，汝且观此祇陀树林及诸泉池。于意云何？此等为是色生眼见？眼生色相？阿难，若复眼根生色相者，见空非色，色性应销，销则显发一切都无；色相既无，谁明空质？空亦如是。若复色尘生眼见者，观空非色，见即销亡，亡则都无，谁明空色？是故当知，见与色空，俱无处所。即色与见二处虚妄，本非因缘，非自然性。

"阿难，汝更听此祇陀园中，食办击鼓，众集撞钟，钟鼓音声，前后相续。于意云何？此等为是声来耳边？耳往声处？阿难，若复此声来于耳边，如我乞食室罗筏城，在祇陀林则无有我；此声必来阿难耳处，目连、迦叶应不俱闻，何况其中一千二百五十沙门，一闻钟声，同来食处。若复汝耳往彼声边，如我归住祇陀林中，在室罗城则无有我；汝闻鼓声，其耳已往击鼓之处，钟声齐出，应不俱闻，何况其中象马牛羊种种音响。若无来往，亦复无闻。是故当知，听与音声俱无处所。即听与声二处虚妄，本非因缘，非自然性。

"阿难，汝又嗅此炉中旃檀。此香若复然于一铢，室罗筏城四十里内同时闻气。于意云何？此香为复生旃檀木？生于汝鼻？为生于空？阿难，若复此香生于汝鼻，称鼻所生，当从鼻出，鼻非旃檀，云何鼻中有旃檀气？称汝闻香，当于鼻入，鼻中出香，说闻非义。若生于空，空性常恒，香应常在，何藉炉中爇此枯木？若生于木，则此香质，因爇成烟，若鼻得闻，合蒙烟气！其烟腾空，未及遥远，四十里内云何已闻？是故当知，香鼻与闻俱无处所。即嗅与香二处虚妄，本非因缘，非自然性。

"阿难，汝常二时，众中持钵，其间或遇酥酪醍醐，名为上味。于意云何？此味为复生于空中？生于舌中？为生食中？阿难，若复此味生于汝舌，在汝口中只有一舌，其舌尔时已成酥味，遇黑石蜜应不推移。若不变移，不名知味；若变移者，舌非多体，云何多味一舌之知？若生于食，食非有识，云何自知？又食自知，即同他食，何预于汝，名味之知？若生于空，汝瞰虚空，当作何味？必其虚空若作咸味，既咸汝舌，亦咸汝面，则此界人同于海鱼。既常受咸，了不知淡，若不识淡，亦不觉咸，必无所知，云何名味？是故当知，味、舌与尝俱无处所。即尝与味，二俱虚妄，本非因缘，非自然性。

"阿难，汝常晨朝以手摩头。于意云何？此摩所知，谁为能触？能为在手？为复在头？若在于手，头则无知，云何成触？若在于头，手则无用，云何名触？若各各有，则汝阿难应有二身。若头与手一触所生，则手与头当为一体，若一体者，触则无成；若二体者，触谁为在？在能非所，在所非能，不应虚空与汝成触。是故当知，觉、触与身俱无处所。即身与触，二俱虚妄，本非因缘，非自然性。

"阿难，汝常意中所缘善、恶、无记三性生成法则。此法为复即心所生？为当离心，别有方所？阿难，若即心者，法则非尘，非心所缘，云何成处？若离于心，别有方所，则法自性为知？非知？知则名心，异汝即尘，同他心量？即汝即心，云何汝心更二于汝？若非知者，此尘既非色、声、香、味、离、合、冷、暖及虚空相，当于何在？今于色、空都无表示，不应人间更有空外？心非所缘，处从谁立？是故当知，法则与心俱无处所。则意与法，二俱虚妄，本非因缘，非自然性。

"复次，阿难，云何十八界本如来藏妙真如性？

"阿难，如汝所明，眼、色为缘，生于眼识。此识为复，因眼所生，以眼为界？因色所生，以色为界？阿难，若因眼生，既无色空，无可分别，纵有汝识，欲将何用？汝见又非青黄赤白，无所表示，从何立界？若因色生，空无色时，汝识应灭，云何识知是虚空性？若色变时，汝亦识其色相迁变，汝识不迁，界从何立？从变则变，界相自无；不变则恒，既从色生，应不识知虚空所在。若兼二种，眼、色共生，合则中离，离则两合，体性杂乱，云何成界？是故当知，眼、色为缘生眼识界，三处都无。则眼与色及色界三，本非因缘，非自然性。

"阿难，又汝所明，耳、声为缘生于耳识。此识为复因耳所生，以耳为界？因声所生，以声为界？阿难，若因耳生，动、静二相既不现前，根不成知；必无所知，知尚无成，识何形貌？若取耳闻，无动、静故，闻无所成，云何耳形？杂色触尘，名为识界？则耳识界复从谁立？若生于声，识因声有，则不关闻；无闻则亡声相所在。识从声生，许声因闻而有声相，闻应闻识！不闻非界，闻则同声？识已被闻，谁知闻识？若无知者，终如草木。不应声、闻杂成中界。界无中位，则内外相复从何成？是故当知，耳、声为缘生耳识界，三处都无。则耳与声及声界三，本非因缘，非自然性。

"阿难，又汝所明，鼻、香为缘生于鼻识。此识为复因鼻所生，以鼻为界？因香所生，以香为界？阿难，若因鼻生，则汝心中以何为鼻？为取肉形双爪之相？为取嗅知动摇之性？若取肉形，肉质乃身，身知即触，名身非鼻，名触即尘，鼻尚无名，云何立界？若取嗅知，又汝心中以何为知？以肉为知，则肉之知元触非鼻。以空为知，空则自知，肉应非觉，如是则应虚空是汝；汝身非知，今日阿难应无所在。以香为知，知自属香，何预于汝？若香臭气必生汝鼻，则彼香、臭二种流气不生伊兰及旃檀木。二物不来，汝自嗅鼻，为香为臭？臭则非香，香应非臭；若香、臭二俱能闻者，则汝一人应有两鼻，对我问道有二阿难，谁为汝体？若鼻是一，香、臭无二，臭既为香，香复成臭，二性不有，界从谁立？若因香生，识因香有，如眼有见，不能观眼；因香有故，应不知香。知即非生，不知非识。香非知有，香界不成；识不知香，因界则非从香建立。既无中间，不成内外，彼诸闻性毕竟虚妄。是故当知，鼻、香为缘生鼻识界，三处都无。则鼻与香及香界三，本非因缘，非自然性。

"阿难，又汝所明，舌、味为缘生于舌识。此识为复因舌所生，以舌为界？因味所生，以味为界？阿难，若因舌生，则诸世间甘蔗、乌梅、黄连、石盐、细辛、姜、桂，都无有味。汝自尝舌，为甜为苦？若舌性苦，谁来尝舌？舌不自尝，孰为知觉？舌性非苦，味自不生，云何立界？若因味生，识自为味，同于舌根，应不自尝，云何识知是味非味？又一切味非一物，味既多生，识应多体；识体若一，体必味生，咸淡甘辛和合俱生，诸变异相同为一味，应无分别。分别既无，则不名识，云何复名舌味识界？不应虚空生汝心识！舌、味和合，即于是中元无自性，云何界生？是故当知，舌、味为缘生舌识界，三处都无。则舌与味及舌界三，本非因缘，非自然性。

"阿难，又汝所明，身、触为缘生于身识。此识为复因身所生，以身为界？因触所生，以触为界？阿难，若因身生，必无离合二觉观缘，身何所识？若因触生，必无汝身，谁有非身知合离者？阿难，物不触知，身知有触。知身即触，知触即身。即触非身，即身非触。身、触二相元无处所，合身即为身自体性，离身即是虚空等相。内、外不成，中云何立？中不复立，内、外性空，则汝识生，从谁立界？是故当知，身、触为缘生身识界，三处都无。则身与触及身界三，本非因缘，非自然性。

"阿难，又汝所明，意、法为缘生于意识。此识为复因意所生，以意为界？因法所生，以法为界？阿难，若因意生，于汝意中必有所思，发明汝意，若无前法，意无所生；离缘无形，识将何用？又汝识心与诸思量兼了别性，为同为异？同意即意，云何所生？异意不同，应无所识。若无所识，云何意生？若有所识，云何识意？唯同与异二性无成，界云何立？若因法生，世间诸法不离五尘，汝观色法及诸声法、香法、味法及与触法，相状分明，以对五根，非意所摄。汝识决定依于法生，汝今谛观法法何状？若离色空、动静、通塞、合离、生灭，越此诸相，终无所得。生则色空诸法等生，灭则色空诸法等灭。所因既无，因生有识，作何形相？相状不有，界云何生？是故当知，意、法为缘生意识界，三处都无。则意与法及意界三，本非因缘，非自然性。"

阿难白佛言："世尊，如来常说和合因缘，一切世间种种变化皆因四大和合发明。云何如来因缘、自然二俱排摈？我今不知斯义所属，惟垂哀愍，开示众生中道了义、无戏论法。"

尔时，世尊告阿难言："汝先厌离声闻、缘觉诸小乘法，发心勤求无上菩提，故我今时为汝开示第一义谛。如何复将世间戏论、妄想因缘而自缠绕？汝虽多闻，如说药人，真药现前，不能分别，如来说为真可怜愍。汝今谛听，吾当为汝分别开示，亦令当来修大乘者通达实相。"阿难默然承佛圣旨。

"阿难，如汝所言'四大和合发明世间种种变化'。阿难，若彼大性，体非和合，则不能与诸大杂和，犹如虚空不和诸色。若和合者，同于变化，始终相成，生灭相续。生死死生，生生死死，如旋火轮，未有休息。阿难，如水成冰，冰还成水。

"汝观地性：粗为大地，细为微尘，至邻虚尘，析彼极微，色边际相，七分所成，更析邻虚，即实空性。阿难，若此邻虚析成虚空，当知虚空出生色相。汝今问言：由和合故，出生世间诸变化相。汝且观此一邻虚尘用几虚空和合而有？不应邻虚合成邻虚。又邻虚尘析入空者，用几色相合成虚空？若色合时，合色非空。若空合时，合空非色。色犹可析，空云何合？汝元不知，如来藏中，性色真空，性空真色，清净本然，周遍法界；随众生心，应所知量，循业发现。世间无知,惑为因缘及自然性,皆是识心分别计度,但有言说,都无实义。

"阿难,火性无我,寄于诸缘。汝观城中未食之家,欲炊爨时,手执阳燧,日前求火。阿难,名和合者,如我与汝一千二百五十比丘,今为一众。众虽为一,诘其根本,各各有身,皆有所生氏族名字,如舍利弗,婆罗门种,优楼频螺,迦叶波种,乃至阿难,瞿昙种姓。阿难,若此火性因和合有,彼手执镜于日求火,此火为从镜中而出?为从艾出?为于日来?阿难,若日来者,自能烧汝手中之艾,来处林木皆应受焚。若镜中出,自能于镜出然于艾,镜何不镕?纡汝手执尚无热相,云何融泮?若生于艾,何藉日镜光明相接,然后火生?汝又谛观,镜因手执,日从天来,艾本地生,火从何方游历于此?日镜相远,非和非合,不应火光无从自有。汝犹不知如来藏中性火真空,性空真火,清净本然,周遍法界,随众生心,应所知量。阿难,当知世人一处执镜,一处火生,遍法界执,满世间起。起遍世间,宁有方所?循业发现。世间无知,惑为因缘及自然性,皆是识心分别计度,但有言说,都无实义。

"阿难,水性不定,流息无恒。如室罗城 迦毗罗仙、斫迦罗仙及钵头摩、诃萨多等诸大幻师,求太阴精,用和幻药。是诸师等于白月昼手执方诸,承月中水。此水为复从珠中出?空中自有?为从月来?阿难,若从月来,尚能远方令珠出水,所经林木皆应吐流。流则何待方诸所出?不流,明水非从月降。若从珠出,则此珠中常应流水,何待中宵承白月昼?若从空生,空性无边,水当无际,从人洎天皆同陷溺,云何复有水陆空行?汝更谛观,月从天陟,珠因手持,承珠水盘本人敷设,水从何方流注于此?月珠相远,非和非合,不应水精无从自有。汝尚不知,如来藏中性水真空,性空真水。清净本然,周遍法界,随众生心,应所知量。一处执珠,一处水出,遍法界执,满法界生。生满世间,宁有方所?循业发现。世间无知,惑为因缘及自然性,皆是识心分别计度,但有言说,都无实义。

"阿难,风性无体,动静不常。汝常整衣,入于大众,僧伽梨角动及旁人,则有微风拂被人面。此风为复出袈裟角?发于虚空?生彼人面?阿难,此风若复出袈裟角,汝乃披风,其衣飞摇,应离汝体。我今说法,会中垂衣,汝看我衣,风何所在?不应衣中有藏风地。若生虚空,汝衣不动,何因无拂?空性常住,风应常生;若无风时,虚空当灭。灭风可见,灭空何状?若有生灭,不名虚空;名为虚空,云何风出?若风自生被拂之面,从彼面生,当应拂汝;自汝整衣,云何倒拂?汝审谛观,整衣在汝,面属彼人,虚空寂然,不参流动,风自谁方鼓动来此?风、空性隔,非和非合,不应风性无从自有。汝宛不知,如来藏中，性风真空，性空真风，清净本然，周遍法界，随众生心，应所知量。阿难，如汝一人微动服衣，有微风出，遍法界拂，满国土生，周遍世间，宁有方所？循业发现。世间无知，惑为因缘及自然性，皆是识心分别计度，但有言说，都无实义。

"阿难，空性无形，因色显发。如室罗城去河遥处，诸刹利种及婆罗门、毗舍、首陀兼颇罗堕、旃陀罗等新立安居，凿井求水。出土一尺，于中则有一尺虚空；如是乃至出土一丈，中间还得一丈虚空。虚空浅深，随出多少。此空为当因土所出？因凿所有？无因自生？阿难，若复此空无因自生，未凿土前，何不无碍？惟见大地，迥无通达。若因土出，则土出时，应见空入。若土先出，无空入者，云何虚空因土而出？若无出入，则应空、土，元无异因；无异则同，则土出时，空何不出？若因凿出，则凿出空，应非出土。不因凿出，凿自出土，云何见空？汝更审谛，谛审谛观，凿从人手，随方运转，土因地移，如是虚空因何所出？凿、空虚实，不相为用，非和非合，不应虚空无从自出。若此虚空性圆周遍，本不动摇，当知现前地水火风，均名五大，性真圆融，皆如来藏，本无生灭。阿难，汝心昏迷，不悟四大元如来藏。当观虚空，为出？为入？为非出入？汝全不知，如来藏中，性觉真空，性空真觉。清净本然，周遍法界，随众生心，应所知量。阿难，如一井空，空生一井，十方虚空，亦复如是，圆满十方，宁有方所？循业发现。世间无知，惑为因缘及自然性，皆是识心分别计度，但有言说，都无实义。

"阿难，见觉无知，因色空有。如汝今者，在祇陀林，朝明夕昏，设居中宵，白月则光，黑月便暗，则明、暗等，因见分析。此见为复与明暗相并太虚空，为同一体？为非一体？或同非同？或异非异？阿难，此见若复与明与暗及与虚空元一体者，则明与暗二体相亡，暗时无明，明时无暗。若与暗一，明则见亡，必一于明，暗时当灭。灭则云何见明、见暗？若明、暗殊，见无生灭，一云何成？若此见精与暗与明非一体者，汝离明暗及与虚空，分析见元，作何形相？离明离暗及离虚空，是见元同龟毛兔角。明、暗、虚空，三事俱异，从何立见？明、暗相背，云何或同？离三元无，云何或异？分空分见，本无边畔，云何非同？见暗见明，性非迁改，云何非异？汝更细审，微细审详，审谛审观：明从太阳，暗随黑月，通属虚空，壅归大地，如是见精，因何所出？见觉、空顽，非和非合，不应见精无从自出。若见、闻、知，性圆周遍，本不动摇，当知无边不动虚空，并其动摇地、水、火、风，均名六大，性真圆融，皆如来藏，本无生灭。阿难，汝性沉沦，不悟汝之见、闻、觉、知本如来藏。汝当观此见、闻、觉、知，为生？为灭？为同？为异？为非生灭？为非同异？汝曾不知，如来藏中，性见觉明，觉精明见。清净本然，周遍法界，随众生心，应所知量。如一见根，见周法界，听、嗅、尝触、觉触、觉知，妙德莹然，遍周法界，圆满十虚，宁有方所？循业发现。世间无知，惑为因缘及自然性，皆是识心分别计度，但有言说，都无实义。

"阿难，识性无源，因于六种根尘妄出。汝今遍观此会圣众，用目循历。其目周视，但如镜中，无别分析；汝识于中，次第标指，此是文殊，此富楼那，此目犍连，此须菩提，此舍利弗。此识了知，为生于见？为生于相？为生虚空？为无所因，突然而出？阿难，若汝识性生于见中，如无明暗及与色空，四种必无，元无汝见；见性尚无，从何发识？若汝识性生于相中，不从见生，既不见明，亦不见暗，明暗不瞩，即无色空；彼相尚无，识从何发？若生于空，非相非见。非见无辨，自不能知明暗色空；非相灭缘，见闻觉知无处安立。处此二非，空则同无，有非同物，纵发汝识，欲何分别？若无所因，突然而出，何不日中别识明月？汝更细详，微细详审：见托汝睛，相推前境，可状成有，不相成无，如是识缘因何所出？识动、见澄，非和非合；闻、听、觉、知，亦复如是。不应识缘，无从自出。若此识心本无所从，当知了别，见闻觉知，圆满湛然，性非从所，兼彼虚空、地、水、火、风，均名七大，性真圆融，皆如来藏，本无生灭。阿难，汝心粗浮，不悟见、闻、发明、了知，本如来藏。汝应观此六处识心为同为异？为空为有？为非同异？为非空有？汝元不知，如来藏中，性识明知，觉明真识。妙觉湛然，遍周法界，含吐十虚，宁有方所？循业发现。世间无知，惑为因缘及自然性，皆是识心分别计度，但有言说，都无实义。"

尔时，阿难及诸大众蒙佛如来微妙开示，身心荡然，得无罣碍。是诸大众各各自知，心遍十方，见十方空如观手中所持叶物。一切世间诸所有物皆即菩提妙明元心，心精遍圆，含裹十方。反观父母所生之身犹彼十方虚空之中吹一微尘，若存若亡；如湛巨海，流一浮沤，起灭无从。了然自知，获本妙心，常住不灭。礼佛合掌，得未曾有。于如来前，说偈赞佛：

　　妙湛总持不动尊，首楞严王世希有。销我亿劫颠倒想，不历僧祇获法身。愿今得果成宝王，还度如是恒沙众。将此深心奉尘刹，是则名为报佛恩。伏请世尊为证明，五浊恶世誓先入。如一众生未成佛，终不于此取泥洹。大雄大力大慈悲，希更审除微细惑。令我早登无上觉，于十方界坐道场。舜若多性可销亡，烁迦罗心无动转。

卷　四

　　尔时，富楼那弥多罗尼子在大众中即从座起，偏袒右肩，右膝着地，合掌恭敬，而白佛言："大威德世尊，善为众生敷演如来第一义谛。世尊常推说法人中，我为第一。今闻如来微妙法音，犹如聋人逾百步外聆于蚊蚋，本所不见，何况得闻？佛虽宣明，令我除惑，今犹未详斯义究竟无疑惑地。世尊，如阿难辈虽则开悟，习漏未除；我等会中登无漏者，虽尽诸漏，今闻如来所说法音，尚纡疑悔。世尊，若复世间一切根、尘、阴、处、界等，皆如来藏清净本然，云何忽生山河大地诸有为相，次第迁流，终而复始？又如来说，地水火风，本性圆融，周遍法界，湛然常住。世尊，若地性遍，云何容水？水性周遍，火则不生。复云何明，水、火二性俱遍虚空，不相陵灭？世尊，地性障碍，空性虚通，云何二俱周遍法界？而我不知是义攸往，唯愿如来宣流大慈，开我迷云及诸大众。"作是语已，五体投地，钦渴如来无上慈诲。

　　尔时，世尊告富楼那及诸会中漏尽无学诸阿罗汉："如来今日普为此会宣胜义中真胜义性，令汝会中定性声闻，及诸一切未得二空、回向上乘阿罗汉等，皆获一乘寂灭场地、真阿练若、正修行处。汝今谛听，当为汝说。"富楼那等钦佛法音，默然承听。

　　佛言："富楼那，如汝所言，清净本然，云何忽生山河大地？汝常不闻如来宣说'性觉妙明，本觉明妙'？"富楼那言："唯然，世尊。我常闻佛宣说斯义。"佛言："汝称觉明，为复性明，称名为觉？为觉不明，称为明觉？"富楼那言："若此不明，名为觉者，则无所明。"

　　佛言："若无所明，则无明觉。有所非觉，无所非明，无明又非觉湛明性。性觉必明，妄为明觉。觉非所明，因明立所；所既妄立，生汝妄能。无同异中，炽然成异；异彼所异，因异立同；同异发明，因此复立无同无异。如是扰乱，相待生劳，劳久发尘，自相浑浊，由是引起尘劳烦恼。起为世界，静成虚空。虚空为同，世界为异，彼无同异，真有为法。

　　"觉明空昧，相待成摇，故有风轮执持世界。因空生摇，坚明立碍。彼金宝者，明觉立坚，故有金轮保持国土。坚觉宝成，摇明风出，风金相摩，故有火光，为变化性。宝明生润，火光上蒸，故有水轮含十方界。火腾水降，交发立坚。湿为巨海，干为洲潬。以是义故，彼大海中火光常起，彼洲潬中江河常注。水势劣火，结为高山；是故山石击则成焰，融则成水。土势劣水，抽为草木；是故林薮遇烧成土，因绞成水。交妄发生，递相为种，以是因缘，世界相续。

"复次，**富楼那**，明妄非他，觉明为咎，所妄既立，明理不逾。以是因缘，听不出声，见不超色。色、香、味、触，六妄成就，由是分开，见、觉、闻、知。同业相缠，合离成化。见明色发，明见想成，异见成憎，同想成爱，流爱为种，纳想为胎。交遘发生，吸引同业，故有因缘，生羯罗蓝、遏蒲昙等。胎卵湿化，随其所应。卵唯想生，胎因情有，湿以合感，化以离应。情、想、合、离，更相变易。所有受业，逐其飞沉，以是因缘，众生相续。

"**富楼那**，想爱同结，爱不能离，则诸世间父母子孙相生不断，是等则以欲贪为本。贪爱同滋，贪不能止，则诸世间卵、化、湿、胎，随力强弱，递相吞食，是等则以杀贪为本。以人食羊，羊死为人，人死为羊，如是乃至十生之类，死死生生，互来相啖，恶业俱生，穷未来际，是等则以盗贪为本。汝负我命，我还汝债，以是因缘，经百千劫，常在生死。汝爱我心，我怜汝色，以是因缘，经百千劫，常在缠缚。唯杀、盗、淫三为根本，以是因缘，业果相续。

"**富楼那**，如是三种，颠倒相续，皆是觉明，明了知性，因了发相；从妄见生，山河大地，诸有为相，次第迁流；因此虚妄，终而复始。"

富楼那言："若此妙觉，本妙觉明，与如来心不增不减，无状忽生山河大地诸有为相；如来今得妙空明觉，山河大地有为习漏，何当复生？"佛告富楼那："譬如迷人，于一聚落，惑南为北，此迷为复因迷而有，因悟而出？"**富楼那**言："如是迷人，亦不因迷，又不因悟。何以故？迷本无根，云何因迷？悟非生迷，云何因悟？"佛言："彼之迷人，正在迷时，倏有悟人指示令悟。**富楼那**，于意云何？此人纵迷，于此聚落，更生迷不？""不也，世尊。""**富楼那**，十方如来亦复如是。此迷无本，性毕竟空。昔本无迷，似有迷觉；觉迷迷灭，觉不生迷。亦如翳人见空中华，翳病若除，华于空灭。忽有愚人，于彼空华所灭空地，待华更生。汝观是人为愚为慧？"富楼那言："空元无华，妄见生灭。见华灭空，已是颠倒，敕令更出，斯实狂痴，云何更名如是狂人为愚为慧？"佛言："如汝所解，云何问言：'诸佛如来妙觉明空，何当复出山河大地？'又如金矿杂于精金，其金一纯，更不成杂；如木成灰，不重为木。诸佛如来菩提涅槃，亦复如是。

"**富楼那**，又汝问言：地水火风本性圆融，周遍法界，疑水火性不相陵灭；又征虚空及诸大地，俱遍法界，不合相容。富楼那，譬如虚空，体非群相，而不拒彼诸相发挥。所以者何？**富楼那**，彼太虚空，日照则明，云屯则暗，风摇则动，霁澄则清，气凝则浊，土积成霾，水澄成映。于意云何？如是殊方诸有为相，为因彼生？为复空有？若彼所生，**富楼那**，且日照时，既是日明，十方世界同为日色，云何空中更见圆日？若是空明，空应自照，云何中宵云雾之时，不生光耀？当知是明，非日非空，不异空日。真妙觉明，亦复如是。汝以空明，则有空现；地水火风各各发明，则各各现；若俱发明，则有俱现。云何俱现？富楼那，如一水中现于日影，两人同观水中之日，东西各行，则各有日随二人去，一东一西，先无准的。不应难言：此日是一，云何各行？各日既双，云何现一？宛转虚妄，无可凭据。

"观相元妄，无可指陈，犹邀空华，结为空果，云何诘其相陵灭义？观性元真，惟妙觉明；妙觉明心，先非水火，云何复问不相容者？

"富楼那，汝以色空相倾相夺于如来藏，而如来藏随为色空，周遍法界；是故于中风动、空澄、日明、云暗。众生迷闷，背觉合尘，故发尘劳，有世间相。我以妙明不灭不生，合如来藏，而如来藏唯妙觉明，圆照法界；是故于中，一为无量，无量为一，小中现大，大中现小。不动道场，遍十方界，身含十方，无尽虚空；于一毛端，现宝王刹，坐微尘里，转大法轮。灭尘合觉，故发真如妙觉明性。

"而如来藏本妙圆心，非心非空，非地非水，非风非火，非眼非耳、鼻、舌、身、意，非色非声、香、味、触、法，非眼识界，如是乃至非意识界。非明、无明、明无明尽，如是乃至非老非死，非老死尽。非苦非集，非灭非道，非智非得。非檀那非尸罗，非毗梨耶非羼提，非禅那非般剌若，非波罗蜜多。如是乃至非怛闼阿竭，非阿罗诃、三耶三菩，非大涅槃，非常非乐非我非净。

"以是俱非世、出世故，即如来藏元明心妙，即心即空，即地即水即风即火，即眼即耳、鼻、舌、身、意，即色即声、香、味、触、法，即眼识界，如是乃至即意识界。即明、无明、明无明尽；如是乃至即老即死，即老死尽。即苦即集即灭即道，即智即得。即檀那即尸罗，即毗梨耶即羼提，即禅那即般剌若，即波罗蜜多。如是乃至即怛闼阿竭，即阿罗诃、三耶三菩，即大涅槃，即常即乐即我即净。以是俱即世、出世故，即如来藏妙明心元，离即离非，是即非即；如何世间三有众生及出世间声闻、缘觉，以所知心测度如来无上菩提，用世语言入佛知见？譬如琴、瑟、箜篌、琵琶，虽有妙音，若无妙指，终不能发。汝与众生，亦复如是。宝觉真心各各圆满，如我按指，海印发光；汝暂举心，尘劳先起，由不勤求无上觉道，爱念小乘，得少为足。"

富楼那言："我与如来宝觉圆明真妙净心，无二圆满，而我昔遭无始妄想，久在轮回，今得圣乘，犹未究竟。世尊诸妄一切圆灭，独妙真常；敢问如来：一切众生何因有妄，自蔽妙明，受此沦溺？"

佛告富楼那："汝虽除疑，余惑未尽。吾以世间现前诸事今复问汝：汝岂不闻室罗城中演若达多？忽于晨朝以镜照面，爱镜中头，眉目可见，嗔责己头，不见面目，以为魑魅，无状狂走。于意云何？此人何因无故狂走？"富楼那言："是人心狂，更无他故。"

佛言："妙觉明圆，本圆明妙。既称为妄，云何有因？若有所因，云何名妄？自诸妄想，展转相因，从迷积迷，以历尘劫，虽佛发明，犹不能返。如是迷因，因迷自有；识迷无因，妄无所依，尚无有生，欲何为灭？得菩提者，如寤时人说梦中事，心纵精明，欲何因缘取梦中物？况复无因，本无所有。如彼城中演若达多，岂有因缘自怖头走？忽然狂歇，头非外得；纵未狂歇，亦何遗失？

"富楼那，妄性如是，因何为在？汝但不随分别世间、业果、众生三种相续，三缘断故，三因不生，则汝心中演若达多狂性自歇，歇即菩提。胜净明心，本周法界，不从人得，何藉劬劳肯綮修证！譬如有人于自衣中系如意珠，不自觉知，穷露他方，乞食驰走。虽实贫穷，珠不曾失。忽有智者指示其珠，所愿从心，致大饶富，方悟神珠非从外得。"

即时，阿难在大众中顶礼佛足，起立白佛："世尊现说杀、盗、淫业三缘断故，三因不生，心中达多狂性自歇，歇即菩提，不从人得；斯则因缘皎然明白，云何如来顿弃因缘？我从因缘心得开悟。世尊，此义何独我等年少有学声闻，今此会中大目犍连及舍利弗、须菩提等，从老梵志，闻佛因缘，发心开悟，得成无漏。今说菩提不从因缘，则王舍城拘舍梨等所说自然，成第一义。惟垂大悲，开发迷闷。"

佛告阿难："即如城中演若达多，狂性因缘若得除灭，则不狂性自然而出；因缘、自然，理穷于是。阿难，演若达多，头本自然，本自其然，无然非自，何因缘故怖头狂走？若自然头，因缘故狂，何不自然，因缘故失？本头不失，狂怖妄出，曾无变易，何藉因缘？本狂自然，本有狂怖，未狂之际，狂何所潜？不狂自然，头本无妄，何为狂走？若悟本头，识知狂走，因缘、自然俱为戏论。是故我言：三缘断故，即菩提心。

"菩提心生，生灭心灭，此但生灭。灭、生俱尽，无功用道。若有自然，如是则明自然心生、生灭心灭，此亦生灭。无生灭者，名为自然。犹如世间诸相杂和成一体者，名和合性；非和合者，称本然性。本然非然，和合非合，合然俱离，离合俱非，此句方名无戏论法。

"菩提涅槃，尚在遥远，非汝历劫辛勤修证。虽复忆持十方如来十二部经清净妙理，如恒河沙，只益戏论。汝虽谈说因缘、自然，决定明了，人间称汝多闻第一；以此积劫多闻熏习，不能免离摩登伽难。何须待我佛顶神咒，摩登伽心淫火顿歇，得阿那含，于我法中，成精进林，爱河干枯，令汝解脱？是故阿难，汝虽历劫忆持如来秘密妙严，不如一日修无漏业，远离世间憎爱二苦。如摩登伽，宿为淫女，由神咒力，销其爱欲，法中今名性比丘尼。与罗睺罗母耶输陀罗同悟宿因，知历世因，贪爱为苦，一念熏修无漏善故，或得出缠，或蒙授记。如何自欺，尚留观听？”

阿难及诸大众闻佛示诲，疑惑销除，心悟实相，身意轻安，得未曾有。重复悲泪，顶礼佛足，长跪合掌而白佛言：“无上大悲清净宝王，善开我心，能以如是种种因缘方便提奖，引诸沉冥出于苦海。世尊，我今虽承如是法音，知如来藏妙觉明心遍十方界，含育如来十方国土清净宝严妙觉王刹。如来复责多闻无功，不逮修习。我今犹如旅泊之人，忽蒙天王赐予华屋，虽获大宅，要因门入。惟愿如来不舍大悲，示我在会诸蒙暗者，捐舍小乘，毕获如来无余涅槃本发心路；令有学者，从何摄伏畴昔攀缘，得陀罗尼，入佛知见。”作是语已，五体投地，在会一心，伫佛慈旨。

尔时，世尊哀愍会中缘觉、声闻于菩提心未自在者，及为当来佛灭度后末法众生发菩提心，开无上乘妙修行路，宣示阿难及诸大众：“汝等决定发菩提心，于佛如来妙三摩提不生疲倦，应当先明发觉初心二决定义。云何初心二义决定？

“阿难，第一义者：汝等若欲捐舍声闻，修菩萨乘，入佛知见，应当审观因地发心与果地觉，为同为异？阿难，若于因地以生灭心为本修因，而求佛乘不生不灭，无有是处。以是义故，汝当照明诸器世间，可作之法皆从变灭。阿难，汝观世间可作之法，谁为不坏？然终不闻烂坏虚空。何以故？空非可作，由是始终无坏灭故。则汝身中，坚相为地，润湿为水，暖触为火，动摇为风。由此四缠，分汝湛圆妙觉明心，为视为听为觉为察，从始入终，五叠浑浊。

“云何为浊？阿难，譬如清水，清洁本然，即彼尘土灰沙之伦，本质留碍，二体法尔性不相循。有世间人，取彼土尘，投于净水，土失留碍，水亡清洁，容貌汩然，名之为浊。汝浊五重，亦复如是。

“阿难，汝见虚空遍十方界，空、见不分。有空无体，有见无觉，相织妄成，是第一重，名为劫浊。汝身现抟四大为体，见闻觉知，壅令留碍，水火风土，旋令觉知，相织妄成，是第二重，名为见浊。又汝心中忆识诵习，性发知见，容现六尘，离尘无相，离觉无性，相织妄成，是第三重，名烦恼浊。又汝朝夕生灭不停，知见每欲留于世间，业运每常迁于国土，相织妄成，是第四重，名众生浊。汝等见闻元无异性，众尘隔越，无状异生，性中相知，用中相背，同、异失准，相织妄成，是第五重，名为命浊。

“阿难，汝今欲令见闻觉知远契如来常乐我净，应当先择死生根本，依不生灭圆湛性成。以湛旋其虚妄灭生，伏还元觉；得元明觉无生灭性，为因地心，然后圆成果地修证。如澄浊水，贮于静器，静深不动，沙土自沉，清水现前，名为初伏客尘烦恼。去泥纯水，名为永断根本无明。明相精纯，一切变现，不为烦恼，皆合涅槃清净妙德。

"第二义者，汝等必欲发菩提心，于菩萨乘生大勇猛，决定弃捐诸有为相，应当审详烦恼根本。此无始来发业润生，谁作谁受？阿难，汝修菩提，若不审观烦恼根本，则不能知虚妄根尘何处颠倒；处尚不知，云何降伏，取如来位？阿难，汝观世间解结之人，不见所结，云何知解？不闻虚空被汝隳裂，何以故？空无形相，无结解故。则汝现前眼、耳、鼻、舌及与身、心，六为贼媒，自劫家宝。由此无始众生世界生缠缚故，于器世间不能超越。

"阿难，云何名为众生世界？世为迁流，界为方位。汝今当知，东、西、南、北、东南、西南、东北、西北、上、下为界，过去、未来、现在为世。方位有十，流数有三。一切众生织妄相成，身中贸迁，世、界相涉。而此界性，设虽十方，定位可明，世间只目东西南北，上、下无位，中无定方。四数必明，与世相涉，三四四三，宛转十二。流变三叠，一十百千。总括始终，六根之中各各功德有千二百。

"阿难，汝复于中克定优劣。如眼观见，后暗前明，前方全明，后方全暗，左右旁观三分之二。统论所作，功德不全，三分言功，一分无德，当知眼唯八百功德。如耳周听，十方无遗，动若迩遥，静无边际，当知耳根圆满一千二百功德。如鼻嗅闻，通出入息，有出有入，而阙中交。验于鼻根，三分阙一，当知鼻唯八百功德。如舌宣扬，尽诸世间、出世间智，言有方分，理无穷尽，当知舌根圆满一千二百功德。如身觉触，识于违顺，合时能觉，离中不知。离一合双，验于身根，三分阙一，当知身唯八百功德。如意默容十方三世一切世间、出世间法，唯圣与凡无不包容，尽其涯际，当知意根圆满一千二百功德。

"阿难，汝今欲逆生死欲流，返穷流根，至不生灭；当验此等六受用根，谁合谁离？谁深谁浅？谁为圆通？谁不圆满？若能于此悟圆通根，逆彼无始织妄业流，得循圆通，与不圆根，日劫相倍。我今备显六湛圆明本所功德，数量如是。随汝详择其可入者，吾当发明，令汝增进。十方如来于十八界一一修行，皆得圆满无上菩提，于其中间亦无优劣。但汝下劣，未能于中圆自在慧，故我宣扬，令汝但于一门深入；入一无妄，彼六知根一时清净。"

阿难白佛言："世尊，云何逆流、深入一门，能令六根一时清净？"佛告阿难："汝今已得须陀洹果，已灭三界众生世间见所断惑，然犹未知根中积生无始虚习,彼习要因修所断得;何况此中,生住异灭分剂头数!今汝且观现前六根,为一为六?阿难,若言一者,耳何不见?目何不闻?头奚不履?足奚无语?若此六根决定成六,如我今会与汝宣扬微妙法门,汝之六根谁来领受?"阿难言:"我用耳闻。"

佛言:"汝耳自闻,何关身、口?口来问义,身起钦承。是故应知,非一终六,非六终一;终不汝根,元一元六。阿难,当知是根,非一非六,由无始来颠倒沦替,故于圆湛,一六义生。汝须陀洹,虽得六销,犹未亡一。如太虚空参合群器,由器形异,名之异空;除器观空,说空为一。彼太虚空云何为汝成同、不同?何况更名是一、非一?则汝了知六受用根,亦复如是。

"由明、暗等二种相形,于妙圆中黏湛发见,见精映色,结色成根。根元目为清净四大,因名眼体,如蒲萄朵,浮根四尘,流逸奔色。由动、静等二种相击,于妙圆中黏湛发听,听精映声,卷声成根。根元目为清净四大,因名耳体,如新卷叶,浮根四尘,流逸奔声。由通、塞等二种相发,于妙圆中黏湛发嗅,嗅精映香,纳香成根。根元目为清净四大,因名鼻体,如双垂爪,浮根四尘,流逸奔香。

"由恬、变等二种相参,于妙圆中黏湛发尝,尝精映味,绞味成根。根元目为清净四大,因名舌体,如初偃月,浮根四尘,流逸奔味。由离、合等二种相摩,于妙圆中黏湛发觉,觉精映触,抟触成根。根元目为清净四大,因名身体,如腰鼓颡,浮根四尘,流溢奔触。由生、灭等二种相续,于妙圆中黏湛发知,知精映法,揽法成根。根元目为清净四大,因名意思,如幽室见,浮根四尘,流逸奔法。

"阿难,如是六根,由彼觉明,有明明觉,失彼精了,黏妄发光。是以汝今离明离暗,无有见体;离动离静,元无听质;无通无塞,嗅性不生;非变非恬,尝无所出;不离不合,觉触本无;无灭无生,了知安寄?汝但不循动、静、合、离、恬、变、通、塞、生、灭、明、暗,如是十二诸有为相;随拔一根,脱黏内伏,伏归元真,发本明耀。耀性发明,诸余五黏应拔圆脱。

"不由前尘所起知见,明不循根,寄根明发,由是六根互相为用。阿难,汝岂不知今此会中,阿那律陀无目而见,跋难陀龙无耳而听,殑伽神女非鼻闻香,骄梵钵提异舌知味,舜若多神无身觉触,如来光中映令暂见,既为风质,其体元无;诸灭尽定得寂声闻,如此会中摩诃迦叶,久灭意根,圆明了知,不因心念。

"阿难,今汝诸根若圆拔已,内莹发光,如是浮尘及器世间诸变化相,如汤销冰,应念化成无上知觉。阿难,如彼世人聚见于眼,若令急合,暗相现前，六根黯然，头足相类。彼人以手循体外绕，彼虽不见，头足一辨，知觉是同。缘见因明，暗成无见；不明自发，则诸暗相永不能昏。根、尘既销，云何觉明不成圆妙？"

阿难白佛言："世尊，如佛说言：'因地觉心欲求常住，要与果位名目相应。'世尊，如果位中，菩提、涅槃、真如、佛性、庵摩罗识、空如来藏、大圆镜智，是七种名；称谓虽别，清净圆满，体性坚凝，如金刚王常住不坏。若此见听离于明、暗、动、静、通、塞，毕竟无体，犹如念心离于前尘，本无所有；云何将此毕竟断灭以为修因，欲获如来七常住果？世尊，若离明、暗，见毕竟空，如无前尘，念自性灭；进退循环，微细推求，本无我心及我心所，将谁立因，求无上觉？如来先说湛精圆常，违越诚言，终成戏论。云何如来真实语者？惟垂大慈，开我蒙吝。"

佛告阿难："汝学多闻，未尽诸漏。心中徒知颠倒所因，真倒现前，实未能识。恐汝诚心犹未信伏，吾今试将尘俗诸事，当除汝疑。"即时，如来敕罗睺罗击钟一声，问阿难言："汝今闻不？"阿难、大众俱言："我闻。"钟歇无声，佛又问言："汝今闻不？"阿难、大众俱言："不闻。"时罗睺罗又击一声，佛又问言："汝今闻不？"阿难、大众又言："俱闻。"佛问阿难："汝云何闻？云何不闻？"阿难、大众俱白佛言："钟声若击，则我得闻。击久声销，音响双绝，则名无闻。"如来又敕罗睺击钟，问阿难言："汝今声不？"阿难、大众俱言："有声。"少选声销，佛又问言："尔今声不？"阿难、大众答言："无声。"有顷，罗睺更来撞钟。佛又问言："尔今声不？"阿难、大众俱言："有声。"佛问阿难："汝云何声？云何无声？"阿难、大众俱白佛言："钟声若击，则名有声，击久声销，音响双绝，则名无声。"

佛语阿难及诸大众："汝今云何自语矫乱？"大众、阿难俱时问佛："我今云何名为矫乱？"佛言："我问汝闻，汝则言闻。又问汝声，汝则言声。唯闻与声，报答无定，如是云何不名矫乱？阿难，声销无响，汝说无闻；若实无闻，闻性已灭，同于枯木，钟声更击，汝云何知？知有知无，自是声尘或无或有，岂彼闻性为汝有无？闻实云无，谁知无者？是故，阿难，声于闻中自有生灭，非为汝闻声生声灭，令汝闻性为有为无。汝尚颠倒，惑声为闻，何怪昏迷，以常为断？终不应言，离诸动、静、闭、塞、开、通，说闻无性。

"如重睡人，眠熟床枕，其家有人于彼睡时捣练舂米。其人梦中闻舂捣声，别作他物，或为击鼓，或为撞钟。即于梦时自怪其钟为木石响。于时忽寤，遄知杵音，自告家人，我正梦时，惑此舂音将为鼓响。阿难，是人梦中岂忆静、摇、开、闭、通、塞？其形虽寐，闻性不昏。纵汝形销，命光迁谢，此性云何为汝销灭!

"以诸众生从无始来循诸色声,逐念流转,曾不开悟,性净妙常,不循所常,逐诸生灭。由是生生杂染流转。若弃生灭,守于真常,常光现前,根、尘、识心应时销落。想相为尘,识情为垢,二俱远离,则汝法眼应时清明,云何不成无上知觉?"

卷 五

阿难白佛言:"世尊,如来虽说第二义门,今观世间解结之人,若不知其所结之元,我信是人终不能解。世尊,我及会中有学声闻亦复如是,从无始际与诸无明俱灭俱生,虽得如是多闻善根,名为出家,犹隔日疟。唯愿大慈,哀愍沦溺,今日身心云何是结?从何名解?亦令未来苦难众生得免轮回,不落三有。"作是语已,普及大众五体投地,雨泪翘诚,伫佛如来无上开示。

尔时世尊,怜愍阿难及诸会中诸有学者,亦为未来一切众生为出世因,作将来眼;以阎浮檀紫金光手摩阿难顶。即时十方普佛世界六种震动,微尘如来住世界者,各有宝光从其顶出,其光同时于彼世界来祇陀林,灌如来顶。是诸大众,得未曾有。

于是阿难及诸大众,俱闻十方微尘如来异口同音告阿难言:"善哉,阿难!汝欲识知俱生无明,使汝轮转,生死结根,唯汝六根,更无他物。汝复欲知无上菩提,令汝速证安乐解脱、寂静、妙常,亦汝六根,更非他物。"阿难虽闻如是法音,心犹未明,稽首白佛:"云何令我生死轮回、安乐妙常,同是六根,更非他物?"佛告阿难:"根、尘同源,缚、脱无二,识性虚妄,犹如空华。阿难,由尘发知,因根有相,相、见无性,同于交芦。是故汝今知见立知,即无明本;知见无见,斯即涅槃、无漏真净,云何是中更容他物?"

尔时,世尊欲重宣此义而说偈言:

真性有为空,缘生故如幻;无为无起灭,不实如空华。言妄显诸真,妄真同二妄;犹非真非真,云何见所见?中间无实性,是故若交芦;结解同所因,圣凡无二路。汝观交中性,空有二俱非;迷晦即无明,发明便解脱。解结因次第,六解一亦亡;根选择圆通,入流成正觉。陀那微细识,习气成暴流;真非真恐迷,我常不开演。自心取自心,非幻成幻法;不取无非幻,非幻尚不生,幻法云何立?是名妙莲华,金刚王宝觉,如幻三摩提,弹指超无学。此阿毗达磨,十方薄伽梵,一路涅槃门。

于是，阿难及诸大众闻佛如来无上慈诲，祇夜、伽陀，杂糅精莹，妙理清彻，心目开明，叹未曾有。

阿难合掌顶礼白佛："我今闻佛无遮大悲，性净妙常真实法句，心犹未达六解一亡舒结伦次。惟垂大慈，再愍斯会及与将来，施以法音，洗涤沉垢。"

即时，如来于师子座，整涅槃僧，敛僧伽梨，揽七宝几，引手于几，取劫波罗天所奉华巾，于大众前绾成一结，示阿难言："此名何等？"阿难、大众俱白佛言："此名为结。"于是如来绾叠华巾又成一结，重问阿难："此名何等？"阿难、大众又白佛言："此亦名结。"如是伦次绾叠华巾，总成六结。一一结成，皆取手中所成之结，持问阿难："此名何等？"阿难、大众亦复如是次第酬佛："此名为结。"佛告阿难："我初绾巾，汝名为结。此叠华巾先实一条，第二、第三，云何汝曹复名为结？"阿难白佛言："世尊，此宝叠华，缉绩成巾，虽本一体，如我思惟：如来一绾，得一结名；若百绾成，终名百结；何况此巾只有六结，终不至七，亦不停五。云何如来只许初时，第二、第三，不名为结？"

佛告阿难："此宝华巾，汝知此巾元止一条，我六绾时，名有六结。汝审观察：巾体是同，因结有异？于意云何？初绾结成，名为第一；如是乃至第六结生，吾今欲将第六结名，成第一不？""不也，世尊。六结若存，斯第六名，终非第一。纵我历生尽其明辩，如何令是六结乱名？"佛言："如是！六结不同，循顾本因，一巾所造，令其杂乱，终不得成。则汝六根，亦复如是：毕竟同中，生毕竟异。"

佛告阿难："汝必嫌此六结不成，愿乐一成，复云何得？"阿难言："此结若存，是非锋起，于中自生，此结非彼，彼结非此。如来今日，若总解除，结若不生，则无彼此，尚不名一，六云何成？"佛言："六解一亡，亦复如是。由汝无始心性狂乱，知见妄发，发妄不息，劳见发尘。如劳目睛，则有狂华，于湛精明无因乱起。一切世间，山河大地、生死、涅槃，皆即狂劳颠倒华相。"

阿难言："此劳同结，云何解除？"如来以手将所结巾偏掣其左，问阿难言："如是解不？""不也，世尊。"旋复以手偏牵右边，又问阿难："如是解不？""不也，世尊。"佛告阿难："吾今以手左右各牵，竟不能解。汝设方便，云何解成？"阿难白佛言："世尊，当于结心，解即分散。"

佛告阿难："如是，如是。若欲除结，当于结心。阿难，我说佛法从因缘生，非取世间和合粗相；如来发明世、出世法，知其本因，随所缘出；如是乃至恒沙界外一滴之雨，亦知头数。现前种种，松直、棘曲，鹄白、乌玄，皆了元由。是故，阿难，随汝心中选择六根，根结若除，尘相自灭，诸妄销亡，不真何待！”

　　“阿难，吾今问汝，此劫波罗巾六结现前，同时解萦，得同除不？”“不也，世尊。是结本以次第绾生，今日当须次第而解。六结同体，结不同时，则结解时，云何同除？”佛言：“六根解除，亦复如是。此根初解，先得人空；空性圆明，成法解脱；解脱法已，俱空不生；是名菩萨从三摩地得无生忍。”

　　阿难及诸大众蒙佛开示，慧觉圆通，得无疑惑；一时合掌，顶礼双足，而白佛言：“我等今日身心皎然，快得无碍，虽复悟知一六亡义，然犹未达圆通本根。世尊，我辈飘零，积劫孤露，何心何虑预佛天伦，如失乳儿，忽遇慈母。若复因此际会道成，所得密言，还同本悟，则与未闻无有差别。惟垂大悲，惠我秘严，成就如来最后开示。”作是语已，五体投地，退藏密机，冀佛冥授。

　　尔时，世尊普告众中诸大菩萨及诸漏尽大阿罗汉：“汝等菩萨及阿罗汉，生我法中，得成无学。吾今问汝：最初发心，悟十八界，谁为圆通？从何方便，入三摩地？”

　　时侨陈那五比丘即从座起，顶礼佛足而白佛言：“我在鹿苑及于鸡园，观见如来，最初成道，于佛音声悟明四谛。佛问比丘，我初称解，如来印我名阿若多。妙音密圆，我于音声得阿罗汉。佛问圆通，如我所证，音声为上。”

　　优波尼沙陀即从座起，顶礼佛足而白佛言：“我亦观佛，最初成道。观不净相，生大厌离，悟诸色性。以从不净、白骨、微尘，归于虚空，空、色二无，成无学道。如来印我名尼沙陀。尘色既尽，妙色密圆，我从色相得阿罗汉。佛问圆通，如我所证，色因为上。”

　　香严童子即从座起，顶礼佛足而白佛言：“我闻如来教我谛观诸有为相。我时辞佛，宴晦清斋，见诸比丘烧沉水香，香气寂然来入鼻中。我观此气，非木、非空、非烟、非火，去无所著，来无所从，由是意销，发明无漏。如来印我得香严号。尘气倏灭，妙香密圆。我从香严得阿罗汉。佛问圆通，如我所证，香严为上。”

　　药王、药上二法王子，并在会中五百梵天，即从座起，顶礼佛足而白佛言：“我无始劫为世良医，口中尝此娑婆世界草、木、金、石，名数凡有十万八千，如是悉知苦、酢、咸、淡、甘、辛等味，并诸和合、俱生、变异，是冷是热，有毒无毒，悉能遍知。承事如来，了知味性非空非有，非即身心、非离身心，分别味因，从是开悟。蒙佛如来印我昆季药王、药上二菩萨名，今于会中为法王子，因味觉明，位登菩萨。佛问圆通，如我所证，味因为上。”

跋陀婆罗并其同伴十六开士即从座起，顶礼佛足而白佛言："我等先于威音王佛闻法出家，于浴僧时随例入室，忽悟水因；既不洗尘，亦不洗体，中间安然，得无所有。宿习无忘，乃至今时从佛出家，令得无学。彼佛名我跋陀婆罗，妙触宣明，成佛子住。佛问圆通，如我所证，触因为上。"

摩诃迦叶及紫金光比丘尼等，即从座起，顶礼佛足而白佛言："我于往劫，于此界中，有佛出世，名日月灯，我得亲近，闻法修学。佛灭度后，供养舍利，然灯续明，以紫光金涂佛形像；自尔已来，世世生生，身常圆满紫金光聚。此紫金光比丘尼等即我眷属，同时发心。我观世间六尘变坏，唯以空寂，修于灭尽，身心乃能度百千劫，犹如弹指。我以空法成阿罗汉，世尊说我头陀为最，妙法开明，销灭诸漏。佛问圆通，如我所证，法因为上。"

阿那律陀即从座起，顶礼佛足而白佛言："我初出家，常乐睡眠，如来诃我为畜生类。我闻佛诃，啼泣自责，七日不眠，失其双目。世尊示我乐见照明金刚三昧。我不因眼，观见十方，精真洞然，如观掌果。如来印我成阿罗汉。佛问圆通，如我所证，旋见循元，斯为第一。"

周利槃特迦即从座起，顶礼佛足而白佛言："我阙诵持，无多闻性。最初值佛，闻法出家，忆持如来一句伽陀，于一百日，得前遗后，得后遗前。佛愍我愚，教我安居，调出入息。我时观息，微细穷尽，生住异灭，诸行刹那；其心豁然，得大无碍，乃至漏尽，成阿罗汉，住佛座下，印成无学。佛问圆通，如我所证，反息循空，斯为第一。"

憍梵钵提即从座起，顶礼佛足而白佛言："我有口业，于过去劫轻弄沙门，世世生有牛呞病。如来示我一味清净心地法门，我得灭心，入三摩地。观味之知，非体非物，应念得超世间诸漏；内脱身心，外遗世界，远离三有，如鸟出笼；离垢销尘，法眼清净，成阿罗汉。如来亲印，登无学道。佛问圆通，如我所证，还味旋知，斯为第一。"

毕陵伽婆蹉即从座起，顶礼佛足而白佛言："我初发心从佛入道，数闻如来说诸世间不可乐事。乞食城中，心思法门，不觉路中毒刺伤足，举身疼痛。我念有知，知此深痛；虽觉觉痛，觉清净心无痛痛觉。我又思惟，如是一身，宁有双觉？摄念未久，身心忽空，三七日中诸漏虚尽，成阿罗汉，得亲印记，发明无学。佛问圆通，如我所证，纯觉遗身，斯为第一。"

须菩提即从座起，顶礼佛足而白佛言："我旷劫来，心得无碍，自忆受生如恒河沙。初在母胎，即知空寂，如是乃至十方成空，亦令众生证得空性。蒙如来发性觉真空，空性圆明，得阿罗汉，顿入如来宝明空海，同佛知见，印成无学；解脱性空，我为无上。佛问圆通，如我所证，诸相入非，非所非尽，旋法归无，斯为第一。"

舍利弗即从座起，顶礼佛足而白佛言："我旷劫来，心见清净，如是受生如恒河沙，世、出世间种种变化，一见则通，获无障碍。我于中路逢迦叶波兄弟相逐，宣说因缘，悟心无际，从佛出家，见觉明圆，得大无畏，成阿罗汉，为佛长子。从佛口生，从法化生。佛问圆通，如我所证，心见发光，光极知见，斯为第一。"

普贤菩萨即从座起，顶礼佛足而白佛言："我已曾与恒沙如来为法王子，十方如来教其弟子菩萨根者修普贤行，从我立名。世尊，我用心闻，分别众生所有知见；若于他方恒沙界外有一众生心中发明普贤行者，我于尔时乘六牙象，分身百千，皆至其处，纵彼障深，未得见我，我与其人暗中摩顶，拥护安慰，令其成就。佛问圆通，我说本因，心闻发明，分别自在，斯为第一。"

孙陀罗难陀即从座起，顶礼佛足而白佛言："我初出家，从佛入道，虽具戒律，于三摩地心常散动，未获无漏。世尊教我及拘缔罗，观鼻端白。我初谛观，经三七日，见鼻中气出入如烟，身心内明，圆洞世界，遍成虚净，犹如琉璃；烟相渐销，鼻息成白，心开漏尽，诸出入息化为光明，照十方界，得阿罗汉，世尊记我当得菩提。佛问圆通，我以销息，息久发明，明圆灭漏，斯为第一。"

富楼那弥多罗尼子即从座起，顶礼佛足而白佛言："我旷劫来，辩才无碍，宣说苦、空，深达实相；如是乃至恒沙如来秘密法门，我于众中微妙开示，得无所畏。世尊知我有大辩才，以音声轮教我发扬。我于佛前助佛转轮，因师子吼成阿罗汉，世尊印我说法无上。佛问圆通，我以法音降伏魔怨，销灭诸漏，斯为第一。"

优波离即从座起，顶礼佛足而白佛言："我亲随佛逾城出家，亲观如来六年勤苦，亲见如来降伏诸魔，制诸外道，解脱世间贪欲诸漏。承佛教戒，如是乃至三千威仪、八万微细，性业、遮业，悉皆清净，身心寂灭，成阿罗汉。我是如来众中纲纪，亲印我心，持戒修身，众推为上。佛问圆通，我以执身，身得自在；次第执心，心得通达，然后身心一切通利，斯为第一。"

大目犍连即从座起，顶礼佛足而白佛言："我初于路乞食，逢遇优楼频螺、伽耶、那提三迦叶波，宣说如来因缘深义，我顿发心，得大通达。如来惠我袈裟著身，须发自落。我游十方，得无罣碍；神通发明，推为无上，成阿罗汉。宁唯世尊，十方如来叹我神力，圆明清净，自在无畏。佛问圆通，我以旋湛，心光发宣，如澄浊流，久成清莹，斯为第一。"

乌刍瑟摩于如来前，合掌顶礼佛之双足，而白佛言："我常先忆久远劫前,性多贪欲。有佛出世名曰空王,说多淫人成猛火聚,教我遍观百骸四肢诸冷暖气,神光内凝,化多淫心成智慧火。从是诸佛皆呼召我名为火头。我以火光三昧力故,成阿罗汉,心发大愿,诸佛成道,我为力士,亲伏魔怨。佛问圆通,我以谛观身心暖触,无碍流通,诸漏既销,生大宝焰,登无上觉,斯为第一。"

持地菩萨即从座起,顶礼佛足而白佛言:"我念往昔普光如来出现于世,我为比丘,常于一切要路、津口、田地险隘,有不如法,妨损车马,我皆平填,或作桥梁,或负沙土。如是勤苦,经无量佛出现于世。或有众生于阛阓处要人擎物,我先为擎,至其所诣,放物即行,不取其直。毗舍浮佛现在世时,世多饥荒,我为负人,无问远近,惟取一钱。或有车牛被于泥溺,我有神力为其推轮,拔其苦恼。时国大王延佛设斋,我于尔时,平地待佛。毗舍如来摩顶谓我:'当平心地,则世界地一切皆平。'我即心开,见身微尘与造世界所有微尘,等无差别,微尘自性,不相触摩,乃至刀兵,亦无所触。我于法性,悟无生忍,成阿罗汉,回心今入菩萨位中。闻诸如来宣妙莲花,佛知见地,我先证明,而为上首。佛问圆通,我以谛观身界二尘,等无差别,本如来藏,虚妄发尘,尘销智圆,成无上道,斯为第一。"

月光童子即从座起,顶礼佛足而白佛言:"我忆往昔恒河沙劫,有佛出世,名为水天,教诸菩萨修习水观,入三摩地。观于身中,水性无夺。初从涕唾,如是穷尽津液精血,大小便利,身中旋复,水性一同。见水身中与世界外,浮幢王刹,诸香水海,等无差别。我于是时初成此观,但见其水,未得无身。当为比丘,室中安禅。我有弟子窥窗观室,唯见清水,遍在室中,了无所见。童稚无知,取一瓦砾,投于水内,激水作声,顾盼而去。我出定后,顿觉心痛,如舍利弗遭违害鬼。我自思惟,今我已得阿罗汉道,久离病缘,云何今日忽生心痛,将无退失?尔时,童子捷我前,说如上事。我则告言:汝更见水,可即开门,入此水中,除去瓦砾。童子奉教。后入定时,还复见水,瓦砾宛然,开门除出。我后出定,身质如初。逢无量佛,如是至于山海自在通王如来,方得亡身,与十方界诸香水海,性合真空,无二无别。今于如来得童真名,预菩萨会。佛问圆通,我以水性,一味流通,得无生忍,圆满菩提,斯为第一。"

琉璃光法王子即从座起,顶礼佛足而白佛言:"我忆往昔经恒沙劫,有佛出世,名无量声,开示菩萨本觉妙明,观此世界及众生身,皆是妄缘风力所转。我于尔时观界安立,观世动时,观身动止,观心动念,诸动无二,等无差别。我时觉了此群动性,来无所从,去无所至,十方微尘,颠倒众生,同一虚妄;如是乃至三千大千一世界内所有众生,如一器中贮百蚊蚋,啾啾乱鸣,于分寸中鼓发狂闹。逢佛未几,得无生忍,尔时心开,乃见东方不动佛国,为法王子,事十方佛,身心发光,洞彻无碍。佛问圆通,我以观察风力无依,悟菩提心,入三摩地,合十方佛,传一妙心,斯为第一。"

虚空藏菩萨即从座起,顶礼佛足而白佛言:"我与如来定光佛所,得无边身。尔时,手执四大宝珠,照明十方微尘佛刹,化成虚空。又于自心现大圆镜,内放十种微妙宝光,流灌十方尽虚空际。诸幢王刹,来入镜内,涉入我身,身同虚空,不相妨碍。身能善入微尘国土,广行佛事,得大随顺。此大神力,由我谛观:四大无依,妄想生灭,虚空无二,佛国本同,于同发明,得无生忍。佛问圆通,我以观察虚空无边,入三摩地,妙力圆明,斯为第一。"

弥勒菩萨即从座起,顶礼佛足而白佛言:"我忆往昔经微尘劫,有佛出世,名日月灯明。我从彼佛而得出家,心重世名,好游族姓。尔时,世尊教我修习唯心识定,入三摩地。历劫以来,以此三昧事恒沙佛,求世名心歇灭无有。至然灯佛出现于世,我乃得成无上妙圆识心三昧,乃至尽空,如来国土,净秽有无,皆是我心变化所现。世尊,我了如是唯心识故,识性流出无量如来,今得授记,次补佛处。佛问圆通,我以谛观十方唯识,识心圆明,入圆成实,远离依他及遍计执,得无生忍,斯为第一。"

大势至法王子与其同伦五十二菩萨即从座起,顶礼佛足而白佛言:"我忆往昔恒河沙劫,有佛出世,名无量光。十二如来相继一劫,其最后佛名超日月光,彼佛教我念佛三昧。譬如有人,一专为忆,一人专忘,如是二人,若逢不逢,或见非见。二人相忆,二忆念深,如是乃至从生至生,同于形影,不相乖异。十方如来怜念众生,如母忆子,若子逃逝,虽忆何为?子若忆母,如母忆时,母子历生,不相违远。若众生心,忆佛念佛,现前当来,必定见佛。去佛不远,不假方便,自得心开。如染香人,身有香气,此则名曰香光庄严。我本因地,以念佛心入无生忍;今于此界,摄念佛人归于净土。佛问圆通,我无选择,都摄六根,净念相继,得三摩地,斯为第一。"

卷 六

尔时,观世音菩萨即从座起,顶礼佛足而白佛言:"世尊,忆念我昔无数恒河沙劫,于时有佛出现于世,名观世音。我于彼佛发菩提心,彼佛教我,从闻思修,入三摩地。

"初于闻中,入流亡所,所入既寂,动、静二相了然不生。如是渐增,闻、所闻尽，尽闻不住，觉、所觉空，空觉极圆，空、所空灭，生灭既灭，寂灭现前。忽然超越世、出世间，十方圆明，获二殊胜：一者，上合十方诸佛本妙觉心，与佛如来同一慈力；二者，下合十方一切六道众生，与诸众生同一悲仰。

“世尊，由我供养观音如来，蒙彼如来授我如幻闻熏闻修金刚三昧，与佛如来同慈力故，令我身成三十二应，入诸国土。

“世尊，若诸菩萨入三摩地，进修无漏，胜解现圆，我现佛身而为说法，令其解脱。若诸有学，寂静妙明，胜妙现圆，我于彼前现独觉身而为说法，令其解脱。若诸有学，断十二缘，缘断胜性，胜妙现圆，我于彼前现缘觉身而为说法，令其解脱。若诸有学，得四谛空，修道入灭，胜性现圆，我于彼前现声闻身而为说法，令其解脱。若诸众生欲心明悟，不犯欲尘，欲身清净，我于彼前现梵王身而为说法，令其解脱。

“若诸众生欲为天主，统领诸天，我于彼前现帝释身而为说法，令其成就。若诸众生欲身自在，游行十方，我于彼前现自在天身而为说法，令其成就。若诸众生欲身自在，飞行虚空，我于彼前现大自在天身而为说法，令其成就。若诸众生爱统鬼神，救护国土，我于彼前现天大将军身而为说法，令其成就。若诸众生爱统世界，保护众生，我于彼前现四天王身而为说法，令其成就。若诸众生爱生天宫，驱使鬼神，我于彼前现四天王国太子身而为说法，令其成就。

“若诸众生乐为人王，我于彼前现人王身而为说法，令其成就。若诸众生爱主族姓，世间推让，我于彼前现长者身而为说法，令其成就。若诸众生爱谈名言，清净自居，我于彼前现居士身而为说法，令其成就。若诸众生爱治国土，剖断邦邑，我于彼前现宰官身而为说法，令其成就。若诸众生爱诸数术，摄卫自居，我于彼前现婆罗门身而为说法，令其成就。若有男子好学出家，持诸戒律，我于彼前现比丘身而为说法，令其成就。若有女人好学出家，持诸禁戒，我于彼前现比丘尼身而为说法，令其成就。

“若有男子乐持五戒，我于彼前现优婆塞身而为说法，令其成就。若有女子五戒自居，我于彼前现优婆夷身而为说法，令其成就。若有女人内政立身，以修家国，我于彼前现女主身及国夫人、命妇大家而为说法，令其成就。若有众生不坏男根，我于彼前现童男身而为说法，令其成就。若有处女爱乐处身，不求侵暴，我于彼前现童女身而为说法，令其成就。若有诸天乐出天伦，我现天身而为说法，令其成就。

“若有诸龙乐出龙伦，我现龙身而为说法，令其成就。若有药叉乐度本伦，我于彼前现药叉身而为说法，令其成就。若乾闼婆乐脱其伦，我于彼前现乾闼婆身而为说法，令其成就。若阿修罗乐脱其伦，我于彼前现阿修罗身而为说法，令其成就。若紧那罗乐脱其伦，我于彼前现紧那罗身而为说法，令其成就。若摩呼罗伽乐脱其伦，我于彼前现摩呼罗伽身而为说法，令其成就。若诸众生乐人修人，我现人身而为说法，令其成就。若诸非人，有形、无形，有想、无想，乐度其伦，我于彼前皆现其身而为说法，令其成就。

"是名妙净三十二应，入国土身，皆以三昧闻熏闻修无作妙力，自在成就。

"世尊，我复以此闻熏闻修金刚三昧无作妙力，与诸十方三世六道一切众生同悲仰故，令诸众生于我身心获十四种无畏功德。一者，由我不自观音，以观观者，令彼十方苦恼众生，观其音声，即得解脱。二者，知见旋复，令诸众生设入大火，火不能烧。三者，观听旋复，令诸众生大水所漂，水不能溺。

"四者，断灭妄想，心无杀害，令诸众生入诸鬼国，鬼不能害。五者，熏闻成闻，六根销复，同于声听，能令众生临当被害，刀段段坏，使其兵戈，犹如割水，亦如吹光，性无摇动。六者，闻熏精明，明遍法界，则诸幽暗，性不能全，能令众生，药叉、罗刹、鸠槃茶鬼，及毗舍遮、富单那等，虽近其旁，目不能视。七者，音性圆销，观听返入，离诸尘妄，能令众生，禁系枷锁，所不能著。

"八者，灭音圆闻，遍生慈力，能令众生，经过险路，贼不能劫。九者，熏闻离尘，色所不劫，能令一切多淫众生，远离贪欲。十者，纯音无尘，根境圆融，无对、所对，能令一切忿恨众生，离诸嗔恚。十一者，销尘旋明，法界身心，犹如琉璃，朗彻无碍，能令一切昏钝性障，诸阿颠迦，永离痴暗。十二者，融形复闻，不动道场，涉入世间，不坏世界，能遍十方供养微尘诸佛如来，各各佛边为法王子，能令法界无子众生，欲求男者，诞生福德智慧之男。

"十三者，六根圆通，明照无二，含十方界，立大圆镜、空如来藏，承顺十方微尘如来秘密法门，受领无失。能令法界无子众生，欲求女者，诞生端正、福德、柔顺、众人爱敬、有相之女。十四者，此三千大千世界百亿日月，现住世间诸法王子有六十二恒河沙数，修法垂范，教化众生，随顺众生，方便智慧，各各不同。由我所得圆通本根，发妙耳门，然后身心微妙含容，周遍法界。能令众生，持我名号，与彼共持六十二恒河沙诸法王子，二人福德正等无异。世尊，我一名号，与彼众多名号无异，由我修习得真圆通。是名十四施无畏力，福备众生。

"世尊，我又获是圆通，修证无上道故，又能善获四不思议无作妙德。一者，由我初获妙妙闻心，心精遗闻，见闻觉知不能分隔，成一圆融清净宝觉，故我能现众多妙容，能说无边秘密神咒。其中，或现一首、三首、五首、七首、九首、十一首，如是乃至一百八首、千首、万首、八万四千烁迦罗首；二臂、四臂、六臂、八臂、十臂、十二臂、十四、十六、十八、二十至二十四，如是乃至一百八臂、千臂、万臂、八万四千母陀罗臂；二目、三目、四目、九目，如是乃至一百八目、千目、万目、八万四千清净宝目。或慈，或威，或定，或慧，救护众生，得大自在。二者，由我闻思脱出六尘，如声度垣，不能为碍，故我妙能现一一形，诵一一咒，其形其咒能以无畏施诸众生，是故十方微尘国土皆名我为施无畏者。三者，由我修习本妙圆通，清净本根，所游世界皆令众生舍身珍宝，求我哀愍。四者，我得佛心，证于究竟，能以珍宝种种供养十方如来，傍及法界六道众生，求妻得妻，求子得子，求三昧得三昧，求长寿得长寿，如是乃至求大涅槃得大涅槃。佛问圆通，我从耳门圆照三昧，缘心自在，因入流相，得三摩地，成就菩提，斯为第一。世尊，彼佛如来叹我善得圆通法门，于大会中授记我为观世音号。由我观听，十方圆明，故观音名遍十方界。”

尔时世尊，于师子座，从其五体同放宝光，远灌十方微尘如来及法王子诸菩萨顶；彼诸如来亦于五体同放宝光，从微尘方来灌佛顶，并灌会中诸大菩萨及阿罗汉。林木池沼皆演法音，交光相罗，如宝丝网。是诸大众，得未曾有，一切普获金刚三昧。即时天雨百宝莲华，青黄赤白，间错纷糅，十方虚空成七宝色。此娑婆界大地山河俱时不现，唯见十方微尘国土合成一界，梵呗咏歌，自然敷奏。

于是如来告文殊师利法王子：“汝今观此二十五无学、诸大菩萨及阿罗汉，各说最初成道方便，皆言修习真实圆通。彼等修行，实无优劣、前后差别。我今欲令阿难开悟，二十五行，谁当其根；兼我灭后，此界众生入菩萨乘，求无上道，何方便门得易成就？”

文殊师利法王子奉佛慈旨，即从座起，顶礼佛足，承佛威神，说偈对佛：

觉海性澄圆，圆澄觉元妙；元明照生所，所立照性亡。迷妄有虚空，依空立世界；想澄成国土，知觉乃众生。空生大觉中，如海一沤发；有漏微尘国，皆依空所生。沤灭空本无，况复诸三有？归元性无二，方便有多门，圣性无不通，顺逆皆方便，初心入三昧，迟速不同伦。色想结成尘，精了不能彻，如何不明彻，于是获圆通。音声杂语言，但伊名句味；一非含一切，云何获圆通？香以合中知，离则元无有，不恒其所觉，云何获圆通？味性非本然，要以味时有，其觉不恒一，云何获圆通？触以所触明，无所不明触，合离性非定，云何获圆通？法称为内尘，凭尘必有所，能所非遍涉，云何获圆通？见性虽洞然，明前不明后，四维亏一半，云何获圆通？鼻息出入通，现前无交气，支离匪涉入，云何获圆通？舌非入无端，因味生觉了，味亡了无有，云何获圆通？身与所触同，各非圆觉观，涯量不冥会，云何获圆通？知根杂乱思，湛了终无见，想念不可脱，云何获圆通？识见杂三和，诘本称非相，自体先无定，云何获圆通？心闻洞十方，生于大因力，初心不能入，云何获圆通？鼻想本权机，只令摄心住，住成心所住，云何获圆通？说法弄音文，开悟先成者，名句非无漏，云何获圆通？持犯但束身，非身无所束，元非遍一切，云何获圆通？神通本宿因，何关法分别？念缘非离物，云何获圆通？若以地性观，坚碍非通达，有为非圣性，云何获圆通？若以水性观，想念非真实，如如非觉观，云何获圆通？若以火性观，厌有非真离，非初心方便，云何获圆通？若以风性观，动寂非无对，对非无上觉，云何获圆通？若以空性观，昏钝先非觉，无觉异菩提，云何获圆通？若以识性观，观识非常住，存心乃虚妄，云何获圆通？诸行是无常，念性元生灭，因果今殊感，云何获圆通？我今白世尊，佛出娑婆界，此方真教体，清净在音闻。欲取三摩提，实以闻中入。离苦得解脱，良哉观世音！于恒沙劫中，入微尘佛国，得大自在力，无畏施众生。妙音观世音，梵音海潮音，救世悉安宁，出世获常住。我今启如来，如观音所说，譬如人静居，十方俱击鼓，十处一时闻，此则圆真实。目非观障外，口鼻亦复然，身以合方知，心念纷无绪。隔垣听音响，遐迩俱可闻。五根所不齐，是则通真实。音声性动静，闻中为有无，无声号无闻，非实闻无性。声无既无灭，声有亦非生，生灭二圆离，是则常真实。纵令在梦想，不为不思无，觉观出思惟，身心不能及。今此娑婆国，声论得宣明。众生迷本闻，循声故流转。阿难纵强记，不免落邪思。岂非随所沦，旋流获无妄？阿难汝谛听，我承佛威力，宣说金刚王，如幻不思议，佛母真三昧。汝闻微尘佛，一切秘密门，欲漏不先除，畜闻成过误。将闻持佛佛，何不自闻闻？闻非自然生，因声有名字，旋闻与声脱，能脱欲谁名？一根既返源，六根成解脱。见闻如幻翳，三界若空华。闻复翳根除，尘销觉圆净。净极光通达，寂照含虚空。却来观世间，犹如梦中事。摩登伽在梦，谁能留汝形？如世巧幻师，幻作诸男女，虽见诸根动，要以一机抽，息机归寂然，诸幻成无性。六根亦如是，元依一精明，分成六和合，一处成休复，六用皆不成，尘垢应念销，成圆明净妙。余尘尚诸学，明极即如来。大众及阿难，旋汝倒闻机，反闻闻自性，性成无上道，圆通实如是。此是微尘佛，一路涅槃门，过去诸如来，斯门已成就。现在诸菩萨，今各入圆明。未来修学人，当依如是法。我亦从中证，非唯观世音。诚如佛世尊，询我诸方便，以救诸末劫，求出世间人。成就涅槃心，观世音为最。自余诸方便，皆是佛威神。即事舍尘劳,非是长修学,浅深同说法。顶礼如来藏,无漏不思议。愿加被未来,于此门无惑,方便易成就。堪以教阿难,及末劫沉沦,但此根修,圆通超余者。真实心如是。

于是,阿难及诸大众,身心了然,得大开示,观佛菩提及大涅槃,犹如有人因事远游,未得归还,明了其家所归道路。普会大众,天龙八部、有学二乘、及诸一切新发心菩萨,其数凡有十恒河沙,皆得本心,远尘离垢,获法眼净。性比丘尼闻说偈已,成阿罗汉。无量众生皆发无等等阿耨多罗三藐三菩提心。

阿难整衣服,于大众中合掌顶礼,心迹圆明,悲欣交集,欲益未来诸众生故,稽首白佛:"大悲世尊,我今已悟成佛法门,是中修行得无疑惑。常闻如来说如是言:'自未得度,先度人者,菩萨发心;自觉已圆,能觉他者,如来应世。'我虽未度,愿度末劫一切众生。世尊,此诸众生去佛渐远,邪师说法如恒河沙。欲摄其心,入三摩地,云何令其安立道场,远诸魔事,于菩提心得无退屈?"

尔时,世尊于大众中称赞阿难:"善哉!善哉!如汝所问,安立道场,救护众生末劫沉溺。汝今谛听,当为汝说。"阿难、大众唯然奉教。

佛告阿难:"汝常闻我毗奈耶中,宣说修行三决定义,所谓:摄心为戒,因戒生定,因定发慧,是则名为三无漏学。

"阿难,云何摄心,我名为戒?若诸世界六道众生,其心不淫,则不随其生死相续。汝修三昧,本出尘劳,淫心不除,尘不可出;纵有多智,禅定现前,如不断淫,必落魔道,上品魔王,中品魔民,下品魔女。彼等诸魔亦有徒众,各各自谓成无上道。我灭度后末法之中,多此魔民,炽盛世间,广行贪淫,为善知识,令诸众生落爱见坑,失菩提路。汝教世人,修三摩地,先断心淫,是名如来先佛世尊第一决定清净明诲。

"是故,阿难,若不断淫,修禅定者,如蒸砂石欲其成饭,经百千劫只名热砂。何以故?此非饭本,砂石成故。汝以淫身,求佛妙果,纵得妙悟,皆是淫根;根本成淫,轮转三涂,必不能出,如来涅槃,何路修证?必使淫机,身心俱断,断性亦无,于佛菩提斯可希冀。如我此说,名为佛说;不如此说,即波旬说。

"阿难,又诸世界六道众生,其心不杀,则不随其生死相续。汝修三昧,本出尘劳,杀心不除,尘不可出;纵有多智,禅定现前,如不断杀,必落神道,上品之人为大力鬼,中品则为飞行夜叉、诸鬼帅等,下品当为地行罗刹。彼诸鬼神亦有徒众,各各自谓成无上道。我灭度后末法之中,多此鬼神,炽盛世间，自言食肉得菩提路。阿难，我令比丘食五净肉，此肉皆我神力化生，本无命根。汝婆罗门，地多蒸湿，加以砂石，草菜不生；我以大悲神力所加，因大慈悲，假名为肉，汝得其味。奈何如来灭度之后，食众生肉，名为释子！汝等当知，是食肉人纵得心开，似三摩地，皆大罗刹，报终必沉生死苦海，非佛弟子。如是之人，相杀相吞，相食未已，云何是人得出三界？汝教世人修三摩地，次断杀生，是名如来先佛世尊第二决定清净明诲。

　　"是故，阿难，若不断杀，修禅定者，譬如有人自塞其耳，高声大叫，求人不闻，此等名为欲隐弥露。清净比丘及诸菩萨，于歧路行，不踏生草，况以手拔？云何大悲，取诸众生血肉充食？若诸比丘不服东方丝棉绢帛，及是此土靴履裘毳、乳酪醍醐，如是比丘于世真脱，酬还宿债，不游三界。何以故？服其身分，皆为彼缘，如人食其地中百谷，足不离地。必使身心于诸众生若身、身分，身心二涂，不服不食，我说是人真解脱者。如我此说，名为佛说；不如此说，即波旬说。

　　"阿难，又复世界六道众生，其心不偷，则不随其生死相续。汝修三昧，本出尘劳，偷心不除，尘不可出；纵有多智，禅定现前，如不断偷，必落邪道，上品精灵，中品妖魅，下品邪人，诸魅所著。彼等群邪亦有徒众，各各自谓成无上道。我灭度后，末法之中，多此妖邪，炽盛世间，潜匿奸欺，称善知识，各自谓己，得上人法，诙惑无识，恐令失心，所过之处，其家耗散。

　　"我教比丘，循方乞食，令其舍贪，成菩提道。诸比丘等不自熟食，寄于残生，旅泊三界，示一往还，去已无返。云何贼人，假我衣服，裨贩如来，造种种业，皆言佛法，却非出家具戒比丘为小乘道，由是疑误无量众生堕无间狱。若我灭后，其有比丘发心决定修三摩提，能于如来形像之前，身然一灯，烧一指节，及于身上爇一香炷，我说是人无始宿债一时酬毕，长揖世间，永脱诸漏，虽未即明无上觉路，是人于法已决定心。若不为此舍身微因，纵成无为，必还生人，酬其宿债，如我马麦正等无异。汝教世人，修三摩地，后断偷盗，是名如来先佛世尊第三决定清净明诲。

　　"是故阿难，若不断偷，修禅定者，譬如有人水灌漏卮，欲求其满，纵经尘劫，终无平复。若诸比丘，衣钵之余，分寸不蓄，乞食余分，施饿众生；于大集会合掌礼众，有人捶詈，同于称赞；必使身心二俱捐舍，身肉骨血与众生共；不将如来不了义说回为己解，以误初学，佛印是人得真三昧。如我所说，名为佛说；不如此说，即波旬说。

　　"阿难，如是世界六道众生，虽则身心无杀、盗、淫，三行已圆，若大妄语，即三摩提不得清净，成爱见魔，失如来种。所谓未得谓得，未证言证。或求世间尊胜第一，谓前人言：我今已得须陀洹果、斯陀含果、阿那含果、阿罗汉道、辟支佛乘、十地地前诸位菩萨，求彼礼忏，贪其供养。是一颠迦，销灭佛种，如人以刀断多罗木，佛记是人永殒善根，无复知见，沉三苦海，不成三昧。

　　"我灭度后，敕诸菩萨及阿罗汉，应身生彼末法之中，作种种形，度诸轮转。或作沙门、白衣居士、人王、宰官、童男、童女，如是乃至淫女、寡妇、奸偷、屠贩，与其同事，称赞佛乘，令其身心入三摩地。终不自言'我真菩萨、真阿罗汉'，泄佛密因，轻言未学；唯除命终，阴有遗付。云何是人惑乱众生，成大妄语？汝教世人，修三摩地，后复断除诸大妄语，是名如来先佛世尊第四决定清净明诲。

　　"是故，阿难，若不断其大妄语者，如刻人粪为旃檀形，欲求香气，无有是处。我教比丘直心道场，于四威仪一切行中，尚无虚假，云何自称得上人法？譬如穷人妄号帝王，自取诛灭，况复法王，如何妄窃？因地不真，果招纡曲，求佛菩提，如噬脐人，欲谁成就？若诸比丘心如直弦，一切真实，入三摩提，永无魔事，我印是人成就菩萨无上知觉。如我所说，名为佛说；不如此说，即波旬说。

卷　七

　　"阿难，汝问摄心，我今先说入三摩地修学妙门。求菩萨道，要先持此四种律仪，皎如冰霜，自不能生一切枝叶，心三口四，生必无因。阿难，如是四事，若不遗失，心尚不缘色香味触，一切魔事，云何发生？若有宿习，不能灭除，汝教是人一心诵我佛顶光明摩诃萨怛多般怛啰无上神咒。斯是如来无见顶相，无为心佛，从顶发辉，坐宝莲华，所说心咒。且汝宿世与摩登伽历劫因缘，恩爱习气，非是一生及与一劫，我一宣扬，爱心永脱，成阿罗汉。彼尚淫女，无心修行，神力冥资，速证无学。云何汝等在会声闻，求最上乘，决定成佛？譬如以尘，扬于顺风，有何艰险？

　　"若有末世，欲坐道场，先持比丘清净禁戒，要当选择戒清净者第一沙门，以为其师。若其不遇真清净僧，汝戒律仪必不成就。戒成已后，著新净衣，然香闲居，诵此心佛所说神咒一百八遍，然后结界，建立道场，求于十方现住国土无上如来，放大悲光，来灌其顶。阿难，如是末世清净比丘，若比丘尼、白衣檀越，心灭贪淫，持佛净戒，于道场中，发菩萨愿，出入澡浴，六时行道。如是不寐，经三七日，我自现身，至其人前，摩顶安慰，令其开悟。"

阿难白佛言："世尊，我蒙如来无上悲诲，心已开悟，自知修证无学道成。末法修行，建立道场，云何结界，合佛世尊清净轨则？"佛告阿难："若末世人愿立道场，先取雪山大力白牛，食此山中肥腻香草，此牛唯饮雪山清水，其粪微细。可取其粪和合旃檀，以泥其地。若非雪山，其牛臭秽，不堪涂地。别于平原，穿去地皮，五尺以下取其黄土，和上旃檀、沉水、苏合、熏陆、郁金、白胶、青木、零陵、甘松及鸡舌香，以此十种，细罗为粉，合土成泥，以涂场地。

"方圆丈六，为八角坛。坛心置一金、银、铜、木所造莲华，华中安钵，钵中先盛八月露水，水中随安所有华叶。取八圆镜，各安其方，围绕华钵。镜外建立十六莲华，十六香炉。间华铺设，庄严香炉，纯烧沉水，无令见火。取白牛乳，置十六器，乳为煎饼，并诸砂糖、油饼、乳糜、苏合、蜜姜、纯酥、纯蜜，于莲华外各各十六，围绕华外，以奉诸佛及大菩萨。每以食时，若在中夜，取蜜半升，用酥三合，坛前别安一小火炉，以兜楼婆香煎取香水，沐浴其炭，然令猛炽，投是酥蜜于炎炉内，烧令烟尽，享佛菩萨。

"令其四外，遍悬幡华，于坛室中四壁，敷设十方如来及诸菩萨所有形像。应于当阳张卢舍那、释迦、弥勒、阿閦、弥陀，诸大变化观音形像，兼金刚藏，安其左右；帝释、梵王、乌刍瑟摩并蓝地迦、诸军茶利与毗俱胝、四天王等，频那夜迦，张于门侧，左右安置。又取八镜覆悬虚空，与坛场中所安之镜方面相对，使其形影重重相涉。

"于初七中，至诚顶礼十方如来、诸大菩萨、阿罗汉号，恒于六时，诵咒围坛，至心行道。一时常行一百八遍。第二七中，一向专心发菩萨愿，心无间断。我毗奈耶先有愿教。第三七中，于十二时，一向持佛般怛啰咒。至第七日，十方如来一时出现，镜交光处，承佛摩顶，即于道场，修三摩地；能令如是末世修学，身心明净，犹如琉璃。阿难，若此比丘本受戒师，及同会中十比丘等，其中有一不清净者，如是道场，多不成就。从三七后，端坐安居，经一百日。有利根者，不起于座得须陀洹；纵其身心圣果未成，决定自知成佛不谬。汝问道场，建立如是。"

阿难顶礼佛足而白佛言："自我出家，恃佛憍爱，求多闻故，未证无为。遭彼梵天邪术所禁，心虽明了，力不自由，赖遇文殊，令我解脱。虽蒙如来佛顶神咒，冥获其力，尚未亲闻。惟愿大慈，重为宣说，悲救此会诸修行辈，末及当来在轮回者，承佛密音，身意解脱。"于时会中一切大众普皆作礼，伫闻如来秘密章句。

　　尔时，世尊从肉髻中涌百宝光，光中涌出千叶宝莲，有化如来坐宝华中，顶放十道百宝光明，一一光明皆遍示现十恒河沙，金刚密迹，擎山持杵，遍虚空界。大众仰观，畏爱兼抱，求佛哀佑，一心听佛无见顶相，放光如来，宣说神咒：

　　　　南无萨怛他苏伽多耶阿啰诃帝三藐三菩陀写　一　　萨怛他佛陀俱胝瑟尼钐　二　　南无萨婆勃陀勃地萨跢鞞弊　三　　南无萨多南三藐三菩陀俱知喃　四　　娑舍啰婆迦僧伽喃　五　　南无卢鸡阿罗汉跢喃　六　　南无苏卢多波那喃　七　　南无娑羯唎陀伽弥喃　八　　南无卢鸡三藐伽跢喃　九　　三藐伽波啰底波多那喃　十　　南无提婆离瑟赦　十一　　南无悉陀耶毗地耶陀啰离瑟赦　十二　　舍波奴揭啰诃娑诃娑啰摩他喃　十三　　南无跋啰诃摩泥　十四　　南无因陀啰耶　十五　　南无婆伽婆帝　十六　　嚧陀啰耶　十七　　乌摩般帝　十八　　娑醯夜耶　十九　　南无婆伽婆帝　二十　　那啰野拏耶　二十一　　槃遮摩诃三慕陀啰　二十二　　南无悉羯唎多耶　二十三　　南无婆伽婆帝　二十四　　摩诃迦啰耶　二十五　　地唎般剌那迦啰　二十六　　毗陀啰波拏迦啰耶　二十七　　阿地目帝　二十八　　尸摩舍那泥婆悉泥　二十九　　摩怛唎伽拏　三十　　南无悉羯唎多耶　三十一　　南无婆伽婆帝　三十二　　多他伽跢俱啰耶　三十三　　南无般头摩俱啰耶　三十四　　南无跋阇啰俱啰耶　三十五　　南无摩尼俱啰耶　三十六　　南无伽阇俱啰耶　三十七　　南无婆伽婆帝　三十八　　帝唎茶输啰西那　三十九　　波啰诃啰拏啰阇耶　四十　　跢他伽多耶　四十一　　南无婆伽婆帝　四十二　　南无阿弥多婆耶　四十三　　哆他伽多耶　四十四　　阿啰诃帝　四十五　　三藐三菩陀耶　四十六　　南无婆伽婆帝　四十七　　阿刍鞞耶　四十八　　跢他伽多耶　四十九　　阿啰诃帝五十三藐三菩陀耶　五十一　　南无婆伽婆帝　五十二　　鞞沙阇耶俱卢吠柱唎耶　五十三　　般啰婆啰阇耶　五十四　　跢他伽多耶　五十五　　南无婆伽婆帝　五十六　　三补师毖多　五十七　　萨怜捺啰剌阇耶　五十八　　跢他伽多耶　五十九　　阿啰诃帝　六十　　三藐三菩陀耶　六十一　　南无婆伽婆帝　六十二　　舍鸡野母那曳　六十三　　跢他伽多耶　六十四　　阿啰诃帝　六十五　　三藐三菩陀耶　六十六　　南无婆伽婆帝　六十七　　剌怛那鸡都啰阇耶　六十八　　跢他伽多耶　六十九　　阿啰诃帝　七十　　三藐三菩陀耶　七十一　　帝瓢南无萨羯唎多

七十二　翳昙婆伽婆多　七十三　萨怛他伽都瑟尼钐　七十四　萨怛多般怛嚂　七十五　南无阿婆啰视耽　七十六　般啰帝扬歧啰　七十七　萨啰婆部多揭啰诃　七十八　尼揭啰诃羯迦啰诃尼　七十九　跋啰瑟地耶叱陀你　八十　阿迦啰蜜唎柱　八十一　般唎怛啰耶伫揭唎　八十二　萨啰婆槃陀那目叉尼　八十三　萨啰婆突瑟吒　八十四　突悉乏般那你伐啰尼　八十五　赭都啰失帝南　八十六　羯啰诃娑诃萨啰若阇　八十七　毗多崩娑那羯唎　八十八　阿瑟吒冰舍帝南　八十九　那叉刹怛啰若阇　九十　波啰萨陀那羯唎　九十一　阿瑟吒南　九十二　摩诃揭啰诃若阇　九十三　毗多崩萨那羯唎　九十四　萨婆舍都嚧你婆啰若阇　九十五　呼蓝突悉乏难遮那舍尼　九十六　毖沙舍悉怛啰　九十七　阿吉尼乌陀迦啰若阇　九十八　阿般啰视多具啰　九十九　摩诃般啰战持　一百　摩诃叠多　一百一　摩诃帝阇　二　摩诃税多阇婆啰　三　摩诃跋啰槃陀啰婆悉你　四　阿唎耶多啰　五　毗唎俱知　六　誓婆毗阇耶　七　跋阇啰摩礼底　八　毗舍嚧多　九　勃腾罔迦　十　跋阇啰制喝那阿遮　一百十一　摩啰制婆般啰质多　十二　跋阇啰擅持　十三　毗舍啰遮　十四　扇多舍鞞提婆补视多　十五　苏摩嚧波　十六　摩诃税多　十七　阿唎耶多啰　十八　摩诃婆啰阿般啰　十九　跋阇啰商羯啰制婆　二十　跋阇啰俱摩唎　一百二十一　俱蓝陀唎　二十二　跋阇啰喝萨多遮　二十三　毗地耶乾遮那摩唎迦　二十四　啒苏母婆羯啰跢那　二十五　鞞嚧遮那俱唎耶　二十六　夜啰菟瑟尼钐　二十七　毗折蓝婆摩尼遮　二十八　跋阇啰迦那迦波啰婆　二十九　嚧阇那跋阇啰顿稚遮　三十　税多遮迦摩啰　一百三十一　刹奢尸波啰婆　三十二　翳帝夷帝　三十三　母陀啰羯拏　三十四　娑鞞啰忏　三十五　掘梵都　三十六　印兔那么么写　三十七　诵咒者至此句称弟子某甲受持

乌𠯗　三十八　唎瑟揭拏　三十九　般剌舍悉多　四十　萨怛他伽都瑟尼钐　一百四十一　虎𠯗　四十二　都嚧雍　四十三　瞻婆那　四十四　虎𠯗　四十五　都嚧雍　四十六　悉耽婆那　四十七　虎𠯗　四十八　都嚧雍　四十九　波罗瑟地耶三般叉拏羯啰　五十　虎𠯗　一百五十一　都嚧雍　五十二　萨婆药叉喝啰刹娑　五十三　揭啰诃若阇　五十四　毗腾崩萨那羯啰　五

十五　虎䤘　五十六　都嚧雍　五十七　者都啰尸底南　五十八

揭啰诃娑诃萨啰南　五十九　毗腾崩萨那啰　六十　虎䤘　一

百六十一　都嚧雍　六十二　啰叉　六十三　婆伽梵　六十四

萨怛他伽都瑟尼钐　六十五　波啰点阇吉唎　六十六　摩诃娑诃

萨啰　六十七　勃树娑诃萨啰室唎沙　六十八　俱知娑诃萨泥帝

嚛　六十九　阿弊提视婆唎多　七十　吒吒罂迦　一百七十一

摩诃跋阇嚧陀啰　七十二　帝唎菩婆那　七十三　曼茶啰　七十

四　乌䤘　七十五　莎悉帝薄婆都　七十六　么么　七十七　印

兔那么么写　七十八　至此句准前称名,若俗人称弟子某甲

啰阇婆夜　七十九　主啰跋夜　八十　阿祇尼婆夜　一百八

十一　乌陀迦婆夜　八十二　毗沙婆夜　八十三　舍萨多啰婆夜

八十四　婆啰斫羯啰婆夜　八十五　突瑟叉婆夜　八十六　阿

舍你婆夜　八十七　阿迦啰蜜唎柱婆夜　八十八　陀啰尼部弥剑

波伽波陀婆夜　八十九　乌啰迦婆多婆夜　九十　剌阇坛茶婆夜

一百九十一　那伽婆夜　九十二　毗条怛婆夜　九十三　苏波

啰拏婆夜　九十四　药叉揭啰诃　九十五　啰叉私揭啰诃　九十

六　毕唎多揭啰诃　九十七　毗舍遮揭啰诃　九十八　部多揭啰

诃　九十九　鸠槃茶揭啰诃　二百　补单那揭啰诃　二百一　迦

吒补单那揭啰诃　二　悉乾度揭啰诃　三　阿播悉摩啰揭啰诃

四　乌檀摩陀揭啰诃　五　车夜揭啰诃　六　醯唎婆帝揭啰

诃　七　社多诃唎南　八　揭婆诃唎南　九　嚧地啰诃唎南

十　忙娑诃唎南　二百十一　谜陀诃唎南　十二　摩阇诃唎南

十三　阇多诃唎女　十四　视比多诃唎南　十五　毗多诃唎南

十六　婆多诃唎南　十七　阿输遮诃唎女　十八　质多诃唎女

十九　帝钐萨鞞钐　二十　萨婆揭啰诃南　二百二十一　毗陀夜

阇瞋陀夜弥　二十二　鸡啰夜弥　二十三　波唎跋啰者迦讫唎担

二十四　毗陀夜阇瞋陀夜弥　二十五　鸡啰夜弥　二十六　茶

演尼讫唎担　二十七　毗陀夜阇瞋陀夜弥　二十八　鸡啰夜弥

二十九　摩诃般输般怛夜　三十　嚧陀啰讫唎担　二百三十一

毗陀夜阇瞋陀夜弥　三十二　鸡啰夜弥　三十三　那啰夜拏讫唎

担　三十四　毗陀夜阇瞋陀夜弥　三十五　鸡啰夜弥　三十六

怛埵伽嚧茶西讫唎担　三十七　毗陀夜阇瞋陀夜弥　三十八　鸡

啰夜弥　三十九　摩诃迦啰摩怛唎伽拏讫唎担　四十　毗陀夜阇

瞋陀夜弥　二百四十一　鸡啰夜弥　四十二　迦波唎迦讫唎担

四十三　毗陀夜阇瞋陀夜弥　四十四　鸡啰夜弥　四十五　阇耶

羯啰摩度羯啰　四十六　萨婆啰他娑达那讫唎担　四十七　毗陀

夜阇瞋陀夜弥　四十八　鸡啰夜弥　四十九　赭咄啰婆耆你讫唎

担　五十　毗陀夜阇瞋陀夜弥　二百五十一　鸡啰夜弥　五十二

毗唎羊讫唎知　五十三　难陀鸡沙啰伽拏般帝　五十四　索醯

夜讫唎担　五十五　毗陀夜阇瞋陀夜弥　五十六　鸡啰夜弥　五

十七　那揭那舍啰婆拏讫唎担　五十八　毗陀夜阇瞋陀夜弥　五

十九　鸡啰夜弥　六十　阿罗汉讫唎担毗陀夜阇瞋陀夜弥　二百

六十一　鸡啰夜弥　六十二　毗多啰伽讫唎担　六十三　毗陀夜

阇瞋陀夜弥　六十四　鸡啰夜弥跋阇啰波你　六十五　具醯夜具

醯夜　六十六　迦地般帝讫唎担　六十七　毗陀夜阇瞋陀夜弥

六十八　鸡啰夜弥　六十九　啰叉罔　七十　婆伽梵　二百七

十一　印兔那么么写　七十二　至此依前称弟子名

婆伽梵　七十三　萨怛多般怛啰　七十四　南无粹都帝　七

十五　阿悉多那啰剌迦　七十六　波啰婆悉普吒　七十七　毗迦

萨怛多钵帝唎　七十八　什佛啰什佛啰　七十九　陀啰陀啰　八

十　频陀啰频陀啰瞋陀瞋陀　二百八十一　虎𤙪　八十二　虎𤙪

八十三　泮吒　八十四　泮吒泮吒泮吒泮吒　八十五　娑诃

八十六　醯醯泮　八十七　阿牟迦耶泮　八十八　阿波啰提诃多

泮　八十九　婆啰波啰陀泮　九十　阿素啰毗陀啰波迦泮　二百

九十一　萨婆提鞞弊泮　九十二　萨婆那伽弊泮　九十三　萨婆

药叉弊泮　九十四　萨婆乾闼婆弊泮　九十五　萨婆补丹那弊泮

九十六　迦吒补丹那弊泮　九十七　萨婆突狼枳帝弊泮　九十

八　萨婆突涩比唎讫瑟帝弊泮　九十九　萨婆什婆唎弊泮　三百

萨婆阿播悉摩唎弊泮　三百一　萨婆舍啰婆拏弊泮　二　萨婆

地帝鸡弊泮　三　萨婆怛摩陀继弊泮　四　萨婆毗陀耶啰誓遮唎

弊泮　五　阇夜羯啰摩度羯啰　六　萨婆啰他娑陀鸡弊泮　七

毗地夜遮唎弊泮　八　者都啰缚耆你弊泮　九　跋阇啰俱摩

唎　十　毗陀夜啰誓弊泮　三百十一　摩诃波啰丁羊乂耆唎弊泮

十二　跋阇啰商羯啰夜　十三　波啰丈耆啰阇耶泮　十四　摩

诃迦啰夜　十五　摩诃末怛唎迦拏　十六　南无娑羯唎多夜泮

十七　毖瑟拏婢曳泮　十八　勃啰诃牟尼曳泮　十九　阿耆尼曳

泮　二十　摩诃羯唎曳泮　三百二十一　羯啰檀迟曳泮　二十二

蔑怛唎曳泮　二十三　唠怛唎曳泮　二十四　遮文茶曳泮　二

十五　羯逻啰怛唎曳泮　二十六　迦般唎曳泮　二十七　阿地目

质多迦尸摩舍那　二十八　婆私你曳泮　二十九　演吉质　三十

　　萨埵婆写　三百三十一　么么印兔那么么写　三十二　至此句

依前称弟子某人

　　突瑟吒质多　三十三　阿末怛唎质多　三十四　乌阇诃啰

三十五　伽婆诃啰　三十六　嚧地啰诃啰　三十七　婆娑诃啰

三十八　摩阇诃啰　三十九　阇多诃啰　四十　视毖多诃啰　三

百四十一　跋略夜诃啰　四十二　乾陀诃啰　四十三　布史波诃

啰　四十四　颇啰诃啰　四十五　婆写诃啰　四十六　般波质多

　四十七　突瑟吒质多　四十八　唠陀啰质多　四十九　药叉揭

啰诃　五十　啰刹娑揭啰诃　三百五十一　闭嚧多揭啰诃　五十

二　毗舍遮揭啰诃　五十三　部多揭啰诃　五十四　鸠槃茶揭啰

诃　五十五　悉乾陀揭啰诃　五十六　乌怛摩陀揭啰诃　五十七

　车夜揭啰诃　五十八　阿播萨摩啰揭啰诃　五十九　宅袪革茶

耆尼揭啰诃　六十　唎佛帝揭啰诃　三百六十一　阇弥迦揭啰诃

　六十二　舍俱尼揭啰诃　六十三　姥陀啰难地迦揭啰诃　六

十四　阿蓝婆揭啰诃　六十五　乾度波尼揭啰诃　六十六　什

伐啰堙迦醯迦　六十七　坠帝药迦　六十八　怛隶帝药迦　六十

九　者突托迦　七十　尼提什伐啰毖钐摩什伐啰　三百七十一

薄底迦　七十二　鼻底迦　七十三　室隶瑟蜜迦　七十四　娑你

般帝迦　七十五　萨婆什伐啰　七十六　室嚧吉帝　七十七　末

陀鞞达嚧制剑　七十八　阿绮嚧钳　七十九　目佉嚧钳　八十

羯唎突嚧钳　三百八十一　羯啰诃揭蓝　八十二　羯拏输蓝　八

十三　惮多输蓝　八十四　迄唎夜输蓝　八十五　末么输蓝　八

十六　跋唎室婆输蓝　八十七　毖栗瑟吒输蓝　八十八　乌陀啰

输蓝　八十九　羯知输蓝　九十　跋悉帝输蓝　三百九十一　邬

嚧输蓝　九十二　常伽输蓝　九十三　喝悉多输蓝　九十四　跋

陀输蓝　九十五　娑房盎伽般啰丈伽输蓝　九十六　部多毖路茶

　九十七　茶耆尼什婆啰　九十八　陀突嚧迦建咄嚧吉知婆路多

毗　九十九　萨般嚧诃凌伽　四百　输沙怛啰娑那羯啰　四百一

　毗沙喻迦　二　阿耆尼乌陀迦　三　末啰鞞啰建跢啰　四

阿迦啰蜜唎咄怛敛部迦　五　地栗剌吒　六　毖唎瑟质迦　七　萨婆那俱啰　八　肆引伽弊揭啰唎药叉怛啰刍　九　末啰视吠帝钤娑鞞钤　十　悉怛多钵怛啰　四百十一　摩诃跋阇嚧瑟尼钐　十二　摩诃般赖丈耆蓝　十三　夜波突陀舍喻阇那　十四　辫怛隶拏　十五　毗陀耶槃昙迦嚧弥　十六　帝殊槃昙迦嚧弥　十七　般啰毗陀槃昙迦嚧弥　十八　跢侄他　十九　唵　二十　阿那隶　四百二十一　毗舍提　二十二　鞞啰跋阇啰陀唎　二十三　槃陀槃陀你　二十四　跋阇啰谤尼泮　二十五　虎𬭼都嚧瓮泮　二十六　莎婆诃　二十七

"阿难，是佛顶光聚悉怛多般怛啰秘密伽陀微妙章句，出生十方一切诸佛。十方如来因此咒心，得成无上正遍知觉。十方如来执此咒心，降伏诸魔，制诸外道。十方如来乘此咒心，坐宝莲华，应微尘国。十方如来含此咒心，于微尘国转大法轮。十方如来持此咒心，能于十方摩顶授记；自果未成，亦于十方蒙佛授记。

"十方如来依此咒心，能于十方拔济群苦：所谓地狱、饿鬼、畜生、盲聋喑哑，怨憎会苦、爱别离苦、求不得苦、五阴炽盛，大小诸横，同时解脱；贼难、兵难、王难、狱难，风、火、水难，饥渴、贫穷，应念销散。十方如来随此咒心，能于十方事善知识，四威仪中供养如意，恒沙如来会中推为大法王子。十方如来行此咒心，能于十方摄受亲因，令诸小乘闻秘密藏不生惊怖。十方如来诵此咒心，成无上觉，坐菩提树，入大涅槃。十方如来传此咒心，于灭度后，付佛法事，究竟住持，严净戒律，悉得清净。若我说是佛顶光聚般怛啰咒，从旦至暮，音声相联，字句中间亦不重叠，经恒沙劫终不能尽。亦说此咒名如来顶。

"汝等有学，未尽轮回，发心至诚，取阿罗汉，不持此咒而坐道场，令其身心远诸魔事，无有是处。阿难，若诸世界随所国土所有众生，随国所生桦皮、贝叶、纸素、白氎书写此咒，贮于香囊，是人心昏未能诵忆，或带身上，或书宅中，当知是人尽其生年，一切诸毒所不能害。

"阿难，我今为汝更说此咒，救护世间，得大无畏，成就众生出世间智。若我灭后，末世众生有能自诵，若教他诵，当知如是诵持众生，火不能烧，水不能溺，大毒、小毒所不能害。如是乃至龙天、鬼神、精祇、魔魅所有恶咒皆不能著，心得正受。一切咒诅、厌蛊、毒药，金毒、银毒，草木虫蛇，万物毒气，入此人口成甘露味。一切恶星并诸鬼神、碜心毒人，于如是人不能起恶；频那夜迦、诸恶鬼王并其眷属，皆领深恩，常加守护。

"阿难，当知，是咒常有八万四千那由他恒河沙俱胝金刚藏王菩萨种族，一一皆有诸金刚众而为眷属，昼夜随侍。设有众生于散乱心，非三摩地，心忆口持，是金刚王常随从彼诸善男子，何况决定菩提心者！此诸金刚菩萨藏王，精心阴速，发彼神识，是人应时心能记忆八万四千恒河沙劫，周遍了知，得无疑惑。从第一劫乃至后身，生生不生药叉、罗刹及富单那、迦吒富单那、鸠槃茶、毗舍遮等，并诸饿鬼，有形、无形、有想、无想，如是恶处。是善男子，若读若诵，若书若写，若带若藏，诸色供养，劫劫不生，贫穷下贱，不可乐处。此诸众生，纵其自身不作福业，十方如来所有功德，悉与此人。由是得于恒河沙阿僧祇、不可说不可说劫，常与诸佛同生一处，无量功德，如恶叉聚，同处熏修，永无分散。

"是故能令破戒之人，戒根清净；未得戒者，令其得戒；未精进者，令得精进；无智慧者，令得智慧；不清净者，速得清净；不持斋戒，自成斋戒。阿难，是善男子持此咒时，设犯禁戒于未受时，持咒之后，众破戒罪无问轻重，一时销灭；纵经饮酒，食啖五辛种种不净，一切诸佛、菩萨、金刚、天仙、鬼神不将为过。设著不净破弊衣服，一行一住悉同清净。纵不作坛，不入道场，亦不行道，诵持此咒，还同入坛行道功德，无有异也。若造五逆无间重罪，及诸比丘、比丘尼四弃、八弃，诵此咒已，如是重业，犹如猛风吹散沙聚，悉皆灭除，更无毫发。阿难，若有众生，从无量无数劫来，所有一切轻重罪障，从前世来未及忏悔，若能读诵、书写此咒，身上带持，若安住处、庄宅、园馆，如是积业，犹汤销雪；不久皆得悟无生忍。

"复次，阿难，若有女人未生男女欲求孕者，若能至心忆念斯咒，或能身上带此悉怛多般怛啰者，便生福德智慧男女；求长命者，即得长命；欲求果报速圆满者，速得圆满；身命色力，亦复如是。命终之后，随愿往生十方国土，必定不生边地、下贱，何况杂形？

"阿难，若诸国土州县、聚落，饥荒、疫疠，或复刀兵、贼难、斗诤，兼余一切厄难之地，写此神咒安城四门、并诸支提，或脱阇上，令其国土所有众生奉迎斯咒，礼拜恭敬，一心供养；令其人民各各身佩，或各各安所居宅地，一切灾厄悉皆销灭。阿难，在在处处国土众生，随有此咒，天龙欢喜，风雨顺时，五谷丰殷，兆庶安乐；亦复能镇一切恶星随方变怪，灾障不起，人无横夭，杻械枷锁不著其身，昼夜安眠，常无恶梦。

"阿难，是娑婆界有八万四千灾变恶星，二十八大恶星而为上首；复有八大恶星以为其主，作种种形，出现世时能生众生种种灾异；有此咒地，悉皆销灭，十二由旬成结界地，诸恶灾祥，永不能入。是故如来宣示此咒，于未来世保护初学诸修行者入三摩提，身心泰然，得大安稳；更无一切诸魔、鬼神，及无始来冤横宿殃，旧业陈债，来相恼害。汝及众中诸有学人及未来世诸修行者，依我坛场，如法持戒，所受戒主逢清净僧，持此咒心，不生疑悔，是善男子于此父母所生之身，不得心通，十方如来，便为妄语。"

说是语已，会中无量百千金刚，一时佛前合掌顶礼而白佛言："如佛所说，我当诚心保护如是修菩提者。"尔时，梵王并天帝释、四天大王，亦于佛前同时顶礼而白佛言："审有如是修学善人，我当尽心至诚保护，令其一生所作如愿。"复有无量药叉大将、诸罗刹王、富单那王、鸠槃茶王、毗舍遮王、频那夜迦、诸大鬼王及诸鬼帅，亦于佛前合掌顶礼："我亦誓愿护持是人，令菩提心速得圆满。"复有无量日月天子、风师、雨师、云师、雷师并电伯等，年岁巡官、诸星眷属，亦于会中顶礼佛足而白佛言："我亦保护是修行人，安立道场，得无所畏。"复有无量山神、海神、一切土地，水、陆、空行，万物精祇并风神王、无色界天，于如来前同时稽首而白佛言："我亦保护是修行人，得成菩提，永无魔事。"

尔时，八万四千那由他恒河沙俱胝金刚藏王菩萨，在大会中即从座起，顶礼佛足而白佛言："世尊，如我等辈所修功业，久成菩提，不取涅槃，常随此咒，救护末世修三摩提正修行者。世尊，如是修心求正定人，若在道场及余经行，乃至散心游戏聚落，我等徒众常当随从，侍卫此人；纵令魔王、大自在天求其方便，终不可得；诸小鬼神去此善人十由旬外，除彼发心乐修禅者。世尊，如是恶魔、若魔眷属，欲来侵扰是善人者，我以宝杵殒碎其首，犹如微尘，恒令此人所作如愿。"

阿难即从座起，顶礼佛足而白佛言："我辈愚钝，好为多闻，于诸漏心未求出离；蒙佛慈诲，得正熏修，身心快然，获大饶益。世尊，如是修证佛三摩提，未到涅槃，云何名为干慧之地？四十四心，至何渐次，得修行目？诣何方所，名入地中？云何名为等觉菩萨？"作是语已，五体投地，大众一心，伫佛慈音，瞪瞢瞻仰。尔时，世尊赞阿难言："善哉！善哉！汝等乃能普为大众及诸末世一切众生，修三摩提、求大乘者，从于凡夫，终大涅槃，悬示无上正修行路。汝今谛听，当为汝说。"阿难、大众合掌刳心，默然受教。

佛言："阿难，当知妙性圆明，离诸名相，本来无有世界、众生；因妄有生，因生有灭，生灭名妄，灭妄名真，是称如来无上菩提及大涅槃二转依号。阿难，汝今欲修真三摩地，直诣如来大涅槃者，先当识此众生、世界二颠倒因；颠倒不生，斯则如来真三摩地。

"阿难，云何名为众生颠倒？阿难，由性明心，性明圆故，因明发性，性妄见生，从毕竟无，成究竟有。此有所有，非因所因；住所住相，了无根本。本此无住，建立世界及诸众生。迷本圆明，是生虚妄；妄性无体，非有所依。将欲复真，欲真已非真真如性。非真求复，宛成非相。非生非住，非心非法，展转发生，生力发明，熏以成业，同业相感；因有感业，相灭相生，由是故有众生颠倒。

"阿难，云何名为世界颠倒？是有所有，分段妄生，因此界立；非因所因，无住所住，迁流不住，因此世成。三世、四方和合相涉，变化众生成十二类。是故世界因动有声，因声有色，因色有香，因香有触，因触有味，因味知法。六乱妄想成业性故，十二区分，由此轮转。是故世间声、香、味、触，穷十二变，为一旋复。乘此轮转颠倒相故，是有世界卵生、胎生、湿生、化生、有色、无色、有想、无想、若非有色、若非无色、若非有想、若非无想。

"阿难，由因世界虚妄轮回，动颠倒故，和合气成八万四千飞沉乱想，如是故有卵羯逻蓝，流转国土，鱼鸟龟蛇，其类充塞。

"由因世界杂染轮回，欲颠倒故，和合滋成八万四千横竖乱想，如是故有胎遏蒲昙，流转国土，人畜龙仙，其类充塞。

"由因世界执著轮回，趣颠倒故，和合暖成八万四千翻覆乱想，如是故有湿相蔽尸，流转国土，含蠢蠕动，其类充塞。

"由因世界变易轮回，假颠倒故，和合触成八万四千新故乱想，如是故有化相羯南，流转国土，转蜕飞行，其类充塞。

"由因世界留碍轮回，障颠倒故，和合著成八万四千精耀乱想，如是故有色相羯南，流转国土，休咎精明，其类充塞。

"由因世界销散轮回，惑颠倒故，和合暗成八万四千阴隐乱想，如是故有无色羯南，流转国土，空散销沉，其类充塞。

"由因世界罔相轮回，影颠倒故，和合忆成八万四千潜结乱想，如是故有想相羯南，流转国土，神鬼精灵，其类充塞。

"由因世界愚钝轮回，痴颠倒故，和合顽成八万四千枯槁乱想，如是故有无想羯南，流转国土，精神化为土、木、金、石，其类充塞。

"由因世界相待轮回，伪颠倒故，和合染成八万四千因依乱想，如是故有非有色相成色羯南，流转国土，诸水母等以虾为目，其类充塞。

"由因世界相引轮回，性颠倒故，和合咒成八万四千呼召乱想，由是故有非无色相无色羯南，流转国土，咒诅厌生，其类充塞。

"由因世界合妄轮回，罔颠倒故，和合异成八万四千回互乱想，如是故有非有想相成想羯南，流转国土，彼蒲卢等异质相成，其类充塞。

"由因世界怨害轮回，杀颠倒故，和合怪成八万四千食父母想，如是故有非无想相无想羯南，流转国土，如土枭等附块为儿，及破镜鸟以毒树果抱为其子，子成，父母皆遭其食，其类充塞。

"是名众生十二种类。"

卷　八

"阿难，如是众生，一一类中亦各各具十二颠倒。犹如捏目，乱花发生；颠倒妙圆真净明心，具足如斯虚妄乱想。汝今修证佛三摩提，于是本因元所乱想，立三渐次，方得除灭。如净器中除去毒蜜，以诸汤水并杂灰香洗涤其器，后贮甘露。

"云何名为三种渐次？一者修习，除其助因；二者真修，刳其正性；三者增进，违其现业。

"云何助因？阿难，如是世界十二类生不能自全，依四食住。所谓段食、触食、思食、识食。是故佛说一切众生皆依食住。阿难，一切众生食甘故生，食毒故死。是诸众生求三摩地，当断世间五种辛菜。是五种辛，熟食发淫，生啖增恚。如是世界食辛之人，纵能宣说十二部经，十方天仙嫌其臭秽，咸皆远离；诸饿鬼等因彼食次，舐其唇吻，常与鬼住，福德日销，长无利益。是食辛人修三摩地，菩萨、天仙、十方善神不来守护，大力魔王得其方便，现作佛身来为说法，非毁禁戒，赞淫、怒、痴；命终自为魔王眷属，受魔福尽，堕无间狱。阿难，修菩提者永断五辛，是则名为第一增进修行渐次。

"云何正性？阿难，如是众生入三摩地，要先严持清净戒律，永断淫心，不餐酒肉，以火净食，无啖生气。阿难，是修行人若不断淫及与杀生，出三界者，无有是处。当观淫欲犹如毒蛇，如见怨贼。先持声闻四弃、八弃，执身不动；后行菩萨清净律仪，执心不起。禁戒成就，则于世间永无相生相杀之业；偷劫不行，无相负累，亦于世间不还宿债。是清净人修三摩地，父母肉身，不须天眼，自然观见十方世界，睹佛闻法，亲奉圣旨，得大神通，游十方界，宿命清净，得无艰险。是则名为第二增进修行渐次。

"云何现业？阿难，如是清净持禁戒人，心无贪淫，于外六尘不多流逸。因不流逸，旋元自归；尘既不缘，根无所偶，反流全一，六用不行。十方国土皎然清净，譬如琉璃，内悬明月，身心快然，妙圆平等，获大安隐；一切如来密、圆、净、妙皆现其中；是人即获无生法忍。从是渐修，随所发行，安立圣位。是则名为第三增进修行渐次。

"阿难，是善男子欲爱干枯，根境不偶，现前残质不复续生；执心虚明，纯是智慧，慧性明圆，莹十方界，干有其慧，名干慧地。欲习初干，未与如来法流水接。

"即以此心，中中流入，圆妙开敷，从真妙圆，重发真妙，妙信常住，一切妄想灭尽无余，中道纯真，名信心住。

"真信明了，一切圆通，阴、处、界三，不能为碍。如是乃至过去、未来无数劫中，舍身、受身，一切习气皆现在前，是善男子皆能忆念，得无遗忘，名念心住。

"妙圆纯真，真精发化，无始习气通一精明，唯以精明进趣真净，名精进心。

"心精现前，纯以智慧，名慧心住。

"执持智明，周遍寂湛，寂妙常凝，名定心住。

"定光发明，明性深入，唯进无退，名不退心。

"心进安然，保持不失，十方如来气分交接，名护法心。

"觉明保持，能以妙力回佛慈光，向佛安住，犹如双镜光明相对，其中妙影重重相入，名回向心。

"心光密回，获佛常凝无上妙净，安住无为，得无遗失，名戒心住。

"住戒自在，能游十方，所去随愿，名愿心住。

"阿难，是善男子以真方便发此十心，心精发辉，十用涉入，圆成一心，名发心住。

"心中发明，如净琉璃内现精金，以前妙心，履以成地，名治地住。

"心地涉知，俱得明了，游履十方，得无留碍，名修行住。

"行与佛同，受佛气分，如中阴身自求父母，阴信冥通，入如来种，名生贵住。

"既游道胎，亲奉觉胤，如胎已成，人相不缺，名方便具足住。

"容貌如佛，心相亦同，名正心住。

"身心合成，日益增长，名不退住。

"十身灵相，一时具足，名童真住。

"形成出胎，亲为佛子，名法王子住。

"表以成人，如国大王以诸国事分委太子，彼刹利王世子长成，陈列灌顶，名灌顶住。

"阿难，是善男子成佛子已，具足无量如来妙德，十方随顺，名欢喜行。

善能利益一切众生，名饶益行。自觉、觉他，得无违拒，名无嗔恨行。种类出生，穷未来际，三世平等，十方通达，名无尽行。一切合同，种种法门，得无差误，名离痴乱行。则于同中显现群异，一一异相，各各见同，名善现行。如是乃至十方虚空满足微尘，一一尘中现十方界，现尘、现界不相留碍，名无著行。种种现前，咸是第一波罗蜜多，名尊重行。如是圆融，能成十方诸佛轨则，名善法行。一一皆是，清净无漏，一真无为，性本然故，名真实行。

"阿难，是善男子，满足神通，成佛事已，纯洁精真，远诸留患。当度众生，灭除度相，回无为心向涅槃路，名救护一切众生离众生相回向。坏其可坏，远离诸离，名不坏回向。本觉湛然，觉齐佛觉，名等一切佛回向。精真发明，地如佛地，名至一切处回向。世界、如来互相涉入，得无罣碍，名无尽功德藏回向。于同佛地，地中各各生清净因，依因发挥取涅槃道，名随顺平等善根回向。真根既成，十方众生皆我本性，性圆成就，不失众生，名随顺等观一切众生回向。即一切法，离一切相，唯即与离二无所著，名真如相回向。真得所如，十方无碍，名无缚解脱回向。性德圆成，法界量灭，名法界无量回向。

"阿难，是善男子尽是清净四十一心，次成四种妙圆加行。即以佛觉用为己心，若出未出，犹如钻火，欲然其木，名为暖地。又以己心成佛所履，若依非依，如登高山，身入虚空，下有微碍，名为顶地。心佛二同，善得中道，如忍事人，非怀非出，名为忍地。数量销灭，迷觉中道，二无所目，名世第一地。

"阿难，是善男子于大菩提善得通达，觉通如来，尽佛境界，名欢喜地。异性入同，同性亦灭，名离垢地。净极明生，名发光地。明极觉满，名焰慧地。一切同异所不能至，名难胜地。无为真如，性净明露，名现前地。尽真如际，名远行地。一真如心，名不动地。发真如用，名善慧地。阿难，是诸菩萨从此已往，修习毕功，功德圆满，亦目此地名修习位。慈阴妙云，覆涅槃海，名法云地。

"如来逆流，如是菩萨顺行而至，觉际入交，名为等觉。阿难，从干慧心至等觉已，是觉始获金刚心中初干慧地。如是重重，单复十二，方尽妙觉，成无上道。是种种地，皆以金刚观察如幻十种深喻，奢摩他中，用诸如来毗婆舍那清净修证，渐次深入。阿难，如是皆以三增进故，善能成就五十五位真菩提路。作是观者，名为正观；若他观者，名为邪观。"

尔时，文殊师利法王子在大众中，即从座起，顶礼佛足而白佛言："当何名是经？我及众生云何奉持？"佛告文殊师利："是经名大佛顶悉怛多般怛啰无上宝印十方如来清净海眼，亦名救护亲因度脱阿难及此会中性比丘尼得菩提心入遍知海，亦名如来密因修证了义，亦名大方广妙莲华王十方佛母陀罗尼咒，亦名灌顶章句诸菩萨万行首楞严。汝当奉持。"

说是语已，即时阿难及诸大众，得蒙如来开示密印、般怛啰义，兼闻此经了义名目，顿悟禅那，修进圣位，增上妙理，心虑虚凝，断除三界修心六品微细烦恼。

即从座起，顶礼佛足，合掌恭敬而白佛言："大威德世尊，慈音无遮，善开众生微细沉惑，令我今日身心快然，得大饶益。世尊，若此妙明真净妙心，本来遍圆，如是乃至大地、草木、蠕动含灵，本元真如，即是如来成佛真体；佛体真实，云何复有地狱、饿鬼、畜生、修罗、人、天等道？世尊，此道为复本来自有？为是众生妄习生起？世尊，如宝莲香比丘尼，持菩萨戒，私行淫欲，妄言'行淫非杀非偷，无有业报'。发是语已，先于女根生大猛火，后于节节猛火烧然，堕无间狱。琉璃大王、善星比丘，琉璃为诛瞿昙族姓，善星妄说一切法空，生身陷入阿鼻地狱。此诸地狱，为有定处？为复自然，彼彼发业，各各私受？惟垂大慈，发开童蒙，令诸一切持戒众生闻决定义，欢喜顶戴，谨洁无犯。"

佛告阿难："快哉此问！令诸众生不入邪见。汝今谛听，当为汝说。阿难，一切众生实本真净，因彼妄见，有妄习生，因此分开内分、外分。阿难，内分即是众生分内，因诸爱染，发起妄情，情积不休，能生爱水。是故众生心忆珍羞，口中水出；心忆前人，或怜或恨，目中泪盈；贪求财宝，心发爱涎，举体光润；心著行淫，男女二根自然流液。阿难，诸爱虽别，流结是同，润湿不升，自然从坠，此名内分。阿难，外分即是众生分外，因诸渴仰，发明虚想，想积不休，能生胜气。是故众生心持禁戒，举身轻清；心持咒印，顾盼雄毅；心欲生天，梦想飞举；心存佛国，圣境冥现；事善知识，自轻身命。阿难，诸想虽别，轻举是同，飞动不沉，自然超越，此名外分。

"阿难，一切世间生死相续，生从顺习，死从变流。临命终时，未舍暖触，一生善恶俱时顿现，死逆生顺，二习相交。纯想即飞，必生天上。若飞心中，兼福兼慧及与净愿，自然心开，见十方佛，一切净土随愿往生。情少想多，轻举非远，即为飞仙、大力鬼王、飞行夜叉、地行罗刹，游于四天，所去无碍。其中，若有善愿善心，护持我法，或护禁戒，随持戒人，或护神咒，随持咒者，或护禅定，保绥法忍，是等亲住如来座下。情想均等，不飞不坠，生于人间，想明斯聪，情幽斯钝。情多想少，流入横生，重为毛群，轻为羽族。七情三想，沉下水轮，生于火际，受气猛火，身为饿鬼，常被焚烧。水能害己，无食无饮，经百千劫。九情一想，下洞火轮，身入风火二交过地，轻生有间、重生无间二种地狱。纯情即沉，入阿鼻狱。若沉心中，有谤大乘，毁佛禁戒，诳妄说法，虚贪信施，滥膺恭敬，五逆、十重，更生十方阿鼻地狱。循造恶业，虽则自招，众同分中，兼有元地。

"阿难，此等皆是彼诸众生自业所感，造十习因，受六交报。云何十因？

"阿难，一者，淫习交接，发于相磨，研磨不休，如是故有大猛火光于中发动。如人以手自相摩触，暖相现前。二习相然，故有铁床、铜柱诸事。是故十方一切如来，色目行淫，同名欲火；菩萨见欲，如避火坑。

"二者，贪习交计，发于相吸，吸揽不止，如是故有积寒坚冰，于中冻冽。如人以口吸缩风气，有冷触生。二习相陵，故有吒吒、波波、罗罗、青、赤、白莲寒冰等事。是故十方一切如来，色目多求，同名贪水；菩萨见贪，如避瘴海。

"三者，慢习交陵，发于相恃，驰流不息，如是故有腾逸奔波，积波为水。如人口舌自相绵味，因而水发。二习相鼓，故有血河、灰河、热砂、毒海、融铜、灌吞诸事。是故十方一切如来，色目我慢，名饮痴水；菩萨见慢，如避巨溺。

"四者，嗔习交冲，发于相忤，忤结不息，心热发火，铸气为金，如是故有刀山、铁橛、剑树、剑轮、斧钺、枪锯；如人衔冤，杀气飞动。二习相击，故有宫割、斩斫、剉刺、搥击诸事。是故十方一切如来，色目嗔恚，名利刀剑；菩萨见嗔，如避诛戮。

"五者，诈习交诱，发于相调，引起不住，如是故有绳木绞校；如水浸田，草木生长。二习相延，故有杻械、枷锁、鞭杖、挝棒诸事。是故十方一切如来，色目奸伪，同名馋贼；菩萨见诈，如畏豺狼。

"六者，诳习交欺，发于相罔，诬罔不止，飞心造奸，如是故有尘土、屎尿秽污不净；如尘随风，各无所见。二习相加，故有没溺、腾掷、飞坠、漂沦诸事，是故十方一切如来，色目欺诳，同名劫杀；菩萨见诳，如践蛇虺。

"七者，怨习交嫌，发于衔恨，如是故有飞石投砾、匣贮车槛、瓮盛囊扑；如阴毒人，怀抱畜恶。二习相吞，故有投掷、擒捉、击射、抛撮诸事。是故十方一切如来，色目怨家，名违害鬼；菩萨见怨，如饮鸩酒。

"八者，见习交明，如萨迦耶、见、戒禁取，邪悟诸业，发于违拒，出生相反。如是故有王使主吏，证执文籍；如行路人，来往相见。二习相交，故有勘问，权诈考讯，推鞫察访，披究照明，善恶童子手执文簿辞辩诸事。是故十方一切如来，色目恶见，同名见坑；菩萨见诸虚妄遍执，如临毒壑。

"九者，枉习交加，发于诬谤，如是故有合山合石、碾硙耕磨；如谗贼人，逼枉良善。二习相排，故有押、捺、槌、按、蹙漉、衡度诸事。是故十方一切如来，色目怨谤，同名谗虎；菩萨见枉，如遭霹雳。

"十者，讼习交谊，发于藏覆，如是故有鉴见照烛；如于日中，不能藏影。二习相陈，故有恶友、业镜、火珠，披露宿业，对验诸事。是故十方一切如来，色目覆藏，同名阴贼；菩萨观覆，如戴高山履于巨海。

"云何六报？阿难，一切众生六识造业，所招恶报，从六根出。云何恶报从六根出？

"一者见报，招引恶果：此见业交，则临终时，先见猛火满十方界，亡者神识飞坠乘烟，入无间狱。发明二相：一者明见，则能遍见种种恶物，生无量畏。二者暗见，寂然不见，生无量恐。如是见火，烧听，能为镬汤、洋铜；烧息，能为黑烟、紫焰；烧味，能为焦丸、铁糜；烧触，能为热灰、炉炭；烧心，能生星火、迸洒，煽鼓空界。

"二者闻报，招引恶果：此闻业交，则临终时，先见波涛没溺天地，亡者神识降注乘流，入无间狱。发明二相：一者开听，听种种闹，精神愁乱。二者闭听，寂无所闻，幽魄沉没。如是闻波，注闻，则能为责，为诘；注见，则能为雷，为吼，为恶毒气；注息，则能为雨，为雾，洒诸毒虫，周满身体；注味，则能为脓，为血、种种杂秽；注触，则能为畜，为鬼，为粪，为尿；注意，则能为电，为雹，摧碎心魄。

"三者嗅报，招引恶果：此嗅业交，则临终时，先见毒气充塞远近，亡者神识从地涌出，入无间狱。发明二相：一者通闻，被诸恶气，熏极心扰。二者塞闻，气掩不通，闷绝于地。如是嗅气，冲息，则能为质，为履；冲见，则能为火，为炬；冲听，则能为没，为溺，为洋，为沸；冲味，则能为馁，为爽；冲触，则能为绽，为烂，为大肉山，有百千眼，无量咂食；冲思，则能为灰，为瘴，为飞沙砾，击碎身体。

"四者味报，招引恶果：此味业交，则临终时，先见铁网猛焰炽烈，周覆世界，亡者神识下透挂网，倒悬其头，入无间狱。发明二相：一者吸气，结成寒冰，冻裂身肉。二者吐气，飞为猛火，焦烂骨髓。如是尝味，历尝，则能为承，为忍；历见，则能为然金石；历听，则能为利兵刃；历息，则能为大铁笼弥覆国土；历触，则能为弓，为箭，为弩，为射；历思，则能为飞热铁，从空雨下。

"五者触报，招引恶果：此触业交，则临终时，先见大山四面来合，无复出路，亡者神识见大铁城，火蛇、火狗、虎、狼、师子，牛头狱卒、马头罗刹，手执枪稍，驱入城门，向<u>无间狱</u>。发明二相：一者合触，合山逼体，骨肉血溃。二者离触，刀剑触身，心肝屠裂。如是合触，历触，则能为道，为观，为听，为案；历见，则能为烧，为爇；历听，则能为撞，为击，为傂，为射；历息，则能为括，为袋，为考，为缚；历尝，则能为耕，为钳，为斩，为截；历思，则能为坠，为飞，为煎，为炙。

"六者思报，招引恶果：此思业交，则临终时，先见恶风吹坏国土，亡者神识被吹上空，旋落乘风，<u>堕无间狱</u>。发明二相：一者不觉，迷极则荒，奔赴不息。二者不迷，觉知则苦，无量煎烧，痛深难忍。如是邪思，结思，则能为方，为所；结见，则能为鉴，为证；结听，则能为大合石，为冰，为霜，为土，为雾；结息，则能为大火车，火船，火槛；结尝，则能为大叫唤，为悔，为泣；结触，则能为大，为小，为一日中万生万死，为偃，为仰。

"<u>阿难</u>，是名地狱十因、六果，皆是众生迷妄所造。若诸众生恶业同造，入<u>阿鼻狱</u>，受无量苦，经无量劫。六根各造，及彼所作兼境兼根，是人则入八<u>无间狱</u>。身、口、意三，作杀、盗、淫，是人则入十八地狱。三业不兼，中间或为一杀一盗，是人则入三十六地狱。见见一根，单犯一业，是人则入一百八地狱。由是众生别作别造，于世界中入同分地；妄想发生，非本来有。

"复次，<u>阿难</u>，是诸众生非破律仪，犯菩萨戒，毁佛涅槃，诸余杂业，历劫烧然，后还罪毕，受诸鬼形。若于本因，贪物为罪，是人罪毕，遇物成形，名为怪鬼。贪色为罪，是人罪毕，遇风成形，名为魃鬼。贪惑为罪，是人罪毕，遇畜成形，名为魅鬼。贪恨为罪，是人罪毕，遇虫成形，名蛊毒鬼。贪忆为罪，是人罪毕，遇衰成形，名为疠鬼。贪傲为罪，是人罪毕，遇气成形，名为饿鬼。贪罔为罪，是人罪毕，遇幽为形，名为魇鬼。贪明为罪，是人罪毕，遇精为形，名魍魉鬼。贪成为罪，是人罪毕，遇明为形，名役使鬼。贪党为罪，是人罪毕，遇人为形，名传送鬼。阿难，是人皆以纯情坠落，业火烧干，上出为鬼。此等皆是自妄想业之所招引，若悟菩提，则妙圆明，本无所有。

"复次，阿难，鬼业既尽，则情与想二俱成空，方于世间与元负人怨对相值，身为畜生，酬其宿债。物怪之鬼，物销报尽，生于世间，多为枭类。风魃之鬼，风销报尽，生于世间，多为咎征一切异类。畜魅之鬼，畜死报尽，生于世间，多为狐类。虫蛊之鬼，蛊灭报尽，生于世间，多为毒类。衰疠之鬼，衰穷报尽，生于世间，多为蛔类。受气之鬼，气销报尽，生于世间，多为食类。绵幽之鬼，幽销报尽，生于世间，多为服类。和精之鬼，和销报尽，生于世间，多为应类。明灵之鬼，明灭报尽，生于世间，多为休征一切诸类。依人之鬼，人亡报尽，生于世间，多为循类。<u>阿难</u>，是等皆以业火干枯，酬其宿债，旁为畜生。此等亦皆自虚妄业之所招引。若悟菩提，则此妄缘，本无所有。

“如汝所言，宝莲香等及琉璃王、善星比丘，如是恶业，本自发明，非从天降，亦非地出，亦非人与，自妄所招，还自来受。菩提心中，皆为浮虚妄想凝结。

“复次，阿难，从是畜生酬偿先债，若彼酬者分越所酬，此等众生还复为人，反征其剩。如彼有力，兼有福德，则于人中不舍人身，酬还彼力。若无福者，还为畜生，偿彼余直。阿难当知，若用钱物，或役其力，偿足自停；如其间杀彼身命，或食其肉，如是乃至经微尘劫，相食相诛，犹如转轮，互为高下，无有休息。除奢摩他及佛出世，不可停寝。汝今应知：彼枭伦者，酬足复形，生人道中，参合顽类。彼咎征者，酬足复形，生人道中，参合异类。彼狐伦者，酬足复形，生人道中，参于庸类。彼毒伦者，酬足复形，生人道中，参合狠类。彼蛔伦者，酬足复形，生人道中，参合微类。彼食伦者，酬足复形，生人道中，参合柔类。彼服伦者，酬足复形，生人道中，参合劳类。彼应伦者，酬足复形，生人道中，参于文类。彼休征者，酬足复形，生人道中，参合明类。彼诸循伦，酬足复形，生人道中，参于达类。阿难，是等皆以宿债酬毕，复形人道，皆无始来业计颠倒，相生相杀，不遇如来，不闻正法，于尘劳中，法尔轮转。此辈名为可怜愍者。

“阿难，复有从人，不依正觉修三摩地，别修妄念，存想固形，游于山林人不及处，有十种仙。阿难，彼诸众生坚固服饵而不休息，食道圆成，名地行仙。坚固草木而不休息，药道圆成，名飞行仙。坚固金石而不休息，化道圆成，名游行仙。坚固动止而不休息，气精圆成，名空行仙。坚固津液而不休息，润德圆成，名天行仙。坚固精色而不休息，吸粹圆成，名通行仙。坚固咒禁而不休息，术法圆成，名道行仙。坚固思念而不休息，思忆圆成，名照行仙。坚固交遘而不休息，感应圆成，名精行仙。坚固变化而不休息，觉悟圆成，名绝行仙。阿难，是等皆于人中炼心，不修正觉，别得生理，寿千万岁。休止深山或大海岛，绝于人境。斯亦轮回，妄想流转，不修三昧，报尽还来散入诸趣。

“阿难，诸世间人，不求常住，未能舍诸妻妾恩爱，于邪淫中，心不流逸，澄莹生明，命终之后，邻于日月；如是一类，名四天王天。于己妻房，淫爱微薄，于净居时，不得全味，命终之后，超日月明，居人间顶；如是一类，名忉利天。逢欲暂交，去无思忆，于人间世动少静多，命终之后，于虚空中，朗然安住，日月光明，上照不及，是诸人等自有光明；如是一类，名须焰摩天。一切时静，有应触来，未能违戾，命终之后，上升精微，不接下界诸人天境，乃至劫坏，三灾不及；如是一类，名兜率陀天。我无欲心，应汝行事，于横陈时，味如嚼蜡，命终之后，生越化地；如是一类，名乐变化天。无世间心，同世行事，于行事交，了然超越，命终之后，遍能出超化无化境；如是一类，名他化自在天。阿难，如是六天，形虽出动，心迹尚交。自此已还，名为欲界。"

卷　九

"阿难，世间一切所修心人，不假禅那，无有智慧，但能执身，不行淫欲。若行若坐，想念俱无，爱染不生，无留欲界，是人应念，身为梵侣；如是一类，名梵众天。欲习既除，离欲心现，于诸律仪，爱乐随顺，是人应时，能行梵德；如是一类，名梵辅天。身心妙圆，威仪不缺，清净禁戒，加以明悟，是人应时，能统梵众，为大梵王；如是一类，名大梵天。阿难，此三胜流，一切苦恼所不能逼，虽非正修真三摩地，清净心中诸漏不动，名为初禅。

"阿难，其次梵天，统摄梵人，圆满梵行，澄心不动，寂湛生光；如是一类，名少光天。光光相然，照耀无尽，映十方界遍成琉璃；如是一类，名无量光天。吸持圆光，成就教体，发化清净，应用无尽；如是一类，名光音天。阿难，此三胜流，一切忧悬所不能逼，虽非正修真三摩地，清净心中粗漏已伏，名为二禅。

"阿难，如是天人，圆光成音，披音露妙，发成精行，通寂灭乐；如是一类，名少净天。净空现前，引发无际身心轻安，成寂灭乐；如是一类，名无量净天。世界、身心一切圆净，净德成就，胜托现前，归寂灭乐；如是一类，名遍净天。阿难，此三胜流，具大随顺，身心安隐，得无量乐，虽非正得真三摩地，安隐心中欢喜毕具，名为三禅。

"阿难，复次天人，不逼身心，苦因已尽，乐非常住，久必坏生，苦、乐二心，俱时顿舍，粗重相灭，净福性生；如是一类，名福生天。舍心圆融，胜解清净，福无遮中得妙随顺，穷未来际；如是一类，名福爱天。阿难，从是天中，有二歧路：若于先心无量净光，福德圆明，修证而住；如是一类，名广果天。若于先心双厌苦乐，精研舍心，相续不断，圆穷舍道，身心俱灭，心虑灰凝，经五百劫；是人既以生灭为因，不能发明不生灭性，初半劫灭，后半劫生；如是一类，名无想天。阿难，此四胜流，一切世间诸苦乐境所不能动，虽非无为真不动地，有所得心功用纯熟，名为四禅。

"阿难，此中复有五不还天。于下界中九品习气俱时灭尽，苦、乐双亡，下无卜居，故于舍心众同分中安立居处。阿难，苦、乐两灭，斗心不交，如是一类，名无烦天。机括独行，研交无地，如是一类，名无热天。十方世界妙见圆澄，更无尘象，一切沉垢，如是一类，名善见天。精见现前，陶铸无碍，如是一类，名善现天。究竟群几，穷色性性，入无边际，如是一类，名色究竟天。阿难，此不还天，彼诸四禅四位天王独有钦闻，不能知见，如今世间，旷野深山圣道场地，皆阿罗汉所住持故，世间粗人所不能见。阿难，是十八天独行无交，未尽形累，自此以还，名为色界。

　　"复次，阿难，从是有顶、色边际中，其间复有二种歧路：若于舍心发明智慧，慧光圆通，便出尘界，成阿罗汉，入菩萨乘；如是一类，名为回心大阿罗汉。若在舍心，舍厌成就，觉身为碍，销碍入空；如是一类，名为空处。诸碍既销，无碍无灭，其中唯留阿赖耶识，全于末那半分微细；如是一类，名为识处。空色既亡，识心都灭，十方寂然，迥无攸往；如是一类，名无所有处。识性不动，以灭穷研，于无尽中发宣尽性，如存不存，若尽非尽；如是一类，名为非想非非想处。此等穷空，不尽空理。从不还天圣道穷者，如是一类，名不回心钝阿罗汉。若从无想诸外道天穷空不归，迷漏无闻，便入轮转。阿难，是诸天上各各天人，则是凡夫业果酬答，答尽入轮。彼之天王即是菩萨，游三摩地渐次增进，回向圣伦所修行路。阿难，是四空天身心灭尽，定性现前，无业果色从此逮终，名无色界。

　　"此皆不了妙觉明心，积妄发生。妄有三界，中间妄随七趣沉溺，补特伽罗各从其类。

　　"复次，阿难，是三界中复有四种阿修罗类。若于鬼道，以护法力，乘通入空，此阿修罗从卵而生，鬼趣所摄。若于天中，降德贬坠，其所卜居，邻于日月，此阿修罗从胎而出，人趣所摄。有修罗王执持世界，力洞无畏，能与梵王及天帝释、四天争权，此阿修罗因变化有，天趣所摄。阿难，别有一分下劣修罗，生大海心，沉水穴口，旦游虚空，暮归水宿。此阿修罗因湿气有，畜生趣摄。

　　"阿难，如是地狱、饿鬼、畜生、人及神仙、天泊修罗，精研七趣，皆是昏沉诸有为相，妄想受生，妄想随业；于妙圆明，无作本心，皆如空华，元无所著，但一虚妄，更无根绪。阿难，此等众生不识本心，受此轮回，经无量劫不得真净，皆由随顺杀、盗、淫故；反此三种，又则出生无杀、盗、淫。有名鬼伦，无名天趣，有无相倾，起轮回性。若得妙发三摩提者，则妙常寂，有、无二无，无二亦灭，尚无不杀、不偷、不淫，云何更随杀、盗、淫事？阿难，不断三业，各各有私，因各各私，众私同分非无定处；自妄发生，生妄无因，无可寻究。

汝勖修行，欲得菩提，要除三惑，不尽三惑，纵得神通，皆是世间有为功用；习气不灭，落于魔道；虽欲除妄，倍加虚伪，如来说为可哀怜者。汝妄自造，非菩提咎。

"作是说者，名为正说；若他说者，即魔王说。"

即时如来，将罢法座，于师子床，揽七宝几，回紫金山，再来凭倚，普告大众及阿难言："汝等有学缘觉、声闻，今日回心趣大菩提无上妙觉，我今已说真修行法，汝犹未识修奢摩他、毗婆舍那微细魔事，魔境现前，汝不能识，洗心非正，落于邪见。或汝阴魔，或复天魔，或著鬼神，或遭魑魅，心中不明，认贼为子。又复于中，得少为足，如第四禅无闻比丘妄言证圣，天报已毕，衰相现前，谤阿罗汉身遭后有，堕阿鼻狱。汝应谛听，吾今为汝子细分别。"阿难起立，并其会中同有学者，欢喜顶礼，伏听慈诲。

佛告阿难及诸大众："汝等当知，有漏世界十二类生本觉妙明觉圆心体与十方佛无二无别。由汝妄想迷理为咎，痴爱发生，生发遍迷，故有空性；化迷不息，有世界生，则此十方微尘国土非无漏者，皆是迷顽妄想安立。当知虚空生汝心内，犹如片云点太清里，况诸世界在虚空耶！

"汝等一人发真归元，此十方空皆悉销殒，云何空中所有国土而不振裂？汝辈修禅，饰三摩地，十方菩萨及诸无漏大阿罗汉，心精通吻，当处湛然；一切魔王及与鬼神、诸凡夫天见其宫殿无故崩裂，大地振坼，水陆飞腾，无不惊慑，凡夫昏暗，不觉迁讹。彼等咸得五种神通，唯除漏尽，恋此尘劳，如何令汝摧裂其处？是故鬼神及诸天魔、魍魉妖精，于三昧时，佥来恼汝。

"然彼诸魔虽有大怒，彼尘劳内，汝妙觉中，如风吹光，如刀断水，了不相触。汝如沸汤，彼如坚冰，暖气渐邻，不日销殒，徒恃神力，但为其客。成就破乱，由汝心中五阴主人，主人若迷，客得其便。当处禅那，觉悟无惑，则彼魔事，无奈汝何！阴销入明，则彼群邪咸受幽气，明能破暗，近自销殒，如何敢留扰乱禅定！若不明悟，被阴所迷，则汝阿难必为魔子，成就魔人。如摩登伽，殊为眇劣，彼唯咒汝破佛律仪，八万行中只毁一戒，心清净故，尚未沦溺。此乃隳汝宝觉全身，如宰臣家忽逢籍没，宛转零落，无可哀救。

"阿难当知：汝坐道场，销落诸念，其念若尽，则诸离念一切精明，动静不移，忆忘如一；当住此处，入三摩提，如明目人处大幽暗，精性妙净，心未发光，此则名为色阴区宇。若目明朗，十方洞开，无复幽暗，名色阴尽。是人则能超越劫浊。观其所由，坚固妄想以为其本。

"阿难，当在此中，精研妙明，四大不织，少选之间，身能出碍。此名精明流溢前境，斯但功用，暂得如是，非为圣证。不作圣心，名善境界；若作圣解，即受群邪。

"阿难，复以此心，精研妙明，其身内彻，是人忽然于其身内拾出蛲蛔，身相宛然，亦无伤毁。此名精明流溢形体，斯但精行，暂得如是，非为圣证。不作圣心，名善境界；若作圣解，即受群邪。

"又以此心，内外精研，其时魂、魄、意、志、精、神，除执受身，余皆涉入，互为宾主。忽于空中，闻说法声，或闻十方同敷密义。此名精魄递相离合，成就善种，暂得如是，非为圣证。不作圣心，名善境界；若作圣解，即受群邪。

"又以此心，澄露皎彻，内光发明，十方遍作阎浮檀色，一切种类化为如来；于时忽见毗卢遮那踞天光台，千佛围绕，百亿国土及与莲华俱时出现。此名心魂灵悟所染，心光研明，照诸世界，暂得如是，非为圣证。不作圣心，名善境界；若作圣解，即受群邪。

"又以此心，精研妙明，观察不停，抑按降伏，制止超越，于时忽然十方虚空成七宝色，或百宝色，同时遍满，不相留碍，青黄赤白，各各纯现。此名抑按功力逾分，暂得如是，非为圣证。不作圣心，名善境界；若作圣解，即受群邪。

"又以此心，研究澄彻，精光不乱，忽于夜半，在暗室内见种种物，不殊白昼，而暗室物亦不除灭。此名心细，密澄其见，所视洞幽，暂得如是，非为圣证。不作圣心，名善境界；若作圣解，即受群邪。

"又以此心，圆入虚融，四体忽然同于草木，火烧刀斫，曾无所觉；又则火光不能烧爇，纵割其肉，犹如削木。此名尘并，排四大性，一向入纯，暂得如是，非为圣证。不作圣心，名善境界；若作圣解，即受群邪。

"又以此心，成就清净，净心功极，忽见大地十方山河皆成佛国，具足七宝，光明遍满；又见恒沙诸佛如来遍满空界，楼殿华丽，下见地狱，上观天宫，得无障碍。此名欣厌凝想日深，想久化成，非为圣证。不作圣心，名善境界；若作圣解，即受群邪。

"又以此心，研究深远，忽于中夜遥见远方市井街巷、亲族眷属，或闻其语。此名迫心，逼极飞出，故多隔见，非为圣证。不作圣心，名善境界；若作圣解，即受群邪。

"又以此心，研究精极，见善知识形体变移，少选无端种种迁改。此名邪心，含受魑魅，或遭天魔入其心腹，无端说法，通达妙义，非为圣证。不作圣心，魔事销歇；若作圣解，即受群邪。

"阿难，如是十种禅那现境，皆是色阴用心交互，故现斯事。众生顽迷，不自忖量，逢此因缘，迷不自识，谓言登圣，大妄语成，堕<u>无</u>间狱。汝等当依，如来灭后，于末法中宣示斯义，无令天魔得其方便，保持覆护，成无上道。

“<u>阿难</u>，彼善男子修三摩提，奢摩他中色阴尽者，见诸佛心，如明镜中显现其像；若有所得而未能用。犹如魇人，手足宛然，见闻不惑，心触客邪而不能动，此则名为受阴区宇。若魇咎歇，其心离身，返观其面，去住自由，无复留碍，名受阴尽。是人则能超越见浊。观其所由，虚明妄想以为其本。

“<u>阿难</u>，彼善男子当在此中，得大光耀，其心发明，内抑过分，忽于其处发无穷悲，如是乃至观见蚊虻，犹如赤子，心生怜愍，不觉流泪。此名功用抑摧过越，悟则无咎，非为圣证；觉了不迷，久自销歇。若作圣解，则有悲魔入其心腑，见人则悲，啼泣无限，失于正受，当从沦坠。

“<u>阿难</u>，又彼定中，诸善男子见色阴销，受阴明白，胜相现前，感激过分，忽于其中生无限勇，其心猛利，志齐诸佛，谓三僧祇一念能越。此名功用陵率过越，悟则无咎，非为圣证；觉了不迷，久自销歇。若作圣解，则有狂魔入其心腑，见人则夸，我慢无比，其心乃至上不见佛，下不见人，失于正受，当从沦坠。

“又彼定中，诸善男子见色阴销，受阴明白，前无新证，归失故居，智力衰微，入中隳地，迥无所见，心中忽然生大枯渴，于一切时沉忆不散，将此以为勤精进相。此名修心无慧自失，悟则无咎，非为圣证。若作圣解，则有忆魔入其心腑，旦夕撮心悬在一处，失于正受，当从沦坠。

“又彼定中，诸善男子见色阴销，受阴明白，慧力过定，失于猛利，以诸胜性怀于心中，自心已疑是卢舍那，得少为足。此名用心亡失恒审，溺于知见，悟则无咎，非为圣证。若作圣解，则有下劣易知足魔入其心腑，见人自言‘我得无上第一义谛’，失于正受，当从沦坠。

“又彼定中，诸善男子见色阴销，受阴明白，新证未获，故心已亡，历览二际，自生艰险，于心忽然生无尽忧，如坐铁床，如饮毒药，心不欲活，常求于人令害其命，早取解脱。此名修行失于方便，悟则无咎，非为圣证。若作圣解，则有一分常忧愁魔入其心腑，手执刀剑自割其肉，欣其舍寿；或常忧愁走入山林，不耐见人，失于正受，当从沦坠。

“又彼定中，诸善男子见色阴销，受阴明白，处清净中，心安隐后，忽然自有无限喜生，心中欢悦，不能自止。此名轻安无慧自禁，悟则无咎，非为圣证。若作圣解，则有一分好喜乐魔入其心腑，见人则笑，于衢路傍自歌自舞，自谓已得无碍解脱，失于正受，当从沦坠。

“又彼定中，诸善男子见色阴销，受阴明白，自谓已足，忽有无端大我慢起,如是乃至慢与过慢及慢过慢,或增上慢,或卑劣慢,一时俱发;心中尚轻十方如来,何况下位声闻、缘觉。此名见胜无慧自救,悟则无咎,非为圣证。若作圣解,则有一分大我慢魔入其心腑,不礼塔庙,摧毁经像,谓檀越言'此是金铜,或是土木,经是树叶,或是氎华,肉身真常,不自恭敬,却崇土木,实为颠倒';其深信者,从其毁碎,埋弃地中,疑误众生,入无间狱。失于正受,当从沦坠。

"又彼定中,诸善男子见色阴销,受阴明白,于精明中,圆悟精理,得大随顺;其心忽生无量轻安,己言成圣,得大自在。此名因慧获诸轻清,悟则无咎,非为圣证。若作圣解,则有一分好轻清魔入其心腑,自谓满足,更不求进。此等多作无闻比丘疑误众生,堕阿鼻狱。失于正受,当从沦坠。

"又彼定中,诸善男子见色阴销,受阴明白,于明悟中得虚明性,其中忽然归向永灭,拨无因果,一向入空,空心现前,乃至心生,长断灭解。悟则无咎,非为圣证。若作圣解,则有空魔入其心腑,乃谤持戒名为小乘,菩萨悟空,有何持犯?其人常于信心檀越饮酒啖肉,广行淫秽,因魔力故,摄其前人不生疑谤。鬼心久入,或食屎尿与酒肉等,一种俱空;破佛律仪,误入人罪。失于正受,当从沦坠。

"又彼定中,诸善男子见色阴销,受阴明白,味其虚明,深入心骨,其心忽有无限爱生,爱极发狂,便为贪欲。此名定境安顺入心,无慧自持,误入诸欲。悟则无咎,非为圣证。若作圣解,则有欲魔入其心腑,一向说欲为菩提道,化诸白衣平等行欲,其行淫者,名持法子;神鬼力故,于末世中摄其凡愚,其数至百,如是乃至一百、二百或五、六百,多满千万。魔心生厌,离其身体,威德既无,陷于王难,疑误众生,入无间狱。失于正受,当从沦坠。

"阿难,如是十种禅那现境,皆是受阴用心交互,故现斯事。众生顽迷,不自忖量,逢此因缘,迷不自识,谓言登圣,大妄语成,堕无间狱。汝等亦当,将如来语,于我灭后,传示末法,遍令众生开悟斯义,无令天魔得其方便,保持覆护,成无上道。

"阿难,彼善男子修三摩地受阴尽者,虽未漏尽,心离其形,如鸟出笼,已能成就从是凡身上历菩萨六十圣位,得意生身,随往无碍。譬如有人熟寐呓言,是人虽则无别所知,其言已成音韵伦次,令不寐者咸悟其语,此则名为想阴区宇。若动念尽,浮想销除,于觉明心,如去尘垢,一伦生死,首尾圆照,名想阴尽。是人则能超烦恼浊。观其所由,融通妄想以为其本。

"阿难,彼善男子,受阴虚妙,不遭邪虑,圆定发明;三摩地中,心爱圆明,锐其精思,贪求善巧。尔时,天魔候得其便,飞精附人,口说经法。其人不觉是其魔著，自言谓得无上涅槃，来彼求巧善男子处敷座说法；其形斯须，或作比丘，令彼人见，或为帝释，或为妇女，或比丘尼，或寝暗室，身有光明。是人愚迷，惑为菩萨，信其教化；摇荡其心，破佛律仪，潜行贪欲。口中好言灾祥变异，或言如来某处出世，或言劫火，或言刀兵，恐怖于人，令其家资无故耗散。此名怪鬼，年老成魔，恼乱是人；厌足心生，去彼人体，弟子与师俱陷王难。汝当先觉，不入轮回，迷惑不知，堕无间狱。

"阿难，又善男子受阴虚妙，不遭邪虑，圆定发明；三摩地中，心爱游荡，飞其精思，贪求经历。尔时，天魔候得其便，飞精附人，口说经法。其人亦不觉知魔著，亦言自得无上涅槃，来彼求游善男子处敷座说法；自形无变，其听法者忽自见身坐宝莲华，全体化成紫金光聚，一众听人各各如是，得未曾有。是人愚迷，惑为菩萨，淫逸其心，破佛律仪，潜行贪欲。口中好言诸佛应世，某处某人当是某佛化身来此；某人即是某菩萨等来化人间。其人见故，心生倾渴，邪见密兴，种智销灭。此名魃鬼，年老成魔，恼乱是人；厌足心生，去彼人体，弟子与师俱陷王难。汝当先觉，不入轮回，迷惑不知，堕无间狱。

"又善男子受阴虚妙，不遭邪虑，圆定发明；三摩地中，心爱绵泡，澄其精思，贪求契合。尔时，天魔候得其便，飞精附人，口说经法。其人实不觉知魔著，亦言自得无上涅槃，来彼求合善男子处敷座说法；其形及彼听法之人，外无迁变，令其听者未闻法前，心自开悟，念念移易；或得宿命，或有他心，或见地狱，或知人间好恶诸事，或口说偈，或自诵经，各各欢娱，得未曾有。是人愚迷，惑为菩萨，绵爱其心，破佛律仪，潜行贪欲。口中好言佛有大小，某佛先佛，某佛后佛，其中亦有真佛、假佛、男佛、女佛，菩萨亦然。其人见故，洗涤本心，易入邪悟。此名魅鬼，年老成魔，恼乱是人；厌足心生，去彼人体，弟子与师俱陷王难。汝当先觉，不入轮回，迷惑不知，堕无间狱。

"又善男子受阴虚妙，不遭邪虑，圆定发明；三摩地中，心爱根本，穷览物化，性之终始，精爽其心，贪求辨析。尔时，天魔候得其便，飞精附人，口说经法。其人先不觉知魔著，亦言自得无上涅槃，来彼求元善男子处敷座说法；身有威神，摧伏求者，令其座下，虽未闻法，自然心伏。是诸人等，将佛涅槃、菩提、法身即是现前我肉身上，父父子子递代相生即是法身常住不绝，都指现在即为佛国，无别净居及金色相。其人信受，亡失先心，身命归依，得未曾有。是等愚迷，惑为菩萨，推究其心，破佛律仪，潜行贪欲。口中好言眼、耳、鼻、舌皆为净土，男女二根即是菩提、涅槃真处，彼无知者，信是秽言。此名蛊毒魇胜恶鬼，年老成魔，恼乱是人；厌足心生，去彼人体，弟子与师俱陷王难。汝当先觉，不入轮回，迷惑不知，堕无间狱。

"又善男子受阴虚妙，不遭邪虑，圆定发明；三摩地中，心爱悬应，周流精研，贪求冥感。尔时，天魔候得其便，飞精附人，口说经法。其人元不觉知魔著，亦言自得无上涅槃，来彼应善男子处敷座说法；能令听众暂见其身如百千岁，心生爱染，不能舍离，身为奴仆，四事供养，不觉疲劳。各各令其座下人心知是先师、本善知识，别生法爱，黏如胶漆，得未曾有。是人愚迷，惑为菩萨，亲近其心，破佛律仪，潜行贪欲。口中好言，我于前世于某生中先度某人，当时是我妻妾兄弟，今来相度，与汝相随归某世界，供养某佛；或言别有大光明天，佛于中住，一切如来所休居地。彼无知者，信是虚诳，遗失本心。此名疠鬼，年老成魔，恼乱是人；厌足心生，去彼人体，弟子与师俱陷王难。汝当先觉，不入轮回，迷惑不知，堕无间狱。

"又善男子受阴虚妙，不遭邪虑，圆定发明；三摩地中，心爱深入，克己辛勤，乐处阴寂，贪求静谧。尔时，天魔候得其便，飞精附人，口说经法。其人本不觉知魔著，亦言自得无上涅槃，来彼求阴善男子处敷座说法；令其听人各知本业，或于其处语一人言'汝今未死，已作畜生'，敕使一人于后蹋尾，顿令其人起不能得，于是一众倾心钦伏。有人起心，已知其肇；佛律仪外，重加精苦；诽谤比丘，骂詈徒众，讦露人事，不避讥嫌。口中好言未然祸福，及至其时，毫发无失。此大力鬼，年老成魔，恼乱是人；厌足心生，去彼人体，弟子与师俱陷王难。汝当先觉，不入轮回，迷惑不知，堕无间狱。

"又善男子受阴虚妙，不遭邪虑，圆定发明；三摩地中，心爱知见，勤苦研寻，贪求宿命。尔时，天魔候得其便，飞精附人，口说经法。其人殊不觉知魔著，亦言自得无上涅槃，来彼求知善男子处敷座说法；是人无端于说法处得大宝珠。其魔或时化为畜生，口衔其珠及杂珍宝、简册符牍诸奇异物，先授彼人，后著其体。或诱听人，藏于地下有明月珠，照耀其处，是诸听者得未曾有。多食药草，不餐嘉馔，或时日餐一麻一麦，其形肥充，魔力持故；诽谤比丘，骂詈徒众，不避讥嫌。口中好言他方宝藏、十方圣贤潜匿之处，随其后者，往往见有奇异之人。此名山林、土地、城隍、川岳鬼神，年老成魔，或有宣淫，破佛戒律，与承事者，潜行五欲；或有精进，纯食草木，无定行事，恼乱是人；厌足心生，去彼人体，弟子与师多陷王难。汝当先觉，不入轮回，迷惑不知，堕无间狱。

"又善男子受阴虚妙，不遭邪虑，圆定发明；三摩地中，心爱神通种种变化，研究化元，贪取神力。尔时，天魔候得其便，飞精附人，口说经法。其人诚不觉知魔著，亦言自得无上涅槃，来彼求通善男子处敷座说法；是人或复手执火光，手撮其光，分于所听四众头上，是诸听人顶上火光皆长数尺，亦无

热性,曾不焚烧;或水上行,如履平地;或于空中安坐不动;或入瓶内,或处
囊中,越牖透垣,曾无障碍;惟于刀兵,不得自在。自言是佛,身著白衣,受比
丘礼,诽谤禅律,骂詈徒众,讦露人事,不避讥嫌。口中常说神通自在,或复
令人旁见佛土,鬼力惑人,非有真实;赞叹行淫,不毁粗行,将诸猥媟以为传
法。此名天地大力山精、海精、风精、河精、土精、一切草木积劫精魅,或复
龙魅,或寿终仙再活为魅,或仙期终,计年应死,其形不化,他怪所附,年老
成魔,恼乱是人;厌足心生,去彼人体,弟子与师多陷王难。汝当先觉,不入
轮回,迷惑不知,堕无间狱。

　　"又善男子受阴虚妙,不遭邪虑,圆定发明;三摩地中,心爱入灭,研究
化性,贪求深空。尔时,天魔候得其便,飞精附人,口说经法。其人终不觉知
魔著,亦言自得无上涅槃,来彼求空善男子处敷座说法;于大众内,其形忽
空,众无所见,还从虚空突然而出,存没自在;或现其身洞如琉璃,或垂手足
作旃檀气,或大小便如厚石蜜,诽毁戒律,轻贱出家。口中常说'无因无果,
一死永灭,无复后身及诸凡圣';虽得空寂,潜行贪欲,受其欲者,亦得空心,
拨无因果。此名日月薄蚀精气,金玉、芝草、麟、凤、龟、鹤,经千万年不死为
灵,出生国土,年老成魔,恼乱是人;厌足心生,去彼人体,弟子与师多陷王
难。汝当先觉,不入轮回,迷惑不知,堕无间狱。

　　"又善男子受阴虚妙,不遭邪虑,圆定发明;三摩地中,心爱长寿,辛苦
研几,贪求永岁,弃分段生,顿希变易,细相常住。尔时,天魔候得其便,飞精
附人,口说经法。其人竟不觉知魔著,亦言自得无上涅槃,来彼求生善男子处
敷座说法;好言他方往还无滞,或经万里,瞬息再来,皆于彼方取得其物;或
于一处、在一宅中,数步之间令其从东诣至西壁,是人急行,累年不到;因此
心信,疑佛现前。口中常说'十方众生皆是吾子,我生诸佛,我出世界,我是
元佛,出世自然,不因修得'。此名住世自在天魔,使其眷属,如遮文茶及四
天王毗舍童子,未发心者,利其虚明,食彼精气;或不因师,其修行人亲自观
见,称执金刚与汝长命,现美女身,盛行贪欲,未逾年岁,肝脑枯竭;口兼独
言,听若妖魅。前人未详,多陷王难,未及遇刑,先已干死。恼乱彼人,以至殂
殒。汝当先觉,不入轮回,迷惑不知,堕无间狱。

　　"阿难当知,是十种魔于末世时,在我法中出家修道,或附人体,或自现
形,皆言已成正遍知觉;赞叹淫欲,破佛律仪,先恶魔师与魔弟子淫淫相传,
如是邪精,魅其心腑,近则九生,多逾百世,令真修行总为魔眷,命终之后,必
为魔民,失正遍知,堕无间狱。汝今未须先取寂灭,纵得无学,留愿入彼末法
之中,起大慈悲,救度正心深信众生,令不著魔,得正知见。我今度汝已出生

死，汝遵佛语，名报佛恩。阿难，如是十种禅那现境，皆是想阴用心交互，故现斯事。众生顽迷，不自忖量，逢此因缘，迷不自识，谓言登圣，大妄语成，堕无间狱。汝等必须将如来语，于我灭后，传示末法，遍令众生开悟斯义，无令天魔得其方便，保持覆护，成无上道。"

卷　十

"阿难，彼善男子修三摩提想阴尽者，是人平常梦想销灭，寤寐恒一，觉明虚静，犹如晴空，无复粗重前尘影事，观诸世间大地山河，如镜鉴明，来无所黏，过无踪迹，虚受照应，了罔陈习，唯一精真。生灭根元，从此披露，见诸十方十二众生，毕殚其类；虽未通其各命由绪，见同生基，犹如野马，熠熠清扰，为浮尘根究竟枢穴，此则名为行阴区宇。若此清扰熠熠元性，性入元澄，一澄元习，如波澜灭，化为澄水，名行阴尽。是人则能超众生浊。观其所由，幽隐妄想以为其本。

"阿难当知，是得正知奢摩他中，诸善男子，凝明正心，十类天魔不得其便，方得精研，穷生类本。于本类中，生元露者，观彼幽清圆扰动元，于圆元中起计度者，是人坠入二无因论。一者，是人见本无因。何以故？是人既得生机全破，乘于眼根八百功德，见八万劫所有众生业流湾环，死此生彼，只见众生轮回其处，八万劫外冥无所观，便作是解：此等世间十方众生，八万劫来无因自有。由此计度，亡正遍知，堕落外道，惑菩提性。

"二者，是人见末无因。何以故？是人于生既见其根，知人生人，悟鸟生鸟，乌从来黑，鹄从来白，人天本竖，畜生本横，白非洗成，黑非染造，从八万劫无复改移。今尽此形，亦复如是，而我本来不见菩提，云何更有成菩提事？当知今日一切物象皆本无因。由此计度，亡正遍知，堕落外道，惑菩提性。是则名为第一外道立无因论。

"阿难，是三摩中诸善男子，凝明正心，魔不得便，穷生类本，观彼幽清常扰动元，于圆常中起计度者，是人坠入四遍常论。一者，是人穷心境性，二处无因；修习能知二万劫中十方众生所有生灭，咸皆循环，不曾散失，计以为常。二者，是人穷四大元，四性常住；修习能知四万劫中十方众生所有生灭，咸皆体恒，不曾散失，计以为常。三者，是人穷尽六根、末那、执受，心意识中，本元由处，性常恒故；修习能知八万劫中一切众生循环不失，本来常住，穷不失性，计以为常。四者，是人既尽想元，生理更无，流止运转，生灭想心，今已永灭，理中自然成不生灭，因心所度，计以为常。由此计常，亡正遍知，堕落外道，惑菩提性。是则名为第二外道立圆常论。

"又三摩中诸善男子，坚凝正心，魔不得便，穷生类本，观彼幽清常扰动元，于自、他中起计度者，是人坠入四颠倒见，一分无常，一分常论。一者，是人观妙明心遍十方界，湛然以为究竟神我；从是则计我遍十方，凝明不动，一切众生于我心中自生自死，则我心性名之为常；彼生灭者，真无常性。二者，是人不观其心，遍观十方恒沙国土，见劫坏处，名为究竟无常种性，劫不坏处名究竟常。三者，是人别观我心精细微密，犹如微尘，流转十方，性无移改，能令此身即生即灭，其不坏性名我性常；一切死生从我流出，名无常性。四者，是人知想阴尽，见行阴流，行阴常流，计为常性；色、受、想等今已灭尽，名为无常。由此计度，一分无常、一分常故，堕落外道，惑菩提性。是则名为第三外道一分常论。

"又三摩中诸善男子，坚凝正心，魔不得便，穷生类本，观彼幽清常扰动元，于分位中生计度者，是人坠入四有边论。一者，是人心计生元流用不息，计过、未者，名为有边；计相续心，名为无边。二者，是人观八万劫，则见众生；八万劫前，寂无闻见。无闻见处，名为无边；有众生处，名为有边。三者，是人计我遍知，得无边性；彼一切人现我知中，我曾不知彼之知性，名彼不得无边之心，但有边性。四者，是人穷行阴空，以其所见心路筹度一切众生，一身之中计其咸皆半生半灭；明其世界一切所有，一半有边，一半无边。由此计度有边、无边，堕落外道，惑菩提性。是则名为第四外道立有边论。

"又三摩中诸善男子，坚凝正心，魔不得便，穷生类本，观彼幽清常扰动元，于知见中生计度者，是人坠入四种颠倒不死矫乱、遍计虚论。一者，是人观变化元，见迁流处，名之为变；见相续处，名之为恒；见所见处，名之为生；不见见处，名之为灭；相续之因，性不断处，名之为增；正相续中，中所离处，名之为减；各各生处，名之为有；互互亡处，名之为无。以理都观，用心别见。有求法人来问其义，答言'我今亦生亦灭，亦有亦无，亦增亦减'。于一切时皆乱其语，令彼前人遗失章句。二者，是人谛观其心互互无处，因'无'得证。有人来问，唯答一字，但言其'无'，除'无'之余，无所言说。三者，是人谛观其心各各有处，因'有'得证。有人来问，唯答一字，但言其'是'，除'是'之余，无所言说。四者，是人有、无俱见，其境枝故，其心亦乱。有人来问，答言'亦有即是亦无，亦无之中不是亦有'。一切矫乱，无容穷诘。由此计度，矫乱虚无，堕落外道，惑菩提性。是则名为第五外道四颠倒性不死矫乱、遍计虚论。

“又三摩中诸善男子，坚凝正心，魔不得便，穷生类本，观彼幽清常扰动元，于无尽流生计度者，是人坠入死后有相，发心颠倒。或自固身，云‘色是我’；或见我圆，含遍国土，云‘我有色’；或彼前缘，随我回复，云‘色属我’；或复我依行中相续，云‘我在色’。皆计度言死后有相，如是循环，有十六相。从此或计毕竟烦恼、毕竟菩提，两性并驱，各不相触。由此计度死后有故，堕落外道，惑菩提性。是则名为第六外道立五阴中死后有相、心颠倒论。

“又三摩中诸善男子，坚凝正心，魔不得便，穷生类本，观彼幽清常扰动元，于先除灭色、受、想中生计度者，是人坠入死后无相，发心颠倒。见其色灭，形无所因；观其想灭，心无所系；知其受灭，无复连缀。阴性销散，纵有生理而无受、想，与草木同。此质现前，犹不可得，死后云何更有诸相？因之勘校，死后相无。如是循环，有八无相。从此或计涅槃、因果一切皆空，徒有名字，究竟断灭。由此计度死后无故，堕落外道，惑菩提性。是则名为第七外道立五阴中死后无相、心颠倒论。

“又三摩地中诸善男子，坚凝正心，魔不得便，穷生类本，观彼幽清常扰动元，于行存中，兼受、想灭，双计有、无，自体相破，是人坠入死后俱非、起颠倒论。色受想中，见有非有；行迁流内，观无不无。如是循环，穷尽阴界，八俱非相，随得一缘，皆言死后有相、无相。又计诸行，性迁讹故，心发通悟，有、无俱非，虚实失措。由此计度死后俱非，后际昏瞢无可道故，堕落外道，惑菩提性。是则名为第八外道立五阴中死后俱非、心颠倒论。

“又三摩中诸善男子，坚凝正心，魔不得便，穷生类本，观彼幽清常扰动元，于后后无生计度者，是人坠入七断灭论。或计身灭，或欲尽灭，或苦尽灭，或极乐灭，或极舍灭。如是循环，穷尽七际，现前销灭，灭已无复。由此计度死后断灭，堕落外道，惑菩提性。是则名为第九外道立五阴中死后断灭、心颠倒论。

“又三摩中诸善男子，坚凝正心，魔不得便，穷生类本，观彼幽清常扰动元，于后后有生计度者，是人坠入五涅槃论。或以欲界为正转依，观见圆明，生爱慕故；或以初禅，性无忧故；或以二禅，心无苦故；或以三禅，极悦随故；或以四禅，苦乐二亡，不受轮回生灭性故。迷有漏天，作无为解，五处安隐，为胜净依，如是循环，五处究竟。由此计度五现涅槃，堕落外道，惑菩提性。是则名为第十外道立五阴中五现涅槃、心颠倒论。

“阿难，如是十种禅那狂解，皆是行阴用心交互，故现斯悟。众生顽迷，不自忖量，逢此现前，以迷为解，自言登圣，大妄语成，堕无间狱。汝等必须将如来语，于我灭后，传示末法，遍令众生觉了斯义，无令心魔自起深孽，保持覆护，销息邪见；教其身心开觉真义，于无上道不遭枝歧，勿令心祈得少为足，作大觉王清净标指。

"阿难，彼善男子修三摩提行阴尽者，诸世间性、幽清扰动、同分生机，倏然隳裂；沉细纲纽，补特伽罗，酬业深脉，感应悬绝。于涅槃天将大明悟，如鸡后鸣，瞻顾东方已有精色。六根虚静，无复驰逸，内外湛明，入无所入，深达十方十二种类受命元由。观由执元，诸类不召，于十方界，已获其同，精色不沉，发现幽秘，此则名为识阴区宇。若于群召已获同中，销磨六门，合开成就，见闻通邻，互用清净；十方世界及与身心，如吠琉璃，内外明彻，名识阴尽。是人则能超越命浊。观其所由，罔象虚无，颠倒妄想以为其本。

"阿难当知，是善男子穷诸行空，于识还元，已灭生灭，而于寂灭精妙未圆。能令己身根隔合开，亦与十方诸类通觉，觉知通淴，能入圆元。若于所归立真常因，生胜解者，是人则堕因所因执，娑毗迦罗所归冥谛成其伴侣，迷佛菩提，亡失知见。是名第一立所得心成所归果，违远圆通，背涅槃城，生外道种。

"阿难，又善男子穷诸行空，已灭生灭，而于寂灭精妙未圆。若于所归览为自体，尽虚空界十二类内所有众生，皆我身中一类流出，生胜解者，是人则堕能非能执，摩醯首罗现无边身，成其伴侣，迷佛菩提，亡失知见。是名第二立能为心成能事果，违远圆通，背涅槃城，生大慢天我遍圆种。

"又善男子穷诸行空，已灭生灭，而于寂灭精妙未圆。若于所归有所归依，自疑身心从彼流出，十方虚空咸其生起，即于都起所宣流地作真常身、无生灭解。在生灭中早计常住，既惑不生，亦迷生灭。安住沉迷，生胜解者，是人则堕常非常执，计自在天成其伴侣，迷佛菩提，亡失知见。是名第三立因依心成妄计果，违远圆通，背涅槃城，生倒圆种。

"又善男子穷诸行空，已灭生灭，而于寂灭精妙未圆。若于所知，知遍圆故，因知立解，十方草木皆称有情，与人无异；草木为人，人死还成十方草树。无择遍知，生胜解者，是人则堕知无知执，婆咤、霰尼执一切觉成其伴侣，迷佛菩提，亡失知见。是名第四计圆知心成虚谬果，违远圆通，背涅槃城，生倒知种。

"又善男子穷诸行空，已灭生灭，而于寂灭精妙未圆。若于圆融根互用中，已得随顺，便于圆化，一切发生，求火光明，乐水清净，爱风周流，观尘成就，各各崇事，以此群尘发作本因，立常住解，是人则堕生无生执，诸迦叶波并婆罗门，勤心役身，事火崇水，求出生死，成其伴侣，迷佛菩提，亡失知见。是名第五计著崇事，迷心从物，立妄求因，求妄冀果，违远圆通，背涅槃城，生颠化种。

"又善男子穷诸行空，已灭生灭，而于寂灭精妙未圆。若于圆明计明中虚，非灭群化，以永灭依为所归依，生胜解者，是人则堕归无归执，无想天中诸舜若多成其伴侣，迷佛菩提，亡失知见。是名第六圆虚无心成空亡果，违远圆通，背涅槃城，生断灭种。

"又善男子穷诸行空，已灭生灭，而于寂灭精妙未圆。若于圆常，固身常住，同于精圆，长不倾逝，生胜解者，是人则堕贪非贪执，诸阿斯陀求长命者成其伴侣，迷佛菩提，亡失知见。是名第七执著命元，立固妄因，趣长劳果，违远圆通，背涅槃城，生妄延种。

"又善男子穷诸行空，已灭生灭，而于寂灭精妙未圆。观命互通，却留尘劳，恐其销尽，便于此际坐莲华宫，广化七珍，多增宝媛，恣纵其心，生胜解者，是人则堕真无真执，咤枳迦罗成其伴侣，迷佛菩提，亡失知见。是名第八发邪思因立炽尘果，违远圆通，背涅槃城，生天魔种。

"又，善男子穷诸行空，已灭生灭，而于寂灭精妙未圆。于命明中分别精粗，疏决真伪，因果相酬，唯求感应，背清净道；所谓见苦、断集、证灭、修道，居灭已休，更不前进，生胜解者，是人则堕定性声闻，诸无闻僧增上慢者成其伴侣，迷佛菩提，亡失知见。是名第九圆精应心成趣寂果，违远圆通，背涅槃城，生缠空种。

"又，善男子穷诸行空，已灭生灭，而于寂灭精妙未圆。若于圆融清净觉明，发研深妙，即立涅槃，而不前进，生胜解者，是人则堕定性辟支，诸缘、独伦不回心者成其伴侣，迷佛菩提，亡失知见。是名第十圆觉淴心成湛明果，违远圆通，背涅槃城，生觉圆明、不化圆种。

"阿难，如是十种禅那，中途成狂，因依迷惑，于未足中生满足证，皆是识阴用心交互，故生斯位。众生顽迷，不自忖量，逢此现前，各以所爱先习迷心而自休息，将为毕竟所归宁地，自言满足无上菩提，大妄语成，外道、邪魔所感业终，堕无间狱；声闻、缘觉不成增进。汝等存心秉如来道，将此法门于我灭后，传示末世，普令众生觉了斯义，无令见魔自作沉孽，保绥哀救，销息邪缘；令其身心入佛知见，从始成就，不遭歧路。

"如是法门，先过去世恒沙劫中，微尘如来乘此心开，得无上道。识阴若尽，则汝现前诸根互用，从互用中能入菩萨金刚干慧圆明精心，于中发化，如净琉璃，内含宝月；如是乃超十信、十住、十行、十回向、四加行心，菩萨所行金刚十地，等觉圆明，入于如来妙庄严海，圆满菩提，归无所得。此是过去先佛世尊奢摩他中，毗婆舍那觉明分析微细魔事。魔境现前，汝能谙识，心垢洗除，不落邪见。阴魔消灭，天魔摧碎，大力鬼神褫魄逃逝，魑魅魍魉无复出生，直至菩提无诸少乏；下劣增进，于大涅槃，心不迷闷。若诸末世愚钝众生未识禅那，不知说法，乐修三昧。汝恐同邪，一心劝令持我佛顶陀罗尼咒；若未能诵，写于禅堂，或带身上，一切诸魔所不能动，汝当恭钦十方如来究竟修进最后垂范。"

阿难即从座起，闻佛示诲，顶礼钦奉，忆持无失，于大众中，重复白佛："如佛所言，五阴相中，五种虚妄为本想心，我等平常未蒙如来微妙开示。又此五阴，为并消除？为次第尽？如是五重，诣何为界？惟愿如来发宣大慈，为此大众清净心目，以为末世一切众生作将来眼。"

佛告阿难："精真妙明，本觉圆净，非留死生及诸尘垢，乃至虚空，皆因妄想之所生起。斯元本觉，妙明真精，妄以发生诸器世间，如演若达多迷头认影。妄元无因，于妄想中立因缘性，迷因缘者称为自然；彼虚空性犹实幻生，因缘、自然皆是众生妄心计度。阿难，知妄所起，说妄因缘；若妄元无，说妄因缘元无所有，何况不知推自然者？是故如来与汝发明，五阴本因同是妄想。

"汝体先因父母想生，汝心非想，则不能来想中传命。如我先言，心想醋味，口中涎生；心想登高，足心酸起。悬崖不有，醋物未来，汝体必非虚妄通伦，口水如何因谈醋出？是故当知，汝现色身名为坚固第一妄想。

"即此所说临高想心，能令汝形真受酸涩。由因受生，能动色体，汝今现前顺益、违损，二现驱驰，名为虚明第二妄想。

"由汝念虑，使汝色身，身非念伦，汝身何因随念所使种种取像，心生形取，与念相应？寤即想心，寐为诸梦，则汝想念摇动妄情，名为融通第三妄想。

"化理不住，运运密移，甲长发生，气销容皱，日夜相代，曾无觉悟。阿难，此若非汝，云何体迁？如必是真，汝何无觉？则汝诸行，念念不停，名为幽隐第四妄想。

"又汝精明湛不摇处名恒常者，于身不出见闻觉知，若实精真，不容习妄；何因汝等曾于昔年睹一奇物，经历年岁忆忘俱无，于后忽然覆睹前异，记忆宛然，曾无遗失？则此精了湛不摇中，念念受熏，有何筹算？阿难当知，此湛非真，如急流水，望如恬静，流急不见，非是无流。若非想元，宁受妄习？非汝六根互用开合，此之妄想无时得灭。故汝现在见闻觉知，中串习几，则湛了内，罔象虚无，第五颠倒微细精想。

"阿难，是五受阴，五妄想成。

　　"汝今欲知因界浅深，惟色与空是色边际，惟触及离是受边际，惟记与忘是想边际，惟灭与生是行边际，湛入合湛归识边际。此五阴元重叠生起，生因识有，灭从色除。理则顿悟，乘悟并消；事非顿除，因次第尽。我已示汝劫波巾结，何所不明，再此询问？汝应将此妄想根元心得开通，传示将来末法之中诸修行者，令识虚妄，深厌自生，知有涅槃，不恋三界。

　　"阿难，若复有人遍满十方所有虚空，盈满七宝，持以奉上微尘诸佛，承事供养，心无虚度，于意云何？是人以此施佛因缘，得福多不？"

　　阿难答言："虚空无尽，珍宝无边。昔有众生施佛七钱，舍身犹获转轮王位，况复现前虚空既穷，佛土充遍皆施珍宝，穷劫思议尚不能及，是福云何更有边际？"

　　佛告阿难："诸佛如来语无虚妄。若复有人身具四重、十波罗夷，瞬息即经此方、他方阿鼻地狱，乃至穷尽十方无间，靡不经历；能以一念将此法门于末劫中开示未学，是人罪障应念销灭，变其所受地狱苦因成安乐国，得福超越前之施人百倍、千倍、千万亿倍，如是乃至算数、譬喻所不能及。阿难，若有众生能诵此经，能持此咒，如我广说，穷劫不尽；依我教言，如教行道，直成菩提，无复魔业。"

　　佛说此经已，比丘、比丘尼、优婆塞、优婆夷，一切世间天、人、阿修罗，及诸他方菩萨、二乘、圣仙童子，并初发心大力鬼神，皆大欢喜，作礼而去。

解深密经

卷　一

序品第一

如是我闻。

一时，薄伽梵住最胜光曜七宝庄严，放大光明普照一切无边世界，无量方所妙饰间列，周圆无际其量难测，超过三界所行之处，胜出世间善根所起，最极自在净识为相，如来所都，诸大菩萨众所云集，无量天、龙、药叉、健达缚、阿素洛、揭路荼、紧捺洛、牟呼洛伽人非人等常所翼从，广大法味喜乐所持，现作众生一切义利，蠲除一切烦恼缠垢，远离众魔，过诸庄严，如来庄严之所依处，大念慧行以为游路，大止妙观以为所乘，大空、无相、无愿解脱为所入门，无量功德众所庄严大宝华王众所建立大宫殿中。

是薄伽梵最清净觉，不二现行，趣无相法，住于佛住，逮得一切佛平等性，到无障处，不可转法，所行无碍，其所安立不可思议，游于三世平等法性，其身流布一切世界，于一切法智无疑滞，于一切行成就大觉，于诸法智无有疑惑，凡所现身不可分别，一切菩萨正所求智，得佛无二住胜彼岸，不相间杂如来解脱妙智究竟，证无中边佛地平等，极于法界，尽虚空性，穷未来际。

与无量大声闻众俱，一切调顺皆是佛子，心善解脱、慧善解脱、戒善清净，趣求法乐、多闻、闻持、其闻积集，善思所思、善说所说、善作所作，捷慧、速慧、利慧、出慧、胜决择慧、大慧、广慧及无等慧慧宝成就，具足三明，逮得一切现法乐住，大净福田、威仪寂静无不圆满，大忍柔和成就无减，已善奉行如来圣教。

复有无量菩萨摩诃萨众从种种佛土而来集会，皆住大乘，游大乘法，于诸众生其心平等，离诸分别及不分别种种分别，摧伏一切众魔怨敌，远离一切声闻、独觉所有作意，广大法味喜乐所持，超五怖畏，一向趣入不退转地，息一切众生一切灾横而现在前。其名曰：解甚深义密意菩萨摩诃萨，如理请问菩萨摩诃萨，法涌菩萨摩诃萨，善清净慧菩萨摩诃萨，广慧菩萨摩诃萨，德本菩萨摩诃萨，胜义生菩萨摩诃萨，观自在菩萨摩诃萨，慈氏菩萨摩诃萨，曼殊室利菩萨摩诃萨等而为上首。

胜义谛相品第二

尔时，如理请问菩萨摩诃萨即于佛前问解甚深义密意菩萨摩诃萨言：

“最胜子！言一切法无二。一切法无二者，何等一切法？云何为无二？”

解甚深义密意菩萨谓如理请问菩萨曰：“善男子！一切法者，略有二种：所谓有为、无为。是中有为，非有为、非无为，无为，亦非无为、非有为。”

如理请问菩萨复问解甚深义密意菩萨言：“最胜子！如何有为，非有为、非无为，无为，亦非无为、非有为？”

解甚深义密意菩萨谓如理请问菩萨曰：“善男子！言有为者，乃是本师假施设句。若是本师假施设句，即是遍计所集言辞所说，若是遍计所集言辞所说，即是究竟种种遍计言辞所说，不成实故，非是有为。善男子！言无为者，亦堕言辞，设离有为无为少有所说，其相亦尔。然非无事而有所说，何等为事？谓诸圣者以圣智圣见离名言故现正等觉，即于如是离言法性，为欲令他现等觉故，假立名相谓之有为。

“善男子！言无为者，亦是本师假施设句。若是本师假施设句，即是遍计所集言辞所说，若是遍计所集言辞所说，即是究竟种种遍计言辞所说，不成实故，非是无为。善男子！言有为者，亦堕言辞，设离无为有为少有所说，其相亦尔。然非无事而有所说，何等为事？谓诸圣者以圣智圣见离名言故现正等觉，即于如是离言法性，为欲令他现等觉故，假立名相谓之无为。”

尔时，如理请问菩萨摩诃萨复问解甚深义密意菩萨摩诃萨言：“最胜子！如何此事彼诸圣者以圣智圣见离名言故现正等觉，即于如是离言法性，为欲令他现等觉故假立名相，或谓有为、或谓无为？”

解甚深义密意菩萨谓如理请问菩萨曰：“善男子！如善幻师或彼弟子住四衢道，积集草叶、木、瓦砾等现作种种幻化事业，所谓象身、马身、车身、步身、末尼、真珠、琉璃、螺贝、璧玉、珊瑚、种种财谷库藏等身。若诸众生愚痴顽钝恶慧种类，无所知晓，于草叶木瓦砾等上诸幻化事，见已闻已作如是念：此所见者，实有象身，实有马身、车身、步身、末尼、真珠、琉璃、螺贝、璧玉、珊瑚、种种财谷库藏等身，如其所见，如其所闻，坚固执着、随起言说‘唯此谛实，余皆愚妄’，彼于后时应更观察。

“若有众生非愚非钝善慧种类有所知晓，于草叶木瓦砾等上诸幻化事，见已闻已作如是念：此所见者，无实象身，无实马身、车身、步身、末尼、真珠、琉璃、螺贝、璧玉、珊瑚、种种财谷库藏等身，然有幻状迷惑眼事，于中发起大象身想，或大象身差别之想，乃至发起种种财谷库藏等想，或彼种类差别之想，不如所见，不如所闻，坚固执着随起言说‘唯此谛实，余皆愚妄’，为欲表知如是义故，亦于此中随起言说，彼于后时不须观察。

"如是若有众生是愚夫类、是异生类，未得诸圣出世间慧，于一切法离言法性不能了知，彼于一切有为无为见已闻已作如是念：此所得者，决定实有有为无为，如其所见，如其所闻，坚固执着随起言说'唯此谛实，余皆愚妄'，彼于后时应更观察。

"若有众生非愚夫类，已见圣谛、已得诸圣出世间慧，于一切法离言法性如实了知，彼于一切有为无为见已闻已作如是念：此所得者，决定无实有为无为，然有分别所起行相，犹如幻事迷惑觉慧，于中发起为、无为想，或为无为差别之想，不如所见，不如所闻，坚固执着随起言说'唯此谛实，余皆痴妄'，为欲表知如是义故，亦于此中随起言说，彼于后时不须观察。

"如是善男子！彼诸圣者于此事中，以圣智圣见离名言故现正等觉，即于如是离言法性，为欲令他现等觉故，假立名相谓之有为、谓之无为。"

尔时，解甚深义密意菩萨摩诃萨欲重宣此义而说颂曰：

　　佛说离言无二义，甚深非愚之所行，愚夫于此痴所惑，乐着二依言戏论。彼或不定或邪定，流转极长生死苦，复违如是正智论，当生牛羊等类中。

尔时，法涌菩萨摩诃萨白佛言："世尊！从此东方过七十二殑伽河沙等世界，有世界名具大名称，是中如来号广大名称，我于先日从彼佛土发来至此。我于彼土曾见一处，有七万七千外道并其师首同一会坐，为思诸法胜义谛相，彼共思议、称量、观察遍寻求时，于一切法胜义谛相竟不能得，唯除种种意解、别异意解、变异意解互相违背共兴诤论，口出矛矟，更相矟刺，恼坏既已，各各离散。

"世尊！我于尔时，窃作是念：如来出世甚奇希有！由出世故，乃于如是超过一切寻思所行胜义谛相亦有通达作证可得。"

说是语已，尔时世尊告法涌菩萨摩诃萨曰："善男子！如是如是，如汝所说，我于超过一切寻思胜义谛相现正等觉，现等觉已，为他宣说、显现开解、施设照了。何以故？我说胜义是诸圣者内自所证，寻思所行是诸异生展转所证，是故法涌，由此道理当知胜义超过一切寻思境相。

"复次法涌，我说胜义无相所行，寻思但行有相境界。是故法涌，由此道理当知胜义超过一切寻思境相。

"复次法涌，我说胜义不可言说，寻思但行言说境界。是故法涌，由此道理当知胜义超过一切寻思境相。

"复次法涌，我说胜义绝诸表示，寻思但行表示境界。是故法涌，由此道理当知胜义超过一切寻思境相。

"复次**法涌**，我说胜义绝诸诤论，寻思但行诤论境界。是故**法涌**，由此道理当知胜义超过一切寻思境相。

"**法涌**当知，譬如有人尽其寿量习辛苦味，于蜜、石蜜上妙美味不能寻思、不能比度、不能信解，或于长夜由欲贪胜解、诸欲炽火所烧然故，于内除灭一切色声香味触相妙远离乐不能寻思、不能比度、不能信解，或于长夜由言说胜解乐著世间绮言说故，于内寂静圣默然乐不能寻思、不能比度、不能信解，或于长夜由见闻觉知表示胜解乐著世间诸表示故，于永除断一切表示萨迦耶灭究竟涅槃不能寻思、不能比度、不能信解，**法涌**当知，譬如有人于其长夜，由有种种我所摄受诤论胜解乐著世间诸诤论故，于北拘卢洲无我所、无摄受、离诤论不能寻思、不能比度、不能信解。如是**法涌**，诸寻思者于超一切寻思所行胜义谛相不能寻思、不能比度、不能信解。"

尔时，世尊欲重宣此义而说颂曰：

> 内证无相之所行，不可言说绝表示，息诸诤论胜义谛，超过一切寻思相。

尔时，**善清净慧**菩萨摩诃萨白佛言："世尊甚奇，乃至世尊善说，谓世尊言胜义谛相微细甚深，超过诸法一异性相，难可通达。世尊！我即于此曾见一处，有众菩萨等正修行胜解行地，同一会坐，皆共思议胜义谛相与诸行相一异性相。于此会中，一类菩萨作如是言'胜义谛相与诸行相都无有异'，一类菩萨复作是言'非胜义谛相与诸行相都无有异，然胜义谛相异诸行相'，有余菩萨疑惑犹豫，复作是言'是诸菩萨谁言谛实、谁言虚妄？谁如理行、谁不如理'？或唱是言'胜义谛相与诸行相都无有异'，或唱是言'胜义谛相异诸行相'。世尊！我见彼已，窃作是念：此诸善男子愚痴顽钝、不明不善、不如理行，于胜义谛微细甚深超过诸行一异性相不能解了。"

说是语已，尔时世尊告善清净慧菩萨摩诃萨曰："善男子！如是如是！如汝所说，此诸善男子愚痴顽钝、不明不善、不如理行，于胜义谛微细甚深超过诸行一异性相不能解了。何以故？**善清净慧**！非于诸行如是行时，名能通达胜义谛相，或于胜义谛而得作证。何以故？**善清净慧**！若胜义谛相与诸行相都无异者，应于今时一切异生皆已见谛，又诸异生应已得无上方便安隐涅槃，或应已证阿耨多罗三藐三菩提。若胜义谛相与诸行相一向异者，已见谛者于诸行相应不除遣，若不除遣诸行相者，应于相缚不得解脱，此见谛者于诸相缚不解脱故，于粗重缚亦应不脱，由于二缚不解脱故，已见谛者应不能得无上方便安隐涅槃，或不应证阿耨多罗三藐三菩提。

"**善清净慧**！由于今时非诸异生皆已见谛，非诸异生能获得无上方便安隐涅槃，亦非已证阿耨多罗三藐三菩提，是故'胜义谛相与诸行相都无异相'不应道理。若于此中作如是言'胜义谛相与诸行相都无异'者，由此道理当知一切非如理行、不如正理。**善清净慧**！由于今时非见谛者于诸行相不能除遣，然能除遣，非见谛者于诸相缚不能解脱，然能解脱，非见谛者于粗重缚不能解脱，然能解脱，以于二障能解脱故，亦能获得无上方便安隐涅槃，或有能证阿耨多罗三藐三菩提，是故'胜义谛相与诸行相一向异相'不应道理。若于此中作如是言'胜义谛相与诸行相一向异'者，由此道理当知一切非如理行、不如正理。

"复次**善清净慧**！若胜义谛相与诸行相都无异者，如诸行相堕杂染相，此胜义谛相亦应如是堕杂染相。**善清净慧**！若胜义谛相与诸行相一向异者，应非一切行相共相名胜义谛相。**善清净慧**！由于今时胜义谛相非堕杂染相，诸行共相名胜义谛相，是故'胜义谛相与诸行相都无异相'不应道理，'胜义谛相与诸行相一向异相'不应道理。若于此中作如是言'胜义谛相与诸行相都无有异'或'胜义谛相与诸行相一向异'者，由此道理当知一切非如理行、不如正理。

"复次**善清净慧**！若胜义谛相与诸行相都无异者，如胜义谛相于诸行相无有差别，一切行相亦应如是无有差别，修观行者于诸行中如其所见、如其所闻、如其所觉、如其所知不应后时更求胜义。若胜义谛相与诸行相一向异者，应非'诸行唯无我性、唯无自性之所显现是胜义相'，又应俱时别相成立，谓杂染相及清净相。**善清净慧**！由于今时一切行相皆有差别、非无差别，修观行者于诸行中如其所见、如其所闻、如其所觉、如其所知复于后时更求胜义，又即'诸行唯无我性、唯无自性之所显现名胜义相'，又非俱时染净二相别相成立，是故'胜义谛相与诸行相都无有异'或'一向异'不应道理。若于此中作如是言'胜义谛相与诸行相都无有异'或'一向异'者，由此道理当知一切非如理行、不如正理。

"**善清净慧**！如螺贝上鲜白色性，不易施设与彼螺贝一相异相。如螺贝上鲜白色性，金上黄色亦复如是。如箜篌声上美妙曲性，不易施设与箜篌声一相异相，如黑沈上有妙香性，不易施设与彼黑沈一相异相，如胡椒上辛猛利性，不易施设与彼胡椒一相异相，如胡椒上辛猛利性，诃梨涩性亦复如是，如蠢罗绵上有柔软性，不易施设与蠢罗绵一相异相，如熟酥上所有醍醐，不易施设与彼熟酥一相异相，又如一切行上无常性、一切有漏法上苦性、一切法上补特伽罗无我性，不易施设与彼行等一相异相，又如贪上不寂静相及杂染相，不易施设此与彼贪一相异相，如于贪上，于嗔痴上当知亦尔。如是，**善清**

净慧！胜义谛相不可施设与诸行相一相异相。

"善清净慧！我于如是微细极微细、甚深极甚深、难通达极难通达、超过诸法一异性相胜义谛相现正等觉，现等觉已，为他宣说、显示开解、施设照了。尔时，世尊欲重宣此义而说颂曰：

> 行界胜义相，离一异性相，若分别一异，彼非如理行。众生为相缚，及为粗重缚，要勤修止观，尔乃得解脱。

尔时，世尊告长老善现曰："善现！汝于有情界中，知几有情怀增上慢、为增上慢所执持故记别所解？汝于有情界中，知几有情离增上慢记别所解？"

尔时，长老善现白佛言："世尊！我知有情界中，少分有情离增上慢记别所解。世尊！我知有情界中，有无量无数不可说有情怀增上慢，为增上慢所执持故记别所解。

"世尊！我于一时住阿练若大树林中，时有众多苾刍亦于此林依近我住，我见彼诸苾刍于日后分展转聚集，依有所得现观，各说种种相法记别所解。于中一类由得蕴故、得蕴相故、得蕴起故、得蕴尽故、得蕴灭故、得蕴灭作证故记别所解。如此一类由得蕴故，复有一类由得处故、复有一类得缘起故，当知亦尔。复有一类由得食故、得食相故、得食起故、得食尽故、得食灭、得食灭作证故记别所解，复有一类由得谛故、得谛相故、得谛遍知故、得谛永断故、得谛作证故、得谛修习故记别所解，复有一类由得界故、得界相故、得界种种性故、得界非一性故、得界灭故、得界灭作证故记别所解，复有一类由得念住故、得念住相故、得念住能治所治故、得念住修故、得念住未生令生故、得念住生已坚住不忘、倍修增广故记别所解。如有一类得念住故，复有一类得正断故、得神足故、得诸根故、得诸力故、得觉支故，当知亦尔。复有一类得八支圣道故、得八支圣道相故、得八支圣道能治所治故、得八支圣道修故、得八支圣道未生令生故、得八支圣道生已坚住不忘、倍修增广故记别所解。

"世尊！我见彼已，便作是念：此诸长老依有所得现观，各说种种相法记别所解，当知彼诸长老一切皆怀增上慢，为增上慢所执持故，于胜义谛遍一切一味相不能解了。是故世尊甚奇乃至世尊善说，谓世尊言胜义谛相微细最微细、甚深最甚深、难通达最难通达遍一切一味相。世尊！此圣教中修行苾刍于胜义谛遍一切一味相尚难通达，况诸外道。"

尔时，世尊告长老善现曰："如是如是，善现！我于微细最微细、甚深最甚深、难通达最难通达遍一切一味相胜义谛现正等觉，现等觉已，为他宣说、显示开解、施设照了。何以故？善现！我已显示于一切蕴中清净所缘是胜义谛，我已显示于一切处、缘起、食、谛、界、念住、正断、神足、根、力、觉支、道支中清净所缘是胜义谛，此清净所缘于一切蕴中是一味相、无别异相。如于蕴中，如是于一切处中、乃至一切道支中是一味相、无别异相。是故善现，由此道理当知胜义谛是遍一切一味相。

"复次善现！修观行苾刍通达一蕴真如、胜义、法无我性已，更不寻求各别余蕴、诸处、缘起、食、谛、界、念住、正断、神足、根、力、觉支、道支真如胜义法无我性，唯即随此真如、胜义、无二智为依止故，于遍一切一味相胜义谛审察趣证。是故善现，由此道理当知胜义谛是遍一切一味相。

"复次善现！如彼诸蕴展转异相，如彼诸处、缘起、食、谛、界、念住、正断、神足、根、力、觉支、道支展转异相，若一切法真如、胜义、法无我性亦异相者，是则真如、胜义、法无我性亦应有因，从因所生，若从因生应是有为，若是有为应非胜义，若非胜义应更寻求余胜义谛。善现！由此真如、胜义、法无我性不名有因非因所生，亦非有为是胜义谛，得此胜义更不寻求余胜义谛，唯有常常时、恒恒时，如来出世、若不出世，诸法法性安立、法界安住。是故善现，由此道理当知胜义谛是遍一切一味相。善现！譬如种种非一品类异相色中，虚空无相、无分别、无变异、遍一切一味相，如是异性异相一切法中，胜义谛遍一切一味相当知亦尔。"

尔时，世尊欲重宣此义而说颂曰：

> 此遍一切一味相，胜义诸佛说无异，若有于中异分别，彼定愚痴依上慢。

心意识相品第三

尔时广慧菩萨摩诃萨白佛言："世尊！如世尊说于心意识秘密善巧菩萨，于心意识秘密善巧菩萨者，齐何名为于心意识秘密善巧菩萨？如来齐何施设彼为于心意识秘密善巧菩萨？"

说是语已，尔时世尊告广慧菩萨摩诃萨曰："善哉！善哉！广慧！汝今乃能请问如来如是深义，汝今为欲利益安乐无量众生，哀愍世间及诸天人阿素洛等，为令获得义利安乐故发斯问。汝应谛听！吾当为汝说心意识秘密之义。

"广慧！当知于六趣生死，彼彼有情堕彼彼有情众中，或在卵生、或在胎生、或在湿生、或在化生身分生起。于中最初一切种子心识成熟，展转和合，增长广大，依二执受：一者有色诸根及所依执受，二者相名分别言说戏论习气执受。有色界中具二执受，无色界中不具二种。

"广慧！此识亦名阿陀那识。何以故？由此识于身随逐执持故。亦名阿赖耶识。何以故？由此识于身摄受藏隐同安危义故。亦名为心。何以故？由此识色、声、香、味、触等积集滋长故。

"广慧！阿陀那识为依止、为建立故六识身转，谓眼识，耳、鼻、舌、身、意识。此中有识，眼及色为缘生眼识，与眼识俱随行同时同境有分别意识转，有识耳鼻舌身及声香味触为缘生耳鼻舌身识，与耳鼻舌身识俱随行同时同境有分别意识转。

"广慧！若于尔时一眼识转，即于此时唯有一分别意识与眼识同所行转，若于尔时二、三、四、五诸识身转，即于此时唯有一分别意识与五识身同所行转。广慧！譬如大暴水流，若有一浪生缘现前唯一浪转，若二若多浪生缘现前有多浪转，然此暴水自类恒流无断无尽。又如善净镜面，若有一影生缘现前唯一影起，若二若多影生缘现前有多影起，非此镜面转变为影，亦无受用灭尽可得。如是广慧，由似暴流阿陀那识为依止为建立故，若于尔时有一眼识生缘现前，即于此时一眼识转，若于尔时乃至有五识身生缘现前，即于此时五识身转。

"广慧！如是菩萨虽由法住智为依止为建立故，于心意识秘密善巧，然诸如来不齐于此施设彼为于心意识一切秘密善巧菩萨。广慧！若诸菩萨于内各别如实不见阿陀那、不见阿陀那识，不见阿赖耶、不见阿赖耶识，不见积集、不见心，不见眼、色及眼识，不见耳、声及耳识，不见鼻、香及鼻识，不见舌、味及舌识，不见身、触及身识，不见意、法及意识，是名胜义善巧菩萨，如来施设彼为胜义善巧菩萨。广慧！齐此名为于心意识一切秘密善巧菩萨，如来齐此施设彼为于心意识一切秘密善巧菩萨。"

尔时，世尊欲重宣此义而说颂曰：

阿陀那识甚深细，一切种子如暴流，我于凡愚不开演，恐彼分别执为我。

卷　二

一切法相品第四

尔时德本菩萨摩诃萨白佛言："世尊！如世尊说于诸法相善巧菩萨，于诸法相善巧菩萨者，齐何名为于诸法相善巧菩萨？如来齐何施设彼为于诸法相善巧菩萨？"

说是语已，尔时世尊告德本菩萨曰："善哉！德本！汝今乃能请问如来如是深义，汝今为欲利益安乐无量众生，哀愍世间及诸天人阿素洛等，为令获得义利安乐故发斯问。汝应谛听！吾当为汝说诸法相。

"谓诸法相略有三种。何等为三？一者遍计所执相，二者依他起相，三者圆成实相。云何诸法遍计所执相？谓一切法假名安立自性差别，乃至为令随起言说。云何诸法依他起相？谓一切法缘生自性，则此有故彼有，此生故彼生，谓无明缘行乃至招集纯大苦蕴。云何诸法圆成实相？谓一切法平等真如，于此真如，诸菩萨众勇猛精进为因缘故、如理作意无倒思惟为因缘故乃能通达，于此通达渐渐修习，乃至无上正等菩提方证圆满。

"善男子！如眩翳人眼中所有眩翳过患，遍计所执相当知亦尔，如眩翳人眩翳众相，或发毛轮、蜂蝇、苣藤，或复青黄赤白等相差别现前，依他起相当知亦尔，如净眼人远离眼中眩翳过患，即此净眼本性所行无乱境界，圆成实相当知亦尔。

"善男子！譬如清净颇胝迦宝，若与青染色合，则似帝青、大青末尼宝像，由邪执取帝青、大青末尼宝故惑乱有情，若与赤染色合，则似琥珀末尼宝像，由邪执取琥珀末尼宝故惑乱有情，若与绿染色合，则似末罗羯多末尼宝像，由邪执取末罗羯多末尼宝故惑乱有情，若与黄染色合，则似金像，由邪执取真金像故惑乱有情。

"如是德本！如彼清净颇胝迦上所有染色相应，依他起相上遍计所执相言说习气当知亦尔，如彼清净颇胝迦上所有帝青、大青、琥珀、末罗羯多、金等邪执，依他起相上遍计所执相执当知亦尔，如彼清净颇胝迦宝，依他起相当知亦尔，如彼清净颇胝迦上所有帝青、大青、琥珀、末罗羯多、真金等相，于常常时于恒恒时无有真实、无自性性，即依他起相上由遍计所执相于常常时于恒恒时无有真实、无自性性，圆成实相当知亦尔。

"复次德本！相名相应以为缘故，遍计所执相而可了知，依他起相上遍计所执相执以为缘故，依他起相而可了知，依他起相上遍计所执相无执以为缘故，圆成实相而可了知。

"善男子！若诸菩萨能于诸法依他起相上，如实了知遍计所执相，即能如实了知一切无相之法，若诸菩萨如实了知依他起相，即能如实了知一切杂染相法，若诸菩萨如实了知圆成实相，即能如实了知一切清净相法。善男子！若诸菩萨能于依他起相上如实了知无相之法，即能断灭杂染相法，若能断灭杂染相法，即能证得清净相法。

"如是德本！由诸菩萨如实了知遍计所执相、依他起相、圆成实相故，如实了知诸无相法、杂染相法、清净相法，如实了知无相法故，断灭一切杂染相法，断灭一切染相法故，证得一切清净相法。齐此名为于诸法相善巧菩萨，如来齐此施设彼为于诸法相善巧菩萨。"

尔时，世尊欲重宣此义而说颂曰：

若不了知无相法，杂染相法不能断，不断杂染相法故，坏证微妙净相法。不观诸行众过失，放逸过失害众生，懈怠住法动法中，无有失坏可怜愍。

无自性相品第五

尔时，胜义生菩萨摩诃萨白佛言："世尊！我曾独在静处，心生如是寻思：世尊以无量门曾说诸蕴所有自相、生相、灭相、永断、遍知，如说诸蕴，诸处、缘起、诸食亦尔，以无量门曾说诸谛所有自相、遍知、永断、作证、修习，以无量门曾说诸界所有自相、种种界性、非一界性、永断、遍知，以无量门曾说念住所有自相、能治所治及以修习、未生令生、生已坚住不忘、倍修增长广大，如说念住，正断、神足、根、力、觉支亦复如是，以无量门曾说八支圣道所有自相、能治所治及以修习、未生令生、生已坚住不忘、倍修增长广大，世尊复说一切诸法皆无自性、无生无灭、本来寂静、自性涅槃。未审世尊依何密意作如是说：一切诸法皆无自性、无生无灭、本来寂静、自性涅槃。我今请问如来斯义，惟愿如来哀愍解释，说'一切法皆无自性、无生无灭、本来寂静、自性涅槃'所有密意。"

尔时，世尊告胜义生菩萨曰："善哉！善哉！胜义生！汝所寻思甚为如理。善哉！善哉！善男子！汝今乃能请问如来如是深义，汝今为欲利益安乐无量众生，哀愍世间及诸天人阿素洛等，为令获得义利安乐故发斯问。汝应谛听！吾当为汝解释所说'一切诸法皆无自性、无生无灭、本来寂静、自性涅槃'所有密意。

"胜义生！当知我依三种无自性性，密意说言一切诸法皆无自性。所谓相无自性性、生无自性性、胜义无自性性。善男子！云何诸法相无自性性？谓诸法遍计所执相。何以故？此由假名安立为相，非由自相安立为相，是故说名相无自性性。云何诸法生无自性性？谓诸法依他起相。何以故？此由依他缘力故有，非自然有，是故说名生无自性性。云何诸法胜义无自性性？谓诸法由生无自性性故，说名无自性性，即缘生法亦名胜义无自性性。何以故？于诸法中若是清净所缘境界，我显示彼以为胜义无自性性。依他起相非是清净所缘境界，是故亦说名为胜义无自性性。复有诸法圆成实相亦名胜义无自性性。何以故？一切诸法法无我性名为胜义，亦得名为无自性性，是一切法胜义谛故，无自性性之所显故，由此因缘名为胜义无自性性。

"善男子！譬如空华，相无自性性当知亦尔，譬如幻像，生无自性性当知亦尔，一分胜义无自性性当知亦尔，譬如虚空，惟是众色无性所显，遍一切处，一分胜义无自性性当知亦尔，法无我性之所显故，遍一切故。

"善男子！我依如是三种无自性性，密意说言一切诸法皆无自性。胜义生！当知我依相无自性性，密意说言一切诸法无生无灭、本来寂静、自性涅槃。何以故？若法自相都无所有，则无有生，若无有生则无有灭，若无生无灭则本来寂静，若本来寂静则自性涅槃，于中都无少分所有更可令其般涅槃故，是故我依相无自性性，密意说言一切诸法无生无灭、本来寂静、自性涅槃。

"善男子！我亦依法无我性所显胜义无自性性，密意说言一切诸法无生无灭、本来寂静、自性涅槃。何以故？法无我性所显胜义无自性性，于常常时于恒恒时，诸法法性安住无为，一切杂染不相应故。于常常时于恒恒时，诸法法性安住故无为，由无为故无生无灭，一切杂染不相应故，本来寂静自性涅槃。是故我依法无我性所显胜义无自性性，密意说言一切诸法无生无灭、本来寂静、自性涅槃。"

"复次胜义生！非由有情界中诸有情类，别观遍计所执自性为自性故，亦非由彼别观依他起自性及圆成实自性为自性故，我立三种无自性性，然由有情于依他起自性及圆成实自性上增益遍计所执自性故，我立三种无自性性。由遍计所执自性相故，彼诸有情于依他起自性及圆成实自性中随起言说，如如随起言说，如是如是由言说熏习心故、由言说随觉故、由言说随眠故，于依他起自性及圆成实自性中执着遍计所执自性相。如如执着，如是如是于依他起自性及圆成实自性上执着遍计所执自性，由是因缘生当来世依他起自性。由此因缘，或为烦恼杂染所染、或为业杂染所染、或为生杂染所染，于生死中长时驰聘、长时流转，无有休息，或在那洛迦、或在傍生、或在饿鬼、或在天上、或在阿素洛、或在人中受诸苦恼。

"复次胜义生！若诸有情从本已来未种善根、未清净障、未成熟相续、未多修胜解、未能积集福德、智慧二种资粮，我为彼故，依生无自性性宣说诸法，彼闻是已，能于一切缘生行中，随分解了无常无恒是不安隐变坏法已，于一切行心生怖畏、深起厌患，心生怖畏深厌患已，遮止诸恶，于诸恶法能不造作，于诸善法能勤修习，习善因故未种善根能种善根、未清净障能令清净、未成熟相续能令成熟，由此因缘多修胜解，亦多积集福德、智慧二种资粮。

“彼虽如是种诸善根，乃至积集福德、智慧二种资粮，然于生无自性性中，未能如实了知相无自性性及二种胜义无自性性，于一切行未能正厌、未正离欲、未正解脱、未遍解脱烦恼杂染、未遍解脱诸业杂染、未遍解脱诸生杂染，如来为彼更说法要，谓相无自性性及胜义无自性性，为欲令其于一切行能正厌故、正离欲故、正解脱故、超过一切烦恼杂染故、超过一切业杂染故、超过一切生杂染故。彼闻如是所说法已，于生无自性性中能正信解相无自性性及胜义无自性性，拣择思惟，如实通达，于依他起自性中能不执着遍计所执自性相，由言说不熏习智故、由言说不随觉智故、由言说离随眠智故能灭依他起相，于现法中智力所持，能永断灭当来世因，由此因缘于一切行能正厌患、能正离欲、能正解脱、能遍解脱烦恼、业、生三种杂染。

“复次胜义生！诸声闻乘种姓有情，亦由此道、此行迹故证得无上安隐涅槃，诸独觉乘种姓有情、诸如来乘种姓有情，亦由此道、此行迹故证得无上安隐涅槃。一切声闻、独觉、菩萨皆共此一妙清净道，皆同此一究竟清净，更无第二。我依此故，密意说言惟有一乘，非于一切有情界中无有种种有情种姓，或钝根性、或中根性、或利根性有情差别。

“善男子！若一向趣寂声闻种姓补特伽罗，虽蒙诸佛施设种种勇猛加行方便化导，终不能令当坐道场证得阿耨多罗三藐三菩提。何以故？由彼本来惟有下劣种姓故，一向慈悲薄弱故，一向怖畏众苦故。由彼一向慈悲薄弱，是故一向弃背利益诸众生事，由彼一向怖畏众苦，是故一向弃背发起诸行所作。我终不说一向弃背利益众生事者、一向弃背发起诸行所作者当坐道场能得阿耨多罗三藐三菩提，是故说彼名为一向趣寂声闻。若回向菩提声闻种姓补特伽罗，我亦异门说为菩萨。何以故？彼既解脱烦恼障已，若蒙诸佛等觉悟时，于所知障其心亦可当得解脱，由彼最初为自利益修行加行脱烦恼障，是故如来施设彼为声闻种姓。

“复次胜义生！如是于我善说、善制法、毗奈耶最极清净意乐所说善教法中，诸有情类意解种种差别可得。

“善男子！如来但依如是三种无自性性，由深密意于所宣说不了义经，以隐密相说诸法要，谓一切法皆无自性、无生无灭、本来寂静、自性涅槃。于是经中，若诸有情已种上品善根、已清净诸障、已成熟相续、已多修胜解、已能积集上品福德智慧资粮，彼若听闻如是法已，于我甚深密意言说如实了解，于如是法深生信解，于如是义以无倒慧如实通达，于此通达善修习故，速疾能证最极究竟，亦于我所深生净信，知是如来应正等觉于一切法现正等觉。

"若诸有情已种上品善根、已清净诸障、已成熟相续、已多修胜解，未能积集上品福德智慧资粮，其性质直，是质直类，虽无力能思择废立，而不安住自见取中。彼若听闻如是法已，于我甚深秘密言说虽无力能如实解了，然于此法能生胜解、发清净信，信此经典是如来说，是其甚深显现、甚深空性相应，难见难悟，不可寻思，非诸寻思所行境界、微细详审聪明智者之所解了，于此经典所说义中自轻而住，作如是言'诸佛菩提为最甚深，诸法法性亦最甚深，惟佛如来能善了达，非是我等所能解了，诸佛如来为彼种种胜解有情转正法教，诸佛如来无边智见，我等智见犹如牛迹'，于此经典虽能恭敬为他宣说、书写护持、披阅流布、殷重供养、受诵温习，然犹未能以其修相发起加行，是故于我甚深密意所说言辞不能通达，由此因缘，彼诸有情亦能增长福德智慧二种资粮，于彼相续未成熟者亦能成熟。

"若诸有情广说乃至未能积集上品福德智慧资粮，性非质直，非质直类，虽有力能思择废立，而复安住自见取中。彼若听闻如是法已，于我甚深密意言说不能如实解了，于如是法虽生信解，然于其义随言执着，谓一切法决定皆无自性、决定不生不灭、决定本来寂静、决定自性涅槃，由此因缘，于一切法获得无见及无相见，由得无见、无相见故，拨一切相皆是无相，诽拨诸法遍计所执相、依他起相、圆成实相。何以故？由有依他起相及圆成实相故，遍计所执相方可施设。若于依他起相及圆成实相见为无相，彼亦诽拨遍计所执相，是故说彼诽拨三相。虽于我法起于法想，而非义中起于义想，由于我法起法想故及非义中起义想故，于是法中持为是法，于非义中持为是义，彼虽于法起信解故福德增长，然于非义起执着故退失智慧，智慧退故退失广大无量善法。

"复有有情从他听闻，谓法为法、非义为义，若随其见，彼即于法起于法想、于非义中起于义想，执法为法、非义为义，由此因缘当知同彼退失善法。

"若有有情不随其见，从彼欻闻'一切诸法皆无自性、无生无灭、本来寂静、自性涅槃'便生恐怖，生恐怖已，作如是言'此非佛语，是魔所说'，作此解已，于是经典诽谤毁骂，由此因缘获大衰损、触大业障。

"由是缘故，我说若有于一切相起无见、于非义中宣说为义，是起广大业障方便，由彼陷坠无量众生，令其获得大业障故。

"善男子！若诸有情未种善根、未清净障、未熟相续、无多胜解、未集福德智慧资粮，性非质直，非质直类，虽有力能思择废立，而常安住自见取中，彼若听闻如是法已，不能如实解我甚深密意言说，亦于此法不生信解，于是法中起非法想，于是义中起非义想，于是法中执为非法，于是义中执为非义，唱如是言'此非佛语，是魔所说'，作此解已，于是经典诽谤毁骂、拨为虚伪，以无量门毁灭摧伏如是经典，于诸信解此经典者起怨家想，彼先为诸业障所障，由此因缘复为如是业障所障，如是业障初易施设，乃至齐于百千俱胝那庾多劫无有出期。

"善男子！如是于我善说善制法毗奈耶最极清净意乐所说善教法中，有如是等诸有情类意解种种差别可得。"

尔时，世尊欲重宣此义而说颂曰：

一切诸法皆无性，无生无灭本来寂，诸法自性恒涅槃，谁有智言无密意？相生胜义无自性，如是我皆已显示，若不知佛此密意，失坏正道不能往。依诸净道清净者，惟依此一无第二，故于其中立一乘，非有情性无差别。众生界中无量生，惟度一身趣寂灭，大悲勇猛证涅槃，不舍众生甚难得。微妙难思无漏界，于中解脱等无差，一切义成离惑苦，二种异说谓常乐。

尔时，胜义生菩萨复白佛言："世尊！诸佛如来密意语言甚奇希有，乃至微妙最微妙、甚深最甚深、难通达最难通达！如是我今领解世尊所说义者，若于分别所行遍计所执相所依行相中，假名安立以为色蕴，或自性相、或差别相，假名安立为色蕴生、为色蕴灭及为色蕴永断、遍知或自性相、或差别相，是名遍计所执相，世尊依此施设诸法相无自性性。若即分别所行遍计所执相所依行相，是名依他起相，世尊依此施设诸法生无自性性及一分胜义无自性性。如是我今领解世尊所说义者，若即于此分别所行遍计所执相所依行相中，由遍计所执相不成实故，即此自性无自性性、法无我真如、清净所缘是名圆成实相，世尊依此施设一分胜义无自性性。

"如于色蕴，如是于余蕴皆应广说，如于诸蕴，如是于十二处一一处中皆应广说，于十二有支一一支中皆应广说，于四种食一一食中皆应广说，于六界、十八界一一界中皆应广说。

"如是我今领解世尊所说义者，若于分别所行遍计所执相所依行相中，假名安立以为苦谛、苦谛遍知或自性相、或差别相，是名遍计所执相，世尊依此施设诸法相无自性性。若即分别所行遍计所执相所依行相是名依他起相，世尊依此施设诸法生无自性性及一分胜义无自性性。如是我今领解世尊所说义者，若即于此分别所行遍计所执相所依行相中，由遍计所执相不成实故，即此自性无自性性、法无我真如、清净所缘是名圆成实相，世尊依此施设一分胜义无自性性。

"如于苦谛，如是于余谛皆应广说，如于圣谛，如是于诸念住、正断、神足、根、力、觉支、道支中一一皆应广说。

"如是我今领解世尊所说义者，若于分别所行遍计所执相所依行相中，假名安立以为正定，及为正定能治所治、若正修未生令生、生已坚住不忘、倍修增长广大或自性相或差别相，是名遍计所执相，世尊依此施设诸法相无自性性。若即分别所行遍计所执相所依行相，是名依他起相，世尊依此施设诸法生无自性性及一分胜义无自性性。如是我今领解世尊所说义者，若即于此分别所行遍计所执相所依行相中，由遍计所执相不成实故，即此自性无自性性、法无我真如、清净所缘是名圆成实相，世尊依此施设诸法一分胜义无自性性。

"世尊！譬如毗湿缚药，一切散药、仙药方中皆应安处，如是世尊依此诸法皆无自性、无生无灭、本来寂静、自性涅槃、无自性性了义言教，遍于一切不了义经皆应安处。

"世尊！如彩画地，遍于一切彩画事业皆同一味，或青、或黄、或赤、或白，复能显发彩画事业，如是世尊依此诸法皆无自性广说乃至自性涅槃无自性性了义言教，遍于一切不了义经皆同一味，复能显发彼诸经中所不了义。

"世尊！譬如一切成熟珍馐，诸饼果内投之熟酥更生胜味，如是世尊依此诸法皆无自性广说乃至自性涅槃无自性性了义言教，置于一切不了义经生胜欢喜。

"世尊！譬如虚空，遍一切处皆同一味，不障一切所作事业，如是世尊依此诸法皆无自性广说乃至自性涅槃无自性性了义言教，遍于一切不了义经皆同一味，不障一切声闻、独觉及诸大乘所修事业。"

说是语已，尔时世尊叹胜义生菩萨曰："善哉！善哉！善男子！汝今乃能善解如来所说甚深密意言义，复于此义善作譬喻，所谓世间毗湿缚药、杂彩画地、熟酥、虚空。胜义生！如是如是，更无有异，如是如是，汝应受持！"

尔时，胜义生菩萨复白佛言："世尊初于一时在婆罗痆斯仙人堕处施鹿林中，惟为发趣声闻乘者，以四谛相转正法轮，虽是甚奇、甚为希有，一切世间诸天人等先无有能如法转者，而于彼时所转法轮，有上有容，是未了义，是诸诤论安足处所。

"世尊在昔第二时中，惟为发趣修大乘者，依一切法皆无自性、无生无灭、本来寂静、自性涅槃，以隐密相转正法轮，虽更甚奇、甚为希有，而于彼时所转法轮，亦是有上、有所容受，犹未了义，是诸诤论安足处所。

"世尊于今第三时中，普为发趣一切乘者，依一切法皆无自性、无生无灭、本来寂静、自性涅槃无自性性，以显了相转正法轮，第一甚奇、最为希有，于今世尊所转法轮，无上无容，是真了义，非诸诤论安足处所。

"世尊！若善男子或善女人，于此如来依'一切法皆无自性、无生无灭、本来寂静、自性涅槃'所说甚深了义言教，闻已信解、书写、护持、供养、流布、受诵、温习、如理思惟、以其修相发起加行，生几所福？"

说是语已，尔时世尊告胜义生菩萨曰："胜义生！是善男子或善女人，其所生福无量无数，难可喻知。吾今为汝略说少分：如爪上土比大地土，百分不及一，千分不及一，百千分不及一，数、算、计、喻、邬波尼杀昙分亦不及一，或如牛迹中水比四大海水，百分不及一，广说乃至邬波尼杀昙分亦不及一。如是于诸不了义经闻已信解，广说乃至以其修相发起加行所获功德，比此所说了义经教闻已信解所集功德，广说乃至以其修相发起加行所集功德，百分不及一，广说乃至邬波尼杀昙分亦不及一。"

说是语已，尔时胜义生菩萨复白佛言："世尊！于是解深密法门中当何名此教？我当云何奉持？"

佛告胜义生菩萨曰："善男子！此名胜义了义之教，于此胜义了义之教汝当奉持！"

说此胜义了义教时，于大会中，有六百千众生发阿耨多罗三藐三菩提心，三百千声闻远尘离垢，于诸法中得法眼净，一百五十千声闻永尽诸漏心得解脱，七十五千菩萨得无生法忍。

卷 三

分别瑜伽品第六

尔时，慈氏菩萨摩诃萨白佛言："世尊！菩萨何依、何住于大乘中修奢摩他、毗钵舍那？"

佛告慈氏菩萨曰："善男子！当知菩萨法假安立及不舍阿耨多罗三藐三菩提愿为依、为住，于大乘中修奢摩他、毗钵舍那。"

慈氏菩萨复白佛言："如世尊说四种所缘境事：一者有分别影像所缘境

事，二者无分别影像所缘境事，三者事边际所缘境事，四者所作成办所缘境事。于此四中，几是奢摩他所缘境事？几是毗钵舍那所缘境事？几是俱所缘境事？"

佛告慈氏菩萨曰："善男子！一是奢摩他所缘境事，谓无分别影像，一是毗钵舍那所缘境事，谓有分别影像，二是俱所缘境事，谓事边际、所作成办。"

慈氏菩萨复白佛言："世尊！云何菩萨依是四种奢摩他毗钵舍那所缘境事，能求奢摩他、能善毗钵舍那？"

佛告慈氏菩萨曰："善男子！如我为诸菩萨所说法假安立，所谓契经、应诵、记别、讽诵、自说、因缘、譬喻、本事、本生、方广、希法、论议，菩萨于此善听善受、言善通利、意善寻思、见善通达，即于如是善思惟法独处空闲作意思惟，复即于此能思惟心，内心相续作意思惟，如是正行多安住故，起身轻安及心轻安，是名奢摩他，如是菩萨能求奢摩他。

"彼由获得身心轻安为所依故，即于如所善思惟法内三摩地所行影像观察胜解，舍离心相，即于如是三摩地影像所知义中，能正思择、最极思择、周遍寻思、周遍伺察，若忍、若乐、若慧、若见、若观，是名毗钵舍那，如是菩萨能善毗钵舍那。"

慈氏菩萨复白佛言："世尊！若诸菩萨缘心为境，内思惟心乃至未得身心轻安所有作意，当名何等？"

佛告慈氏菩萨曰："善男子！非奢摩他作意，是随顺奢摩他胜解相应作意。"

"世尊！若诸菩萨乃至未得身心轻安，于如所思所有诸法内三摩地所缘影像作意思惟，如是作意，当名何等？"

"善男子！非毗钵舍那作意，是随顺毗钵舍那胜解相应作意。"

慈氏菩萨复白佛言："世尊！奢摩他道与毗钵舍那道，当言有异？当言无异？"

佛告慈氏菩萨曰："善男子！当言非有异、非无异。何故非有异？以毗钵舍那所缘境，心为所缘故。何故非无异？有分别影像非所缘故。"

慈氏菩萨复白佛言："世尊！诸毗钵舍那三摩地所行影像，彼与此心当言有异？当言无异？"

佛告慈氏菩萨曰："善男子！当言无异。何以故？由彼影像唯是识故。善男子！我说识所缘，唯识所现故。"

"世尊！若彼所行影像，即与此心无有异者，云何此心还见此心？"

"善男子！此中无有少法能见少法，然即此心如是生时，即有如是影像显现。善男子！如依善莹清净镜面，以质为缘还见本质，而谓我今见于影像，及谓离质别有所行影像显现，如是此心生时，相似有异三摩地所行影像显现。"

"世尊！若诸有情自性而住、缘色等心所行影像，彼与此心亦无异耶？"

"善男子！亦无有异，而诸愚夫由颠倒觉，于诸影像不能如实知唯是识，作颠倒解。"

慈氏菩萨复白佛言："世尊！齐何当言菩萨一向修毗钵舍那？"

佛告慈氏菩萨曰："善男子！若相续作意唯思惟心相。"

"世尊！齐何当言菩萨一向修奢摩他？"

"善男子！若相续作意唯思惟无间心。"

"世尊！齐何当言菩萨奢摩他毗钵舍那和合俱转？"

"善男子！若正思惟心一境性。"

"世尊！云何心相？"

"善男子！谓三摩地所行有分别影像，毗钵舍那所缘。"

"世尊！云何无间心？"

"善男子！谓缘彼影像心，奢摩他所缘。"

"世尊！云何心一境性？"

"善男子！谓通达三摩地所行影像唯是其识，或通达此已，复思惟如性。"

慈氏菩萨复白佛言："世尊！毗钵舍那凡有几种？"

佛告慈氏菩萨曰："善男子！略有三种：一者有相毗钵舍那，二者寻求毗钵舍那，三者伺察毗钵舍那。云何有相毗钵舍那？谓纯思惟三摩地所行有分别影像毗钵舍那。云何寻求毗钵舍那？谓由慧故，遍于彼彼未善解了一切法中为善了故，作意思惟毗钵舍那。云何伺察毗钵舍那？谓由慧故，遍于彼彼已善解了一切法中为善证得极解脱故，作意思惟毗钵舍那。"

慈氏菩萨复白佛言："世尊！是奢摩他凡有几种？"

佛告慈氏菩萨曰："善男子！即由彼彼无间心故，当知此中亦有三种。复有八种：谓初静虑乃至非想非非想处各有一种奢摩他故。复有四种，谓慈、悲、喜、舍四无量中各有一种奢摩他故。"

慈氏菩萨复白佛言："世尊！如说依法奢摩他毗钵舍那，复说不依法奢摩他毗钵舍那。云何名依法奢摩他毗钵舍那？云何复名不依法奢摩他毗钵舍那？"

佛告慈氏菩萨曰："善男子！若诸菩萨随先所受所思法相，而于其义得奢摩他毗钵舍那，名依法奢摩他毗钵舍那，若诸菩萨不待所受所思法相，但依于他教诫教授，而于其义得奢摩他毗钵舍那，谓观青瘀及脓烂等、或一切行皆是无常、或诸行苦、或一切法皆无有我、或复涅槃毕竟寂静如是等类奢摩他毗钵舍那，名不依法奢摩他毗钵舍那。由依止法得奢摩他毗钵舍那故，我施设随法行菩萨是利根性，由不依法得奢摩他毗钵舍那故，我施设随信行菩萨是钝根性。"

慈氏菩萨复白佛言："世尊！如说缘别法奢摩他毗钵舍那，复说缘总法奢摩他毗钵舍那，云何名为缘别法奢摩他毗钵舍那？云何复名缘总法奢摩他毗钵舍那？"

佛告慈氏菩萨曰："善男子！若诸菩萨缘于各别契经等法，于如所受所思惟法修奢摩他毗钵舍那，是名缘别法奢摩他毗钵舍那，若诸菩萨即缘一切契经等法，集为一团、一积、一分、一聚作意思惟，此一切法随顺真如、趣向真如、临入真如，随顺菩提、随顺涅槃、随顺转依及趣向彼、若临入彼，此一切法宣说无量无数善法，如是思惟修奢摩他毗钵舍那，是名缘总法奢摩他毗钵舍那。"

慈氏菩萨复白佛言："世尊！如说缘小总法奢摩他毗钵舍那，复说缘大总法奢摩他毗钵舍那，又说缘无量总法奢摩他毗钵舍那。云何名缘小总法奢摩他毗钵舍那？云何名缘大总法奢摩他毗钵舍那？云何复名缘无量总法奢摩他毗钵舍那？"

佛告慈氏菩萨曰："善男子！若缘各别契经乃至各别论义为一团等作意思惟，当知是名缘小总法奢摩他毗钵舍那，若缘乃至所受所思契经等法为一团等作意思惟，非缘各别，当知是名缘大总法奢摩他毗钵舍那，若缘无量如来法教、无量法句文字、无量后后慧所照了为一团等作意思惟，非缘乃至所受所思，当知是名缘无量总法奢摩他毗钵舍那。"

慈氏菩萨复白佛言："世尊！菩萨齐何名得缘总法奢摩他毗钵舍那？"

佛告慈氏菩萨曰："善男子！由五缘故当知名得：一者于思惟时刹那刹那融销一切粗重所依，二者离种种想，得乐法乐，三者解了十方无差别相、无量法光，四者所作成满相应净分无分别相恒现在前，五者为令法身得成满故，摄受后后转胜妙因。"

慈氏菩萨复白佛言："世尊！此缘总法奢摩他毗钵舍那，当知从何名为通达？从何名得？"

佛告慈氏菩萨曰："善男子！从初极喜地名为通达，从第三发光地乃名为得。善男子！初业菩萨亦于是中随学作意，虽未可叹不应懈废。"

慈氏菩萨复白佛言："世尊！是奢摩他毗钵舍那，云何名有寻有伺三摩地？云何名无寻惟伺三摩地？云何名无寻无伺三摩地？"

佛告慈氏菩萨曰："善男子！于如所取寻伺法相，若有粗显领受观察诸奢摩他毗钵舍那，是名有寻有伺三摩地，若于彼相，虽无粗显领受观察，而有微细彼光明念领受观察诸奢摩他毗钵舍那，是名无寻惟伺三摩地，若即于彼一切法相，都无作意领受观察诸奢摩他毗钵舍那，是名无寻无伺三摩地。

"复次善男子！若有寻求奢摩他毗钵舍那，是名有寻有伺三摩地，若有伺察奢摩他毗钵舍那，是名无寻惟伺三摩地，若缘总法奢摩他毗钵舍那，是名无寻无伺三摩地。"

慈氏菩萨复白佛言："世尊！云何止相？云何举相？云何舍相？"

佛告慈氏菩萨曰："善男子！若心掉举或恐掉举时，诸可厌法作意及彼无间心作意，是名止相，若心沉没或恐沉没时，诸可欣法作意及彼心相作意，是名举相，若于一向止道、或于一向观道、或于双运转道二随烦恼所染污时，诸无功用作意及心任运转中所有作意，是名舍相。"

慈氏菩萨复白佛言："世尊！修奢摩他毗钵舍那诸菩萨众知法知义。云何知法？云何知义？"

佛告慈氏菩萨曰："善男子！彼诸菩萨由五种相了知于法：一者知名，二者知句，三者知文，四者知别，五者知总。云何为名？谓于一切染净法中，所立自性想假施设。云何为句？谓即于彼名聚集中，能随宣说诸染净义依持建立。云何为文？谓即彼二所依止字。云何于彼各别了知？谓由各别所缘作意。云何于彼总合了知？谓由总合所缘作意。如是一切总略为一名为知法，如是名为菩萨知法。

"善男子！彼诸菩萨由十种相了知于义：一者知尽所有性，二者知如所有性，三者知能取义，四者知所取义，五者知建立义，六者知受用义，七者知颠倒义，八者知无倒义，九者知杂染义，十者知清净义。

"善男子！尽所有性者，谓诸杂染清净法中，所有一切品别边际，是名此中尽所有性。如五数蕴、六数内处、六数外处，如是一切。

"如所有性者，谓即一切染净法中所有真如，是名此中如所有性。此复七种：一者流转真如，谓一切行无先后性，二者相真如，谓一切法补特伽罗无我性及法无我性，三者了别真如，谓一切行惟是识性，四者安立真如，谓我所说诸苦圣谛，五者邪行真如，谓我所说诸集圣谛，六者清净真如，谓我所说诸灭圣谛,七者正行真如,谓我所说诸道圣谛。当知此中,由流转真如、安立真如、邪行真如故一切有情平等平等,由相真如、了别真如故一切诸法平等平等,由清净真如故一切声闻菩提、独觉菩提、阿耨多罗三藐三菩提平等平等,由正行真如故,听闻正法、缘总境界、胜奢摩他毗钵舍那所摄受慧平等平等。

"能取义者,谓内五色处,若心、意、识及诸心法,所取义者,诸外六处。又能取义,亦所取义。

"建立义者,谓器世界,于中可得建立一切诸有情界。谓一村田、若百村田、若千村田、若百千村田,或一大地至海边际,此百、此千、若此百千,或一赡部洲,此百、此千、若此百千,或一四大洲,此百、此千、若此百千,或一小千世界,此百、此千、若此百千,或一中千世界,此百、此千、若此百千,或一三千大千世界,此百、此千、若此百千,或此拘胝、此百拘胝、此千拘胝、此百千拘胝,或此无数、此百无数、此千无数、此百千无数,或三千大千世界无数百千微尘量等,于十方面无量、无数诸器世界。

"受用义者,谓我所说诸有情类,为受用故摄受资具。

"颠倒义者,谓即于彼能取等义,无常计常,想倒、心倒、见倒,苦计为乐、不净计净、无我计我,想倒、心倒、见倒。无倒义者,与上相违、能对治彼,应知其相。

"杂染义者,谓三界中三种杂染:一者烦恼杂染,二者业杂染,三者生杂染。清净义者,谓即如是三种杂染所有离系菩提分法。

"善男子!如是十种当知普摄一切诸义。

"复次善男子!彼诸菩萨由能了知五种义故名为知义。何等五义?一者遍知事,二者遍知义,三者遍知因,四者得遍知果,五者于此觉了。

"善男子!此中遍知事者,当知即是一切所知,谓或诸蕴、或诸内处、或诸外处,如是一切。

"遍知义者,乃至所有品类差别所应知境,谓世俗故、或胜义故,或功德故、或过失故,缘故,世故,或生、或住、或坏相故,或如病等故,或苦、集等故,或真如、实际、法界等故,或广、略故,或一向记故、或分别记故、或反问记故、或置记故,或隐密故、或显了故,如是等类,当知一切名遍知义。

"遍知因者,当知即是能取前二菩提分法,所谓念住或正断等。

"得遍知果者,谓贪恚痴永断毗奈耶及贪恚痴一切永断诸沙门果,及我所说声闻、如来若共不共、世出世间所有功德,于彼作证。

"于此觉了者，谓即于此作证法中诸解脱智广为他说、宣扬开示。善男子！如是五义当知普摄一切诸义。

"复次善男子！彼诸菩萨由能了知四种义故名为知义。何等四义？一者心执受义，二者领纳义，三者了别义，四者杂染清净义。善男子！如是四义当知普摄一切诸义。

"复次善男子！彼诸菩萨由能了知三种义故名为知义。何等三义？一者文义，二者义义，三者界义。

"善男子！言义义者，谓名身等。义义当知复有十种：一者真实相，二者遍知相，三者永断相，四者作证相，五者修习相，六者即彼真实相等品类差别相，七者所依、能依相属相，八者即遍知等障碍法相，九者即彼随顺法相，十者不遍知等及遍知等过患、功德相。言界义者，谓五种界：一者器世界，二者有情界，三者法界，四者所调伏界，五者调伏方便界。善男子！如是五义当知普摄一切义。"

慈氏菩萨复白佛言："世尊！若闻所成慧了知其义，若思所成慧了知其义，若奢摩他毗钵舍那修所成慧了知其义，此何差别？"

佛告慈氏菩萨曰："善男子！闻所成慧，依止于文，但如其说，未善意趣，未现在前，随顺解脱，未能领受成解脱义，思所成慧，亦依于文，不惟如说，能善意趣，未现在前，转顺解脱，未能领受成解脱义，若诸菩萨修所成慧，亦依于文、亦不依文，亦如其说、亦不如说，能善意趣，所知事同分三摩地所行影像现前，极顺解脱，已能领受成解脱义。善男子！是名三种知义差别。"

慈氏菩萨复白佛言："世尊！修奢摩他毗钵舍那诸菩萨众知法、知义，云何为智？云何为见？"

佛告慈氏菩萨曰："善男子！我无量门宣说智、见二种差别，今当为汝略说其相：若缘总法修奢摩他毗钵舍那所有妙慧，是名为智，若缘别法修奢摩他毗钵舍那所有妙慧，是名为见。"

慈氏菩萨复白佛言："世尊！修奢摩他毗钵舍那诸菩萨众，由何作意？何等、云何除遣诸相？"

佛告慈氏菩萨曰："善男子！由真如作意，除遣法相及与义相。若于其名及名自性无所得时，亦不观彼所依之相，如是除遣。如于其名，于句、于文、于一切义当知亦尔，乃至界及界自性无所得时，亦不观彼所依之相，如是除遣。"

"世尊！诸所了知真如义相，此真如相亦可遣不？"

"善男子! 于所了知真如义中都无有相, 亦无所得, 当何所遣? 善男子! 我说了知真如义时, 能伏一切法义之相, 非此此达, 余所能伏。"

"世尊! 如世尊说浊水器喻、不净镜喻、挠泉池喻, 不任观察自面影相, 若堪任者与上相违。如是若有不善修心, 则不堪任如实观察所有真如, 若善修心, 堪任观察。此说何等能观察心? 依何真如而作是说?"

"善男子! 此说三种能观察心, 谓闻所成能观察心、若思所成能观察心、若修所成能观察心, 依了别真如作如是说。"

"世尊! 如是了知法义菩萨为遣诸相勤修加行, 有几种相难可除遣? 谁能除遣?"

"善男子! 有十种相, 空能除遣。何等为十? 一者了知法义故, 有种种文字相, 此由一切法空能正除遣, 二者了知安立真如义故, 有生灭住异性、相续随转相, 此由相空及无先后空能正除遣, 三者了知能取义故, 有顾恋身相及我慢相, 此由内空及无所得空能正除遣, 四者了知所取义故, 有顾恋财相, 此由外空能正除遣, 五者了知受用义, 男女承事、资具相应故, 有内安乐相、外净妙相, 此由内外空及本性空能正除遣, 六者了知建立义故, 有无量相, 此由大空能正除遣, 七者了知无色故, 有内寂静解脱相, 此由有为空能正除遣, 八者了知相真如义故, 有补特伽罗无我相、法无我相、若惟识相及胜义相, 此由毕竟空、无性空、无性自性空及胜义空能正除遣, 九者由了知清净真如义故, 有无为相、无变异相, 此由无为空、无变异空能正除遣, 十者即于彼相对治空性作意思惟故, 有空性相, 此由空空能正除遣。"

"世尊! 除遣如是十种相时, 除遣何等? 从何等相而得解脱?"

"善男子! 除遣三摩地所行影像相, 从杂染缚相而得解脱, 彼亦除遣。

"善男子! 当知就胜说如是空, 治如是相, 非不一一治一切相。譬如无明, 非不能生乃至老死诸杂染法, 就胜但说能生于行, 由是诸行亲近缘故, 此中道理当知亦尔。"

尔时, 慈氏菩萨复白佛言: "世尊! 此中何等空是总空性相? 若诸菩萨了知是已无有失坏, 于空性相离增上慢。"

尔时, 世尊叹慈氏菩萨曰: "善哉! 善哉! 善男子! 汝今乃能请问如来如是深义, 令诸菩萨于空性相无有失坏。何以故? 善男子! 若诸菩萨于空性相有失坏者, 便为失坏一切大乘。是故汝应谛听! 谛听! 当为汝说总空性相。善男子! 若于依他起相及圆成实相中, 一切品类杂染、清净遍计所执相毕竟远离性, 及于此中都无所得, 如是名为于大乘中总空性相。"

慈氏菩萨复白佛言: "世尊! 此奢摩他毗钵舍那能摄几种胜三摩地?"

佛告慈氏菩萨曰："善男子！如我所说无量声闻、菩萨、如来有无量种胜三摩地，当知一切皆此所摄。"

"世尊！此奢摩他毗钵舍那以何为因？"

"善男子！清净尸罗、清净闻思所成正见以为其因。"

"世尊！此奢摩他毗钵舍那以何为果？"

"善男子！善清净心、善清净慧以为其果。复次善男子！一切声闻及如来等所有世间及出世间一切善法，当知皆是此奢摩他毗钵舍那所得之果。"

"世尊！此奢摩他毗钵舍那能作何业？"

"善男子！此能解脱二缚为业，所谓相缚及粗重缚。"

"世尊！如佛所说五种系中，几是奢摩他障？几是毗钵舍那障？几是俱障？"

"善男子！顾恋身、财是奢摩他障，于诸圣教不得随欲是毗钵舍那障，乐相杂住、于少喜足当知俱障，由第一故不能造修，由第二故所修加行不到究竟。"

"世尊！于五盖中，几是奢摩他障？几是毗钵舍那障？几是俱障？"

"善男子！掉举恶作是奢摩他障，惛沉睡眠、疑是毗钵舍那障，贪欲、嗔恚当知俱障。"

"世尊！齐何名得奢摩他道圆满清净？"

"善男子！乃至所有惛沉、睡眠正善除遣，齐是名得奢摩他道圆满清净。"

"世尊！齐何名得毗钵舍那道圆满清净？"

"善男子！乃至所有掉举、恶作正善除遣，齐是名得毗钵舍那道圆满清净。"

"世尊！若诸菩萨于奢摩他毗钵舍那现在前时，应知几种心散动法？"

"善男子！应知五种：一者作意散动，二者外心散动，三者内心散动，四者相散动，五者粗重散动。善男子！若诸菩萨舍于大乘相应作意，堕在声闻、独觉相应诸作意中，当知是名作意散动。若于其外五种妙欲诸杂乱相所有寻思随烦恼中，及于其外所缘境中纵心流散，当知是名外心散动。若由惛沉及以睡眠、或由沉没、或由爱味三摩钵底、或由随一三摩钵底诸随烦恼之所染污，当知是名内心散动。若依外相，于内等持所行诸相作意思惟，名相散动。若内作意为缘生起所有诸受，由粗重身计我起慢，当知是名粗重散动。"

"世尊！此奢摩他毗钵舍那从初菩萨地乃至如来地，能对治何障？"

"善男子！此奢摩他毗钵舍那，于初地中对治恶趣烦恼业、生、杂染障，第二地中对治微细误犯现行障，第三地中对治欲贪障，第四地中对治定爱及法爱障，第五地中对治生死涅槃一向背趣障，第六地中对治相多现行障，第七地中对治细相现行障，第八地中对治于无相作功用及于有相不得自在障，第九地中对治于一切种善巧言辞不得自在障，第十地中对治不得圆满法身证得障。善男子！此奢摩他毗钵舍那于如来地对治极微细、最极微细烦恼障及所知障，由能永害如是障故，究竟证得无著无碍一切智见，依于所作成满所缘建立最极清净法身。"

慈氏菩萨复白佛言："世尊！云何菩萨依奢摩他毗钵舍那勤修行故，证得阿耨多罗三藐三菩提？"

佛告慈氏菩萨曰："善男子！若诸菩萨已得奢摩他毗钵舍那，依七真如，于如所闻、所思法中由胜定心，于善审定、于善思量、于善安立真如性中内正思惟，彼于真如正思惟故，心于一切细相现行尚能弃舍，何况粗相。

"善男子！言细相者，谓心所执受相、或领纳相、或了别相、或杂染清净相、或内相、或外相、或内外相、或谓我当修行一切利有情相、或正智相、或真如相、或苦集灭道相、或有为相、或无为相、或有常相、或无常相、或苦有变异性相、或苦无变异性相、或有为异相相、或有为同相相、或知一切是一切已有一切相、或补特伽罗无我相、或法无我相，于彼现行，心能弃舍。彼既多住如是行故，于时时间从其一切系盖散动善修治心，从是已后，于七真如有七各别内所证通达智生，名为见道。由得此故，名入菩萨正性离生，生如来家，证得初地，又能受用此地胜德。彼于先时由得奢摩他毗钵舍那故，已得二种所缘：谓有分别影像所缘及无分别影像所缘。彼于今时得见道故，更证得事边际所缘，复于后后一切地中进修修道，即于如是三种所缘作意思惟，譬如有人以其细楔出于粗楔，如是菩萨依此以楔出楔方便遣内相故，一切随顺杂染分相皆悉除遣，相除遣故粗重亦遣，永害一切相、粗重故，渐次于彼后后地中，如炼金法陶炼其心，乃至证得阿耨多罗三藐三菩提，又得所作成满所缘。善男子！如是菩萨于内止观正修行故，证得阿耨多罗三藐三菩提心。"

慈氏菩萨复白佛言："世尊！云何修行引发菩萨广大威德？"

"善男子！若诸菩萨善知六处，便能引发菩萨所有广大威德：一者善知心生，二者善知心住，三者善知心出，四者善知心增，五者善知心减，六者善知方便。

"云何善知心生？谓如实知十六行心生起差别，是名善知心生。十六行心生起差别者：一者不可觉知坚住器识生，谓阿陀那识，二者种种行相所缘识生，谓顿取一切色等境界分别意识，及顿取内外境界觉受，或顿于一念瞬息须臾现入多定见多佛土、见多如来分别意识，三者小相所缘识生，谓欲界系识，四者大相所缘识生，谓色界系识，五者无量相所缘识生，谓空识无边处系识，六者微细相所缘识生，谓无所有处系识，七者边际相所缘识生，谓非想非非想处系识，八者无相识生，谓出世识及缘灭识，九者苦俱行识生，谓地狱识，十者杂受俱行识生，谓欲行识，十一喜俱行识生，谓初、二静虑识，十二乐俱行识生，谓第三静虑识，十三不苦不乐俱行识生，谓从第四静虑乃至非想非非想处识，十四染污俱行识生，谓诸烦恼及随烦恼相应识，十五善俱行识生，谓信等相应识，十六无记俱行识生，谓彼俱不相应识。

"云何善知心住？谓如实知了别真如。

"云何善知心出？谓如实知出二种缚，所谓相缚及粗重缚，此能善知，应令其心从如是出。

"云何善知心增？谓如实知能治相缚、粗重缚心，彼增长时、彼积集时亦得增长、亦得积集，名善知增。

"云何善知心减？谓如实知彼所对治相及粗重所杂染心，彼衰退时、彼损减时此亦衰退、此亦损减，名善知减。

"云何善知方便？谓如实知解脱、胜处及遍处，或修、或遣。

"善男子！如是菩萨于诸菩萨广大威德，或已引发、或当引发、或现引发。"

慈氏菩萨复白佛言："世尊！如世尊说于无余依涅槃界中一切诸受无余永灭，何等诸受于此永灭？"

"善男子！以要言之，有二种受无余永灭。何等为二？一者所依粗重受、二者彼果境界受。所依粗重受当知有四种：一者有色所依受、二者无色所依受、三者果已成满粗重受、四者果未成满粗重受。果已成满受者，谓现在受，果未成满受者，谓未来因受。彼果境界受亦有四种：一者依持受，二者资具受，三者受用受，四者顾恋受。于有余依涅槃界中，果未成满受一切已灭，领彼对治明触生受，领受共有，或复彼果已成满受，又二种受一切已灭，惟现领受明触生受。于无余依涅槃界中，般涅槃时此亦永灭，是故说言于无余依涅槃界中一切诸受无余永灭。"

尔时，世尊说是语已，复告慈氏菩萨曰："善哉！善哉！善男子！汝今善能依止圆满最极清净妙瑜伽道请问如来，汝于瑜伽已得决定最极善巧，吾已为汝宣说圆满最极清净妙瑜伽道，所有一切过去、未来正等觉者已说、当说皆亦如是,诸善男子若善女人皆应依此勇猛精进,当正修学。"

尔时,世尊欲重宣此义而说颂曰:

> 于法假立瑜伽中,若行放逸失大义,依止此法及瑜伽,若正修行得大觉。见有所得求免难,若谓此见为得法,慈氏彼去瑜伽远,譬如大地与虚空。利生坚固而不作,悟已勤修利有情,智者作此穷劫量,便得最上离染喜。若人为欲而说法,彼名舍欲还取欲,愚痴得法无价宝,反更游行而乞丐。于净喧杂戏论着,应舍发起上精进,为度诸天及世间,于此瑜伽汝当学。

尔时,慈氏菩萨复白佛言:"世尊!于是解深密法门中,当何名此教?我当云何奉持?"

佛告慈氏菩萨曰:"善男子!此名瑜伽了义之教,于此瑜伽了义之教汝当奉持。"

说此瑜伽了义教时,于大会中有六百千众生发阿耨多罗三藐三菩提心,三百千声闻远尘离垢,于诸法中得法眼净,一百五十千声闻诸漏永尽,心得解脱,七十五千菩萨获得广大瑜伽作意。

卷 四

地波罗蜜多品第七

尔时,观自在菩萨白佛言:"世尊!如佛所说菩萨十地,所谓极喜地、离垢地、发光地、焰慧地、极难胜地、现前地、远行地、不动地、善慧地、法云地,复说佛地为第十一。如是诸地几种清净?几分所摄?"

尔时,世尊告观自在菩萨曰:"善男子!当知诸地四种清净,十一分摄。

"云何名为四种清净能摄诸地?谓增上意乐清净摄于初地,增上戒清净摄第二地,增上心清净摄第三地,增上慧清净于后后地转胜妙故,当知能摄从第四地乃至佛地。善男子!当知如是四种清净普摄诸地。

"云何名为十一种分能摄诸地?谓诸菩萨先于胜解行地,依十法行极善修习胜解忍故,超过彼地证入菩萨正性离生。

"彼诸菩萨由是因缘此分圆满,而未能于微细毁犯误现行中正知而行,由是因缘于此分中犹未圆满,为令此分得圆满故,精勤修习便能证得。

"彼诸菩萨由是因缘此分圆满,而未能得世间圆满等持、等至及圆满闻持陀罗尼,由是因缘于此分中犹未圆满,为令此分得圆满故,精勤修习便能证得。

"彼诸菩萨由是因缘此分圆满,而未能令随所获得菩提分法多修习住,心未能舍诸等至爱及与法爱,由是因缘于此分中犹未圆满,为令此分得圆满故,精勤修习便能证得。

"彼诸菩萨由是因缘此分圆满,而未能于诸谛道理如实观察,又未能于生死涅槃弃舍一向背趣作意,又未能修方便所摄菩提分法,由是因缘于此分中犹未圆满,为令此分得圆满故,精勤修习便能证得。

"彼诸菩萨由是因缘此分圆满,而未能于生死流转如实观察,又由于彼多生厌故未能多住无相作意,由是因缘于此分中犹未圆满,为令此分得圆满故,精勤修习便能证得。

"彼诸菩萨由是因缘此分圆满,而未能令无相作意无缺无间多修习住,由是因缘于此分中犹未圆满,为令此分得圆满故,精勤修习便能证得。

"彼诸菩萨由是因缘此分圆满,而未能于无相住中舍离功用,又未能得于相自在,由是因缘于此分中犹未圆满,为令此分得圆满故,精勤修习便能证得。

"彼诸菩萨由是因缘此分圆满,而未能于异名、众相、训词差别、一切品类宣说法中得大自在,由是因缘于此分中犹未圆满,为令此分得圆满故,精勤修习便能证得。

"彼诸菩萨由是因缘此分圆满,而未能得圆满法身现前证受,由是因缘于此分中犹未圆满,为令此分得圆满故,精勤修习便能证得。

"彼诸菩萨由是因缘此分圆满,而未能得遍于一切所知境界无著无碍妙智妙见,由是因缘于此分中犹未圆满,为令此分得圆满故,精勤修习便能证得。

"由是因缘此分圆满,此分满故于一切分皆得圆满。善男子!当知如是十一种分普摄诸地。"

观自在菩萨复白佛言:"世尊!何缘最初名极喜地?乃至何缘说名佛地?"

佛告观自在菩萨曰:"善男子!成就大义,得未曾得出世间心,生大欢喜,是故最初名极喜地,远离一切微细犯戒,是故第二名离垢地,由彼所得三摩地及闻持陀罗尼,能为无量智光依止,是故第三名发光地,由彼所得菩提分法烧诸烦恼,智如火焰,是故第四名焰慧地,由即于彼菩提分法方便修习最极艰难方得自在,是故第五名极难胜地,现前观察诸行流转,又于无相多修作意方现在前,是故第六名现前地,能远证入无缺无间无相作意,与清净地共相邻接，是故第七名远行地，由于无相得无功用，于诸相中不为现行烦恼所动，是故第八名不动地，于一切种说法自在，获得无碍广大智慧，是故第九名善慧地，粗重之身广如虚空，法身圆满譬如大云皆能遍覆，是故第十名法云地，永断最极微细烦恼及所知障，无著无碍于一切种所知境界现正等觉故，第十一说名佛地。"

观自在菩萨复白佛言："于此诸地，有几愚痴，有几粗重为所对治？"

佛告观自在菩萨曰："善男子！此诸地中有二十二种愚痴，十一种粗重为所对治。谓于初地有二愚痴：一者执著补特伽罗及法愚痴、二者恶趣杂染愚痴及彼粗重为所对治，于第二地有二愚痴：一者微细误犯愚痴、二者种种业趣愚痴及彼粗重为所对治，于第三地有二愚痴：一者欲贪愚痴、二者圆满闻持陀罗尼愚痴及彼粗重为所对治，于第四地有二愚痴：一者等至爱愚痴、二者法爱愚痴及彼粗重为所对治，于第五地有二愚痴：一者一向作意弃背生死愚痴、二者一向作意趣向涅槃愚痴及彼粗重为所对治，于第六地有二愚痴：一者现前观察诸行流转愚痴、二者相多现行愚痴及彼粗重为所对治，于第七地有二愚痴：一者微细相现行愚痴、二者一向无相作意方便愚痴及彼粗重为所对治，于第八地有二愚痴：一者于无相作功用愚痴、二者于相自在愚痴及彼粗重为所对治，于第九地有二愚痴：一者于无量说法无量法句文字后后慧辩陀罗尼自在愚痴、二者辩才自在愚痴及彼粗重为所对治，于第十地有二愚痴：一者大神通愚痴、二者悟入微细秘密愚痴及彼粗重为所对治，于如来地有二愚痴：一者于一切所知境界极微细著愚痴、二者极微细碍愚痴及彼粗重为所对治。善男子！由此二十二种愚痴及十一种粗重故安立诸地，而阿耨多罗三藐三菩提离彼系缚。"

观自在菩萨复白佛言："世尊！阿耨多罗三藐三菩提甚奇希有，乃至成就大利大果，令诸菩萨能破如是大愚痴罗网，能越如是大粗重稠林，现前证得阿耨多罗三藐三菩提。"

观自在菩萨复白佛言："世尊！如是诸地几种殊胜之所安立？"

佛告观自在菩萨曰："善男子！略有八种：一者增上意乐清净，二者心清净，三者悲清净，四者至彼岸清净，五者见佛供养承事清净，六者成熟有情清净，七者生清净，八者威德清净。善男子！于初地中所有增上意乐清净乃至威德清净，后后诸地乃至佛地所有增上意乐清净乃至威德清净，当知彼诸清净展转增胜，惟于佛地除生清净。又初地中所有功德于上诸地平等皆有，当知自地功德殊胜。一切菩萨十地功德皆是有上，佛地功德当知无上。"

观自在菩萨复白佛言："世尊！何因缘故，说菩萨生于诸有生最为殊胜？"

佛告观自在菩萨曰："善男子！四因缘故：一者极净善根所集起故，二者故意思择力所取故，三者悲愍济度诸众生故，四者自能无染除他染故。"

观自在菩萨复白佛言："世尊！何因缘故，说诸菩萨行广大愿、妙愿、胜愿？"

佛告观自在菩萨曰："善男子！四因缘故：谓诸菩萨能善了知涅槃乐住，堪能速证，而复弃舍速证乐住，无缘、无待发大愿心，为欲利益诸有情故，处多种种长时大苦，是故我说彼诸菩萨行广大愿、妙愿、胜愿。"

观自在菩萨复白佛言："世尊！是诸菩萨凡有几种所应学事？"

佛告观自在菩萨曰："善男子！菩萨学事略有六种：所谓布施、持戒、忍辱、精进、静虑、智慧到彼岸。"

观自在菩萨复白佛言："世尊！如是六种所应学事，几是增上戒学所摄？几是增上心学所摄？几是增上慧学所摄？"

佛告观自在菩萨曰："善男子当知初三但是增上戒学所摄，静虑一种但是增上心学所摄，慧是增上慧学所摄，我说精进遍于一切。"

观自在菩萨复白佛言："世尊！如是六种所应学事，几是福德资粮所摄？几是智慧资粮所摄？"

佛告观自在菩萨曰："善男子！若增上戒学所摄者，是名福德资粮所摄，若增上慧学所摄者，是名智慧资粮所摄，我说精进、静虑二种遍于一切。"

观自在菩萨复白佛言："世尊！于此六种所学事中，菩萨云何应当修学？"

佛告观自在菩萨曰："善男子！由五种相应当修学：一者最初于菩萨藏波罗蜜多相应微妙正法教中猛利信解，二者次于十种法行以闻、思、修所成妙智精进修行，三者随护菩提之心，四者亲近真善知识，五者无间勤修善品。"

观自在菩萨复白佛言："世尊！何因缘故，施设如是所应学事但有六数？"

佛告观自在菩萨曰："善男子！二因缘故：一者饶益诸有情故，二者对治诸烦恼故。当知前三饶益有情，后三对治一切烦恼。前三饶益诸有情者，谓诸菩萨由布施故，摄受资具饶益有情，由持戒故，不行损害、逼迫、恼乱饶益有情，由忍辱故，于彼损害、逼迫、恼乱堪能忍受饶益有情。后三对治诸烦恼者，谓诸菩萨由精进故，虽未永伏一切烦恼，亦未永害一切随眠，而能勇猛修诸善品，彼诸烦恼不能倾动善品加行，由静虑故永伏烦恼，由般若故永害随眠。"

观自在菩萨复白佛言："世尊！何因缘故，施设所余波罗蜜多但有四数？"

佛告观自在菩萨曰："善男子！与前六种波罗蜜多为助伴故。谓诸菩萨于前三种波罗蜜多所摄有情，以诸摄事方便善巧而摄受之安置善品，是故我说方便善巧波罗蜜多与前三种而为助伴。

"若诸菩萨于现法中烦恼多故，于修无间无有堪能，羸劣意乐故，下界胜解故，于内心住无有堪能，于菩萨藏不能闻、缘、善修习故，所有静虑不能引发出世间慧，彼便摄受少分狭劣福德资粮，为未来世烦恼轻微心生正愿，如是名愿波罗蜜多。由此愿故，烦恼微薄，能修精进，是故我说愿波罗蜜多与精进波罗蜜多而为助伴。

"若诸菩萨亲近善士、听闻正法、如理作意为因缘故，转劣意乐成胜意乐，亦能获得上界胜解，如是名力波罗蜜多。由此力故，于内心住有所堪能，是故我说力波罗蜜多与静虑波罗蜜多而为助伴。

"若诸菩萨于菩萨藏已能闻、缘、善修习故，能发静虑，如是名智波罗蜜多，由此智故堪能引发出世间慧，是故我说智波罗蜜多与慧波罗蜜多而为助伴。"

观自在菩萨复白佛言："世尊！何因缘故，宣说六种波罗蜜多如是次第？"

佛告观自在菩萨曰："善男子！能为后后引发依故，谓诸菩萨若于身财无所顾吝，便能受持清净禁戒，为护禁戒便修忍辱，修忍辱已能发精进，发精进已能办静虑，具静虑已便能获得出世间慧。是故我说波罗蜜多如是次第。"

观自在菩萨复白佛言："世尊！如是六种波罗蜜多，各有几种品类差别？"

佛告观自在菩萨曰："善男子！各有三种。施三种者：一者法施，二者财施，三者无畏施，戒三种者：一者转舍不善戒，二者转生善戒，三者转生饶益有情戒，忍三种者：一者耐怨害忍，二者安受苦忍，三者谛察法忍，精进三种者：一者被甲精进，二者转生善法加行精进，三者饶益有情加行精进，静虑三种者：一者无分别寂静、极寂静、无罪故、对治烦恼众苦乐住静虑，二者引发功德静虑，三者引发饶益有情静虑，慧三种者：一者缘世俗谛慧，二者缘胜义谛慧，三者缘饶益有情慧。"

观自在菩萨复白佛言："世尊！何因缘故，波罗蜜多说名波罗蜜多？"

佛告观自在菩萨曰："善男子！五因缘故：一者无染著故，二者无顾恋故，三者无罪过故，四者无分别故，五者正回向故。无染著者，谓不染著波罗蜜多诸相违事；无顾恋者，谓于一切波罗蜜多诸果异熟及报恩中，心无系缚；

无罪过者，谓于如是波罗蜜多无间杂染法，离非方便行；无分别者，谓于如是波罗蜜多不如言词执着自相；正回向者，谓以如是所作、所集波罗蜜多，回求无上大菩提果。"

"世尊！何等名为波罗蜜多诸相违事？"

"善男子！当知此事略有六种：一者于喜乐欲财富自在诸欲乐中深见功德及与胜利，二者于随所乐纵身语意而现行中深见功德及与胜利，三者于他轻蔑不堪忍中深见功德及与胜利，四者于不勤修著欲乐中深见功德及与胜利，五者于处愦闹世杂乱行深见功德及与胜利，六者于见闻觉知言说戏论深见功德及与胜利。"

"世尊！如是一切波罗蜜多何果异熟？"

"善男子！当知此亦略有六种：一者得大财富，二者往生善趣，三者无怨无坏多诸喜乐，四者为众生主，五者身无恼害，六者有大宗叶。"

"世尊！何等名为波罗蜜多间杂染法？"

"善男子！当知略由四种加行：一者无悲加行故，二者不如理加行故，三者不常加行故，四者不殷重加行故。不如理加行者，谓修行余波罗蜜多时，于余波罗蜜多远离失坏。"

"世尊！何等名为非方便行？"

"善男子！若诸菩萨以波罗蜜多饶益众生时，但摄财物饶益众生便为喜足，而不令其出不善处安置善处，如是名为非方便行。何以故？善男子！非于众生惟作此事名实饶益。譬如粪秽若多若少终无有能令成香洁，如是众生由行苦故其性是苦，无有方便但以财物暂相饶益可令成乐，惟有安处妙善法中，方可得名第一饶益。"

观自在菩萨复白佛言："世尊！如是一切波罗蜜多有几清净？"

佛告观自在菩萨曰："善男子！我终不说波罗蜜多除上五相有余清净，然我即依如是诸事，总别当说波罗蜜多清净之相。

"总说一切波罗蜜多清净相者，当知七种。何等为七？一者菩萨于此诸法不求他知，二者于此诸法见已不生执着，三者即于如是诸法不生疑惑：谓为能得大菩提不？四者终不自赞毁他有所轻蔑，五者终不憍傲放逸，六者终不少有所得便生喜足，七者终不由此诸法于他发起嫉妒悭吝。

"别说一切波罗蜜多清净相者，亦有七种。何等为七？谓诸菩萨如我所说七种布施清净之相随顺修行：一者由施物清净行清净施，二者由戒清净行清净施，三者由见清净行清净施，四者由心清净行清净施，五者由语清净行清净施，六者由智清净行清净施，七者由垢清净行清净施，是名七种施清净相。

"又诸菩萨能善了知制立律仪一切学处,能善了知出离所犯,具常尸罗、坚固尸罗、常作尸罗、常转尸罗、受学一切所有学处,是名七种戒清净相。

"若诸菩萨于自所有业果异熟深生依信,一切所有不饶益事现在前时不生愤发,亦不反骂、不嗔、不打、不恐、不弄、不以种种不饶益事反相加害,不怀怨结,若谏诲时不令恚恼,亦复不待他来谏诲,不由恐怖、有染爱心而行忍辱,不以作恩而便放舍,是名七种忍清净相。

"若诸菩萨通达精进平等之性,不由勇猛勤精进故自举凌他,具大势力,具大精进,有所堪能,坚固勇猛,于诸善法终不舍轭,如是名为七种精进清净之相。

"若诸菩萨有善通达相三摩地静虑、有圆满三摩地静虑、有俱分三摩地静虑、有运转三摩地静虑、有无所依三摩地静虑、有善修治三摩地静虑、有于菩萨藏闻缘修习无量三摩地静虑,如是名为七种静虑清净之相。

"若诸菩萨远离增益、损减二边,行于中道,是名为慧,由此慧故,如实了知解脱门义,谓空、无愿、无相三解脱门,如实了知有自性义,谓遍计所执、若依他起、若圆成实三种自性,如实了知无自性义,谓相、生、胜义三种无自性性,如实了知世俗谛义,谓于五明处,如实了知胜义谛义,谓于七真如,又无分别离诸戏论纯一理趣多所住故、无量总法为所缘故、及毗钵舍那故,能善成办法随法行,是名七种慧清净相。"

观自在菩萨复白佛言:"世尊!如是五相各有何业?"

佛告观自在菩萨曰:"善男子!当知彼相有五种业,谓诸菩萨无染著故,于现法中,于所修习波罗蜜多,恒常殷重勤修加行无有放逸,无顾恋故,摄受当来不放逸因,无罪过故,能正修习极善圆满、极善清净、极善鲜白波罗蜜多,无分别故,方便善巧波罗蜜多速得圆满,正回向故,一切生处波罗蜜多及彼可爱诸果异熟皆得无尽,乃至无上正等菩提。"

观自在菩萨复白佛言:"世尊!如是所说波罗蜜多,何者最广大?何者无染污?何者最明盛?何者不可动?何者最清净?"

佛告观自在菩萨曰:"善男子!无染着性、无顾恋性、正回向性最为广大,无罪过性、无分别性无有染污,思择所作最为明盛,已入无退转法地者名不可动,若十地摄、佛地摄者名最清净。"

观自在菩萨复白佛言:"世尊!何因缘故,菩萨所得波罗蜜多诸可爱果及诸异熟常无有尽,波罗蜜多亦无有尽?"

佛告观自在菩萨曰:"善男子!展转相依生起修习无间断故。"

　　观自在菩萨复白佛言:"世尊! 何因缘故,是诸菩萨深信爱乐波罗蜜多,非于如是波罗蜜多所得可爱诸果异熟?"

　　佛告观自在菩萨曰:"善男子! 五因缘故:一者波罗蜜多是最增上喜乐因故,二者波罗蜜多是其究竟饶益一切自他因故,三者波罗蜜多是当来世彼可爱果异熟因故,四者波罗蜜多非诸杂染所依事故,五者波罗蜜多非是毕竟变坏法故。"

　　观自在菩萨复白佛言:"世尊! 一切波罗蜜多各有几种最胜威德?"

　　佛告观自在菩萨曰:"善男子! 当知一切波罗蜜多各有四种最胜威德:一者于此波罗蜜多正修行时,能舍悭吝、犯戒、心愤、懈怠、散乱、见趣所治,二者于此正修行时,能为无上正等菩提真实资粮,三者于此正修行时,于现法中,能自摄受饶益有情,四者于此正修行时,于未来世,能得广大无尽可爱诸果异熟。"

　　观自在菩萨复白佛言:"世尊! 如是一切波罗蜜多何因?何果?有何义利?"

　　佛告观自在菩萨曰:"善男子! 如是一切波罗蜜多大悲为因,微妙可爱诸果异熟、饶益一切有情为果,圆满无上广大菩提为大义利。"

　　观自在菩萨复白佛言:"世尊! 若诸菩萨具足一切无尽财宝,成就大悲,何缘世间现有众生贫穷可得?"

　　佛告观自在菩萨曰:"善男子! 是诸众生自业过失。若不尔者,菩萨常怀饶益他心,又常具足无尽财宝,若诸众生无自恶业能为障碍,何有世间贫穷可得? 譬如饿鬼为大热渴逼迫其身,见大海水悉皆涸竭,非大海过,是诸饿鬼自业过耳。如是菩萨所施财宝犹如大海,无有过失,是诸众生自业过耳,犹如饿鬼自恶业力令无有水。"

　　观自在菩萨复白佛言:"世尊! 菩萨以何等波罗蜜多取一切法无自性性?"

　　佛告观自在菩萨曰:"善男子! 以般若波罗蜜多能取诸法无自性性。"

　　"世尊! 若般若波罗蜜多能取诸法无自性性,何故不取有自性性?"

　　"善男子! 我终不说以无自性性取无自性性,然无自性性离诸文字、自内所证,不可舍于言说文字而能宣说,是故我说般若波罗蜜多能取诸法无自性性。"

　　观自在菩萨复白佛言:"世尊! 如佛所说波罗蜜多、近波罗蜜多、大波罗蜜多,云何波罗蜜多?云何近波罗蜜多?云何大波罗蜜多?"

　　佛告观自在菩萨曰:"善男子! 若诸菩萨经无量时修行施等成就善法,而诸烦恼犹故现行未能制伏,然为彼伏,谓于胜解行地软中胜解转时,是名波罗蜜多。复于无量时修行施等渐复增上成就善法,而诸烦恼犹故现行,然能制伏,非彼所伏,谓从初地已上,是名近波罗蜜多。复于无量时修行施等转复增上成就善法,一切烦恼皆不现行,谓从八地已上,是名大波罗蜜多。"

观自在菩萨复白佛言:"世尊!此诸地中烦恼随眠可有几种?"

佛告观自在菩萨曰:"善男子!略有三种。一者害伴随眠,谓于前五地。何以故?善男子!诸不俱生现行烦恼,是俱生烦恼现行助伴,彼于尔时永无复有,是故说名害伴随眠。二者羸劣随眠,谓于第六第七地中,微细现行若修所伏不现行故。三者微细随眠,谓于第八地已上,从此已去一切烦恼不复现行,惟有所知障为依止故。"

观自在菩萨复白佛言:"世尊!此诸随眠,几种粗重断所显示?"

佛告观自在菩萨曰:"善男子!但由二种:谓由在皮粗重断故,显彼初二,复由在肤粗重断故,显彼第三,若在于骨粗重断者,我说永离一切随眠,位在佛地。"

观自在菩萨复白佛言:"世尊!经几不可数劫能断如是粗重?"

佛告观自在菩萨曰:"善男子!经于三大不可数劫,或无量劫,所谓年、月、半月、昼夜、一时、半时、须臾、瞬息、刹那量劫不可数故。"

观自在菩萨复白佛言:"世尊!是诸菩萨于诸地中,所生烦恼当知何相?何失?何德?"

佛告观自在菩萨曰:"善男子!无染污相。何以故?是诸菩萨于初地中,定于一切诸法法界已善通达,由此因缘,菩萨要知方起烦恼非为不知,是故说名无染污相。于自身中不能生苦,故无过失。菩萨生起如是烦恼,于有情界能断苦因,是故彼有无量功德。"

观自在菩萨复白佛言:"甚奇世尊!无上菩提乃有如是大功德利,令诸菩萨生起烦恼尚胜一切有情、声闻、独觉善根,何况其余无量功德。"

观自在菩萨复白佛言:"世尊!如世尊说若声闻乘、若复大乘惟是一乘,此何密意?"

佛告观自在菩萨曰:"善男子!如我于彼声闻乘中,宣说种种诸法自性,所谓五蕴、或内六处、或外六处如是等类,于大乘中即说彼法同一法界、同一理趣,故我不说乘差别性。于中或有如言于义妄起分别,一类增益、一类损减,又于诸乘差别道理谓互相违,如是展转递兴诤论,如是名为此中密意。"

尔时,世尊欲重宣此义而说颂曰:

诸地摄想所对治,殊胜生愿及诸学,由依佛说是大乘,于此善修成大觉，宣说诸法种种性，复说皆同一理趣，谓于下乘或上乘，故我说乘无异性。如言于义妄分别，或有增益或损减，谓此二种互相违，愚痴意解成乖诤。

尔时，观自在菩萨摩诃萨复白佛言："世尊！于是解深密法门中，此名何教？我当云何奉持？"

佛告观自在菩萨曰："善男子！此名诸地波罗蜜多了义之教，于此诸地波罗蜜多了义之教汝当奉持！"

说此诸地波罗蜜多了义教时，于大会中，有七十五千菩萨皆得菩萨大乘光明三摩地。

卷　五

如来成所作事品第八

尔时，曼殊室利菩萨摩诃萨白佛言："世尊！如佛所说如来法身，如来法身有何等相？"

佛告曼殊室利菩萨曰："善男子！若于诸地波罗蜜多善修出离，转依成满，是名如来法身之相。当知此相二因缘故不可思议，无戏论故、无所为故，而诸众生计著戏论、有所为故。"

"世尊！声闻、独觉所得转依名法身不？"

"善男子！不名法身。"

"世尊！当名何身？"

"善男子！名解脱身。由解脱身故，说一切声闻、独觉与诸如来平等平等，由法身故，说有差别。如来法身有差别故，无量功德最胜差别，算数、譬喻所不能及。"

曼殊室利菩萨复白佛言："世尊！我当云何应知如来生起之相？"

佛告曼殊室利菩萨曰："善男子！一切如来化身作业，如世界起一切种类，如来功德众所庄严，住持为相。当知化身相有生起，法身之相无有生起。"

曼殊室利菩萨复白佛言："世尊！云何应知示现化身方便善巧？"

佛告曼殊室利菩萨曰："善男子！遍于一切三千大千佛国土中，或众推许增上王家，或众推许大福田家，同时入胎、诞生、长大、受欲、出家、示行苦行、舍苦行已成等正觉，次第示现，是名如来示现化身方便善巧。"

曼殊室利菩萨复白佛言："世尊！凡有几种一切如来身所住持言音差别，由此言音所化有情未成熟者令其成熟，已成熟者缘此为境速得解脱？"

佛告曼殊室利菩萨曰："善男子！如来言音略有三种：一者契经，二者调伏，三者本母。"

"世尊！云何契经？云何调伏？云何本母？"

"曼殊室利！若于是处，我依摄事显示诸法是名契经，谓依四事，或依九事，或复依于二十九事。

"云何四事？一者听闻事，二者归趣事，三者修学事，四者菩提事。

"云何九事？一者施设有情事，二者彼所受用事，三者彼生起事，四者彼生已住事，五者彼染净事，六者彼差别事，七者能宣说事，八者所宣说事，九者诸众会事。

"云何名为二十九事？谓依杂染品有摄诸行事，彼次第随转事，即于是中作补特伽罗想已于当来世流转因事，作法想已于当来世流转因事，依清净品有系念于所缘事，即于是中勤精进事，心安住事，现法乐住事，超一切苦缘方便事，彼遍知事，此复三种：颠倒遍知所依处故、依有情想外有情中邪行遍知所依处故、内离增上慢遍知所依处故，修依处事，作证事，修习事，令彼坚固事，彼行相事，彼所缘事，已断未断观察善巧事，彼散乱事，彼不散乱事，不散乱依处事，修习勤劳加行事，修习胜利事，彼坚牢事，摄圣行事，摄圣行眷属事，通达真实事，证得涅槃事，于善说法、毗奈耶中世间正见超升一切外道所得正见顶事，及即于此不修退事，于善说法毗奈耶中不修习故说名为退，非见过失故名为退。

"曼殊室利！若于是处，我依声闻及诸菩萨显示别解脱及别解脱相应之法是名调伏。"

"世尊！菩萨别解脱几相所摄？"

"善男子！当知七相：一者宣说受轨则事故，二者宣说随顺他胜事故，三者宣说随顺毁犯事故，四者宣说有犯自性故，五者宣说无犯自性故，六者宣说出所犯故，七者宣说舍律仪故。

"曼殊室利！若于是处，我以十一种相决了、分别、显示诸法，是名本母。何等名为十一种相？一者世俗相，二者胜义相，三者菩提分法所缘相，四者行相，五者自性相，六者彼果相，七者彼领受开示相，八者彼障碍法相，九者彼随顺法相，十者彼过患相，十一者彼胜利相。

"世俗相者当知三种：一者宣说补特伽罗故，二者宣说遍计所执自性故，三者宣说诸法作用事业故。

"胜义相者,当知宣说七种真如故。

"菩提分法所缘相者,当知宣说遍一切种所知事故。

"行相者,当知宣说八行观故。云何名为八行观耶?一者谛实故,二者安住故,三者过失故,四者功德故,五者理趣故,六者流转故,七者道理故,八者总别故。谛实者,谓诸法真如。安住者,谓或安立补特伽罗,或复安立诸法遍计所执自性,或复安立一向、分别、反问、置记,或复安立隐密、显了记别差别。过失者,谓我宣说诸杂染法有无量门差别过患。功德者,谓我宣说诸清净法有无量门差别胜利。理趣者,当知六种:一者真义理趣,二者证得理趣,三者教导理趣,四者远离二边理趣,五者不可思议理趣,六者意趣理趣。流转者,所谓三世、三有为相及四种缘。道理者,当知四种:一者观待道理,二者作用道理,三者证成道理,四者法尔道理。观待道理者,谓若因若缘能生诸行及起随说,如是名为观待道理。作用道理者,谓若因若缘能得诸法,或能成办,或复生已作诸业用,如是名为作用道理。证成道理者,谓若因若缘能令所立、所说、所标义得成立,令正觉悟,如是名为证成道理。又此道理略有二种:一者清净,二者不清净。由五种相名为清净,由七种相名不清净。云何由五种相名为清净?一者现见所得相,二者依止现见所得相,三者自类譬喻所引相,四者圆成实相,五者善清净言教相。现见所得相者,谓一切行皆无常性、一切行皆是苦性、一切法皆无我性,此为世间现量所得,如是等类是名现见所得相。依止现见所得相者,谓一切行皆刹那性、他世有性、净不净业无失坏性,由彼能依粗无常性现可得故,由诸有情种种差别依种种业现可得故,由诸有情若乐若苦、净不净业以为依止现可得故,由此因缘于不现见可为比度,如是等类是名依止现见所得相。自类譬喻所引相者,谓于内外诸行聚中,引诸世间共所了知所得生死以为譬喻,引诸世间共所了知所得生等种种苦相以为譬喻,引诸世间共所了知所得不自在相以为譬喻,又复于外引诸世间共所了知所得衰盛以为譬喻,如是等类当知是名自类譬喻所引相。圆成实相者,谓即如是现见所得相、若依止现见所得相、若自类譬喻所引相,于所成立决定能成,当知是名圆成实相。善清净言教相者,谓一切智者之所宣说,如言涅槃究竟寂静,如是等类当知是名善清净言教相。善男子!是故由此五种相故,名善观察清净道理,由清净故应可修习。"

曼殊室利菩萨复白佛言:"世尊!一切智者相,当知有几种?"

佛告曼殊室利菩萨曰:"善男子!略有五种:一者若有出现世间,一切智声无不普闻,二者成就三十二种大丈夫相,三者具足十力,能断一切众生一切疑惑，四者具足四无所畏宣说正法，不为一切他论所伏，而能摧伏一切邪论，五者于善说法毗奈耶中，八支圣道、四沙门等皆现可得。如是生故、相故、断疑网故、非他所伏能伏他故、圣道沙门现可得故，如是五种当知名为一切智相。

"善男子! 如是证成道理由现量故、由比量故、由圣教量故，由五种相名为清净。

"云何七种相名不清净? 一者此余同类可得相，二者此余异类可得相，三者一切同类可得相，四者一切异类可得相，五者异类譬喻所得相，六者非圆成实相，七者非善清净言教相。若一切法意识所识性，是名一切同类可得相。若一切法相、性、业、法、因果异相，由随如是一一异相决定展转各各异相，是名一切异类可得相。善男子! 若于此余同类可得相及譬喻中，有一切异类相者，由此因缘，于所成立非决定故，是名非圆成实相；又于此余异类可得相及譬喻中，有一切同类相者，由此因缘于所成立不决定故，是名非圆成实相。非圆成实故，非善观察清净道理，不清净故不应修习。若异类譬喻所引相，若非善清净言教相，当知体性皆不清净。

"法尔道理者，谓如来出世、若不出世，法性安住、法住、法界，是名法尔道理。

"总别者，谓先总说一句法已，后后诸句差别分别究竟显了。

"自性相者，谓我所说有行有缘所有能取菩提分法，谓念住等，如是名为彼自性相。

"彼果相者，谓若世间、若出世间，诸烦恼断及所引发世出世间诸果功德，如是名为得彼果相。

"彼领受开示相者，谓即于彼以解脱智而领受之，及广为他宣说开示，如是名为彼领受开示相。

"彼障碍法相者，谓即于修菩提分法能随障碍诸染污法，是名彼障碍法相。

"彼随顺法相者，谓即于彼多所作法，是名彼随顺法相。

"彼过患相者，当知即彼诸障碍法所有过失，是名彼过患相。

"彼胜利相者，当知即彼诸随顺法所有功德，是名彼胜利相。"

曼殊室利菩萨白佛言："惟愿世尊为诸菩萨略说契经、调伏、本母不共外道陀罗尼义，由此不共陀罗尼义，令诸菩萨得入如来所说诸法甚深密意。"

佛告曼殊室利菩萨曰："善男子! 汝今谛听! 吾当为汝略说不共陀罗尼

义，令诸菩萨于我所说密意言辞能善悟入。善男子！若杂染法、若清净法，我说一切皆无作用，亦都无有补特伽罗，以一切种离所为故，非杂染法先染后净，非清净法后净先染。凡夫异生于粗重身执著诸法、补特伽罗自性、差别，随眠妄见以为缘故计我我所，由此妄谓我见、我闻、我嗅、我尝、我触、我知、我食、我作、我染、我净如是等类邪加行转，若有如实知如是者，便能永断粗重之身，获得一切烦恼不住，最极清净，离诸戏论，无为依止，无有加行。善男子！当知是名略说不共陀罗尼义。"

尔时，世尊欲重宣此义复说颂曰：

> 一切杂染清净法，皆无作用数取趣，由我宣说离所为，染污清净非先后，于粗重身随眠见，为缘计我及我所，由此妄谓我见等，我食我为我染净。若如实知如是者，乃能永断粗重身，得无染净无戏论，无为依止无加行。

尔时，<u>曼殊室利菩萨</u>摩诃萨复白佛言："世尊！云何应知诸如来心生起之相？"

佛告<u>曼殊室利菩萨</u>曰："善男子！夫如来者，非心意识生起所显，然诸如来有无加行心法生起，当知此事犹如变化。"

<u>曼殊室利菩萨</u>复白佛言："世尊！若诸如来法身远离一切加行，既无加行，云何而有心法生起？"

佛告<u>曼殊室利菩萨</u>曰："善男子！先所修习方便般若加行力故有心生起。善男子！譬如正入无心睡眠，非于觉悟而作加行，由先所作加行势力而复觉悟；又如正在灭尽定中，非于起定而作加行，由先所作加行势力还从定起。如从睡眠及灭尽定心更生起，如是如来由先修习方便般若加行力故，当知复有心法生起。"

<u>曼殊室利菩萨</u>复白佛言："世尊！如来化身当言有心、为无心耶？"

佛告<u>曼殊室利菩萨</u>曰："善男子！非是有心、亦非无心。何以故？无自依心故，有依他心故。"

<u>曼殊室利菩萨</u>复白佛言："世尊！如来所行、如来境界，此之二种有何差别？"

佛告<u>曼殊室利菩萨</u>曰："善男子！如来所行，谓一切种如来共有不可思议无量功德，众所庄严清净佛土。如来境界，谓一切种五界差别。何等为五？一者有情界，二者世界，三者法界，四者调伏界，五者调伏方便界。如是名为二种差别。"

<u>曼殊室利菩萨</u>复白佛言："世尊！如来成等正觉、转正法轮、入大涅槃，

如是三种当知何相？”

佛告曼殊室利菩萨曰：“善男子！当知此三皆无二相，谓非成等正觉、非不成等正觉，非转正法轮、非不转正法轮，非入大涅槃、非不入大涅槃。何以故？如来法身究竟净故，如来化身常示现故。”

曼殊室利菩萨复白佛言：“世尊！诸有情类但于化身见闻奉事生诸功德，如来于彼有何因缘？”

佛告曼殊室利菩萨曰：“善男子！如来是彼增上所缘之因缘故，又彼化身是如来力所住持故。”

曼殊室利菩萨复白佛言：“世尊！等无加行，何因缘故如来法身为诸有情放大智光，及出无量化身影像？声闻、独觉解脱之身无如是事？”

佛告曼殊室利菩萨曰：“善男子！譬如等无加行从日月轮水火二种颇胝迦宝放大光明，非余水火颇胝迦宝，谓大威德有情所住持故，诸有情业增上力故；又如从彼善工业者之所雕饰末尼宝珠出印文像，不从所余不雕饰者。如是缘于无量法界方便般若极善修习，磨莹集成如来法身，从是能放大智光明，及出种种化身影像，非惟从彼解脱之身有如斯事。”

曼殊室利菩萨复白佛言：“世尊！如世尊说，如来、菩萨威德住持，令诸众生于欲界中生刹帝力、婆罗门等大富贵家，人身、财宝无不圆满，或欲界天、色、无色界一切身财圆满可得。世尊！此中有何密意？”

佛告曼殊室利菩萨曰：“善男子！如来菩萨威德住持，若道、若行于一切处能令众生获得身财皆圆满者，即随所应为彼宣说此道此行，若有能于此道此行正修行者，于一切处所获身财无不圆满。若有众生于此道行违背轻毁，又于我所起损恼心及嗔恚心，命终已后于一切处所得身财无不下劣。曼殊室利！由是因缘当知如来及诸菩萨威德住持，非但能令身财圆满，如来菩萨住持威德，亦令众生身财下劣。”

曼殊室利菩萨复白佛言：“世尊！诸秽土中何事易得、何事难得？诸净土中何事易得、何事难得？”

佛告曼殊室利菩萨曰：“善男子！诸秽土中八事易得，二事难得。何等名为八事易得？一者外道，二者有苦众生，三者种姓家世兴衰差别，四者行诸恶行，五者毁犯尸罗，六者恶趣，七者下乘，八者下劣意乐加行菩萨。何等名为二事难得？一者增上意乐加行菩萨之所游集，二者如来出现于世。曼殊室利！诸净土中与上相违，当知八事甚为难得，二事易得。”

尔时，曼殊室利菩萨摩诃萨白佛言：“世尊！于是解深密法门中此名何教？我当云何奉持？”

　　佛告曼殊室利菩萨摩诃萨曰："善男子！此名如来成所作事了义之教，于此如来成所作事了义之教汝当奉持！"

　　说是如来成所作事了义教时，于大会中有七十五千菩萨摩诃萨皆得圆满法身证觉。

维摩诘经

卷　上

佛国品第一

如是我闻：一时，佛在毗耶离 庵罗树园，与大比丘众，八千人俱，菩萨三万二千。众所知识，大智本行，皆悉成就，诸佛威神之所建立。为护法城，受持正法，能师子吼，名闻十方；众人不请，友而安之，绍隆三宝，能使不绝，降伏魔怨，制诸外道，悉已清净，永离盖缠，心常安住，无碍解脱；念定总持，辩才不断；布施、持戒、忍辱、精进、禅定、智慧，及方便力，无不具足；逮无所得，不起法忍；已能随顺，转不退轮；善解法相，知众生根，盖诸大众，得无所畏；功德智慧，以修其心，相好严身，色像第一，舍诸世间，所有饰好；名称高远，逾于须弥；深信坚固，犹若金刚；法宝普照，而雨甘露；于众言音，微妙第一；深入缘起，断诸邪见；有无二边，无复余习；演法无畏，犹师子吼；其所讲说，乃如雷震，无有量，已过量；集众法宝，如海导师。了达诸法深妙之义，善知众生往来所趣，及心所行，近无等等佛自在慧、十力、无畏、十八不共；关闭一切诸恶趣门，而生五道以现其身，为大医王，善疗众病，应病与药，令得服行；无量功德皆成就，无量佛土皆严净；其见闻者，无不蒙益，诸有所作，亦不唐捐。如是一切功德，皆悉具足。

其名曰：等观菩萨、不等观菩萨、等不等观菩萨、定自在王菩萨、法自在王菩萨、法相菩萨、光相菩萨、光严菩萨、大严菩萨、宝积菩萨、辩积菩萨、宝手菩萨、宝印手菩萨、常举手菩萨、常下手菩萨、常惨菩萨、喜根菩萨、喜王菩萨、辩音菩萨、虚空藏菩萨、执宝炬菩萨、宝勇菩萨、宝见菩萨、帝网菩萨、明网菩萨、无缘观菩萨、慧积菩萨、宝胜菩萨、天王菩萨、坏魔菩萨、电德菩萨、自在王菩萨、功德相严菩萨、师子吼菩萨、雷音菩萨、山相击音菩萨、香象菩萨、白香象菩萨、常精进菩萨、不休息菩萨、妙生菩萨、华严菩萨、观世音菩萨、得大势菩萨、梵网菩萨、宝杖菩萨、无胜菩萨、严土菩萨、金髻菩萨、珠髻菩萨、弥勒菩萨、文殊师利法王子菩萨，如是等三万二千人。复有万梵天王尸弃等，从余四天下来诣佛所，而为听法。复有万二千天帝，亦从余四天下，来在会坐。并余大威力诸天、龙、神、夜叉、乾闼婆、阿修罗、迦楼罗、紧那罗、摩睺罗伽等，悉来会坐。诸比丘、比丘尼、优婆塞、优婆夷，俱来会坐。

彼时，佛与无量百千之众，恭敬围绕，而为说法。譬如须弥山王，显于大海，安处众宝师子之座，蔽于一切诸来大众。

　　尔时，毗耶离城有长者子，名曰宝积，与五百长者子，俱持七宝盖，来诣佛所，头面礼足，各以其盖，共供养佛。佛之威神令诸宝盖，合成一盖，遍覆三千大千世界。而此世界广长之相，悉于中现。又此三千大千世界，诸须弥山、雪山、目真邻陀山、摩诃目真邻陀山、香山、黑山、铁围山、大铁围山、大海江河、川流泉源，及日月星辰、天宫、龙宫、诸尊神宫，悉现于宝盖中。又十方诸佛，诸佛说法，亦现于宝盖中。

　　尔时，一切大众睹佛神力，叹未曾有，合掌礼佛，瞻仰尊颜，目不暂舍。长者子宝积，即于佛前，以偈颂曰：

　　　　目净修广如青莲，心净已度诸禅定，久积净业称无量，导众以寂故稽首。既见大圣以神变，普现十方无量土，其中诸佛演说法，于是一切悉见闻。法王法力超群生，常以法财施一切，能善分别诸法相，于第一义而不动。已于诸法得自在，是故稽首此法王；说法不有亦不无，以因缘故诸法生。无我无造无受者，善恶之业亦不亡，始在佛树力降魔，得甘露灭觉道成。已无心意无受行，而悉摧伏诸外道，三转法轮于大千，其轮本来常清净。大人得道此为证，三宝于是现世间，以斯妙法济群生，一受不退常寂然。度老病死大医王，当礼法海德无边，毁誉不动如须弥，于善不善等以慈。心行平等如虚空，孰闻人宝不敬承；今奉世尊此微盖，于中现我三千界。诸天龙神所居宫，乾闼婆等及夜叉，悉见世间诸所有，十力哀现是化变。众睹希有皆叹佛，今我稽首三界尊；大圣法王众所归，净心观佛靡不欣！各见世尊在其前，斯则神力不共法；佛以一音演说法，众生随类各得解。皆谓世尊同其语，斯则神力不共法；佛以一音演说法，众生各各随所解。普得受行获其利，斯则神力不共法；佛以一音演说法，或有恐畏或欢喜。或生厌离或断疑，斯则神力不共法；稽首十力大精进，稽首已得无所畏。稽首住于不共法，稽首一切大导师。稽首能断众结缚，稽首已到于彼岸。稽首能度诸世间，稽首永离生死道。悉知众生来去相，善于诸法得解脱。不著世间如莲华，常善入于空寂行；达诸法相无挂碍，稽首如空无所依。

　　尔时，长者子宝积说此偈已，白佛言："世尊，是五百长者子，皆已发阿耨多罗三藐三菩提心，愿闻得佛国土清净，唯愿世尊，说诸菩萨净土之行。"佛言："善哉，宝积！乃能为诸菩萨，问于如来净土之行。谛听，谛听，善思念之，当为汝说。"于是宝积及五百长者子，受教而听。

　　佛言："宝积，众生之类，是菩萨佛土。所以者何？菩萨随所化众生，而取佛土；随所调伏众生，而取佛土；随诸众生，应以何国入佛智慧，而取佛土；随诸众生，应以何国起菩萨根，而取佛土。所以者何？菩萨取于净国，皆为饶益诸众生故。譬如有人，欲于空地，造立宫室，随意无碍；若于虚空，终不能成。菩萨如是，为成就众生故，愿取佛国；愿取佛国者，非于空也。

"宝积，当知！直心是菩萨净土，菩萨成佛时，不谄众生来生其国；深心是菩萨净土，菩萨成佛时，具足功德众生来生其国；菩提心是菩萨净土，菩萨成佛时，大乘众生来生其国；布施是菩萨净土，菩萨成佛时，一切能舍众生来生其国；持戒是菩萨净土，菩萨成佛时，行十善道满愿众生来生其国；忍辱是菩萨净土，菩萨成佛时，三十二相庄严众生来生其国；精进是菩萨净土，菩萨成佛时，勤修一切功德众生来生其国；禅定是菩萨净土，菩萨成佛时，摄心不乱众生来生其国；智慧是菩萨净土，菩萨成佛时，正定众生来生其国；四无量心是菩萨净土，菩萨成佛时，成就慈悲喜舍众生来生其国；四摄法是菩萨净土，菩萨成佛时，解脱所摄众生来生其国；方便是菩萨净土，菩萨成佛时，于一切法方便无碍众生来生其国；三十七道品是菩萨净土，菩萨成佛时，念处、正勤、神足、根、力、觉、道众生来生其国；回向心是菩萨净土，菩萨成佛时，得一切具足功德国土；说除八难是菩萨净土，菩萨成佛时，国土无有三恶八难；自守戒行、不讥彼阙是菩萨净土，菩萨成佛时，国土无有犯禁之名；十善是菩萨净土，菩萨成佛时，命不中夭，大富梵行，所言诚谛，常以软语，眷属不离，善和诤讼，言必饶益，不嫉不恚，正见众生来生其国。

"如是，宝积，菩萨随其直心，则能发行；随其发行，则得深心；随其深心，则意调伏；随其调伏，则如说行；随如说行，则能回向；随其回向，则有方便；随其方便，则成就众生；随成就众生，则佛土净；随佛土净，则说法净；随说法净，则智慧净；随智慧净，则其心净；随其心净，则一切功德净。是故，宝积，若菩萨欲得净土，当净其心；随其心净，则佛土净。"

尔时，舍利弗承佛威神作是念：若菩萨心净则佛土净者，我世尊本为菩萨时，意岂不净，而是佛土不净若此？

佛知其念，即告之言："于意云何？日月岂不净耶？而盲者不见。"对曰："不也，世尊，是盲者过，非日月咎。""舍利弗，众生罪故，不见如来国土严净，非如来咎。舍利弗，我此土净，而汝不见。"

尔时，螺髻梵王语舍利弗："勿作是念，谓此佛土以为不净。所以者何？我见释迦牟尼佛土清净，譬如自在天宫。"

舍利弗言："我见此土，丘陵坑坎，荆棘沙砾，土石诸山，秽恶充满。"

螺髻梵王言："仁者心有高下，不依佛慧，故见此土为不净耳。舍利弗，菩萨于一切众生悉皆平等，深心清净，依佛智慧，则能见此佛土清净。"

于是佛以足指按地，即时三千大千世界，若干百千珍宝严饰，譬如宝庄严佛无量功德宝庄严土,一切大众叹未曾有,而皆自见坐宝莲华。

佛告舍利弗:"汝且观是佛土严净。"

舍利弗言:"唯然,世尊。本所不见,本所不闻,今佛国土严净悉现。"

佛告舍利弗:"我佛国土,常净若此,为欲度斯下劣人故,示是众恶不净土耳。譬如诸天,共宝器食,随其福德,饭色有异。如是,舍利弗,若人心净,便见此土功德庄严。"

当佛现此国土严净之时,宝积所将五百长者子,皆得无生法忍;八万四千人,皆发阿耨多罗三藐三菩提心。佛摄神足,于是世界还复如故。求声闻乘者三万二千,诸天及人,知有为法皆悉无常,远尘离垢,得法眼净。八千比丘,不受诸法漏尽意解。

方便品第二

尔时,毗耶离大城中有长者,名维摩诘,已曾供养无量诸佛,深植善本,得无生忍;辩才无碍,游戏神通,逮诸总持,获无所畏;降魔劳怨,入深法门,善于智度,通达方便,大愿成就,明了众生心之所趣,又能分别诸根利钝。久于佛道,心已纯淑,决定大乘;诸有所作,能善思量,住佛威仪,心大如海,诸佛咨嗟,弟子、释、梵、世主所敬。欲度人故,以善方便,居毗耶离,资财无量,摄诸贫民;奉戒清净,摄诸毁禁;以忍调行,摄诸恚怒;以大精进,摄诸懈怠;一心禅寂,摄诸乱意;以决定慧,摄诸无智。

虽为白衣,奉持沙门清净律行;虽处居家,不著三界;示有妻子,常修梵行;现有眷属,常乐远离;虽服宝饰,而以相好严身;虽复饮食,而以禅悦为味;若至博弈戏处,辄以度人;受诸异道,不毁正信;虽明世典,常乐佛法。一切见敬,为供养中最。

执持正法,摄诸长幼;一切治生谐偶,虽获俗利,不以喜悦;游诸四衢,饶益众生;入治正法,救护一切;入讲论处,导以大乘;入诸学堂,诱开童蒙;入诸淫舍,示欲之过;入诸酒肆,能立其志。若在长者,长者中尊,为说胜法;若在居士,居士中尊,断其贪著;若在刹利,刹利中尊,教以忍辱;若在婆罗门,婆罗门中尊,除其我慢;若在大臣,大臣中尊,教以正法;若在王子,王子中尊,示以忠孝;若在内官,内官中尊,化正宫女;若在庶民,庶民中尊,令兴福力;若在梵天,梵天中尊,诲以胜慧;若在帝释,帝释中尊,示现无常;若在护世,护世中尊,护诸众生。

长者维摩诘,以如是等无量方便,饶益众生。其以方便,现身有疾。以其疾故,国王、大臣、长者、居士、婆罗门等,及诸王子,并余官属,无数千人皆往问疾。其往者，维摩诘因以身疾，广为说法：

"诸仁者，是身无常，无强、无力、无坚，速朽之法，不可信也；为苦为恼，众病所集。诸仁者，如此身，明智者所不怙。是身如聚沫，不可撮摩；是身如泡，不得久立；是身如焰，从渴爱生；是身如芭蕉，中无有坚；是身如幻，从颠倒起；是身如梦，为虚妄见；是身如影，从业缘现；是身如响，属诸因缘；是身如浮云，须臾变灭；是身如电，念念不住；是身无主，为如地；是身无我，为如火；是身无寿，为如风；是身无人，为如水；是身不实，四大为家；是身为空，离我、我所；是身无知，如草木瓦砾；是身无作，风力所转；是身不净，秽恶充满；是身为虚伪，虽假以澡浴衣食，必归磨灭；是身为灾，百一病恼；是身如丘井，为老所逼；是身无定，为要当死；是身如毒蛇，如怨贼，如空聚，阴界诸入所共合成。

"诸仁者，此可患厌，当乐佛身。所以者何？佛身者，即法身也。从无量功德智慧生，从戒、定、慧、解脱、解脱知见生，从慈、悲、喜、舍生，从布施、持戒、忍辱、柔和、勤行、精进、禅定、解脱、三昧、多闻、智慧诸波罗蜜生，从方便生，从六通生，从三明生，从三十七道品生，从止观生，从十力、四无所畏、十八不共法生，从断一切不善法、集一切善法生，从真实生，从不放逸生，从如是无量清净法生如来身。诸仁者，欲得佛身，断一切众生病者，当发阿耨多罗三藐二菩提心。"

如是长者维摩诘为诸问病者如应说法，令无数千人皆发阿耨多罗三藐三菩提心。

弟子品第三

尔时，长者维摩诘自念：寝疾于床，世尊大慈，宁不垂愍？佛知其意，即告舍利弗："汝行诣维摩诘问疾。"

舍利弗白佛言："世尊，我不堪任诣彼问疾。所以者何？忆念我昔，曾于林中宴坐树下，时维摩诘来谓我言：'唯，舍利弗！不必是坐，为宴坐也。夫宴坐者，不于三界现身意，是为宴坐；不起灭定而现诸威仪，是为宴坐；不舍道法而现凡夫事，是为宴坐；心不住内，亦不在外，是为宴坐；于诸见不动，而修行三十七品，是为宴坐；不断烦恼而入涅槃，是为宴坐。若能如是坐者，佛所印可。'时我，世尊！闻说是语，默然而止，不能加报，故我不任诣彼问疾。"

佛告大目犍连："汝行诣维摩诘问疾。"目连白佛言："世尊，我不堪任诣彼问疾。所以者何？忆念我昔入毗耶离大城，于里巷中，为诸居士说法，时维摩诘来谓我言：'唯，大目连！为白衣居士说法，不当如仁者所说。夫说法者，当如法说。法无众生，离众生垢故；法无有我，离我垢故；法无寿命，离生死故；法无有人，前后际断故；法常寂然，灭诸相故；法离于相，无所缘故；法无名字，言语断故；法无有说，离觉观故；法无形相，如虚空故；法无戏论，毕竟空故；法无我所，离我所故；法无分别，离诸识故；法无有比，无相待故；法不属因，不在缘故；法同法性，入诸法故；法随于如，无所随故；法住实际，诸边不动故；法无动摇，不依六尘故；法无去来，常不住故；法顺空，随无相，应无作；法离好丑，法无增损，法无生灭，法无所归，法过眼耳鼻舌身心，法无高下，法常住不动，法离一切观行。唯，大目连！法相如是，岂可说乎？夫说法者，无说无示；其听法者，无闻无得。譬如幻士为幻人说法，当建是意而为说法；当了众生根有利钝，善于知见，无所挂碍，以大悲心，赞于大乘，念报佛恩，不断三宝，然后说法。'维摩诘说是法时，八百居士发阿耨多罗三藐三菩提心。我无此辩，是故不任诣彼问疾。"

佛告大迦叶："汝行诣维摩诘问疾。"迦叶白佛言："世尊，我不堪任诣彼问疾。所以者何？忆念我昔，于贫里而行乞，时维摩诘来谓我言：'唯，大迦叶！有慈悲心而不能普，舍豪富从贫乞。迦叶，住平等法，应次行乞食。为不食故，应行乞食，为坏和合相故，应取抟食；为不受故，应受彼食，以空聚想，入于聚落。所见色，与盲等；所闻声，与响等；所嗅香，与风等；所食味，不分别。受诸触，如智证；知诸法，如幻相；无自性，无他性，本自不然，今则无灭。迦叶，若能不舍八邪，入八解脱，以邪相入正法，以一食施一切，供养诸佛，及众贤圣，然后可食。如是食者，非有烦恼，非离烦恼；非入定意，非起定意；非住世间，非住涅槃。其有施者，无大福，无小福；不为益，不为损。是为正入佛道，不依声闻。迦叶，若如是食，为不空食人之施也。'时我，世尊！闻说是语，得未曾有，即于一切菩萨，深起敬心，复作是念：斯有家名，辩才智慧乃能如是，其谁不发阿耨多罗三藐三菩提心！我从是来，不复劝人以声闻、辟支佛行。是故不任诣彼问疾。"

佛告须菩提："汝行诣维摩诘问疾。"须菩提白佛言："世尊，我不堪任诣彼问疾。所以者何？忆念我昔，入其舍从乞食，时维摩诘取我钵，盛满饭，谓我言：'唯，须菩提！若能于食等者，诸法亦等；诸法等者，于食亦等。如是行乞，乃可取食。若须菩提不断淫怒痴，亦不与俱，不坏于身，而随一相，不灭痴爱，起于解脱，以五逆相，而得解脱，亦不解不缚；不见四谛，非不见谛；非得果，非不得果；非凡夫，非离凡夫法；非圣人，非不圣人；虽成就一切法，而离诸法相，乃可取食。若须菩提不见佛、不闻法，彼外道六师：富兰那迦叶、末伽梨拘赊梨子、删阇夜毗罗胝子、阿耆多翅舍钦婆罗、迦罗鸠驮迦旃延、尼犍陀若提子等，是汝之师，因其出家，彼师所堕，汝亦随堕，乃可取食。若须菩提，入诸邪见，不到彼岸，住于八难，不得无难，同于烦恼，离清净法，汝得无诤三昧，一切众生亦得是定；其施汝者，不名福田，供养汝者，堕三恶道，为与众魔共一手，作诸劳侣，汝与众魔及诸尘劳，等无有异，于一切众生而有怨心，谤诸佛，毁于法，不入众数，终不得灭度。汝若如是，乃可取食。'时我，世尊！闻此茫然，不识是何言，不知以何答，便置钵欲出其舍。维摩诘言：'唯，须菩提！取钵勿惧，于意云何？如来所作化人，若以是事诘，宁有惧不？'我言：'不也。'维摩诘言：'一切诸法，如幻化相，汝今不应有所惧也。所以者何？一切言说，不离是相，至于智者，不著文字，故无所惧。何以故？文字性离，无有文字，是则解脱。解脱相者，则诸法也。'维摩诘说是法时，二百天子，得法眼净。故我不任诣彼问疾。"

佛告富楼那弥多罗尼子："汝行诣维摩诘问疾。"富楼那白佛言："世尊，我不堪任诣彼问疾。所以者何？忆念我昔，于大林中，在一树下，为诸新学比丘说法，时维摩诘来谓我言：'唯，富楼那！先当入定，观此人心，然后说法。无以秽食置于宝器，当知是比丘心之所念；无以琉璃同彼水精，汝不能知众生根源，无得发起以小乘法。彼自无疮，勿伤之也；欲行大道，莫示小径；无以大海内于牛迹，无以日光等彼萤火。富楼那，此比丘久发大乘心，中忘此意，如何以小乘法而教导之？我观小乘，智慧微浅，犹如盲人，不能分别一切众生根之利钝。'时维摩诘即入三昧，令此比丘自识宿命，曾于五百佛所植众德本，回向阿耨多罗三藐三菩提。即时豁然，还得本心。于是诸比丘，稽首礼维摩诘足，时维摩诘因为说法，于阿耨多罗三藐三菩提不复退转。我念声闻不观人根，不应说法，是故不任诣彼问疾。"

佛告摩诃迦旃延："汝行诣维摩诘问疾。"迦旃延白佛言："世尊，我不堪任诣彼问疾。所以者何？忆念昔者，佛为诸比丘略说法要，我即于后敷演其义，谓无常义、苦义、空义、无我义、寂灭义。时维摩诘来谓我言：'唯，迦旃延！无以生灭心行，说实相法。迦旃延，诸法毕竟不生不灭，是无常义；五受阴洞达空无所起，是苦义；诸法究竟无所有，是空义；于我无我而不二，是无我义；法本不然，今则无灭，是寂灭义。'说是法时，彼诸比丘心得解脱，故我不任诣彼问疾。"

佛告阿那律："汝行诣维摩诘问疾。"阿那律白佛言："世尊，我不堪任诣彼问疾。所以者何？忆念我昔，于一处经行，时有梵王，名曰严净，与万梵俱，放净光明，来诣我所，稽首作礼问我言：'几何？阿那律天眼所见。'我即答言：'仁者，吾见此释迦牟尼佛土，三千大千世界，如观掌中庵摩勒果。'时维摩诘来谓我言：'唯，阿那律！天眼所见，为作相耶？无作相耶？假使作相，则与外道五通等；若无作相，即是无为，不应有见。'世尊，我时默然，彼诸梵闻其言，得未曾有，即为作礼而问曰：'世孰有真天眼者？'维摩诘言：'有佛世尊，得真天眼，常在三昧，悉见诸佛国，不以二相。'于是严净梵王，及其眷属五百梵天，皆发阿耨多罗三藐三菩提心，礼维摩诘足已，忽然不现。故我不任诣彼问疾。"

佛告优波离："汝行诣维摩诘问疾。"优波离白佛言："世尊，我不堪任诣彼问疾。所以者何？忆念昔者，有二比丘犯律行，以为耻，不敢问佛，来问我言：'唯，优波离，我等犯律，诚以为耻，不敢问佛，愿解疑悔，得免斯咎。'我即为其如法解说。时维摩诘来谓我言：'唯，优波离！无重增此二比丘罪，当直除灭，勿扰其心。所以者何？彼罪性不在内，不在外，不在中间，如佛所说：心垢故众生垢，心净故众生净。心亦不在内，不在外，不在中间。如其心然，罪垢亦然；诸法亦然，不出于如。如优波离以心相得解脱时，宁有垢不？'我言：'不也。'维摩诘言：'一切众生心相无垢，亦复如是。唯，优波离！妄想是垢，无妄想是净；颠倒是垢，无颠倒是净；取我是垢，不取我是净。优波离，一切法生灭不住，如幻如电，诸法不相待，乃至一念不住，诸法皆妄见：如梦、如焰、如水中月、如镜中像，以妄想生。其知此者，是名奉律；其知此者，是名善解。'于是二比丘言：'上智哉，是优波离所不能及，持律之上而不能说。'我答言：'自舍如来，未有声闻及菩萨，能制其乐说之辩。其智慧明达为若此也。'时二比丘，疑悔即除，发阿耨多罗三藐三菩提心，作是愿言：'令一切众生皆得是辩。'故我不任诣彼问疾。"

佛告罗睺罗："汝行诣维摩诘问疾。"罗睺罗白佛言："世尊，我不堪任诣彼问疾。所以者何？忆念昔时，毗耶离诸长者子，来诣我所，稽首作礼，问我言：'唯，罗睺罗，汝佛之子，舍转轮王位，出家为道。其出家者，有何等利？'我即如法为说出家功德之利。时维摩诘来谓我言：'唯，罗睺！不应说出家功德之利。所以者何？无利无功德，是为出家。有为法者，可说有利有功德；夫出家者，为无为法，无为法中，无利无功德。罗睺罗，夫出家者，无彼无此，亦无中间，离六十二见，处于涅槃，智者所受，圣所行处。降伏众魔，度五道，净五眼，得五力，立五根，不恼于彼，离众杂恶，摧诸外道，超越假名，出淤泥，无系著，无我所，无所受，无扰乱，内怀喜，护彼意，随禅定，离众过，若能如是，是真出家。'于是维摩诘语诸长者子：'汝等于正法中，宜共出家。所以者何？佛世难值。'诸长者子言：'居士，我闻佛言，父母不听，不得出家。'维摩诘言:'然。汝等便发阿耨多罗三藐三菩提心,是即出家,是即具足。'尔时,三十二长者子皆发阿耨多罗三藐三菩提心。故我不任诣彼问疾。"

佛告阿难:"汝行诣维摩诘问疾。"阿难白佛言:"世尊,我不堪任诣彼问疾。所以者何?忆念昔时,世尊身小有疾,当用牛乳,我即持钵,诣大婆罗门家门下立,时维摩诘来谓我言:'唯,阿难!何为晨朝持钵住此?'我言:'居士,世尊身小有疾,当用牛乳,故来至此。'维摩诘言:'止,止,阿难!莫作是语。如来身者,金刚之体,诸恶已断,众善普会,当有何疾?当有何恼?默往,阿难!勿谤如来,莫使异人闻此粗言,无令大威德诸天及他方净土诸来菩萨得闻斯语。阿难,转轮圣王,以少福故,尚得无病,岂况如来无量福会,普胜者哉!行矣,阿难!勿使我等受斯耻也。外道梵志若闻此语,当作是念:何名为师,自疾不能救,而能救诸疾人?可密速去,勿使人闻。当知,阿难!诸如来身,即是法身,非思欲身。佛为世尊,过于三界,佛身无漏,诸漏已尽;佛身无为,不堕诸数。如此之身,当有何疾?'时我,世尊!实怀惭愧,得无近佛而谬听耶?即闻空中声曰:'阿难,如居士言,但为佛出五浊恶世,现行斯法,度脱众生。行矣,阿难!取乳勿惭。'世尊,维摩诘智慧、辩才为若此也,是故不任诣彼问疾。"

如是五百大弟子,各各向佛说其本缘,称述维摩诘所言,皆曰不任诣彼问疾。

菩萨品第四

于是佛告弥勒菩萨:"汝行诣维摩诘问疾。"弥勒白佛言:"世尊,我不堪任诣彼问疾。所以者何?忆念我昔,为兜率天王及其眷属说不退转地之行,时维摩诘来谓我言:'弥勒,世尊授仁者记,一生当得阿耨多罗三藐三菩提,为用何生得受记乎?过去耶?未来耶?现在耶?若过去生,过去生已灭;若未来生,未来生未至;若现在生,现在生无住。如佛所说:比丘,汝今即时,亦生、亦老、亦灭。若以无生得受记者,无生即是正位,于正位中,亦无受记,亦无得阿耨多罗三藐三菩提,云何弥勒受一生记乎?为从如生得受记耶?为从如灭得受记耶?若以如生得受记者,如无有生;若以如灭得受记者,如无有灭。一切众生皆如也,一切法亦如也,众圣贤亦如也,至于弥勒亦如也。若弥勒得受记者,一切众生亦应受记。所以者何?夫如者,不二不异。若弥勒得阿耨多罗三藐三菩提者,一切众生皆亦应得。所以者何?一切众生,即菩提相。若弥勒得灭度者,一切众生亦当灭度。所以者何?诸佛知一切众生毕竟寂灭,即涅槃相,不复更灭。是故,弥勒无以此法诱诸天子,实无发阿耨多罗三藐三菩提心者,亦无退者。弥勒,当令此诸天子,舍于分别菩提之见。所以者何?菩提者,不可以身得,不可以心得。寂灭是菩提,灭诸相故;不观是菩提,离诸缘故;不行是菩提,无忆念故;断是菩提,舍诸见故;离是菩提,离诸妄想故;障是菩提,障诸愿故;不入是菩提,无贪著故;顺是菩提,顺于如故;住是菩提,住法性故;至是菩提,至实际故;不二是菩提,离意法故;等是菩提,等虚空故;无为是菩提,无生住灭故;知是菩提,了众生心行故;不会是菩提,诸入不会故;不合是菩提,离烦恼习故;无处是菩提,无形色故;假名是菩提,名字空故;如化是菩提,无取舍故;无乱是菩提,常自静故;善寂是菩提,性清净故;无取是菩提,离攀缘故;无异是菩提,诸法等故;无比是菩提,无可喻故;微妙是菩提,诸法难知故。'世尊,维摩诘说是法时,二百天子得无生法忍,故我不任诣彼问疾。"

佛告光严童子:"汝行诣维摩诘问疾。"光严白佛言:"世尊,我不堪任诣彼问疾。所以者何?忆念我昔,出毗耶离大城,时维摩诘方入城,我即为作礼而问言:'居士,从何所来?'答我言:'吾从道场来。'我问:'道场者何所是?'答曰:'直心是道场,无虚假故;发行是道场,能办事故;深心是道场,增益功德故;菩提心是道场,无错谬故;布施是道场,不望报故;持戒是道场,得愿具故;忍辱是道场,于诸众生心无碍故;精进是道场,不懈怠故;禅定是道场,心调柔故;智慧是道场,现见诸法故;慈是道场,等众生故;悲是道场,忍疲苦故;喜是道场,悦乐法故;舍是道场,憎爱断故;神通是道场,成就六通故;解脱是道场,能背舍故;方便是道场,教化众生故;四摄是道场,摄众生故;多闻是道场,如闻行故;伏心是道场,正观诸法故;三十七品是道场,舍有为法故;四谛是道场,不诳世间故;缘起是道场,无明乃至老死皆无尽故;诸烦恼是道场,知如实故;众生是道场,知无我故;一切法是道场,知诸法空故;降魔是道场,不倾动故;三界是道场,无所趣故;师子吼是道场,无所畏故;力、无畏、不共法是道场,无诸过故;三明是道场,无余碍故;一念知一切法是道场,成就一切智故。如是善男子,菩萨若应诸波罗蜜教化众生,诸有所作,举足下足,当知皆从道场来,住于佛法矣。'说是法时,五百天人,皆发阿耨多罗三藐三菩提心,故我不任诣彼问疾。"

佛告持世菩萨:"汝行诣维摩诘问疾。"持世白佛言:"世尊,我不堪任诣彼问疾。所以者何?忆念我昔,住于静室,时魔波旬,从万二千天女,状如帝释,鼓乐弦歌,来诣我所。与其眷属,稽首我足,合掌恭敬于一面立。我意谓是帝释,而语之言:'善来,憍尸迦!虽福应有,不当自恣,当观五欲无常,以求善本,于身命财而修坚法。'即语我言:'正士,受是万二千天女,可备扫洒。'我言:'憍尸迦,无以此非法之物,要我沙门释子,此非我宜。'所言未讫,时维摩诘来谓我言:'非帝释也,是为魔来,娆固汝耳。'即语魔言:'是诸女等,可以与我,如我应受。'魔即惊惧,念维摩诘,将无恼我?欲隐形去,而不能隐,尽其神力,亦不得去。即闻空中声曰:'波旬,以女与之,乃可得去。'魔以畏故,俛仰而与。尔时,维摩诘语诸女言:'魔以汝等与我,今汝皆当发阿耨多罗三藐三菩提心。'即随所应而为说法,令发道意。复言:'汝等已发道意,有法乐可以自娱,不应复乐五欲乐也。'天女即问:'何谓法乐?'答言:'乐常信佛,乐欲听法,乐供养众,乐离五欲,乐观五阴如怨贼,乐观四大如毒蛇,乐观内入如空聚,乐随护道意,乐饶益众生,乐敬养师,乐广行施,乐坚持戒,乐忍辱、柔和,乐勤集善根,乐禅定不乱,乐离垢明慧,乐广菩提心,乐降伏众魔,乐断诸烦恼,乐净佛国土,乐成就相好故,修诸功德,乐庄严道场,乐闻深法不畏,乐三脱门,不乐非时,乐近同学,乐于非同学中,心无恚碍,乐将护恶知识,乐亲近善知识,乐心喜清净,乐修无量道品之法,是为菩萨法乐。'于是波旬告诸女言:'我欲与汝,俱还天宫。'诸女言:'以我等与此居士,有法乐,我等甚乐,不复乐五欲乐也。'魔言:'居士,可舍此女?一切所有施于彼者,是为菩萨。'维摩诘言:'我已舍矣,汝便将去,令一切众生,得法愿具足。'于是诸女问维摩诘:'我等云何止于魔宫?'维摩诘言:'诸姊,有法门名无尽灯,汝等当学。无尽灯者,譬如一灯然百千灯,冥者皆明,明终不尽。如是诸姊。夫一菩萨开导百千众生,令发阿耨多罗三藐三菩提心,于其道意,亦不灭尽;随所说法,而自增益一切善法,是名无尽灯也。汝等虽住魔宫,以是无尽灯令无数天子天女,发阿耨多罗三藐三菩提心者,为报佛恩,亦大饶益一切众生。'尔时,天女头面礼维摩诘足,随魔还宫,忽然不现。世尊,维摩诘有如是自在神力、智慧、辩才,故我不任诣彼问疾。"

佛告长者子善德:"汝行诣维摩诘问疾。"善德白佛言:"世尊,我不堪任诣彼问疾。所以者何?忆念我昔,自于父舍设大施会,供养一切沙门、婆罗门及诸外道、贫贱下贱、孤独乞人,期满七日,时维摩诘来入会中,谓我言:'长者子,夫大施会不当如汝所设,当为法施之会,何用是财施会为?'我言:'居士,何谓法施之会?''法施会者,无前无后,一时供养一切众生,是名法施之会。'曰:'何谓也?''谓以菩提,起于慈心;以救众生,起大悲心;以持正法,起于喜心;以摄智慧,行于舍心;以摄悭贪,起檀波罗蜜;以化犯戒,起尸罗波罗蜜;以无我法,起羼提波罗蜜;以离身心相,起毗梨耶波罗蜜;以菩提相,起禅波罗蜜;以一切智,起般若波罗蜜;教化众生,而起于空;不舍有为法，而起无相；示现受生，而起无作；护持正法，起方便力；以度众生，起四摄法；以敬事一切，起除慢法；于身命财，起三坚法；于六念中，起思念法；于六和敬，起质直心；正行善法，起于净命；心净欢喜，起近贤圣；不憎恶人，起调伏心；以出家法，起于深心；以如说行，起于多闻；以无诤法，起空闲处；趣向佛慧，起于宴坐；解众生缚，起修行地；以具相好及净佛土，起福德业；知一切众生心念，如应说法起于智业；知一切法不取不舍，入一相门，起于慧业；断一切烦恼，一切障碍，一切不善法，起一切善业；以得一切智慧，一切善法，起于一切助佛道法。如是善男子，是为法施之会。若菩萨住是法施会者，为大施主，亦为一切世间福田。'世尊，维摩诘说是法时，婆罗门众中二百人，皆发阿耨多罗三藐三菩提心。我时心得清净，叹未曾有，稽首礼维摩诘足，即解璎珞，价直百千，以上之，不肯取。我言：'居士，愿必纳受，随意所与。'维摩诘乃受璎珞，分作二分，持一分，施此会中一最下乞人；持一分，奉彼难胜如来。一切众会，皆见光明国土难胜如来，又见珠璎在彼佛上，变成四柱宝台，四面严饰，不相障蔽。时维摩诘现神变已，又作是言：'若施主等心施一最下乞人，犹如如来福田之相，无所分别。等于大悲，不求果报，是则名曰具足法施。'城中一最下乞人，见是神力，闻其所说，皆发阿耨多罗三藐三菩提心。故我不任诣彼问疾。"

如是诸菩萨各各向佛说其本缘，称述维摩诘所言，皆曰不任诣彼问疾。

卷　中

文殊师利问疾品第五

尔时，佛告文殊师利："汝行诣维摩诘问疾。"文殊师利白佛言："世尊，彼上人者，难为酬对，深达实相，善说法要，辩才无滞，智慧无碍，一切菩萨法式悉知，诸佛秘藏无不得入，降伏众魔，游戏神通，其慧方便，皆已得度。虽然，当承佛圣旨，诣彼问疾。"

于是众中诸菩萨、大弟子、释、梵、四天王，咸作是念："今二大士，文殊师利、维摩诘共谈，必说妙法。"即时八千菩萨、五百声闻、百千天人，皆欲随从。于是文殊师利，与诸菩萨大弟子众，及诸天人，恭敬围绕，入毗耶离大城。

尔时，长者维摩诘心念："今文殊师利与大众俱来。"即以神力，空其室内，除去所有，及诸侍者，唯置一床，以疾而卧。

　　文殊师利既入其舍,见其室空,无诸所有,独寝一床。时,维摩诘言:"善来,文殊师利! 不来相而来,不见相而见。"文殊师利言:"如是,居士! 若来已更不来,若去已更不去。所以者何? 来者无所从来,去者无所至,所可见者,更不可见。且置是事。居士是疾,宁可忍不? 疗治有损? 不至增乎? 世尊殷勤,致问无量。居士是疾,何所因起? 其生久如? 当云何灭? "

　　维摩诘言:"从痴有爱,则我病生。以一切众生病,是故我病;若一切众生得不病者,则我病灭。所以者何? 菩萨为众生故,入生死,有生死,则有病。若众生得离病者,则菩萨无复病。譬如长者,唯有一子,其子得病,父母亦病;若子病愈,父母亦愈。菩萨如是,于诸众生,爱之若子。众生病,则菩萨病;众生病愈,菩萨亦愈。又言是疾何所因起? 菩萨疾者,以大悲起。"

　　文殊师利言:"居士此室,何以空无侍者? "

　　维摩诘言:"诸佛国土,亦复皆空。"

　　又问:"以何为空? "

　　答曰:"以空空。"

　　又问:"空何用空? "

　　答曰:"以无分别空故空。"

　　又问:"空可分别耶? "

　　答曰:"分别亦空。"

　　又问:"空当于何求? "

　　答曰:"当于六十二见中求。"

　　又问:"六十二见当于何求? "

　　答曰:"当于诸佛解脱中求。"

　　又问:"诸佛解脱当于何求? "

　　答曰:"当于一切众生心行中求。又仁所问何无侍者,一切众魔及诸外道,皆吾侍也。所以者何? 众魔者乐生死,菩萨于生死而不舍;外道者乐诸见,菩萨于诸见而不动。"

　　文殊师利言:"居士所疾,为何等相? "

　　维摩诘言:"我病无形不可见。"

　　又问:"此病身合耶? 心合耶? "

　　答曰:"非身合,身相离故;亦非心合,心如幻故。"

　　又问:"地大、水大、火大、风大,于此四大,何大之病? "

　　答曰:"是病非地大,亦不离地大;水火风大,亦复如是。而众生病从四大起。以其有病,是故我病。"

尔时，文殊师利问维摩诘言："菩萨应云何慰喻有疾菩萨？"

维摩诘言："说身无常，不说厌离于身；说身有苦，不说乐于涅槃；说身无我，而说教导众生；说身空寂，不说毕竟寂灭；说悔先罪，而不说入于过去；以己之疾，愍于彼疾；当识宿世无数劫苦，当念饶益一切众生；忆所修福，念于净命，勿生忧恼，常起精进；当作医王，疗治众病。菩萨应如是慰喻有疾菩萨，令其欢喜。"

文殊师利言："居士，有疾菩萨，云何调伏其心？"

维摩诘言："有疾菩萨，应作是念：今我此病，皆从前世妄想颠倒诸烦恼生，无有实法，谁受病者。所以者何？四大合故，假名为身，四大无主，身亦无我。又此病起，皆由著我，是故于我不应生著。既知病本，即除我想及众生想，当起法想。应作是念：但以众法合成此身，起唯法起，灭唯法灭，又此法者，各不相知。起时不言我起，灭时不言我灭。彼有疾菩萨，为灭法想，当作是念：此法想者，亦是颠倒；颠倒者，即是大患，我应离之。

"云何为离？离我、我所。云何离我、我所？谓离二法。云何离二法？谓不念内外诸法，行于平等。云何平等？谓我等涅槃等。所以者何？我及涅槃，此二皆空。以何为空？但以名字故空，如此二法，无决定性。得是平等，无有余病，唯有空病，空病亦空。是有疾菩萨，以无所受而受诸受。未具佛法，亦不灭受而取证也。设身有苦，念恶趣众生，起大悲心，我既调伏，亦当调伏一切众生。但除其病，而不除法，为断病本而教导之。

"何谓病本？谓有攀缘，从有攀缘，则为病本。何所攀缘？谓之三界。云何断攀缘？以无所得。若无所得，则无攀缘。何谓无所得？谓离二见。何谓二见？谓内见、外见，是无所得。

"文殊师利，是为有疾菩萨调伏其心。为断老病死苦，是菩萨菩提。若不如是，己所修治，为无慧利。譬如胜怨，乃可为勇，如是兼除老病死者，菩萨之谓也。彼有疾菩萨，应复作是念：如我此病，非真非有，众生病亦非真非有。作是观时，于诸众生，若起爱见大悲，即应舍离。所以者何？菩萨断除客尘烦恼而起大悲。爱见悲者，则于生死有疲厌心，若能离此，无有疲厌，在在所生不为爱见之所覆也。所生无缚，能为众生说法解缚。如佛所说：'若自有缚，能解彼缚，无有是处；若自无缚，能解彼缚，斯有是处。'是故，菩萨不应起缚。

"何谓缚？何谓解？贪著禅味，是菩萨缚；以方便生，是菩萨解。又无方便慧缚，有方便慧解；无慧方便缚，有慧方便解。何谓无方便慧缚？谓菩萨以爱见心庄严佛土，成就众生，于空、无相、无作法中，而自调伏，是名无方便慧缚。何谓有方便慧解？谓不以爱见心庄严佛土，成就众生，于空、无相、无作法中，以自调伏而不疲厌，是名有方便慧解。何谓无慧方便缚？谓菩萨住贪欲、嗔恚、邪见等诸烦恼，而植众德本，是名无慧方便缚。何谓有慧方便解？谓离诸贪欲、嗔恚、邪见等诸烦恼，而植众德本，回向阿耨多罗三藐三菩提，是名有慧方便解。

"文殊师利，彼有疾菩萨应如是观诸法。又复观身无常、苦、空、非我，是名为慧；虽身有疾，常在生死饶益一切，而不厌倦，是名方便。又复观身，身不离病，病不离身，是病是身，非新非故，是名为慧；设身有疾，而不永灭，是名方便。

"文殊师利，有疾菩萨应如是调伏其心：不住其中，亦复不住不调伏心。所以者何？若住不调伏心，是愚人法；若住调伏心，是声闻法。是故，菩萨不当住于调伏、不调伏心，离此二法，是菩萨行；在于生死不为污行，住于涅槃不永灭度，是菩萨行；非凡夫行，非贤圣行，是菩萨行；非垢行，非净行，是菩萨行；虽过魔行，而现降伏众魔，是菩萨行；求一切智，无非时求，是菩萨行；虽观诸法不生，而不入正位，是菩萨行；虽观十二缘起，而入诸邪见，是菩萨行；虽摄一切众生，而不爱著，是菩萨行；虽乐远离，而不依身心尽，是菩萨行；虽行三界，而不坏法性，是菩萨行；虽行于空，而植众德本，是菩萨行；虽行无相，而度众生，是菩萨行；虽行无作，而现受身，是菩萨行；虽行无起，而起一切善行，是菩萨行；虽行六波罗蜜，而遍知众生心、心数法，是菩萨行；虽行六通，而不尽漏，是菩萨行；虽行四无量心，而不贪著生于梵世，是菩萨行；虽行禅定解脱三昧，而不随禅生，是菩萨行；虽行四念处，不毕竟永离身受心法，是菩萨行；虽行四正勤，而不舍身心精进，是菩萨行；虽行四如意足，而得自在神通，是菩萨行；虽行五根，而分别众生诸根利钝，是菩萨行；虽行五力，而乐求佛十力，是菩萨行；虽行七觉分，而分别佛之智慧，是菩萨行；虽行八正道，而乐行无量佛道，是菩萨行；虽行止观助道之法，而不毕竟堕于寂灭，是菩萨行；虽行诸法不生不灭，而以相好庄严其身，是菩萨行；虽现声闻、辟支佛威仪，而不舍佛法，是菩萨行；虽随诸法究竟净相，而随所应为现其身，是菩萨行；虽观诸佛国土永寂如空，而现种种清净佛土，是菩萨行；虽得佛道，转于法轮，入于涅槃，而不舍于菩萨之道，是菩萨行。"

说是语时，文殊师利所将大众，其中八千天子，皆发阿耨多罗三藐三菩提心。

不思议品第六

尔时，舍利弗见此室中无有床座，作是念：斯诸菩萨大弟子众，当于何坐? 长者维摩诘知其意,语舍利弗言:"云何,仁者为法来耶?为床座耶?"舍利弗言:"我为法来,非为床座。"

维摩诘言:"唯,舍利弗! 夫求法者,不贪躯命,何况床座? 夫求法者,非有色、受、想、行、识之求,非有界、入之求,非有欲、色、无色之求。唯,舍利弗! 夫求法者,不著佛求,不著法求,不著众求。夫求法者,无见苦求,无断集求,无造尽证修道之求。所以者何? 法无戏论。若言我当见苦、断集、证灭、修道,是则戏论,非求法也。唯,舍利弗! 法名寂灭,若行生灭,是求生灭,非求法也;法名无染,若染于法,乃至涅槃,是则染著,非求法也;法无行处,若行于法,是则行处,非求法也;法无取舍,若取舍法,是则取舍,非求法也;法无处所,若著处所,是则著处,非求法也;法名无相,若随相识,是则求相,非求法也;法不可住,若住于法,是则住法,非求法也;法不可见闻觉知,若行见闻觉知,是则见闻觉知,非求法也;法名无为,若行有为,是求有为,非求法也。是故,舍利弗,若求法者,于一切法应无所求。"说是语时,五百天子,于诸法中得法眼净。

尔时,长者维摩诘问文殊师利:"仁者游于无量千万亿阿僧祇国,何等佛土,有好上妙功德成就师子之座?"文殊师利言:"居士,东方度三十六恒河沙国,有世界名须弥相,其佛号须弥灯王,今现在,彼佛身长八万四千由旬,其师子座,高八万四千由旬,严饰第一。"于是,长者维摩诘现神通力,即时彼佛,遣三万二千师子之座,高广严净,来入维摩诘室。诸菩萨、大弟子、释梵四天王等,昔所未见。其室广博,悉皆包容三万二千师子座,无所妨碍。于毗耶离城及阎浮提四天下,亦不迫迮,悉见如故。

尔时维摩诘语文殊师利就师子座,与诸菩萨上人俱坐。当自立身如彼座像。其得神通菩萨,即自变形为四万二千由旬,坐师子座;诸新发意菩萨及大弟子,皆不能升。

尔时,维摩诘语舍利弗就师子座,舍利弗言:"居士,此座高广,吾不能升。"维摩诘言:"唯,舍利弗! 为须弥灯王如来作礼,乃可得坐。"于是新发意菩萨及大弟子,即为须弥灯王如来作礼,便得坐师子座。舍利弗言:"居士,未曾有也,如是小室,乃容受此高广之座,于毗耶离城无所妨碍;又于阎浮提聚落城邑,及四天下诸天、龙王、鬼神宫殿,亦不迫迮。"

维摩诘言:"唯,舍利弗! 诸佛菩萨,有解脱名不可思议,若菩萨住是解脱者,以须弥之高广内芥子中,无所增减,须弥山王本相如故,而四天王、忉利诸天,不觉不知己之所入,唯应度者,乃见须弥入芥子中,是名不可思议解脱法门。又以四大海水入一毛孔,不娆鱼鳖鼋鼍水性之属,而彼大海本性如故，诸龙、神、鬼、阿修罗等，不觉不知己之所入，于此众生亦无所娆。又，舍利弗，住不可思议解脱菩萨，断取三千大千世界，如陶家轮，著右掌中，掷过恒沙世界之外，其中众生不觉不知己之所往；又复还置本处，都不使人有往来想，而此世界本相如故。又，舍利弗，或有众生乐久住世而可度者，菩萨即演七日以为一劫，令彼众生谓之一劫；或有众生不乐久住而可度者，菩萨即促一劫以为七日，令彼众生谓之七日。又，舍利弗，住不可思议解脱菩萨，以一切佛土严饰之事，集在一国，示于众生；又菩萨以一佛土众生置之右掌，飞到十方，遍示一切，而不动本处。又，舍利弗，十方众生供养诸佛之具，菩萨于一毛孔，皆令得见；又十方国土所有日月星宿，于一毛孔，普使见之。又，舍利弗，十方世界所有诸风，菩萨悉能吸著口中，而身无损，外诸树木，亦不摧折。又十方世界劫尽烧时，以一切火内于腹中，火事如故，而不为害。又于下方过恒河沙等诸佛世界，取一佛土举著上方，过恒河沙无数世界，如持针锋举一枣叶，而无所娆。又，舍利弗，住不可思议解脱菩萨，能以神通现作佛身，或现辟支佛身，或现声闻身，或现帝释身，或现梵王身，或现世主身，或现转轮圣王身。又十方世界所有众声，上中下音，皆能变之，令作佛声，演出无常、苦、空、无我之音，及十方诸佛所说种种之法，皆于其中，普令得闻。舍利弗，我今略说菩萨不可思议解脱之力，若广说者，穷劫不尽。"

　　是时，大迦叶闻说菩萨不可思议解脱法门，叹未曾有，谓舍利弗："譬如有人，于盲者前现众色像，非彼所见；一切声闻，闻是不可思议解脱法门，不能解了，为若此也。智者闻是，其谁不发阿耨多罗三藐三菩提心？我等何为永绝其根？于此大乘，已如败种。一切声闻，闻是不可思议解脱法门，皆应号泣，声震三千大千世界；一切菩萨，应大欣庆，顶受此法。若有菩萨信解不可思议解脱法门者，一切魔众无如之何！"大迦叶说此语时，三万二千天子，皆发阿耨多罗三藐三菩提心。

　　尔时，维摩诘语大迦叶："仁者，十方无量阿僧祇世界中作魔王者，多是住不可思议解脱菩萨，以方便力故，教化众生，现作魔王。又迦叶，十方无量菩萨，或有人从乞手足耳鼻、头目髓脑、血肉皮骨、聚落城邑、妻子奴婢、象马车乘、金银琉璃、砗磲玛瑙、珊瑚琥珀、真珠珂贝、衣服饮食，如此乞者，多是住不可思议解脱菩萨，以方便力而往试之，令其坚固。所以者何？住不可思议解脱菩萨，有威德力，故行逼迫，示诸众生。如是难事，凡夫下劣，无有力势，不能如是逼迫菩萨。譬如龙象蹴踏，非驴所堪。是名住不可思议解脱菩萨智慧方便之门。"

观众生品第七

尔时，文殊师利问维摩诘言："菩萨云何观于众生？"

维摩诘言："譬如幻师，见所幻人，菩萨观众生为若此。如智者见水中月，如镜中见其面像，如热时焰，如呼声响，如空中云，如水聚沫，如水上泡，如芭蕉坚，如电久住，如第五大，如第六阴，如第七情，如十三入，如十九界，菩萨观众生为若此。如无色界色，如焦谷芽，如须陀洹身见，如阿那含入胎，如阿罗汉三毒，如得忍菩萨贪恚毁禁，如佛烦恼习，如盲者见色，如入灭尽定出入息，如空中鸟迹，如石女儿，如化人烦恼，如梦所见已寤，如灭度者受身，如无烟之火，菩萨观众生为若此。"

文殊师利言："若菩萨作是观者，云何行慈？"

维摩诘言："菩萨作是观已，自念：我当为众生说如斯法，是即真实慈也。行寂灭慈，无所生故；行不热慈，无烦恼故；行等之慈，等三世故；行无诤慈，无所起故；行不二慈，内外不合故；行不坏慈，毕竟尽故；行坚固慈，心无毁故；行清净慈，诸法性净故；行无边慈，如虚空故；行阿罗汉慈，破结贼故；行菩萨慈，安众生故；行如来慈，得如相故；行佛之慈，觉众生故；行自然慈，无因得故；行菩提慈，等一味故；行无等慈，断诸爱故；行大悲慈，导以大乘故；行无厌慈，观空无我故；行法施慈，无遗惜故；行持戒慈，化毁禁故；行忍辱慈，护彼我故；行精进慈，荷负众生故；行禅定慈，不受味故；行智慧慈，无不知时故；行方便慈，一切示现故；行无隐慈，直心清净故；行深心慈，无杂行故；行无诳慈，不虚假故；行安乐慈，令得佛乐故。菩萨之慈，为若此也。"

文殊师利又问："何谓为悲？"

答曰："菩萨所作功德，皆与一切众生共之。"

"何谓为喜？"

答曰："有所饶益，欢喜无悔。"

"何谓为舍？"

答曰："所作福佑，无所希望。"

文殊师利又问："生死有畏，菩萨当何所依？"

维摩诘言："菩萨于生死畏中，当依如来功德之力。"

文殊师利又问："菩萨欲依如来功德之力，当于何住？"

答曰："菩萨欲依如来功德力者，当住度脱一切众生。"

又问："欲度众生，当何所除？"

答曰："欲度众生，除其烦恼。"

又问："欲除烦恼，当何所行？"

答曰："当行正念。"

又问："云何行于正念？"

答曰："当行不生不灭。"

又问："何法不生？何法不灭？"

答曰："不善不生，善法不灭。"

又问："善不善，孰为本？"

答曰："身为本。"

又问："身孰为本？"

答曰："欲贪为本。"

又问："欲贪孰为本？"

答曰："虚妄分别为本。"

又问："虚妄分别孰为本？"

答曰："颠倒想为本。"

又问："颠倒想孰为本？"

答曰："无住为本。"

又问："无住孰为本？"

答曰："无住则无本。文殊师利，从无住本立一切法。"

时，维摩诘室，有一天女，见诸天人闻所说法，便现其身，即以天华，散诸菩萨、大弟子上。华至诸菩萨，即皆堕落，至大弟子，便著不堕。一切弟子神力去华，不能令去。尔时，天问舍利弗："何故去华？"

答曰："此华不如法，是以去之。"

天曰："勿谓此华为不如法。所以者何？是华无所分别，仁者自生分别想耳。若于佛法出家，有所分别，为不如法；若无所分别，是则如法。观诸菩萨华不著者，已断一切分别想故。譬如人畏时，非人得其便；如是弟子畏生死故，色声香味触得其便也；已离畏者，一切五欲无能为也。结习未尽，华著身耳；结习尽者，华不著也。"

舍利弗言："天止此室，其已久如？"

答曰："我止此室，如耆年解脱。"

舍利弗言："止此久耶？"

天曰："耆年解脱，亦何如久？"

舍利弗默然不答。

天曰："如何耆旧，大智而默？"

答曰："解脱者，无所言说，故吾于是不知所云。"

天曰："言说文字，皆解脱相。所以者何？解脱者，不内不外，不在两间。文字亦不内不外，不在两间。是故，舍利弗，无离文字说解脱也。所以者何？一切诸法是解脱相。"

舍利弗言："不复以离淫怒痴为解脱乎？"

天曰："佛为增上慢人，说离淫怒痴为解脱耳；若无增上慢者，佛说淫怒痴性，即是解脱。"

舍利弗言："善哉！善哉！天女，汝何所得？以何为证？辩乃如是。"

天曰："我无得无证，故辩如是。所以者何？若有得有证者，则于佛法为增上慢。"

舍利弗问天："汝于三乘为何志求？"

天曰："以声闻法化众生故，我为声闻；以因缘法化众生故，我为辟支佛；以大悲法化众生故，我为大乘。舍利弗，如人入薝蔔林，唯嗅薝蔔，不嗅余香。如是若入此室，但闻佛功德之香，不乐闻声闻、辟支佛功德香也。舍利弗，其有释梵四天王、诸天龙鬼神等，入此室者，闻斯上人讲说正法，皆乐佛功德之香，发心而出。舍利弗，吾止此室十有二年，初不闻说声闻、辟支佛法，但闻菩萨大慈大悲，不可思议诸佛之法。舍利弗，此室常现八未曾有难得之法。何等为八？此室常以金色光照，昼夜无异，不以日月所照为明，是为一未曾有难得之法；此室入者，不为诸垢之所恼也，是为二未曾有难得之法；此室常有释梵四天王、他方菩萨来会不绝，是为三未曾有难得之法；此室常说六波罗蜜，不退转法，是为四未曾有难得之法；此室常作天人第一之乐，弦出无量法化之声，是为五未曾有难得之法；此室有四大藏，众宝积满，周穷济乏，求得无尽，是为六未曾有难得之法；此室释迦牟尼佛、阿弥陀佛、阿閦佛、宝德、宝炎、宝月、宝严、难胜、师子响、一切利成，如是等十方无量诸佛，是上人念时，即皆为来，广说诸佛秘要法藏，说已还去，是为七未曾有难得之法；此室一切诸天严饰宫殿，诸佛净土，皆于中现，是为八未曾有难得之法。舍利弗，此室常现八未曾有难得之法，谁有见斯不思议事，而复乐于声闻法乎？"

舍利弗言："汝何以不转女身？"

天曰："我从十二年来，求女人相了不可得，当何所转？譬如幻师化作幻女，若有人问：'何以不转女身？'是人为正问不？"

舍利弗言："不也，幻无定相，当何所转！"

天曰："一切诸法，亦复如是，无有定相，云何乃问不转女身？"即时天女以神通力，变舍利弗，令如天女；天自化身，如舍利弗，而问言："何以不转女身？"

舍利弗以天女像而答言："我今不知何转而变为女身。"

天曰："舍利弗，若能转此女身，则一切女人亦当能转。如舍利弗，非女而现女身，一切女人，亦复如是，虽现女身，而非女也。是故，佛说一切诸法，非男非女。"即时，天女还摄神力，舍利弗身还复如故。

天问舍利弗："女身色相，今何所在？"

舍利弗言："女身色相，无在无不在。"

天曰："一切诸法，亦复如是，无在无不在。夫无在无不在者，佛所说也。"

舍利弗问天："汝于此没，当生何所？"

天曰："佛化所生，吾如彼生。"

曰："佛化所生，非没生也。"

天曰："众生犹然，无没生也。"

舍利弗问天："汝久如当得阿耨多罗三藐三菩提？"

天曰："如舍利弗还为凡夫，我乃当成阿耨多罗三藐三菩提。"

舍利弗言："我作凡夫，无有是处。"

天曰："我得阿耨多罗三藐三菩提，亦无是处。所以者何？菩提无住处，是故无有得者。"

舍利弗言："今诸佛得阿耨多罗三藐三菩提，已得当得，如恒河沙，皆谓何乎？"

天曰："皆以世俗文字数故，说有三世，非谓菩提有去来今。"

天曰："舍利弗，汝得阿罗汉道耶？"

曰："无所得故而得。"

天曰："诸佛菩萨，亦复如是，无所得故而得。"

尔时，维摩诘语舍利弗："是天女已曾供养九十二亿诸佛，已能游戏菩萨神通，所愿具足，得无生忍，住不退转，以本愿故，随意能现，教化众生。"

佛道品第八

尔时，文殊师利问维摩诘言："菩萨云何通达佛道？"

维摩诘言："若菩萨行于非道，是为通达佛道。"

又问："云何菩萨行于非道？"

答曰："若菩萨行五无间，而无恼恚；至于地狱，无诸罪垢；至于畜生，无有无明侨慢等过；至于饿鬼，而具足功德；行色、无色界道，不以为胜；示行贪欲，离诸染著；示行嗔恚，于诸众生无有恚碍；示行愚痴，而以智慧调伏其心；示行悭贪，而舍内外所有，不惜身命；示行毁禁，而安住净戒，乃至小罪犹怀大惧；示行嗔恚，而常慈忍；示行懈怠，而勤修功德；示行乱意，而常念定；示行愚痴，而通达世间出世间慧；示行谄伪，而善方便随诸经义；示行侨慢，而于众生犹如桥梁；示行诸烦恼，而心常清净；示入于魔，而顺佛智慧，不随他教；示入声闻，而为众生说未闻法；示入辟支佛，而成就大悲，教化众生；示入贫穷，而有宝手功德无尽；示入形残，而具诸相好，以自庄严；示入下贱，而生佛种性中，具诸功德；示入羸劣丑陋，而得那罗延身，一切众生之所乐见；示入老病，而永断病根，超越死畏；示有资生，而恒观无常，实无所贪；示有妻妾彩女，而常远离五欲淤泥；现于讷钝，而成就辩才，总持无失；示入邪济，而以正济度诸众生；现遍入诸道，而断其因缘；现于涅槃，而不断生死。文殊师利，菩萨能如是行于非道，是为通达佛道。"

于是，维摩诘问文殊师利："何等为如来种？"

文殊师利言："有身为种，无明有爱为种，贪恚痴为种，四颠倒为种，五盖为种，六入为种，七识处为种，八邪法为种，九恼处为种，十不善道为种，以要言之，六十二见及一切烦恼皆是佛种。"

曰："何谓也？"

答曰："若见无为入正位者，不能复发阿耨多罗三藐三菩提心，譬如高原陆地不生莲华，卑湿淤泥，乃生此华。如是见无为法入正位者，终不复能生于佛法，烦恼泥中，乃有众生起佛法耳。又如植种于空，终不得生；粪壤之地，乃能滋茂。如是入无为正位者，不生佛法；起于我见如须弥山，犹能发于阿耨多罗三藐三菩提心，生佛法矣。是故当知，一切烦恼，为如来种，譬如不下巨海，不能得无价宝珠；如是不入烦恼大海，则不能得一切智宝。"

尔时，大迦叶叹言："善哉！善哉！文殊师利，快说此语，诚如所言，尘劳之俦，为如来种。我等今者，不复堪任发阿耨多罗三藐三菩提心。乃至五无间罪，犹能发意，生于佛法，而今我等永不能发，譬如根败之士，其于五欲不能复利。如是声闻诸结断者，于佛法中，无所复益，永不志愿。是故，文殊师利，凡夫于佛法有反复，而声闻无也。所以者何？凡夫闻佛法，能起无上道心，不断三宝，正使声闻终身闻佛法、力、无畏等，永不能发无上道意。"

尔时，会中有菩萨名普现色身，问维摩诘言："居士，父母、妻子、亲戚、眷属、吏民、知识，悉为是谁？奴婢僮仆、象马车乘，皆何所在？"于是，维摩诘以偈答曰：

智度菩萨母，方便以为父；一切众导师，无不由是生。法喜以为妻，慈悲心为女；善心诚实男，毕竟空寂舍。弟子众尘劳，随意之所转；道品善知识，由是成正觉。诸度法等侣，四摄为妓女；歌咏诵法言，以此为音乐。总持之园苑，无漏法林树；觉意净妙华，解脱智慧果。八解之浴池，定水湛然满，布以七净华，浴此无垢人。象马五通驰，大乘以为车，调御以一心，游于八正路。相具以严容，众好饰其姿，惭愧之上服，深心为华鬘。富有七财宝，教授以滋息；如所说修行，回向为大利。四禅为床座，从于净命生；多闻增智慧，以为自觉音。甘露法之食，解脱味为浆；净心以澡浴，戒品为涂香。摧灭烦恼贼，勇健无能逾，降伏四种魔，胜幡建道场。虽知无起灭，示彼故有生；悉现诸国土，如日无不见。供养于十方，无量亿如来；诸佛及己身，无有分别想。虽知诸佛国，及与众生空；而常修净土，教化于群生。诸有众生类，形声及威仪；无畏力菩萨，一时能尽现。觉知众魔事，而示随其行；以善方便智，随意皆能现。或示老病死，成就诸群生；了知如幻化，通达无有碍。或现劫尽烧，天地皆洞然；众人有常想，照令知无常。无数亿众生，俱来请菩萨；一时到其舍，化令向佛道。经书禁咒术，工巧诸技艺，尽现行此事，饶益诸群生。世间众道法，悉于中出家；因以解人惑，而不堕邪见。或作日月天，梵王世界主，或时作地水，或复作风火。劫中有疾疫，现作诸药草，若有服之者，除病消众毒。劫中有饥馑，现身作饮食；先救彼饥渴，却以法语人。劫中有刀兵，为之起慈悲；化彼诸众生，令住无诤地。若有大战阵，立之以等力；菩萨现威势，降伏使和安。一切国土中，诸有地狱处；辄往到于彼，勉济其苦恼。一切国土中，畜生相食啖；皆现生于彼，为之作利益。示受于五欲，亦复现行禅；令魔心愦乱，不能得其便。火中生莲华，是可谓希有，在欲而行禅，希有亦如是。或现作淫女，引诸好色者；先以欲钩牵，后令入佛智。或为邑中主，或作商人导；国师及大臣，以佑利众生。诸有贫穷者，现作无尽藏；因以劝导之，令发菩提心。我心憍慢者，为现大力士；消伏诸贡高，令住无上道。其有恐惧众，居前而慰安；先施以无畏，后令发道心。或现离淫欲，为五通仙人；开导诸群生，令住戒忍慈。见须供事者，现为作僮仆；既悦可其意，乃发以道心。随彼之所须，得入于佛道；以善方便力，皆能给足之。如是道无量，所行无有涯；智慧无边际，度脱无数众。假令一切佛，于无数亿劫；赞叹其功德，犹尚不能尽。谁闻如是法，不发菩提心；除彼不肖人，痴冥无智者。

入不二法门品第九

尔时，维摩诘谓众菩萨言："诸仁者，云何菩萨入不二法门？各随所乐说之。"

会中有菩萨名法自在，说言："诸仁者，生灭为二，法本不生，今则无灭，得此无生法忍，是为入不二法门。"

德守菩萨曰："我、我所为二，因有我故，便有我所；若无有我，则无我所，是为入不二法门。"

不眴菩萨曰："受、不受为二，若法不受，则不可得；以不可得，故无取无舍，无作无行，是为入不二法门。"

德顶菩萨曰："垢净为二，见垢实性，则无净相，顺于灭相，是为入不二法门。"

善宿菩萨曰："是动是念为二，不动则无念，无念即无分别，通达此者，是为入不二法门。"

善眼菩萨曰："一相、无相为二，若知一相即是无相，亦不取无相，入于平等，是为入不二法门。"

妙臂菩萨曰："菩萨心、声闻心为二，观心相空如幻化者，无菩萨心，无声闻心，是为入不二法门。"

弗沙菩萨曰："善、不善为二，若不起善不善，入无相际而通达者，是为入不二法门。"

师子菩萨曰："罪福为二，若达罪性，则与福无异，以金刚慧，决了此相，无缚无解者，是为入不二法门。"

师子意菩萨曰："有漏无漏为二，若得诸法等，则不起漏不漏想，不著于相，亦不住无相，是为入不二法门。"

净解菩萨曰："有为、无为为二，若离一切数，则心如虚空，以清净慧，无所碍者，是为入不二法门。"

那罗延菩萨曰："世间、出世间为二，世间性空，即是出世间，于其中不入不出，不溢不散，是为入不二法门。"

善意菩萨曰："生死、涅槃为二，若见生死性，则无生死，无缚无解，不然不灭，如是解者，是为入不二法门。"

现见菩萨曰："尽不尽为二，法若究竟，尽若不尽，皆是无尽相，无尽相即是空，空则无有尽不尽相，如是入者，是为入不二法门。"

普守菩萨曰："我、无我为二，我尚不可得，非我何可得？见我实性者，不复起二，是为入不二法门。"

电天菩萨曰："明、无明为二,无明实性即是明,明亦不可取,离一切数,于其中平等无二者,是为入不二法门。"

喜见菩萨曰："色、色空为二,色即是空,非色灭空,色性自空;如是受、想、行、识,识空为二,识即是空,非识灭空,识性自空;于其中而通达者,是为入不二法门。"

明相菩萨曰："四种异、空种异为二,四种性即是空种性,如前际后际空,故中际亦空,若能如是知诸种性者,是为入不二法门。"

妙意菩萨曰："眼、色为二,若知眼性于色,不贪、不恚、不痴,是名寂灭;如是耳声、鼻香、舌味、身触、意法为二;若知意性于法,不贪、不恚、不痴,是名寂灭,安住其中,是为入不二法门。"

无尽意菩萨曰："布施、回向一切智为二,布施性即是回向一切智性,如是持戒、忍辱、精进、禅定、智慧回向一切智为二;智慧性即是回向一切智性,于其中入一相者,是为入不二法门。"

深慧菩萨曰："是空,是无相,是无作为二;空即无相,无相即无作。若空无相无作,则无心意识,于一解脱门,即是三解脱门者,是为入不二法门。"

寂根菩萨曰："佛、法、众为二,佛即是法,法即是众,是三宝皆无为相,与虚空等;一切法亦尔,能随此行者,是为入不二法门。"

心无碍菩萨曰："身、身灭为二,身即是身灭。所以者何?见身实相者,不起见身及见灭身,身与灭身,无二无分别,于其中不惊、不惧者,是为入不二法门。"

上善菩萨曰："身、口、意善为二,是三业皆无作相。身无作相,即口无作相,口无作相,即意无作相;是三业无作相,即一切法无作相。能如是随无作慧者,是为入不二法门。"

福田菩萨曰："福行、罪行、不动行为二,三行实性即是空,空则无福行,无罪行,无不动行,于此三行而不起者,是为入不二法门。"

华严菩萨曰："从我起二为二,见我实相者,不起二法。若不住二法,则无有识,无所识者,是为入不二法门。"

德藏菩萨曰："有所得相为二,若无所得,则无取舍,无取舍者,是为入不二法门。"

月上菩萨曰："暗与明为二,无暗无明,则无有二。所以者何?如入灭受想定,无暗无明。一切法相,亦复如是,于其中平等入者,是为入不二法门。"

宝印手菩萨曰："乐涅槃、不乐世间为二,若不乐涅槃不厌世间,则无有二。所以者何？若有缚，则有解；若本无缚，其谁求解？无缚无解，则无乐厌，是为入不二法门。"

珠顶王菩萨曰："正道、邪道为二，住正道者，则不分别是邪是正，离此二者，是为入不二法门。"

乐实菩萨曰："实、不实为二，实见者尚不见实，何况非实。所以者何？非肉眼所见，慧眼乃能见；而此慧眼，无见无不见，是为入不二法门。"

如是诸菩萨各各说已，问文殊师利："何等是菩萨入不二法门？"

文殊师利曰："如我意者，于一切法，无言无说，无示无识，离诸问答，是为入不二法门。"

于是，文殊师利问维摩诘："我等各自说已，仁者当说，何等是菩萨入不二法门。"

时，维摩诘默然无言。文殊师利叹曰："善哉！善哉！乃至无有文字语言，是真入不二法门。"

说是入不二法门品时，于此众中五千菩萨，皆入不二法门，得无生法忍。

卷　下

香积佛品第十

于是舍利弗心念：日时欲至，此诸菩萨当于何食？

时，维摩诘知其意而语言："佛说八解脱，仁者受行，岂杂欲食而闻法乎？若欲食者，且待须臾，当令汝得未曾有食。"时，维摩诘即入三昧，以神通力，示诸大众上方界分：过四十二恒河沙佛土，有国名众香，佛号香积，今现在。其国香气，比于十方诸佛世界人天之香，最为第一。彼土无有声闻、辟支佛名，唯有清净大菩萨众，佛为说法。其界一切，皆以香作楼阁，经行香地，苑园皆香。其食香气周流十方无量世界。时，彼佛与诸菩萨，方共坐食。有诸天子，皆号香严，悉发阿耨多罗三藐三菩提心，供养彼佛，及诸菩萨。此诸大众，莫不目见。

时，维摩诘问众菩萨："诸仁者，谁能致彼佛饭？"以文殊师利威神力故，咸皆默然。

维摩诘言："仁此大众，无乃可耻。"

文殊师利曰："如佛所言，勿轻未学。"于是维摩诘不起于座，居众会前，化作菩萨，相好光明，威德殊胜，蔽于众会，而告之曰："汝往上方界分，度如四十二恒河沙佛土, 有国名众香, 佛号香积, 与诸菩萨方共坐食, 汝往到彼, 如我词曰: '维摩诘稽首世尊足下, 致敬无量, 问讯起居, 少病少恼, 气力安不? 愿得世尊所食之余, 当于娑婆世界施作佛事, 令此乐小法者, 得弘大道, 亦使如来名声普闻。'"

时, 化菩萨即于会前, 升于上方, 举众皆见其去。到众香界, 礼彼佛足, 又闻其言: "维摩诘稽首世尊足下, 致敬无量, 问讯起居, 少病少恼, 气力安不? 愿得世尊所食之余, 欲于娑婆世界施作佛事, 使此乐小法者, 得弘大道, 亦使如来名声普闻。"

彼诸大士, 见化菩萨, 叹未曾有: "今此上人, 从何所来? 娑婆世界, 为在何许? 云何名为乐小法者?" 即以问佛。佛告之曰: "下方度如四十二恒河沙佛土, 有世界名娑婆, 佛号释迦牟尼, 今现在。于五浊恶世, 为乐小法众生, 敷演道教。彼有菩萨, 名维摩诘, 住不可思议解脱, 为诸菩萨说法, 故遣化来, 称扬我名, 并赞此土, 令彼菩萨增益功德。" 彼菩萨言: "其人何如, 乃作是化, 德力无畏, 神足若斯?" 佛言: "甚大! 一切十方, 皆遣化往, 施作佛事, 饶益众生。" 于是香积如来, 以众香钵, 盛满香饭, 与化菩萨。时, 彼九百万菩萨俱发声言: "我欲诣娑婆世界, 供养释迦牟尼佛, 并欲见维摩诘等诸菩萨众。" 佛言: "可往, 摄汝身香, 无令彼诸众生起惑著心; 又当舍汝本形, 勿使彼国求菩萨者, 而自鄙耻; 又汝于彼, 莫怀轻贱, 而作碍想。所以者何? 十方国土, 皆如虚空。又诸佛为欲化诸乐小法者, 不尽现其清净土耳。"

时, 化菩萨既受钵饭, 与彼九百万菩萨俱, 承佛威神, 及维摩诘力, 于彼世界, 忽然不现。须臾之间, 至维摩诘舍。时, 维摩诘即化作九百万师子之座, 严好如前, 诸菩萨皆坐其上。时, 化菩萨以满钵香饭与维摩诘。饭香普薰毗耶离城, 及三千大千世界。时, 毗耶离婆罗门居士等, 闻是香气, 身意快然, 叹未曾有。于是长者主月盖从八万四千人, 来入维摩诘舍, 见其室中菩萨甚多, 诸师子座高广严好, 皆大欢喜。礼众菩萨及大弟子, 却住一面; 诸地神、虚空神, 及欲色界诸天, 闻此香气, 亦皆来入维摩诘舍。

时, 维摩诘语舍利弗等诸大声闻: "仁者可食。如来甘露味饭, 大悲所薰, 无以限意食之, 使不消也。" 有异声闻, 念是饭少, 而此大众, 人人当食。化菩萨曰: "勿以声闻小德小智, 称量如来无量福慧, 四海有竭, 此饭无尽。使一切人食, 抟若须弥, 乃至一劫, 犹不能尽。所以者何? 无尽戒、定、智慧、解脱、解脱知见。功德具足者所食之余, 终不可尽。" 于是钵饭悉饱众会, 犹故不儩。其诸菩萨、声闻、天人, 食此饭者, 身安快乐, 譬如一切乐庄严国诸菩萨也。又诸毛孔皆出妙香, 亦如众香国土诸树之香。

　　尔时，维摩诘问众香菩萨："香积如来以何说法？"彼菩萨曰："我土如来，无文字说，但以众香，令诸天人，得入律行。菩萨各各坐香树下，闻斯妙香，即获一切德藏三昧。得是三昧者，菩萨所有功德，皆悉具足。"彼诸菩萨问维摩诘："今世尊释迦牟尼，以何说法？"

　　维摩诘言："此土众生，刚强难化，故佛为说刚强之语，以调伏之。言是地狱，是畜生，是饿鬼，是诸难处，是愚人生处，是身邪行，是身邪行报；是口邪行，是口邪行报；是意邪行，是意邪行报；是杀生，是杀生报；是不与取，是不与取报；是邪淫，是邪淫报；是妄语，是妄语报；是两舌，是两舌报；是恶口，是恶口报；是无义语，是无义语报；是贪嫉，是贪嫉报；是嗔恼，是嗔恼报；是邪见，是邪见报；是悭吝，是悭吝报；是毁戒，是毁戒报；是嗔恚，是嗔恚报；是懈怠，是懈怠报；是乱意，是乱意报；是愚痴，是愚痴报。是结戒，是持戒，是犯戒；是应作，是不应作；是障碍，是不障碍；是得罪，是离罪；是净，是垢；是有漏，是无漏；是邪道，是正道；是有为，是无为；是世间，是涅槃；以难化之人，心如猿猴故，以若干种法，制御其心，乃可调伏。譬如象马，忦悷不调，加诸楚毒，乃至彻骨，然后调伏。如是刚强难化众生，故以一切苦切之言，乃可入律。"

　　彼诸菩萨闻说是已，皆曰："未曾有也！如世尊释迦牟尼佛，隐其无量自在之力，乃以贫所乐法，度脱众生。斯诸菩萨，亦能劳谦，以无量大悲，生是佛土。"

　　维摩诘言："此土菩萨，于诸众生，大悲坚固，诚如所言。然其一世饶益众生，多于彼国百千劫行。所以者何？此娑婆世界，有十事善法，诸余净土之所无有。何等为十？以布施，摄贫穷；以净戒，摄毁禁；以忍辱，摄嗔恚；以精进，摄懈怠；以禅定，摄乱意；以智慧，摄愚痴；说除难法，度八难者；以大乘法，度乐小乘者；以诸善根，济无德者；常以四摄，成就众生。是为十。"

　　彼菩萨曰："菩萨成就几法，于此世界行无疮疣，生于净土？"

　　维摩诘言："菩萨成就八法，于此世界行无疮疣，生于净土。何等为八？饶益众生而不望报；代一切众生受诸苦恼，所作功德尽以施之；等心众生，谦下无碍；于诸菩萨，视之如佛；所未闻经，闻之不疑；不与声闻而相违背；不嫉彼供，不高己利，而于其中调伏其心；常省己过，不讼彼短，恒以一心求诸功德。是为八法。"

　　维摩诘、文殊师利于大众中说是法时，百千天人，皆发阿耨多罗三藐三菩提心，十千菩萨，得无生法忍。

菩萨行品第十一

是时，佛说法于庵罗树园，其地忽然广博严事，一切众会，皆作金色。阿难白佛言："世尊，以何因缘，有此瑞应？是处忽然广博严事，一切众会，皆作金色。"佛告阿难："是维摩诘、文殊师利，与诸大众恭敬围绕，发意欲来，故先为此瑞应。"

于是维摩诘语文殊师利："可共见佛，与诸菩萨礼事供养。"文殊师利言："善哉，行矣！今正是时。"维摩诘即以神力，持诸大众并师子座，置于右掌，往诣佛所。到已著地，稽首佛足，右绕七匝，一心合掌，在一面立。

其诸菩萨，即皆避座，稽首佛足，亦绕七匝，于一面立。诸大弟子、释梵、四天王等，亦皆避座，稽首佛足，在一面立。于是世尊如法慰问诸菩萨已，各令复坐，即皆受教。

众坐已定，佛语舍利弗："汝见菩萨大士自在神力之所为乎？"

"唯然，已见。"

"汝意云何？"

"世尊，我睹其为不可思议，非意所图，非度所测。"

尔时，阿难白佛言："世尊，今所闻香，自昔未有，是为何香？"

佛告阿难："是彼菩萨毛孔之香。"

于是舍利弗语阿难言："我等毛孔，亦出是香。"

阿难言："此所从来？"

曰："是长者维摩诘从众香国，取佛余饭，于舍食者，一切毛孔皆香若此。"

阿难问维摩诘："是香气住当久如？"

维摩诘言："至此饭消。"

曰："此饭久如当消？"

曰："此饭势力，至于七日，然后乃消。又阿难，若声闻人未入正位，食此饭者，得入正位，然后乃消；已入正位，食此饭者，得心解脱，然后乃消；若未发大乘意，食此饭者，至发意乃消；已发意，食此饭者，得无生忍，然后乃消；已得无生忍，食此饭者，至一生补处，然后乃消。譬如有药，名曰上味，其有服者，身诸毒灭，然后乃消，此饭如是，灭除一切诸烦恼毒，然后乃消。"

阿难白佛言："未曾有也，世尊，如此香饭，能作佛事。"

佛言："如是，如是，阿难！或有佛土，以佛光明而作佛事，有以诸菩萨而作佛事，有以佛所化人而作佛事，有以菩提树而作佛事，有以佛衣服、卧具而作佛事，有以饭食而作佛事，有以园林、台观而作佛事，有以三十二相、八十随形好而作佛事，有以佛身而作佛事，有以虚空而作佛事。众生应以此缘得入律行。有以梦、幻、影、响、镜中像、水中月、热时焰，如是等喻，而作佛事；有以音声、语言、文字而作佛事；或有清净佛土，寂寞无言，无说无示，无识、无作、无为而作佛事。如是阿难，诸佛威仪进止，诸所施为，无非佛事。阿难，有此四魔，八万四千诸烦恼门，而诸众生为之疲劳，诸佛即以此法而作佛事，是名入一切诸佛法门。菩萨入此门者，若见一切净好佛土，不以为喜，不贪不高；若见一切不净佛土，不以为忧，不碍不没，但于诸佛生清净心，欢喜恭敬，未曾有也。诸佛如来功德平等，为教化众生故，而现佛土不同。阿难，汝见诸佛国土，地有若干，而虚空无若干也；如是见诸佛色身有若干耳，其无碍慧无若干也。阿难，诸佛色身、威相、种性、戒、定、智慧、解脱、解脱知见、力、无所畏、不共之法、大慈、大悲、威仪所行，及其寿命、说法教化、成就众生、净佛国土，具诸佛法，悉皆同等，是故名为三藐三佛陀，名为多陀阿伽度，名为佛陀。阿难，若我广说此三句义，汝以劫寿，不能尽受；正使三千大千世界，满中众生，皆如阿难多闻第一，得念总持，此诸人等，以劫之寿，亦不能受。如是阿难！诸佛阿耨多罗三藐三菩提，无有限量，智慧辩才，不可思议。”

阿难白佛言：“我从今已往，不敢自谓以为多闻。”

佛告阿难：“勿起退意！所以者何？我说汝于声闻中为最多闻，非谓菩萨。且止，阿难！其有智者，不应限度诸菩萨也。一切海渊尚可测量，菩萨禅定智慧，总持辩才，一切功德，不可量也。阿难，汝等舍置菩萨所行，是维摩诘一时所现神通之力，一切声闻辟支佛，于百千劫尽力变化所不能作。”

尔时，众香世界菩萨来者，合掌白佛言：“世尊，我等初见此土，生下劣想，今自悔责，舍离是心。所以者何？诸佛方便，不可思议；为度众生故，随其所应，现佛国异。唯然，世尊！愿赐少法，还于彼土，当念如来。”

佛告诸菩萨：“有尽、无尽解脱法门，汝等当学。何谓为尽？谓有为法；何谓无尽？谓无为法。如菩萨者，不尽有为，不住无为。何谓不尽有为？谓不离大慈，不舍大悲；深发一切智心，而不忽忘；教化众生，终不厌惓；于四摄法，常念顺行；护持正法，不惜身命；种诸善根，无有疲厌；志常安住，方便回向；求法不懈，说法无吝；勤供诸佛，故入生死，而无所畏；于诸荣辱，心无忧喜；不轻未学，敬学如佛；堕烦恼者，令发正念；于远离乐，不以为贵；不著己乐，庆于彼乐；在诸禅定，如地狱想；于生死中，如园观想；见来求者，为善师想；舍诸所有，具一切智想；见毁戒人，起救护想；诸波罗蜜，为父母想；道品之法，为眷属想；发行善根，无有齐限；以诸净国，严饰之事，成己佛土；

行无限施，具足相好；除一切恶，净身口意；生死无数劫，意而有勇；闻佛无量德，志而不倦；以智慧剑，破烦恼贼；出阴界入，荷负众生，永使解脱；以大精进，摧伏魔军；常求无念，实相智慧；行少欲知足，而不舍世法；不坏威仪，而能随俗；起神通慧，引导众生；得念总持，所闻不忘；善别诸根，断众生疑；以乐说辩，演法无碍；净十善道，受天人福；修四无量，开梵天道；劝请说法，随喜赞善，得佛音声；身口意善，得佛威仪；深修善法，所行转胜；以大乘教，成菩萨僧；心无放逸，不失众善。行如此法，是名菩萨不尽有为。何谓菩萨不住无为？谓修学空，不以空为证；修学无相、无作，不以无相、无作为证；修学无起，不以无起为证；观于无常，而不厌善本；观世间苦，而不恶生死；观于无我，而诲人不倦；观于寂灭，而不永寂灭；观于远离，而身心修善；观无所归，而归趣善法；观于无生，而以生法荷负一切；观于无漏，而不断诸漏；观无所行，而以行法教化众生；观于空无，而不舍大悲；观正法位，而不随小乘；观诸法虚妄，无牢无人，无主无相，本愿未满，而不虚福德禅定智慧。修如此法，是名菩萨不住无为。又，具福德故，不住无为；具智慧故，不尽有为；大慈悲故，不住无为；满本愿故，不尽有为；集法药故，不住无为；随授药故，不尽有为；知众生病故，不住无为；灭众生病故，不尽有为。诸正士菩萨，已修此法，不尽有为，不住无为，是名尽、无尽解脱法门，汝等当学。"

尔时，彼诸菩萨闻说是法，皆大欢喜，以众妙华，若干种色，若干种香，散遍三千大千世界，供养于佛，及此经法，并诸菩萨已，稽首佛足，叹未曾有，言："释迦牟尼佛，乃能于此善行方便。"言已，忽然不现，还到彼国。

见阿閦佛品第十二

尔时，世尊问维摩诘："汝欲见如来，为以何等观如来乎？"

维摩诘言："如自观身实相，观佛亦然。我观如来：前际不来，后际不去，今则不住。不观色，不观色如，不观色性；不观受、想、行、识，不观识如，不观识性；非四大起，同于虚空；六入无积，眼耳鼻舌身心已过；不在三界，三垢已离；顺三脱门，具足三明，与无明等；不一相，不异相；不自相，不他相；非无相，非取相；不此岸，不彼岸，不中流，而化众生；观于寂灭，亦不永灭。不此不彼；不以此，不以彼。不可以智知，不可以识识；无晦无明；无名无相；无强无弱；非净非秽；不在方，不离方；非有为，非无为；无示无说；不施不悭；不戒不犯；不忍不恚；不进不怠；不定不乱；不智不愚；不诚不欺；不来不去；不出不入；一切言语道断；非福田，非不福田；非应供养，非不应供养；

非取非舍；非有相，非无相；同真际，等法性；不可称，不可量，过诸称量。非大非小；非见非闻，非觉非知，离众结缚；等诸智，同众生，于诸法无分别；一切无失，无浊无恼，无作无起，无生无灭，无畏无忧，无喜无厌；无已有，无当有，无今有；不可以一切言说分别显示。世尊，如来身为若此，作如是观。以斯观者，名为正观；若他观者，名为邪观。"

尔时，舍利弗问维摩诘："汝于何没，而来生此？"

维摩诘言："汝所得法，有没生乎？"

舍利弗言："无没生也。"

"若诸法无没生相，云何问言：'汝于何没而来生此？'于意云何？譬如幻师，幻作男女，宁没生耶？"

舍利弗言："无没生也。"

"汝岂不闻，佛说诸法如幻相乎！"

答曰："如是。"

"若一切法如幻相者，云何问言：'汝于何没而来生此？'舍利弗，没者为虚诳法，败坏之相；生者为虚诳法，相续之相。菩萨虽没，不尽善本；虽生，不长诸恶。"

是时，佛告舍利弗："有国名妙喜，佛号无动，是维摩诘于彼国没，而来生此。"

舍利弗言："未曾有也，世尊，是人乃能舍清净土，而来乐此多怒害处。"

维摩诘语舍利弗："于意云何？日光出时，与冥合乎？"

答曰："不也，日光出时，则无众冥。"

维摩诘言："夫日何故行阎浮提？"

答曰："欲以明照为之除冥。"

维摩诘言："菩萨如是，虽生不净佛土，为化众生，不与愚暗而共合也，但灭众生烦恼暗耳。"

是时，大众渴仰欲见妙喜世界，无动如来，及其菩萨、声闻之众。佛知一切众会所念，告维摩诘言："善男子，为此众会，现妙喜国，无动如来，及诸菩萨、声闻之众，众皆欲见。"

于是维摩诘心念：吾当不起于座，接妙喜国，铁围山川、溪谷江河、大海泉源、须弥诸山、及日月星宿、天龙、鬼神、梵天等宫，并诸菩萨、声闻之众、城邑、聚落、男女大小，乃至无动如来，及菩提树、诸妙莲华，能于十方作佛事者；三道宝阶，从阎浮提至忉利天，以此宝阶，诸天来下，悉为礼敬无动如来，听受经法；阎浮提人，亦登其阶，上升忉利，见彼诸天。妙喜世界，成就如是无量功德。上至阿迦尼吒天，下至水际，以右手断取，如陶家轮，入此世界，犹得华鬘，示一切众。

作是念已，入于三昧，现神通力，以其右手，断取妙喜世界，置于此土。彼得神通菩萨及声闻众，并余天人，俱发声言："唯然，世尊！谁取我去？愿见救护。"无动佛言："非我所为，是维摩诘神力所作。"其余未得神通者，不觉不知己之所往。

妙喜世界虽入此土，而不增减，于是世界亦不迫隘，如本无异。

尔时，释迦牟尼佛告诸大众："汝等且观妙喜世界，无动如来，其国严饰，菩萨行净，弟子清白。"皆曰："唯然，已见。"

佛言："若菩萨欲得如是清净佛土，当学无动如来所行之道。"

现此妙喜国时，娑婆世界十四那由他人，发阿耨多罗三藐三菩提心，皆愿生于妙喜佛土。释迦牟尼佛即记之曰："当生彼国。"

时妙喜世界，于此国土，所应饶益，其事讫已，还复本处，举众皆见。

佛告舍利弗："汝见此妙喜世界，及无动佛不？""唯然，已见，世尊！愿使一切众生得清净土，如无动佛；获神通力，如维摩诘。世尊，我等快得善利，得见是人，亲近供养，其诸众生，若今现在，若佛灭后，闻此经者，亦得善利，况复闻已，信解受持，读诵解说，如法修行！若有手得是经典者，便为已得法宝之藏；若有读诵解释其义，如说修行，则为诸佛之所护念；其有供养如是人者，当知即为供养于佛；其有书持此经卷者，当知其室，即有如来；若闻是经，能随喜者，斯人则为趣一切智；若能信解此经，乃至一四句偈，为他说者，当知此人，即是受阿耨多罗三藐三菩提记。"

法供养品第十三

尔时，释提桓因于大众中，白佛言："世尊，我虽从佛及文殊师利，闻百千经，未曾闻此不可思议、自在神通、决定实相经典。如我解佛所说义趣，若有众生闻此经法，信解、受持、读诵之者，必得是法不疑；何况如说修行，斯人则为闭众恶趣，开诸善门，常为诸佛之所护念，降伏外学，摧灭魔怨，修治菩提，安处道场，履践如来所行之迹。世尊，若有受持、读诵，如说修行者，我当与诸眷属供养给事；所在聚落、城邑、山林、旷野，有是经处，我亦与诸眷属，听受法故，共到其所；其未信者，当令生信；其已信者，当为作护。"

佛言："善哉！善哉！天帝，如汝所说，吾助尔喜。此经广说过去、未来、现在诸佛，不可思议阿耨多罗三藐三菩提，是故天帝，若善男子、善女人，受持、读诵、供养是经者，则为供养去来今佛。天帝，正使三千大千世界，如来满中，譬如甘蔗、竹苇、稻麻、丛林，若有善男子、善女人，或以一劫，或减一劫，恭敬尊重，赞叹供养，奉诸所安，至诸佛灭后，以一一全身舍利，起七宝塔，纵广一四天下，高至梵天，表刹庄严，以一切华香璎珞，幢幡妓乐，微妙第一，若一劫，若减一劫，而供养之。天帝，于意云何？其人植福宁为多不？"

释提桓因言："甚多，世尊！彼之福德，若以百千亿劫，说不能尽。"

佛告天帝："当知是善男子、善女人，闻是不可思议解脱经典，信解、受持、读诵、修行，福多于彼。所以者何？诸佛菩提，皆从此生，菩提之相，不可限量。以是因缘，福不可量。"

佛告天帝："过去无量阿僧祇劫时，世有佛，号曰药王如来、应供、正遍知、明行足、善逝、世间解、无上士、调御丈夫、天人师、佛世尊。世界名大庄严，劫名庄严。佛寿二十小劫，其声闻僧三十六亿那由他，菩萨僧有十二亿。天帝，是时有转轮圣王，名曰宝盖。七宝具足，主四天下。王有千子，端正勇健，能伏怨敌。尔时，宝盖与其眷属，供养药王如来，施诸所安，至满五劫。过五劫已，告其千子：'汝等亦当如我，以深心供养于佛。'于是千子，受父王命，供养药王如来，复满五劫，一切施安。其王一子，名曰月盖，独坐思惟：宁有供养，殊过此者？以佛神力，空中有天曰：'善男子，法之供养，胜诸供养。'即问何谓法之供养，天曰：'汝可往问药王如来，当广为汝说法之供养。'即时月盖王子，行诣药王如来，稽首佛足，却住一面，白佛言：'世尊，诸供养中，法供养胜。云何名为法之供养？'佛言：'善男子，法供养者，诸佛所说深经，一切世间难信难受，微妙难见，清净无染，非但分别思惟之所能得。菩萨法藏所摄，陀罗尼印印之，至不退转；成就六度，善分别义；顺菩提法，众经之上。入大慈悲，离众魔事，及诸邪见；顺因缘法，无我、无人、无众生、无寿命；空、无相、无作、无起；能令众生坐于道场，而转法轮；诸天、龙神、乾闼婆等，所共叹誉；能令众生入佛法藏，摄诸贤圣一切智慧；说众菩萨所行之道，依于诸法实相之义；明宣无常、苦、空、无我、寂灭之法；能救一切毁禁众生；诸魔外道及贪著者，能使怖畏；诸佛贤圣，所共称叹；背生死苦，示涅槃乐；十方三世，诸佛所说。若闻如是等经，信解、受持、读诵，以方便力，为诸众生分别解说，显示分明，守护法故，是名法之供养。又于诸法如说修行，随顺十二因缘，离诸邪见，得无生忍，决定无我，无有众生，而于因缘果报，无违无诤，离诸我所；依于义，不依语；依于智，不依识；依了义经，不依不了义经；依于法，不依人；随顺法相，无所入，无所归；无明毕竟灭故，诸行亦毕竟灭，乃至生毕竟灭故，老死亦毕竟灭。作如是观，十二因缘，无有尽相，不复起相，是名最上法之供养。'"

佛告天帝:"王子月盖,从药王佛闻如是法,得柔顺忍,即解宝衣严身之具,以供养佛,白佛言:'世尊,如来灭后,我当行法供养,守护正法,愿以威神加哀建立,令我得降伏魔怨,修菩萨行。'佛知其深心所念,而记之曰:'汝于末后,守护法城。'天帝,时王子月盖,见法清净,闻佛授记,以信出家,修习善法,精进不久,得五神通,具菩萨道,得陀罗尼,无断辩才。于佛灭后,以其所得神通、总持辩才之力,满十小劫,药王如来所转法轮,随而分布。月盖比丘,以守护法,勤行精进,即于此身,化百万亿人,于阿耨多罗三藐三菩提,立不退转;十四那由他人,深发声闻、辟支佛心;无量众生,得生天上。天帝,时王宝盖,岂异人乎! 今现得佛,号宝焰如来。其王千子,即贤劫中千佛是也。从迦罗鸠孙驮为始得佛,最后如来,号曰楼至。月盖比丘,则我身是。如是,天帝! 当知此要,以法供养,于诸供养为上为最,第一无比。是故,天帝,当以法之供养,供养于佛。"

嘱累品第十四

于是,佛告弥勒菩萨言:"弥勒,我今以是无量亿阿僧祇劫所集阿耨多罗三藐三菩提法,付嘱于汝。如是辈经,于佛灭后末世之中,汝等当以神力,广宣流布于阎浮提,无令断绝。所以者何? 未来世中,当有善男子、善女人,及天、龙、鬼、神、乾闼婆、罗刹等,发阿耨多罗三藐三菩提心,乐于大法;若使不闻如是等经,则失善利;如此辈人,闻是等经,必多信乐,发希有心。当以顶受,随诸众生所应得利,而为广说。弥勒,当知菩萨有二相。何谓为二? 一者好于杂句文饰之事;二者不畏深义,如实能入。若好杂句文饰事者,当知是为新学菩萨;若于如是无染无著甚深经典,无有恐畏,能入其中,闻已心净,受持读诵,如说修行,当知是为久修道行。弥勒,复有二法,名新学者,不能决定于甚深法。何等为二? 一者所未闻深经,闻之惊怖生疑,不能随顺,毁谤不信,而作是言:'我初不闻,从何所来?'二者若有护持解说如是深经者,不肯亲近、供养、恭敬,或时于中,说其过恶。有此二法,当知是新学菩萨,为自毁伤,不能于深法中,调伏其心。弥勒,复有二法,菩萨虽信解深法,犹自毁伤,而不能得无生法忍。何等为二? 一者轻慢新学菩萨,而不教诲;二者虽信解深法,而取相分别。是为二法。"

弥勒菩萨闻说是已,白佛言:"世尊,未曾有也! 如佛所说,我当远离如斯之恶,奉持如来无数阿僧祇劫所集阿耨多罗三藐三菩提法。若未来世,善男子、善女人求大乘者,当令手得如是等经,与其念力,使受持读诵,为他广说。世尊,若后末世,有能受持读诵、为他说者,当知是弥勒神力之所建立。"

佛言："善哉！善哉！弥勒，如汝所说，佛助尔喜。"于是一切菩萨，合掌白佛："我等亦于如来灭后，十方国土，广宣流布阿耨多罗三藐三菩提法，复当开导诸说法者，令得是经。"

尔时，四天王白佛言："世尊，在在处处，城邑聚落，山林旷野，有是经卷，读诵解说者，我当率诸官属，为听法故，往诣其所，拥护其人；面百由旬，令无伺求得其便者。"

是时，佛告阿难："受持是经，广宣流布！"

阿难言："唯，我已受持要者。世尊，当何名斯经？"

佛言："阿难，是经名为维摩诘所说，亦名不可思议解脱法门，如是受持！"

佛说是经已，长者维摩诘、文殊师利、舍利弗、阿难等，及诸天、人、阿修罗、一切大众，闻佛所说，皆大欢喜，信受奉行。

楞
伽
经

罗婆那王劝请品第一

如是我闻，一时佛住大海滨摩罗耶山顶楞伽城中，与大比丘众及大菩萨众俱。其诸菩萨摩诃萨悉已通达五法三性，诸识无我，善知境界自心现义，游戏无量自在三昧神通诸力，随众生心现种种形，方便调伏，一切诸佛手灌其顶，皆从种种诸佛国土而来此会。大慧菩萨摩诃萨为其上首。

尔时，世尊于海龙王宫说法，过七日已，从大海出，有无量亿梵释护世诸天龙等，奉迎于佛。尔时如来，举目观见摩罗耶山楞伽大城，即便微笑而作是言："昔诸如来应正等觉，皆于此城说自所得圣智证法，非诸外道臆度邪见及以二乘修行境界，我今亦当为罗婆那王开示此法。"

尔时，罗婆那夜叉王，以佛神力，闻佛言音，遥知如来从龙宫出，梵释护世天龙围绕，见海波浪，观其众会，藏识大海境界风动，转识浪起，发欢喜心，于其城中高声唱言："我当诣佛请入此城，令我及与诸天世人，于长夜中，得大饶益。"作是语已，即与眷属乘花宫殿，往世尊所。到已，下殿右绕三匝，作众伎乐，供养如来，所持乐器，皆是大青因陀罗宝、琉璃等宝，以为间错，无价上衣，而用缠裹，其声美妙，音节相和，于中说偈而赞佛曰：

> 心自性法藏，无我离见垢；证智之所知，愿佛为宣说。善法集为身，证智常安乐；变化自在者，愿入楞伽城。过去佛菩萨，皆曾住此城；此诸夜叉众，一心愿听法。

尔时，罗婆那楞伽王以都咤迦音歌赞佛已，复以歌声而说颂言：

> 世尊于七日，住摩竭海中；然后出龙宫，安详升此岸。我与诸采女，及夜叉眷属，输迦娑剌那，众中聪慧者。悉以其神力，往诣如来所。各下花宫殿，礼敬世所尊，复以佛威神，对佛称己名；我是罗刹王，十首罗婆那。今来诣佛所，愿佛摄受我，及楞伽城中，所有诸众生。过去无量佛，咸升宝山顶，住楞伽城中，说自所证法。世尊亦应尔，住彼宝严山，菩萨众围绕，演说清净法。我等于今日，及住楞伽众，一心共欲闻，离言自证法。我念去来世，所有无量佛，菩萨共围绕，演说楞伽经。此入楞伽典，昔佛所称赞，愿佛同往尊，亦为众开演。请佛为哀愍，无量夜叉众；入彼宝严城，说此妙法门。……

尔时，世尊闻是语已，即告之言："夜叉王，过去世中诸大导师，咸哀愍汝受汝劝请，诣宝山中，说自证法，未来诸佛，亦复如是。此是修行甚深观行现法乐者之所住处，我及诸菩萨哀愍汝，故受汝所请。"作是语已，默然而住。

时罗婆那王即以所乘妙花宫殿奉施于佛，佛坐其上。王及诸菩萨前后导从，无量采女歌咏赞叹，供养于佛，往诣彼城。到彼城已，罗婆那王及诸眷属，复作种种上妙供养；夜叉众中童男童女，以宝罗网，供养于佛；罗婆那王施宝璎珞，奉佛菩萨，以挂其颈。尔时，世尊及诸菩萨受供养已，各为略说自证境界甚深之法。时罗婆那王并其眷属，复更供养大慧菩萨，而劝请言：

我今诸大士，奉问于世尊，一切诸如来，自证智境界。我与夜叉众，及此诸菩萨，一心愿欲闻，是故咸劝请。汝是修行者，言论中最胜；是故生尊敬，劝汝请问法。自证清净法，究竟入佛地，离外道二乘，一切诸过失。

尔时，世尊以神通力，于彼山中复更化作无量宝山，悉以诸天百千万亿妙宝严饰。一一山上，皆现佛身，一一佛前，皆有罗婆那王及其众会十方所有一切国土，皆于中现；一一国中，悉有如来，一一佛前，咸有罗婆那王并其眷属，楞伽大城阿输迦园，如是庄严，等无有异。一一皆有大慧菩萨，而兴请问，佛为开示自证智境，以百千妙音说此经已，佛及诸菩萨皆于空中隐而不现。

罗婆那王唯自见身住本宫中，作是思惟：向者是谁？谁听其说？所见何物？是谁能见？佛及国城众宝山林，如是等物，今何所在？为梦所作？为幻所成？为复犹如乾闼婆城？为翳所见？为炎所惑？为如梦中石女生子？为如烟焰旋火轮耶？复更思惟：一切诸法性皆如是，唯是自心分别境界，凡夫迷惑不能解了，无有能见，亦无所见，无有能说亦无所说。见佛闻法皆是分别，如向所见不能见佛，不起分别是则能见。

时楞伽王寻即开悟，离诸杂染，证唯自心，住无分别，往昔所种善根力故。于一切法得如实见，不随他悟，能以自智善巧观察，永离一切臆度邪解，住大修行，为修行师，现种种身，善达方便，巧知诸地上增进相，常乐远离心意意识，断三相续见，离外道执著，内自觉悟，入如来藏，趣于佛地。

闻虚空中，及宫殿内咸出声言："善哉！大王，如汝所学，诸修行者应如是学，应如是见一切如来，应如是见一切诸法，若异见者，则是断见，汝应永离心意意识，应勤观察一切诸法，应修内行，莫着外见，莫堕二乘及以外道所修句义，所见境界及所应得诸三昧法，汝不应乐戏论谈笑，汝不应起围陀诸见，亦不应着王位自在，亦不应住六定等中，若能如是，即是如实修行者行，能摧他论，能破恶见，能舍一切我见执著，能以妙慧转所依识，能修菩萨大乘之道，能入如来自证之地，汝应如是勤加修学，令所得法转更清净，善修三昧三摩钵底，莫着二乘外道境界，以为胜乐，如凡修者之所分别。外道执我，见有我相及实求那而生取着；二乘见有无明缘行，于性空中乱想分别。楞伽王，此法殊胜是大乘道，能令成就自证圣智，于诸有中受上妙生。楞伽王，此大乘行破无明翳，灭识波浪，不堕外道诸邪行中。楞伽王，外道行者执著于我，作诸异论，不能演说离执著见识性二义。善哉！楞伽王，汝先见佛思惟此义，如是思惟，乃是见佛。"

尔时，罗婆那王复作是念，愿我更得奉见如来，如来世尊于观自在，离外道法，能说自证圣智境界，超诸应化所应作事，住如来定，入三昧乐，是故说名大观行师，亦复名为大哀愍者，能烧烦恼分别薪尽，诸佛子众所共围绕，普入一切众生心中，遍一切处，具一切智，永离一切分别事相，我今愿得重见如来大神通力，以得见故，未得者得，已得不退，离诸分别，住三昧乐，增长满足如来智地。

尔时，世尊知楞伽王即当证悟无生法忍，为哀愍故，便现其身，令所化事还复如本。时十头王见所曾睹，无量山城悉宝庄严，一一城中皆有如来应正等觉，三十二相以严其身，自见其身遍诸佛前，悉有大慧、夜叉围绕，说自证智所行之法，亦见十方诸佛国土，如是等事悉无有别。

尔时，世尊普观众会，以慧眼观，非肉眼观，如师子王奋迅回盼，欣然大笑，于其眉间、髀胁、腰颈及以肩臂德字之中，一一毛孔皆放无量妙色光明，如虹拕晖，如日舒光，亦如劫火猛焰炽然。时虚空中梵释四天，遥见如来坐如须弥，楞伽山顶，欣然大笑。尔时，诸菩萨及诸天众咸作是念，如来世尊于法自在，何因缘故欣然大笑，身放光明，默然不动，住自证境，入三昧乐，如师子王，周回顾视，观罗婆那，念如实法。

尔时，大慧菩萨摩诃萨，先受罗婆那王请，复知菩萨众会之心，及观未来一切众生，皆悉乐著语言文字，随言取义，而生迷惑，执取二乘外道之行，或作是念，世尊已离诸识境界，何因缘故欣然大笑？

为断彼疑而问于佛，佛即告言："善哉！大慧，善哉！大慧，汝观世间愍诸众生，于三世中恶见所缠，欲令开悟而问于我，诸智慧人，为利自他，能作是问。大慧，此楞伽王曾问过去一切如来应正等觉，二种之义，今亦欲问，未来亦尔。此二种义差别之相，一切二乘及诸外道皆不能测。"

尔时，如来知楞伽王欲问此义，而告之曰："楞伽王，汝欲问我，宜应速问，我当为汝分别解释，满汝所愿，令汝欢喜，能以智慧思惟观察，离诸分别，善知诸地，修习对治，证真实义，入三昧乐，为诸如来之所摄受，住奢摩他乐，远离二乘三昧过失，住于不动善慧法云菩萨之地，能如实知诸法无我。"

……

尔时，楞伽王蒙佛许已，即于清净光明如大莲花宝山顶上，从座而起，诸采女众之所围绕，化作无量种种色花，种种色香、末香、涂香，幢幡、幰盖、冠佩、璎珞，及余世间未曾见闻种种胜妙庄严之具。又复化作欲界所有种种无量诸音乐器，过诸天龙乾闼婆等一切世间之所有者；又复化作十方佛土昔所曾见诸音乐器；又复化作大宝罗网遍覆一切佛菩萨上；复现种种上妙衣服，建立幢幡以为供养，作是事已，即升虚空高七多罗树，于虚空中复雨种种诸供养云，作诸音乐，从空而下。

即坐第二日电光明如大莲花宝山顶上，欢喜恭敬而作是言："我今欲问如来二义，如是二义我已曾问过去如来应正等觉，彼佛世尊已为我说，我今亦欲问于是义，唯愿如来为我宣说。世尊，变化如来说此二义，非根本佛，根本佛说三昧乐境，不说虚妄分别所行。善哉！世尊，于法自在，唯愿哀愍，说此二义，一切佛子心皆乐闻。"

尔时，世尊告彼王言："汝应问，我当为汝说。"

时夜叉王更着种种宝冠璎珞，诸庄严具以严其身，而作是言："如来常说，法尚应舍，何况非法。云何得舍此二种法？何者是法？何者非法？法若应舍，云何有二？有二即堕分别相中，有体无体，是实非实，如是一切皆是分别，不能了知阿赖耶识无差别相，如毛轮住非净智境，法性如是，云何可舍？"

尔时，佛告楞伽王言："楞伽王，汝岂不见瓶等无常败坏之法，凡夫于中妄生分别，汝今何故不如是知法与非法差别之相？此是凡夫之所分别，非证智见。凡夫堕在种种相中，非诸证者。楞伽王，如烧宫殿、园林，见种种焰，火性是一，所出光焰由薪力故，长短大小各各差别。汝今云何不如是知法与非法差别之相？

"楞伽王，如一种子，生芽、茎、枝叶及以花果无量差别。外法如是，内法亦然。谓无明为缘，生蕴界处一切诸法，于三界中，受诸趣生，有苦乐好丑语默行止，各各差别；又如诸识，相虽是一，随于境界有上中下染净善恶种种差别。楞伽王，非但如上法有差别，诸修行者，修观行时，自智所行亦复见有差别之相，况法与非法而无种种差别分别？楞伽王，法与非法差别相者，当知悉是相分别故。

"楞伽王，何者是法？所谓二乘及诸外道，虚妄分别说有实等为诸法因，如是等法应舍应离。不应于中分别取相，见自心法性则无执著。瓶等诸物凡愚所取本无有体，诸观行人以毗钵舍那如实观察，名舍诸法。楞伽王，何者是非法？所谓诸法无性无相永离分别，如实见者，若有若无如是境界彼皆不起，是名舍非法；复有非法，所谓兔角、石女儿等，皆无性相，不可分别，但随世俗说有名字，非如瓶等，而可取著，以彼非是识之所取，如是分别，亦应舍离。是名舍法与舍非法。

"楞伽王，汝先所问，我已说竟。楞伽王，汝言我于过去诸如来所已问是义，彼诸如来已为我说。楞伽王，汝言过去但是分别，未来亦然。我亦同彼。楞伽王，彼诸佛法，皆离分别，已出一切分别戏论，非如色相，唯智能证，为令众生得安乐故而演说法，以无相智，说名如来。是故如来以智为体，智为身故，不可分别。不可以所分别，不可以我、人、众生分别。何故不能分别？以意识因境界起取色形相，是故离能分别，亦离所分别。楞伽王，譬如壁上彩画众生，无有觉知，世间众生悉亦如是。无业无报，诸法亦然，无闻无说。

"楞伽王，世间众生犹如变化，凡夫外道不能了达。楞伽王，能如是见名为正见，若他见者名分别见，由分别故，取着于二。楞伽王，譬如有人于水镜中自见其像，于灯月中自见其影，于山谷中自闻其响，便生分别，而起取著，此亦如是。法与非法唯是分别，由分别故，不能舍离，但更增长，一切虚妄，不得寂灭。寂灭者，所谓一缘，一缘者是最胜三昧，从此能生自证圣智，以如来藏而为境界。"

集一切法品第二之一

尔时，大慧菩萨摩诃萨与摩帝菩萨，俱游一切诸佛国土，承佛神力，从座而起，偏袒右肩，右膝着地，向佛合掌曲躬恭敬而说颂言：

世间离生灭，譬如虚空花；智不得有无，而兴大悲心。一切法如幻，远离于心识，智不得有无，而兴大悲心。世间恒如梦，远离于断常，智不得有无，而兴大悲心。知人法无我，烦恼及尔焰，常清净无相，而兴大悲心。佛不住涅槃，涅槃不住佛，远离觉不觉，若有若非有。法身如幻梦，云何可称赞？知无性无生，乃名称赞佛。佛无根境相，不见名见佛，云何于牟尼，而能有赞毁？若见于牟尼，寂静远离生；是人今后世，离着无所取。

尔时，大慧菩萨摩诃萨偈赞佛已，自说姓名：

我名为大慧，通达于大乘，今以百八义，仰咨尊中上。

时世间解闻是语已，普观众会而作是言：

汝等诸佛子，今皆恣所问，我当为汝说，自证之境界。

尔时，大慧菩萨摩诃萨蒙佛许已，顶礼佛足，以偈问曰：

云何起计度？云何净计度？云何起迷惑？云何净迷惑？云何名佛子，及无影次第？云何刹土化，相及诸外道？解脱至何所？谁缚谁能解？云何禅境界？何故有三乘？彼以何缘生？何作何能作？谁说二俱异？云何诸有起？云何无色定，及与灭尽定？云何为想灭？云何从定觉？云何所作生？进去及持身？云何见诸物？云何入诸地？云何有佛子？谁能破三有？何处身云何？生复往何处？云何得神通，自在及三昧？三昧心何相？愿佛为我说。云何名藏识？云何名意识？云何起诸见？云何退诸见？云何性非性？云何唯是心？何因建立相？云何成无我？云何无众生？云何随俗说？云何得不起，常见及断见？云何佛外道？其相不相违？何故当来世，种种诸异部？云何为性空？云何刹那灭？胎藏云何起？云何世不动？云何诸世间，如幻亦如梦？乾城及阳焰，乃至水中月？云何菩提分？觉分从何起？……

尔时，大慧菩萨摩诃萨白佛言："世尊，何者是一百八句？"

佛言："大慧，所谓生句非生句，常句非常句，相句非相句，住异句非住异句，刹那句非刹那句，自性句非自性句，空句非空句，断句非断句，心句非心句，……文字句非文字句。大慧，此一百八句皆是过去诸佛所说。"

尔时，大慧菩萨摩诃萨复白佛言："世尊，诸识有几种生住灭？"

佛言："大慧，诸识有二种生住灭，非臆度者之所能知。所谓相续生及相生，相续住及相住，相续灭及相灭。诸识有三相，谓转相、业相、真相。

"大慧，识广说有八，略则唯二，谓现识及分别事识。大慧，如明镜中现诸色像，现识亦尔。大慧，现识与分别事识，此二识无异相互为因。大慧，现识以不思议熏变为因，分别事识以分别境界及无始戏论、习气为因。大慧，阿赖耶识虚妄分别，种种习气灭即一切根识灭，是名相灭。大慧，相续灭者，谓所依因灭及所缘灭即相续灭。所依因者，谓无始戏论、虚妄习气；所缘者，谓自心所见分别境界。大慧，譬如泥团与微尘非异非不异，金与庄严具亦如是。大慧，若泥团与微尘异者，应非彼成而实彼成，是故不异。若不异者，泥团、微尘应无分别。

"大慧，转识藏识若异者，藏识非彼因；若不异者，转识灭藏识亦应灭，然彼真相不灭。大慧，识真相不灭，但业相灭。若真相灭者，藏识应灭。若藏识灭者，即不异外道断灭论。大慧，彼诸外道作如是说，取境界相续识灭，即无始相续识灭。大慧，彼诸外道说相续识从作者生，不说眼识依色光明和合而生，唯说作者为生因故，作者是何？彼计胜性丈夫自在时及行微尘为能作者。"

"复次，大慧，有七种自性：所谓集自性、性自性、相自性、大种自性、因自性、缘自性、成自性。

"复次，大慧，有七种第一义：所谓心所行、智所行、二见所行、超二见所行、超子地所行、如来所行、如来自证圣智所行。大慧，此是过去、未来、现在一切如来应正等觉，法自性第一义心，以此心成就如来世间、出世间最上法，以圣慧眼入自、共相种种安立，其所安立不与外道恶见共。

"大慧，云何为外道恶见？谓不知境界自分别现，于自性第一义，见有见无，而起言说。大慧，我今当说，若了境如幻自心所现，则灭妄想、三有、苦及无知爱业缘。大慧，有诸沙门、婆罗门，妄计非有及有，于因果外显现诸物，依时而住；或计蕴界处，依缘生住有已即灭。大慧，彼于若相续若作用、若生若灭、若诸有、若涅槃、若道、若业、若果、若谛，是破坏断灭论。何以故？不得现法故，不见根本故。

"大慧，譬如瓶破不作瓶事，又如焦种不能生芽，此亦如是。若蕴界处，法已现当灭，应知此则无相续生，以无因故，但是自心虚妄所见。复次，大慧，若本无有识，三缘合生，龟应生毛，沙应出油，汝宗则坏，违决定义，所作事业悉空无益。大慧，三合为缘，是因果性，可说为有，过、现、未来从无生有。此依住觉想地者，所有理教及自恶见熏习余气，作如是说。大慧，愚痴凡夫恶见所噬，邪见迷醉，无智妄称一切智说。

"大慧，复有沙门、婆罗门，观一切法，皆无自性，如空中云，如旋火轮，如乾闼婆城，如幻如焰，如水中月，如梦所见，不离自心，由无始来虚妄见故取以为外，作是观已，断分别缘，亦离妄心所取名义，知身及物并所住处一切皆是藏识境界，无能所取及生住灭，如是思惟恒住不舍。

"大慧，此菩萨摩诃萨不久当得生死涅槃二种平等，大悲方便，无功用行，观众生如幻如影，从缘而起，知一切境界离心无得，行无相道，渐升诸地，住三昧境，了达三界皆唯自心得，如幻定绝众影像成就智慧证无生法，入金刚喻三昧，当得佛身恒住如如，起诸变化，力通自在。大慧，方便以为严饰，游众佛国，离诸外道，及心意识，转依次第，成如来身。

"大慧，菩萨摩诃萨欲得佛身，应当远离蕴界处心因缘所作生住灭法戏论分别，但住心量，观察三有无始时来，妄习所起，思惟佛地无相无生自证圣法，得心自在，无功用行，如如意宝，随宜现身，令达唯心，渐入诸地。是故大慧，菩萨摩诃萨于自悉檀应善修学。

集一切法品第二之二

尔时，大慧菩萨摩诃萨复白佛言："世尊，唯愿为我说心、意、意识、五法自性相众妙法门。此时，一切诸佛菩萨，入自心境，离所行相，称真实义诸佛教心，唯愿如来为此山中诸菩萨众，随顺过去诸佛演说藏识海浪法身境界。”

　　尔时，世尊告大慧菩萨摩诃萨言：“有四种因缘眼识转。何等为四？所谓不觉自心现而执取故，无始时来取著于色虚妄习气故，识本性如是故，乐见种种诸色相故。大慧，以此四缘，阿赖耶识如瀑流水，生转识浪如眼识，余亦如是，于一切诸根微尘毛孔眼等，转识或顿生，譬如明镜现众色像；或渐生，犹如猛风吹大海水，心海亦尔，境界风吹起诸识浪，相续不绝。

　　“大慧，因所作相非一非异，业与生相，相系深缚，不能了知色等自性，五识身转。大慧，与五识俱，或因了别差别境相有意识生，然彼诸识不作是念，我等同时展转为因，而于自心所现境界分别执著俱时而起，无差别相，各了自境。大慧，诸修行者，入于三昧，以习力微，起而不觉知，但作是念，我灭诸识，入于三昧，实不灭识而入三昧，以彼不灭习气种故，但不取诸境名为识灭。

　　“大慧，如是藏识，行相微细，唯除诸佛及住地菩萨，其余一切二乘外道，定慧之力，皆不能知，唯有修行如实行者，以智慧力了诸地相，善达句义，无边佛所，广集善根，不妄分别自心所见，能知之耳。大慧，诸修行人宴处山林，上中下修，能见自心，分别流注，得诸三昧，自在力通，诸佛灌顶，菩萨围绕，知心意意识所行境界，超爱业无明生死大海，是故汝等应当亲近诸佛菩萨，如实修行，大善知识。”

　　尔时，世尊重说颂言：

　　　　譬如巨海浪，斯由猛风起，洪波鼓溟壑，无有断绝时。藏识海常住，境界风所动，种种诸识浪，腾跃而转生。青赤等诸色，盐贝乳石蜜；花果日月光，非异非不异。意等七种识，应知亦如是；如海共波浪，心俱和合生。譬如海水动，种种波浪转；……

　　尔时，大慧菩萨摩诃萨以颂问曰：

　　　　青赤诸色像，众生识显现，如浪种种法，云何愿佛说。

　　尔时，世尊以颂答曰：

　　　　青赤诸色像，浪中不可得，言心起众相，开悟诸凡夫。而彼本无起，自心所取离，能取及所取，与彼波浪同。身资财安住，众生识所现，是故见此起，与浪无差别。

　　“复次，大慧，菩萨摩诃萨若欲了知能取所取分别境界，皆是自心之所现者，当离愦闹、昏滞、睡眠，初中后夜勤加修习，远离曾闻外道邪论及二乘法，通达自心分别之相。

　　“复次，大慧，菩萨摩诃萨住智慧心所住相已，于上圣智三相当勤修学。

何者为三? 所谓无影像相、一切诸佛愿持相、自证圣智所趣相。诸修行者获此相已, 即舍跋驴智慧心相, 入菩萨第八地, 于此三相修行不舍。大慧, 无影像相者, 谓由惯习, 一切二乘外道相故得生起; 一切诸佛愿持相者, 谓由诸佛自本愿力所加持故, 而得生起; 自证圣智所趣相者, 谓由不取一切法相, 成就如幻三昧身, 趣佛地智故而得生起。大慧, 是名上圣智三种相, 若得此相, 即到自证圣智所行之处, 汝及诸菩萨摩诃萨应勤修学。"

尔时, 大慧菩萨摩诃萨知诸菩萨心之所念, 承一切佛威神之力, 白佛言: "唯愿为说百八句差别所依圣智事自性法门, 一切如来应正等觉, 为诸菩萨摩诃萨堕自共相者, 说此妄计性差别义门, 知此义已, 则能净治二无我观境, 照明诸地, 超越一切二乘外道三昧之乐, 见诸如来不可思议所行境界。毕竟舍离五法自性, 以一切佛法身智慧, 而自庄严入如幻境, 住一切刹兜率陀宫、色究竟天, 成如来身。"

佛言: "大慧, 有一类外道, 见一切法随因而尽, 生分别解, 想兔无角, 起于无见, 如兔无角, 一切诸法悉亦如是。复有外道, 见大种求那尘等诸物, 形量分位, 各差别已, 执兔无角, 于此而生牛有角想。大慧, 彼堕二见, 不了唯心, 但于自心增长分别。大慧, 身及资生器世间等, 一切皆唯分别所现。大慧, 应知兔角离于有无, 诸法悉然, 勿生分别。云何兔角离于有无? 互因待故, 分析牛角乃至微尘, 求其体相终不可得, 圣智所行远离彼见, 是故于此不应分别。"

尔时, 大慧菩萨摩诃萨复白佛言: "世尊, 彼岂不以妄见起相比度观待妄计无耶?"

佛言: "不以分别起相待以言无。何以故? 彼以分别为生因故。以角分别为其所依, 所依为因离异不异, 非由相待显兔角无。大慧, 若此分别, 异兔角者, 则非角因, 若不异者, 因彼而起。大慧, 分析牛角乃至极微, 求不可得, 异于有角言无角者, 如是分别决定非理, 二俱非有谁待于谁, 若相待不成, 待于有故言兔角无, 不应分别, 不正因故。有无论者, 执有执无, 二俱不成。

"大慧, 复有外道, 见色形状虚空分齐而生执著, 言色异虚空起于分别。大慧, 虚空是色, 随入色种。大慧, 色是虚空, 能持所持建立性故。色空分齐应如是知。大慧, 大种生时自相各别, 不住虚空中, 非彼无虚空。大慧, 兔角亦尔, 观待牛角言彼角无。大慧, 分析牛角乃至微尘, 又析彼尘, 其相不现。彼何所待, 而言无耶? 若待余物, 彼亦如是。大慧, 汝应远离兔角牛角、虚空及色所有分别, 汝及诸菩萨摩诃萨, 应常观察自心所见分别之相, 于一切国土为诸佛子说观察自心修行之法。"

尔时，世尊即说颂言：

> 心所见无有，唯依心故起，身资所住影，众生藏识现。心意及与识，自性五种法：二无我清净，诸导师演说。长短共观待，展转互相生；因有故成无，因无故成有。微尘分析事，不起色分别，唯心所安立，恶见者不信。外道非行处，声闻亦复然，救世之所说，自证之境界。

尔时，大慧菩萨摩诃萨，为净心现流故而请佛言："世尊云何净诸众生自心现流？为渐次净？为顿净耶？"

佛言："大慧，渐净非顿，如庵罗果渐熟非顿，诸佛如来净诸众生自心现流，亦复如是，是渐净非顿；如陶师造器，渐成非顿，诸佛如来净诸众生自心现流，亦复如是，是渐而非顿；譬如大地生诸草木，渐生非顿，诸佛如来净诸众生自心现流，亦复如是，渐而非顿。大慧，譬如人学音乐书画，种种伎术，渐成非顿，诸佛如来净诸众生自心现流，亦复如是，是渐而非顿。譬如明镜，顿现众像而无分别，诸佛如来净诸众生自心现流，亦复如是，顿现一切无相境界而无分别；如日月轮一时遍照一切色像，诸佛如来净诸众生自心过习，亦复如是，顿为示现不可思议诸佛如来智慧境界；譬如藏识顿现于身及资生国土，一切境界，报佛亦尔，于色究竟天，顿能成熟一切众生令修诸行；譬如法佛顿现报佛及以化佛，光明照耀，自证圣境亦复如是，顿现法相而为照耀，令离一切有无恶见。

"复次，大慧，法性所流，佛说一切法自相共相，自心现习气因相，妄计性所执因相，更相系属种种幻事皆无自性，而诸众生种种执著取以为实，悉不可得。复次，大慧，妄计自性执缘起自性起。大慧，譬如幻师以幻术力，依草木瓦石幻作众生若干色像，令其见者种种分别，皆无真实。大慧，此亦如是，由取著境界习气力故，于缘起性中，有妄计性种种相现，是名妄计性生。大慧，是名法性所流佛说法相。

"大慧，法性佛者，建立自证智所行离心自性相。大慧，化佛说施、戒、忍、进、禅定、智慧、蕴界处法，及诸解脱、诸识行相，建立差别，越外道见，超无色行。复次，大慧，法性佛非所攀缘，一切所缘一切所作相根量等相悉皆远离，非凡夫二乘及诸外道，执著我相所取境界。是故，大慧，于自证圣智胜境界相当勤修学，于自心所现分别见相当速舍离。

"复次，大慧，声闻乘有二种差别相，所谓自证圣智殊胜相，分别执著自性相。云何自证圣智殊胜相？谓明见苦、空、无常、无我诸谛境界，离欲寂灭故，于蕴界处若自若共外不坏相，如实了知，故心住一境。住一境已，获禅解脱三昧道果，而得出离，住自证圣智境界乐。未离习气及不思议变易死，是名声闻乘自证圣智境界相。菩萨摩诃萨虽亦得此圣智境界，以怜愍众生故，本愿所持故，不证寂灭门及三昧乐，诸菩萨摩诃萨于此自证圣智乐中，不应修学。

"大慧，云何分别执著自性相？所谓知坚湿暖动青黄赤白，如是等法非作者生，然依教理见自共相，分别执著，是名声闻乘分别执著相。菩萨摩诃萨于此法中，应知应舍离人无我见，入法无我相，渐住诸地。"

尔时，大慧菩萨摩诃萨白佛言："世尊，如来所说常不思议自证圣智第一义境，将无同诸外道所说常不思议作者耶？"

佛言："大慧，非诸外道作者得常不思议，所以者何？诸外道常不思议因自相不成，既因自相不成，以何显示常不思议。大慧，外道所说常不思议若因自相成彼则有常，但以作者为因相故，常不思议不成。大慧，我第一义常不思议，第一义因相成，远离有无，自证圣智所行相故有相，第一义智为其因故有因，离有无故非作者，如虚空涅槃寂灭法故常不思议。是故，我说常不思议，不同外道所有诤论。大慧，此常不思议，是诸如来自证圣智所行真理，是故菩萨当勤修学。

"复次，大慧，外道常不思议，以无常异相因故常，非自相因力故常。大慧，外道常不思议，以见所作法有已还无，无常已比知是常，我亦见所作法有已还无，无常已不因此说为常。大慧，外道以如是因相成常不思议，此因相非有，同于兔角故，常不思议唯是分别但有言说，何故彼因同于兔角，无自因相故。大慧，我常不思议以自证为因相，不以外法有已还无无常为因，外道反此，曾不能知常不思议自因之相，而恒在于自证圣智所行相外，此不应说。

"复次，大慧，诸声闻畏生死妄想苦而求涅槃，不知生死涅槃差别之相，一切皆是妄分别有，无所有故，妄计未来诸根境灭以为涅槃，不知证自智境界转所依藏识为大涅槃。彼愚痴人说有三乘，不说唯心无有境界。大慧，彼人不知去、来、现在诸佛所说自心境界，取心外境，常于生死轮转不绝。

"复次，大慧，去、来、现在诸如来说一切法不生，何以故？自心所见非有性故，离有无生故，如兔马等角，凡愚妄取，唯自证圣智所行之处，非诸愚夫二分别境。大慧，身及资生器世间等，一切皆是藏识影像，所取能取二种相现，彼诸愚夫，堕生住灭二见中故，于中妄起有、无分别。大慧，汝于此义当勤修学。

"复次，大慧，有五种种性，何等为五？谓声闻乘种性，缘觉乘种性，如来乘种性，不定种性，无种性。大慧，云何知是声闻乘种性？谓若闻说于蕴界处自相、共相，若知若证举身毛竖，心乐修习，于缘起相不乐观察，应知此是声闻乘种性。彼于自乘见所证已，于五、六地断烦恼结，不断烦恼习，住不思议死，正师子吼言：我生已尽，梵行已立，所作已办，不受后有，修习人无我，乃至生于得涅槃觉。

"大慧，复有众生求证涅槃，言能觉知我、人、众生、养者、取者，此是涅槃，复有说言见一切法因作者有，此是涅槃。大慧，彼无解脱，以未能见法无我故，此是声闻乘及外道种性，于未出中，生出离想，应勤修习，舍此恶见。

"大慧，云何知是缘觉乘种性？谓若闻说缘觉乘法，举身毛竖，悲泣流泪，离愦闹缘，无所染着，有时闻说现种种身，或聚或散神通变化，其心信受无所违逆，当知此是缘觉乘种性，应为其说缘觉乘法。

"大慧，如来乘种性所证法有三种，所谓自性无自性法，内身自证圣智法，外诸佛刹广大法。大慧，若有闻说此一一法及自心所现、身财建立阿赖耶识不思议境，不惊、不怖、不畏，当知此是如来乘性。大慧，不定种性者，谓闻说彼三种法时，随生信解，而顺修学。大慧，为初治地人而说种性，欲令其入无影像地作此建立。大慧，彼住三昧乐声闻，若能证知自所依识，见法无我净烦恼习，毕竟当得如来之身。"

尔时，世尊即说颂言：

预流一来果，不还阿罗汉；是等诸圣人，其心悉迷惑。我所立三乘，一乘及非乘，为愚夫少智，乐寂诸圣说。第一义法门，远离于二取；住于无境界，何建立三乘？诸禅及无量，无色三摩提，乃至灭受想，唯心不可得。

"复次，大慧，此中一阐提何故于解脱中不生欲乐？大慧，以舍一切善根故。为无始众生起愿故。云何舍一切善根？谓谤菩萨藏，言此非随顺契经调伏解脱之说，作是语时，善根悉断不入涅槃。云何为无始众生起愿？谓诸菩萨以本愿方便，愿一切众生悉入涅槃，若一众生未涅槃者，我终不入。此亦住一阐提趣。此是无涅槃种性相。"

大慧菩萨言："世尊，此中何者毕竟不入涅槃？"

佛言："大慧，彼菩萨一阐提，知一切法本来涅槃，毕竟不入，非舍善根。何以故？舍善根一阐提，以佛威力故，或时善根生，所以者何？佛于一切众生无舍时故，是故菩萨一阐提不入涅槃。

"复次，大慧，菩萨摩诃萨当善知三自性相。何者为三？所谓妄计自性、缘起自性，圆成自性。大慧，妄计自性从相生。云何从相生？谓彼依缘起事相种类显现，生计著故。大慧，彼计著事相，有二种妄计性生，是诸如来之所演说，谓名相计著相，事相计著相。大慧，事计著相者，谓计著内外法，相计著相者，谓即彼内外法中，计著自、共相，是名二种妄计自性相。大慧，从所依所缘起，是缘起性。何者圆成自性？谓离名相事相一切分别，自证圣智所行真如。大慧，此是圆成自性如来藏心。"

尔时，世尊即说颂言：

　　名相分别，二自性相；正智真如，是圆成性。

"大慧，是名观察五法自性相法门，自证圣智所行境界，汝及诸菩萨摩诃萨当勤修学。

"复次，大慧，菩萨摩诃萨当善观察二无我相。何者为二？所谓人无我相、法无我相。大慧，何者是人无我相？谓蕴界处离我、我所，无知爱业之所生起，眼等识生取于色等而生计著；又自心所见身器世间，皆是藏心之所显现，刹那相续，变坏不停，如河流，如种子，如灯焰，如迅风，如浮云。躁动不安，如猿猴；乐不净处，如飞蝇；不知厌足，如猛火。无始虚伪习气为因，诸有趣中流转不息，如汲水轮，种种色身威仪进止，譬如死尸咒力故行，亦如木人因机运动，若能于此善知其相，是名人无我智。

"大慧，云何为法无我智？谓知蕴界处是妄计性，如蕴界处离我、我所，唯共积聚爱业绳缚，互为缘起，无能作者。蕴等亦尔，离自、共相，虚妄分别种种相现，愚夫分别非诸圣者，如是观察一切诸法离心、意、意识、五法自性，是名菩萨摩诃萨法无我智。得此智已，知无境界，了诸地相，即入初地，心生欢喜次第渐进，乃至善慧及以法云。诸有所作皆悉已办，住是地已，有大宝莲花王众宝庄严，于其花上有宝宫殿，状如莲花，菩萨往修幻性法门之所成就，而坐其上，同行佛子前后围绕，一切佛刹所有如来，皆舒其手，如转轮王子灌顶之法，而灌其顶，超佛子地，获自证法，成就如来自在法身。大慧，是名见法无我相，汝及诸菩萨摩诃萨应勤修学。"

尔时，大慧菩萨摩诃萨复白佛言："世尊，愿说建立诽谤相，令我及诸菩萨摩诃萨离此恶见，疾得阿耨多罗三藐三菩提，得菩提已，破建立常诽谤断见，令于正法不生毁谤。"

佛受其请，即说颂言：

　　身资财所住，皆唯心影像，凡愚不能了，起建立诽谤，所起但是心，离心不可得。

尔时，世尊欲重明此义，告大慧言："有四种无有有建立，何者为四？所谓无有相建立相，无有见建立见，无有因建立因，无有性建立性，是为四。大慧，诽谤者，谓于诸恶见所建立法。求不可得，不善观察，遂生诽谤，此是建立诽谤相。

"大慧，云何无有相建立相？谓于蕴界处自相、共相本无所有，而生计著, 此如是, 此不异, 而此分别从无始种种恶习所生, 是名无有相建立相; 云何无有见建立见? 谓于蕴界处建立我、人、众生等见, 是名无有见建立见; 云何无有因建立因? 谓初识前无因不生, 其初识本无, 后眼色明念等为因, 如幻生, 生已有, 有还灭, 是名无有因建立因; 云何无有性建立性? 谓于虚空、涅槃、非数灭无作性执著建立。大慧, 此离性非性一切诸法, 离于有无, 犹如毛轮、兔、马等角, 是名无有性建立性。

"大慧, 建立诽谤皆是凡愚不了唯心而生分别, 非诸圣者, 是故汝等当勤观察, 远离此见。大慧, 菩萨摩诃萨善知心、意、意识、五法、自性、二无我相已, 为众生故作种种身, 如依缘起, 起妄计性, 亦如摩尼随心现色, 普入佛会听闻佛说, 诸法如幻、如梦、如影、如镜中花、如水中月, 远离生灭及以断常, 不住声闻辟支佛道, 闻已成就无量百千亿那由他三昧, 得此三昧已, 遍游一切诸佛国土, 供养诸佛, 生诸天上, 显扬三宝, 示现佛身, 为诸声闻菩萨大众说外境界皆唯是心, 悉令远离有、无等执。"

……

尔时, 大慧菩萨摩诃萨复请佛言: "愿为我说一切法空、无生、无二、无自性相, 我及诸菩萨悟此相故, 离有、无分别, 疾得阿耨多罗三藐三菩提。"

佛言: "谛听, 当为汝说。大慧, 空者即是妄计性句义。大慧, 为执著妄计自性故, 说空、无生、无二、无自性。大慧, 略说空性有七种。谓相空、自性空、无行空、行空、一切法不可说空、第一义圣智大空、彼彼空。

"云何相空? 谓一切法自相、共相空, 展转积聚互相待故。分析推求无所有故, 自他及共皆不生故。自、共相无生亦无住, 是故名一切法自相空。

"云何自性空? 谓一切法自性不生, 是名自性空。

"云何无行空? 所谓诸蕴本来涅槃, 无有诸行, 是名无行空。

"云何行空? 所谓诸蕴由业及因和合而起, 离我、我所, 是名行空。

"云何一切法不可说空? 谓一切法妄计自性无可言说, 是名不可说空。

"云何第一义圣智大空? 谓得自证圣智时, 一切诸见过习悉离, 是名第一义圣智大空。

"云何彼彼空? 谓于此无彼, 是名彼彼空, 譬如鹿子母堂, 无象马牛羊等。我说彼堂空非无比丘众。大慧, 非谓堂无堂自性, 非谓比丘无比丘自性, 非谓余处无象马牛羊。大慧, 一切诸法自、共相, 彼彼求不可得, 是故说名彼彼空。是名七种空。大慧, 此彼彼空, 空中最粗, 汝应远离。

"复次, 大慧, 无生者, 自体不生而非不生, 除住三昧, 是名无生。大慧, 无自性者以无生故密意而说。大慧, 一切法无自性, 以刹那不住故, 见后变异故,是名无自性。云何无二相?**大慧**,如光影、如长短、如黑白,皆相待立,独则不成。**大慧**,非于生死外有涅槃,非于涅槃外有生死,生死涅槃无相违相,如生死涅槃,一切法亦如是,是名无二相。**大慧**,空、无生、无二、无自性相,汝当勤修学。”

尔时,世尊重说颂言:

我常说空法,远离于断常;生死如幻梦,而业亦不坏。虚空及涅槃,灭度亦如是;愚夫妄分别,诸圣离有无。

尔时,世尊复告大慧菩萨摩诃萨言:“**大慧**,此空、无生、无自性、无二相,悉入一切诸佛所说修多罗中,佛所说经皆有是义。**大慧**,诸修多罗随顺一切众生心说,而非真实在于言中,譬如阳焰诳惑诸兽,令生水想,而实无水,众经所说亦复如是,随诸愚夫自所分别,令生欢喜,非皆显示圣智证处真实之法。大慧,应随顺义,莫著言说。”

尔时,大慧菩萨摩诃萨白佛言:“世尊,修多罗中说如来藏本性清净,常恒不断,无有变易,具三十二相,在于一切众生身中,为蕴界处垢衣所缠,贪恚痴等妄分别垢之所污染,如无价宝在垢衣中,外道说我是常作者,离于求那自在无灭。世尊所说如来藏义,岂不同于外道说我耶?”

佛言:“**大慧**,我说如来藏不同外道所说之我。**大慧**,如来应正等觉,以性空、实际、涅槃、不生、无相、无愿等诸句义,说如来藏,为令愚夫离无我怖,说无分别、无影像处如来藏门,未来、现在诸菩萨摩诃萨,不应于此执著于我。**大慧**,譬如陶师于泥聚中,以人功、水杖、轮绳方便作种种器,如来亦尔,于远离一切分别相无我法中,以种种智慧方便善巧,或说如来藏,或说为无我,种种名字各各差别。**大慧**,我说如来藏,为摄著我诸外道众,令离妄见入三解脱,速得证于阿耨多罗三藐三菩提,是故诸佛说如来藏,不同外道所说之我,若欲离于外道见者,应知无我如来藏义。”

尔时,世尊即说颂曰:

士夫相续蕴,众缘及微尘;胜自在作者,此但心分别。

尔时,大慧菩萨观未来一切众生,复请佛言:“愿为我说具修行法,如诸菩萨摩诃萨成大修行。”

佛言:“**大慧**,菩萨摩诃萨具四种法成大修行。何者为四?谓观察自心所现故,远离生住灭见故,善知外法无性故,专求自证圣智故。若诸菩萨成此四法,则得名为大修行者。**大慧**,云何观察自心所现?谓观三界唯是自心,离我、我所,无动作,无来去,无始执著过习所熏,三界种种色行名言系缚,身资所住分别随入之所显现,菩萨摩诃萨如是观察自心所现。

"大慧，云何得离生住灭见？所谓观一切法如幻梦生，自他及俱皆不生故，随自心量之所现故，见外物无有故，见诸识不起故，及众缘无积故，分别因缘起三界故，如是观时，若内若外一切诸法皆不可得，知无体实远离生见，证如幻性即时逮得无生法忍，住第八地，了心意意识五法自性二无我境，转所依止，获意生身。"

大慧言："世尊，以何因缘名意生身？"

佛言："大慧，意生身者，譬如意去速疾无碍，名意生身。大慧，譬如心意于无量百千由旬之外，忆先所见种种诸物，念念相续疾诣于彼，非是其身及山河石壁所能为碍，意生身者亦复如是，如幻三昧力通自在诸相庄严，忆本成就众生愿故，犹如意去生于一切诸圣众中，是名菩萨摩诃萨得远离于生住灭见。大慧，云何观察外法无性？谓观察一切法如阳焰、如梦境、如毛轮，无始戏论种种执著，虚妄恶习为其因故，如是观察一切法时，即是专求自证圣智。大慧，是名菩萨具四种法成大修行。汝应如是勤加修学。"

尔时，大慧菩萨摩诃萨复请佛言："愿说一切法因缘相，令我及诸菩萨摩诃萨了达其义，离有无见不妄执诸法渐生顿生。"

佛言："大慧，一切法因缘生有二种，谓内及外。外者谓以泥团、水杖、轮绳、人工等缘和合成瓶，如泥瓶、缕迭、草席、种芽、酪酥，悉亦如是，名外缘前后转生。内者谓无明爱业等生蕴界处法，是为内缘起，此但愚夫之所分别。

"大慧，因有六种，谓当有因、相属因、相因、能作因、显了因、观待因。大慧，当有因者，谓内外法作因生果；相属因者，谓内外法作缘生果，蕴种子等；相因者，作无间相生相续果；能作因者，谓作增上而生于果，如转轮王；显了因者，谓分别生能显境相，如灯照物；观待因者，谓灭时相续断无妄想生。

"大慧，此是愚夫自所分别，非渐次生，亦非顿生。何以故？大慧，若顿生者，则作与所作无有差别，求其因相不可得故；若渐生者求其体相亦不可得，如未生子，云何名父？诸计度人言以因缘、所缘缘、无间、增上缘等，所生能生互相系属，次第生者理不得成，皆是妄情执著相故。大慧，渐次与顿皆悉不生，但有心现身资等故，外自、共相皆无性故，惟除识起自分别见。大慧，是故应离因缘所作和合相中渐、顿生见。"

集一切法品第二之三

尔时，大慧菩萨摩诃萨复白佛言："世尊，愿为我说言说分别相心法门，我及诸菩萨摩诃萨善知此故，通达能说所说二义，疾得阿耨多罗三藐三菩提，令一切众生于二义中，而得清净。”

佛言：“大慧，有四种言说分别相。所谓相言说，梦言说，计著过恶言说，无始妄想言说。大慧，相言说者，所谓执著自分别色相生；梦言说者，谓梦先所经境界，觉已忆念，依不实境生；计著过恶言说者，谓忆念怨仇先所作业；生无始妄想言说者，以无始戏论妄执习气生。是为四。”

大慧复言：“世尊，愿更为说言语分别所行之相，何处何因云何而起？”

佛言：“大慧，依头胸喉鼻唇颚齿舌和合而起。”

大慧复言：“世尊，言语分别为异不异？”

佛言：“大慧，非异非不异，何以故？分别为因起言语故，若异者分别不应为因；若不异者，语言不应显义，是故非异亦非不异。”

大慧复言：“世尊，为言语是第一义？为所说是第一义？”

佛告大慧：“非言语是，亦非所说，何以故？第一义者，是圣乐处，因言而入，非即是言。第一义者是圣智内自证境，非言语分别智境。言语分别不能显示。大慧，言语者起灭动摇展转因缘生。若展转缘生，于第一义不能显示。第一义者，无自他相，言语有相不能显示；第一义者但唯自心，种种外想悉皆无有，言语分别不能显示。是故，大慧，应当远离言语分别。”

尔时，世尊重说颂言：

> 诸法无自性，亦复无言说；不见空空义，愚夫故流转。一切法无性，离言语分别，诸有如梦化，非生死涅槃。如王及长者，为令诸子喜，先示相似物，后赐真实者。我今亦复然，先说相似法，后乃为其演，自证实际法。

尔时，大慧菩萨摩诃萨复白佛言：“世尊，愿为我说离一异、俱不俱、有无非有无、常无常等。一切外道所不能行，自证圣智者所行境界，远离妄计自相共相，入于真实第一义境，渐净诸地入如来位，以无功用本愿力故，如如意宝普现一切无边境界，一切诸法皆是自心所见差别，令我及余诸菩萨等，于如是等法，离妄计自性自共相见，速证阿耨多罗三藐三菩提，普令众生具足圆满一切功德。”

佛言：“大慧，善哉！善哉！汝哀愍世间请我此义，多所利益，多所安乐。大慧，凡夫无智不知心量，妄习为因，执著外物分别一异、俱不俱、有无非有无、常无常等一切自性。大慧，譬如群兽为渴所逼，于热时焰而生水想，迷惑驰趣不知非水。愚痴凡夫亦复如是，无始戏论分别所熏，三毒烧心，乐色境界，见生住灭取内外法，堕一异等执著之中。

“大慧，如乾闼婆城非城非非城，无智之人，无始时来，执著城种妄习熏故，而作城想，外道亦尔，以无始来妄习熏故，不能了达自心所现，著一异等种种言说。

"大慧，譬如有人梦见男女象马车步城邑园林种种严饰，觉已忆念彼不实事。大慧，汝意云何，如是之人是黠慧不？"

答言："不也。"

"大慧，外道亦尔，恶见所噬不了唯心，执著一异有无等见。

"大慧，譬如画像无高无下，愚夫妄见作高下想，未来外道亦复如是，恶见熏习妄心增长，执一异等自坏坏他，于离有无，无生之论，亦说为无，此谤因果，拔善根本，应知此人分别有无起自他见，当堕地狱，欲求胜法，宜速远离。

"大慧，譬如翳目见有毛轮，互相谓言，此事希有，而此毛轮，非有非无，见不见故。外道亦尔，恶见分别执著一异俱不俱等，诽谤正法，自陷陷他。

"大慧，譬如火轮实非是轮，愚夫取著非诸智者，外道亦尔，恶见乐欲执著一异俱不俱等一切法生。

"大慧，譬如水泡似玻璃珠，愚夫执实奔驰而取，然彼水泡非珠非非珠，取不取故。外道亦尔，恶见分别习氛所熏，说非有为生坏为缘有。

"复次，大慧，立三种量已，于圣智内证离二自性法，起有性分别。大慧，诸修行者，转心意识，离能所取，住如来地自证圣法，于有及无，不起于想。大慧，诸修行者，若于境界起有无执，则著我、人、众生、寿者。大慧，一切诸法自相、共相，是化佛说，非法佛说。大慧，化佛说法但顺愚夫所起之见，不为显示自证圣智三昧乐境。

"大慧，譬如水中有树影现，彼非影非非影，非树形非非树形。外道亦尔，诸见所熏，不了自心，于一异等而生分别。

"大慧，譬如明镜无有分别，随顺众缘现诸色像，彼非像非非像而见像非像，愚夫分别而作像想。外道亦尔，于自心所现种种形像而执一异俱不俱相。

"大慧，譬如谷响依于风水人等音声和合而起，彼非有非无，以闻声非声故。外道亦尔，自心分别熏习力故，起于一异俱不俱见。

"大慧，譬如大地无草木处，日光照触焰水波动，彼非有非无，以倒想非想故，愚痴凡夫亦复如是，无始戏论恶习所熏，于圣智自证法性门中，见生住灭一异有无俱不俱性。

"大慧，譬如木人及以起尸，以毗舍阇机关力故，动摇运转，云为不绝，无智之人取以为实，愚痴凡夫亦复如是，随逐外道起诸恶见，著一异等虚妄言说。是故，大慧，当于圣智所证法中，离生住灭一异有无俱不俱等一切分别。

……

"复次，大慧，有四种禅，何等为四？谓愚夫所行禅，观察义禅，攀缘真如禅，诸如来禅。大慧，云何愚夫所行禅？谓声闻、缘觉诸修行者，知人无我，见自他身骨锁相连皆是无常苦不净相，如是观察坚著不舍，渐次增胜至无想灭定，是名愚夫所行禅。云何观察义禅？谓知自共相人无我已，亦离外道自他俱作，于法无我诸地相义，随顺观察，是名观察义禅。云何攀缘真如禅？谓若分别无我有二是虚妄念，若如实知，彼念不起，是名攀缘真如禅。云何诸如来禅？谓入佛地住自证圣智三种乐，为诸众生作不思议事，是名诸如来禅。"

……

尔时，大慧菩萨摩诃萨复白佛言："世尊，诸佛如来所说涅槃，说何等法名为涅槃？"

佛告大慧："一切识自性习气及藏识、意、意识见习转已，我及诸佛说名涅槃，即是诸法性空境界。复次，大慧，涅槃者，自证圣智所行境界，远离断常及以有无。云何非常？谓离自相共相诸分别故。云何非断？谓去来现在一切圣者自证智所行故。复次，大慧，大般涅槃不坏不死，若死者应更受生，若坏者应是有为，是故涅槃不坏不死，诸修行者之所归趣。复次，大慧，无舍无得故，非断非常故，不一不异故，说名涅槃。复次，大慧，声闻、缘觉知自共相舍离愦闹，不生颠倒，不起分别，彼于其中生涅槃想。

"复次，大慧，有二种自性相。何者为二？谓执著言说自性相，执著诸法自性相。执著言说自性相者，以无始戏论执著言说习气故起；执著诸法自性相者，以不觉自心所现故起。复次，大慧，诸佛有二种加持，持诸菩萨，令顶礼佛足请问众义。云何为二？谓令入三昧及身现其前，手灌其顶。大慧，初地菩萨摩诃萨蒙诸佛持力，故入菩萨大乘光明定；入已十方诸佛普现其前，身语加持，如金刚藏及余成就如是功德相。菩萨摩诃萨者是。

"大慧，此菩萨摩诃萨蒙佛持力，入三昧已，于百千劫集诸善根，渐入诸地，善能通达治所治相，至法云地处，大莲花微妙宫殿坐于宝座，同类菩萨所共围绕，首戴宝冠，身如黄金，瞻蔔花色，如盛满月，放大光明，十方诸佛舒莲花手，于其座上，而灌其顶，如转轮王太子受灌顶已，而得自在，此诸菩萨亦复如是，是名为二。诸菩萨摩诃萨为二种持之所持故，即能亲见一切诸佛，异则不能。

"复次，大慧，诸菩萨摩诃萨入于三昧，现通说法，如是一切皆由诸佛二种持力。大慧，若诸菩萨离佛加持，能说法者，则诸凡夫亦应能说。大慧，山林草树城郭宫殿及诸乐器，如来至处，以佛持力尚演法音，况有心者？聋盲瘖哑离苦解脱。大慧，如来持力有如是等广大作用。"

大慧菩萨复白佛言："何故如来以其持力，令诸菩萨入于三昧及殊胜地中，手灌其顶？"

佛言："大慧，为欲令其远离魔业诸烦恼故，为令不堕声闻地故，为令速入如来地故，令所得法倍增长故。是故诸佛以加持力持诸菩萨。大慧，若不如是，彼菩萨便堕外道及以声闻魔境之中，则不能得无上菩提。是故如来以加持力摄诸菩萨。"

尔时，世尊重说颂言：

世尊清净愿，有大加持力；初地十地中，三昧及灌顶。

尔时，大慧菩萨摩诃萨复白佛言："世尊，佛说缘起是由作起非自体起，外道亦说，胜性自在时我微尘生于诸法，今佛世尊，但以异名说作缘起，非义有别。世尊，外道亦说，以作者故，于无生有，世尊亦说，以因缘故，一切诸法本无而生，生已归灭，如佛所说无明缘行，乃至老死，此说无因非说有因。世尊说言，此有故彼有，若一时建立，非次第相待者，其义不成，是故外道说胜，非如来也。何以故？外道说因不从缘生而有所生，世尊所说果待于因，因复待因，如是展转成无穷过，又，此有故彼有者，则无有因。"

佛言："大慧，我了诸法唯心所现，无能取所取，说此有故彼有，非是无因及因缘过失。大慧，若不了诸法唯心所现，计有能取及以所取，执著外境若有若无，彼有是过，非我所说。"

大慧菩萨复白佛言："世尊，有言说故，必有诸法，若无诸法，言依何起？"

佛言："大慧，虽无诸法，亦有言说，岂不现见龟毛、兔角、石女儿等，世人于中皆起言说？大慧，彼非有非非有，而有言说耳。大慧，如汝所说，有言说故有诸法者，此论则坏。大慧，非一切佛土皆有言说，言说者，假安立耳。大慧，或有佛土瞪视显法，或现异相，或复扬眉，或动目睛，或示微笑、嚬呻、謦咳、忆念、动摇，以如是等而显于法。大慧，如不瞬世界、妙香世界及普贤如来佛土之中，但瞪视不瞬，令诸菩萨获无生法忍及诸胜三昧。大慧，非由言说而有诸法，此世界中蝇蚁等虫，虽无言说成自事故。"

尔时，世尊重说颂言：

如虚空兔角，及与石女儿；无而有言说，妄计法如是。因缘和合中，愚夫妄谓生；不能如实解，流转于三有。

尔时，大慧菩萨摩诃萨复白佛言："世尊所说常声，依何处说？"

佛言："大慧，依妄法说。以诸妄法圣人亦现，然不颠倒。大慧，譬如阳焰、火轮、垂发、乾闼婆城梦幻境像，世无智者生颠倒解，有智不然，然非不现。大慧，妄法现时无量差别，然非无常。何以故？离有无故。云何离有无？一切愚夫种种解故，如恒河水，有见不见，饿鬼不见，不可言有；余所见故，不可言无。圣于妄法离颠倒见。

"大慧，妄法是常，相不异故，非诸妄法有差别相，以分别故而有别异，是故妄法其体是常。大慧，云何而得妄法真实？谓诸圣者，于妄法中不起颠倒，非颠倒觉，若于妄法有少分想，则非圣智。有少想者当知则是愚夫戏论，非圣言说。

"大慧，若分别妄法是倒非倒，彼则成就二种种性，谓圣种性、凡夫种性。大慧，圣种性者，彼复三种，谓声闻、缘觉、佛乘别故。大慧，云何愚夫分别妄法，生声闻乘种性？所谓计著自相共相。大慧，何谓复有愚夫分别妄法，成缘觉乘种性？谓即执著自共相时，离于愦闹。大慧，何谓智人分别妄法而得成就佛乘种性？所谓了达一切唯是自心分别所见，无有外法。大慧，有诸愚夫分别妄法种种事物，决定如是，决定不异，此则成就生死乘性。

"大慧，彼妄法中种种事物，非即是物，亦非非物。大慧，即彼妄法诸圣智者心、意、意识诸恶习气自性法转依故，即说此妄名为真如，是故真如离于心识，我今明了显示此句离分别者，悉离一切诸分别故。"

大慧菩萨白世尊言："世尊所说妄法，为有为无？"

佛言："如幻无执著相故，若执著相体是有者，应不可转则诸缘起，应如外道说作者生。

……

"复次，大慧，见诸法非幻无有相似，故说一切法如幻。"

大慧言："世尊，为依执著种种幻相，言一切法犹如幻耶？为异依此执著颠倒相耶？若依执著种种幻相言一切法犹如幻者，世尊，一切法悉皆如幻，何以故？见种种色相不无因故。世尊，都无有因，令种种色相显现如幻，是故世尊，不可说言依于执著种种幻相言一切法与幻相似。"

佛言："大慧，不依执著种种幻相言一切法如幻。大慧，以一切法不实，速灭如电，故说如幻。大慧，譬如电光见已即灭，世间凡愚悉皆现见一切诸法依自分别自共相现，亦复如是，以不能观察无所有故，而妄计著种种色相。"

尔时，世尊重说颂言：

非幻无相似，亦非有诸法；不实速如电，如幻应当知。

尔时，大慧菩萨摩诃萨复白佛言：“世尊，如佛先说，一切诸法皆悉无生，又言如幻，将非所说前后相违。”

佛言：“大慧，无有相违。何以故？我了于生即是无生，唯是自心之所见故。若有若无一切外法，见其无性本不生故。大慧，为离外道因生义故，我说诸法皆悉不生。大慧，外道群聚共兴恶见，言从有无生一切法，非自执著分别为缘。大慧，我说诸法非有无生，故名无生。大慧，说诸法者，为令弟子知依诸业摄受生死，遮其无有断灭见故。大慧，说诸法犹如幻者，令诸法自性相故，为诸凡愚堕恶见欲，不知诸法唯心所现，为令远离执著因缘生起之相，说一切法如幻如梦，彼诸愚夫执著恶见，欺诳自他，不能明见一切诸法如实住处。大慧，见一切法如实处者，谓能了达唯心所现。”

尔时，世尊重说颂言：

> 无作故无生，有法摄生死，了达如幻等，于相不分别。

“复次，大慧，我当说名句、文身相。诸菩萨摩诃萨善观此相，了达其义，疾得阿耨多罗三藐三菩提，复能开悟一切众生。大慧，名身者，谓依事立名，名即是身，是名名身；句身者，谓能显义决定究竟，是名句身；文身者，谓由于此能成名句，是名文身。复次，大慧，句身者，谓句事究竟；名身者，谓诸字名各各差别，如从阿字乃至呵字；文身者，谓长短高下。复次，句身者，如足迹，如衢巷中人畜等迹。名谓非色四蕴以名说故，文谓名之自相由文显故，是名名句文身。此名句文身相汝应修学。”

尔时，世尊重说颂言：

> 名身与句身，及字身差别，凡愚所计著，如象溺深泥。

“复次，大慧，未来世中，有诸邪智恶思觉者，离如实法以见一异、俱不俱相，问诸智者，彼即答言：‘此非正问。’‘谓色与无常为异为不异，如是涅槃诸行，相所相，依所依，造所造，见所见，地与微尘，智与智者，为异为不异？’如是等不可记事，次第而问，世尊说此当止记答。愚夫无智，非能所知，佛欲令其离惊怖处，不为记说。大慧，不记说者，欲令外道永得出离作者见故。

“大慧，诸外道众计有作者，作如是说，命即是身，命异身异，如是等说，名无记论。大慧，外道痴惑说无记论，非我教中。大慧，我教中说离能、所取，不起分别。云何可止？大慧，若有执著能取、所取，不了唯是自心所见，彼应可止。大慧，诸佛如来以四种记论，为众生说法。大慧，止记论者，我别时说，以根未熟且止说故。

“复次，大慧，何故一切法不生？以离能作、所作、无作者故。何以一切法无自性？以证智观自相、共相不可得故。何故一切法无来去？以自共相来无所从，去无所至故。何故一切法不灭？谓一切法无性相故，不可得。何故一切法无常？谓诸相起无常性故。何故一切法常？谓诸相起即是不起，无所有故，无常性常，是故我说一切法常。"

……

尔时，大慧菩萨摩诃萨复白佛言："世尊，愿为我说，诸须陀洹、须陀洹果行差别相，我及诸菩萨摩诃萨闻是义故，于须陀洹、斯陀含、阿那含、阿罗汉方便相，皆得善巧，如是而为众生演说，令其证得二无我法，净除二障，于诸地相渐次通达，获于如来不可思议智慧境界，如众色摩尼，普令众生悉得饶益。"

佛言："谛听，当为汝说。"

大慧言："唯。"

佛言："大慧，诸须陀洹、须陀洹果差别有三：谓下中上。大慧，下者于诸有中极七反生；中者三生五生；上者即于此生而入涅槃。

"大慧，此三种人断三种结，谓身见、疑、戒禁取，上上胜进得阿罗汉果。

"大慧，身见有二种，谓俱生及分别，如依缘起有妄计性。大慧，譬如依止缘起性，故种种妄计执著性生，彼法但是妄分别相，非有非无，非亦有亦无，凡夫愚痴而横执著，犹如渴兽妄生水想。此分别身见无智慧故久远相应，见人无我即时舍离。大慧，俱生身见，以普观察自他之身，受等四蕴无色相故，色由大种而得生故。是诸大种互相因故，色不集故，如是观已，明见有无即时舍离。舍身见故，贪则不生，是名身见相。

"大慧，疑相者，于所证法，善见相故，及先二种身见分别断故。于诸法中疑不得生，亦不于余生大师想为净不净，是名疑相。大慧，何故须陀洹不取戒禁，谓以明见生处苦相，是故不取，夫其取者，谓诸凡愚于诸有中贪著世乐，苦行持戒，愿生于彼。须陀洹人不取是相，惟求所证最胜无漏无分别法，修行戒品，是名戒禁取相。大慧，须陀洹人舍三结故，离贪嗔痴。"

大慧白言："贪有多种，舍何等贪？"

佛言："舍于女色缠绵贪欲，见此现乐生来苦故；又得三昧殊胜乐故，是故舍彼，非涅槃贪。

"大慧，云何斯陀含果？谓不了色相，起色分别，一往来已，善修禅行，尽苦边际而般涅槃，是名斯陀含。

"大慧，云何阿那含果？谓于过、未、现在色相起有无见，分别过恶，随眠不起，永舍诸结，更不还来，是名阿那含。

　　"大慧，阿罗汉者，谓诸禅三昧解脱力通悉已成就，烦恼诸苦分别永尽，是名阿罗汉。"

　　大慧言："世尊，阿罗汉有三种，谓一向趣寂、退菩提愿、佛所变化。此说何者？"

　　佛言："大慧，此说趣寂，非是其余。大慧，余二种人，谓已曾发巧方便愿，及为庄严诸佛众会，于彼示生。

　　"大慧，于虚妄处说种种法，所谓证果，禅者及禅，皆性离故，自心所见，得果相故。大慧，若须陀洹作如是念：我离诸结，则有二过，谓堕我见及诸结不断。复次，大慧，若欲超过诸禅无量色界者，应离自心所见诸相。大慧，想受灭三昧，超自心所见境者不然，不离心故。

　　……

　　"复次，大慧，有二种觉智，谓观察智及取相分别执著建立智。观察智者，谓观一切法离四句不可得。四句者，谓一异、俱不俱，有非有、常无常等。我以诸法离此四句，是故说言，一切法离。大慧，如是观法汝应修学。云何取相分别执著建立智？谓于坚湿暖动诸大种性，取相执著虚妄分别，以宗因喻而妄建立，是名取相分别执著建立智，是名二种觉智相。菩萨摩诃萨知此智相，即能通达人、法无我，以无相智于解行地善巧观察，入于初地，得百三昧，以胜三昧力见百佛百菩萨，知前后际，各百劫事，光明照耀百佛世界，善能了知上上地相，以胜愿力变现自在，至法云地而受灌顶，入于佛地十无尽愿，成就众生种种应现无有休息，而恒安住自觉境界三昧胜乐。

　　"复次，大慧，菩萨摩诃萨当善了知大种造色。云何了知？大慧，菩萨摩诃萨应如是观，彼诸大种真实不生，以诸三界，但是分别，惟心所现，无有外物，如是观时，大种所造悉皆性离超过四句，无我、我所，住如实处，成无生相。

　　"大慧，彼诸大种云何造色？大慧，谓虚妄分别津润大种成内外水界，炎盛大种成内外火界，飘动大种成内外风界，色分段大种成内外地界，离于虚空，由执著邪谛，五蕴聚集，大种造色生。大慧，识者以执著种种言说境界，为因起故，于余趣中相续受生。大慧，地等造色有大种因，非四大种为大种因。何以故？谓若有法有形相者，则是所作，非无形者。大慧，此大种造色相外道分别非是我说。

　　"复次，大慧，我今当说，五蕴体相，谓色受想行识。大慧，色谓四大及所造色，此各异相，受等非色。大慧，非色诸蕴犹如虚空无有四数。大慧，譬如虚空，超过数相，然分别言，此是虚空，非色诸蕴，亦复如是，离诸数相，离有无等四种句故。数相者愚夫所说，非诸圣者，诸圣但说如幻所作，唯假施设，离异不异，如梦如像，无别所有。不了圣智所行境故，见有诸蕴分别现前，是名诸蕴自性相。大慧，如是分别，汝应舍离，舍离此已，说寂静法，断一切刹诸外道见，净法无我，入远行地，成就无量自在三昧，获意生身，如幻三昧，力通自在，皆悉具足，犹如大地普益群生。

"复次，大慧，涅槃有四种。何等为四？谓诸法自性无性涅槃，种种相性无性涅槃，觉自相性无性涅槃，断诸蕴自、共相流注涅槃。大慧，此四涅槃是外道义，非我所说。大慧，我所说者，分别尔炎识灭名为涅槃。"

大慧言："世尊，岂不建立八种识耶？"

佛言："建立。"

大慧言："若建立者，云何但说意识灭，非七识灭？"

佛言："大慧，以彼为因及所缘故，七识得生。大慧，意识分别境界，起执著时，生诸习气，长养藏识，由是意俱我、我所执，思量随转无别体相，藏识为因、为所缘故，执著自心所现境界，心聚生起展转为因。大慧，譬如海浪自心所现境界风吹而有起灭，是故意识灭时，七识亦灭。

……

"复次，大慧，我今当说妄计自性差别相，令汝及诸菩萨摩诃萨善知此义，超诸妄想，证圣智境，知外道法，远离能取、所取分别，于依他起种种相中，不更取著妄所计相。大慧，云何妄计自性差别相，所谓言说分别、所说分别、相分别、财分别、自性分别、因分别、见分别、理分别、生分别、不生分别、相属分别、缚解分别。大慧，此是妄计自性差别相。

"云何言说分别？谓执著种种美妙音词，是名言说分别。云何所说分别？谓执有所说事，是圣智所证境依此起说，是名所说分别。云何相分别？谓即于彼所说事中，如渴兽想，分别执著坚湿暖动等一切诸相，是名相分别。云何财分别？谓取著种种金银等宝而起言说，是名财分别。云何自性分别？谓以恶见如是分别此自性，决定非余，是名自性分别。云何因分别？谓于因缘分别有无，以此因相而能生故，是名因分别。云何见分别？谓诸外道恶见，执著有无、一异、俱不俱等，是名见分别。云何理分别？谓有执著我、我所相，而起言说，是名理分别。云何生分别？谓计诸法若有若无从缘而生，是名生分别。

"云何不生分别？谓计一切法本来不生，未有诸缘而先有体，不从因起，是名不生分别。云何相属分别？谓此与彼，递相系属，如针与线，是名相属分别。云何缚解分别？谓执因能缚，而有所缚，如人以绳方便力故，缚已复解，是名缚解分别。大慧，此是妄计性差别相，一切凡愚于中执著，若有若无。大慧，于缘起中，执著种种妄计自性，如依于幻见种种物，凡愚分别，见异于幻。大慧，幻与种种非异非不异。若异者，应幻非种种因；若一者，幻与种种应无差别。然见差别，是故非异非不异。大慧，汝及诸菩萨摩诃萨于幻有无不应生著。"

......

大慧菩萨摩诃萨复白佛言："世尊，惟愿为说自证圣智行相及一乘行相，我及诸菩萨摩诃萨得此善巧，于佛法中不由他悟。"

佛言："谛听，当为汝说。"

大慧言："唯。"

佛言："大慧，菩萨摩诃萨依诸圣教无有分别，独处闲静观察自觉，不由他悟，离分别见，上上升进入如来地，如是修行，名自证圣智行相。云何名一乘行相？谓得证知一乘道故。云何名为知一乘道？谓离能取、所取分别，如实而住。大慧，此一乘道惟除如来，非外道、二乘、梵天王等之所能得。"

大慧白佛言："世尊，何故说有三乘，不说一乘？"

佛言："大慧，声闻、缘觉，无自般涅槃法故，我说一乘以彼但依如来所说，调伏远离，如是修行而得解脱，非自所得；又彼未能除灭智障及业习气，未觉法无我，未名不思议变易死，是故我说以为三乘。若彼能除一切过习，觉法无我，是时乃离三昧所醉，于无漏界而得觉悟已。于出世上上无漏界中修诸功德，普使满足，获不思议自在法身。"

尔时，世尊重说颂言：

> 天乘及梵乘，声闻缘觉乘；诸佛如来乘，诸乘我所说。乃至有心起，诸乘未究竟；彼心转灭已，无乘及乘者。无有乘建立，我说为一乘；为摄愚夫故，说诸乘差别。解脱有三种，谓离诸烦恼，及以法无我，平等智解脱。譬如海中木，常随波浪转，声闻心亦然，相风所飘激。虽灭起烦恼，犹被习气缚，三昧酒所醉，住于无漏界。彼非究竟趣，亦复不退转；以得三昧身，乃至劫不觉。譬如昏醉人，酒消然后悟；声闻亦如是，觉后当成佛。

无常品第三之一

尔时，佛告大慧菩萨摩诃萨言："今当为汝说意成身差别相，谛听谛听，善思念之。"

大慧言："唯。"

佛言："大慧，意成身有三种。何者为三？谓入三昧乐意成身，觉法自性意成身，种类俱生无作行意成身。诸修行者入初地已，渐次证得。

"大慧，云何入三昧乐意成身？谓三、四、五地入于三昧，离种种心寂然不动，心海不起，转识波浪，了境心现，皆无所有，是名入三昧乐意成身；云何觉法自性意成身？谓八地中了法如幻，皆无有相，心转所依，住如幻定及余三昧，能现无量自在神通，如花开敷，速疾如意，如幻、如梦、如影、如像，非四大造与造相似，一切色相具足庄严，普入佛刹了诸法性，是名觉法自性无作行意成身；云何种类俱生无作行意成身？谓了达诸佛自证法相，是名种类俱生无作行意成身。大慧，三种身相当勤观察。"

……

尔时，大慧菩萨摩诃萨复白佛言："世尊，如世尊说五无间业。何者为五？若人作已，堕阿鼻狱。"

佛言："谛听，当为汝说。"

大慧言："唯。"

佛告大慧："五无间者，所谓杀母、杀父、杀阿罗汉、破和合僧、怀恶逆心出佛身血。

"大慧，何者为众生母？谓引生爱与贪喜俱如母养育。何者为父？所谓无明令生六处聚落中故，断二根本名杀父母。云何杀阿罗汉？谓随眠为怨，如鼠毒发，究竟断彼，是故说名杀阿罗汉。云何破和合僧？谓诸蕴异相和合积聚，究竟断彼名为破僧。云何恶心出佛身血？谓八识身妄生思觉，见自心外自相、共相，以三解脱无漏恶心，究竟断彼八识名佛，名为恶心出佛身血。大慧，是为内五无间。若有作者，无间即得现证实法。

"复次，大慧，今为汝说外五无间，令汝及余菩萨闻是义已，于未来世不生疑惑。云何外五无间？谓余教中所说无间，若有作者于三解脱不能现证，唯除如来诸大菩萨及大声闻，见其有造无间业者，为欲劝发令其改过，以神通力示同其事，寻即悔除证于解脱。此皆化现，非是实造，若有实造无间业者，终无现身而得解脱，唯除觉了自心所现身资所住，离我、我所分别执见，或于来世余处受生遇善知识离分别过，方证解脱。"

尔时，世尊重说颂言：

　　贪爱名为母，无明则是父，识了于境界，此则名为佛。随眠阿罗汉，蕴聚和合僧；断彼无余间，是名无间业。

尔时，大慧菩萨摩诃萨复白佛言："世尊，愿为我说诸佛体性。"

佛言："大慧，觉二无我，除二种障，离二种死，断二烦恼，是佛体性。大慧，声闻、缘觉得此法已，亦名为佛，我以是义但说一乘。"

尔时，世尊重说颂言：

> 善知二无我，除二障二恼，及不思议死，是故名如来。

尔时，大慧菩萨摩诃萨复白佛言："世尊，如来以何密意，于大乘中唱如是言：'我是过去一切诸佛及说百千本生之事，我于尔时作顶生王、大象、鹦鹉、月光、妙眼，如是等。'"

佛言："大慧，如来应正等觉依四平等秘密意故，于大众中作如是言，我于昔时作拘留孙佛、拘那含牟尼佛、迦叶佛。云何为四？所谓字平等、语平等、身平等、法平等。云何字平等？谓我名佛，一切如来亦名为佛，佛名无别，是谓字等；云何语平等？谓我作六十四种梵音声语，一切如来亦作此语，迦陵频伽梵音声性，不增不减，无有差别，是名语等；云何身平等？谓我与诸佛，法身色相及随形好等无差别，除为调伏种种众生，现随类身，是谓身平等；云何法平等？谓我与诸佛，皆同证得三十七种菩提分法，是谓法等。是故如来应正等觉，于大众中作如是说。"

尔时，世尊重说颂言：

> 迦叶、拘留孙，拘那含是我，依四平等故，为诸佛子说。

尔时，大慧菩萨摩诃萨复白佛言："世尊，如世尊说，我于某夜成最正觉，乃至某夜当入涅槃，于其中间不说一字，亦不已说，亦不当说，不说是佛说。世尊，依何密意作如是语？"

佛言："大慧，依二密法故作如是说。云何二法？谓自证法及本住法。云何自证法？谓诸佛所证，我亦同证，不增不减，证智所行，离言说相，离分别相，离名字相。云何本住法？谓法本性如金等在矿，若佛出世，若不出世，法住法位，法界法性皆悉常住。大慧，譬如有人行旷野中，见向古城平坦旧道，即便随入止息游戏。大慧，于汝意云何？彼作是道及以城中种种物耶？"

白言："不也。"

佛言："大慧，我及诸佛所证真如，常住法性亦复如是。是故说言始从成佛，乃至涅槃，于其中间不说一字，亦不已说，亦不当说。"

尔时，世尊重说颂言：

> 某夜成正觉，某夜般涅槃，于此二中间，我都无所说。自证本住法，故作是密语，我及诸如来，无有少差别。

尔时，大慧菩萨摩诃萨复白佛言："世尊，愿说一切法有无相，令我及诸菩萨摩诃萨离此相，疾得阿耨多罗三藐三菩提。"

佛言："谛听，当为汝说。"

大慧言："唯。"

佛言："世间众生多堕二见，谓有见、无见。堕二见故，非出世想。

"云何有见？谓实有因缘而生诸法，非不实有，实有诸法从因缘生，非无法生。大慧，如是说者，则说无因。云何无见？谓知受贪嗔痴已，而妄计言无。大慧，及彼分别有相，而不受诸法有，复有知诸如来、声闻、缘觉，无贪、嗔、痴性而计为非有，此中谁为坏者？"

大慧白言："谓有贪、嗔、痴性后取于无，名为坏者。"

佛言："善哉！汝解我问，此人非止无贪、嗔、痴名为坏者，亦坏如来、声闻、缘觉。何以故？烦恼内外不可得故，体性非异非不异故。大慧，贪、嗔、痴性若内若外皆不可得，无体性故，无可取故，声闻、缘觉及以如来本性解脱，无有能缚及缚因故。大慧，若有能缚及以缚因，则有所缚，作如是说名为坏者，是为无有相，我依此义密意而说。宁起我见，如须弥山，不起空见，怀增上慢。若起此见，名为坏者，堕自共见乐欲之中，不了诸法惟心所现，以不了故，见有外法刹那无常展转差别蕴界处相。相续流转起已还灭，虚妄分别，离文字相，亦成坏者。"

尔时，世尊重说颂言：

> 有无是二边，乃至心所行，净除彼所行，平等心寂灭。不取于境界，非灭无所有，有真如妙物，如诸圣所行。本无而有生，生已而复灭，因缘有及无，彼非住我法。非外道非佛，非我非余众，能以缘成有，云何而得无？谁以缘成有，而复得言无？恶见说为生，妄想计有无。若知无所生，亦复无所灭，观世悉空寂，有无二俱离。

尔时，大慧菩萨摩诃萨复请佛言："世尊，惟愿为说宗趣之相，令我及诸菩萨摩诃萨善达此义，不随一切众邪妄解，疾得阿耨多罗三藐三菩提。"

佛言："谛听，当为汝说。"

大慧言："唯。"

佛言："大慧，一切二乘及诸菩萨，有二种宗法相。何等为二？谓宗趣法相、言说法相。宗趣法相者，谓自证殊胜之相，离于文字语言分别，入无漏界，成自地行，超过一切不正思觉，伏魔外道，生智慧光，是名宗趣法相。言说法相者，谓说九部种种教法，离于一异、有无等相，以巧方便随众生心，令入此法，是名言说法相。汝及诸菩萨当勤修学。"

……

尔时，大慧菩萨摩诃萨复白佛言："世尊，愿为我说虚妄分别相，此虚妄分别，云何而生？是何而生？因何而生？谁之所生？何故名为虚妄分别？"

佛言:"大慧,善哉!善哉!汝为哀愍世间天人而问此义,多所利益,多所安乐,谛听,谛听,善思念之,当为汝说。"

大慧言:"唯。"

佛言:"大慧,一切众生于种种境不能了达自心所现,计能、所取,虚妄执著,起诸分别,堕有、无见,增长外道妄见习气,心、心所法,相应起时,执有外义种种可得,计著于我及以我所,是故名为虚妄分别。"

大慧白言:"若如是者,外种种义,性离有、无,起诸见相,世尊第一义谛亦复如是,离诸根量宗因譬喻。世尊何故于种种义言起分别?第一义中不言起耶?将无世尊所言乖理?一处言起,一不言故。世尊又说虚妄分别,堕有、无见,譬如幻事,种种非实,分别亦尔,有无相离,云何而说堕二见耶?此说岂不堕于世见?"

佛言:"大慧,分别不生不灭,何以故?不起有无分别相故,所见外法皆无有故,了唯自心之所现故,但以愚夫分别自心种种诸法,著种种相,而作是说,令知所见皆是自心,断我、我所一切见著,离作、所作诸恶因缘,觉唯心故,转其意乐,善明诸地,入佛境界,舍五法自性诸分别见,是故我说虚妄分别、执著种种自心所现,诸境界生,如实了知,则得解脱。"

······

尔时,大慧菩萨摩诃萨复白佛言:"世尊,如来说言,如我所说,汝及诸菩萨不应依语而取其义。世尊,何故不应依语取义?云何为语?云何为义?"

佛言:"谛听,当为汝说。"

大慧言:"唯。"

佛言:"大慧,语者所谓分别习气而为其因,依于喉舌唇腭齿辅而出种种音声文字,相对谈说,是名为语。云何为义?菩萨摩诃萨住独一静处,以闻思修慧思惟观察,向涅槃道自智境界转诸习气,行于诸地种种行相,是名为义。复次,大慧,菩萨摩诃萨善于语、义,知语与义不一不异;义之与语,亦复如是。若义异语,则不应因语而显于义,而因语见义,如灯照色。大慧,譬如有人持灯照物,知此物如是在如是处。菩萨摩诃萨亦复如是,因语言灯入离言说自证境界。复次,大慧,若有于不生不灭自性涅槃三乘一乘五法诸心自性等中,如言取义,即堕建立及诽谤见,以异于彼起分别故,如见幻事计以为实,是愚夫见,非贤圣也。"

尔时,世尊重说颂言:

若随言取义,建立于诸法;以彼建立故,死堕地狱中。蕴中无有我,非蕴即是我,不如彼分别,亦复非无有。如愚所分别,一切皆有性;若如彼所见，皆应见真实。一切染净法，悉皆无体性；不如彼所见，亦非无所有。

"复次，大慧，我当为汝说智识相，汝及诸菩萨摩诃萨，若善了知智识之相，则能疾得阿耨多罗三藐三菩提。大慧，智有三种，谓世间智、出世间智、出世间上上智。云何世间智？谓一切外道凡愚计有、无法。云何出世间智？谓一切二乘著自、共相。云何出世间上上智？谓诸佛菩萨观一切法皆无有相，不生不灭，非有非无，证法无我，入如来地。

"大慧，复有三种智。谓知自相、共相智，知生灭智，知不生不灭智。复次，大慧，生灭是识，不生灭是智；堕相、无相及以有、无种种相因是识，离相、无相及有、无因是智；有积集相是识，无积集相是智；著境界相是识，不著境界相是智；三和合相应生是识，无碍相应自性相是智。有得相是识，无得相是智；证自圣智所行境界，如水中月，不入不出故。

……

"复次，大慧，诸外道有九种转变见。所谓形转变、相转变、因转变、相应转变、见转变、生转变、物转变、缘明了转变、所作明了转变，是为九。一切外道因是见故，起有无转变论。此中形转变者，谓形别异见，譬如以金作庄严具，环钏璎珞种种不同，形状有殊，金体无易，一切法变亦复如是。诸余外道种种计著，皆非如是，亦非别异，但分别故，一切转变，如是应知，譬如乳酪酒果等熟，外道言此皆有转变，而实无有。若有若无，自心所见，无外物故。如此皆是愚迷凡夫，从自分别习气而起，实无一法若生若灭，如因幻梦所见诸色，如石女儿说有生死。"

尔时，世尊重说颂言：

> 形处时转变，大种及诸根，中有渐次生，妄想非明智。诸佛不分别，缘起及世间，但诸缘世间，如乾闼婆城。

尔时，大慧菩萨摩诃萨复白佛言："惟愿如来为我解说于一切法深密义及解义相，令我及诸菩萨摩诃萨善知此法，不堕如言取义，深密执著，离文字语言虚妄分别，普入一切诸佛国土，力通自在，总持所印，觉慧善住，十无尽愿，以无功用种种变现，光明照耀如日月摩尼，地、水、火、风住于诸地，离分别见，知一切法如幻如梦，入如来位，普化众生，令知诸法虚妄不实，离有、无品，断生、灭执，不著言说，令转所依。"

佛言："谛听，当为汝说。大慧，于一切法如言取义，执著深密，其数无量。所谓相执著、缘执著、有非有执著、生非生执著、灭非灭执著、乘非乘执著、为无为执著、地地自相执著、自分别现证执著、外道宗有无品执著、三乘一乘执著。大慧，此等密执有无量种，皆是凡愚自分别执而密执著。此诸分别如蚕作茧，以妄想丝自缠、缠他，执著有、无，欲乐坚密。**大慧**，此中实无密、非密相，以菩萨摩诃萨见一切法住寂静故，无分别故，了著诸法唯心所见，无有外物皆同无相，随顺观察于若有若无分别密执，悉见寂静，是故无有密、非密相。**大慧**，此中无缚亦无有解，不了实者见缚解耳。何以故？一切诸法若有若无，求其体性不可得故。

"复次，**大慧**，愚痴凡夫有三种密缚，谓贪恚痴及爱来生与贪喜俱。以此密缚令诸众生续生五趣。密缚若断，是则无有密、非密相。复次，**大慧**，若有执著三和合缘，诸识密缚次第而起。有执著故，则有密缚。若见三解脱，离三和合识，一切诸密皆悉不生。"

尔时，世尊重说颂言：

> 不实妄分别，是名为密相；若能如实知，诸密网皆断。凡愚不能了，随言而取义，譬如蚕处茧，妄想自缠缚。

尔时，**大慧**菩萨摩诃萨复白佛言："世尊，如世尊说，由种种心，分别诸法，非诸法有自性，此但妄计耳。世尊，若但妄计，无诸法者，染净诸法将无悉坏。"

佛言："**大慧**，如是如是，如汝所说，一切凡愚分别诸法，而诸法性非如是有，此但妄执，无有性相，然诸圣者，以圣慧眼，见有诸法性。"

大慧白言："若诸圣人以圣慧眼，见有诸法性，非天眼、肉眼，不同凡愚之所分别，云何凡愚得离分别？不能觉了诸圣法故。世尊，彼非颠倒非不颠倒。何以故？不见圣人所见法故，圣见远离有、无故，圣亦不如凡所分别如是得故，非自所行境界相故，彼亦见有诸法性相如妄执性而显现故，不说有因及无因故，堕于诸法性相见故。世尊，其余境界既不同此，如是则成无穷之失，孰能于法了知性相？世尊，诸法性相不因分别，云何而言以分别故而有诸法？世尊，分别相异，诸法相异，因不相似，云何诸法而由分别？复以何故凡愚分别不如是有，而作是言，为令众生舍分别故，说如分别所见法相无如是法。世尊，何故令诸众生离有、无见所执著法，而复执著圣智境界，堕于有见？何以故？不说寂静空无之法，而说圣智自性事故？"

佛言："**大慧**，我非不说寂静空法，堕于有见。何以故？已说圣智自性事故，我为众生无始时来计著于有，于寂静法以圣事说，令其闻已，不生恐怖，能如实证寂静空法，离惑乱相入唯识理，知其所见无有外法，悟三脱门，获如实印，见法自性，了圣境界，远离有、无一切诸著。

"复次，**大慧**，菩萨摩诃萨不应成立一切诸法皆悉不生。何以故？一切法本无有故，及彼宗因生相故。复次，**大慧**，一切法不生，此言自坏，何以故？

彼宗有待而生故。又彼宗即入一切法中不生，相亦不生故。又彼宗诸分而成故。又彼宗有、无法皆不生，此宗即入一切法中有、无相亦不生故，是故一切法不生，此宗自坏，不应如是立诸分多过故，展转因异相故，如不生，一切法空无自性亦如是。

"大慧，菩萨摩诃萨应说一切法如幻如梦，见、不见故，一切皆是惑乱相故，除为愚夫而生恐怖。大慧，凡夫愚痴堕有无见，莫令于彼而生惊恐，远离大乘。

……

"复次，大慧，愚痴凡夫无始虚伪恶邪分别之所幻惑，不了如实及言说法，计心外相著方便说，不能修习清净真实离四句法。"

大慧白言："如是如是，诚如尊教。愿为我说如实之法及言说法，令我及诸菩萨摩诃萨于此二法而得善巧，非外道二乘之所能入。"

佛言："谛听，当为汝说。大慧，三世如来有二种法，谓言说法及如实法。言说法者，谓随众生心为说种种诸方便教；如实法者，谓修行者于心所现，离诸分别不堕一异、俱不俱品，超度一切心、意、意识，于自觉圣智所行境界，离诸因缘相应见相，一切外道、声闻、缘觉，堕二边者，所不能知，是名如实法。此二种法，汝及诸菩萨摩诃萨当善修学。"

尔时，世尊重说颂言：

我说二种法，言教及如实，教法示凡夫，实为修行者。

尔时，大慧菩萨摩诃萨复白佛言："世尊，如来一时说卢迦耶陀咒术词论，但能摄取世间财利，不得法利，不应亲近承事供养。世尊何故作如是说？"

佛言："大慧，卢迦耶陀所有词论，但饰文句，诳惑凡愚，随顺世间虚妄言说，不如于义，不称于理，不能证入真实境界，不能觉了一切诸法，恒堕二边，自失正道；亦令他失轮回诸趣，永不出离。何以故？不了诸法唯心所见，执著外境增分别故。是故我说世论文句因喻庄严但诳愚夫，不能解脱生老病死忧悲等患。

"大慧，释提桓因广解众论，自造诸论，彼世论者，有一弟子，现作龙身诣释天宫，而立论宗作是要言，憍尸迦，我共汝论，汝若不如，我当破汝千辐轮，我若不如，断一一头，以谢所屈。说是语已，即以论法摧伏帝释，坏千辐轮，还来人间。大慧，世间言论因喻庄严，乃至能现龙形，以妙文词迷惑诸天及阿修罗，令其执著生、灭等见，而况于人？是故，大慧，不应亲近承事供养，以彼能作生苦因故。

"大慧，世论唯说身觉境界，大慧，彼世论有百千字句，后末世中恶见乖离，邪众崩散，分成多部，各执自因。大慧，非余外道能立教法，唯卢迦耶以百千句，广说无量差别因相，非如实理，亦不自知是惑世法。"

尔时，大慧白言："世尊，若卢迦耶所造之论，种种文字因喻庄严，执著自宗非如实法，名外道者；世尊亦说世间之事，谓以种种文句言词广说十方一切国土、天人等众，而来集会，非是自智所证之法，世尊亦同外道说耶？"

佛言："大慧，我非世说亦无来去，我说诸法不来不去。大慧，来者集生，去者坏灭，不来不去，此则名为不生不灭。大慧，我之所说，不同外道堕分别中，何以故？外法有、无，无所著故，了唯自心不见二取，不行相境，不生分别，入空、无相、无愿之门而得解脱故。

"大慧，我忆有时于一虚住，有世论婆罗门来至我所，遽问我言：'瞿昙，一切是所作耶？'我时报言：'婆罗门一切所作，是初世论。'又问我言：'一切非所作耶？'我时报言：'一切非所作，是第二世论。'彼复问言：'一切常耶？一切无常耶？一切生耶？一切不生耶？'我时报言：'是第六世论。'彼复问言：'一切一耶？一切异耶？一切俱耶？一切不俱耶？一切皆由种种因缘而受生耶？'我时报言：'是第十一世论。'彼复问言：'一切有记耶？一切无记耶？有我耶？无我耶？有此世耶？无此世耶？有他世耶？无他世耶？有解脱耶？无解脱耶？是刹那耶？非刹那耶？虚空、涅槃及非择灭是所作耶？非所作耶？有中有耶？无中有耶？'

"我时报言：'婆罗门，如是皆是汝之世论，非我所说。婆罗门，我说因于无始戏论诸恶习气而生三有，不了唯是自心所见，而取外法，实无可得，如外道说，我及根、境三合生，我不如是。我不说因，不说无因，惟依妄心，似能所取，而说缘起，非汝及余取著我者之所能测。'大慧，虚空、涅槃及非择灭，但有三数本无体性，何况而说作与非作？大慧，尔时，世论婆罗门复问我言：'无明爱业为因缘，故有三有耶？为无因耶？'我言：'此二亦是世论。'又问我言：'一切诸法皆入自相及共相耶？'我时报言：'此亦世论，婆罗门，乃至少有心识流动分别外境，皆是世论。'

"大慧，尔时彼婆罗门复问我言：'颇有非是世论者不？一切外道所有词论，种种文句因喻庄严，莫不皆从我法中出？'我报言：'有，非汝所许，非世不许，非不说种种文句义理相应、非不相应。'彼复问言：'岂有世许非世论耶？'我答言：'有，但非于汝及以一切外道能知，何以故？以于外法虚妄分别生执著故，若能了达有、无等法，一切皆是自心所见，不生分别，不取外境，于自处住，自处住者是不起义，不起于何，不起分别。此是我法，非汝有也。婆罗门，略而言之：随何处中心识往来死生求恋？若受、若见、若触、若住，取种种相，和合相续，于爱、于因而生计著，皆汝世论非是我法。'

　　"**大慧**，世论婆罗门作如是问，我如是答，不问于我自宗实法，默然而去，作是念言：沙门瞿昙，无可尊重，说一切法无生、无相、无因、无缘，唯是自心分别所见，若能了此分别不生。**大慧**，汝今亦复问我是义，何故亲近诸世论者，唯得财利，不得法利？"

　　大慧白言："所言财法，是何等义？"

　　佛言："善哉！汝乃能为未来众生思惟是义，谛听谛听，当为汝说。**大慧**，所言财者，可触、可受、可取、可味，令著外境，堕在二边，增长贪爱生老病死、忧悲苦恼，我及诸佛说名财利，亲近世论之所获得。云何法利？谓了法是心，见二无我，不取于相，无有分别，善知诸地，离心、意、识，一切诸佛，所共灌顶，具足受行，十无尽愿，于一切法悉得自在，是名法利。以是不堕一切诸见、戏论、分别、常断二边。**大慧**，外道世论令诸痴人堕在二边，谓常及断，受无因论，则起常见，以因坏灭，则生断见，我说不见生住灭者，名得法利。是名财、法二差别相，汝及诸菩萨摩诃萨应勤观察。"

　　……

　　尔时，大慧菩萨摩诃萨复白佛言："世尊，佛说涅槃，说何等法以为涅槃，而诸外道种种分别？"

　　佛言："**大慧**，如诸外道分别涅槃，皆不随顺涅槃之相，谛听谛听，当为汝说。**大慧**，或有外道言，见法无常，不贪境界，蕴界处灭，心、心所法不现在前，不念过、现、未来境界，如灯尽，如种败，如火灭。诸取不起，分别不生，起涅槃想。

　　"**大慧**，非以见坏名为涅槃；或谓至方名得涅槃，境界想离犹如风止；或谓不见能觉、所觉名为涅槃；或谓不起分别常、无常见名得涅槃。或有说言分别诸相发生于苦，而不能知自心所现，以不知故怖畏于相，以求无相，深生爱乐执为涅槃；或谓觉知内外诸法自相共相、去来现在有性不坏，作涅槃想。

　　"或计我、人、众生、寿命及一切法无有坏灭，作涅槃想；复有外道，无有智慧，计有自性及以士夫求那转变作一切物以为涅槃；或有外道计福非福尽，或计不由智慧诸烦恼尽，或计自在是实作者以为涅槃；或谓众生展转相生，以此为因，更无异因，彼无智故不能觉了，以不了故执为涅槃；或计证于谛道虚妄分别以为涅槃；或计求那与求那者而共和合一性异性，俱及不俱执为涅槃；或计诸物从自然生，孔雀文彩棘针铦利，生宝之处出种种宝，如此等事是谁能作,即执自然以为涅槃。

"或谓能解二十五谛即得涅槃;或有说言能受六分,守护众生斯得涅槃;或有说言时生世间,时即涅槃;或执有物以为涅槃;或计无物以为涅槃;或有计著有物、无物为涅槃者;或计诸物与涅槃无别作涅槃想。

"大慧,复有异彼外道所说,以一切智大师子吼说,能了达唯心所现,不取外境,远离四句,住如实见,不堕二边,离能、所取,不入诸量,不著真实,住于圣智所现证法,悟二无我,离二烦恼,净二种障,转修诸地入于佛地,得如幻等诸大三昧,永超心、意及以意识,名得涅槃。

"大慧,彼诸外道虚妄计度,不如于理,智者所弃,皆堕二边,作涅槃想,于此无有,若住若出。彼诸外道皆依自宗而生妄觉,违背于理,无所成就,唯令心意驰散往来,一切无有得涅槃者,汝及诸菩萨宜应远离。"

无常品第三之余

尔时,大慧菩萨摩诃萨复白佛言:"世尊,愿为我说如来、应供、正等觉自觉性,令我及诸菩萨摩诃萨而得善巧自悟、悟他。"

佛言:"如汝所问,当为汝说。"

大慧言:"唯。世尊,如来、应供、正等觉为作非作?为果为因?为相所相?为说所说?为觉所觉?如是等为异不异?"

佛言:"大慧,如来、应、正等觉非作非非作,非果非因,非相非所相,非说非所说,非觉非所觉,何以故?俱有过故。大慧,若如来是作,则是无常,若是无常,一切作法应是如来。我及诸佛皆不忍可。若非作法,则无体性,所修方便悉空无益,同于兔角、石女之子,非作因成故。若非因非果,则非有非无,若非有非无,则超过四句。言四句者,但随世间而有言说。若超过四句,惟有言说,则如石女儿。大慧,石女儿者,惟有言说,不堕四句,以不堕故,不可度量,诸有智者,应如是知如来所有一切句义。

"大慧,如我所说,诸法无我,以诸法中无有我性,故说无我。非是无有诸法自性,如来句义应知亦然。大慧,譬如牛无马性,马无牛性,非无自性,一切诸法亦复如是。无有自相,而非有即有,非诸凡愚之所能知,何故不知?以分别故。一切法空,一切法无生,一切法无自性,悉亦如是。

"大慧,如来与蕴非异非不异。若不异者,应是无常,五蕴诸法是所作故。若异者,如牛二角有异不异,互相似故不异,长短别故有异,如牛右角异左,左角异右,长短不同,色相各别。然亦不异,如于蕴于界处等。一切法亦如是。

"大慧，如来者依解脱说，如来解脱非异非不异。若异者，如来便与色相相应，色相相应即是无常；若不异，修行者见应无差别，然有差别，故非不异。如是智与所知，非异非不异，若非异非不异，则非常非无常，非作非所作，非为非无为，非觉非所觉，非相非所相，非蕴非异蕴，非说非所说，非一非异，非俱非不俱。以是义故，超一切量，超一切量故，惟有言说，惟有言说故，则无有生，无有生故，则无有灭，无有灭故，则如虚空。大慧，虚空非作非所作，非作非所作故，远离攀缘，远离攀缘故，出过一切诸戏论法，出过一切诸戏论法，即是如来。如来即是正等觉体，正等觉者，永离一切诸根境界。

……

尔时，大慧菩萨摩诃萨复白佛言："世尊，如佛经中分别摄取不生不灭，言此即是如来异名。世尊，愿为我说，不生不灭，此则无法，云何说是如来异名？如世尊说，一切诸法不生不灭，当知此则堕有无见。世尊，若法不生，则不可取，无有少法，谁是如来？惟愿世尊为我宣说。"

佛言："谛听，当为汝说。大慧，我说如来，非是无法，亦非摄取不生不灭，亦非待缘，亦非无义，我说无生即是如来意生法身别异之名，一切外道、声闻、独觉、七地菩萨不了其义。大慧，譬如帝释地及虚空乃至手足，随一一物各有多名。非以名多而有多体，亦非无体。大慧，我亦如是，于此娑婆世界，有三阿僧祇百千名号，诸凡愚人虽闻虽说，而不知是如来异名，其中或有知如来者，知无师者，知导师者，知胜导者，知普导者，知是佛者，……如是等满足三阿僧祇百千名号，不增不减，于此及余诸世界中，有能知我如水中月，不入不出，但诸凡愚心没二边，不能解了，然亦尊重承事供养，而不善解名字句义，执著言教，昧于真实，谓无生，无灭是无体性，不知是佛差别名号。如因陀罗释揭罗等，以信言教，昧于真实，于一切法，如言取义，彼诸凡愚作如是言，义如言说，义说无异，何以故？义无体故。是人不了言音自性，谓言即义，无别义体。大慧，彼人愚痴，不知言说是生是灭，义不生灭。

"大慧，一切言说堕于文字，义则不堕，离有离无故，无生无体故。大慧，如来不说堕文字法，文字有无不可得故，惟除不堕于文字者。大慧，若人说法堕文字者，是虚诳说，何以故？诸法自性离文字故。是故，大慧，我经中说，我与诸佛及诸菩萨，不说一字，不答一字，所以者何？一切诸法离文字故，非不随义而分别说。大慧，若不说者，教法则断，教法断者，则无声闻、缘觉、菩萨、诸佛。若总无者，谁说？为谁？是故，大慧，菩萨摩诃萨不著文字，随宜说法，我及诸佛皆随众生烦恼解欲种种不同而为开演，令知诸法自心所见，无外境界，舍二分别，转心意识，非为成立圣自证处。

"大慧，菩萨摩诃萨随于义，莫依文字。依文字者，堕于恶见，执著自宗，而起言说，不能善了一切法相，文辞章句，即自损坏，亦坏于他，不能令人心得悟解。若能善知一切法相，文辞句义悉皆通达，则能令自身受无相乐，亦能令他安住大乘；若能令他安住大乘，则得一切诸佛、声闻、缘觉及诸菩萨之所摄受；若得诸佛、声闻、缘觉及诸菩萨之所摄受，则能摄受一切众生；若能摄受一切众生，则能摄受一切正法；若能摄受一切正法，则不断佛种；若不断佛种，则得胜妙处。大慧，菩萨摩诃萨生胜妙处，欲令众生安住大乘，以十自在力，现众色像，随其所宜，说真实法。真实法者，无异、无别、不来、不去，一切戏论皆悉息灭。是故，大慧，善男子、善女人，不应如言执著于义。何以故？真实之法，离文字故。

"大慧，譬如有人以指指物，小儿观指不观于物，愚痴凡夫亦复如是，随言说指而生执著，乃至尽命终不能舍文字之指，取第一义。大慧，譬如婴儿应食熟食，有人不解成熟方便，而食生者则发狂乱。不生不灭亦复如是，不方便修则为不善，是故宜应善修方便，莫随言说而观指端。

"大慧，实义者微妙寂静是涅槃因，言说者与妄想合流转生死。大慧，实义者从多闻得，多闻者谓善于义非善言说。善义者不随一切外道恶见，身自不随，亦令他不随，是则名曰于义多闻。欲求义者，应当亲近；与此相违著文字者，宜速舍离。

尔时，大慧菩萨摩诃萨承佛威神，复白佛言："世尊，如来演说不生不灭，非为奇特。何以故？一切外道亦说作者不生不灭，世尊亦说虚空、涅槃及非数灭不生不灭；外道亦说作者因缘生于世间，世尊亦说无明爱业生诸世间，俱是因缘，但名别耳，外物因缘亦复如是。是故，佛说与外道说无有差别。外道说言，微尘、胜妙、自在、生主等如是九物不生、不灭，世尊亦说一切诸法不生不灭，若有若无，皆不可得。世尊大种不坏，以其自相不生、不灭，周流诸趣，不舍自性。世尊，分别虽稍变异，一切无非外道已说，是故佛法同于外道，若有不同，愿佛为演，有何所以佛说为胜？若无别异，外道即佛。以其亦说不生不灭故。世尊常说一世界中，无有多佛，如向所说，是则应有。"

佛言："大慧，我之所说不生不灭，不同外道不生不灭、不生无常论。何以故？外道所说，有实性相不生不变，我不如是堕有，无品，我所说法，非有非无，离生离灭。云何非灭？如幻梦色，种种见故。云何非有？色相自性非是有故，见不见故，取不取故。是故，我说一切诸法非有非无。若觉唯是自心所见，住于自性，分别不生，世间所作悉皆永息，分别者是凡愚事，非圣贤耳。

"大慧，妄心分别不实境界，如乾闼婆城，幻所作人。大慧，譬如小儿见乾闼婆城及以幻人商贾入出，迷心分别，言有实事，凡愚所见生与不生，有为无为，悉亦如是。如幻人生、如幻人灭，幻人其实不生、不灭。诸法亦尔，离于生灭。大慧，凡夫虚妄起生灭见，非诸圣人。言虚妄者，不如法性，起颠倒见。颠倒见者，执法有性，不见寂灭；不见寂灭故，不能远离虚妄分别。是故，大慧，无相见胜，非是相见，相是生因，若无有相，则无分别，不生不灭则是涅槃。大慧，言涅槃者，见如实处，舍离分别心、心所法，获于如来内证圣智。我说此是寂灭涅槃。"

……

尔时，大慧菩萨摩诃萨复白佛言："世尊，一切外道妄说无常，世尊亦言诸行无常是生灭法，未知此说是邪是正？所言无常复有几种？"

佛言："大慧，外道说有七种无常，非是我法。何等为七？谓有说始起即舍是名无常，生已不生，无常性故；有说形处变坏是名无常；有说色即无常；有说色之变异是名无常，一切诸法相续不断，能令变异自然归灭，犹如乳酪前后变异，虽不可见，然在法中坏一切法；有说物无常；有说物无物无常；有说不生无常，遍住一切诸法之中。

"其中物、无物、无常者，谓能造、所造其相灭坏，大种自性本来无起；不生无常者，谓常与无常，有无等法，如是一切皆无有起，乃至分析至于微尘，亦无所见，以不起故，说名无生，此是不生无常相。若不了此，则堕外道生无常义，有物无常义；有物无常者，谓于非常、非无常处，自生分别。其义云何？彼立无常自不灭坏，能坏诸法，若无无常坏一切法，法终不灭，成于无有，如杖槌瓦石能坏于物，而自不坏，此亦如是。大慧，现见无常与一切法，无有能作、所作差别，云此是无常，此是所作。无差别故，能作、所作应俱是常，不见有因，能令诸法成于无故。

"大慧，诸法坏灭实亦有因，但非凡愚之所能了。大慧，异因不应生于异果，若能生者，一切异法应并相生，彼法此法能生所生应无有别，现见有别，云何异因生于异果？大慧，若无常性是有法者，应同所作自是无常，自无常故，所无常法皆应是常。大慧，若无常性住诸法中，应同诸法堕于三世，与过去色同时已灭，未来不生，现在俱坏，一切外道计四大种体性不坏，色者即是大种差别，大种造色，离异不异故，其自性亦不坏灭。

"大慧，三有之中能造、所造莫不皆是生住灭相，岂更别有无常之性，能生于物而不灭耶？始造即舍无常者，非大种互造，大种以各别故；非自相造，以无异故；非复共造，以乖离故。当知非是始造无常。形状坏无常者，此非能造及所造坏，但形状坏。其义云何？谓分析色乃至微尘，但灭形状长短等见，不灭能造、所造色体，此见堕在数论之中。色即是无常者，谓此即是形状无常，非大种性，若大种性亦无常者，则无世事，无世事者，当知则堕卢迦耶见，以见一切法自相生，唯有言说故。转变无常者，谓色体变非大种变，譬如以金作庄严具，严具有变而金无改，此亦如是。

"大慧，如是等种种外道，虚妄分别，见无常性，彼作是说，火不能烧诸火自相，但各分散，若能烧者，能造、所造则皆断灭。大慧，我说诸法非常无常，何以故？不取外法故，三界唯心故，不说诸相故，大种性处种种差别不生、不灭故，非能造，所造故，能取、所取二种体性一切皆从分别起故，如实而知二取性故，了达惟是自心现故，离外有、无二种见故，离有、无见则不分别能造、所造故。大慧，世间、出世间及出世间上上诸法，惟是自心非常、非无常，不能了达堕于外道二边恶见。大慧，一切外道不能解了此三种法，依自分别而起言说，著无常性。大慧，此三种法所有语言分别境界，非诸凡愚之所能知。"

尔时，世尊重说颂言：

> 始造即便舍，形状有转变；色物等无常，外道妄分别。诸法无坏灭，诸大自性住；外道种种见，如是说无常。彼诸外道众，皆说不生灭；诸大性自常，谁是无常法？能取及所取，一切唯是心；二种从心现，无有我我所。梵天等诸法，我说惟是心；若离于心者，一切不可得。

现证品第四

尔时，大慧菩萨摩诃萨复白佛言："世尊，愿为我说一切声闻、缘觉入灭次第相续相，令我及诸菩萨摩诃萨，善知此己，于灭尽三昧，乐心无所惑，不堕二乘及诸外道错乱之中。"

佛言："谛听，当为汝说。大慧，菩萨摩诃萨至于六地及声闻、缘觉入于灭定，七地菩萨念念恒入，离一切法自性相故，非诸二乘。二乘有作，堕能、所取，不得诸法无差别相，了善、不善自相、共相，入于灭定，是故不能念念恒入。大慧，八地菩萨声闻、缘觉，心、意、意识分别想灭，始从初地乃至六地，观察三界一切唯是心、意、意识自分别起，离我、我所，不见外法种种诸相，凡愚不知，由无始来过恶熏习，于自心内变作能取、所取之相，而生执著。

"大慧，八地菩萨所得三昧，同诸声闻、缘觉涅槃，以诸佛力所加持故，于三昧门不入涅槃，若不持者，便不化度一切众生，不能满足如来之地，亦则断绝如来种性。是故，诸佛为说如来不可思议诸大功德，令其究竟不入涅槃。声闻、缘觉著三昧乐，是故于中生涅槃想。大慧，七地菩萨善能观察心、意、意识、我、我所执，生法无我，若生若灭，自相共相，四无碍辩善巧决定，于三昧门而得自在，渐入诸地具菩提分法。

"大慧，我恐诸菩萨不善了知自相、共相，不知诸地相续次第，堕于外道诸恶见中，故如是说。大慧，彼实无有若生若灭，诸地次第三界往来，一切皆是自心所见，而诸凡愚不能了知，以不知故我及诸佛为如是说。大慧，声闻、缘觉至于菩萨第八地中，为三昧乐之所昏醉，未能善了惟心所见，自、共相习缠覆其心，著二无我，生涅槃觉，非寂灭慧。大慧，诸菩萨摩诃萨见于寂灭三昧乐门，即便忆念本愿大悲，具足修行十无尽句。是故，不即入于涅槃，以入涅槃不生果故，离能、所取故，了达惟心故，于一切法无分别故，不堕心意及以意识外法性相执著中故，然非不起佛法正因，随智慧行如是起故得于如来自证法故。

"大慧，如人梦中方便度河，未度便觉，觉已思惟向之所见，为是真实？为是虚妄？复自念言，非实非妄。如是但是见闻觉知，曾所更事分别习气，离有、无念，意识梦中之所现耳。大慧，菩萨摩诃萨亦复如是，始从初地而至七地，乃至增进入于第八，得无分别见，一切法如幻梦等，离能、所取，见心、心所广大力用勤修佛法，未证令证，离心、意、意识妄分别想，获无生忍，此是菩萨所得涅槃，非灭坏也。大慧，第一义中无有次第，亦无相续，远离一切境界分别，此则名为寂灭之法。"

如来无常品第五

尔时，大慧菩萨摩诃萨复白佛言："世尊，如来、应、正等觉为常为无常？"

佛言："大慧，如来、应、正等觉非常非无常。何以故？俱有过故。云何有过？大慧，若如来常者，有能作过，一切外道说能作常；若无常者，有所作过，同于诸蕴与相所相，毕竟断灭而成无有，然佛如来实非断灭。大慧，一切所作如瓶衣等，皆是无常，是则如来有无常过，所修福智悉空无益；又诸作法应是如来，无异因故。是故，如来非常、非无常。复次，大慧，如来非常。若是常者，应如虚空不待因成。大慧，譬如虚空非常，非无常。何以故？离常无常，若一若异，俱不俱等诸过失故。复次，大慧，如来非常，若是常者，则是不生，同于兔、马、鱼、蛇等角。

"复次，大慧，以别义故，亦得言常。何以故？谓以现智证常法故。证智是常，如来亦常。大慧，诸佛如来所证法性、法住、法位，如来出世若不出世，常住不易，在于一切二乘外道所得法中，非是空无，然非凡愚之所能知。大慧，夫如来者，以清净慧内证法性而得其名，非以心、意、意识，蕴界处法妄习得名。一切三界皆从虚妄分别而生，如来不从妄分别生。大慧，若有于二，有常无常，如来无二，证一切法无生相故，是故非常亦非无常。大慧，乃至少有言说分别生，即有常无常过，是故应除二分别觉，勿令少在。"

刹那品第六

尔时，大慧菩萨摩诃萨复白佛言："世尊，惟愿为我说蕴界处生灭之相。若无有我，谁生谁灭？而诸凡夫依于生灭，不求尽苦，不证涅槃。"

佛言："大慧，谛听谛听，当为汝说。大慧，如来藏是善不善因，能遍兴造一切趣生，譬如伎儿变现诸趣，离我、我所，以不觉故，三缘和合，而有果生。外道不知执为作者，无始虚伪恶习所熏，名为藏识。生于七识无明住地，譬如大海而有波浪，其体相续，恒住不断，本性清净，离无常过，离于我论。其余七识，意、意识等，念念生灭，妄想为因，境相为缘，和合而生，不了色等，自心所现，计著名相起苦乐受，名相缠缚，既从贪生，复生于贪。若因及所缘，诸取根灭，不相续生，自慧分别苦乐受者，或得灭定，或得四禅，或复善入诸谛解脱，便妄生于得解脱想，而实未舍未转如来藏中藏识之名，若无藏识，七识则灭。何以故？因彼及所缘而得生故，然非一切外道二乘诸修行者所知境界，以彼惟计人无我性，于蕴界处取于自相及共相故。

"若见如来藏五法自性诸法无我，随地次第而渐转灭，不为外道恶见所动，住不动地得于十种三昧乐门，为三昧力诸佛所持，观察不思议佛法及本愿力，不住实际及三昧乐，获自证智，不与二乘及外道共，得十圣种性道及意生智身，离于诸行。是故，大慧，菩萨摩诃萨欲得胜法，应净如来藏藏识之名。大慧，若无如来藏名藏识者则无生灭，然诸凡夫及以圣人悉有生灭。是故，一切诸修行者虽见内境，住现法乐，而不舍于勇猛精进。

"大慧，此如来藏藏识本性清净，客尘所染而为不净，一切二乘及诸外道，臆度起见，不能现证，如来于此分明现见，如观掌中菴摩勒果。大慧，我为胜鬘夫人，及余深妙净智菩萨说如来藏名藏识与七识俱起，令诸声闻见法无我。大慧，为胜鬘夫人说佛境界，非是外道二乘境界。大慧，此如来藏藏识是佛境界，与汝等比净智菩萨随顺义者所行之处，非是一切执著文字外道二乘所行处。是故，汝及诸菩萨摩诃萨于如来藏藏识当勤观察，莫但闻已便生足想。"

尔时，世尊重说颂言：

甚深如来藏，而与七识俱；执著二种生，了知则远离。无始习所熏，如像现于心；若能如实观，境相悉无有。如愚见指月，观指不观月；计著文字者，不见我真实。心如工技儿，意如和技者；五识为伴侣，妄想观技众。

尔时，大慧菩萨摩诃萨复白佛言："世尊，愿为我说五法自性诸识无我差别之相，我及诸菩萨摩诃萨，善知此已，渐修诸地，具诸佛法，至于如来自证之位。"

佛言："谛听，当为汝说。大慧，五法自性诸识无我，所谓名、相、分别、正智、如如。若修行者，观察此法，入于如来自证境界，远离常断、有无等见，得现法乐甚深三昧。大慧，凡愚不了五法自性诸识无我，于心所现，见有外物而起分别，非诸圣人。"

大慧白言："云何不了而起分别？"

佛言："大慧，凡愚不知名是假立，心随流动见种种相，计我、我所，染著于色，覆障圣智，起贪、嗔、痴，造作诸业，如蚕作茧，妄想缠缚，堕于诸趣生死大海，如汲水轮，循环不绝，不知诸法如幻、如焰、如水中月，自心所见，妄分别起，离能、所取及生住灭，谓从自在时节微尘胜性而生，随名相流。

"大慧，此中相者，谓眼识所见，名之为色，耳、鼻、舌、身、意识得者，名之为声、香、味、触、法，如是等我说为相。分别者，设施众名，显示诸相，谓以象、马、步车、男女等名，而显其相，此事如是决定不异，是名分别。正智者，谓观其相，互为其客，识心不起、不断、不常，不堕外道二乘之地，是名正智。大慧，菩萨摩诃萨以其正智观察名相，非有非无，远离损益二边恶见，名相及识本来不起，我说此法名为如如。

"大慧，菩萨摩诃萨住如如已，得无照现境，升欢喜地，离外道恶趣，入出世法，法相淳熟，知一切法犹如幻等，证自圣智所行之法，离臆度见，如是次第乃至法云。至法云已，三昧诸力自在神通开敷满足，成于如来。成如来已，为众生故，如水中月普现其身，随其欲乐而为说法，其身清净，离心意识，被弘誓甲，具足满十无尽愿，是名菩萨摩诃萨入于如如之所获得。"

尔时，大慧菩萨摩诃萨复白佛言："世尊，为三性入五法中，为各有自相？"

佛言："大慧，三性、八识及二无我悉入五法，其中名及相是妄计性；以依彼分别心、心所法俱时而起，如日与光，是缘起性；正智如如不可坏故，是圆成性。大慧，于自心所现生执著时，有八种分别。起此差别相，皆是不实，唯妄计性。若能舍离二种我执，二无我智即得生长。大慧，声闻、缘觉、菩萨、如来自证圣智诸地位次，一切佛法悉皆摄入此五法中。

"复次，大慧，五法者，所谓相、名、分别、如如、正智。此中相者，谓所见色等，形状各别，是名为相；依彼诸相立瓶等名。此如是，此不异，是名为名；施设众名，显示诸相心，心所法，是名分别；彼名彼相毕竟无有，但是妄心展转分别，如是观察乃至觉灭，是名如如。大慧，真实决定究竟根本自性可得是如如相，我及诸佛随顺证入，如其实相，开示演说，若能于此随顺悟解，离断离常，不生分别，入自证处，出于外道二乘境界，是名正智。大慧，此五种法、三性、八识、二无我，一切佛法普皆摄尽。大慧，于此法中，汝应以自智善巧通达，亦劝他人，令其通达，通达此已，心则决定不随他转。"

尔时，世尊重说颂言：

> 五法三自性，及与八种识，二种无我法，普摄于大乘。名相及分别，二种自性摄，正智与如如，是则圆成相。

尔时，大慧菩萨摩诃萨复白佛言："世尊，如经中说，过去、未来、现在诸佛如恒河沙，此当云何？为如言而受？为别有义？"

佛告大慧："勿如言受，大慧，三世诸佛非如恒沙，何以故？如来最胜超诸世间，无与等者非喻所及，唯以少分为其喻耳，我以凡愚诸外道等，心恒执著常与无常恶见，增长生死轮回，令其厌离，发胜希望，言佛易成，易可逢值；若言难遇如优昙华，彼便退怯，不勤精进，是故我说如恒河沙；我复有时观受化者，说佛难值如优昙华。大慧，优昙钵华，无有曾见、现见、当见，如来则有已、现、当见。大慧，如是譬喻非说自法，自法者内证圣智所行境界，世间无等过诸譬喻，一切凡愚不能信受。

"大慧，真实如来超心、意、意识所见之相，不可于中而立譬喻，然亦有时而为建立，言恒沙等，无有相违。大慧，譬如恒沙，龟、鱼、象、马之所践踏，不生分别，恒净无垢，如来圣智，如彼恒河，力通自在，以为其沙，外道龟、鱼竟来扰乱，而佛不起一念分别。何以故？如来本愿，以三昧乐普安众生，如恒河沙，无有爱憎，无分别故。

"大慧，譬如恒沙，是地自性，劫尽烧时，烧一切地，而彼地大不舍本性，恒与火大俱时生故，诸凡愚人，谓地被烧，而实不烧，火所因故。如来法身亦复如是，如恒河沙，终不坏灭。大慧，譬如恒沙，无有限量，如来光明亦复如是，为欲成就无量众生普照一切诸佛大会。大慧，譬如恒沙，住沙自性，不更改变而作余物，如来亦尔，于世间中不生不灭，诸有生因，悉已断故。大慧，譬如恒沙，取不知减，投不见增，诸佛亦尔，以方便智成熟众生，无减无增，何以故？如来法身无有身故。大慧，以有身故，而有灭坏，法身无身，故无灭坏。大慧，譬如恒沙，虽苦压治，欲求酪油，终不可得，如来亦尔，虽为众生众苦所压，乃至蠢动未尽涅槃，欲令舍离于法界中，深心愿乐，亦不可得，何以故？具足成就大悲心故。大慧，譬如恒沙，随水而流，非无水也，如来亦尔，所有说法莫不随顺涅槃之流，以是说言诸佛如来如恒河沙。大慧，如来说法，不随于趣。趣是坏义，生死本际不可得知，既不可知，云何说趣？大慧，趣义是断，凡愚莫知。"

大慧菩萨复白佛言："若生死本际，不可知者，云何众生在生死中而得解脱？"

佛言："大慧，无始虚伪过习因灭，了知外境自心所现，分别转依名为解脱，非灭坏也。是故，不得言无边际。大慧，无边际者，但是分别异名。大慧，离分别心无别众生，以智观察内外诸法，知与所知悉皆寂灭。大慧，一切诸法唯是自心分别所见，不了知故，分别心起，了心则灭。"

尔时，世尊重说颂言：

观察诸导师，譬如恒河沙，非坏亦非趣，是人能见佛。譬如恒河沙，悉离一切过，而恒随顺流，佛体亦如是。

尔时，大慧菩萨摩诃萨复白佛言："世尊，愿为我说一切诸法刹那坏相，何等诸法名有刹那？"

佛言："谛听，当为汝说。大慧，一切法者，所谓善法、不善法，有为法、无为法，世间法、出世间法，有漏法、无漏法，有受法、无受法。大慧，举要言之，五取蕴法以心、意、意识习气，为因而得增长，凡愚于此而生分别，谓善不善，圣人现证三昧乐住，是则名为善无漏法。

"复次，大慧，善不善者，所谓八识，何等为八？谓如来藏名藏识，意及意识并五识身。大慧，彼五识身与意识俱，善不善相展转差别，相续不断，无异体生，生已即灭，不了于境自心所现，次第灭时别识生起，意识与彼五识共俱，取于种种差别形相，刹那不住，我说此等名刹那法。

"大慧，如来藏名藏识，所与意等诸习气俱，是刹那法；无漏习气非刹那法。此非凡愚刹那论者之所能知，彼不能知一切诸法，有是刹那、非刹那故，彼计无为同诸法坏，堕于断见。大慧，五识身非流转，不受苦乐非涅槃因，如来藏受苦乐，与因俱，有生灭，四种习气之所迷覆，而诸凡愚分别熏心，不能了知，起刹那见。大慧，如金、金刚佛之舍利，是奇特性，终不损坏，若得证法有刹那者，圣应非圣，而彼圣人未曾非圣，如金、金刚，虽经劫住，称量不减，云何凡愚不解于我秘密之说，于一切法作刹那想？"

大慧菩萨复白佛言："世尊常说六波罗蜜若得满足，便成正觉，何等为六？云何满足？”

佛言："大慧，波罗蜜者差别有三，所谓世间、出世间、出世间上上。"

"大慧，世间波罗蜜者，诸凡愚者著我、我所，执取二边，求诸有身贪色等境，如是修行檀波罗蜜、持戒、忍辱、精进、禅定，成就神通，生于梵世。

"大慧，出世间波罗蜜者，谓声闻、缘觉执著涅槃希求自乐，如是修习诸波罗蜜。

"大慧，出世间上上波罗蜜者，谓菩萨摩诃萨于自心二法了知惟是分别所现，不起妄想，不生执著，不取色相，为欲利乐一切众生，而恒修行檀波罗蜜；于诸境界不起分别，是则修行尸波罗蜜；即于不起分别之时，忍知能取、所取自性，是则名为羼提波罗蜜；初中后夜勤修匪懈，随顺实解不生分别，是则名为毗梨耶波罗蜜；不生分别，不起外道涅槃之见，是则名为禅波罗蜜；以智观察心无分别，不堕二边，转净所依，而不坏灭获于圣智内证境界，是则名为般若波罗蜜。"

变化品第七

尔时，大慧菩萨摩诃萨复白佛言："世尊，如来何故授阿罗汉阿耨多罗三藐三菩提记？何故复说无般涅槃法众生得成佛道？又何故说从初得佛至般涅槃，于其中间不说一字？又言如来常在于定，无觉无观；又言佛事皆是化作；又言诸识刹那变坏；又言金刚神常随卫护，又言前际不可知，而说有般涅槃，又现有魔及以魔业，又有余报，谓旃遮婆罗门女孙陀利外道女，及空钵而还等事？世尊，既有如是业障，云何得成一切种智？既已成于一切种智，云何不离如是诸过？"

佛言："谛听，当为汝说。大慧，我为无余涅槃界故，密勒令彼修菩萨行，此界他土有诸菩萨，心乐求于声闻涅槃，令舍是心进修大行，故作是说；又变化佛与化声闻而授记别，非法性佛。大慧，授声闻记是秘密说。大慧，佛与二乘无差别者，据断惑障解脱一味，非谓智障。智障要见法无我性，乃清净故。烦恼障者，见人无我，意识舍离，是时初断藏识习，灭法障解脱方得永净。

"大慧，我依本住法作是密语，非异前佛，后更有说，先具如是诸文字故。大慧，如来正知无有妄念，不待思虑，然后说法，如来久已断四种习，离二种死，除二种障。

"大慧，意及意识眼识等七，习气为因，是刹那性，离无漏善，非流转法。大慧，如来藏者，生死流转及是涅槃苦乐之因，凡愚不知妄著于空。

"大慧，变化如来，金刚力士，常随卫护，非真实佛，真实如来离诸根量，二乘外道所不能知，住现法乐，成就智忍，不假金刚力士所护。一切化佛不从业生，非即是佛，亦非非佛，譬如陶师众事和合而有所作，化佛亦尔，众相具足而演说法，然不能说自证圣智所行之境。复次，大慧，诸凡愚人见六识灭，起于断见，不了藏识起于常见。大慧，自心分别是其本际，故不可得，离此分别，即得解脱，四种习断，离一切过。"

断食肉品第八

尔时，大慧菩萨摩诃萨复白佛言："世尊，愿为我说食不食肉功德过失，我及诸菩萨摩诃萨知其义已，为未来、现在报习所熏，食肉众生而演说之，令舍肉味求于法味，于一切众生起大慈心，更相亲爱如一子想，住菩萨地，得阿耨多罗三藐三菩提，或二乘地，暂时止息，究竟当成无上正觉。世尊，路伽耶等诸外道辈，起有、无见，执著断常，尚有遮禁，不听食肉，何况如来、应、正等觉，大悲含育，世所依怙，而许自他俱食肉耶？善哉！世尊，具大慈悲，哀愍世间等观众生犹如一子，愿为解说食肉过恶，不食功德，令我及诸菩萨等闻已奉行，广为他说。"

......

尔时，佛告大慧菩萨摩诃萨言："大慧，谛听谛听，善思念之，吾当为汝分别解说。大慧，一切诸肉有无量缘，菩萨于中当生悲愍，不应噉食，我今当为汝说其少分。大慧，一切众生从无始来，在生死中轮回不息，靡不曾作父母、兄弟、男女、眷属，乃至朋友、亲爱、侍使，易生而受鸟兽等身，云何于中取之而食？大慧，菩萨摩诃萨观诸众生同于己身，念肉皆从有命中来，云何而食？大慧，诸罗刹等，闻我此说，尚应断肉，况乐法人？大慧，菩萨摩诃萨在在生处，观诸众生皆是亲属，乃至慈念如一子想，是故不应食一切肉。

"大慧，衢路市肆诸卖肉人，或将犬、马、人、牛等肉，为求利故而贩鬻之，如是杂秽，云何可食？大慧，一切诸肉皆是精血污秽所成，求清净人，云何取食？大慧，食肉之人，众生见之，悉皆惊怖，修慈心者，云何食肉？大慧，譬如猎师及旃陀罗捕鱼网鸟诸恶人等，狗见惊吠，兽见奔走，空飞水陆一切众生，若有见之，咸作是念，此人气息犹如罗刹，今来至此，必当杀我，为护命故，悉皆走避。食肉之人，亦复如是。是故菩萨为修慈行，不应食肉。

"大慧，夫食肉者，身体臭秽，恶名流布，贤圣善人，不用亲狎，是故菩萨不应食肉。大慧，夫血肉者，众仙所弃，群圣不食，是故菩萨不应食肉。大慧，菩萨为护众生信心，令于佛法不生讥谤，以慈愍故，不应食肉。

"大慧，若我弟子贪嗜于肉，令诸世人悉怀讥谤而作是言：云何沙门修清净行人，弃舍天仙所食之味，犹如恶兽食肉满腹，游行世间，令诸众生悉怀惊怖，坏清净行，失沙门道，是故当知佛法之中，无调伏行，菩萨慈愍，为护众生令不生于如是之心，不应食肉。大慧，如烧人肉，其气臭秽，与烧余肉，等无差别，云何于中有食不食？是故一切清净者，不应食肉。

"大慧，诸善男女，塚间树下，阿兰若处，寂静修行，或住慈心，或持咒术，或求解脱，或趣大乘，以食肉故，一切障碍，不得成就，是故菩萨欲利自他，不应食肉。大慧，夫食肉者，见其形色，则已生于贪滋味心，菩萨慈念，一切众生犹如己身，云何见之，而作食想？是故菩萨不应食肉。

"大慧，夫食肉者，诸天远离，口气常臭，睡梦不安，觉已忧悚，夜叉恶鬼夺其精气，心多惊怖，食不知足，增长疾病，易生疮癣，恒被诸虫之所唼食，不能于食，深生厌离。大慧，我常说言，凡所食嗜作子肉想，余食尚然，云何而听弟子食肉？大慧，肉非美好，肉不清净，生诸罪恶，败诸功德，诸仙圣人之所弃舍，云何而许弟子食耶？若言许食，此人谤我。

"大慧，净美食者，应知则是粳米、粟米、大小麦、豆、酥油、石蜜，如是等类，此是过去诸佛所许，我所称说，我种姓中善男女心怀净信，久植善根，于身命财不生贪著，慈愍一切犹如己身，如是之人之所应食，非诸恶习虎狼性者心所爱重。

"大慧，过去有王名师子王，耽著肉味，食种种肉，如是不已，遂至食人，臣民不堪，悉皆离叛，亡失国位，受大苦恼。大慧，释提桓因处天王位，以丁过去食肉，余习变身，为鹰而逐于鸽，我时作王，名曰尸毗，愍念其鸽，自割身肉，以代其命。大慧，帝释余习，尚恼众生，况余无惭常食肉者？当知食肉自恼、恼他，是故菩萨不应食肉。

"大慧，昔有一王，乘马游猎，马惊奔逸，入于山险，既无归路，又绝人居，有牝师子，与同游处，遂行丑行，生诸子息，其最长者，名曰班足，后得作王，领七亿家，食肉余习，非肉不食，初食禽兽，后乃至人，所生男女，悉是罗刹，转此身己，复生师子、豺、狼、虎、豹、雕、鹫等中，欲求人身，终不可得，况出生死涅槃之道？

"大慧，夫食肉者，有如是等无量过失，断而不食，获大功德，凡愚不知，如是损益，是故我今为汝开演，凡是肉者，悉不应食。大慧，凡杀生者，多为人食，人若不食，亦无杀事，是故食肉与杀同罪。奇哉！世间贪著肉味，于人身肉尚取食之，况于鸟兽有不食者？以贪味故，广设方便，置罗网罟，处处安施，水陆飞行，皆被杀害，设自不食，为贪价值，而作是事。

"大慧，世复有人心无慈愍，专行惨暴，犹如罗刹，若见众生其身充盛，便生肉想，言此可食。大慧，世无有肉非是自杀，亦非他杀，心不疑杀而可食者，以是义故，我许声闻食如是肉。

"大慧，未来之世，有愚痴人，于我法中而为出家，妄说毗尼，坏乱正法，诽谤于我，言听食肉，亦自曾食。大慧，我若听许声闻食肉，我则非是住慈心者、修观行者、行头陀者、趣大乘者，云何而劝诸善男子及善女人于诸众生生一子想，断一切肉？大慧，我于诸处说遮十种、许三种者，是渐禁，断令其修学，今此经中自死、他杀，凡是肉者，一切悉断。大慧，我不曾许弟子食肉，亦不现许，亦不当许。大慧，凡是肉食，于出家人悉是不净。

"大慧，若有痴人谤言如来听许食肉，亦自食者，当知是人恶业所缠，必当永堕不饶益处。大慧，我之所有诸圣弟子尚不食于凡夫所食，况食血肉不净之食？大慧，声闻、缘觉及诸菩萨尚惟法食，岂况如来。大慧，如来法身非杂食身。大慧，我已断除一切烦恼，我已浣涤一切习气，我已善择诸心智慧，大悲平等，普观众生犹如一子，云何而许声闻弟子食于子肉，何况自食？作是说者，无有是处。"

陀罗尼品第九

尔时，佛告大慧菩萨摩诃萨言："大慧，过去、未来、现在诸佛，为欲拥护持此经者，皆为演说楞伽经咒，我今亦说，汝当受持。即说咒曰：……

"大慧，未来世中若有善男子、善女人，受持读诵，为他解说此陀罗尼，当知此人不为一切人与非人、诸鬼神等之所得便；若复有人卒中于恶，为其诵念一百八遍，即时恶鬼疾走而去。大慧，我更为汝说陀罗尼。即说咒曰：……

"大慧，若有善男子、善女人，受持读诵，为他解说此陀罗尼，不为一切天龙、夜叉、人、非人等诸恶鬼神之所得便，我为禁止诸罗刹故，说此神咒，若持此咒，则为受持入楞伽经，一切文句，悉已具足。"

偈颂品第十之一

尔时，世尊欲重宣此修多罗中诸广义故而说偈言：

诸法不坚固，皆从分别生；以分别即空，所分别非有。由虚妄分别，是则有识生；八九识种种，如海众波浪。……分别见外境，是妄计自性；由此虚妄计，缘起自性生。邪见诸外境，无境但是心；如理正观察，能所取皆灭。如愚所分别，外境实非有；习气扰浊心，似外境而转。已灭二分别，智契于真如；起于无影像，难思圣所行。……愿说佛灭后，谁能受持此？大慧汝应知，善逝涅槃后，未来世当有，持于我法者，<u>南天竺国</u>中，大名<u>德</u>比丘。厥号为<u>龙树</u>，能破有无宗；世间中显我，无上大乘法。得初欢喜地，往生安乐国；众缘所起义，有无俱不可。缘中妄计物，分别于有无；如是外道见，远离于我法。一切法名字，生处常随逐，已习及现习，展转共分别。若不说于名，世间皆迷惑；为除迷惑故，是故立名言。

金光明经

卷　一

序品第一

如是我闻，一时佛住王舍大城耆阇崛山。是时如来游于无量甚深法性，诸佛行处，过诸菩萨所行清净。

是金光明，诸经之王，若有闻者，则能思惟，无上微妙，甚深之义。如是经典，常为四方，四佛世尊，之所护持：东方阿閦，南方宝相，西无量寿，北微妙声。我今当说，忏悔等法，所生功德，为无有上，能坏诸苦，尽不善业，一切种智，而为根本，无量功德，之所庄严，灭除诸苦，与无量乐。诸根不具，寿命损减，贫穷困苦，诸天舍离，亲厚斗讼，王法所加，各各忿诤，财物损耗，愁忧恐怖，恶星灾异，众邪蛊道，变怪相续，卧见恶梦，昼则愁恼。当净洗浴，听是经典，至心清净，着净洁衣，专听诸佛，甚深行处；是经威德，能悉消除，如是诸恶，令其寂灭。护世四王，将诸官属，并及无量，夜叉之众，悉来拥护，持是经者：大辩天神，尼连河神，鬼子母神，地神坚牢，大梵尊天，三十三天，大神龙王，紧那罗王，迦楼罗王，阿修罗王，与其眷属，悉共至彼，拥护是人，昼夜不离。我今所说，诸佛世尊，甚深秘密，微妙行处，亿百千劫，甚难得值。若得闻经，若为他说，若心随喜，若设供养，如是之人，于无量劫，常为诸天，八部所敬。如是修行，生功德者，得不思议，无量福聚，亦为十方，诸佛世尊，深行菩萨，之所护持。着净衣服，以上妙香，慈心供养，常不远离，身意清净，无诸垢秽，欢喜悦豫，深乐是典。若得听闻，当知善得，人身人道，及以正命；若闻忏悔，执持在心，是上善根，诸佛所赞。

寿量品第二

尔时王舍城中有菩萨摩诃萨名曰信相，已曾供养过去无量亿那由他百千诸佛，种诸善根。是信相菩萨作是思惟：何因何缘，释迦如来寿命短促，方八十年。复更念言：如佛所说，有二因缘寿命得长。何等为二？一者不杀，二者施食。而我世尊于无量百千亿那由他阿僧祇劫，修不杀戒，具足十善，饮食惠施，不可限量，乃至己身骨髓肉血，充足饱满饥饿众生，况余饮食。大士如是至心念佛、思是义时，其室自然广博严事。天绀琉璃，种种众宝，杂厕间错，以成其地，犹如如来，所居净土。有妙香气，过诸天香，烟云垂布，遍满其室。其室四面，各有四宝上妙高座，自然而出，纯以天衣而为敷具。是妙座上，各有诸佛，所受用华，众宝合成。于莲华上，有四如来：东方名阿閦，南方名宝相，西方名无量寿，北方名微妙声。是四如来自然而坐师子座上，放大光明照王舍城，及此三千大千世界，乃至十方恒河沙等诸佛世界，雨诸天华，作天伎乐。尔时三千大千世界所有众生，以佛神力，受天快乐，诸根不具即得具足。举要言之，一切世间所有利益、未曾有事，悉具出现。尔时信相菩萨见是诸佛及希有事，欢喜踊跃，恭敬合掌，向诸世尊，至心念佛，作是思惟：释迦如来无量功德，唯寿命中心生疑惑，云何如来寿命如是方八十年？尔时四佛以正遍知告信相菩萨："善男子，汝今不应思量如来寿命短促。何以故？善男子，我等不见诸天、世人、魔众、梵众、沙门、婆罗门、人及非人有能思算如来寿量，知其齐限，唯除如来。"时四如来将欲宣畅释迦文佛所得寿命，欲、色界天诸龙、鬼神、乾闼婆、阿修罗、迦楼罗、紧那罗、摩睺罗伽及无量百千亿那由他菩萨摩诃萨，以佛神力，悉来聚集信相菩萨摩诃萨室。尔时四佛于大众中，略以偈喻说释迦如来所得寿量，而作颂曰：

> 一切诸水，可知几滴，无有能数，释尊寿命。诸须弥山，可知斤两，无有能量，释尊寿命。一切大地，可知尘数，无有能算，释尊寿命。虚空分界，尚可尽边，无有能计，释尊寿命。不可计劫，亿百千万，佛寿如是，无量无边，以是因缘，故说二缘，不害物命，施食无量，是故大士，寿不可计，无量无边，亦无齐限。是故汝今，不应于佛，无量寿命，而生疑惑。

尔时信相菩萨摩诃萨闻是四佛宣说如来寿命无量，深心信解，欢喜踊跃。说是如来寿量品时，无量无边阿僧祇众生发阿耨多罗三藐三菩提心。时四如来忽然不现。

忏悔品第三

尔时信相菩萨即于其夜梦见金鼓，其状姝大，其明普照，喻如日光。复于光中得见十方无量无边诸佛世尊，众宝树下坐琉璃座，与无量百千眷属围绕而为说法。见有一人，似婆罗门，以枹击鼓，出大音声，其声演说，忏悔偈颂。时信相菩萨从梦寤已，至心忆念梦中所闻忏悔偈颂，过夜至旦，出王舍城。尔时，亦有无量无边百千众生与菩萨俱往耆阇崛山，至于佛所。至佛所已，顶礼佛足，右绕三匝，却坐一面，敬心合掌，瞻仰尊颜，目不暂舍，以其梦中所见金鼓及忏悔偈，向如来说：

> 昨夜所梦，至心忆持。梦见金鼓，妙色晃耀，其光大盛，明逾于日，遍照十方，恒沙世界。又因此光，得见诸佛，众宝树下，坐琉璃座，无量大众，围绕说法。见婆罗门，击是金鼓，其鼓音中，说如是偈：是大金鼓，所出妙音，

悉能灭除，三世诸苦，地狱饿鬼、畜生等苦，贫穷困厄、及诸有苦。是鼓所出，微妙之音，能除众生，诸恼所逼。断众怖畏，令得无惧，犹如诸佛，得无所畏；诸佛圣人，所成功德，离于生死，到大智岸；如是众生，所得功德，定及助道，犹如大海。是鼓所出，如是妙音，令众生得，梵音深远，证佛无上，菩提胜果；转无上轮，微妙清净，住寿无量，不思议劫，演说正法，利益众生，能害烦恼，消除诸苦，贪嗔痴等，悉令寂灭。若有众生，处在地狱，大火炽然，烧炙其身，若闻金鼓，微妙音声，所出言教，即寻礼佛，亦令众生，得知宿命，百生千生，千万亿生；令心正念，诸佛世尊，亦闻无上，微妙之言。是金鼓中，所出妙音，复令众生，值遇诸佛，远离一切，诸恶业等，善修无量，白净之业。诸天世人，及余众生，随其所思，诸所愿求，如是金鼓，所出之音，皆悉能令，成就具足。若有众生，堕大地狱，猛火炎炽，焚烧其身，无有救护，流转诸难，当令是等，悉灭诸苦；若有众生，诸苦所切，三恶道报，及以人中，如是金鼓，所出之音，悉能灭除。一切诸苦，无依无归，无有救护，我为是等，作归依处。是诸世尊，今当证知，久已于我，生大悲心。在在处处，十方诸佛，现在世雄，两足之尊，我本所作，恶不善业，今者忏悔，诸十力前。不识诸佛，及父母恩，不解善法，造作众恶；自恃种姓，及诸财宝，盛年放逸，作诸恶行，心念不善，口作恶业，随心所作，不见其过；凡夫愚行，无知暗覆，亲近恶友，烦恼乱心；五欲因缘，心生忿恚，不知厌足，故作众恶；亲近非圣，因生悭嫉，贫穷因缘，奸谄作恶，系属于他，常有怖畏，不得自在，而造诸恶；贪欲恚痴，扰动其心，渴爱所逼，造作众恶；依因衣食，及以女色，诸结恼热，造作众恶。身口意恶，所集三业，如是众罪，今悉忏悔；或不恭敬，佛法圣众，如是众罪，今悉忏悔；或不恭敬，缘觉菩萨，如是众罪，今悉忏悔；以无智故，诽谤正法，不知恭敬，父母尊长，如是众罪，今悉忏悔；愚惑所覆，骄慢放逸，因贪恚痴，造作诸恶，如是众罪，今悉忏悔。我今供养，无量无边，三千大千，世界诸佛；我当拔济，十方一切，无量众生，所有诸苦；我当安止，不可思议，阿僧祇众，令住十地，已得安止，住十地者，悉令具足，如来正觉。为一众生，亿劫修行，使无量众，令度苦海。我当为是，诸众生等，演说微妙，甚深悔法，所谓金光，灭除诸恶。千劫所作，极重恶业，若能至心，一忏悔者，如是众罪，悉皆灭尽。我今已说，忏悔之法，是金光明，清净微妙，速能灭除，一切业障。我当安止，住于十地，十种珍宝，以为脚足，成佛无上，功德光明，令诸众生，度三有海。诸佛所有，甚深法藏，不可思议，无量功德，一切种智，愿悉具足；百千禅定，根力觉道，不可思议，诸陀罗尼，十力世尊，我当成就。诸佛世尊，有大慈悲，当证微诚，哀受我悔。若我百劫，所作众恶，以是因缘，生大忧苦，贫穷困乏，愁热惊惧，怖畏恶业，心常怯劣，在在处处，暂无欢乐；十方现在，大悲世尊，能除众生，一切怖畏，愿当受我，诚心忏悔，令我恐惧，悉得消除。我之所有，烦恼业垢，唯愿现在，诸佛世尊，以大悲水，洗除令净。过去诸恶，令悉悔过，现所作罪，诚心发露，所未作者，更不敢作，已作之业，不敢覆藏。身业三种，口业有四，意三业行，今悉忏悔；身口所作，及以意思，十种恶业，一切忏悔，远离十恶，修行十善，安止十住，逮十力尊，所造恶业，应受恶报，今于佛前，诚心忏悔。若此国土，及余世界，所有善法，悉以回向，我所修行，身口意善，愿于来世，证无上道。若在诸有，六趣险难，愚痴无智，造作众恶，今于佛前，皆悉忏悔；世间所有，生死险难，种种淫欲，愚烦恼难，如是诸难，我今忏悔；心轻躁难，近恶友难，三有险难，及三毒难，遇无难难，值好时难，修功德难，值佛亦难，如是诸难，今悉忏悔。诸佛世尊，我所依止，是故我今，敬礼佛海，金色晃耀，犹如须弥，是故我今，顶礼最胜。其色无上，犹如真金，眼目清净，如绀琉璃，功德威神，名称显著，佛日大悲，灭一切暗。善净无垢，离诸尘翳，无上佛日，大光普照；烦恼火炽，令心燋热，唯佛能除，如月清凉；三十二相，八十种好，庄严其身，视之无厌。功德巍巍，明网显耀，安住三界，如日照世，犹如琉璃，净无瑕秽，妙色广大，种种各异，其色红赤，如日初出，颇梨白银，校饰光网，如是种种，庄严佛日。三有之中，生死大海，漭水波荡，恼乱我心，其味苦毒，最为粗涩，如来网明，能令枯涸。妙身端严，相好殊特，金色光明，遍照一切，智慧大海，弥满三界，是故我今，稽首敬礼。如大海水，其量难知，大地微尘，不可称计，诸须弥山，难可度量，虚空边际，亦不可得，诸佛亦尔，功德无量，一切有心，无能知者。于无量劫，极心思惟，不能得知，佛功德边；大地诸山，尚可知量，毛滴海水，亦可知数，诸佛功德，无能知者。相好庄严，名称赞叹，如是功德，令众皆得。我以善业，诸因缘故，来世不久，成于佛道，讲宣妙法，利益众生，度脱一切，无量诸苦，摧伏诸魔，及其眷属，转于无上，清净法轮，住寿无量，不思议劫，充足众生，甘露法味。我当具足，六波罗蜜，犹如过佛，之所成就，断诸烦恼，除一切苦，悉灭贪欲，及恚痴等；我当忆念，宿命之事，百生千生，百千亿生，常当至心，正念诸佛，闻说微妙，无上之法；我因善业，常值诸佛，远离诸恶，修诸善业。一切世界，所有众生，无量苦恼，我当悉灭，若有众生，诸根毁坏，不具足者，悉令具足；十方世界，所有病苦，羸瘦顿乏，无救护者，悉令解脱，如是诸苦，还得势力，平复如本；若犯王法，临当刑戮，无量怖畏，愁忧苦恼，如是之人，悉令解脱；若受鞭挞，系缚枷锁，种种苦事，逼切其身，无量百千，愁忧惊畏，种种恐惧，扰乱其心，如是无边，诸苦恼等，愿使一切，悉得解脱。若有众生，饥渴所恼，令得种种，甘美饮食；盲者得视，聋者得听，痖者能言，裸者得衣，贫穷之者，即得宝藏，仓库盈溢，无所乏少，一切皆受，安隐快乐，乃至无有，一人受苦。众生相视，和颜悦色，形貌端严，人所喜见，心常思念，他人善事，饮食饱满，功德具足。随诸众生，之所思念，皆愿令得，种种伎乐，箜篌筝笛，琴瑟鼓吹，如是种种，微妙音声，江湖池沼，流泉诸水，金华遍布，及优钵罗，随诸众生，之所思念，即得种种，衣服饮食，钱财珍宝，金银琉璃，真珠璧玉，杂厕璎珞。愿诸众生，不闻恶声，乃至无有，可恶见者；愿诸众生，色貌微妙，各各相于，共相爱念，世间所有，资生之具，随其所念，悉令具足。愿诸众生，诸所求索，如其所须，应念即得，香华诸树，常于三时，雨细末香，及涂身香，众生受者，欢喜快乐。愿诸众生，常得供养，不可思议，十方诸佛，无上妙法，清净无垢，及诸菩萨，声闻大众。愿诸众生，常得远离，三恶八难，值无难处，觐睹诸佛，无上之王。愿诸众生，常生尊贵，多饶财宝，安隐丰乐，上妙色像，庄严其身，功德成就，有大名称。愿诸女人，皆成男子，具足智慧，精勤不懈，一切皆行，菩萨之道，勤心修习，六波罗蜜，常见十方，无量诸佛，坐宝树下，琉璃座上，安住禅定，自在快乐，演说正法，众所乐闻。若我现在，及过去世，所作恶业，诸有险难，应得恶果，不适意者，愿悉尽灭，令无有余。若诸众生，三有系缚，生死罗网，弥密牢固，愿以智刀，割断破裂，除诸苦恼，早成菩提。若此阎浮，及余他方，无量世界，所有众生，所作种种，善妙功德，我今深心，随其欢喜。我今以此，随喜功德，及身口意，所作善业，愿于来世，成无上道，得净无垢，吉祥果报。若有敬礼，赞叹十力，信心清净，无诸疑网，能作如是，所说忏悔，便得超越，六十劫罪。诸善男子，及善女人，诸王刹利，婆罗门等，若有恭敬，合掌向佛，称叹如来，并赞此偈，在在生处，常识宿命，诸根具足，清净端严，种种功德，悉皆成就，在在处处，常为国王，辅相大臣，之所恭敬。非于一佛，五佛十佛，种诸功德，闻是忏悔，若于无量，百千万亿，诸佛如来，种诸善根，然后乃得，闻是忏悔。

赞叹品第四

尔时佛告地神坚牢："善女天！过去有王名金龙尊，常以赞叹，赞叹去来现在诸佛。"

我今尊重，敬礼赞叹，去来现在，十方诸佛。诸佛清净，微妙寂灭，色中上色，金光照耀。于诸声中，佛声最上，犹如大梵，深远雷音；其发绀黑，光螺炎起，蜂翠孔雀，色不得喻；其齿鲜白，犹如珂雪，显发金颜，分齐分明；其目修广，清净无垢，如青莲华，映水开敷；舌相广长，形色红晖，光明照耀，如华初生；眉间毫相，白如珂月，右旋润泽，如净琉璃；眉细修扬，形如月初，其色黑耀，过于蜂王；鼻高圆直，如铸金铤，微妙柔软，当于面门；如来胜相，次第最上，得味真正，无与等者。一一毛孔，一毛旋生，软细绀青，犹孔雀项。即于生时，身放大光，普照十方，无量国土，灭尽三界，一切诸苦，令诸众生，悉受快乐；地狱畜生，及以饿鬼，诸人天等，安隐无患，悉灭一切，无量恶趣。身色微妙，如融金聚；面貌清净，如月盛满；佛身明耀，如日初出；进止威仪，犹如师子；修臂下垂，立过于膝，犹如风动，娑罗树枝；圆光一寻，能照无量，犹如聚集，百千日月。佛身净妙，无诸垢秽，其明普照，一切佛刹；佛光巍巍，明炎炽盛，悉能隐蔽，无量日月；佛日灯炬，照无量界，皆令众生，寻光见佛。本所修习，百千行乐，聚集功德，庄严佛身。臂膊纤圆，如象王鼻，手足净软，敬爱无厌。去来诸佛，数如微尘，现在诸佛，亦复如是，如是如来，我今悉礼，身口清净，意亦如是，以好香华，供养奉献，百千功德，赞咏歌叹。设以百舌，于千劫中，叹佛功德，不能得尽；如来所有，现世功德，种种深固，微妙第一。设复千舌，欲赞一佛，尚不能尽，功德少分，况欲叹美，诸佛功德。大地及天，以为大海，乃至有顶，满其中水，尚以一毛，知其滴数，无有能知，佛一功德。我今以礼，赞叹诸佛，身口意业，悉皆清净，一切所修，无量善业，与诸众生，证无上道。如是人王，赞叹佛已，复作如是，无量誓愿：若我来世，无量无边，阿僧祇劫，在在处处，常于梦中，见妙金鼓，得闻忏悔，深奥之义；今所赞叹，面貌清净，愿我来世，亦得如是。诸佛功德，不可思议，于百千劫，甚难得值，愿于当来，无量之世，夜则梦见，昼如实说。我当具足，修行六度，济拔众生，越于苦海，然后我身，成无上道，令我世界，无与等者。奉贡金鼓，赞佛因缘，以此果报，当来之世，值释迦佛，得受记莂，并令二子，金龙金光，常生我家，同共受记。若有众生，无救护者，众苦逼切，无所依止，我于当来，为是等辈，作大救护，及依止处，能除众苦，悉令灭尽，施与众生，诸善安乐。我未来世，行菩提道，不计劫数，如尽本际，以此金光，忏悔因缘，使我恶海，及以业海，烦恼大海，悉竭无余，我功德海，愿悉成就，智慧大海，清净具足，无量功德，助菩提道，犹如大海，珍宝具足。以此金光，忏悔力故，菩提功德，光明无碍，慧光无垢，照彻清净，我当来世，身光普照，功德威神，光明炎盛，于三界中，最胜殊特，诸功德力，无所减少。当度众生，越于苦海，并复安置，功德大海，来世多劫，行菩提道，如昔诸佛，行菩提者。三世诸佛，净妙国土, 诸佛至尊, 无量功德, 令我来世, 得此殊异, 功德净土, 如佛世尊。信相当知, 尔时国王, 金龙尊者, 则汝身是; 尔时二子, 金龙 金光, 今汝二子, 银相等是。

空品第五

无量余经, 已广说空, 是故此中, 略而解说。众生根钝, 鲜于智慧, 不能广知, 无量空义, 故此尊经, 略而说之。异妙方便, 种种因缘, 为钝根故, 起大悲心, 今我演说, 此妙经典。如我所解, 知众生意。是身虚伪, 犹如空聚, 六入村落, 结贼所止, 一切自住, 各不相知。眼根受色, 耳分别声, 鼻嗅诸香, 舌嗜于味, 所有身根, 贪受诸触, 意根分别, 一切诸法。六情诸根, 各各自缘, 诸尘境界, 不行他缘。心如幻化, 驰骋六情, 而常妄想, 分别诸法, 犹如世人, 驰走空聚, 六贼所害, 愚不知避, 心常依止, 六根境界, 各各自知, 所伺之处, 随行色声, 香味触法。心处六情, 如鸟投网, 其心在在, 常处诸根, 随逐诸尘, 无有暂舍。身空虚伪, 不可长养, 无有诤讼, 亦无正主。从诸因缘, 和合而有, 无有坚实, 妄想故起; 业力机关, 假伪空聚, 地水火风, 合集成立。随时增减, 共相残害, 犹如四蛇, 同处一箧。四大蚖蛇, 其性各异, 二上二下, 诸方亦二, 如是蛇大, 悉灭无余。地水二蛇, 其性沉下, 风火二蛇, 性轻上升。心识二性, 躁动不停, 随业受报, 人天诸趣, 随所作业, 而堕诸有。水火风种, 散灭坏时, 大小不净, 盈流于外, 体生诸虫, 无可爱乐, 捐弃冢间, 如朽败木。善女当观, 诸法如是, 何处有人, 及以众生。本性空寂, 无明故有, 如是诸大, 一一不实; 本自不生, 性无和合, 以是因缘, 我说诸大, 从本不实, 和合而有。无明体性, 本自不有, 妄想因缘, 和合而有。无所有故, 假名无明。是故我说, 名曰无明, 行识名色, 六入触受, 爱取有生, 老死愁恼, 众苦行业, 不可思议, 生死无际, 轮转不息。本无有生, 亦无和合, 不善思惟, 心行所造。我断一切, 诸见缠等, 以智慧刀, 裂烦恼网, 五阴舍宅, 观悉空寂, 证无上道, 微妙功德。开甘露门, 示甘露器, 入甘露城, 处甘露室, 令诸众生, 食甘露味。吹大法螺, 击大法鼓, 然大法炬, 雨胜法雨, 我今摧伏, 一切怨结, 竖立第一, 微妙法幢。度诸众生, 于生死海, 永断三恶, 无量苦恼。烦恼炽然, 烧诸众生, 无有救护, 无所依止, 我以甘露, 清凉美味, 充足是辈, 令离燋热。于无量劫, 遵修诸行, 供养恭敬, 诸佛世尊; 坚固修习, 菩提之道, 求于如来, 真实法身。舍诸所重, 肢节手足, 头目髓脑, 所爱妻子, 钱财珍宝, 真珠璎珞, 金银琉璃, 种种异物。

卷 二

四天王品第六

尔时毗沙门天王、提头赖吒天王、毗留勒叉天王、毗留博叉天王，俱从座起，偏袒右肩，右膝着地，胡跪合掌，白佛言："世尊！是金光明微妙经典众经之王，诸佛世尊之所护念，庄严菩萨深妙功德，常为诸天之所恭敬，能令天王心生欢喜，亦为护世之所赞叹。此经能照诸天宫殿，是经能与众生快乐，是经能令地狱、饿鬼、畜生诸河焦干枯竭，是经能除一切怖畏，是经能却他方怨贼，是经能除谷贵饥馑，是经能愈一切疫病，是经能灭恶星变异，是经能除一切忧恼。举要言之，是经能灭一切众生无量无边百千苦恼。世尊！是金光明微妙经典，若在大众广宣说时，我等四王及余眷属，闻此甘露无上法味，增益身力，心进勇锐，具诸威德。世尊！我等四王，能说正法，修行正法，为世法王，以法治世。世尊！我等四王及天龙鬼神、乾闼婆、阿修罗、迦楼罗、紧那罗、摩睺罗伽，以法治世，遮诸恶鬼啖精气者。世尊！我等四王二十八部诸鬼神等及无量百千鬼神，以净天眼过于人眼，常观拥护此阎浮提。世尊！是故我等名护世王。若此国土有诸衰耗、怨贼侵境、饥馑疾疫种种艰难，若有比丘受持是经，我等四王当共劝请，令是比丘以我等力故，疾往彼所国邑郡县，广宣流布是金光明微妙经典，令如是等种种百千衰耗之事悉皆灭尽。世尊！如诸国王所有土境，是持经者若至其国，是王应当往是人所，听受如是微妙经典，闻已欢喜，复当护念、恭敬是人。世尊！我等四王，复当勤心拥护是王及国人民，为除衰患，令得安隐。世尊！若有比丘、比丘尼、优婆塞、优婆夷受持是经，若诸人王有能供给，施其所安，我等四王亦当令是王及国人民一切安隐，具足无患。世尊！若有四众受持读诵是妙经典，若诸人王有能供养恭敬，尊重赞叹，我等四王，亦复当令如是人王于诸王中常得第一供养恭敬，尊重赞叹，亦令余王钦尚羡慕，称赞其善。"

尔时世尊赞叹护世四天王等："善哉！善哉！汝等四王，过去已曾供养恭敬、尊重赞叹无量百千万亿诸佛，于诸佛所种诸善根，说于正法，修行正法，以法治世，为人天王。汝等今日长夜利益于诸众生，行大悲心，施与众生，一切乐具，能遮诸恶，勤与诸善；以是义故，若有人王能供养恭敬此金光明微妙经典，汝等正应如是护念，灭其苦恼，与其安乐。汝等四王及诸眷属，无量无边百千鬼神，若能护念如是经者，即是护持去来现在诸佛正法。汝等四王及余天众百千鬼神与阿修罗共战斗时，汝等诸天常得胜利。汝等若能护念此经，悉能消伏一切诸苦，所谓怨贼、饥馑、疾疫，若四部众有能受持读诵此经，汝等亦应勤心守护，为除衰恼，施与安乐。”

尔时四王复白佛言：“世尊！是金光明微妙经典，于未来世，在所流布，若国土城邑、郡县村落，随所至处，若诸国王以天律治世，复能恭敬至心听受是妙经典，并复尊重供养、供给持是经典四部之众，以是因缘，我等时时得闻如是微妙经典，闻已即得增益身力，心进勇锐，具诸威德。是故我等及无量鬼神，常当隐形，随其妙典所流布处而作拥护，令无留难；亦当护念听是经典诸国王等及其人民，除其患难，悉令安隐，他方怨贼，亦使退散。若有人王听是经时，邻国怨敌兴如是念，当具四兵坏彼国土。世尊！以是经典威神力故，尔时邻敌更有异怨为作留难，于其境界起诸衰恼、灾异、疫病。尔时怨敌起如是等诸恶事已，备具四兵，发向是国，亲往讨伐，我等尔时当与眷属无量无边百千鬼神，隐蔽其形，为作护助，令彼怨敌自然退散，起诸怖惧，种种留难。彼国兵众尚不能到，况复当能有所破坏。”

尔时佛赞四天王等：“善哉！善哉！汝等四王，乃能拥护我百千亿那由他劫所可修习阿耨多罗三藐三菩提，及诸人王受持是经恭敬供养者，为消衰患，令其安乐。复能拥护宫殿舍宅，城邑村落，国土边疆，乃至怨贼悉令退散，灭其衰恼，令得安隐。亦令一切阎浮提内所有诸王无诸凶衰斗讼之事。四王当知，此阎浮提八万四千城邑聚落、八万四千诸人王等，各于其国娱乐快乐，各各于国而得自在；于自所有钱财珍宝，各各自足，不相侵夺，如其宿世所修集业，随业受报，不生恶心，贪求他国；各各自生利益之心，生于慈心、安乐之心、不净讼心、不破坏心、无系缚心、无楚挞心，各于其土，自生爱乐，上下和睦，犹如水乳，心相爱念，增诸善根。以是因缘故，此阎浮提安隐丰乐，人民炽盛，大地沃壤，阴阳调和，时不越序，日月星宿不失常度，风雨随时，无诸灾横；人民丰实，自足于财，心无贪吝，亦无嫉妒，等行十善；其人寿终多生天上，天宫充满，增益天众。若未来世有诸人王听是经典，及供养恭敬受持是经四部之众，是王则为安乐利益汝等四王及余眷属无量百千诸鬼神等。何以故？汝等四王，若得时时闻是经典，则为已得正法之水，服甘露味，增益身力，心进勇锐，具诸威德。是诸人王，若能至心听受是经，则为已能供养于我，若供养我则是供养过去未来现在诸佛，若能供养过去未来现在诸佛，则得无量不可思议功德之聚。以是因缘，是诸人王应得拥护，及后妃采女、中宫眷属、诸王子等亦应得护，衰恼消灭，快乐炽盛；宫殿堂宇安隐清净，无诸灾变，护宅之神增长威德，亦受无量欢悦快乐。是诸国土所有人民，悉受种种五欲之乐，一切恶事悉皆消灭。”

尔时四天王白佛言：“世尊！未来之世，若有人王欲得护身及后妃采女、诸王子等、宫殿屋宅，得第一护，身所王领，最为殊胜，具不可思议王者功德，欲得摄取无量福聚，国土无有他方怨贼，无诸忧恼及诸苦事。世尊！如是人王，不应放逸散乱其心，应生恭敬谦下之心，应当庄严第一微妙最胜宫宅，种种香汁持用洒地，散种种华，敷大法座师子之座，兼以无量珍奇异物而为校饰，张施种种无数微妙幢幡宝盖。当净洗浴，以香涂身，着好净衣，缨络自严，坐卑小座，不自高大；除去自在；离诸放逸，谦下自卑，除去骄慢，正念听受，如是妙典，于说法者，生世尊想。复于宫内后妃王子采女眷属生慈哀心，和颜与语，劝以种种供养之具供养法师。是王尔时既劝化已，即生无量欢喜快乐，心怀悦豫，倍复自励，不生疲倦，多作利益，于说法者倍生恭敬。"

尔时佛告四天大王："尔时人王应着白净鲜洁之衣，种种缨络齐整庄严，执持素帛微妙上盖，服饰容仪不失常则，躬出奉迎说法之人。何以故？是王如是随其举足步步之中，即是供养值遇百千亿那由他诸佛世尊，复得超越如是等劫生死之难，复于来世尔所劫中，常得封受转轮王位。随其步步，亦得如是现世功德不可思议自在之力。常得最胜极妙七宝人天宫殿，在在生处，增益寿命，言语辩了，人所信用；无所畏忌，有大名称，常为人天之所恭敬，天上人中受上妙乐；得大势力，具足威德，身色微妙，端严第一；常值诸佛，遇善知识，成就具足，无量福聚。汝等四天王！如是人王见如是等种种无量功德利益，是故此王应当躬出奉迎法师，若一由旬至百千由旬，于说法师应生佛想。应作是念，今日释迦如来正智入于我宫，受我供养，为我说法，我闻是法即不退转于阿耨多罗三藐三菩提，已为得值百千万亿那由他佛，已为供养过去未来现在诸佛，已得毕竟三恶道苦，我今已种百千无量转轮圣王释梵之因，已种无边善根种子，已令无量百千万亿诸众生等度于生死，已集无量无边福聚，后宫眷属已得拥护，宫宅诸衰悉已消灭，国土无有怨贼棘刺，他方怨敌不能侵陵。汝等四王！如是人王应作如是供养正法，清净听受是妙经典，及恭敬供养、尊重赞叹持是经典四部之众，亦当回此所得最胜功德之分，施与汝等及余眷属诸天鬼神，聚集如是诸善功德，现世常得无量无边不可思议自在之利，威德势力成就具足，能以正法摧伏诸恶。"

尔时四王白佛言："世尊！若未来世有诸人王作如是等恭敬正法，至心听受是妙经典，及恭敬供养尊重赞叹持是经典四部之众，严治舍宅，香汁洒地，专心正念听说法时，我等四王亦当在中共听此法，愿诸人王为自利故，以己所得功德少分施与我等。世尊！是诸人王于说法者所坐之处，为我等故烧种种香供养是经，是妙香气于一念顷即至我等诸天宫殿，其香即时变成香盖，其香微妙，金色晃耀，照我等宫，释宫、梵宫，大辩天神、功德天神、坚牢地神、散脂鬼神最大将军、二十八部鬼神大将、摩醯首罗、金刚密迹、摩尼跋陀鬼神大将、鬼子母与五百儿子周匝围绕、阿耨达龙王、娑竭罗龙王，如是等众各自于宫殿各各得闻是妙香气，及见香盖光明普照，是香盖光明亦照一切诸天宫殿。"佛告四王："是香盖光明非但至汝四王宫殿。何以故？是诸人王手擎香炉供养经时，其香遍布，于一念顷遍至三千大千世界；百亿日月、百亿大海、百亿须弥山、百亿大铁围山、小铁围山及诸山王、百亿四天下、百亿四天王、百亿三十三天、乃至百亿非想非非想天，于此三千大千世界百亿三十三天，一切龙、鬼、乾闼婆、阿修罗、迦楼罗、紧那罗、摩睺罗伽宫殿，虚空悉满种种香烟云盖，其盖金光亦照宫殿。如是三千大千世界所有种种香烟云盖，皆是此经威神力故。是诸人王手擎香炉供养经时，种种香气不但遍此三千大千世界，于一念顷亦遍十方无量无边恒河沙等百千万亿诸佛世界，于诸佛上虚空之中亦成香盖，金光普照，亦复如是。诸佛世尊闻是妙香，见是香盖及金色光，于十方界恒河沙等诸佛世界，作如是等神力变化已，异口同音于说法者称赞：善哉善哉！大士！汝能广宣流布如是甚深微妙经典，则为成就无量无边不可思议功德之聚。若有闻是甚深经典所得功德则为不少，况持读诵为他众生开示分别演说其义。何以故？善男子！此金光明微妙经典，无边亿那由他诸菩萨等若得闻者，即不退于阿耨多罗三藐三菩提。"尔时十方无量无边恒河沙等诸佛世界现在诸佛，异口同声作如是言："善男子！汝于来世必定当得坐于道场菩提树下，于三界中最尊最胜，出过一切众生之上。勤修力故，受诸苦行，善能庄严菩提道场，能坏三千大千世界外道邪论，摧伏诸魔怨贼异形，觉了诸法第一寂灭清净无垢甚深无上菩提之道。善男子！汝已能坐金刚座处，转于无上诸佛所赞十二种行甚深法轮，能击无上最大法鼓，能吹无上极妙法螺，能竖无上最胜法幢，能然无上极明法炬，能雨无上甘露法雨，能断无量烦恼怨结，能令无量百千万亿那由他众度于无涯可畏大海，解脱生死无际轮转，值遇无量百千万亿那由他佛。"

尔时四天王复白佛言："世尊！是金光明微妙经典，能得未来现在种种无量功德。是故人王若得闻是微妙经典，则为已于百千万亿无量佛所种诸善根，我以敬念是人王故，复见无量福德利故，我等四王及余眷属无量百千万亿鬼神，于自宫殿见是种种香烟云盖瑞应之时，我当隐蔽不现其身，为听法故，当至是王所，至宫殿讲法之处。大梵天王、释提桓因、大辩天神、功德天神、坚牢地神、散脂鬼神大将军等二十八部鬼神大将、摩醯首罗、金刚密迹、摩尼跋陀鬼神大将、鬼子母及五百儿子周匝围绕、阿耨达龙王、娑竭罗龙王、无量百千万亿那由他鬼神诸天，如是等众为听法故，悉自隐蔽不现其身，至是人王所止宫殿讲法之处。世尊！我等四王及余眷属无量鬼神，悉当同心以是人王为善知识，同共一行，善相应行，能为无上大法施主，以甘露味充足我等，我等应当拥护是王，除其衰患，令得安隐，及其宫宅国土城邑诸恶灾患，悉令消灭。世尊！若有人王，于此经典心生舍离，不乐听闻，其心不欲恭敬供养尊重赞叹，若四部众有受持读诵讲说之者，亦复不能恭敬供养尊重赞叹，我等四王及余眷属无量鬼神即便不得闻此正法，背甘露味，失大法利，无有势力及以威德，减损天众，增长恶趣。世尊！我等四王及无量鬼神舍其国土，不但我等，亦有无量守护国土诸旧善神皆悉舍去。我等诸王及诸鬼神既舍离已，其国当有种种灾异，一切人民失其善心，唯有系缚嗔恚斗诤，互相破坏，多诸疾疫，彗星现怪，流星崩落，五星诸宿违失常度，两日并现，日月薄蚀，白黑恶虹数数出现，大地震动，发大音声，暴风恶雨，无日不有，谷米勇贵，饥馑冻饿，多有他方怨贼侵掠其国，人民多受苦恼。其地无有可爱乐处。世尊！我等四王及诸无量百千鬼神并守国土诸旧善神远离去时，生如是等无量恶事。世尊！若有人王，欲得自护及王国土多受安乐，欲令国土一切众生悉皆成就具足快乐，欲得摧伏一切外敌，欲得拥护一切国土，欲以正法正治国土，欲得除灭众生怖畏。世尊！是人王等应当必定听是经典，及恭敬供养读诵受持是经典者。我等四王及无量鬼神以是法食善根因缘，得服甘露无上法味，增长身力，心进勇锐，增益诸天。何以故？以是人王至心听受是经典故，如诸梵天说出欲论，释提桓因种种善论，五通之人神仙之论。世尊！梵天、释提桓因、五神通人虽有百千亿那由他无量胜论，是金光明于中最胜。所以者何？如来说是金光明经，为众生故，为令一切阎浮提内诸人王等以正法治，为与一切众生安乐，为欲爱护一切众生，欲令众生无诸苦恼，无有他方怨贼棘刺，所有诸恶背而不向，欲令国土无有忧恼，以正法教，无有诤讼。是故人王各于国土，应然法炬，炽然正法，增益天众。我等四王及无量鬼神，阎浮提内诸天善神，以是因缘得服甘露法味充足，得大威德进力具足，阎浮提内安隐丰乐，人民炽盛，安乐其处。复于来世无量百千不可思议那由他劫，常受微妙第一快乐。复得值遇无量诸佛，种诸善根，然后证成阿耨多罗三藐三菩提。得如是等无量功德，悉是如来正遍知说。如来过于百千亿那由他诸梵天等，以大悲力故；亦过无量百千亿那由他释提桓因，以苦行力故。是故如来为诸众生演说如是金光明经。若阎浮提一切众生及诸人王，世间出世间所作国事，所造世论皆因此经。欲令众生得安乐故，释迦如来示现是经广宣流布。世尊！以是因缘故，是诸人王应当必定听受供养恭敬尊重赞叹是经。"

尔时佛复告四天王："汝等四王及余眷属无量百千那由他鬼神，是诸人王，若能至心听是经典，供养恭敬尊重赞叹，汝等四王正应拥护，灭其衰患，而与安乐。若有人能广宣流布如是妙典，于人天中大作佛事，能大利益无量众生，如是之人，汝等四王必当拥护，莫令他缘而得扰乱，令心恬静，受于快乐，续复当得广宣是经。"

尔时四天王即从座起，偏袒右肩，右膝着地，长跪合掌，于世尊前以偈赞曰：

佛月清净，满足庄严，佛日晖曜，放千光明。如来面目，最上明净，齿白无垢，如莲华根；功德无量，犹如大海，智渊无边，法水具足，百千三昧，无有缺减；足下平满，千辐相现，足指网缦，犹如鹅王；光明晃曜，如宝山王，微妙清净，如炼真金，所有福德，不可思议，佛功德山，我今敬礼。佛真法身，犹如虚空，应物现形，如水中月，无有障碍，如焰如化，是故我今，稽首佛月。

尔时世尊，以偈答曰：

此金光明，诸经之王，甚深最胜，为无有上，十力世尊，之所宣说，汝等四王，应当勤护。以是因缘，是深妙典，能与众生，无量快乐，为诸众生，安乐利益，故久流布，于阎浮提，能灭三千，大千世界，所有恶趣，无量诸苦。阎浮提内，诸人王等，心生慈愍，正法治世，若能流布，此妙经典，则令其土，安隐丰熟，所有众生，悉受快乐。若有人王，欲爱己身，及其国土，欲令丰盛，应当至心，净洁洗浴，往法会所，听受是经。是经能作，所有善事，摧伏一切，内外怨贼，复能除灭，无量怖畏。是诸经王，能与一切，无量众生，安隐快乐。譬如宝树，在人家中，悉能出生，一切珍宝，是妙经典，亦复如是，悉能出生，诸王功德；如清冷水，能除渴乏，是妙经典，亦复如是，能除诸王，功德渴乏；譬如珍宝，异物箧器，悉在于手，随意所用，是金光明，亦复如是，随意能与，诸王法宝。是金光明，微妙经典，常为诸天，恭敬供养，亦为护世，四大天王，威神势力，之所护持，十方诸佛，常念是经。若有演说，称赞善哉，亦有百千，无量鬼神，从十方来，拥护是人。若有得闻，是妙经典，心生欢喜，踊跃无量，阎浮提内，无量大众，皆悉欢喜，集听是经，听是经故，具诸威德，增益天众，精气身力。

尔时四天王闻是偈已，白佛言："世尊！我从昔来未曾得闻如是微妙寂灭之法。我闻是已，心生悲喜，涕泪交流，举身战动，肢节怡解，复得无量不可思议具足妙乐。"以天曼陀罗华、摩诃曼陀罗华供养奉散于如来上。作如是等供养佛已,复白佛言:"世尊!我等四王,各各自有五百鬼神,常当随逐是说法者而为守护!"

大辩天神品第七

尔时大辩天白佛言:"世尊!是说法者我当益其乐说辩才,令其所说,庄严次第,善得大智。若是经中有失文字,句义违错,我能令是说法比丘次第还得,能与总持,令不忘失。若有众生于百千佛所种诸善根,是说法者为是等故,于阎浮提广宣流布是妙经典,令不断绝。复令无量无边众生得闻是经,当令是等悉得猛利不可思议大智慧聚,不可称量福德之报,善解无量种种方便,善能辩畅一切诸论,善知世间种种技术,能出生死得不退转,必定疾得阿耨多罗三藐三菩提。"

功德天品第八

尔时功德天白佛言:"世尊!是说法者,我当随其所须之物,衣服饮食、卧具医药及余资产,供给是人,无所乏少,令心安住,昼夜欢乐,正念思惟是经章句,分别深义。若有众生于百千佛所种诸善根,是说法者为是等故,于阎浮提广宣流布是妙经典,令不断绝。是诸众生听是经已,于未来世无量百千那由他劫,常在天上人中受乐,值遇诸佛,速成阿耨多罗三藐三菩提,三恶道苦悉毕无余。世尊!我已于过去宝华功德海琉璃金山照明如来、应供、正遍知、明行足、善逝、世间解、无上士、调御丈夫、天人师、佛世尊所种诸善根,是故我今随所念方,随所视方,随所至方,能令无量百千众生受诸快乐。若衣服饮食资生之具,金银七宝、真珠、琉璃、珊瑚、琥珀、璧玉、珂贝,悉无所乏。若有人能称金光明微妙经典,为我供养诸佛世尊,三称我名,烧香供养,供养佛已,别以香华种种美味供施我,洒散诸方,当知是人即能聚集资财宝物,以是因缘,增长地味,地神诸天,悉皆欢喜,所种谷米芽茎枝叶果实滋茂;树神欢喜,出生无量种种诸物。我时慈念诸众生故,多与资生所须之物。世尊!于此北方毗沙门天王有城名曰阿尼曼陀,其城有园名功德华光,于是园中有最胜园,名曰金幢七宝极妙,此即是我常止住处。若有欲得财宝增长,是人当于自所住处,应净扫洒,洗浴其身,着鲜白衣,妙香涂身,为我至心三称彼佛宝华琉璃世尊名号,礼拜供养,烧香散华,亦当三称金光明经,至诚发愿;别以香华种种美味,供施于我,散洒诸方。尔时当说如是章句:

波利富楼那遮利　　三曼陀达舍尼罗伕　　摩诃毗呵罗伽帝　　三曼陀

毗陀那伽帝　　摩诃迦梨波帝　　波婆祢萨婆哆哜　　三曼陀　　修钵梨富隶
阿夜那达摩帝　　摩诃毗鼓毕帝　　摩诃弥勒簸僧祇帝　　酰帝徙三博祇
悌帝　　三曼陀阿哋　　阿瓮婆罗尼

是灌顶章句，必定吉祥，真实不虚。等行众生及中善根，应当受持，读诵通利。七日七夜受持八戒，朝暮净心，香华供养十方诸佛。常为己身及诸众生，回向具足阿耨多罗三藐三菩提，作是誓愿：令我所求皆得吉祥。自于所居房舍屋宅净洁除扫，若自住处，若阿兰若处，以香泥涂地，烧微妙香，敷净好座，以种种华香布散其地，以待于我。我于尔时如一念顷，入其室宅，即坐其座，从此日夜令此所居，若村邑、若僧坊、若露地，无所乏少。若钱、若金银、若珍宝、若牛羊、若谷米，一切所须即得具足，悉受快乐。若能以己所作善根最胜之回与我者，我当终身不远其人，于所住处至心护念，随其所求令得成就。应当至心礼如是等诸佛世尊，其名曰：宝胜如来、无垢炽宝光明王相如来、金焰光明如来、金百光明照藏如来、金山宝盖如来、金华焰光相如来、大炬如来、宝相如来。亦应敬礼信相菩萨、金光明菩萨、金藏菩萨、常悲菩萨、法上菩萨。亦应敬礼东方阿閦如来、南方宝相如来、西方无量寿佛、北方微妙声佛。"

坚牢地神品第九

尔时地神坚牢白佛言："世尊！是金光明微妙经典，若现在世，若未来世，在在处处，若城邑聚落，若山泽空处，若王宫宅；世尊！随是经典所流布处，是地分中敷师子座，令说法者坐其座上，广演宣说是妙经典，我当在中常作宿卫，隐蔽其身于法座下，顶戴其足。我闻法已，得服甘露无上法味，增益身力，而此大地深十六万八千由旬，从金刚际至海地上，悉得众味增长具足，丰壤肥浓过于今日。以是之故，阎浮提内药草树木根茎枝叶华果滋茂，美色香味皆悉具足，众生食已增长寿命，色力辩安，六情诸根具足通利，威德颜貌端严殊特。成就如是种种等已，所作事业多得成办，有大势力，精勤勇猛。是故世尊！阎浮提内安隐丰乐，人民炽盛，一切众生多受快乐，应心适意，随其所乐。是诸众生得是威德大势力已，能供养是金光明经，及恭敬供养持是经者四部之众，我于尔时当往其所，为诸众生受快乐故，请说法者广令宣布如是妙典。何以故？世尊！是金光明若广说时，我及眷属所得功德倍过于常，增长身力，心进勇锐。世尊！我服甘露无上味已，阎浮提地纵广七千由旬丰壤倍常。世尊！如是大地，众生所依，悉能增长一切所须之物；增长一切所须物已，令诸众生随意所用，受于快乐，种种饮食、衣服、卧具、宫殿屋宅、树木林苑、河池井泉，如是等物依因于地，悉皆具足。是故世尊！是诸众生为知我恩应作是念，我当必定听受是经，供养恭敬，尊重赞叹。作是念已，即从住处，若城邑聚落、舍宅空地，往法会所听受是经。既听受已，还其所止，各应相庆，作如是言：我等今者闻此甚深无上妙法，已为摄取不可思议功德之聚，值遇无量无边诸佛，三恶道报已得解脱，于未来世常生天上人中受乐。是诸众生各于住处，若为他人演说是经，若说一喻一品一缘，若复称叹一佛一菩萨一四句偈乃至一句，及称是经首题名字；世尊！随是众生所住之处，其地具足丰壤肥浓，过于余地；凡是因地所生之物，悉得增长，滋茂广大，令诸众生受于快乐，多饶财宝，好行惠施，心常坚固深信三宝。"

尔时佛告地神坚牢："若有众生，乃至闻是金光明经一句之义，人中命终随意往生三十三天。地神！若有众生，为欲供养是经典故，庄严屋宅，乃至张悬一幡一盖及以一衣，欲界六天已有自然七宝宫殿，是人命终即往生彼。地神！于诸七宝宫殿之中，各各自然有七天女，共相娱乐，日夜常受不可思议微妙快乐。"

尔时地神白佛言："世尊！以是因缘，说法比丘坐法座时，我常昼夜卫护不离，隐蔽其形在法座下，顶戴其足。世尊！若有众生于百千佛所种诸善根，是说法者为是等故，于阎浮提广宣流布是妙经典，令不断绝。是诸众生听是经已，未来之世无量百千那由他劫，于天上人中常受快乐，值遇诸佛，疾成阿耨多罗三藐三菩提，三恶道苦悉断无余。"

卷 三

散脂鬼神品第十

尔时散脂鬼神大将及二十八部诸鬼神等，即从座起，偏袒右肩，右膝着地，白佛言："世尊！是金光明微妙经典，若现在世及未来世，在在处处，若城邑聚落，若山泽空处，若王宫宅，随是经典所流布处，我当与此二十八部大鬼神等往至彼所，隐蔽其形，随逐拥护是说法者，消灭诸恶，令得安隐；及听法众，若男、若女、童男童女，于是经中乃至得闻一如来名、一菩萨名及此经典首题名字，受持读诵，我当随侍宿卫拥护，悉灭其恶，令得安隐；及国邑城郭，若王宫殿、舍宅空处，皆亦如是。世尊！何因缘故，我名散脂鬼神大将？唯然世尊，自当证知。世尊！我知一切法，一切缘法；了一切法，知法分齐。如法安住，一切法如性，于一切法含受一切法。世尊！我现见不可思议智光、不可思议智炬、不可思议智行、不可思议智聚、不可思议智境。世尊！我于诸法正解正观，得正分别，正解于缘，正能觉了。世尊！以是义故，名散脂大将。世尊！我散脂大将，令说法者庄严言辞，辩不断绝，众味精气从毛孔入，充益身力，心进勇锐，成就不可思议智慧，入正忆念。如是等事悉令具足，心无疲厌，身受诸乐，心得欢喜。以是意故，能为众生广说是经。若有众生，于百千佛所种诸善根，说法之人为是众生，于阎浮提内广宣流布是妙经典，令不断绝。无量众生闻是经已，当得不可思议智聚，摄取不可思议功德之聚，于未来世无量百千劫，人天之中常受快乐，于未来世值遇诸佛，疾得证成阿耨多罗三藐三菩提，一切众苦，三恶趣分，永灭无余。南无宝华功德海琉璃金山光照如来、应供、正遍知！南无无量百千亿那由他庄严其身释迦如来、应供、正遍知，炽然如是微妙法炬！南无第一威德成就众事大功德天！南无不可思量智慧功德成就大辩天！"

正论品第十一

尔时佛告地神坚牢："过去有王名力尊相，其王有子名曰信相，不久当受灌顶之位，统领国土。尔时父王告其太子信相：'世有正论，善治国土。我于昔时曾为太子，不久亦当绍父王位，尔时父王持是正论，亦为我说。我以是论于二万岁善治国土，未曾一念以非法行，于自眷属，情无爱著。'何等名为治世正论？地神！尔时力尊相王为信相太子说是偈言：

我今当说，诸王正论，为利众生，断诸疑惑，一切人王，诸天天王，应当欢喜，合掌谛听。

诸王和合，集金刚山，护世四镇，起问梵王：

大师梵尊，天中自在，能除疑惑，当为我断，云何是人，得名为天，云何人王，复名天子，生在人中，处王官殿，正法治世，而名为天。护世四王，问是事已，时梵尊师，即说偈言：汝今虽以，此义问我，我要当为，一切众生，敷扬宣畅，第一胜论。因集业故，生于人中，王领国土，故称人王。处在胎中，诸天守护，或先守护，然后入胎，虽在人中，生为人王，以天护故，复称天子。三十三天，各以己德，分与是人，故称天子。神力所加，故得自在，远离恶法，遮令不起，安住善法，修令增广，能令众生，多生天上。半名人王，亦名执乐，罗刹魁脍，能遮诸恶；亦名父母，教诲修善，示现果报，诸天所护。善恶诸业，现在未来，现受果报，诸天所护。若有恶事，纵而不问，不治其罪，不以正教，舍远善法，增长恶趣，故使国中，多诸奸斗，三十三天，各生嗔恨。由其国王，纵恶不治，坏国正法，奸诈炽盛，他方怨敌，竞来侵掠，自家所有，钱财珍宝，诸恶盗贼，共来劫夺。如法治世，不行是事，若行是者，其国殄灭。譬如狂象，踏莲华池，暴风卒起，屡降恶雨，恶星数出，日月无光，五谷果实，咸不滋茂。由王舍正，使国饥馑，天于宫殿，悉怀愁恼。由王暴虐，不修善事，是诸天王，各相谓言：是王行恶，与恶为伴，以造恶故，速得天嗔，以天嗔故，不久国败。非法兵仗，奸诈斗讼，疾疫恶病，集其国土，诸天即便，舍离是王，令其国败，生大愁恼。兄弟姊妹，眷属妻子，孤迸流离，身亦灭亡，流星数堕，二日并现，他方恶贼，侵掠其土，人民饥饿，多诸疾疫，所重大臣，舍离薨亡，象马车乘，一念丧灭，诸家财产，国土所有，互相劫夺，刀兵而死，五星诸宿，违失常度，诸恶疾疫，流遍其国。诸受宠禄，所任大臣，及诸群僚，专行非法，如是行恶，偏受恩遇，修善法者，日日衰灭。于行恶者，而生恭敬，见修善者，心不顾录，故使世间，三异并起，星宿失度，降暴风雨，破坏甘露，无上正法，众生等类，及以地肥。恭敬弊恶，毁诸善人，故天降雹，饥饿疫病，谷米果实，滋味衰减，多病众生，充满其国，甘美盛果，日日损减，苦涩恶味，随时增长，本所游戏，可爱之处，悉皆枯悴，无可乐者；众生所食，精妙上味，渐渐损减，食无肥肤。颜貌丑陋，气力衰微，凡所食啖，不知厌足，力精勇猛，悉灭无有，懒惰懈怠，充满其国，多有病苦，逼切其身，恶星变动，罗刹乱行。若有人王，行于非法，增长恶伴，损人天道，于三有中，多受苦恼。起如是等，无量恶事，皆由人王，爱著眷属，纵之造恶，舍而不治。若为诸天，所护生者，如是人王，终不为是；有行善者，得生天中，行不善者，堕在三涂。三十三天，皆生焦热，由王纵恶，舍而不治，违逆诸天，及父母敕，不能正治，则非孝子。起诸奸恶，坏国土者，不应纵舍。当正治罪，是故诸天，护持是王，以灭恶法，修习善故，现世正治，得增王位。应各为说，善不善业，能示因果，故得为王，诸天护持，邻王佐助。为自为他，修正治国。有坏国者，应当正教，为命及国，修行正法，不应行恶，恶不应纵。所有余事，不能坏国，要因多奸，然后倾败。若起多奸，坏于国土，譬如大象，坏莲华池，怨恨诸天，故天生恼，起诸恶事，弥满其国。是故应随，正法治世，以善化国，不顺非法，宁舍身命，不爱眷属，于亲非亲，心常平等，视亲非亲，和合为一。正行名称，流布三界，正法治国，人多行善，常以善心，仰瞻国王，能令天众，具足充满，是故正治，名为人王。一切诸天，爱护人王，犹如父母，拥护其子，故令日月，五星诸宿，随其分齐，不失常度，风雨随时，无诸灾祸，令国丰实，安乐炽盛，增益人民，诸天之众。以是因缘，诸人王等，宁舍身命，不应为恶；不应舍离，正法珍宝，由正法宝，世人受乐。常当亲近，修正法者，聚集功德，庄严其身。于自眷属，常知止足，当远恶人，修治正法，安止众生，于诸善法，教敕防护，令离不善。是故国土，安隐丰乐，是王亦得，威德具足，随诸人民，所行恶法，应当调伏，如法教诏，是王当得，好名善誉，善能摄护，安乐众生。"

善集品第十二

尔时如来复为地神说往昔因缘，而作偈言：

我昔曾为，转轮圣王，舍四大地，及以大海，又于是时，以四天下，满中珍宝，奉上诸佛，凡所布施，皆舍所重，不见可爱，而不舍者。于过去世，无数劫中，求正法故，常舍身命。又过去世，不可议劫，有佛世尊，名曰宝胜，其佛世尊，般涅槃后，时有圣王，名曰善集，于四天下，而得自在，治正之势，尽大海际。其王有城，名水音尊，于其城中，止住治化，夜睡梦中，闻佛功德，及见比丘，名曰宝冥，善能宣畅，如来正法，所谓金光，微妙经典，明如日中，悉能遍照。是转轮王，梦是事已，即寻觉寤，心喜遍身，即出宫殿，至僧坊所，供养恭敬，诸大圣众，问诸大德，是大众中，颇有比丘，名曰宝冥，成就一切，诸功德不？尔时宝冥，在一窟中，安坐不动，思惟正念，读诵如是，金光明经。时有比丘，即将是王，至其所止，到宝冥所。时此宝冥，故在窟中，形貌殊特，威德炽然，即示王言，是窟中者，即是所问，宝冥比丘，能持甚深，诸佛所行，名金光明，诸经之王。时善集王，即寻礼敬，宝冥比丘，作如是言：面如满月，威德炽然，惟愿为我，敷演宣说，是金光明，诸经之王。时宝冥尊，即受王请，许为宣说，是金光明。三千大千，世界诸天，知当说法，悉生欢喜，于净微妙，鲜洁之处，种种珍宝，厕填其地，上妙香水，持用洒之，散诸好华，遍满其处。王于是时，自敷法座，悬缯幡盖，宝饰交络，种种微妙，殊特末香，悉以奉散，大法高座；一切诸天，龙及鬼神，摩睺罗伽，紧那罗等，即雨天上，曼陀罗华，遍散法座，满其处所，不可思议，百千万亿，那由他等，无量诸天，一时俱来，集说法所。是时宝冥，寻从窟出，诸天即时，以娑罗华，供养奉散，宝冥比丘。是时宝冥，净洗身体，着净妙衣，至法座所，合掌敬礼，是法高座。一切天王，及诸天人，雨曼陀罗、大曼陀罗、摩诃曼殊，众妙宝华，无量百千，种种伎乐，于虚空中，不鼓自鸣。宝冥比丘，能说法者，寻上高座，结跏趺坐，即念十方，不可思议，无量千亿，诸佛世尊，于诸众生，兴大悲心，及善集王，所得王领，尽一日月，所照之处。时说法者，即寻为王，敷扬宣说，是妙经典。是时大王，为闻法故，于比丘前，合掌而立。闻于正法，赞言善哉！其心悲悼，涕泪交流，寻复踊悦，心意熙怡。为欲供养，此经典故，尔时即提，如意珠王，为诸众生，发大誓愿：愿于今日，此阎浮提，悉雨无量，种种珍异，瑰奇七宝，及妙璎珞，以是因缘，悉令无量，一切众生，皆受快乐。即于尔时，寻雨七宝，及诸宝饰，天冠耳珰，种种璎珞，甘馔宝座，悉皆充满，遍四天下。时王善集，即持如是，满四天下，无量七宝，于宝胜佛，遗法之中，以用布施，供养三宝。尔时为王，说法比丘，于今现在，阿闲佛是；时善集王，听受法者，今则我身，释迦文是。我于尔时，舍此大地，满四天下，珍宝布施，得闻如是，金光明经，闻是经已，一称善哉，以此善根，业因缘故，身得金色，百福庄严，常为无量，百千万亿，众生等类，之所乐见。既得见已，无有厌足，过去九十，九亿千劫，常得作于，转轮圣王，亦于无量，百千劫中，常得王领，诸小国土；不可思议，劫中常作，释提桓因，及净梵王，复得值遇，十力世尊，其数无量，不可称计。所得功德，无量无边，皆由闻经，及称善哉。如我所愿，成就菩提，正法之身，我今已得。

鬼神品第十三

佛告功德天："若有善男子善女人，欲以不可思议妙供养具供养过去、未来、现在诸佛世尊，及欲得知三世诸佛甚深行处，是人应当必定至心，随有是经流布之处，若城邑村落、舍宅空处，正念不乱，至心听是微妙经典。"
尔时世尊欲重宣此义，而说偈言：

若欲供养，一切诸佛，欲知三世，诸佛行处，应当往彼，城邑聚落，有是经处，至心听受，是妙经典。不可思议，功德大海，无量无边，能令一切，众生解脱，度无量苦，诸有大海。是经甚深，初中后善，不可得说，譬喻为比。假使恒沙，大地微尘，大海诸水，一切诸山，如是等物，不得为喻。若入是经，即入法性，如深法性，安住其中，即于是典，金光明中，而得见我，释迦牟尼，不可思议，阿僧祇劫，生天人中，常受快乐。以能信解，听是经故，如是无量，不可思议，功德福聚，悉已得之。随所至处，若百由旬，满中盛火，应从中过。若至聚落，阿兰若处，到法会所，至心听受，听是经故，恶梦蛊道，五星诸宿，变异灾祸，一切恶事，消灭无余。于说法处，莲华座上，说是经典，书写读诵，是说法者，若下法座，尔时大众，犹见坐处，故有说者，或佛世尊，或见佛像、菩萨色像，普贤菩萨、文殊师利、弥勒大士，及诸形像。见如是等，种种事已，寻复灭尽，如前无异。成就如是，诸功德已，而为诸佛，之所赞叹。威德相貌，无量无边，有大名称，能却怨家，他方盗贼，能令退散，勇捍多力，能破强敌；恶梦恼心，无量恶业，如是恶事，

皆悉寂灭。若入军阵，常能胜他，名闻流布，遍阎浮提，亦能摧伏，一切怨
敌，远离诸恶，修习诸善，入阵得胜，心常欢喜。大梵天王，三十三天，护世
四王，金刚密迹，鬼神诸王，散脂大将，禅那英鬼，及紧那罗，阿耨达龙，
娑竭罗王，阿修罗王，迦楼罗王，大辩天神，及功德天，如是上首，诸天神
等，常当供养，是听法者，生不思议，法堂之想。众生见者，恭敬欢喜，诸天
王等，亦各思惟，而相谓言：令是众生，无量威德，皆悉成就。若能来至，
是法会所，如是之人，成上善根。若有听是，甚深经典，故严出往，法会之
处，心生不可，思议正信，供养恭敬，无上法堂，如是大悲，利益众生，即是
无量，深法宝器，能入甚深，无上法性。由以净心，听是经典，如是之人，悉
已供养，过去无量，百千诸佛，以是善根，无量因缘，应当听受，是金光明。
如是众生，常为无量，诸天神王，之所爱护。大辩、功德，护世四王，无量鬼
神，及诸力士，昼夜精进，拥护四方，令无灾祸，永离诸苦，释提桓因，及日
月天，阎摩罗王，风水诸神，韦陀天神，及毗纽天，大辩天神，及自在天，火
神等神，大力勇猛，常护世间，昼夜不离，大力鬼王，那罗延等，摩醯首罗，
二十八部，诸鬼神等，散脂为首，百千鬼神，神足大力，拥护是等，令不怖畏；
金刚密迹，大鬼神王，及其眷属，五百徒党，一切皆是，大菩萨等，亦悉拥
护，听是经者；摩尼跋陀，大鬼神王，富那跋陀，及金毗罗，阿罗婆帝，宾头
卢伽，黄头大神，一一诸神，各有五百，眷属鬼神，亦常拥护，听是经者；质
多斯那，阿修罗王，及乾闼婆，那罗罗阇，祁邪娑婆，摩尼乾陀，及尼捷陀，
主雨大神，大饮食神，摩诃伽吒，金色发神，半祁鬼神，及半支罗，车钵罗
婆，有大威德，婆那利神，昙摩跋罗，摩竭婆罗，针发鬼神，绣利蜜多，勤那
翅奢，摩诃婆那，及军陀遮，剑摩舍帝，复有大神，奢罗蜜帝，醯摩跋陀，萨
多琦梨，多醯波醯，阿伽跋罗，支罗摩伽，央掘摩罗，如是等神，皆有无量，
神足大力，常勤拥护，听受如是，微妙经者，阿耨达龙，娑伽罗王，目真邻
王，伊罗钵王，难陀龙王，跋难陀王，有如是等，百千龙王，以大神力，常来
拥护，听是经者，昼夜不离，波利罗睺，阿修罗王，毗摩质多，及以茂脂，睒
摩利子，波诃梨子，佉罗骞陀，及以捷陀，是等皆是，阿修罗王，有大神力，
常来拥护，听是经者，昼夜不离，诃利帝南，鬼子母等，及五百神，常来拥
护，听是经者，若睡若寤，旃陀旃陀，利大鬼神，女等鸠罗，鸠罗檀提，啖人
精气，如是等神，皆有大力，常勤拥护，十方世界，受持经者；大辩天等，无
量天女，功德天等，各与眷属，地神坚牢，种植园林，果实大神，如是诸神，
心生欢喜，悉来拥护，爱乐亲近，是经典者。于诸众生，增命色力，功德威
貌，庄严倍常，五星诸宿，变异灾怪，皆悉能灭，无有遗余；夜卧恶梦，寤则

忧悴，如是恶事，皆悉灭尽。地神大力，势分甚深，是经力故，能变其味，如是大地，至金刚际，厚十六万，八千由旬，其中气味，无不遍有，悉令涌出，润益众生；是经力故，能令地味，悉出地上，厚百由旬，亦令诸天，大得精气，充益身力，欢喜快乐。阎浮提内，所有诸神，心生欢喜，受乐无量。是经力故，诸天欢喜，百谷果实，皆悉滋茂，园苑丛林，其华开敷，香气馥盛，充溢弥满，百草树木，生长端直，其体柔软，无有斜戾。阎浮提内，所有龙女，其数无量，不可思议，心生欢喜，踊跃无量，在在处处，庄严华池，于其池中，生种种华，优钵罗华，波头摩华，拘物头华，分陀利华。于自官殿，除诸云雾，令虚空中，无有尘翳，诸方清彻，净洁明了，日王赫焰，放千光明，欢喜踊跃，照诸暗蔽；阎浮檀金，以为官殿，止住其中，威德无量，日之天子，及以月天，闻是经故，精气充实。是日天子，出阎浮提，心生欢喜，放于无量，光明明网，遍照诸方，即于出时，放大光网，开敷种种，诸池莲华，阎浮提内，无量果实，随时成熟，饱诸众生。是时日月，所照殊胜，星宿正行，不失度数，风雨随时，丰实炽盛，多饶财宝，无所乏少。是金光明，微妙经典，随所流布，读诵之处，其国土境，即得增益，如上所说，无量功德。

授记品第十四

尔时如来将欲为是信相菩萨及其二子银相 银光授阿耨多罗三藐三菩提记，是时即有十千天子，威德炽王而为上首，俱从忉利来至佛所，顶礼佛足，却坐一面。尔时佛告信相菩萨："汝于来世，过无量无边百千万亿不可称计那由他劫，金照世界，当成阿耨多罗三藐三菩提，号金宝盖山王如来、应供、正遍知、明行足、善逝、世间解、无上士、调御丈夫、天人师、佛世尊。乃至是佛般涅槃后，正法像法皆灭尽已，长子银相当于是界次补佛处，世界尔时转名净幢，佛名阎浮檀金幢光照明如来、应供、正遍知、明行足、善逝、世间解、无上士、调御丈夫、天人师、佛世尊。乃至是佛般涅槃后，正法像法悉灭尽已，次子银光复于是后次补佛处，世界名字如本不异，佛号曰金光照如来、应供、正遍知、明行足、善逝、世间解、无上士、调御丈夫、天人师、佛世尊。"是十千天子，闻三大士得受记莂，复闻如是金光明经，闻已欢喜，生殷重心，心无垢累，如净琉璃，清净无碍，犹如虚空。尔时如来知是十千天子善根成熟，即便与授菩提道记："汝等天子，于当来世，过阿僧祇百千万亿那由他劫，于是世界，当成阿耨多罗三藐三菩提，同共一家一姓一名，号曰青目优钵罗华香山如来、应供、正遍知、明行足、善逝、世间解、无上士、调御丈夫、天人师、佛世尊。如是次第出现于世凡一万佛。"

尔时道场菩提树神,名等增益,白佛言:"世尊!是十千天子于忉利宫为听法故,故来集此,云何如来便与授记?世尊!我未曾闻是诸天子修行具足六波罗蜜,亦未曾闻舍于手足头目髓脑、所爱妻子、财宝谷帛、金银、琉璃、砗磲、码碯、真珠、珊瑚、珂贝、璧玉、甘馔饮食、衣服卧具、病瘦医药、象马车乘、殿堂屋宅、园林泉池、奴婢仆使,如余无量百千菩萨以种种资生供养之具,恭敬供养过去无量百千万亿那由他等诸佛世尊。如是菩萨于未来世亦舍无量所重之物,头目髓脑、所爱妻子、财宝谷帛乃至仆使,次第修行,成就具足六波罗蜜。成就是已,备修苦行,动经无量无边劫数,然后方得受菩提记。世尊!是天子等何因何缘,修行何等胜妙善根,从彼天来暂得闻法便得受记,惟愿世尊,为我解说,断我疑网。"尔时佛告树神善女天:"皆有因缘,有妙善根,以随相修。何以故?以是天子于所住处舍五欲乐,故来听是金光明经,既闻法已,于是经中净心殷重,如说修行;复得闻此三大菩萨受于记莂,亦以过去本昔发心誓愿因缘,是故我今皆与授记,于未来世,当成阿耨多罗三藐三菩提。"

除病品第十五

佛告道场菩提树神:"善女天!谛听谛听!善持忆念!我当为汝演说往昔誓愿因缘。过去无量不可思议阿僧祇劫,尔时有佛出现于世,名曰宝胜如来、应供、正遍知、明行足、善逝、世间解、无上士、调御丈夫、天人师、佛世尊。善女天!尔时是佛般涅槃后正法灭已,于像法中有王名曰天自在光王,修行正法,如法治世,人民和顺,孝养父母。是王国中有一长者名曰持水,善知医方,救诸病苦,方便巧知四大增损。善女天!尔时持水长者家中后生一子名曰流水,体貌殊胜,端正第一,形色微妙,威德具足,受性聪敏,善解诸论,种种技艺、书疏、算计无不通达。是时国内天降疫病,有无量百千诸众生等皆无免者,为诸苦恼之所逼切。善女天!尔时流水长者子见是无量百千众生受诸苦恼故,为是众生生大悲心,作是思惟:如是无量百千众生受诸苦恼,我父长者虽善医方,能救诸苦,方便巧知四大增损,年已衰迈,老耄枯悴,皮缓面皱,羸瘦颤掉,行来往反要因几杖,困顿疲乏,不能至彼城邑聚落,而是无量百千众生,复遇重病,无能救者。我今当至大医父所谘问治病医方秘法,谘禀知已,当至城邑聚落村舍治诸众生种种重病,悉令得脱无量诸苦。时长者子思惟是已,即至父所,头面着地,为父作礼,叉手却住,以四大增损而问于父。即说偈言:

> 云何当知,四大诸根,衰损代谢,而得诸病;云何当知,饮食时节,若

食食已，身火不灭；云何当知，治风及热，水过肺病，及以等分；何时动风，何时动热，何时动水，以害众生。

时父长者，即以偈颂，解说医方，而答其子：

> 三月是夏，三月是秋，三月是冬，三月是春，是十二月，三三而说，从如是数，一岁四时。若二二说，足满六时。三三本摄，二二现时。随是时节，消息饮食，是能益身，医方所说。随时岁中，诸根四大，代谢增损，令身得病。有善医师，随顺四时，三月将养，调和六大，随病饮食，及以汤药。多风病者，夏则发动，其热病者，秋则发动，等分病者，冬则发动；其肺病者，春则增剧。有风病者，夏则应服，肥腻醎酢，及以热食；有热病者，秋服冷甜；等分冬服，甜酢肥腻，肺病春服，肥腻辛热。饱食然后，则发肺病，于食消时，则发热病；食消已后，则发风病，如是四大，随三时发。风病羸损，补以酥腻；热病下药，服诃梨勒；等病应服，三种妙药，所谓甜辛，及以酥腻，肺病应服，随能吐药。若风、热病，肺病、等分，违时而发，应当任师，筹量随病，饮食汤药。

善女天！尔时流水长者子问其父医四大增损，因是得了一切医方。时长者子知医方已，遍至国内城邑聚落，在在处处，随有众生病苦者所，软言慰喻，作如是言：我是医师，我是医师！善知方药！今当为汝疗治救济，悉令除愈。善女天！尔时众生闻长者子软言慰喻，许为治病，心生欢喜，踊跃无量。时有百千无量众生遇极重病，直闻是言，心欢喜故，种种所患，即得除差，平复如本，气力充实。善女天！复有无量百千众生病苦深重难除差者，即共来至长者子所，时长者子即以妙药授之令服，服已除差，亦得平复。善女天！是长者子于其国内治诸众生所有病苦，悉得除差。"

卷　四

流水长者子品第十六

佛告树神："尔时流水长者子，于天自在光王国内，治一切众生无量苦患已，令其身体平复如本，受诸快乐。以病除故，多设福业，修行布施，尊重恭敬是长者子，作如是言：善哉长者！能大增长福德之事，能益众生无量寿命，汝今真是大医之王！善治众生无量重病，必是菩萨，善解方药！善女天！时长者子有妻名曰水空龙藏，而生二子：一名水空，二名水藏。时长者子将是二子，次第游行城邑聚落，最后到一大空泽中，见诸虎狼狐犬鸟兽多食肉血，悉皆一向驰奔而去。时长者子作是念言：是诸禽兽何因缘故一向驰走？我当随后逐而观之。时长者子遂便随逐，见有一池，其水枯涸，于其池中，多有诸鱼。时长者子见是鱼已，生大悲心。时有树神示现半身，作如是言：'善哉善哉！大善男子！此鱼可愍，汝可与水，是故号汝名为流水。复有二缘名为流水：一能流水，二能与水。汝今应当随名定实。'时长者子问树神言：'此鱼头数为有几所？'树神答言：'其数具足，足满十千。'善女天！尔时流水闻是数已，倍复增益生大悲心。善女天！时此空池为日所曝，唯少水在，是十千鱼将入死门，四向宛转，见是长者心生恃赖，随是长者所至方面，随逐瞻视，目未曾舍。是时长者驰趣四方，推求索水，了不能得。便四顾望，见有大树，寻取枝叶，还到池上，与作阴凉。作阴凉已，复更推求是池中水本从何来，即出四向周遍求觅，莫知水处。复更疾走远至余处，见一大河名曰水生。尔时复有诸余恶人，为捕此鱼故，于上流悬险之处决弃其水不令过。然其决处悬险难补，计当修治经九十日，百千人功犹不能成，况我一身。时长者子速疾还反至大王所，头面礼拜，却住一面，合掌向王说其因缘，作如是言：'我为大王国土人民治种种病，渐渐游行，至彼空泽，见有一池，其水枯涸，有十千鱼，为日所曝，今日困厄，将死不久。惟愿大王，借二十大象，令得负水，济彼鱼命，如我与诸病人寿命。'尔时大王即敕大臣速疾供给。尔时大臣奉王告敕，语是长者：'善哉大士！汝今自可至象厩中随意选取，利益众生，令得快乐。'是时流水及其二子将二十大象，从治城人借皮囊，疾至彼河上流决处盛水象负，驰疾奔还，至空泽池，从象背上下其囊水，泻置池中，水遂弥满，还复如本。时长者子于池四边彷徉而行，是鱼尔时亦复随逐，循岸而行。时长者子复作是念：是鱼何缘随我而行，是鱼必为饥火所恼，复欲从我求索饮食，我今当与。善女天！尔时流水长者子告其子言：'汝取一象最大力者，速至家中，启父长者，家中所有可食之物，乃至父母饮啖之分及以妻子奴婢之分，一切聚集，悉载象上，急速来还。'尔时二子如父教敕，乘最大象往至家中，白其祖父说如上事。尔时二子收取家中可食之物，载象背上疾还父所，至空泽池。时长者子见其子还，心生欢喜，踊跃无量。从子边取饮食之物散着池中，与鱼食已，即自思惟：我今已能与此鱼食，令其饱满，未来之世，当施法食。复更思惟：曾闻过去空闲之处有一比丘，读诵大乘方等经典，其经中说：若有众生临命终时，得闻宝胜如来名号，即生天上。我今当为是十千鱼解说甚深十二因缘，亦当称说宝胜佛名。时阎浮提中有二种人：一者深信大乘方等，二者毁呰不生信乐。时长者子作是思惟：我今当入池水之中为是诸鱼说深妙法。思惟是已，即便入水，作如是言：南无过去宝胜如来、应供、正遍知、明行足、善逝、世间解、无上士、调御丈夫、天人师、佛世尊。宝胜如来本往昔时，行菩萨道作是誓愿：若有众生于十方界，临命终时闻我名者，当令是辈即命终已寻得上生三十三天。尔时流水复为是鱼解说如是甚深妙法：所谓无明缘行，行缘识，识缘名色，名色缘六入，六入缘触，触缘受，受缘爱，爱缘取，取缘有，有缘生，生缘老死忧悲苦恼。

“善女天！尔时流水长者子及其二子，说是法已，即共还家。是长者子复于后时宾客聚会醉酒而卧，尔时其地卒大震动。时十千鱼同日命终，既命终已生忉利天，既生天已作是思惟：我等以何善业因缘得生于此忉利天中。复相谓言：我等先于阎浮提内堕畜生中，受于鱼身，流水长者子与我等水及以饮食，复为我等解说甚深十二因缘，并称宝胜如来名号，以是因缘令我等辈得生此天，是故我等今当往至长者子所报恩供养。尔时十千天子从忉利天下阎浮提，至流水长者子大医王家。时长者子在楼屋上露卧眠睡。是十千天子以十千真珠天妙璎珞置其头边，复以十千置其足边，复以十千置右胁边，复以十千置左胁边，雨曼陀罗华、摩诃曼陀罗华，积至于膝，作种种天乐，出妙音声。阎浮提中有睡眠者皆悉觉寤，流水长者子亦从睡寤。是十千天子于上空中飞腾游行，于天自在光王国内处处皆雨天妙莲华。是诸天子复至本处空泽池所，复雨天华，便从此没，还忉利宫，随意自在，受天五欲。时阎浮提过是夜已，天自在光王问诸大臣：‘昨夜何缘示现如是净妙瑞相，有大光明？’大臣答言：‘大王当知，忉利诸天于流水长者子家雨四十千真珠璎珞及不可计曼陀罗华。’王即告臣：‘卿可往至彼长者家，善言诱喻，唤令使来。’大臣受敕即至其家，宣王教令，唤是长者。是时长者寻至王所，王问长者：‘何缘示现如是瑞相？’长者子言：‘我必定知是十千鱼其命已终。’时大王言：‘今可遣人审实是事。’尔时流水寻遣其子至彼池所，看是诸鱼死活定实。尔时其子闻是语已，向于彼池，既至池已，见其池中多有摩诃曼陀罗华，积聚成蓛，其中诸鱼悉皆命终。见已即还，白其父言：‘彼诸鱼等悉已命终。’尔时流水知是事已，复至王所，作如是言：‘是十千鱼悉皆命终。’王闻是已，心生欢喜。

“尔时世尊告道场菩提树神：善女天！欲知尔时流水长者子，今我身是。长子水空，今罗睺罗是。次子水藏，今阿难是。时十千鱼者，今十千天子是，是故我今为其授阿耨多罗三藐三菩提记。尔时树神现半身者，今汝身是。”

舍身品第十七

尔时道场菩提树神复白佛言：“世尊！我闻世尊过去修行菩萨道时，具受无量百千苦行，捐舍身命肉血骨髓，惟愿世尊少说往昔苦行因缘，为利众生，受诸快乐。"尔时世尊即现神足，神足力故，令此大地六种震动，于大讲堂众会之中有七宝塔从地涌出，众宝罗网弥覆其上。尔时大众见是事已，生希有心。尔时世尊即从座起，礼拜是塔，恭敬围绕，还就本座。尔时道场菩提树神白佛言："世尊！如来世雄出现于世，常为一切之所恭敬，于诸众生最胜最尊，何因缘故礼拜是塔？"佛言："善女天！我本修行菩萨道时，我身舍利安止是塔，因由是身，令我早成阿耨多罗三藐三菩提。"尔时佛告尊者阿难："汝可开塔，取中舍利，示此大众。是舍利者，乃是无量六波罗蜜功德所熏。"尔时阿难闻佛教敕即往塔所，礼拜供养，开其塔户，见其塔中有七宝函，以手开函，见其舍利色妙红白，而白佛言："世尊！是中舍利其色红白。"佛告阿难："汝可持来，此是大士真身舍利。"尔时阿难即举宝函，还至佛所，持以上佛。尔时佛告一切大众："汝等今可礼是舍利。此舍利者是戒定慧之所熏修，甚难可得，最上福田。"尔时大众闻是语已，心怀欢喜，即从座起，合掌敬礼大士舍利。

尔时世尊欲为大众断疑网故，说是舍利往昔因缘："阿难！过去之世有王名曰摩诃罗陀，修行善法，善治国土，无有怨敌。时有三子端正微妙，形色殊特，威德第一。第一太子名曰摩诃波那罗，次子名曰摩诃提婆，小子名曰摩诃萨埵。是三王子于诸园林游戏观看，次第渐到一大竹林憩驾止息。第一王子作如是言：'我于今日心甚怖懅，于是林中将无衰损。'第二王子复作是言：'我于今日不自惜身，但离所爱，心忧愁耳。'第三王子复作是言：'我于今日独无怖懅，亦无愁恼，山中空寂，神仙所赞，是处闲静，能令行人安隐受乐。'时诸王子说是语已，转复前行，见有一虎，适产七日而有七子，围绕周匝，饥饿穷悴，身体羸瘦，命将欲绝。第一王子见是虎已，作如是言：'怪哉！此虎产来七日，七子围绕，不得求食，若为饥逼，必还啖子。'第三王子言：'此虎经常所食何物？'第一王子言：'此虎唯食新热肉血。'第三王子言：'君等谁能与此虎食？'第二王子言：'此虎饥饿，身体羸瘦，穷困顿乏，余命无几，不容余处为其求食，设余求命必不济。谁能为此不惜身命？'第一王子言：'一切难舍，不过己身。'第二王子言：'我等今者以贪惜故，于此身命不能放舍，智慧薄少故，于是事而生惊怖。若诸大士欲利益他，生大悲心为众生者，舍此身命不足为难。'时诸王子心大愁忧，久住视之，目未曾舍。作是观已，寻便离去。尔时第三王子作是念言：我今舍身时已到矣。何以故，我从昔来多弃是身，都无所为，亦常爱护，处之屋宅；又复供给衣服、饮食、卧具、医药、象马车乘，随时将养，令无所乏，而不知恩，反生怨害，然复不免无常败坏。复次是身不坚，无所利益，可恶如贼，犹若行厕。我于今日当使此身作无上业，于生死海中作大桥梁。复次若舍此身，即舍无量痈疽癞疾、百千怖畏，是身唯有大小便利，是身不坚，如水上沫，是身不净，多诸虫户，是身可恶，筋缠血涂，皮骨髓脑，共相连持，如是观察甚可患厌。是故我今应当舍离，以求寂灭无上涅槃，永离忧患、无常、变异，生死休息，无诸尘累。无量禅定智慧功德具足，成就微妙法身，百福庄严，诸佛所赞，证成如是无上法身，与诸众生无量法乐。是时王子勇猛堪任，作是大愿，以上大悲熏修其心，虑其二兄心怀怖懅，或恐固遮为作留难，即便语言：'兄等今者可与眷属还其所止。'尔时王子摩诃萨埵还至虎所，脱身衣裳置竹枝上，作是誓言：我今为利诸众生故，证于最胜无上道故，大悲不动舍难舍故，为求菩提智所赞故，欲度三有诸众生故，欲灭生死怖畏热恼故。是时王子作是誓已，即自放身卧饿虎前。是时王子以大悲力故，虎无能为。王子复作如是念言：虎今羸瘦，身无势力，不能得我身血肉食。即起求刀，周遍求之，了不能得，即以干竹刺颈出血，于高山上投身虎前。是时大地六种震动，日无精光，如罗睺罗阿修罗王捉持障蔽。又雨杂华、种种妙香。时虚空中有诸余天，见是事已，心生欢喜，叹未曾有，赞言：'善哉！善哉！大士！汝今真是行大悲者！为众生故能舍难舍，于诸学人第一勇健！汝已为得诸佛所赞，常乐住处，不久当证无恼无热清凉涅槃！'是虎尔时见血流出，污王子身，即便舐血，啖食其肉，唯留余骨。

"尔时第一王子见地大动，为第二王子而说偈言：

　　震动大地，及以大海，日无精光，如有覆蔽。于上虚空，雨诸华香，必是我弟，舍所爱身。

"第二王子复说偈言：

　　彼虎产来，已经七日，七子围绕，穷无饮食，气力羸损，命不云远。小弟大悲，知其穷悴，惧不堪忍，还食其子，恐定舍身，以救彼命。

"时二王子心大愁怖，涕泣悲叹，容貌憔悴，复共相将还至虎所。见弟所著帔服衣裳皆悉在一竹枝之上，骸骨发爪布散狼藉，流血处处，遍污其地。见已闷绝，不自胜持，投身骨上，良久乃苏，即起举首号天而哭。我弟幼稚才能过人，特为父母之所爱念，奄忽舍身以饲饿虎，我今还宫，父母设问当云何答？我宁在此并命一处，不忍见是骸骨发爪，何心舍离，还见父母、妻子眷属、朋友知识？时二王子悲号懊恼，渐舍而去。时小王子所将侍从，各散诸方，互相谓言：今者我天为何所在？尔时王妃于睡眠中梦乳被割，牙齿坠落，得三鸽雏，一为鹰食。尔时王妃大地动时即便惊寤，心生愁怖而说偈言：

　　今日何故，大地大水，一切皆动，物不安所，日无精光，如有覆蔽，我心忧苦，目睫眴动，如我今者，所见瑞相，必有灾异，不祥苦恼。

"于是王妃说是偈已，时有青衣在外已闻王子消息，心惊惶怖，寻即入内，启白王妃，作如是言：'向者在外闻诸侍从推觅王子，不知所在。'王妃闻已，生大忧恼，涕泣满目，至大王所：'我于向者传闻外人，失我最小所爱之子。'大王闻已而复闷绝，悲哽苦恼，扰泪而言：'如何今日失我心中所爱重者？'"

尔时世尊欲重宣此义，而说偈言：

我于往昔，无量劫中，舍所重身，以求菩提。若为国王，及作王子，常舍难舍，以求菩提。我念宿命，有大国王，其王名曰，摩诃罗陀，是王有子，能大布施。其子名曰，摩诃萨埵，复有二兄，长者名曰，大波那罗，次名大天。三人同游，至一空山，见新产虎，饥穷无食。时胜大士，生大悲心，我今当舍，所重之身。此虎或为，饥饿所逼，傥能还食，自所生子，即上高山，自投虎前，为令虎子，得全性命。是时大地，及诸大山，皆悉震动，惊诸虫兽，虎狼师子，四散驰走，世间皆暗，无有光明。是时二兄，故在竹林，心怀忧恼，愁苦涕泣，渐渐推求，遂至虎所，见虎虎子，血污其口，又见骸骨，发毛爪齿，处处迸血，狼藉在地。时二王子，见是事已，心更闷绝，自躄于地，以灰尘土，自涂坌身，忘失正念，生狂痴心。所将侍从，睹见是事，亦生悲恸，失声号哭，互以冷水，共相喷洒，然后苏息，而复得起。是时王子，当舍身时，正值后宫，妃后采女，眷属五百，共相娱乐。王妃是时，两乳汁出，一切肢节，痛如针刺，心生愁恼，似丧爱子。于是王妃，疾至王所，其声微细，悲泣而言：大王今当，谛听谛听，忧愁盛火，今来烧我。我今二乳，俱时汁出，身体苦切，如被针刺。我见如是，不祥瑞相，恐更不复，见所爱子。今以身命，奉上大王，愿速遣人，求觅我子。梦三鸽雏，在我怀抱，其最小者，可适我心，有鹰飞来，夺我而去，梦是事已，即生忧恼，我今愁怖，恐命不济，愿速遣人，推求我子。是时王妃，说是语已，实时闷绝，而复躄地。王闻是语，复生忧恼，以不得见，所爱子故，其王大臣，及诸眷属，悉皆聚集，在王左右，哀哭悲号，声动天地。尔时城内，所有人民，闻是声已，惊愕而出，各相谓言：今是王子，为活来耶，为已死亡？如是大士，常出软语，为众所爱，今难可见，已有诸人，入林推求，不久自当，得定消息。诸人尔时，憧惶如是，而复悲号，哀动神祇。尔时大王，即从座起，以水洒妃，良久乃苏，还得正念，微声问王：我子今者，为死活耶？尔时王妃，念其子故，倍复懊恼，心无暂舍。可惜我子，形色端正，如何一旦，舍我终亡？云何我身，不先薨没，而见如是，诸苦烦事？善子妙色，犹净莲华，谁坏汝身，使令分离？将非是我，昔日怨仇，抟本业缘，而杀汝耶？我子面目，净如满月，不图一旦，遇斯祸对，宁使我身，破碎如尘，不令我子，丧失身命。我所见梦，已为得报，直我无情，能堪是苦。如我所梦，牙齿堕落，二乳一时，汁自流出，必定是我，失所爱子。梦三鸽雏，鹰夺一去，三子之中，必定失一。尔时大王，即告其妃：我今当遣，大臣使者，周遍东西，推求觅子，汝今且可，莫大忧愁。大王如是，慰喻妃已，即便严驾，出其宫殿，心生愁恼，忧苦所切，虽在大众，颜貌憔悴，即出其城，觅所爱子。尔时亦有，无量诸人，哀号动地，寻从王后。是时大王，既出城已，四向顾望，求觅其子，烦惋心乱，靡知所在。最后遥见，有一信来，头蒙尘土，血污其衣，灰粪涂身，悲号而至。尔时大王，**摩诃罗陀**，见是使已，倍生懊恼，举首号叫，仰天而哭。先所遣臣，寻复来至，既至王所，作如是言：愿王莫愁，诸子犹在，不久当至，令王得见。须臾之顷，复有臣来，见王愁苦，颜貌憔悴，身所著衣，垢腻尘污：大王当知，一子已终，二子虽存，哀悴无赖。第三王子，见虎新产，饥穷七日，恐还食子，见是虎已，深生悲心，发大誓愿，当度众生，于未来世，证成菩提。即上高处，投身虎前，虎饥所逼，便起唼食，一切血肉，已为都尽，唯有骸骨，狼藉在地。是时大王，闻臣语已，转复闷绝，失念躄地，忧愁盛火，炽然其身，诸臣眷属，亦复如是。以水洒王，良久乃苏，复起举首，号天而哭。复有臣来，而白王言：向于林中，见二王子，愁忧苦毒，悲号涕泣，迷闷失志，自投于地，臣即求水，洒其身上，良久之顷，及还苏息，望见四方，大火炽然，扶持暂起，寻复躄地，举首悲哀，号天而哭，乍复赞叹，其弟功德。是时大王，以离爱子，其心迷闷，气力惙然，忧恼涕泣，并复思惟，是最小者，我所爱重，无常大鬼，奄便吞食。其余二子，今虽存在，而为忧火，之所焚烧，或能为是，丧失命根，我宜速往，至彼林中，迎载诸子，急还官殿，其母在后，忧苦逼切，心肝分裂，或能失命，若见二子，慰喻其心，可使终保，余年寿命。尔时大王，驾乘名象，与诸侍从，欲至彼林，即于中路，见其二子，号天扣地，称弟名字。时王即前，抱持二子，悲号涕泣，随路还宫，速令二子，觐见其母。佛告树神，汝今当知：尔时王子，**摩诃萨埵**，舍身饲虎，今我身是；尔时大王，**摩诃罗陀**，于今父王，**输头檀**是；尔时王妃，今摩耶是；第一王子，今弥勒是；第二王子，今调达是；尔时虎者，今瞿夷是；时虎七子，今五比丘，及舍利弗，目犍连是。尔时大王，**摩诃罗陀**，及其妃后，悲号涕泣，悉皆脱身，御服璎珞，与诸大众，往竹林中，收其舍利，即于此处，起七宝塔。是时王子，**摩诃萨埵**，临舍命时，作是誓愿，愿我舍利，于未来世，过算数劫，常为众生，而作佛事。

说是经时，无量阿僧祇诸天及人发阿耨多罗三藐三菩提心。树神！是名礼塔往昔因缘。尔时佛神力故,是七宝塔即没不现。

赞佛品第十八

尔时无量百千万亿诸菩萨众,从此世界至金宝盖山王如来国土,到彼土已五体投地,为佛作礼,却住一面,合掌向佛,异口同音而赞叹曰:

如来之身,金色微妙,其明照耀,如金山王,身净柔软,如金莲华。无量妙相,以自庄严,随形之好,光饰其体,净洁无比,如紫金山。圆足无垢,如净满月;其音清彻,妙如梵声,师子吼声,大雷震声,六种清净,微妙音声,迦陵频伽,孔雀之声,清净无垢,威德具足。百福相好,庄严其身,光明远照,无有齐限,智慧寂灭,无诸爱习。世尊成就,无量功德,譬如大海,须弥宝山,为诸众生,生怜愍心,于未来世,能与快乐。如来所说,第一深义,能令众生,寂灭安隐,能与众生,无量快乐,能演无上,甘露妙法,能开无上,甘露法门,能入一切,无患窟宅;能令众生,悉得解脱,度于三有,无量苦海,安住正道,无诸忧苦。如来世尊,功德智慧,大慈悲力,精进方便,如是无量,不可称计。我等今者,不能说有,诸天世人,于无量劫,尽思度量,不能得知。如来所有,功德智慧,无量大海,一滴少分,我今略赞,如来功德,百千亿分,不能宣一,若我功德,得聚集者,回与众生,证无上道。

尔时信相菩萨即于此会从座而起,偏袒右肩,右膝着地,合掌向佛而说赞言:

世尊百福,相好微妙,功德千数,庄严其身,色净远照,视之无厌,如日千光,弥满虚空,光明炽盛,无量无边,犹如无数,珍宝大聚。其明五色,青红赤白,琉璃颇梨,如融真金,光明赫奕,通彻诸山,悉能远照,无量佛土。能灭众生,无量苦恼,又与众生,上妙快乐,诸根清净,微妙第一,众生见者,无有厌足。发绀柔软,犹孔雀项,如诸蜂王,集在莲华。清净大悲,功德庄严,无量三昧,及以大慈,如是功德,悉以聚集。相好妙色,严饰其身,种种功德,助成菩提。如来悉能,调伏众生,令心柔软,受诸快乐,种种深妙,功德庄严,亦为十方,诸佛所赞,其光远照,遍于诸方,犹如日月,充满虚空。功德成就,如须弥山,在在示现,于诸世界。齿白齐密,犹如珂雪,其德如日,处空明显,眉间毫相,右旋宛转,光明流出,如琉璃珠,其色微妙,如日处空。尔时道场菩提树神复说赞曰:南无清净,无上正觉,甚深妙法,随顺觉了。远离一切,非法非道,独拔而出,成佛正觉。知有非有,本性清净,希有希有,如来功德,希有希有,如来大海,希有希有,如须弥山,希有希有，佛无边行，希有希有，佛出于世，如优昙华，时一现耳。希有如来，无量大悲，释迦牟尼，为人中日，为欲利益，诸众生故，宣说如是，妙宝经典。善哉如来，诸根寂灭，而复游入，善寂大城，无垢清净，甚深三昧，入于诸佛，所行之处，一切声闻，身皆空寂，两足世尊，行处亦空。如是一切，无量诸法，推本性相，亦皆空寂。一切众生，性相亦空，狂愚心故，不能觉知。我常念佛，乐见世尊，常作誓愿，不离佛日。我常于地，长跪合掌，其心恋慕，欲见于佛。我常修行，最上大悲，哀泣雨泪，欲见于佛。我常渴仰，欲见于佛，为是事故，忧火炽然。惟愿世尊，赐我慈悲，清冷法水，以灭是火。世尊慈愍，悲心无量，愿赐我身，常得见佛。世尊常护，一切人天，是故我今，渴仰欲见。声闻之身，犹如虚空，焰幻响化，如水中月，众生之性，如梦所见，如来行处，净如琉璃，入于无上，甘露法处，能与众生，无量快乐。如来行处，微妙甚深，一切众生，无能知者。五通神仙，及诸声闻，一切缘觉，亦不能知。我今不疑，佛所行处，惟愿慈悲，为我现身。

尔时世尊，从三昧起，以微妙音，而赞叹言：善哉善哉！树神善女！汝于今日，快说是言，一切众生，若闻此法，皆入甘露，无生法门。

嘱累品第十九

尔时释迦牟尼佛从三昧起，现大神力，以右手摩诸菩萨摩诃萨顶。与诸天王及诸龙王、二十八部散脂鬼神大将军等而作是言："我于无量百千万亿恒河沙劫修习是金光明微妙经典，汝等当受持读诵，广宣此法，复于阎浮提内无令断绝。若有善男子、善女人，于未来世中有受持读诵此经典者，汝等诸天常当拥护，当知是人于未来世无量百千人天之中常受快乐，于未来世值遇诸佛，疾得证成阿耨多罗三藐三菩提。"

尔时诸大菩萨及天龙王、二十八部散脂大将等，即从座起，到于佛前，五体投地，俱发声言："如世尊敕，当具奉行！"如是三白，"如世尊敕！当具奉行！"于是散脂大将等而白佛言："如世尊敕！若未来世中有受持是经，若自书，若使人书，我等与此二十八部诸鬼神等常当随侍拥护，隐蔽其身，是说法者皆悉消灭诸恶，令得安隐。愿不有虑！"

尔时释迦牟尼佛现大神力，十方无量世界悉皆六种震动。是时诸佛皆大欢喜，嘱累是经故，赞美持法者，现无量神力。于是无量无边阿僧祇菩萨摩诃萨大众，及信相菩萨、金光、金藏、常悲、法上等，及四天大王、十千天子，与道场菩提树神、坚牢地神及一切世间天人阿修罗等，闻佛所说，皆发无上菩提之道，踊跃欢喜，作礼而去。

法华经

序品第一

如是我闻：

一时，佛住王舍城 耆阇崛山中，与大比丘众万二千人俱，皆是阿罗汉，诸漏已尽，无复烦恼，逮得己利，尽诸有结，心得自在。其名曰：阿若憍陈如、摩诃迦叶、优楼频螺迦叶、伽耶迦叶、那提迦叶、舍利弗、大目犍连、摩诃迦旃延、阿㝹楼驮、劫宾那、憍梵波提、离婆多、毕陵伽婆蹉、薄拘罗、摩诃拘絺罗、难陀、孙陀罗难陀、富楼那弥多罗尼子、须菩提、阿难、罗睺罗，如是众所知识大阿罗汉等。复有学、无学二千人。摩诃波阇波提比丘尼与眷属六千人俱，罗睺罗母耶输陀罗比丘尼亦与眷属俱。菩萨摩诃萨八万人，皆于阿耨多罗三藐三菩提不退转，皆得陀罗尼，乐说辩才，转不退转法轮。供养无量百千诸佛，于诸佛所植众德本，常为诸佛之所称叹。以慈修身善入佛慧，通达大智，到于彼岸。名称普闻无量世界，能度无数百千众生。其名曰：文殊师利菩萨、观世音菩萨、得大势菩萨、常精进菩萨、不休息菩萨、宝掌菩萨、药王菩萨、勇施菩萨、宝月菩萨、月光菩萨、满月菩萨、大力菩萨、无量力菩萨、越三界菩萨、跋陀婆罗菩萨、弥勒菩萨、宝积菩萨、导师菩萨，如是等菩萨摩诃萨八万人俱。

尔时，释提桓因与其眷属二万天子俱。复有明月天子、普香天子、宝光天子、四大天王，与其眷属万天子俱。自在天子、大自在天子，与其眷属三万天子俱。娑婆世界主梵天王、尸弃大梵、光明大梵等，与其眷属万二千天子俱。有八龙王，难陀龙王、跋难陀龙王、娑伽罗龙王、和修吉龙王、德叉迦龙王、阿那婆达多龙王、摩那斯龙王、优钵罗龙王等，各与若干百千眷属俱。有四紧那罗王，法紧那罗王、妙法紧那罗王、大法紧那罗王、持法紧那罗王，各与若干百千眷属俱。有四乾闼婆王，乐乾闼婆王、乐音乾闼婆王、美乾闼婆王、美音乾闼婆王，各与若干百千眷属俱。有四阿修罗王，婆稚阿修罗王、佉罗骞驮阿修罗王、毗摩质多罗阿修罗王、罗睺阿修罗王，各与若干百千眷属俱。有四迦楼罗王，大威德迦楼罗王、大身迦楼罗王、大满迦楼罗王、如意迦楼罗王，各与若干百千眷属俱。韦提希子阿阇世王，与若干百千眷属俱。各礼佛足，退坐一面。

尔时世尊，四众围绕，供养、恭敬、尊重、赞叹，为诸菩萨说大乘经，名无量义，教菩萨法，佛所护念。佛说此经已，结跏趺坐，入于无量义处三昧，身心不动。是时，天雨曼陀罗华、摩诃曼陀罗华、曼殊沙华、摩诃曼殊沙华，而散佛上及诸大众,普佛世界六种震动。尔时会中,比丘、比丘尼、优婆塞、优婆夷,天、龙、夜叉、乾闼婆、阿修罗、迦楼罗、紧那罗、摩睺罗伽、人非人,及诸小王、转轮圣王,是诸大众得未曾有,欢喜合掌,一心观佛。

尔时,佛放眉间白毫相光,照东方万八千世界靡不周遍,下至阿鼻地狱,上至阿迦尼吒天,于此世界,尽见彼土六趣众生;又见彼土现在诸佛,及闻诸佛所说经法;并见彼诸比丘、比丘尼、优婆塞、优婆夷诸修行得道者;复见诸菩萨摩诃萨种种因缘、种种信解、种种相貌,行菩萨道;复见诸佛般涅槃者;复见诸佛般涅槃后,以佛舍利起七宝塔。

尔时,弥勒菩萨作是念:"今者世尊现神变相,以何因缘而有此瑞?今佛世尊入于三昧,是不可思议现希有事,当以问谁?谁能答者?"

复作此念:"是文殊师利法王之子,已曾亲近供养过去无量诸佛,必应见此希有之相,我今当问。"尔时,比丘、比丘尼、优婆塞、优婆夷,及诸天、龙、鬼、神等咸作此念:"是佛光明神通之相,今当问谁?"

尔时,弥勒菩萨欲自决疑,又观四众比丘、比丘尼、优婆塞、优婆夷,及诸天、龙、鬼、神等众会之心,而问文殊师利言:"以何因缘而有此瑞神通之相,放大光明照于东方万八千土,悉见彼佛国界庄严?"

于是弥勒菩萨欲重宣此义,以偈问曰:

文殊师利,导师何故,眉间白毫,大光普照?雨曼陀罗,曼殊沙华,栴檀香风,悦可众心。以是因缘,地皆严净,而此世界,六种震动。时四部众,咸皆欢喜,身意快然,得未曾有。眉间光明,照于东方,万八千土,皆如金色,从阿鼻狱,上至有顶,诸世界中,六道众生,生死所趣,善恶业缘,受报好丑,于此悉见。又睹诸佛,圣主师子,演说经典,微妙第一。其声清净,出柔软音,教诸菩萨,无数亿万。梵音深妙,令人乐闻,各于世界,讲说正法。种种因缘,以无量喻,照明佛法,开悟众生。若人遭苦,厌老病死,为说涅槃,尽诸苦际。若人有福,曾供养佛,志求胜法,为说缘觉。若有佛子,修种种行,求无上慧,为说净道。文殊师利,我住于此,见闻若斯,及千亿事,如是众多,今当略说。我见彼土,恒沙菩萨,种种因缘,而求佛道。或有行施,金银珊瑚,真珠摩尼,砗磲玛瑙,金刚诸珍,奴婢车乘,宝饰辇舆,欢喜布施,回向佛道,愿得是乘,三界第一,诸佛所叹。或有菩萨,驷马宝车,栏楯华盖,轩饰布施。复见菩萨,身肉手足,及妻子施,求无上道。又见菩萨,头目身体,欣乐施与,求佛智慧。文殊师利,我见诸王,往诣佛所,问无上道,便舍乐土,宫殿臣妾,剃除须发,而被法服。或见菩萨,而作比丘,独处闲静,乐诵经典。又见菩萨,勇猛精进,入于深山,思惟佛道。又见离欲,常处空闲，深修禅定，得五神通。又见菩萨，安禅合掌，以千万偈，赞诸法王。复见菩萨，智深志固，能问诸佛，闻悉受持。又见佛子，定慧具足，以无量喻，为众讲法，欣乐说法，化诸菩萨，破魔兵众，而击法鼓。又见菩萨，寂然宴默，天龙恭敬，不以为喜。又见菩萨，处林放光，济地狱苦，令入佛道。又见佛子，未尝睡眠，经行林中，勤求佛道。又见具戒，威仪无缺，净如宝珠，以求佛道。又见佛子，住忍辱力，增上慢人，恶骂捶打，皆悉能忍，以求佛道。又见菩萨，离诸戏笑，及痴眷属，亲近智者，一心除乱，摄念山林，亿千万岁，以求佛道。或见菩萨，肴膳饮食，百种汤药，施佛及僧；名衣上服，价值千万，或无价衣，施佛及僧；千万亿种，栴檀宝舍，众妙卧具，施佛及僧；清净园林，华果茂盛，流泉浴池，施佛及僧；如是等施，种果微妙，欢喜无厌，求无上道。或有菩萨，说寂灭法，种种教诏，无数众生。或见菩萨，观诸法性，无有二相，犹如虚空。又见佛子，心无所著，以此妙慧，求无上道。文殊师利，又有菩萨，佛灭度后，供养舍利。又见佛子，造诸塔庙，无数恒沙，严饰国界。宝塔高妙，五千由旬，纵广正等，二千由旬。一一塔庙，各千幢幡，珠交露幔，宝铃和鸣。诸天龙神，人及非人，香华伎乐，常以供养。文殊师利，诸佛子等，为供舍利，严饰塔庙。国界自然，殊特妙好，如天树王，其华开敷。佛放一光，我及众会，见此国界，种种殊妙。诸佛神力，智慧希有，放一净光，照无量国。我等见此，得未曾有，佛子文殊，愿决众疑。四众欣仰，瞻仁及我，世尊何故，放斯光明？佛子时答，决疑令喜，何所饶益，演斯光明？佛坐道场，所得妙法，为欲说此，为当授记。示诸佛土，众宝严净，及见诸佛，此非小缘。文殊当知，四众龙神，瞻察仁者，为说何等？

尔时，文殊师利语弥勒菩萨摩诃萨及诸大士："善男子等，如我惟忖，今佛世尊欲说大法，雨大法雨，吹大法螺，击大法鼓，演大法义。诸善男子，我于过去诸佛曾见此瑞，放斯光已即说大法。是故当知，今佛现光亦复如是，欲令众生咸得闻知一切世间难信之法，故现斯瑞。

"诸善男子，如过去无量无边不可思议阿僧祇劫，尔时有佛，号日月灯明如来、应供、正遍知、明行足、善逝、世间解、无上士、调御丈夫、天人师、佛世尊，演说正法，初善、中善、后善，其义深远，其语巧妙，纯一无杂，具足清白梵行之相。为求声闻者，说应四谛法，度生老病死，究竟涅槃。为求辟支佛者，说应十二因缘法。为诸菩萨说应六波罗蜜，令得阿耨多罗三藐三菩提，成一切种智。

"次复有佛，亦名日月灯明；次复有佛，亦名日月灯明；如是二万佛，皆同一字，号日月灯明，又同一姓，姓颇罗堕。弥勒当知，初佛后佛皆同一字，名日月灯明，十号具足，所可说法初中后善。

“其最后佛未出家时，有八王子：一名有意，二名善意，三名无量意，四名宝意，五名增意，六名除疑意，七名向意，八名法意。是八王子，威德自在，各领四天下。是诸王子，闻父出家得阿耨多罗三藐三菩提，悉舍王位亦随出家，发大乘意，常修梵行，皆为法师，已于千万佛所植诸善本。是时日月灯明佛，说大乘经，名无量义，教菩萨法佛所护念。说是经已，即于大众中结跏趺坐，入于无量义处三昧，身心不动。是时，天雨曼陀罗华、摩诃曼陀罗华、曼殊沙华、摩诃曼殊沙华，而散佛上及诸大众，普佛世界六种震动。尔时，会中比丘、比丘尼、优婆塞、优婆夷，天、龙、夜叉、乾闼婆、阿修罗、迦楼罗、紧那罗、摩睺罗伽、人非人，及诸小王、转轮圣王等，是诸大众得未曾有，欢喜合掌一心观佛。尔时，如来放眉间白毫相光，照东方万八千佛土靡不周遍，如今所见是诸佛土。

“弥勒当知，尔时会中有二十亿菩萨乐欲听法。是诸菩萨见此光明普照佛土，得未曾有，欲知此光所为因缘。时有菩萨，名曰妙光，有八百弟子。是时日月灯明佛从三昧起，因妙光菩萨说大乘经，名妙法莲华，教菩萨法佛所护念，六十小劫不起于座。时会听者亦坐一处，六十小劫身心不动，听佛所说谓如食顷。是时众中，无有一人若身若心而生懈倦。日月灯明佛，于六十小劫说是经已，即于梵、魔、沙门、婆罗门，及天、人、阿修罗众中，而宣此言：‘如来于今日中夜当入无余涅槃。’

时有菩萨，名曰德藏，日月灯明佛即授其记，告诸比丘：‘是德藏菩萨，次当作佛，号曰净身多陀阿伽度阿罗诃三藐三佛陀。’佛授记已，便于中夜入无余涅槃。

“佛灭度后，妙光菩萨持妙法莲华经，满八十小劫为人演说。日月灯明佛八子，皆师妙光。妙光教化令其坚固阿耨多罗三藐三菩提。是诸王子，供养无量百千万亿佛已，皆成佛道。其最后成佛者，名曰然灯。八百弟子中有一人，号曰求名，贪著利养，虽复读诵众经而不通利，多所忘失，故号求名。是人亦以种诸善根因缘故，得值无量百千万亿诸佛，供养恭敬，尊重赞叹。

“弥勒当知，尔时妙光菩萨，岂异人乎？我身是也。求名菩萨，汝身是也。今见此瑞与本无异，是故惟忖，今日如来当说大乘经，名妙法莲华，教菩萨法佛所护念。”

尔时，文殊师利于大众中，欲重宣此义，而说偈言：

> 我念过去世，无量无数劫，有佛人中尊，号日月灯明。世尊演说法，度无量众生，无数亿菩萨，令入佛智慧。佛未出家时，所生八王子，见大圣出家，亦随修梵行。时佛说大乘，经名无量义，于诸大众中，而为广分别。佛

说此经已，即于法座上，跏趺坐三昧，名无量义处。天雨曼陀华，天鼓自然鸣，诸天龙鬼神，供养人中尊。一切诸佛土，即时大震动，佛放眉间光，现诸希有事。此光照东方，万八千佛土，示一切众生，生死业报处。有见诸佛土，以众宝庄严，琉璃玻璃色，斯由佛光照。及见诸天人，龙神夜叉众，乾闼紧那罗，各供养其佛。又见诸如来，自然成佛道，身色如金山，端严甚微妙，如净琉璃中，内现真金像。世尊在大众，敷演深法义，一一诸佛土，声闻众无数，因佛光所照，悉见彼大众。或有诸比丘，在于山林中，精进持净戒，犹如护明珠。又见诸菩萨，行施忍辱等，其数如恒沙，斯由佛光照。又见诸菩萨，深入诸禅定，身心寂不动，以求无上道。又见诸菩萨，知法寂灭相，各于其国土，说法求佛道。尔时四部众，见日月灯佛，现大神通力，其心皆欢喜，各各自相问，是事何因缘？天人所奉尊，适从三昧起，赞妙光菩萨：汝为世间眼，一切所归信，能奉持法藏，如我所说法，唯汝能证知。世尊既赞叹，令妙光欢喜，说是法华经，满六十小劫，不起于此座，所说上妙法，是妙光法师，悉皆能受持。佛说是法华，令众欢喜已，寻即于是日，告于天人众：诸法实相义，已为汝等说，我今于中夜，当入于涅槃。汝一心精进，当离于放逸，诸佛甚难值，亿劫时一遇。世尊诸子等，闻佛入涅槃，各各怀悲恼，佛灭一何速！圣主法之王，安慰无量众：我若灭度时，汝等勿忧怖，是德藏菩萨，于无漏实相，心已得通达，其次当作佛，号曰为净身，亦度无量众。佛此夜灭度，如薪尽火灭，分布诸舍利，而起无量塔。比丘比丘尼，其数如恒沙，倍复加精进，以求无上道。是妙光法师，奉持佛法藏，八十小劫中，广宣法华经。是诸八王子，妙光所开化，坚固无上道，当见无数佛。供养诸佛已，随顺行大道，相继得成佛，转次而授记。最后天中天，号曰燃灯佛，诸仙之导师，度脱无量众。是妙光法师，时有一弟子，心常怀懈怠，贪著于名利，求名利无厌，多游族姓家，弃舍所习诵，废忘不通利，以是因缘故，号之为求名。亦行众善业，得见无数佛，供养于诸佛，随顺行大道，具六波罗蜜，今见释师子，其后当作佛，号名曰弥勒，广度诸众生，其数无有量。彼佛灭度后，懈怠者汝是，妙光法师者，今则我身是。我见灯明佛，本光瑞如此，以是知今佛，欲说法华经。今相如本瑞，是诸佛方便，今佛放光明，助发实相义。诸人今当知，合掌一心待，佛当雨法雨，充足求道者。诸求三乘人，若有疑悔者，佛当为除断，令尽无有余。

方便品第二

尔时，世尊从三昧安详而起，告舍利弗："诸佛智慧甚深无量，其智慧门难解难入，一切声闻、辟支佛所不能知。所以者何？佛曾亲近百千万亿无数诸佛，尽行诸佛无量道法，勇猛精进，名称普闻，成就甚深未曾有法。随宜所说，意趣难解。

“舍利弗，吾从成佛已来，种种因缘，种种譬喻，广演言教，无数方便引导众生，令离诸著。所以者何？如来方便知见波罗蜜，皆已具足。舍利弗，如来知见广大深远，无量无碍，力无所畏，禅定解脱三昧，深入无际，成就一切未曾有法。舍利弗，如来能种种分别巧说诸法，言辞柔软悦可众心。舍利弗，取要言之，无量无边未曾有法，佛悉成就。

“止！舍利弗，不须复说。所以者何？佛所成就第一希有难解之法，唯佛与佛乃能究尽诸法实相，所谓诸法，如是相，如是性，如是体，如是力，如是作，如是因，如是缘，如是果，如是报，如是本末究竟等。”

尔时，世尊欲重宣此义，而说偈言：

　　　世雄不可量，诸天及世人，一切众生类，无能知佛者。佛力无所畏，解脱诸三昧，及佛诸余法，无能测量者。本从无数佛，具足行诸道，甚深微妙法，难见难可了。于无量亿劫，行此诸道已，道场得成果，我已悉知见。如是大果报，种种性相义，我及十方佛，乃能知是事。是法不可示，言辞相寂灭，诸余众生类，无有能得解，除诸菩萨众，信力坚固者。诸佛弟子众，曾供养诸佛，一切漏已尽，住是最后身，如是诸人等，其力所不堪。假使满世间，皆如舍利弗，尽思共度量，不能测佛智。正使满十方，皆如舍利弗，及余诸弟子，亦满十方刹，尽思共度量，亦复不能知。辟支佛利智，无漏最后身，亦满十方界，其数如竹林，斯等共一心，于亿无量劫，欲思佛实智，莫能知少分。新发意菩萨，供养无数佛，了达诸义趣，又能善说法，如稻麻竹苇，充满十方刹，一心以妙智，于恒河沙劫，咸皆共思量，不能知佛智。不退诸菩萨，其数如恒沙，一心共思求，亦复不能知。又告舍利弗，无漏不思议，甚深微妙法，我今已具得，唯我知是相，十方佛亦然。舍利弗当知，诸佛语无异，于佛所说法，当生大信力。世尊法久后，要当说真实，告诸声闻众，及求缘觉乘，我令脱苦缚，逮得涅槃者，佛以方便力，示以三乘教，众生处处著，引之令得出。

尔时，大众中有诸声闻漏尽阿罗汉，阿若憍陈如等千二百人，及发声闻、辟支佛心比丘、比丘尼、优婆塞、优婆夷，各作是念：“今者世尊，何故殷勤称叹方便而作是言？佛所得法甚深难解，有所言说意趣难知，一切声闻、辟支佛所不能及。佛说一解脱义，我等亦得此法到于涅槃，而今不知是义所趣。”

尔时，舍利弗知四众心疑，自亦未了，而白佛言："世尊，何因何缘，殷勤称叹诸佛第一方便，甚深微妙难解之法？我自昔来，未曾从佛闻如是说，今者四众咸皆有疑。唯愿世尊，敷演斯事，世尊何故殷勤称叹甚深微妙难解之法？"

尔时，舍利弗欲重宣此义，而说偈言：

　　慧日大圣尊，久乃说是法，自说得如是，力无畏三昧，禅定解脱等，不可思议法，道场所得法，无能发问者，我意难可测，亦无能问者，无问而自说，称叹所行道，智慧甚微妙，诸佛之所得。无漏诸罗汉，及求涅槃者，今皆堕疑网，佛何故说是？其求缘觉者，比丘比丘尼，诸天龙鬼神，及乾闼婆等，相视怀犹豫，瞻仰两足尊，是事为云何？愿佛为解说。于诸声闻众，佛说我第一，我今自于智，疑惑不能了，为是究竟法？为是所行道？佛口所生子，合掌瞻仰待，愿出微妙音，时为如实说。诸天龙神等，其数如恒沙，求佛诸菩萨，大数有八万，又诸万亿国，转轮圣王至，合掌以敬心，欲闻具足道。

尔时，佛告舍利弗："止！止！不须复说。若说是事，一切世间诸天及人皆当惊疑。"

舍利弗重白佛言："世尊，唯愿说之，唯愿说之。所以者何？是会无数百千万亿阿僧祇众生曾见诸佛，诸根猛利，智慧明了，闻佛所说则能敬信。"

尔时，舍利弗欲重宣此义，而说偈言：

　　法王无上尊，唯说愿勿虑，是会无量众，有能敬信者。

佛复止舍利弗："若说是事，一切世间天、人、阿修罗皆当惊疑，增上慢比丘将坠于大坑。"

尔时，世尊重说偈言：

　　止止不须说，我法妙难思，诸增上慢者，闻必不敬信。

尔时，舍利弗重白佛言："世尊，唯愿说之，唯愿说之。今此会中，如我等比百千万亿，世世已曾从佛受化。如此人等必能敬信，长夜安隐，多所饶益。"

尔时，舍利弗欲重宣此义，而说偈言：

　　无上两足尊，愿说第一法，我为佛长子，唯垂分别说。是会无量众，能敬信此法，佛已曾世世，教化如是等。皆一心合掌，欲听受佛语，我等千二百，及余求佛者。愿为此众故，唯垂分别说，是等闻此法，则生大欢喜。

尔时，世尊告舍利弗："汝已殷勤三请，岂得不说？汝今谛听，善思念之，吾当为汝分别解说。"说此语时，会中有比丘、比丘尼、优婆塞、优婆夷五千人等，即从座起，礼佛而退。所以者何？此辈罪根深重及增上慢，未得谓得，未证谓证，有如此失，是以不住。世尊默然而不制止。

尔时，佛告舍利弗："我今此众无复枝叶，纯有真实。舍利弗，如是增上慢人，退亦佳矣。汝今善听，当为汝说。"

舍利弗言："唯然，世尊，愿乐欲闻。"

佛告舍利弗："如是妙法，诸佛如来时乃说之，如优昙钵华时一现耳！舍利弗，汝等当信佛之所说，言不虚妄。舍利弗，诸佛随宜说法，意趣难解。所以者何？我以无数方便、种种因缘、譬喻言辞演说诸法。是法非思量分别之所能解，唯有诸佛乃能知之。所以者何？诸佛世尊唯以一大事因缘故出现于世。

"舍利弗，云何名诸佛世尊唯以一大事因缘故出现于世？诸佛世尊，欲令众生开佛知见使得清净故出现于世，欲示众生佛之知见故出现于世，欲令众生悟佛知见故出现于世，欲令众生入佛知见道故出现于世。舍利弗，是为诸佛以一大事因缘故出现于世。"

佛告舍利弗："诸佛如来但教化菩萨，诸有所作，常为一事，唯以佛之知见示悟众生。舍利弗，如来但以一佛乘故，为众生说法，无有余乘，若二若三。舍利弗，一切十方诸佛法亦如是。

"舍利弗，过去诸佛以无量无数方便、种种因缘、譬喻言辞，而为众生演说诸法，是法皆为一佛乘故。是诸众生从诸佛闻法，究竟皆得一切种智。舍利弗，未来诸佛当出于世，亦以无量无数方便、种种因缘、譬喻言辞，而为众生演说诸法，是法皆为一佛乘故。是诸众生从佛闻法，究竟皆得一切种智。舍利弗，现在十方无量百千万亿佛土中诸佛世尊，多所饶益安乐众生。是诸佛亦以无量无数方便、种种因缘、譬喻言辞，而为众生演说诸法，是法皆为一佛乘故。是诸众生从佛闻法，究竟皆得一切种智。舍利弗，是诸佛但教化菩萨，欲以佛之知见示众生故，欲以佛之知见悟众生故，欲令众生入佛之知见故。

"舍利弗，我今亦复如是。知诸众生有种种欲，深心所著，随其本性，以种种因缘、譬喻言辞、方便力而为说法。舍利弗，如此皆为得一佛乘、一切种智故。舍利弗，十方世界中尚无二乘，何况有三？

"舍利弗，诸佛出于五浊恶世，所谓劫浊、烦恼浊、众生浊、见浊、命浊。如是，舍利弗，劫浊乱时，众生垢重，悭贪嫉妒，成就诸不善根故，诸佛以方便力，于一佛乘分别说三。

"舍利弗，若我弟子，自谓阿罗汉、辟支佛者，不闻不知诸佛如来但教化菩萨事,此非佛弟子,非阿罗汉,非辟支佛。又舍利弗,是诸比丘、比丘尼,自谓已得阿罗汉,是最后身究竟涅槃,便不复志求阿耨多罗三藐三菩提,当知此辈皆是增上慢人。所以者何?若有比丘实得阿罗汉,若不信此法,无有是处。除佛灭度后,现前无佛。所以者何?佛灭度后,如是等经,受持读诵解义者,是人难得。若遇余佛,于此法中便得决了。舍利弗,汝等当一心信解受持佛语。诸佛如来言无虚妄,无有余乘,唯一佛乘。"

尔时,世尊欲重宣此义,而说偈言:

> 比丘比丘尼,有怀增上慢,优婆塞我慢,优婆夷不信,如是四众等,其数有五千,不自见其过,于戒有缺漏,护惜其瑕疵,是小智已出,众中之糟糠,佛威德故去。斯人鲜福德,不堪受是法,此众无枝叶,唯有诸真实。舍利弗善听,诸佛所得法,无量方便力,而为众生说。众生心所念,种种所行道,若干诸欲性,先世善恶业,佛悉知是已,以诸缘譬喻,言辞方便力,令一切欢喜。或说修多罗,伽陀及本事,本生未曾有,亦说于因缘,譬喻并祇夜,优波提舍经。钝根乐小法,贪著于生死,于诸无量佛,不行深妙道,众苦所恼乱,为是说涅槃。我设是方便,令得入佛慧,未曾说汝等,当得成佛道。所以未曾说,说时未至故,今正是其时,决定说大乘。我此九部法,随顺众生说,入大乘为本,以故说是经。有佛子心净,柔软亦利根,无量诸佛所,而行深妙道,为此诸佛子,说是大乘经。我记如是人,来世成佛道,以深心念佛,修持净戒故。此等闻得佛,大喜充遍身,佛知彼心行,故为说大乘,声闻若菩萨,闻我所说法,乃至于一偈,皆成佛无疑。十方佛土中,唯有一乘法,无二亦无三,除佛方便说,但以假名字,引导于众生。说佛智慧故,诸佛出于世,唯此一事实,余二则非真,终不以小乘,济度于众生。佛自住大乘,如其所得法,定慧力庄严,以此度众生。自证无上道,大乘平等法,若以小乘化,乃至于一人,我则堕悭贪,此事为不可。若人信归佛,如来不欺诳,亦无贪嫉意,断诸法中恶,故佛于十方,而独无所畏。我以相严身,光明照世间,无量众所尊,为说实相印。舍利弗当知,我本立誓愿,欲令一切众,如我等无异。如我昔所愿,今者已满足,化一切众生,皆令入佛道。若我遇众生,尽教以佛道,无智者错乱,迷惑不受教。我知此众生,未曾修善本,坚著于五欲,痴爱故生恼,以诸欲因缘,坠堕三恶道,轮回六趣中,备受诸苦毒,受胎之微形,世世常增长。薄德少福人,众苦所逼迫,入邪见稠林,若有若无等,依止此诸见,具足六十二,深著虚妄法,坚受不可舍,我慢自矜高,谄曲心不实,于千万亿劫,不闻佛名字,亦不闻正法,如是人难度。是故舍利弗,我为设方便,说诸尽苦道,示之以涅槃。我虽说涅槃,

是亦非真灭，诸法从本来，常自寂灭相。佛子行道已，来世得作佛，我有方
便力，开示三乘法。一切诸世尊，皆说一乘道，今此诸大众，皆应除疑惑，
诸佛语无异，唯一无二乘。过去无数劫，无量灭度佛，百千万亿种，其数不
可量，如是诸世尊，种种缘譬喻，无数方便力，演说诸法相，是诸世尊等，
皆说一乘法，化无量众生，令入于佛道。又诸大圣主，知一切世间，天人群
生类，深心之所欲，更以异方便，助显第一义。若有众生类，值诸过去佛，
若闻法布施，或持戒忍辱，精进禅智等，种种修福慧，如是诸人等，皆已成
佛道。诸佛灭度已，若人善软心，如是诸众生，皆已成佛道。诸佛灭度已，
供养舍利者，起万亿种塔，金银及玻璃，砗磲与玛瑙，玫瑰琉璃珠，清净广
严饰，庄校于诸塔；或有起石庙，栴檀及沉水，木榴并余材，砖瓦泥土等；
若于旷野中，积土成佛庙，乃至童子戏，聚沙为佛塔，如是诸人等，皆已成
佛道。若人为佛故，建立诸形像，刻雕成众相，皆已成佛道。或以七宝成，
鍮石赤白铜，白镴及铅锡，铁木及与泥，或以胶漆布，严饰作佛像，如是诸
人等，皆已成佛道。彩画作佛像，百福庄严相，自作若使人，皆已成佛道。
乃至童子戏，若草木及苇，或以指爪甲，而画作佛像，如是诸人等，渐渐积
功德，具足大悲心，皆已成佛道。但化诸菩萨，度脱无量众。若人于塔庙，
宝像及画像，以华香幡盖，敬心而供养；若使人作乐，击鼓吹角贝，箫笛琴
箜篌，琵琶铙铜钹，如是众妙音，尽持以供养；或以欢喜心，歌呗颂佛德，
乃至一小音，皆已成佛道。若人散乱心，乃至以一华，供养于画像，渐见无
数佛；或有人礼拜，或复但合掌，乃至举一手，或复小低头，以此供养像，
渐见无量佛，自成无上道，广度无数众，入无余涅槃，如薪尽火灭。若人散
乱心，入于塔庙中，一称南无佛，皆已成佛道。于诸过去佛，在世或灭度，
若有闻是法，皆已成佛道。未来诸世尊，其数无有量，是诸如来等，亦方便
说法。一切诸如来，以无量方便，度脱诸众生，入佛无漏智，若有闻法者，
无一不成佛。诸佛本誓愿，我所行佛道，普欲令众生，亦同得此道。未来世
诸佛，虽说百千亿，无数诸法门，其实为一乘。诸佛两足尊，知法常无性，
佛种从缘起，是故说一乘。是法住法位，世间相常住，于道场知已，导师方
便说。天人所供养，现在十方佛，其数如恒沙，出现于世间，安隐众生故，
亦说如是法。知第一寂灭，以方便力故，虽示种种道，其实为佛乘。知众生
诸行，深心之所念，过去所习业，欲性精进力，及诸根利钝，以种种因缘，
譬喻亦言辞，随应方便说。今我亦如是，安隐众生故，以种种法门，宣示于
佛道。我以智慧力，知众生性欲，方便诸诸法，皆令得欢喜。**舍利弗**当知，我
以佛眼观，见六道众生，贫穷无福慧，入生死险道，相续苦不断，深著于

五欲，如犛牛爱尾，以贪爱自蔽，盲瞑无所见，不求大势佛，及与断苦法，深入诸邪见，以苦欲舍苦，为是众生故，而起大悲心。我始坐道场，观树亦经行，于三七日中，思惟如是事：我所得智慧，微妙最第一，众生诸根钝，著乐痴所盲，如斯之等类，云何而可度？尔时诸梵王，及诸天帝释，护世四天王，及大自在天，并余诸天众，眷属百千万，恭敬合掌礼，请我转法轮。我即自思惟：若但赞佛乘，众生没在苦，不能信是法，破法不信故，坠于三恶道，我宁不说法，疾入于涅槃！寻念过去佛，所行方便力，我今所得道，亦应说三乘。作是思惟时，十方佛皆现，梵音慰喻我：善哉释迦文，第一之导师，得是无上法。随诸一切佛，而用方便力，我等亦皆得，最妙第一法，为诸众生类，分别说三乘。少智乐小法，不自信作佛，是故以方便，分别说诸果，虽复说三乘，但为教菩萨。舍利弗当知，我闻圣师子，深净微妙音，喜称南无佛。复作如是念：我出浊恶世，如诸佛所说，我亦随顺行。思惟是事已，即趣波罗奈。诸法寂灭相，不可以言宣，以方便力故，为五比丘说，是名转法轮，便有涅槃音，及以阿罗汉，法僧差别名。从久远劫来，赞示涅槃法，生死苦永尽，我常如是说。舍利弗当知，我见佛子等，志求佛道者，无量千万亿，咸以恭敬心，皆来至佛所，曾从诸佛闻，方便所说法。我即作是念：如来所以出，为说佛慧故，今正是其时。舍利弗当知，钝根小智人，著相憍慢者，不能信是法。今我喜无畏，于诸菩萨中，正直舍方便，但说无上道。菩萨闻是法，疑网皆已除，千二百罗汉，悉亦当作佛。如三世诸佛，说法之仪式，我今亦如是，说无分别法。诸佛兴出世，悬远值遇难，正使出于世，说是法复难，无量无数劫，闻是法亦难，能听是法者，斯人亦复难。譬如优昙华，一切皆爱乐，天人所希有，时时乃一出；闻法欢喜赞，乃至发一言，则为已供养，一切三世佛，是人甚希有，过于优昙花。汝等勿有疑，我为诸法王，普告诸大众，但以一乘道，教化诸菩萨，无声闻弟子。汝等舍利弗，声闻及菩萨，当知是妙法，诸佛之秘要。以五浊恶世，但乐著诸欲，如是等众生，终不求佛道。当来世恶人，闻佛说一乘，迷惑不信受，破法堕恶道。有惭愧清净，志求佛道者，当为如是等，广赞一乘道。舍利弗当知，诸佛法如是，以万亿方便，随宜而说法，其不习学者，不能晓于此。汝等既已知，诸佛世之师，随宜方便事，无复诸疑惑，心生大欢喜，自知当作佛。

譬喻品第三

尔时，舍利弗踊跃欢喜，即起合掌，瞻仰尊颜，而白佛言："今从世尊闻此法音，心怀踊跃，得未曾有。所以者何？我昔从佛闻如是法，见诸菩萨授记作佛，而我等不豫斯事，甚自感伤，失于如来无量知见。世尊，我常独处山林树下，若坐若行，每作是念：'我等同入法性，云何如来以小乘法而见济度？是我等咎，非世尊也。所以者何？若我等待说所因成就阿耨多罗三藐三菩提者，必以大乘而得度脱；然我等不解方便随宜所说，初闻佛法，遇便信受思惟取证。'世尊，我从昔来终日竟夜每自克责，而今从佛闻所未闻未曾有法，断诸疑悔，身意泰然，快得安隐。今日乃知真是佛子，从佛口生，从法化生，得佛法分。"

尔时，舍利弗欲重宣此义，而说偈言：

> 我闻是法音，得所未曾有，心怀大欢喜，疑网皆已除。昔来蒙佛教，不失于大乘，佛音甚希有，能除众生恼，我已得漏尽，闻亦除忧恼。我处于山谷，或在树林下，若坐若经行，常思惟是事：呜呼深自责，云何而自欺？我等亦佛子，同入无漏法，不能于未来，演说无上道；金色三十二，十力诸解脱，同共一法中，而不得此事；八十种妙好，十八不共法，如是等功德，而我皆已失。我独经行时，见佛在大众，名闻满十方，广饶益众生，自惟失此利，我为自欺诳。我常于日夜，每思惟是事，欲以问世尊，为失为不失？我常见世尊，称赞诸菩萨，以是于日夜，筹量如此事。今闻佛音声，随宜而说法，无漏难思议，令众至道场。我本著邪见，为诸梵志师，世尊知我心，拔邪说涅槃。我悉除邪见，于空法得证，尔时心自谓，得至于灭度，而今乃自觉，非是实灭度。若得作佛时，具三十二相，天人夜叉众，龙神等恭敬，是时乃可谓，永尽灭无余。佛于大众中，说我当作佛，闻如是法音，疑悔悉已除。初闻佛所说，心中大惊疑，将非魔作佛，恼乱我心耶？佛以种种缘，譬喻巧言说，其心安如海，我闻疑网断。佛说过去世，无量灭度佛，安住方便中，亦皆说是法。现在未来佛，其数无有量，亦以诸方便，演说如是法。如今者世尊，从生及出家，得道转法轮，亦以方便说。世尊说实道，波旬无此事，以是我定知，非是魔作佛，我堕疑网故，谓是魔所为。闻佛柔软音，深远甚微妙，演畅清净法，我心大欢喜，疑悔永已尽，安住实智中。我定当作佛，为天人所敬，转无上法轮，教化诸菩萨。

尔时，佛告舍利弗："吾今于天、人、沙门、婆罗门等大众中说：我昔曾于二万亿佛所，为无上道故常教化汝，汝亦长夜随我受学，我以方便引导汝故生我法中。舍利弗，我昔教汝志愿佛道，汝今悉忘，而便自谓已得灭度。我今还欲令汝忆念本愿所行道故，为诸声闻说是大乘经，名妙法莲华，教菩萨法佛所护念。

"舍利弗，汝于未来世过无量无边不可思议劫，供养若干千万亿佛，奉持正法,具足菩萨所行之道,当得作佛,号曰华光如来、应供、正遍知、明行足、善逝、世间解、无上士、调御丈夫、天人师、佛世尊。国名离垢,其土平正清净严饰,安隐丰乐,天人炽盛。琉璃为地,有八交道,黄金为绳以界其侧,其傍各有七宝行树,常有华果。华光如来亦以三乘教化众生。

"舍利弗,彼佛出时虽非恶世,以本愿故说三乘法。其劫名大宝庄严。何故名曰大宝庄严?其国中以菩萨为大宝故。彼诸菩萨无量无边不可思议,算数譬喻所不能及,非佛智力无能知者。若欲行时,宝华承足。此诸菩萨非初发意,皆久植德本,于无量百千万亿佛所净修梵行,恒为诸佛之所称叹,常修佛慧,具大神通,善知一切诸法之门,质直无伪,志念坚固。如是菩萨充满其国。

"舍利弗,华光佛寿十二小劫,除为王子未作佛时。其国人民寿八小劫。华光如来过十二小劫,授坚满菩萨阿耨多罗三藐三菩提记,告诸比丘:'是坚满菩萨次当作佛,号曰华足安行多陀阿伽度阿罗诃三藐三佛陀,其佛国土亦复如是。'舍利弗,是华光佛灭度之后,正法住世三十二小劫,像法住世亦三十二小劫。"

尔时,世尊欲重宣此义,而说偈言:

> 舍利弗来世,成佛普智尊,号名曰华光,当度无量众。供养无数佛,具足菩萨行,十力等功德,证于无上道。过无量劫已,劫名大宝严,世界名离垢,清净无瑕秽,以琉璃为地,金绳界其道,七宝杂色树,常有华果实。彼国诸菩萨,志念常坚固,神通波罗蜜,皆已悉具足,于无数佛所,善学菩萨道,如是等大士,华光佛所化。佛为王子时,弃国舍世荣,于最末后身,出家成佛道。华光佛住世,寿十二小劫,其国人民众,寿命八小劫,佛灭度之后,正法住于世,三十二小劫,广度诸众生;正法灭尽已,像法三十二,舍利广流布,天人普供养。华光佛所为,其事皆如是,其两足圣尊,最胜无伦匹,彼即是汝身,宜应自欣庆。

尔时,四部众比丘、比丘尼、优婆塞、优婆夷,天、龙、夜叉、乾闼婆、阿修罗、迦楼罗、紧那罗、摩睺罗伽等大众,见舍利弗于佛前受阿耨多罗三藐三菩提记,心大欢喜踊跃无量。各各脱身所著上衣以供养佛。释提桓因、梵天王等,与无数天子,亦以天妙衣、天曼陀罗华、摩诃曼陀罗华等供养于佛。所散天衣住虚空中而自回转,诸天伎乐百千万种,于虚空中一时俱作,雨众天华。而作是言:"佛昔于波罗奈初转法轮,今乃复转无上最大法轮。"

尔时,诸天子欲重宣此义,而说偈言:

> 昔于波罗奈,转四谛法轮,分别说诸法,五众之生灭;今复转最妙,无

上大法轮，是法甚深奥，少有能信者。我等从昔来，数闻世尊说，未曾闻如是，深妙之上法，世尊说是法，我等皆随喜。大智舍利弗，今得受尊记，我等亦如是，必当得作佛，于一切世间，最尊无有上。佛道巨思议，方便随宜说，我所有福业，今世若过世，及见佛功德，尽回向佛道。

尔时，舍利弗白佛言："世尊，我今无复疑悔，亲于佛前得受阿耨多罗三藐三菩提记。是诸千二百心自在者，昔住学地，佛常教化言：'我法能离生老病死，究竟涅槃。'是学无学人，亦各自以离我见及有无见等，谓得涅槃。而今于世尊前闻所未闻，皆堕疑惑。善哉！世尊，愿为四众说其因缘，令离疑悔。"

尔时，佛告舍利弗："我先不言诸佛世尊，以种种因缘、譬喻言辞、方便说法，皆为阿耨多罗三藐三菩提耶？是诸所说皆为化菩萨故。然舍利弗，今当复以譬喻更明此义，诸有智者，以譬喻得解。

"舍利弗，若国邑聚落有大长者，其年衰迈，财富无量，多有田宅及诸僮仆。其家广大，唯有一门，多诸人众，一百、二百乃至五百人，止住其中。堂阁朽故，墙壁隤落，柱根腐败，梁栋倾危。周匝俱时欻然火起，焚烧舍宅。长者诸子，若十、二十或至三十，在此宅中。长者见是大火从四面起，即大惊怖，而作是念：'我虽能于此所烧之门安隐得出，而诸子等于火宅内乐著嬉戏，不觉不知，不惊不怖。火来逼身苦痛切己，心不厌患，无求出意。'

"舍利弗，是长者作是思惟：'我身手有力，当以衣裓，若以机案，从舍出之。'复更思惟：'是舍唯有一门，而复狭小。诸子幼稚未有所识，恋著戏处，或当堕落为火所烧。我当为说怖畏之事，此舍已烧，宜时疾出，无令为火之所烧害。'作是念已，如所思惟，具告诸子：'汝等速出！'父虽怜愍善言诱喻，而诸子等，乐著嬉戏不肯信受，不惊不畏，了无出心，亦复不知何者是火、何者为舍、云何为失，但东西走戏视父而已。

"尔时，长者即作是念：'此舍已为大火所烧，我及诸子若不时出，必为所焚。我今当设方便，令诸子等得免斯害。'父知诸子先心各有所好，种种珍玩奇异之物，情必乐著，而告之言：'汝等所可玩好，希有难得。汝若不取，后必忧悔。如此种种羊车、鹿车、牛车今在门外，可以游戏，汝等于此火宅宜速出来，随汝所欲，皆当与汝。'尔时，诸子闻父所说，珍玩之物适其愿故，心各勇锐互相推排，竞共驰走争出火宅。

"是时，长者见诸子等安隐得出，皆于四衢道中露地而坐，无复障碍，其心泰然欢喜踊跃。时诸子等各白父言：'父先所许玩好之具，羊车、鹿车、牛车愿时赐与。'舍利弗，尔时，长者各赐诸子等一大车。其车高广，众宝庄校，周匝栏楯，四面悬铃；又于其上张设幰盖，亦以珍奇杂宝而严饰之，宝绳交络垂诸华缨；重敷绫綎安置丹枕；驾以白牛，肤色充洁，形体姝好，有大筋力，行步平正，其疾如风；又多仆从而侍卫之。所以者何？是大长者，财富无量，种种诸藏悉皆充溢。而作是念：'我财物无极，不应以下劣小车与诸子等。今此幼童皆是吾子，爱无偏党。我有如是七宝大车，其数无量，应当等心各各与之，不宜差别。所以者何？以我此物周给一国，犹尚不匮，何况诸子？'是时，诸子各乘大车，得未曾有，非本所望。"

"舍利弗，于汝意云何？是长者等与诸子珍宝大车，宁有虚妄不？"

舍利弗言："不也，世尊。是长者但令诸子得免火难，全其躯命，非为虚妄。何以故？若全身命，便为已得玩好之具，况复方便于彼火宅而拔济之！世尊，若是长者，乃至不与最小一车，犹不虚妄。何以故？是长者先作是意：'我以方便令子得出。'以是因缘，无虚妄也。何况长者自知财富无量，欲饶益诸子等与大车！"

佛告舍利弗："善哉！善哉！如汝所言。舍利弗，如来亦复如是，则为一切世间之父；于诸怖畏、衰恼、忧患、无明暗蔽，永尽无余；而悉成就无量知见、力、无所畏，有大神力及智慧力，具足方便、智慧波罗蜜，大慈大悲，常无懈倦，恒求善事利益一切，而生三界朽故火宅，为度众生生老病死、忧悲苦恼、愚痴暗蔽、三毒之火，教化令得阿耨多罗三藐三菩提。见诸众生为生老病死、忧悲苦恼之所烧煮，亦以五欲财利故受种种苦。又以贪著追求故现受众苦，后受地狱、畜生、饿鬼之苦，若生天上及在人间，贫穷困苦、爱别离苦、怨憎会苦，如是等种种诸苦。众生没在其中，欢喜游戏，不觉不知，不惊不怖，亦不生厌，不求解脱，于此三界火宅东西驰走，虽遭大苦不以为患。舍利弗，佛见此已便作是念：'我为众生之父，应拔其苦难，与无量无边佛智慧乐，令其游戏。'

"舍利弗，如来复作是念：'若我但以神力及智慧力，舍于方便，为诸众生赞如来知见、力、无所畏者，众生不能以是得度。所以者何？是诸众生，未免生老病死、忧悲苦恼，而为三界火宅所烧，何由能解佛之智慧？'舍利弗，如彼长者，虽复身手有力而不用之，但以殷勤方便，勉济诸子火宅之难，然后各与珍宝大车；如来亦复如是，虽有力无所畏而不用之，但以智慧方便，于三界火宅拔济众生，为说三乘——声闻、辟支佛、佛乘，而作是言：'汝等莫得乐住三界火宅，勿贪粗弊色声香味触也。若贪著生爱则为所烧。汝速出三界，当得三乘——声闻、辟支佛、佛乘。我今为汝保任此事，终不虚也。汝等但当勤修精进。'

　　"如来以是方便诱进众生,复作是言:'汝等当知,此三乘法皆是圣所称叹,自在无系,无所依求。乘是三乘,以无漏根、力、觉、道、禅定、解脱三昧等而自娱乐,便得无量安隐快乐。'

　　"舍利弗,若有众生,内有智性,从佛世尊闻法信受,殷勤精进,欲速出三界自求涅槃,是名声闻乘,如彼诸子为求羊车出于火宅。

　　"若有众生,从佛世尊闻法信受,殷勤精进求自然慧,乐独善寂,深知诸法因缘,是名辟支佛乘,如彼诸子为求鹿车出于火宅。

　　"若有众生,从佛世尊闻法信受,勤修精进 ,求一切智、佛智、自然智、无师智,如来知见、力、无所畏,愍念安乐无量众生,利益天人度脱一切,是名大乘。菩萨求此乘,故名为摩诃萨,如彼诸子为求牛车出于火宅。

　　"舍利弗,如彼长者见诸子等,安隐得出火宅到无畏处,自惟财富无量,等以大车而赐诸子;如来亦复如是,为一切众生之父,若见无量亿千众生,以佛教门出三界苦、怖畏险道,得涅槃乐,如来尔时便作是念:'我有无量无边智慧、力、无畏等诸佛法藏。是诸众生皆是我子,等与大乘,不令有人独得灭度,皆以如来灭度而灭度之。是诸众生脱三界者,悉与诸佛禅定解脱等娱乐之具,皆是一相一种圣所称叹,能生净妙第一之乐。'

　　"舍利弗,如彼长者初以三车诱引诸子,然后但与大车宝物庄严安隐第一。然彼长者无虚妄之咎;如来亦复如是,无有虚妄。初说三乘引导众生,然后但以大乘而度脱之。何以故?如来有无量智慧力无所畏诸法之藏,能与一切众生大乘之法,但不尽能受。舍利弗,以是因缘,当知诸佛方便力故,于一佛乘分别说三。"

　　佛欲重宣此义,而说偈言:

　　　　譬如长者,有一大宅,其宅久故,而复顿弊,堂舍高危,柱根摧朽,梁栋倾斜,基陛隤毁,墙壁圮坼,泥涂褫落,覆苫乱坠,椽桷差脱,周障屈曲,杂秽充遍。有五百人,止住其中。鸱枭雕鹫,乌鹊鸠鸽,蚖蛇蝮蝎,蜈蚣蚰蜒,守宫百足,鼬狸鼷鼠,诸恶虫辈,交横驰走。屎尿臭处,不净流溢,蜣螂诸虫,而集其上。狐狼野干,咀嚼践蹋,嚌啮死尸,骨肉狼藉。由是群狗,竞来搏撮,饥羸慞惶,处处求食。斗诤揸掣,嘊喍嗥吠,其舍恐怖,变状如是。处处皆有,魑魅魍魉,夜叉恶鬼,食啖人肉。毒虫之属,诸恶禽兽,孚乳产生,各自藏护。夜叉竞来,争取食之,食之既饱,恶心转炽,斗诤之声,甚可怖畏。鸠槃茶鬼,蹲踞土埵,或时离地,一尺二尺,往返游行,纵逸嬉戏,捉狗两足,扑令失声,以脚加颈,怖狗自乐。复有诸鬼,其身长大,裸形黑瘦,常住其中,发大恶声,叫呼求食。复有诸鬼,其咽如针,复有诸鬼，首如牛头，或食人肉，或复啖狗，头发蓬乱，残害凶险，饥渴所逼，叫唤驰走。夜叉饿鬼，诸恶鸟兽，饥急四向，窥看窗牖，如是诸难，恐畏无量。是朽故宅，属于一人。其人近出，未久之间，于后舍宅，忽然火起。四面一时，其炎俱炽，栋梁椽柱，爆声震裂，摧折堕落，墙壁崩倒。诸鬼神等，扬声大叫。雕鹫诸鸟，鸠槃荼等，周章惶怖，不能自出。恶兽毒虫，藏窜孔穴。毗舍阇鬼，亦住其中，薄福德故，为火所逼，共相残害，饮血啖肉。野干之属，并已前死，诸大恶兽，竞来食啖。臭烟烽烔，四面充塞。蚣蚰蜒蜓，毒蛇之类，为火所烧，争走出穴，鸠槃荼鬼，随取而食。又诸饿鬼，头上火燃，饥渴热恼，周章闷走。其宅如是，甚可怖畏，毒害火灾，众难非一。是时宅主，在门外立，闻有人言：汝诸子等，先因游戏，来入此宅，稚小无知，欢娱乐著。长者闻已，惊入火宅，方宜救济，令无烧害。告喻诸子，说众患难，恶鬼毒虫，灾火蔓延，众苦次第，相续不绝。毒蛇蚖蝮，及诸夜叉，鸠槃荼鬼，野干狐狗，雕鹫鸱枭，百足之属，饥渴恼急，甚可怖畏。此苦难处，况复大火！诸子无知，虽闻父诲，犹故乐著，嬉戏不已。是时长者，而作是念：诸子如此，益我愁恼。今此舍宅，无一可乐，而诸子等，耽湎嬉戏，不受我教，将为火害！即便思惟，设诸方便，告诸子等：我有种种，珍玩之具，妙宝好车，羊车鹿车，大牛之车，今在门外，汝等出来。吾为汝等，造作此车，随意所乐，可以游戏。诸子闻说，如此诸车，即时奔竞，驰走而出，到于空地，离诸苦难。长者见子，得出火宅，住于四衢，坐师子座，而自庆言：我今快乐，此诸子等，生育甚难。愚小无知，而入险宅，多诸毒虫，魑魅可畏，大火猛炎，四面俱起，而此诸子，贪乐嬉戏，我已救之，令得脱难，是故诸人，我今快乐。尔时诸子，知父安坐，皆诣父所，而白父言：愿赐我等，三种宝车，如前所许，诸子出来，当以三车，随汝所欲，今正是时，唯垂给与。长者大富，库藏众多，金银琉璃，砗磲玛瑙。以众宝物，造诸大车，庄校严饰，周匝栏楯，四面悬铃，金绳交络，真珠罗网，张施其上，金华诸璎，处处垂下，众彩杂饰，周匝围绕，柔软缯纩，以为茵蓐，上妙细氎，价值千亿，鲜白净洁，以覆其上。有大白牛，肥壮多力，形体姝好，以驾宝车，多诸傧从，而侍卫之。以是妙车，等赐诸子，诸子是时，欢喜踊跃，乘是宝车，游于四方，嬉戏快乐，自在无碍。告舍利弗，我亦如是，众圣中尊，世间之父。一切众生，皆是吾子，深著世乐，无有慧心。三界无安，犹如火宅，众苦充满，甚可怖畏，常有生老，病死忧患，如是等火，炽然不息。如来已离，三界火宅，寂然闲居，安处林野。今此三界，皆是我有，其中众生，悉是吾子。而今此处，多诸患难，唯我一人，能为救护。虽复教诏，而不信受，于诸欲染，贪著深故，以是方便，为说三乘，令诸众生，知三界苦，开示演说，出世间道。是诸子等，若心决定，具足三明，及六神通，有得缘觉，不退菩萨。汝舍利弗，我为众生，以此譬喻，说一佛乘，汝等若能，信受是语，一切皆当，成得佛道。是乘微妙，清净第一，于诸世间，为无有上，佛所悦可，一切众生，所应称赞，供养礼拜。无量亿千，诸力解脱，禅定智慧，及佛余法，得如是乘，令诸子等，日夜劫数，常得游戏，与诸菩萨，及声闻众，乘此宝乘，直至道场。以是因缘，十方谛求，更无余乘，除佛方便。告舍利弗，汝诸人等，皆是吾子，我则是父。汝等累劫，众苦所烧，我皆济拔，令出三界。我虽先说，汝等灭度，但尽生死，而实不灭，今所应作，唯佛智慧。若有菩萨，于是众中，能一心听，诸佛实法，诸佛世尊，虽以方便，所化众生，皆是菩萨。若人小智，深著爱欲，为此等故，说于苦谛，众生心喜，得未曾有，佛说苦谛，真实无异。若有众生，不知苦本，深著苦因，不能暂舍，为是等故，方便说道，诸苦所因，贪欲为本，若灭贪欲，无所依止，灭尽诸苦，名第三谛，为灭谛故，修行于道，离诸苦缚，名得解脱。是人于何，而得解脱？但离虚妄，名为解脱，其实未得，一切解脱。佛说是人，未实灭度，斯人未得，无上道故，我意不欲，令至灭度。我为法王，于法自在，安隐众生，故现于世。汝舍利弗，我此法印，为欲利益，世间故说，在所游方，勿妄宣传。若有闻者，随喜顶受，当知是人，阿鞞跋致。若有信受，此经法者，是人已曾，见过去佛，恭敬供养，亦闻是法。若人有能，信汝所说，则为见我，亦见于汝，及比丘僧，并诸菩萨。斯法华经，为深智说，浅识闻之，迷惑不解。一切声闻，及辟支佛，于此经中，力所不及。汝舍利弗，尚于此经，以信得入，况余声闻！其余声闻，信佛语故，随顺此经，非己智分。又舍利弗，憍慢懈怠，计我见者，莫说此经。凡夫浅识，深著五欲，闻不能解，亦勿为说。若人不信，毁谤此经，则断一切，世间佛种。或复颦蹙，而怀疑惑，汝当听说，此人罪报。若佛在世，若灭度后，其有诽谤，如斯经典，见有读诵，书持经者，轻贱憎嫉，而怀结恨，此人罪报，汝今复听：其人命终，入阿鼻狱，具足一劫，劫尽更生，如是展转，至无数劫。从地狱出，当堕畜生，若狗野干，其影颈瘦，黧黮疥癞，人所触烧，又复为人，之所恶贱，常困饥渴，骨肉枯竭，生受楚毒，死被瓦石，断佛种故，受斯罪报。若作骆驼，或生驴中，身常负重，加诸杖捶，但念水草，余无所知，谤斯经故，获罪如是。有作野干，来入聚落，身体疥癞，又无一目，为诸童子，之所打掷，受诸苦痛，或时致死。于此死已，更受蟒身，其形长大，五百由旬，聋騃无足，宛转腹行，为诸小虫，之所咂食，昼夜受苦，无有休息，谤斯经故，获罪如是。若得为人，诸根暗钝，矬陋挛躄，盲聋背伛，有所言说，人不信受，口气常臭，鬼魅所著，贫穷下贱，为人所使，多病瘠瘦，无所依怙，虽亲附人，人不在意，若有所得，寻复忘失，若修医道，顺方治病，更增他疾，或复致死，若自有病，无人救疗，设服良药，而复增剧，若他反逆，抄劫窃盗，如是等罪，横罹其殃。如斯罪人，永不见佛，众圣之王，说法教化。如斯罪人，常生难处，狂聋心乱，永不闻法，于无数劫，如恒河沙，生辄聋哑，诸根不具，常处地狱，如游园观，在余恶道，如己舍宅，驼驴猪狗，是其行处，谤斯经故，获罪如是。若得为人，聋盲喑哑，贫穷诸衰，以自庄严，水肿干瘦，疥癞痈疽，如是等病，以为衣服，身常臭处，垢秽不净，深著我见，增益嗔恚，淫欲炽盛，不择禽兽，谤斯经故，获罪如是。告舍利弗，谤斯经者，若说其罪，穷劫不尽。以是因缘，我故语汝，无智人中，莫说此经。若有利根，智慧明了，多闻强识，求佛道者，如是之人，乃可为说。若人曾见，亿百千佛，植诸善本，深心坚固，如是之人，乃可为说。若人精进，常修慈心，不惜身命，乃可为说。若人恭敬，无有异心，离诸凡愚，独处山泽，如是之人，乃可为说。又舍利弗，若见有人，舍恶知识，亲近善友，如是之人，乃可为说。若见佛子，持戒清洁，如净明珠，求大乘经，如是之人，乃可为说。若人无嗔，质直柔软，常愍一切，恭敬诸佛，如是之人，乃可为说。复有佛子，于大众中，以清净心，种种因缘，譬喻言辞，说法无碍，如是之人，乃可为说。若有比丘，为一切智，四方求法，合掌顶受，但乐受持，大乘经典，乃至不受，余经一偈，如是之人，乃可为说。如人至心，求佛舍利，如是求经，得已顶受，其人不复，志求余经，亦未曾念，外道典籍，如是之人，乃可为说。告舍利弗，我说是相，求佛道者，穷劫不尽。如是等人，则能信解，汝当为说，妙法华经。

信解品第四

尔时，慧命须菩提、摩诃迦旃延、摩诃迦叶、摩诃目犍连，从佛所闻未曾有法，世尊授舍利弗阿耨多罗三藐三菩提记，发希有心欢喜踊跃。即从座起，整衣服，偏袒右肩，右膝著地，一心合掌，曲躬恭敬，瞻仰尊颜而白佛言："我等居僧之首，年并朽迈，自谓已得涅槃，无所堪任，不复进求阿耨多罗三藐三菩提。世尊往昔说法既久，我时在座，身体疲懈，但念空、无相、无作，于菩萨法游戏神通、净佛国土、成就众生，心不喜乐。所以者何？世尊令我等出于三界得涅槃证。又今我等年已朽迈，于佛教化菩萨阿耨多罗三藐三菩提，不生一念好乐之心。我等今于佛前，闻授声闻阿耨多罗三藐三菩提记，心甚欢喜，得未曾有。不谓于今忽然得闻希有之法，深自庆幸获大善利，无量珍宝不求自得。

"世尊，我等今者，乐说譬喻以明斯义。譬若有人年既幼稚，舍父逃逝，久住他国，或十、二十至五十岁。年既长大加复穷困，驰骋四方以求衣食，渐渐游行遇向本国。其父先来，求子不得，中止一城。其家大富，财宝无量，金银、琉璃、珊瑚、琥珀、玻璃珠等，其诸仓库悉皆盈溢，多有僮仆、臣佐、吏民，象马车乘牛羊无数，出入息利乃遍他国，商估贾客亦甚众多。时贫穷子游诸聚落，经历国邑，遂到其父所止之城。父母念子，与子离别五十余年，而未曾向人说如此事。但自思惟，心怀悔恨，自念老朽多有财物，金银珍宝仓库盈溢，无有子息，一旦终没，财物散失，无所委付。是以殷勤每忆其子，复作是念：'我若得子委付财物，坦然快乐，无复忧虑。'

"世尊，尔时穷子佣赁，展转遇到父舍。住立门侧，遥见其父，踞师子床宝几承足，诸婆罗门、刹利居士皆恭敬围绕，以真珠璎珞价值千万庄严其身，吏民僮仆手执白拂侍立左右，覆以宝帐，垂诸华幡，香水洒地，散众名华，罗列宝物出内取与。有如是等种种严饰，威德特尊。穷子见父有大力势，即怀恐怖，悔来至此，窃作是念：'此或是王，或是王等，非我佣力得物之处，不如往至贫里肆力有地，衣食易得。若久住此，或见逼迫强使我作。'作是念已，疾走而去。

"时富长者于师子座，见子便识，心大欢喜，即作是念：'我财物库藏，今有所付。我常思念此子，无由见之，而忽自来，甚适我愿。我虽年朽，犹故贪惜。'即遣傍人急追将还。尔时使者疾走往捉，穷子惊愕称怨大唤：'我不相犯，何为见捉？'使者执之愈急，强牵将还。于时，穷子自念：'无罪而被囚执，此必定死。'转更惶怖，闷绝躄地。父遥见之，而语使言：'不须此人，勿强将来。以冷水洒面，令得醒悟。莫复与语。'所以者何？父知其子志意下劣，自知豪贵为子所难。审知是子，而以方便不语他人云是我子。使者语之：'我今放汝，随意所趣。'穷子欢喜，得未曾有，从地而起，往至贫里以求衣食。

"尔时，长者将欲诱引其子而设方便，密遣二人形色憔悴无威德者：'汝可诣彼，徐语穷子，此有作处，倍与汝值。穷子若许，将来使作。若言欲何所作？便可语之，雇汝除粪，我等二人亦共汝作。'时二使人即求穷子，既已得之，具陈上事。尔时，穷子先取其价，寻与除粪。其父见子，愍而怪之。又以他日于窗牖中，遥见子身羸瘦憔悴，粪土尘坌污秽不净，即脱璎珞细软上服严饰之具，更着粗弊垢腻之衣，尘土坌身，右手执持除粪之器，状有所畏，语诸作人：'汝等勤作，勿得懈息。'以方便故得近其子，后复告言：'咄！男子，汝常此作，勿复余去，当加汝价。诸有所须盆器、米、面、盐、醋之属，莫自疑难，亦有老弊使人，须者相给，好自安意。我如汝父，勿复忧虑。所以者何？我年老大，而汝少壮。汝常作时，无有欺怠、嗔恨、怨言，都不见汝有此诸恶如余作人。自今已后，如所生子。'即时长者，更与作字，名之为儿。尔时，穷子虽欣此遇，犹故自谓客作贱人。由是之故，于二十年中常令除粪。过是已后，心相体信，入出无难，然其所止犹在本处。

"世尊，尔时长者有疾，自知将死不久，语穷子言：'我今多有金银珍宝，仓库盈溢。其中多少，所应取与，汝悉知之。我心如是，当体此意。所以者何？今我与汝便为不异，宜加用心，无令漏失。'尔时，穷子即受教敕，领知众物，金银珍宝及诸库藏，而无悕取一餐之意。然其所止故在本处，下劣之心亦未能舍。复经少时，父知子意渐已通泰，成就大志，自鄙先心。临欲终时，而命其子并会亲族、国王、大臣、刹利居士，皆悉已集，即自宣言：'诸君当知，此是我子，我之所生。于某城中舍吾逃走，伶俜辛苦五十余年。其本字某，我名某甲。昔在本城怀忧推觅，忽于此间遇会得之。此实我子，我实其父。今我所有一切财物，皆是子有。先所出内，是子所知。'世尊，是时穷子闻父此言，即大欢喜，得未曾有，而作是念：'我本无心有所希求，今此宝藏自然而至。'

"世尊，大富长者则是如来，我等皆似佛子，如来常说我等为子。世尊，我等以三苦故，于生死中受诸热恼，迷惑无知，乐著小法。今日世尊令我等思惟蠲除诸法戏论之粪，我等于中勤加精进，得至涅槃一日之价。既得此已，心大欢喜，自以为足，便自谓言：'于佛法中勤精进故，所得弘多。'然世尊先知我等心著弊欲，乐于小法，便见纵舍，不为分别：'汝等当有如来知见宝藏之分。'世尊以方便力说如来智慧，我等从佛得涅槃一日之价，以为大得，于此大乘无有志求。我等又因如来智慧，为诸菩萨开示演说，而自于此无有志愿。所以者何？佛知我等心乐小法，以方便力随我等说，而我等不知真是佛子。今我等方知，世尊于佛智慧无所吝惜。所以者何？我等昔来真是佛子，而但乐小法。若我等有乐大之心，佛则为我说大乘法，于此经中唯说一乘。而昔于菩萨前毁訾声闻乐小法者，然佛实以大乘教化。是故我等说本无心有所悕求，今法王大宝自然而至，如佛子所应得者，皆已得之。"

尔时，摩诃迦叶欲重宣此义，而说偈言：

> 我等今日，闻佛音教，欢喜踊跃，得未曾有。佛说声闻，当得作佛，无上宝聚，不求自得。譬如童子，幼稚无识，舍父逃逝，远到他土，周流诸国，五十余年。其父忧念，四方推求，求之既疲，顿止一城，造立舍宅，五欲自娱。其家巨富，多诸金银，砗磲玛瑙，真珠琉璃，象马牛羊，辇舆车乘，田

业僮仆，人民众多，出入息利，乃遍他国，商估贾人，无处不有。千万亿众，围绕恭敬，常为王者，之所爱念，群臣豪族，皆共宗重，以诸缘故，往来者众。豪富如是，有大力势，而年朽迈，益忧念子，夙夜惟念：死时将至，痴子舍我，五十余年，库藏诸物，当如之何？尔时穷子，求索衣食，从邑至邑，从国至国，或有所得，或无所得，饥饿羸瘦，体生疮癣，渐次经历，到父住城，佣赁展转，遂至父舍。尔时长者，于其门内，施大宝帐，处师子座，眷属围绕，诸人侍卫，或有计算，金银宝物，出内财产，注记券疏。穷子见父，豪贵尊严，谓是国王，若国王等，惊怖自怪，何故至此？覆自念言：我若久住，或见逼迫，强驱使作。思惟是已，驰走而去，借问贫里，欲往佣作。长者是时，在师子座，遥见其子，默而识之，即敕使者，追捉将来。穷子惊唤，迷闷躄地：是人执我，必当见杀，何用衣食，使我至此？长者知子，愚痴狭劣，不信我言，不信是父。即以方便，更遣余人，眇目矬陋，无威德者：汝可语之，云当相雇，除诸粪秽，倍与汝价。穷子闻之，欢喜随来，为除粪秽，净诸房舍。长者于牖，常见其子，念子愚劣，乐为鄙事，于是长者，著弊垢衣，执除粪器，往到子所，方便附近，语令勤作：既益汝价，并涂足油，饮食充足，荐席厚暖，如是苦言，汝当勤作。又以软语，若如我子。长者有智，渐令入出，经二十年，执作家事，示其金银，真珠玻璃，诸物出入，皆使令知。犹处门外，止宿草庵，自念贫事，我无此物。父知子心，渐已旷大，欲与财物，即聚亲族，国王大臣，刹利居士，于此大众，说是我子，舍我他行，经五十岁，自见子来，已二十年，昔于某城，而失是子，周行求索，遂来至此。凡我所有，舍宅人民，悉以付之，恣其所用。子念昔贫，志意下劣，今于父所，大获珍宝，并及舍宅，一切财物，甚大欢喜，得未曾有。佛亦如是，知我乐小，未曾说言，汝等作佛，而说我等，得诸无漏，成就小乘，声闻弟子。佛敕我等，说最上道，修习此者，当得成佛。我承佛教，为大菩萨，以诸因缘，种种譬喻，若干言辞，说无上道。诸佛子等，从我闻法，日夜思惟，精勤修习，是时诸佛，即授其记，汝于来世，当得作佛。一切诸佛，秘藏之法，但为菩萨，演其实事，而不为我，说斯真要。如彼穷子，得近其父，虽知诸物，心不希取。我等虽说，佛法宝藏，自无志愿，亦复如是。我等内灭，自谓为足，唯了此事，更无余事。我等若闻，净佛国土，教化众生，都无欣乐。所以者何？一切诸法，皆悉空寂，无生无灭，无大无小，无漏无为。如是思惟，不生喜乐，我等长夜，于佛智慧，无贪无著，无复志愿，而自于法，谓是究竟。我等长夜，修习空法，得脱三界，苦恼之患，住最后身，有余涅槃。佛所教化，得道不虚，则为已得，报佛之恩。我等虽为，诸佛子等，说菩萨法，以求佛道，而于是法，永无愿乐。导师见舍，观我心故，初不劝进，说有实利。如富长者，知子志劣，以方便力，柔伏其心，然后乃付，一切财物。佛亦如是，现希有事，知乐小者，以方便力，调伏其心，乃教大智。我等今日，得未曾有，非先所望，而今自得，如彼穷子，得无量宝。世尊我今，得道得果，于无漏法，得清净眼。我等长夜，持佛净戒，始于今日，得其果报。法王法中，久修梵行，今得无漏，无上大果。我等今者，真是声闻，以佛道声，令一切闻，我等今者，真阿罗汉，于诸世间，天人魔梵，普于其中，应受供养。世尊大恩，以希有事，怜愍教化，利益我等，无量亿劫，谁能报者？手足供给，头顶礼敬，一切供养，皆不能报。若以顶戴，两肩荷负，于恒沙劫，尽心恭敬，又以美膳，无量宝衣，及诸卧具，种种汤药，牛头栴檀，及诸珍宝，以起塔庙，宝衣布地，如斯等事，以用供养，于恒沙劫，亦不能报。诸佛希有，无量无边，不可思议，大神通力，无漏无为，诸法之王，能为下劣，忍于斯事，取相凡夫，随宜为说。诸佛于法，得最自在，知诸众生，种种欲乐，及其志力，随所堪任，以无量喻，而为说法。随诸众生，宿世善根，又知成熟，未成熟者，种种筹量，分别知已，于一乘道，随宜说三。

药草喻品第五

尔时，世尊告摩诃迦叶及诸大弟子："善哉！善哉！迦叶，善说如来真实功德。诚如所言，如来复有无量无边阿僧祇功德，汝等若于无量亿劫说不能尽。迦叶当知，如来是诸法之王，若有所说，皆不虚也！于一切法以智方便而演说之，其所说法皆悉到于一切智地。如来观知一切诸法之所归趣，亦知一切众生深心所行，通达无碍。又于诸法究尽明了，示诸众生一切智慧。

"迦叶，譬如三千大千世界，山川溪谷土地，所生卉木丛林，及诸药草，种类若干，名色各异。密云弥布遍覆三千大千世界，一时等澍，其泽普洽。卉木丛林及诸药草，小根小茎小枝小叶，中根中茎中枝中叶，大根大茎大枝大叶，诸树大小，随上中下各有所受。一云所雨，称其种性而得生长华敷实。虽一地所生，一雨所润，而诸草木各有差别。

"迦叶当知，如来亦复如是。出现于世如大云起；以大音声普遍世界天、人、阿修罗，如彼大云遍覆三千大千国土，于大众中而唱是言：'我是如来、应供、正遍知、明行足、善逝、世间解、无上士、调御丈夫、天人师、佛世尊，未度者令度，未解者令解，未安者令安，未涅槃者令得涅槃。今世后世如实知之，我是一切知者、一切见者、知道者、开道者、说道者。汝等天、人、阿修罗众，皆应到此，为听法故。'

"尔时,无数千万亿种众生,来至佛所而听法。如来于时,观是众生诸根利钝、精进懈怠,随其所堪而为说法种种无量,皆令欢喜快得善利。是诸众生闻是法已,现世安隐,后生善处。以道受乐,亦得闻法;既闻法已,离诸障碍,于诸法中任力所能渐得入道。如彼大云,雨于一切卉木丛林及诸药草,如其种性具足蒙润各得生长。

"如来说法,一相一味,所谓解脱相、离相、灭相,究竟至于一切种智。其有众生闻如来法,若持读诵,如说修行,所得功德不自觉知。所以者何?唯有如来知此众生种相体性,念何事,思何事,修何事,云何念,云何思,云何修,以何法念,以何法思,以何法修,以何法得何法。众生住于种种之地,唯有如来如实见之,明了无碍。如彼卉木丛林诸药草等,而不自知上中下性。

"如来知是一相一味之法,所谓解脱相、离相、灭相、究竟涅槃常寂灭相,终归于空。佛知是已,观众生心欲而将护之,是故不即为说一切种智。

"汝等迦叶,甚为希有,能知如来随宜说法,能信能受。所以者何?诸佛世尊随宜说法难解难知。"

尔时,世尊欲重宣此义,而说偈言:

　　破有法王,出现世间,随众生欲,种种说法。如来尊重,智慧深远,久默斯要,不务速说。有智若闻,则能信解,无智疑悔,则为永失。是故迦叶,随力为说,以种种缘,令得正见。迦叶当知,譬如大云,起于世间,遍覆一切,慧云含润,电光晃曜,雷声远震,令众悦豫,日光掩蔽,地上清凉,叆叇垂布,如可承揽。其雨普等,四方俱下,流澍无量,率土充洽,山川险谷,幽邃所生,卉木药草,大小诸树,百谷苗稼,甘蔗蒲萄,雨之所润,无不丰足,干地普洽,药木并茂。其云所出,一味之水,草木丛林,随分受润,一切诸树,上中下等,称其大小,各得生长,根茎枝叶,华果光色。一雨所及,皆得鲜泽,如其体相,性分大小,所润是一,而各滋茂。佛亦如是,出现于世,譬如大云,普覆一切。既出于世,为诸众生,分别演说,诸法之实。大圣世尊,于诸天人,一切众中,而宣是言:我为如来,两足之尊,出于世间,犹如大云,充润一切,枯槁众生,皆令离苦,得安隐乐,世间之乐,及涅槃乐。诸天人众,一心善听,皆应到此,觐无上尊。我为世尊,无能及者,安隐众生,故现于世,为大众说,甘露净法。其法一味,解脱涅槃,以一妙音,演畅斯义,常为大乘,而作因缘。我观一切,普皆平等,无有彼此,爱憎之心。我无贪著,亦无限碍,恒为一切,平等说法,如为一人,众多亦然。常演说法,曾无他事,去来坐立,终不疲厌,充足世间,如雨普润。贵贱上下,持戒毁戒,威仪具足,及不具足,正见邪见,利根钝根,等雨法雨,而无懈倦。一切众生,闻我法者，随力所受，住于诸地。或处人天，转轮圣王，释梵诸王，是小药草。知无漏法，能得涅槃，起六神通，及得三明，独处山林，常行禅定，得缘觉证，是中药草。求世尊处，我当作佛，行精进定，是上药草。又诸佛子，专心佛道，常行慈悲，自知作佛，决定无疑，是名小树。安住神通，转不退轮，度无量亿，百千众生。如是菩萨，名为大树。佛平等说，如一味雨，随众生性，所受不同，如彼草木，所禀各异。佛以此喻，方便开示，种种言辞，演说一法，于佛智慧，如海一滴。我雨法雨，充满世间，一味之法，随力修行，如彼丛林，药草诸树，随其大小，渐增茂好。诸佛之法，常以一味，令诸世间，普得具足，渐次修行，皆得道果。声闻缘觉，处于山林，住最后身，闻法得果，是名药草，各得增长。若诸菩萨，智慧坚固，了达三界，求最上乘，是名小树，而得增长。复有住禅，得神通力，闻诸法空，心大欢喜，放无数光，度诸众生，是名大树，而得增长。如是迦叶，佛所说法，譬如大云，以一味雨，润于人华，各得成实。迦叶当知，以诸因缘，种种譬喻，开示佛道，是我方便，诸佛亦然。今为汝等，说最实事，诸声闻众，皆非灭度。汝等所行，是菩萨道，渐渐修学，悉当成佛。

授记品第六

尔时，世尊说是偈已，告诸大众唱如是言："我此弟子摩诃迦叶，于未来世当得奉觐三百万亿诸佛世尊，供养恭敬，尊重赞叹，广宣诸佛无量大法，于最后身得成为佛，名曰光明如来、应供、正遍知、明行足、善逝、世间解、无上士、调御丈夫、天人师、佛世尊。国名光德，劫名大庄严。佛寿十二小劫，正法住世二十小劫，像法亦住二十小劫。国界严饰，无诸秽恶、瓦砾、荆棘、便利不净。其土平正，无有高下、坑坎、堆阜。琉璃为地，宝树行列，黄金为绳以界道侧，散诸宝华周遍清净。其国菩萨无量千亿，诸声闻众亦复无数，无有魔事。虽有魔及魔民，皆护佛法。"

尔时，世尊欲重宣此义，而说偈言：

告诸比丘，我以佛眼，见是迦叶，于未来世，过无数劫，当得作佛。而于来世，供养奉觐，三百万亿，诸佛世尊，为佛智慧，净修梵行。供养最上，二足尊已，修习一切，无上之慧，于最后身，得成为佛。其土清净，琉璃为地，多诸宝树，行列道侧，金绳界道，见者欢喜。常出好香，散众名华，种种奇妙，以为庄严，其地平正，无有丘坑。诸菩萨众，不可称计，其心调柔，逮大神通，奉持诸佛，大乘经典。诸声闻众，无漏后身，法王之子，亦不可计，乃以天眼，不能数知。其佛当寿，十二小劫，正法住世，二十小劫，像法亦住，二十小劫，光明世尊，其事如是。

尔时，大目犍连、须菩提、摩诃迦旃延等，皆悉悚栗，一心合掌，瞻仰尊颜，目不暂舍，即共同声而说偈言：

> 大雄猛世尊，诸释之法王，哀愍我等故，而赐佛音声。若知我深心，见为授记者，如以甘露洒，除热得清凉。如从饥国来，忽遇大王膳，心犹怀疑惧，未敢即便食，若复得王教，然后乃敢食。我等亦如是，每惟小乘过，不知当云何，得佛无上慧？虽闻佛音声，言我等作佛，心尚怀忧惧，如未敢便食，若蒙佛授记，尔乃快安乐。大雄猛世尊，常欲安世间，愿赐我等记，如饥须教食。

尔时，世尊知诸大弟子心之所念，告诸比丘："是须菩提，于当来世奉觐三百万亿那由他佛，供养恭敬，尊重赞叹，常修梵行，具菩萨道，于最后身得成为佛，号曰名相如来、应供、正遍知、明行足、善逝、世间解、无上士、调御丈夫、天人师、佛世尊。劫名有宝，国名宝生。其土平正，玻璃为地，宝树庄严，无诸丘坑、沙砾、荆棘、便利之秽，宝华覆地周遍清净。其土人民皆处宝台、珍妙楼阁。声闻弟子无量无边，算数譬喻所不能知。诸菩萨众无数千万亿那由他。佛寿十二小劫，正法住世二十小劫，像法亦住二十小劫。其佛常处虚空为众说法，度脱无量菩萨及声闻众。"

尔时，世尊欲重宣此义，而说偈言：

> 诸比丘众，今告汝等，皆当一心，听我所说。我大弟子，须菩提者，当得作佛，号曰名相。当供无数，万亿诸佛，随佛所行，渐具大道。最后身得，三十二相，端正姝妙，犹如宝山。其佛国土，严净第一，众生见者，无不爱乐。佛于其中，度无量众。其佛法中，多诸菩萨，皆悉利根，转不退轮，彼国常以，菩萨庄严。诸声闻众，不可称数，皆得三明，具六神通，住八解脱，有大威德。其佛说法，现于无量，神通变化，不可思议。诸天人民，数如恒沙，皆共合掌，听受佛语。其佛当寿，十二小劫，正法住世，二十小劫，像法亦住，二十小劫。

尔时，世尊复告诸比丘众："我今语汝，是大迦旃延，于当来世，以诸供具供养奉事八千亿佛，恭敬尊重。诸佛灭后，各起塔庙高千由旬，纵广正等五百由旬，皆以金、银、琉璃、砗磲、玛瑙、真珠、玫瑰七宝合成，众华、璎珞、涂香、末香、烧香、缯盖、幢幡，供养塔庙。过是已后，当复供养二万亿佛，亦复如是。供养是诸佛已，具菩萨道，当得作佛，号曰阎浮那提金光如来、应供、正遍知、明行足、善逝、世间解、无上士、调御丈夫、天人师、佛世尊。其土平正，玻璃为地，宝树庄严，黄金为绳以界道侧，妙华覆地周遍清净，见者欢喜。无四恶道，地狱、饿鬼、畜生、阿修罗道，多有天、人、诸声闻众，及诸菩萨无量万亿，庄严其国。佛寿十二小劫，正法住世二十小劫，像法亦住二十小劫。"

尔时，世尊欲重宣此义，而说偈言：

> 诸比丘众，皆一心听，如我所说，真实无异。是迦旃延，当以种种，妙好供具，供养诸佛。诸佛灭后，起七宝塔，亦以华香，供养舍利。其最后身，得佛智慧，成等正觉，国土清净。度脱无量，万亿众生，皆为十方，之所供养。佛之光明，无能胜者，其佛号曰，阎浮金光。菩萨声闻，断一切有，无量无数，庄严其国。

尔时，世尊复告大众："我今语汝，是大目犍连，当以种种供具供养八千诸佛，恭敬尊重。诸佛灭后，各起塔庙高千由旬，纵广正等五百由旬。皆以金、银、琉璃、砗磲、玛瑙、真珠、玫瑰七宝合成，众华、璎珞、涂香、末香、烧香、缯盖、幢幡，以用供养。过是已后，当复供养二百万亿诸佛，亦复如是。当得成佛，号曰多摩罗跋栴檀香如来、应供、正遍知、明行足、善逝、世间解、无上士、调御丈夫、天人师、佛世尊。劫名喜满，国名意乐。其土平正，玻璃为地，宝树庄严，散真珠华周遍清净，见者欢喜。多诸天、人、菩萨、声闻，其数无量。佛寿二十四小劫，正法住世四十小劫，像法亦住四十小劫。"

尔时，世尊欲重宣此义，而说偈言：

> 我此弟子，大目犍连，舍是身已，得见八千，二百万亿，诸佛世尊。为佛道故，供养恭敬，于诸佛所，常修梵行，于无量劫，奉持佛法。诸佛灭后，起七宝塔，长表金刹，华香伎乐，而以供养，诸佛塔庙。渐渐具足，菩萨道已，于意乐国，而得作佛，号多摩罗，栴檀之香。其佛寿命，二十四劫，常为天人，演说佛道。声闻无量，如恒河沙，三明六通，有大威德。菩萨无数，志固精进，于佛智慧，皆不退转。佛灭度后，正法当住，四十小劫，像法亦尔。我诸弟子，威德具足，其数五百，皆当授记，于未来世，咸得成佛。我及汝等，宿世因缘，吾今当说，汝等善听。

化城喻品第七

佛告诸比丘："乃往过去无量无边不可思议阿僧祇劫，尔时有佛，名大通智胜如来、应供、正遍知、明行足、善逝、世间解、无上士、调御丈夫、天人师、佛世尊。其国名好城，劫名大相。诸比丘，彼佛灭度已来甚大久远。譬如三千大千世界所有地种，假使有人磨以为墨，过于东方千国土乃下一点，大如微尘，又过千国土复下一点，如是展转尽地种墨。于汝等意云何？是诸国土，若算师、若算师弟子,能得边际知其数不?"

"不也,世尊。"

"诸比丘,是人所经国土,若点不点,尽抹为尘,一尘一劫,彼佛灭度已来复过是数,无量无边百千万亿阿僧祇劫。我以如来知见力故,观彼久远犹若今日。"

尔时,世尊欲重宣此义,而说偈言:

> 我念过去世,无量无边劫,有佛两足尊,名大通智胜。如人以力磨,三千大千土,尽此诸地种,皆悉以为墨。过于千国土,乃下一尘点,如是展转点,尽此诸尘墨。如是诸国土,点与不点等,复尽抹为尘,一尘为一劫。此诸微尘数,其劫复过是,彼佛灭度来,如是无量劫。如来无碍智,知彼佛灭度,及声闻菩萨,如见今灭度。诸比丘当知,佛智净微妙,无漏无所碍,通达无量劫。

佛告诸比丘:"大通智胜佛寿五百四十万亿那由他劫。其佛本坐道场破魔军已,垂得阿耨多罗三藐三菩提,而诸佛法不现在前。如是一小劫乃至十小劫,结跏趺坐,身心不动,而诸佛法犹不在前。尔时,忉利诸天先为彼佛,于菩提树下敷师子座,高一由旬。佛于此座,当得阿耨多罗三藐三菩提。适坐此座时,诸梵天王雨众天华,面百由旬。香风时来,吹去萎华,更雨新者。如是不绝,满十小劫供养于佛;乃至灭度,常雨此华。四王诸天为供养佛,常击天鼓,其余诸天作天伎乐满十小劫,至于灭度亦复如是。诸比丘,大通智胜佛过十小劫,诸佛之法乃现在前,成阿耨多罗三藐三菩提。

"其佛未出家时,有十六子,其第一者名曰智积。诸子各有种种珍异玩好之具。闻父得成阿耨多罗三藐三菩提,皆舍所珍,往诣佛所。诸母涕泣而随送之。其祖转轮圣王,与一百大臣及余百千万亿人民,皆共围绕随至道场,咸欲亲近大通智胜如来,供养恭敬,尊重赞叹。到已,头面礼足,绕佛毕已,一心合掌,瞻仰世尊,以偈颂。曰:

> 大威德世尊,为度众生故,于无量亿劫,尔乃得成佛。诸愿已具足,善哉吉无上,世尊甚希有,一坐十小劫,身体及手足,静然安不动。其心常憺怕,未曾有散乱,究竟永寂灭,安住无漏法。今者见世尊,安隐成佛道,我等得善利,称庆大欢喜。众生常苦恼,盲瞑无导师,不识苦尽道,不知求解脱,长夜增恶趣,减损诸天众,从冥入于冥,永不闻佛名。今佛得最上,安隐无漏道,我等及天人,为得最大利,是故咸稽首,归命无上尊。

"尔时,十六王子偈赞佛已,劝请世尊转于法轮,咸作是言:'世尊说法,多所安隐,怜愍饶益,诸天人民。'

"重说偈言:

　　世雄无等伦,百福自庄严,得无上智慧,愿为世间说,度脱于我等,及
诸众生类,为分别显示,令得是智慧。若我等得佛,众生亦复然。世尊知众
生,深心之所念,亦知所行道,又知智慧力,欲乐及修福,宿命所行业,世
尊悉知已,当转无上轮。

佛告诸比丘:"大通智胜佛得阿耨多罗三藐三菩提时,十方各五百万亿
诸佛世界六种震动。其国中间幽冥之处,日月威光所不能照,而皆大明。其中
众生各得相见,咸作是言:'此中云何忽生众生?'又其国界诸天宫殿,乃至
梵宫,六种震动。大光普照遍满世界,胜诸天光。尔时,东方五百万亿诸国土
中,梵天宫殿光明照曜倍于常明。诸梵天王各作是念:'今者宫殿光明昔所未
有,以何因缘而现此相?'

"是时诸梵天王,即各相诣共议此事。时彼众中,有一大梵天王,名救
一切,为诸梵众而说偈言:

　　我等诸宫殿,光明昔未有,此是何因缘,宜各共求之。为大德天生?为
佛出世间?而此大光明,遍照于十方。

"尔时,五百万亿国土诸梵天王,与宫殿俱,各以衣裓盛诸天华,共诣
西方推寻是相。见大通智胜如来,处于道场菩提树下,坐师子座,诸天、龙
王、乾闼婆、紧那罗、摩睺罗伽、人非人等恭敬围绕,及见十六王子请佛转法
轮。即时诸梵天王头面礼佛,绕百千匝,即以天华而散佛上,其所散华如须弥
山;并以供养佛菩提树,其菩提树高十由旬。华供养已,各以宫殿奉上彼佛,
而作是言:'唯见哀愍饶益我等,所献宫殿,愿垂纳受。'

"时诸梵天王,即于佛前,一心同声,以偈颂曰:

　　世尊甚希有,难可得值遇,具无量功德,能救护一切。天人之大师,哀
愍于世间,十方诸众生,普皆蒙饶益。我等所从来,五百万亿国,舍深禅定
乐,为供养佛故。我等先世福,宫殿甚严饰,今以奉世尊,唯愿哀纳受。

"尔时,诸梵天王偈赞佛已,各作是言:'唯愿世尊,转于法轮,度脱众
生,开涅槃道。'

"时诸梵天王,一心同声,而说偈言:

　　世雄两足尊,唯愿演说法,以大慈悲力,度苦恼众生。

"尔时,大通智胜如来默然许之。

"又诸比丘,东南方五百万亿国土诸大梵王,各自见宫殿光明照曜昔所
未有,欢喜踊跃生希有心,即各相诣共议此事。时彼众中,有一大梵天王,名
曰大悲,为诸梵众而说偈。言:

是事何因缘,而现如此相? 我等诸宫殿,光明昔未有。为大德天生? 为佛出世间? 未曾见此相,当共一心求。过千万亿土,寻光共推之,多是佛出世,度脱苦众生。

"尔时,五百万亿诸<u>梵天王</u>,与宫殿俱,各以衣裓盛诸天华,共诣西北方推寻是相。见<u>大通智胜如来</u>,处于道场菩提树下,坐师子座,诸天、龙王、乾闼婆、紧那罗、摩睺罗伽、人非人等恭敬围绕,及见十六王子请佛转法轮。时诸梵天王头面礼佛,绕百千匝,即以天华而散佛上,所散之华如<u>须弥山</u>,并以供养佛菩提树。华供养已,各以宫殿奉上彼佛,而作是言:'唯见哀愍饶益我等,所献宫殿,愿垂纳受。'

"尔时,诸梵天王即于佛前,一心同声,以偈颂曰:

圣主天中王,迦陵频伽声,哀愍众生者,我等今敬礼。世尊甚希有,久远乃一现,一百八十劫,空过无有佛。三恶道充满,诸天众减少,今佛出世,为众生作眼。世间所归趣,救护于一切,为众生之父,哀愍饶益者。我等宿福庆,今得值世尊。

"尔时,诸梵天王偈赞佛已,各作是言:'唯愿世尊,哀愍一切,转于法轮,度脱众生。'

"时诸梵天王,一心同声,而说偈言:

大圣转法轮,显示诸法相,度苦恼众生,令得大欢喜。众生闻此法,得道若生天,诸恶道减少,忍善者增益。

"尔时,<u>大通智胜如来默然许之</u>。"

"又诸比丘,南方五百万亿国土诸<u>大梵王</u>,各自见宫殿光明照曜昔所未有,欢喜踊跃生希有心,即各相诣共议此事。以何因缘我等宫殿有此光曜?"

"时彼众中,有一<u>大梵天王</u>,名曰妙法,为诸梵众而说偈言:

我等诸宫殿,光明甚威曜,此非无因缘,是相宜求之。过于百千劫,未曾见是相,为大德天生? 为佛出世间?

"尔时,五百万亿诸<u>梵天王</u>,与宫殿俱,各以衣裓盛诸天华,共诣北方推寻是相。见<u>大通智胜如来</u>,处于道场菩提树下,坐师子座,诸天、龙王、乾闼婆、紧那罗、摩睺罗伽、人非人等恭敬围绕,及见十六王子请佛转法轮。时诸梵天王头面礼佛,绕百千匝,即以天华而散佛上,所散之华如<u>须弥山</u>,并以供养佛菩提树。华供养已,各以宫殿奉上彼佛,而作是言:'唯见哀愍饶益我等,所献宫殿,愿垂纳受。'

"尔时,诸梵天王即于佛前,一心同声,以偈颂曰:

世尊甚难见,破诸烦恼者,过百三十劫,今乃得一见。诸饥渴众生,以法雨充满，昔所未曾见，无量智慧者，如优昙钵花，今日乃值遇。我等诸宫殿，蒙光故严饰，世尊大慈悲，唯愿垂纳受。

"尔时，诸梵天王偈赞佛已，各作是言：'唯愿世尊，转于法轮，令一切世间诸天、魔、梵、沙门、婆罗门，皆获安隐而得度脱。'"

"时诸梵天王，一心同声，以偈颂曰：

> 唯愿天人尊，转无上法轮，击于大法鼓，而吹大法螺。普雨大法雨，度无量众生，我等咸归请，当演深远音。

"尔时，大通智胜如来默然许之。西南方乃至下方亦复如是。

"尔时，上方五百万亿国土诸大梵王，皆悉自睹所止宫殿，光明威曜昔所未有，欢喜踊跃生希有心，即各相诣共议此事。以何因缘我等宫殿有斯光明？

"时彼众中有一大梵天王，名曰尸弃，为诸梵众而说偈言：

> 今以何因缘，我等诸宫殿，威德光明曜，严饰未曾有？如是之妙相，昔所未闻见，为大德天生？为佛出世间？

"尔时，五百万亿诸梵天王，与宫殿俱，各以衣祴盛诸天华，共诣下方推寻是相。见大通智胜如来，处于道场菩提树下，坐师子座，诸天、龙王、乾闼婆、紧那罗、摩睺罗伽、人非人等恭敬围绕，及见十六王子请佛转法轮。时诸梵天王头面礼佛，绕百千匝，即以天华而散佛上，所散之华如须弥山，并以供养佛菩提树。华供养已，各以宫殿奉上彼佛，而作是言：'唯见哀愍饶益我等，所献宫殿，愿垂纳受。'

"时诸梵天王，即于佛前，一心同声，以偈颂曰：

> 善哉见诸佛，救世之圣尊，能于三界狱，勉出诸众生。普智天人尊，哀愍群萌类，能开甘露门，广度于一切。于昔无量劫，空过无有佛，世尊未出时，十方常暗冥，三恶道增长，阿修罗亦盛，诸天众转减，死多堕恶道。不从佛闻法，常行不善事，色力及智慧，斯等皆减少。罪业因缘故，失乐及乐想，住于邪见法，不识善仪则，不蒙佛所化，常堕于恶道。佛为世间眼，久远时乃出，哀愍诸众生，故现于世间。超出成正觉，我等甚欣庆，及余一切众，喜叹未曾有。我等诸宫殿，蒙光故严饰，今以奉世尊，唯垂哀纳受。愿以此功德，普及于一切，我等与众生，皆共成佛道。

"尔时，五百万亿诸梵天王偈赞佛已，各白佛言：'唯愿世尊，转于法轮，多所安隐，多所度脱。'

"时诸梵天王而说偈言：

> 世尊转法轮，击甘露法鼓，度苦恼众生，开示涅槃道。唯愿受我请，以

大微妙音，哀愍而敷演，无量劫习法。

"尔时，大通智胜如来，受十方诸梵天王及十六王子请，即时三转十二行法轮。若沙门、婆罗门，若天、魔、梵及余世间，所不能转。谓是苦，是苦集，是苦灭，是苦灭道，及广说十二因缘法——无明缘行，行缘识，识缘名色，名色缘六入，六入缘触，触缘受，受缘爱，爱缘取，取缘有，有缘生，生缘老死忧悲苦恼。无明灭则行灭，行灭则识灭，识灭则名色灭，名色灭则六入灭，六入灭则触灭，触灭则受灭，受灭则爱灭，爱灭则取灭，取灭则有灭，有灭则生灭，生灭则老死忧悲苦恼灭。佛于天人大众之中说是法时，六百万亿那由他人，以不受一切法故，而于诸漏心得解脱，皆得深妙禅定、三明、六通，具八解脱。第二、第三、第四说法时，千万亿恒河沙那由他等众生，亦以不受一切法故，而于诸漏心得解脱。从是已后，诸声闻众无量无边不可称数。

"尔时，十六王子皆以童子出家而为沙弥，诸根通利，智慧明了。已曾供养百千万亿诸佛，净修梵行，求阿耨多罗三藐三菩提。俱白佛言：'世尊，是诸无量千万亿大德声闻，皆已成就。世尊，亦当为我等说阿耨多罗三藐三菩提法，我等闻已皆共修学。世尊，我等志愿如来知见，深心所念佛自证知。'尔时，转轮圣王所将众中八万亿人，见十六王子出家，亦求出家，王即听许。

"尔时，彼佛受沙弥请，过二万劫已，乃于四众之中，说是大乘经，名妙法莲华，教菩萨法佛所护念。说是经已，十六沙弥为阿耨多罗三藐三菩提故，皆共受持讽诵通利。

"说是经时，十六菩萨沙弥皆悉信受，声闻众中亦有信解，其余众生千万亿种皆生疑惑。佛说是经，于八千劫未曾休废。说此经已，即入静室，住于禅定八万四千劫。是时，十六菩萨沙弥，知佛入室寂然禅定，各升法座，亦于八万四千劫，为四部众广说分别妙法华经。一一皆度六百万亿那由他恒河沙等众生，示教利喜，令发阿耨多罗三藐三菩提心。

"大通智胜佛过八万四千劫已，从三昧起，往诣法座安详而坐，普告大众：'是十六菩萨沙弥，甚为希有！诸根通利，智慧明了，已曾供养无量千万亿数诸佛，于诸佛所常修梵行，受持佛智，开示众生令入其中。汝等皆当数数亲近而供养之。所以者何？若声闻、辟支佛及诸菩萨，能信是十六菩萨所说经法，受持不毁者，是人皆当得阿耨多罗三藐三菩提如来之慧。'"

佛告诸比丘："是十六菩萨常乐说是妙法莲华经，一一菩萨所化六百万亿那由他恒河沙等众生，世世所生与菩萨俱，从其闻法悉皆信解。以此因缘，得值四百万亿诸佛世尊于今不尽。诸比丘，我今语汝，彼佛弟子十六沙弥，今皆得阿耨多罗三藐三菩提，于十方国土现在说法，有无量百千万亿菩萨、声闻以为眷属。其二沙弥东方作佛，一名阿閦在欢喜国，二名须弥顶。东南方二佛，一名师子音，二名师子相。南方二佛，一名虚空住，二名常灭。西南方二佛，一名帝相，二名梵相。西方二佛，一名阿弥陀，二名度一切世间苦恼。西北方二佛，一名多摩罗跋栴檀香神通，二名须弥相。北方二佛，一名云自在，二名云自在王。东北方佛名坏一切世间怖畏。第十六我释迦牟尼佛，于娑婆国土成阿耨多罗三藐三菩提。

"诸比丘，我等为沙弥时，各各教化无量百千万亿恒河沙等众生，从我闻法为阿耨多罗三藐三菩提。此诸众生，于今有住声闻地者，我常教化阿耨多罗三藐三菩提。是诸人等，应以是法渐入佛道。所以者何？如来智慧难信难解。尔时所化无量恒河沙等众生者，汝等诸比丘及我灭度后未来世中声闻弟子是也。我灭度后，复有弟子不闻是经，不知不觉菩萨所行。自于所得功德生灭度想，当入涅槃。我于余国作佛，更有异名，是人虽生灭度之想入于涅槃，而于彼土求佛智慧得闻是经——唯以佛乘而得灭度，更无余乘，除诸如来方便说法。诸比丘，若如来自知涅槃时到，众又清净，信解坚固，了达空法，深入禅定，便集诸菩萨及声闻众为说是经——世间无有二乘而得灭度，唯一佛乘得灭度耳！比丘当知，如来方便，深入众生之性。知其志乐小法，深著五欲，为是等故说于涅槃，是人若闻则便信受。

"譬如五百由旬险难恶道，旷绝无人怖畏之处，若有多众，欲过此道至珍宝处。有一导师聪慧明达，善知险道通塞之相，将导众人欲过此难。所将人众中路懈退，白导师言：'我等疲极而复怖畏，不能复进。前路犹远，今欲退还。'导师多诸方便，而作是念：'此等可愍，云何舍大珍宝而欲退还？'作是念已，以方便力于险道中，过三百由旬化作一城，告众人言：'汝等勿怖，莫得退还。今此大城，可于中止随意所作。若入是城，快得安隐！若能前至，宝所亦可得去。'是时疲极之众，心大欢喜叹未曾有：'我等今者免斯恶道，快得安隐！'于是众人前入化城，生已度想，生安隐想。尔时，导师知此人众既得止息，无复疲倦，即灭化城，语众人言：'汝等去来，宝处在近。向者大城，我所化作，为止息耳！'

"诸比丘，如来亦复如是，今为汝等作大导师，知诸生死烦恼恶道险难长远，应去应度。若众生但闻一佛乘者，则不欲见佛，不欲亲近，便作是念：'佛道长远，久受勤苦，乃可得成佛。'知是心怯弱下劣，以方便力而于中道为止息，故说二涅槃。若众生住于二地，如来尔时即便为说：'汝等所作未办，汝所住地近于佛慧。当观察筹量，所得涅槃非真实也。'但是如来方便

之力,于一佛乘分别说三;如彼导师为止息故化作大城,既知息已而告之言:
'宝处在近,此城非实,我化作耳!'"

尔时,世尊欲重宣此义,而说偈言:

> 大通智胜佛,十劫坐道场,佛法不现前,不得成佛道。诸天神龙王,阿
> 修罗众等,常雨于天华,以供养彼佛。诸天击天鼓,并作众伎乐,香风吹萎
> 华,更雨新好者,过十小劫已,乃得成佛道。诸天及世人,心皆怀踊跃,彼
> 佛十六子,皆与其眷属,千万亿围绕,俱行至佛所,头面礼佛足,而请转法
> 轮,圣师子法雨,充我及一切。世尊甚难值,久远时一现,为觉悟群生,震
> 动于一切。东方诸世界,五百万亿国,梵宫殿光曜,昔所未曾有。诸梵见此
> 相,寻来至佛所,散华以供养,并奉上宫殿,请佛转法轮,以偈而赞叹。佛知
> 时未至,受请默然坐,三方及四维,上下亦复尔,散华奉宫殿,请佛转法轮:
> 世尊甚难值,愿以大慈悲,广开甘露门,转无上法轮。无量慧世尊,受彼众
> 人请,为宣种种法,四谛十二缘,无明至老死,皆从生缘有,如是众过患,
> 汝等应当知。宣畅是法时,六百万亿垓,得尽诸苦际,皆成阿罗汉。第二说
> 法时,千万恒沙众,于诸法不受,亦得阿罗汉。从是后得道,其数无有量,
> 万亿劫算数,不能得其边。时十六王子,出家作沙弥,皆共请彼佛,演说大
> 乘法:我等及营从,皆当成佛道,愿得如世尊,慧眼第一净。佛知童子心,宿
> 世之所行,以无量因缘,种种诸譬喻,说六波罗蜜,及诸神通事,分别真实
> 法,菩萨所行道,说是法华经,如恒河沙偈。彼佛说经已,静室入禅定,
> 一心一处坐,八万四千劫。是诸沙弥等,知佛禅未出,为无量亿众,说佛无上
> 慧,各各坐法座,说是大乘经,于佛宴寂后,宣扬助法化。一一沙弥等,所
> 度诸众生,有六百万亿,恒河沙等众。彼佛灭度后,是诸闻法者,在在诸佛
> 土,常与师俱生。是十六沙弥,具足行佛道,今现在十方,各得成正觉。尔
> 时闻法者,各在诸佛所,其有住声闻,渐教以佛道。我在十六数,曾亦为汝
> 说,是故以方便,引汝趣佛慧。以是本因缘,今说法华经,令汝入佛道,慎
> 勿怀惊惧。譬如险恶道,迥绝多毒兽,又复无水草,人所怖畏处,无数千万
> 众,欲过此险道,其路甚旷远,经三百由旬。时有一导师,强识有智慧,明
> 了心决定,在险济众难,众人皆疲倦,而白导师言:我等今顿乏,于此欲退
> 还。导师作是念:此辈甚可愍,如何欲退还,而失大珍宝?寻时思方便,当
> 设神通力,化作大城郭,庄严诸舍宅,周匝有园林,渠流及浴池,重门高楼
> 阁,男女皆充满。即作是化已,慰众言勿惧:汝等入此城,各可随所乐。诸
> 人既入城,心皆大欢喜,皆生安隐想,自谓已得度。导师知息已,集众而告
> 言:汝等当前进,此是化城耳!我见汝疲极,中路欲退还,故以方便力,权

化作此城。汝等勤精进，当共至宝所，我亦复如是，为一切导师，见诸求道者，中路而懈废，不能度生死，烦恼诸险道，故以方便力，为息说涅槃，言汝等苦灭，所作皆已办。既知到涅槃，皆得阿罗汉，尔乃集大众，为说真实法。诸佛方便力，分别说三乘，唯有一佛乘，息处故说二。今为汝说实，汝所得非灭，为佛一切智，当发大精进。汝证一切智，十力等佛法，具三十二相，乃是真实灭。诸佛之导师，为息说涅槃，既知是息已，引入于佛慧。

五百弟子受记品第八

尔时，富楼那弥多罗尼子，从佛闻是智慧方便随宜说法，又闻授诸大弟子阿耨多罗三藐三菩提记，复闻宿世因缘之事，复闻诸佛有大自在神通之力。得未曾有，心净踊跃。即从座起到于佛前，头面礼足，却住一面，瞻仰尊颜，目不暂舍，而作是念："世尊，甚奇特！所为希有！随顺世间若干种性，以方便知见而为说法，拔出众生处处贪著，我等于佛功德言不能宣！唯佛世尊，能知我等深心本愿。"

尔时，佛告诸比丘："汝等见是富楼那弥多罗尼子不？我常称其于说法人中最为第一，亦常叹其种种功德，精勤护持助宣我法，能于四众示教利喜，具足解释佛之正法，而大饶益同梵行者。自舍如来，无能尽其言论之辩。汝等勿谓富楼那但能护持助宣我法，亦于过去九十亿诸佛所，护持助宣佛之正法，于彼说法人中亦最第一。又于诸佛所说空法明了通达，得四无碍智，常能审谛清净说法无有疑惑，具足菩萨神通之力，随其寿命常修梵行。彼佛世人咸皆谓之实是声闻，而富楼那以斯方便，饶益无量百千众生，又化无量阿僧祇人令立阿耨多罗三藐三菩提。为净佛土故，常作佛事教化众生。

"诸比丘，富楼那亦于七佛说法人中而得第一，今于我所说法人中亦为第一，于贤劫中当来诸佛说法人中亦复第一，而皆护持助宣佛法。亦于未来护持助宣无量无边诸佛之法，教化饶益无量众生，令立阿耨多罗三藐三菩提。为净佛土故，常勤精进教化众生，渐渐具足菩萨之道。过无量阿僧祇劫，当于此土得阿耨多罗三藐三菩提，号曰法明如来、应供、正遍知、明行足、善逝、世间解、无上士、调御丈夫、天人师、佛世尊。其佛以恒河沙等三千大千世界为一佛土，七宝为地，地平如掌，无有山陵、溪涧、沟壑，七宝台观充满其中。诸天宫殿近处虚空，人天交接两得相见。无诸恶道，亦无女人。一切众生皆以化生，无有淫欲得大神通，身出光明，飞行自在。志念坚固，精进智慧，普皆金色三十二相而自庄严。其国众生常以二食：一者、法喜食，二者、禅悦食。有无量阿僧祇千万亿那由他诸菩萨众，得大神通四无碍智，善能教化众生之类。其声闻众算数校计所不能知，皆得具足六通、三明及八解脱。其佛国土，有如是等无量功德庄严成就。劫名宝明，国名善净。其佛寿命无量阿僧祇劫，法住甚久。佛灭度后，起七宝塔遍满其国。"

尔时，世尊欲重宣此义，而说偈言：

　　诸比丘谛听，佛子所行道，善学方便故，不可得思议。知众乐小法，而畏于大智，是故诸菩萨，作声闻缘觉，以无数方便，化诸众生类。自说是声闻，去佛道甚远，度脱无量众，皆悉得成就，虽小欲懈怠，渐当令作佛。内秘菩萨行，外现是声闻，少欲厌生死，实自净佛土。示众有三毒，又现邪见相，我弟子如是，方便度众生。若我具足说，种种现化事，众生闻是者，心则怀疑惑。今此富楼那，于昔千亿佛，勤修所行道，宣护诸佛法。为求无上慧，而于诸佛所，现居弟子上，多闻有智慧，所说无所畏，能令众欢喜，未曾有疲倦，而以助佛事。已度大神通，具四无碍智，知诸根利钝，常说清净法，演畅如是义，教诸千亿众，令住大乘法，而自净佛土。未来亦供养，无量无数佛，护助宣正法，亦自净佛土。常以诸方便，说法无所畏，度不可计众，成就一切智。供养诸如来，护持法宝藏，其后得成佛，号名曰法明。其国名善净，七宝所合成，劫名为宝明。菩萨众甚多，其数无量亿，皆度大神通，威德力具足，充满其国土。声闻亦无数，三明八解脱，得四无碍智，以是等为僧。其国诸众生，淫欲皆已断，纯一变化生，具相庄严身，法喜禅悦食，更无余食想，无有诸女人，亦无诸恶道。富楼那比丘，功德悉成满，当得斯净土，贤圣众甚多。如是无量事，我今但略说。

尔时，千二百阿罗汉心自在者作是念："我等欢喜，得未曾有。若世尊各见授记如余大弟子者，不亦快乎！"佛知此等心之所念，告摩诃迦叶："是千二百阿罗汉，我今当现前次第与授阿耨多罗三藐三菩提记。于此众中，我大弟子憍陈如比丘，当供养六万二千亿佛，然后得成为佛，号曰普明如来、应供、正遍知、明行足、善逝、世间解、无上士、调御丈夫、天人师、佛世尊。其五百阿罗汉，优楼频螺迦叶、伽耶迦叶、那提迦叶、迦留陀夷、优陀夷、阿㝹楼驮、离婆多、劫宾那、薄拘罗、周陀、莎伽陀等，皆当得阿耨多罗三藐三菩提，尽同一号，名曰普明。"

尔时，世尊欲重宣此义，而说偈言：

　　憍陈如比丘，当见无量佛，过阿僧祇劫，乃成等正觉。常放大光明，具足诸神通，名闻遍十方，一切之所敬，常说无上道，故号为普明。其国土清净，菩萨皆勇猛，咸升妙楼阁，游诸十方国，以无上供具，奉献于诸佛。作是供养已，心怀大欢喜，须臾还本国，有如是神力。佛寿六万劫，正法住倍寿，像法复倍是，法灭天人忧。其五百比丘，次第当作佛，同号曰普明，转次而授记：我灭度之后，某甲当作佛，其所化世间，亦如我今日。国土之严净，及诸神通力，菩萨声闻众，正法及像法，寿命劫多少，皆如上所说。迦叶汝已知，五百自在者，余诸声闻众，亦当复如是，其不在此会，汝当为宣说。

尔时，五百阿罗汉于佛前得受记已，欢喜踊跃，即从座起，到于佛前，头面礼足，悔过自责："世尊，我等常作是念，自谓已得究竟灭度，今乃知之如无智者。所以者何？我等应得如来智慧，而便自以小智为足。世尊，譬如有人至亲友家，醉酒而卧。是时亲友官事当行，以无价宝珠系其衣里，与之而去。其人醉卧，都不觉知。起已游行，到于他国。为衣食故，勤力求索甚大艰难，若少有所得便以为足。于后亲友会遇见之，而作是言：'咄哉！丈夫，何为衣食乃至如是？我昔欲令汝得安乐，五欲自恣，于某年日月，以无价宝珠系汝衣里。今故现在，而汝不知，勤苦忧恼以求自活，甚为痴也！汝今可以此宝贸易所须，常可如意，无所乏短。'

"佛亦如是，为菩萨时，教化我等，令发一切智心；而寻废忘，不知不觉。既得阿罗汉道，自谓灭度，资生艰难得少为足，一切智愿犹在不失。今者世尊觉悟我等，作如是言：'诸比丘，汝等所得非究竟灭。我久令汝等种佛善根，以方便故示涅槃相，而汝谓为实得灭度。'世尊，我今乃知实是菩萨，得受阿耨多罗三藐三菩提记，以是因缘，甚大欢喜，得未曾有。"

尔时，阿若憍陈如等欲重宣此义，而说偈言：

> 我等闻无上，安隐授记声，欢喜未曾有，礼无量智佛。今于世尊前，自悔诸过咎，于无量佛宝，得少涅槃分，如无智愚人，便自以为足。譬如贫穷人，往至亲友家，其家甚大富，具设诸肴膳，以无价宝珠，系著内衣里，默与而舍去，时卧不觉知。是人既已起，游行诣他国，求衣食自济，资生甚艰难，得少便为足，更不愿好者，不觉内衣里，有无价宝珠。与珠之亲友，后见此贫人，苦切责之已，示以所系珠。贫人见此珠，其心大欢喜，富有诸财物，五欲而自恣。我等亦如是，世尊于长夜，常愍见教化，令种无上愿。我等无智故，不觉亦不知，得少涅槃分，自足不求余。今佛觉悟我，言非实灭度，得佛无上慧，尔乃为真灭。我今从佛闻，授记庄严事，乃转次受决，身心遍欢喜。

授学无学人记品第九

尔时，阿难、罗睺罗而作是念："我等每自思惟，设得受记，不亦快乎？"

即从座起到于佛前，头面礼足，俱白佛言："世尊，我等于此亦应有分。唯有如来，我等所归。又我等为一切世间天、人、阿修罗所见知识。阿难常为侍者，护持法藏。罗睺罗是佛之子。若佛见授阿耨多罗三藐三菩提记者，我愿既满，众望亦足。"尔时，学无学声闻弟子二千人，皆从座起，偏袒右肩，到于佛前，一心合掌，瞻仰世尊，如阿难、罗睺罗所愿，住立一面。

尔时，佛告阿难："汝于来世当得作佛，号山海慧自在通王如来、应供、正遍知、明行足、善逝、世间解、无上士、调御丈夫、天人师、佛世尊。当供养六十二亿诸佛，护持法藏，然后得阿耨多罗三藐三菩提。教化二十千万亿恒河沙诸菩萨等，令成阿耨多罗三藐三菩提。国名常立胜幡，其土清净，琉璃为地，劫名妙音遍满。其佛寿命，无量千万亿阿僧祇劫，若人于千万亿无量阿僧祇劫中算数校计不能得知。正法住世倍于寿命，像法住世复倍正法。阿难，是山海慧自在通王佛，为十方无量千万亿恒河沙等诸佛如来，所共赞叹，称其功德。"

尔时，世尊欲重宣此义，而说偈言：

> 我今僧中说，阿难持法者，当供养诸佛，然后成正觉，号曰山海慧，自在通王佛。其国土清净，名常立胜幡，教化诸菩萨，其数如恒沙。佛有大威德，名闻满十方，寿命无有量，以愍众生故，正法倍寿命，像法复倍是。如恒河沙等，无数诸众生，于此佛法中，种佛道因缘。

尔时，会中新发意菩萨八千人，咸作是念："我等尚不闻诸大菩萨得如是记，有何因缘而诸声闻得如是决？"尔时，世尊知诸菩萨心之所念，而告之曰："诸善男子，我与阿难等，于空王佛所，同时发阿耨多罗三藐三菩提心。阿难常乐多闻，我常勤精进，是故我已得成阿耨多罗三藐三菩提，而阿难护持我法，亦护将来诸佛法藏，教化成就诸菩萨众。其本愿如是，故获斯记。"

阿难面于佛前，自闻授记及国土庄严，所愿具足，心大欢喜，得未曾有。即时忆念过去无量千万亿诸佛法藏，通达无碍如今所闻，亦识本愿。

尔时，阿难而说偈言：

> 世尊甚希有，令我念过去，无量诸佛法，如今日所闻。我今无复疑，安住于佛道，方便为侍者，护持诸佛法。

尔时，佛告罗睺罗："汝于来世当得作佛，号蹈七宝华如来、应供、正遍知、明行足、善逝、世间解、无上士、调御丈夫、天人师、佛世尊。当供养十世界微尘等数诸佛如来，常为诸佛而作长子，犹如今也。是蹈七宝华佛，国土庄严，寿命劫数，所化弟子，正法、像法，亦如山海慧自在通王如来无异，亦为此佛而作长子。过是已后，当得阿耨多罗三藐三菩提。"

尔时，世尊欲重宣此义，而说偈言：

> 我为太子时，罗睺为长子，我今成佛道，受法为法子。于未来世中，见
> 无量亿佛，皆为其长子，一心求佛道。罗睺密行，唯我能知之，现为我长子，
> 以示诸众生，无量亿千万，功德不可数，安住于佛法，以求无上道。

尔时，世尊见学无学二千人，其意柔软，寂然清净，一心观佛，佛告阿难：
"汝见是学无学二千人不？"

"唯然，已见。"

"阿难，是诸人等，当供养五十世界微尘数诸佛如来，恭敬尊重，护持
法藏。末后同时于十方国各得成佛，皆同一号，名曰宝相如来、应供、正遍
知、明行足、善逝、世间解、无上士、调御丈夫、天人师、佛世尊。寿命一劫，
国土庄严，声闻、菩萨，正法、像法，皆悉同等。"

尔时，世尊欲重宣此义，而说偈言：

> 是二千声闻，今于我前住，悉皆与授记，未来当成佛。所供养诸佛，如
> 上说尘数，护持其法藏，后当成正觉。各于十方国，悉同一名号，俱时坐道
> 场，以证无上慧。皆名为宝相。国土及弟子，正法与像法，悉等无有异。咸以
> 诸神通，度十方众生，名闻普周遍，渐入于涅槃。

尔时，学、无学二千人，闻佛授记，欢喜踊跃，而说偈言：

> 世尊慧灯明，我闻授记音，心欢喜充满，如甘露见灌。

法师品第十

尔时，世尊因药王菩萨，告八万大士："药王！汝见是大众中无量诸天、
龙王、夜叉、乾闼婆、阿修罗、迦楼罗、紧那罗、摩睺罗伽、人与非人，及比
丘、比丘尼、优婆塞、优婆夷，求声闻者，求辟支佛者，求佛道者，如是等类咸
于佛前，闻妙法华经一偈一句，乃至一念随喜者，我皆与授记，当得阿耨多罗
三藐三菩提。"

佛告药王："又如来灭度之后，若有人闻妙法华经，乃至一偈一句一念
随喜，我亦与授阿耨多罗三藐三菩提记。若复有人，受持、读诵、解说、书
写妙法华经乃至一偈，于此经卷敬视如佛，种种供养，华香、璎珞、末香、涂
香、烧香、缯盖、幢幡、衣服、伎乐，乃至合掌恭敬。药王当知，是诸人等，已
曾供养十万亿佛，于诸佛所成就大愿，愍众生故生此人间。

"药王！若有人问：'何等众生于未来世当得作佛？'应示是诸人等于未
来世必得作佛。何以故？若善男子、善女人，于法华经乃至一句受持、读诵、
解说、书写，种种供养经卷，华香、璎珞、末香、涂香、烧香、缯盖、幢幡、衣

服、伎乐，合掌恭敬，是人一切世间所应瞻奉，应以如来供养而供养之。当知此人是大菩萨，成就阿耨多罗三藐三菩提，哀愍众生愿生此间，广演分别妙法华经，何况尽能受持、种种供养者。药王当知，是人自舍清净业报，于我灭度后，愍众生故，生于恶世广演此经。若是善男子、善女人，我灭度后，能窃为一人说法华经乃至一句，当知是人则如来使，如来所遣行如来事，何况于大众中广为人说！

　　"药王！若有恶人以不善心，于一劫中现于佛前常毁骂佛，其罪尚轻。若人以一恶言，毁訾在家出家读诵法华经者，其罪甚重。药王！其有读诵法华经者，当知是人，以佛庄严而自庄严，则为如来肩所荷担，其所至方应随向礼，一心合掌，恭敬供养，尊重赞叹，华香、璎珞、末香、涂香、烧香、缯盖、幢幡、衣服、肴馔，作诸伎乐，人中上供而供养之，应持天宝而以散之，天上宝聚应以奉献。所以者何？是人欢喜说法，须臾闻之，即得究竟阿耨多罗三藐三菩提故。"

　　尔时，世尊欲重宣此义，而说偈言：

　　　　若欲住佛道，成就自然智，常当勤供养，受持法华者。其有欲疾得，一切种智慧，当受持是经，并供养持者。若有能受持，妙法华经者，当知佛所使，愍念诸众生。诸有能受持，妙法华经者，舍于清净土，愍众故生此。当知如是人，自在所欲生，能于此恶世，广说无上法。应以天华香，及天宝衣服，天上妙宝聚，供养说法者。吾灭后恶世，能持是经者，当合掌礼敬，如供养世尊。上馔众甘美，及种种衣服，供养是佛子，冀得须臾闻。若能于后世，受持是经者，我遣在人中，行于如来事。若于一劫中，常怀不善心，作色而骂佛，获无量重罪。其有读诵持，是法华经者，须臾加恶言，其罪复过彼！有人求佛道，而于一劫中，合掌在我前，以无数偈赞，由是赞佛故，得无量功德，叹美持经者，其福复过彼！于八十亿劫，以最妙色声，及与香味触，供养持经者，如是供养已，若得须臾闻，则应自欣庆，我今获大利！药王今告汝，我所说诸经，而于此经中，法华最第一。

　　尔时，佛复告药王菩萨摩诃萨："我所说经典无量千万亿，已说、今说、当说，而于其中，此法华经最为难信难解。药王！此经是诸佛秘要之藏，不可分布妄授与人。诸佛世尊之所守护，从昔已来未曾显说，而此经者，如来现在犹多怨嫉，况灭度后！

　　"药王当知，如来灭后，其能书持、读诵、供养、为他人说者，如来则为以衣覆之，又为他方现在诸佛之所护念。是人有大信力及志愿力、诸善根力。当知是人与如来共宿，则为如来手摩其头。药王！在在处处，若说若读若诵若书，若经卷所住处，皆应起七宝塔，极令高广严饰，不须复安舍利。所以者何？此中已有如来全身。此塔应以一切华香、璎珞、缯盖、幢幡、伎乐歌颂，供养恭敬，尊重赞叹。若有人得见此塔礼拜供养，当知是等皆近阿耨多罗三藐三菩提。

"药王！多有人在家出家行菩萨道，若不能得见闻、读诵、书持、供养是法华经者，当知是人未善行菩萨道。若有得闻是经典者，乃能善行菩萨之道。其有众生求佛道者，若见若闻是法华经，闻已信解受持者，当知是人得近阿耨多罗三藐三菩提。

"药王！譬如有人渴乏须水，于彼高原穿凿求之。犹见干土，知水尚远；施功不已，转见湿土，遂渐至泥，其心决定知水必近。菩萨亦复如是，若未闻未解未能修习是法华经者，当知是人去阿耨多罗三藐三菩提尚远；若得闻解思惟修习，必知得近阿耨多罗三藐三菩提。所以者何？一切菩萨阿耨多罗三藐三菩提皆属此经，此经开方便门，示真实相。是法华经藏深固幽远，无人能到，今佛教化成就菩萨而为开示。药王！若有菩萨闻是法华经惊疑怖畏，当知是为新发意菩萨。若声闻人闻是经惊疑怖畏，当知是为增上慢者。

"药王！若有善男子、善女人，如来灭后，欲为四众说是法华经者，云何应说？是善男子、善女人，入如来室，著如来衣，坐如来座，尔乃应为四众广说斯经。如来室者，一切众生中大慈悲心是；如来衣者，柔和忍辱心是；如来座者，一切法空是。安住是中，然后以不懈怠心，为诸菩萨及四众广说是法华经。

"药王！我于余国遣化人为其集听法众，亦遣化比丘、比丘尼、优婆塞、优婆夷听其说法。是诸化人，闻法信受，随顺不逆。若说法者在空闲处，我时广遣天、龙、鬼、神、乾闼婆、阿修罗等听其说法。我虽在异国，时时令说法者得见我身。若于此经忘失句逗，我还为说令得具足。"

尔时，世尊欲重宣此义，而说偈言：

欲舍诸懈怠，应当听此经，是经难得闻，信受者亦难。如人渴须水，穿凿于高原，犹见干燥土，知去水尚远，渐见湿土泥，决定知近水。药王汝当知，如是诸人等，不闻法华经，去佛智甚远！若闻是深经，决了声闻法。是诸经之王，闻已谛思惟，当知此人等，近于佛智慧。若人说此经，应入如来室，著于如来衣，而坐如来座，处众无所畏，广为分别说。大慈悲为室，柔和忍辱衣，诸法空为座，处此为说法。若说此经时，有人恶口骂，加刀杖瓦石，念佛故应忍。我千万亿土，现净坚固身，于无量亿劫，为众生说法。若我灭度后，能说此经者，我遣化四众，比丘比丘尼，及清信士女，供养于法师，引导诸众生，集之令听法。若人欲加恶，刀杖及瓦石，则遣变化人，为之作卫护。若说法之人，独在空闲处，寂寞无人声，读诵此经典，我尔时为现，清净光明身。若忘失章句，为说令通利。若人具是德，或为四众说，空处读诵经，皆得见我身。若人在空闲，我遣天龙王，夜叉鬼神等，为作听法众。是人乐说法，分别无挂碍，诸佛护念故，能令大众喜。若亲近法师，速得菩萨道，随顺是师学，得见恒沙佛。

见宝塔品第十一

尔时，佛前有七宝塔，高五百由旬，纵广二百五十由旬。从地涌出，住在空中，种种宝物而庄校之。五千栏楯，龛室千万，无数幢幡以为严饰，垂宝璎珞、宝铃万亿而悬其上。四面皆出多摩罗跋栴檀之香，充遍世界。其诸幡盖，以金、银、琉璃、砗磲、玛瑙、真珠、玫瑰七宝合成，高至四天王宫。三十三天雨天曼陀罗华供养宝塔，余诸天、龙、夜叉、乾闼婆、阿修罗、迦楼罗、紧那罗、摩睺罗伽、人非人等千万亿众，以一切华香、璎珞、幡盖、伎乐供养宝塔，恭敬尊重赞叹。

尔时，宝塔中出大音声叹言："善哉！善哉！释迦牟尼世尊，能以平等大慧教菩萨法，佛所护念妙法华经为大众说。如是，如是，释迦牟尼世尊，如所说者，皆是真实。"

尔时，四众见大宝塔住在空中，又闻塔中所出音声，皆得法喜，怪未曾有，从座而起，恭敬合掌，却住一面。

尔时，有菩萨摩诃萨名大乐说，知一切世间天、人、阿修罗等心之所疑，而白佛言："世尊，以何因缘有此宝塔从地涌出？又于其中发是音声？"

尔时，佛告大乐说菩萨："此宝塔中有如来全身，乃往过去东方无量千万亿阿僧祇世界，国名宝净，彼中有佛，号曰多宝。其佛行菩萨道时，作大誓愿：'若我成佛，灭度之后，于十方国土有说法华经处，我之塔庙为听是经故，涌现其前为作证明，赞言善哉。'彼佛成道已，临灭度时，于天人大众中告诸比丘：'我灭度后，欲供养我全身者，应起一大塔。'其佛以神通愿力，十方世界在在处处，若有说法华经者，彼之宝塔皆涌出其前，全身在于塔中，赞言：'善哉！善哉！'大乐说，今多宝如来塔，闻说法华经故，从地涌出，赞言：'善哉！善哉！'"

是时，大乐说菩萨以如来神力故，白佛言："世尊！我等愿欲见此佛身。"

佛告大乐说菩萨摩诃萨："是多宝佛有深重愿：'若我宝塔为听法华经故出于诸佛前时，其有欲以我身示四众者，彼佛分身诸佛，在于十方世界说法，尽还集一处，然后我身乃出现耳！'大乐说，我分身诸佛，在于十方世界说法者，今应当集。"

大乐说白佛言："世尊！我等亦愿欲见世尊分身诸佛礼拜供养。"

尔时，佛放白毫一光，即见东方五百万亿那由他恒河沙等国土诸佛。彼诸国土皆以玻璃为地，宝树、宝衣以为庄严，无数千万亿菩萨充满其中，遍张宝幔宝网罗上。彼国诸佛以大妙音而说诸法，及见无量千万亿菩萨遍满诸国为众说法。南西北方、四维、上下，白毫相光所照之处，亦复如是。

尔时，十方诸佛各告众菩萨言："善男子，我今应往娑婆世界释迦牟尼佛所，并供养多宝如来宝塔。"时娑婆世界即变清净，琉璃为地，宝树庄严，黄金为绳以界八道。无诸聚落、村营、城邑，大海江河、山川林薮。烧大宝香，曼陀罗华遍布其地，以宝网幔罗覆其上，悬诸宝铃。唯留此会众，移诸天人置于他土。是时诸佛各将一大菩萨以为侍者，至娑婆世界，各到宝树下。一一宝树高五百由旬，枝叶华果次第庄严。诸宝树下皆有师子之座，高五由旬，亦以大宝而校饰之。尔时，诸佛各于此座结跏趺坐，如是展转遍满三千大千世界，而于释迦牟尼佛一方所分之身，犹故未尽。

时释迦牟尼佛，欲容受所分身诸佛故，八方各更变二百万亿那由他国，皆令清净，无有地狱、饿鬼、畜生及阿修罗，又移诸天人置于他土所化之国。亦以琉璃为地，宝树庄严。树高五百由旬，枝叶华果次第严饰，树下皆有宝师子座高五由旬，种种诸宝以为庄校。亦无大海江河及目真邻陀山、摩诃目真邻陀山、铁围山、大铁围山、须弥山等诸山王，通为一佛国土。宝地平正，宝交露幔遍覆其上。悬诸幡盖，烧大宝香，诸天宝华遍布其地。

释迦牟尼佛为诸佛当来坐故，复于八方各更变二百万亿那由他国，皆令清净，无有地狱、饿鬼、畜生及阿修罗，又移诸天人置于他土。所化之国，亦以琉璃为地，宝树庄严。树高五百由旬，枝叶华果次第庄严。树下皆有宝师子座高五由旬，亦以大宝而校饰之。亦无大海江河及目真邻陀山、摩诃目真邻陀山、铁围山、大铁围山、须弥山等诸山王，通为一佛国土。宝地平正，宝交露幔遍覆其上，悬诸幡盖，烧大宝香，诸天宝华遍布其地。

尔时，东方释迦牟尼佛所分之身，百千万亿那由他恒河沙等国土中诸佛，各各说法来集于此。如是次第十方诸佛，皆悉来集坐于八方。尔时，一一方四百万亿那由他国土，诸佛如来遍满其中。

是时诸佛各在宝树下坐师子座，皆遣侍者问讯释迦牟尼佛。各赍宝华满掬而告之言："善男子，汝往诣耆阇崛山释迦牟尼佛所，如我辞曰：'少病少恼，气力安乐，及菩萨、声闻众悉安隐不？'以此宝华散佛供养，而作是言：

'彼某甲佛，与欲开此宝塔。'"诸佛遣使亦复如是。

　　尔时，释迦牟尼佛见所分身佛悉已来集，各各坐于师子之座，皆闻诸佛与欲同开宝塔。即从座起，住虚空中，一切四众起立合掌、一心观佛。于是释迦牟尼佛以右指开七宝塔户，出大音声，如却关钥开大城门。即时一切众会皆见多宝如来，于宝塔中坐师子座，全身不散如入禅定。又闻其言："善哉！善哉！释迦牟尼佛，快说是法华经。我为听是经故而来至此。"尔时四众等，见过去无量千万亿劫灭度佛说如是言，叹未曾有！以天宝华聚散多宝佛及释迦牟尼佛上。

　　尔时，多宝佛于宝塔中，分半座与释迦牟尼佛，而作是言："释迦牟尼佛，可就此座。"即时释迦牟尼佛，入其塔中，坐其半座，结跏趺坐。尔时，大众见二如来在七宝塔中师子座上结跏趺坐，各作是念："佛座高远，唯愿如来以神通力，令我等辈俱处虚空。"即时释迦牟尼佛，以神通力接诸大众皆在虚空，以大音声普告四众："谁能于此娑婆国土广说妙法华经？今正是时，如来不久当入涅槃，佛欲以此妙法华经付嘱有在。"

　　尔时，世尊欲重宣此义，而说偈言：

　　　　圣主世尊，虽久灭度，在宝塔中，尚为法来，诸人云何，不勤为法？此佛灭度，无央数劫，处处听法，以难遇故。彼佛本愿，我灭度后，在在所往，常为听法。又我分身，无量诸佛，如恒沙等，来欲听法。又见灭度，多宝如来，各舍妙土，及弟子众，天人龙神，诸供养事，令法久住，故来至此。为坐诸佛，以神通力，移无量众，令国清净。诸佛各各，诣宝树下，如清净池，莲华庄严。其宝树下，诸师子座，佛坐其上，光明严饰，如夜暗中，燃大炬火。身出妙香，遍十方国，众生蒙熏，喜不自胜。譬如大风，吹小树枝，以是方便，令法久住。告诸大众，我灭度后，谁能护持，读说斯经？今于佛前，自说誓言，其多宝佛，虽久灭度，以大誓愿，而师子吼。多宝如来，及与我身，所集化佛，当知此意。诸佛子等，谁能护法？当发大愿，令得久住。其有能护，此经法者，则为供养，我及多宝。此多宝佛，处于宝塔，常游十方，为是经故，亦复供养，诸来化佛。庄严光饰，诸世界者，若说此经，则为见我，多宝如来，及诸化佛。诸善男子，各谛思维，此为难事，宜发大愿，诸余经典，数如恒沙，虽说此等，未足为难。若接须弥，掷置他方，无数佛土，亦未为难。若以足指，动大千界，远掷他国，亦未为难。若立有顶，为众演说，无量余经，亦未为难。若佛灭后，于恶世中，能说此经，是则为难。假使有人，手把虚空，而以游行，亦未为难。于我灭后，若自书持，若使人书，是则为难。若以大地，置足甲上，升于梵天，亦未为难。佛灭度后，于恶世中，暂读此经，是则为难。假使劫烧，担负干草，入中不烧，亦未为难。我灭度后，若持此经，为一人说，是则为难。若持八万，四千法藏，十二部经，为人演说，令诸听者，得六神通，虽能如是，亦未为难。于我灭后，听受此经，问其义趣，是则为难。若人说法，令千万亿，无量无数，恒沙众生，得阿罗汉，具六神通，虽有是益，亦未为难。于我灭后，若能奉持，如斯经典，是则为难。我为佛道，于无量土，从始至今，广说诸经，而于其中，此经第一，若有能持，则持佛身。诸善男子，于我灭后，谁能受持，读诵此经？今于佛前，自说誓言。此经难持，若暂持者，我则欢喜，诸佛亦然。如是之人，诸佛所叹，是则勇猛，是则精进，是名持戒，行头陀者，则为疾得，无上佛道。能于来世，读持此经，是真佛子，住淳善地。佛灭度后，能解其义，是诸天人，世间之眼。于恐畏世，能须臾说，一切天人，皆应供养。

提婆达多品第十二

尔时，佛告诸菩萨及天人四众："吾于过去无量劫中，求法华经无有懈倦。于多劫中常作国王，发愿求于无上菩提，心不退转。为欲满足六波罗蜜，勤行布施，心无吝惜。象、马、七珍、国城、妻子、奴婢、仆从、头目髓脑、身肉手足，不惜躯命。时世人民寿命无量。为于法故，捐舍国位，委政太子，击鼓宣令：'四方求法，谁能为我说大乘者，吾当终身供给走使。'时有仙人来白王言：'我有大乘，名妙法华经。若不违我，当为宣说。'王闻仙言，欢喜踊跃，即随仙人供给所须。采果汲水，拾薪设食，乃至以身而为床座，身心无倦。于时奉事经于千岁，为于法故，精勤给侍，令无所乏。"

尔时，世尊欲重宣此义，而说偈言：

我念过去劫，为求大法故，虽作世国王，不贪五欲乐，捶钟告四方，谁有大法者，若为我解说，身当为奴仆。时有阿私仙，来白于大王：我有微妙法，世间所希有！若能修行者，吾当为汝说。时王闻仙言，心生大喜悦，即便随仙人，供给于所须，采薪及果蓏，随时恭敬与，情存妙法故，身心无懈倦。普为诸众生，勤求于大法，亦不为己身，及以五欲乐。故为大国王，勤求获此法，遂致得成佛，今故为汝说。

佛告诸比丘："尔时王者，则我身是；时仙人者，今提婆达多是。由提婆达多善知识故，令我具足六波罗蜜，慈悲喜舍，三十二相，八十种好，紫磨金色，十力，四无所畏，四摄法，十八不共神通道力，成等正觉，广度众生，皆因提婆达多善知识故。"

告诸四众："提婆达多却后过无量劫，当得成佛，号曰天王如来、应供、正遍知、明行足、善逝、世间解、无上士、调御丈夫、天人师、佛世尊,世界名天道。时天王佛,住世二十中劫,广为众生说于妙法,恒河沙众生得阿罗汉果,无量众生发缘觉心,恒河沙众生发无上道心,得无生忍至不退转。时天王佛般涅槃后,正法住世二十中劫。全身舍利起七宝塔,高六十由旬,纵广四十由旬。诸天人民悉以杂华、末香、烧香、涂香、衣服、璎珞、幢幡、宝盖、伎乐歌颂,礼拜供养七宝妙塔。无量众生得阿罗汉果,无量众生悟辟支佛,不可思议众生发菩提心至不退转。"

佛告诸比丘:"未来世中,若有善男子、善女人,闻妙法华经 提婆达多品,净心信敬不生疑惑者,不堕地狱、饿鬼、畜生,生十方佛前,所生之处常闻此经。若生人天中受胜妙乐,若在佛前莲华化生。"

于时,下方多宝世尊所从菩萨,名曰智积,白多宝佛:"当还本土。"

释迦牟尼佛告智积曰:"善男子,且待须臾。此有菩萨,名文殊师利,可与相见,论说妙法可还本土。"

尔时,文殊师利坐千叶莲华大如车轮,俱来菩萨亦坐宝莲华,从于大海娑竭罗龙宫自然涌出,住虚空中,诣灵鹫山。从莲华下至于佛所,头面敬礼二世尊足。修敬已毕,往智积所,共相慰问,却坐一面。

智积菩萨问文殊师利:"仁往龙宫所化众生,其数几何?"

文殊师利言:"其数无量不可称计,非口所宣,非心所测。且待须臾,自当证知。"

所言未竟,无数菩萨坐宝莲华从海涌出,诣灵鹫山,住在虚空。此诸菩萨皆是文殊师利之所化度,具菩萨行,皆共论说六波罗蜜。本声闻人,在虚空中说声闻行,今皆修行大乘空义。

文殊师利谓智积曰:"于海教化其事如是。"

尔时,智积菩萨以偈赞曰:

> 大智德勇健,化度无量众,今此诸大会,及我皆已见。演畅实相义,开阐一乘法,广导诸众生,令速成菩提。

文殊师利言:"我于海中唯常宣说妙法华经。"

智积问文殊师利言:"此经甚深微妙! 诸经中宝,世所希有! 颇有众生勤加精进修行此经,速得佛不?"

文殊师利言:"有娑竭罗龙王女,年始八岁,智慧利根;善知众生诸根行业,得陀罗尼,诸佛所说甚深秘藏悉能受持;深入禅定,了达诸法,于刹那顷发菩提心,得不退转,辩才无碍;慈念众生犹如赤子;功德具足心念口演;微妙广大慈悲仁让,志意和雅 能至菩提。"

智积菩萨言："我见释迦如来，于无量劫难行苦行，积功累德求菩提道，未曾止息。观三千大千世界，乃至无有如芥子许非是菩萨舍身命处，为众生故，然后乃得成菩提道。不信此女于须臾顷便成正觉。"

言论未讫，时龙王女忽现于前，头面礼敬，却住一面，以偈赞曰：

> 深达罪福相，遍照于十方，微妙净法身，具相三十二，以八十种好，用庄严法身，天人所戴仰，龙神咸恭敬，一切众生类，无不宗奉者。又闻成菩提，唯佛当证知，我阐大乘教，度脱苦众生。

时舍利弗语龙女言："汝谓不久得无上道，是事难信。所以者何？女身垢秽，非是法器，云何能得无上菩提？佛道悬旷，经无量劫勤苦积行，具修诸度，然后乃成。又女人身，犹有五障：一者、不得作梵天王，二者、帝释，三者、魔王，四者、转轮圣王，五者、佛身。云何女身速得成佛？"

尔时，龙女有一宝珠，价值三千大千世界，持以上佛，佛即受之。

龙女谓智积菩萨、尊者舍利弗言："我献宝珠，世尊纳受，是事疾不？"

答言："甚疾。"

女言："以汝神力观我成佛，复速于此。"

当时众会皆见龙女，忽然之间变成男子，具菩萨行，即往南方无垢世界，坐宝莲华成等正觉，三十二相、八十种好，普为十方一切众生演说妙法。

尔时，娑婆世界菩萨、声闻、天龙八部、人与非人，皆遥见彼龙女成佛，普为时会人天说法，心大欢喜，悉遥敬礼。无量众生闻法解悟得不退转，无量众生得受道记。无垢世界六反震动，娑婆世界三千众生住不退地，三千众生发菩提心而得受记。智积菩萨及舍利弗，一切众会默然信受。

劝持品第十三

尔时，药王菩萨摩诃萨及大乐说菩萨摩诃萨，与二万菩萨眷属俱，皆于佛前作是誓言："唯愿世尊不以为虑，我等于佛灭后，当奉持读诵说此经典。后恶世众生，善根转少，多增上慢，贪利供养，增不善根，远离解脱。虽难可教化，我等当起大忍力读诵此经，持说书写，种种供养，不惜身命。"

尔时，众中五百阿罗汉得受记者白佛言："世尊，我等亦自誓愿，于异国土广说此经。"

复有学无学八千人得受记者，从座而起，合掌向佛，作是誓言："世尊，我等亦当于他国土广说此经。所以者何？是娑婆国中，人多弊恶，怀增上慢，功德浅薄，嗔浊谄曲，心不实故。"

尔时，佛姨母摩诃波阇波提比丘尼，与学无学比丘尼六千人俱，从座而起，一心合掌，瞻仰尊颜，目不暂舍。

于时，世尊告㤭昙弥："何故忧色而视如来？汝心将无谓我不说汝名授阿耨多罗三藐三菩提记耶？㤭昙弥，我先总说一切声闻皆已授记。今汝欲知记者，将来之世，当于六万八千亿诸佛法中为大法师，及六千学无学比丘尼俱为法师。汝如是渐渐具菩萨道，当得作佛，号<u>一切众生喜见如来</u>、<u>应供</u>、<u>正遍知</u>、<u>明行足</u>、<u>善逝</u>、<u>世间解</u>、<u>无上士</u>、<u>调御丈夫</u>、<u>天人师</u>、<u>佛世尊</u>。㤭昙弥，是<u>一切众生喜见佛</u>，及六千菩萨，转次授记得阿耨多罗三藐三菩提。"

尔时，罗睺罗母耶输陀罗比丘尼作是念："世尊于授记中，独不说我名？"

佛告耶输陀罗："汝于来世百千万亿诸佛法中，修菩萨行，为大法师，渐具佛道。于善国中当得作佛，号具足千万光相如来、<u>应供</u>、<u>正遍知</u>、<u>明行足</u>、<u>善逝</u>、<u>世间解</u>、<u>无上士</u>、<u>调御丈夫</u>、<u>天人师</u>、<u>佛世尊</u>。佛寿无量阿僧祇劫。"

尔时，摩诃波阇波提比丘尼及耶输陀罗比丘尼，并其眷属，皆大欢喜，得未曾有。即于佛前，而说偈言：

世尊导师，安隐天人，我等闻记，心安具足。

诸比丘尼说是偈已，白佛言："世尊！我等亦能于他方国土广宣此经。"

尔时，世尊视八十万亿那由他诸菩萨摩诃萨。是诸菩萨皆是阿惟越致，转不退法轮，得诸陀罗尼。即从座起，至于佛前，一心合掌，而作是念："若世尊告敕我等持说此经者，当如佛教，广宣斯法。"复作是念："佛今默然不见告敕，我当云何？"

时诸菩萨敬顺佛意，并欲自满本愿，便于佛前作师子吼，而发誓言："世尊！我等于如来灭后，周旋往返十方世界，能令众生书写此经，受持、读诵、解说其义、如法修行、正忆念，皆是佛之威力。唯愿世尊，在于他方遥见守护。"

即时，诸菩萨俱同发声，而说偈言：

唯愿不为虑，于佛灭度后，恐怖恶世中，我等当广说。有诸无智人，恶口骂詈等，及加刀杖者，我等皆当忍。恶世中比丘，邪智心谄曲，未得谓为得，我慢心充满，或有阿练若，纳衣在空闲，自谓行真道，轻贱人间者，贪著利养故，与白衣说法，为世所恭敬，如六通罗汉。是人怀恶心，常念世俗事，假名阿练若，好出我等过，而作如是言：此诸比丘等，为贪利养故，说外道论议，自作此经典，诳惑世间人，为求名闻故，分别于是经。常在大众中，欲毁我等故，向国王大臣，婆罗门居士，及余比丘众，诽谤说我恶，谓是邪见人，说外道论议。我等敬佛故，悉忍是诸恶，为斯所轻言，汝等皆是佛，如此轻慢言，皆当忍受之。浊劫恶世中，多有诸恐怖，恶鬼入其身，骂詈毁辱我,我等敬信佛,当著忍辱铠,为说是经故,忍此诸难事。我不爱身命,但惜无上道,我等于来世,护持佛所嘱。世尊自当知,浊世恶比丘,不知佛方便,随宜所说法,恶口而颦蹙,数数见摈出,远离于塔寺,如是等众恶,念佛告敕故,皆当忍是事。诸聚落城邑,其有求法者,我皆到其所,说佛所嘱法。我是世尊使,处众无所畏,我当善说法,愿佛安隐住。我于世尊前,诸来十方佛,发如是誓言,佛自知我心。

安乐行品第十四

尔时,文殊师利法王子菩萨摩诃萨白佛言:"世尊,是诸菩萨甚为难有,敬顺佛故发大誓愿,于后恶世护持读说是法华经。世尊,菩萨摩诃萨,于后恶世,云何能说是经?"

佛告文殊师利:"若菩萨摩诃萨于后恶世欲说是经,当安住四法:一者,安住菩萨行处及亲近处,能为众生演说是经。

"文殊师利,云何名菩萨摩诃萨行处?若菩萨摩诃萨,住忍辱地,柔和善顺而不卒暴,心亦不惊,又复于法无所行,而观诸法如实相,亦不行,不分别,是名菩萨摩诃萨行处。

"云何名菩萨摩诃萨亲近处?菩萨摩诃萨不亲近国王、王子、大臣、官长;不亲近诸外道、梵志、尼犍子等,及造世俗文笔、赞咏外书,及路伽耶陀、逆路伽耶陀者;亦不亲近诸有凶戏、相叉相扑及那罗等种种变现之戏;又不亲近旃陀罗,及畜猪羊鸡狗,畋猎渔捕,诸恶律仪。如是人等,或时来者,则为说法,无所希望。又不亲近求声闻比丘、比丘尼、优婆塞、优婆夷,亦不问讯。若于房中,若经行处,若在讲堂中,不共住止。或时来者,随宜说法,无所希求。

"文殊师利,又菩萨摩诃萨,不应于女人身取能生欲想相而为说法,亦不乐见。若入他家,不与小女、处女、寡女等共语,亦复不近五种不男之人以为亲厚,不独入他家。若有因缘须独入时,但一心念佛。若为女人说法,不露齿笑,不现胸臆,乃至为法犹不亲厚,况复余事?不乐畜年少弟子、沙弥、小儿,亦不乐与同师。常好坐禅,在于闲处修摄其心。文殊师利,是名初亲近处。

"复次,菩萨摩诃萨观一切法空,如实相,不颠倒、不动、不退、不转,如虚空,无所有性,一切语言道断,不生、不出、不起,无名无相,实无所有,无量无边,无碍无障。但以因缘有,从颠倒生故说。常乐观如是法相,是名菩萨摩诃萨第二亲近处。"

尔时，世尊欲重宣此义，而说偈言：

若有菩萨，于后恶世，无怖畏心，欲说是经，应入行处，及亲近处。常离国王，及国王子，大臣官长，凶险戏者，及旃陀罗，外道梵志。亦不亲近，增上慢人，贪著小乘，三藏学者，破戒比丘，名字罗汉，及比丘尼，好戏笑者。深著五欲，求现灭度，诸优婆夷，皆勿亲近。若是人等，以好心来，到菩萨所，为闻佛道，菩萨则以，无所畏心，不怀悕望，而为说法。寡女处女，及诸不男，皆勿亲近，以为亲厚。亦莫亲近，屠儿魁脍，畋猎渔捕，为利杀害，贩肉自活，衒卖女色，如是之人，皆勿亲近。凶险相扑，种种嬉戏，诸淫女等，尽勿亲近。莫独屏处，为女说法，若说法时，无得戏笑。入里乞食，将一比丘，若无比丘，一心念佛。是则名为，行处近处，以此二处，能安乐说。又复不行，上中下法，有为无为，实不实法，亦不分别，是男是女，不得诸法，不知不见，是则名为，菩萨行处。一切诸法，空无所有，无有常住，亦无起灭，是名智者，所亲近处。颠倒分别，诸法有无，是实非实，是生非生。在于闲处，修摄其心，安住不动，如须弥山，观一切法，皆无所有，犹如虚空，无有坚固，不生不出，不动不退，常住一相，是名近处。若有比丘，于我灭后，入是行处，及亲近处，说斯经时，无有怯弱。菩萨有时，入于静室，以正忆念，随义观法。从禅定起，为诸国王，王子臣民，婆罗门等，开化演畅，说斯经典，其心安隐，无有怯弱。文殊师利，是名菩萨，安住初法，能于后世，说法华经。

"又文殊师利，如来灭后，于末法中欲说是经，应住安乐行。若口宣说，若读经时，不乐说人及经典过，亦不轻慢诸余法师，不说他人好恶长短，于声闻人亦不称名说其过恶，亦不称名赞叹其美，又亦不生怨嫌之心。善修如是安乐心故，诸有听者不逆其意。有所难问，不以小乘法答，但以大乘而为解说，令得一切种智。"

尔时，世尊欲重宣此义，而说偈言：

菩萨常乐，安隐说法，于清净地，而施床座，以油涂身，澡浴尘秽，著新净衣，内外俱净，安处法座，随问为说。若有比丘，及比丘尼，诸优婆塞，及优婆夷，国王王子，群臣士民，以微妙义，和颜为说。若有难问，随义而答，因缘譬喻，敷演分别，以是方便，皆使发心，渐渐增益，入于佛道。除懒惰意，及懈怠想，离诸忧恼，慈心说法，昼夜常说，无上道教，以诸因缘，无量譬喻，开示众生，咸令欢喜。衣服卧具，饮食医药，而于其中，无所悕望。但一心念，说法因缘，愿成佛道，令众亦尔，是则大利，安乐供养。我灭度后，若有比丘，能演说斯，妙法华经，心无嫉恚，诸恼障碍，亦无忧愁，及骂詈者，又无怖畏，加刀杖等，亦无摈出，安住忍故。智者如是，善修其心，能住安乐，如我上说。其人功德，千万亿劫，算数譬喻，说不能尽。

"又文殊师利，菩萨摩诃萨于后末世法欲灭时，受持读诵斯经典者，无怀嫉妒谄诳之心，亦勿轻骂学佛道者求其长短。若比丘、比丘尼、优婆塞、优婆夷，求声闻者，求辟支佛者，求菩萨道者，无得恼之令其疑悔，语其人言：'汝等去道甚远，终不能得一切种智。所以者何？汝是放逸之人，于道懈怠故。'又亦不应戏论诸法有所诤竞，当于一切众生起大悲想，于诸如来起慈父想，于诸菩萨起大师想，于十方诸大菩萨常应深心恭敬礼拜，于一切众生平等说法。以顺法故不多不少，乃至深爱法者，亦不为多说。

"文殊师利，是菩萨摩诃萨于后末世法欲灭时，有成就是第三安乐行者，说是法时无能恼乱，得好同学共读诵是经，亦得大众而来听受，听已能持，持已能诵，诵已能说，说已能书，若使人书，供养经卷，恭敬尊重赞叹。"

尔时，世尊欲重宣此义，而说偈言：

> 若欲说是经，当舍嫉恚慢，谄诳邪伪心，常修质直行，不轻蔑于人，亦不戏论法，不令他疑悔，云汝不得佛。是佛子说法，常柔和能忍，慈悲于一切，不生懈怠心。十方大菩萨，愍众故行道，应生恭敬心，是则我大师。于诸佛世尊，生无上父想，破于憍慢心，说法无障碍。第三法如是，智者应守护，一心安乐行，无量众所敬。

"又文殊师利，菩萨摩诃萨于后末世法欲灭时，有持是法华经者，于在家、出家人中生大慈心，于非菩萨人中生大悲心，应作是念：'如是之人则为大失，如来方便随宜说法，不闻不知，不觉不问，不信不解。其人虽不问不信不解是经，我得阿耨多罗三藐三菩提时，随在何地，以神通力、智慧力，引之令得住是法中。'文殊师利，是菩萨摩诃萨于如来灭后，有成就此第四法者，说是法时无有过失，常为比丘、比丘尼、优婆塞、优婆夷、国王、王子、大臣、人民、婆罗门居士等，供养恭敬，尊重赞叹，虚空诸天为听法故亦常随侍。若在聚落、城邑、空闲林中，有人来欲难问者，诸天昼夜常为法故而卫护之，能令听者皆得欢喜。所以者何？此经是一切过去、未来、现在诸佛神力所护故。文殊师利，是法华经于无量国中，乃至名字不可得闻，何况得见受持读诵？

"文殊师利，譬如强力转轮圣王，欲以威势降伏诸国，而诸小王不顺其命，时转轮王起种种兵而往讨罚。王见兵众战有功者，即大欢喜，随功赏赐，或与田宅、聚落、城邑，或与衣服严身之具，或与种种珍宝，金、银、琉璃、砗磲、玛瑙、珊瑚、琥珀，象马车乘、奴婢人民，唯髻中明珠不以与之。所以者何？独王顶上有此一珠，若以与之，王诸眷属必大惊怪。

"文殊师利，如来亦复如是，以禅定智慧力得法国土，王于三界。而诸魔王不肯顺伏，如来贤圣诸将与之共战。其有功者心亦欢喜，于四众中为说诸经令其心悦，赐以禅定、解脱、无漏根力诸法之财，又复赐与涅槃之城，言得灭度，引导其心，皆皆欢喜，而不为说是法华经。

"文殊师利，如转轮王见诸兵众有大功者心甚欢喜，以此难信之珠久在髻中，不妄与人，而今与之。如来亦复如是，于三界中为大法王，以法教化一切众生，见贤圣军与五阴魔、烦恼魔、死魔共战有大功勋，灭三毒，出三界，破魔网。尔时如来亦大欢喜，此法华经能令众生至一切智，一切世间多怨难信，先所未说而今说之。

"文殊师利，此法华经，是诸如来第一之说，于诸说中最为甚深，末后赐与；如彼强力之王，久护明珠今乃与之。文殊师利，此法华经，诸佛如来秘密之藏，于诸经中最在其上，长夜守护，不妄宣说。始于今日，乃与汝等而敷演之。"

尔时，世尊欲重宣此义，而说偈言：

常行忍辱，哀愍一切，乃能演说，佛所赞经。后末世时，持此经者，于家出家，及非菩萨，应生慈悲，斯等不闻，不信是经，则为大失。我得佛道，以诸方便，为说此法，令住其中。譬如强力，转轮之王，兵战有功，赏赐诸物，象马车乘，严身之具，及诸田宅，聚落城邑，或与衣服，种种珍宝，奴婢财物，欢喜赐与。如有勇健，能为难事，王解髻中，明珠赐之。如来亦尔，为诸法王，忍辱大力，智慧宝藏，以大慈悲，如法化世，见一切人，受诸苦恼，欲求解脱，与诸魔战，为是众生，说种种法，以大方便，说此诸经。既知众生，得其力已，末后乃为，说是法华，如王解髻，明珠与之。此经为尊，众经中上，我常守护，不妄开示，今正是时，为汝等说。我灭度后，求佛道者，欲得安隐，演说斯经，应当亲近，如是四法。读是经者，常无忧恼，又无病痛，颜色鲜白，不生贫穷，卑贱丑陋，众生乐见，如慕贤圣，天诸童子，以为给使，刀杖不加，毒不能害，若人恶骂，口则闭塞，游行无畏，如师子王，智慧光明，如日之照。若于梦中，但见妙事，见诸如来，坐师子座，诸比丘众，围绕说法。又见龙神，阿修罗等，数如恒沙，恭敬合掌，自见其身，而为说法。又见诸佛，身相金色，放无量光，照于一切，以梵音声，演说诸法。佛为四众，说无上法，见身处中，合掌赞佛，闻法欢喜，而为供养，得陀罗尼，证不退智。佛知其心，深入佛道，即为授记，成最正觉：汝善男子，当于来世，得无量智，佛之大道，国土严净，广大无比，亦有四众，合掌听法。又见自身，在山林中，修习善法，证诸实相，深入禅定，见十方佛。诸佛身金色，百福相庄严，闻法为人说，常有是好梦。又梦作国王，舍宫殿眷属，及上妙五欲，行诣于道场，在菩提树下，而处师子座，求道过七日，得诸佛之智，成无上道已，起而转法轮，为四众说法，经千万亿劫，说无漏妙法，度无量众生，后当入涅槃，如烟尽灯灭。若后恶世中，说是第一法，是人得大利，如上诸功德。

从地涌出品第十五

尔时，他方国土诸来菩萨摩诃萨，过八恒河沙数，于大众中起立，合掌作礼，而白佛言："世尊！若听我等于佛灭后，在此娑婆世界，勤加精进、护持、读诵、书写、供养是经典者，当于此土而广说之。"

尔时，佛告诸菩萨摩诃萨众："止！善男子，不须汝等护持此经。所以者何？我娑婆世界，自有六万恒河沙等菩萨摩诃萨，一一菩萨各有六万恒河沙眷属，是诸人等能于我灭后，护持读诵，广说此经。"

佛说是时，娑婆世界三千大千国土地皆震裂，而于其中有无量千万亿菩萨摩诃萨同时涌出。是诸菩萨，身皆金色，三十二相，无量光明。先尽在此娑婆世界之下，此界虚空中住。是诸菩萨，闻释迦牟尼佛所说音声，从下发来。一一菩萨皆是大众唱导之首，各将六万恒河沙眷属，况将五万、四万、三万、二万、一万恒河沙等眷属者，况复乃至一恒河沙、半恒河沙、四分之一乃至千万亿那由他分之一，况复千万亿那由他眷属，况复亿万眷属，况复千万、百万乃至一万，况复一千、一百乃至一十，况复将五四三二一弟子者，况复单己乐远离行。如是等比，无量无边算数譬喻所不能知。

是诸菩萨从地出已，各诣虚空七宝妙塔多宝如来、释迦牟尼佛所。到已，向二世尊头面礼足，及至诸宝树下师子座上佛所，亦皆作礼，右绕三匝，合掌恭敬，以诸菩萨种种赞法而以赞叹，住在一面，欣乐瞻仰于二世尊。是诸菩萨摩诃萨从初涌出，以诸菩萨种种赞法而赞于佛，如是时间经五十小劫。是时释迦牟尼佛默然而坐，及诸四众亦皆默然五十小劫。佛神力故，令诸大众谓如半日。

尔时，四众亦以佛神力故，见诸菩萨遍满无量百千万亿国土虚空。是菩萨众中有四导师，一名上行，二名无边行，三名净行，四名安立行。是四菩萨于其众中，最为上首唱导之师。在大众前各共合掌，观释迦牟尼佛，而问讯言："世尊，少病少恼安乐行不？所应度者受教易不？不令世尊生疲劳耶？"

尔时，四大菩萨而说偈言：

世尊安乐，少病少恼，教化众生，得无疲倦？又诸众生，受化易不？不令世尊,生疲劳耶?

尔时,世尊于菩萨大众中,而作是言:"如是,如是,诸善男子,如来安乐,少病少恼;诸众生等易可化度,无有疲劳。所以者何?是诸众生,世世已来,常受我化,亦于过去诸佛供养尊重,种诸善根。此诸众生,始见我身,闻我所说,即皆信受入如来慧,除先修习学小乘者。如是之人,我今亦令得闻是经,入于佛慧。"

尔时,诸大菩萨而说偈言:

> 善哉善哉,大雄世尊,诸众生等,易可化度。能问诸佛,甚深智慧,闻已信行,我等随喜。

于时,世尊赞叹上首诸大菩萨:"善哉!善哉!善男子,汝等能于如来发随喜心。"

尔时,弥勒菩萨及八千恒河沙诸菩萨众,皆作是念:"我等从昔已来,不见不闻如是大菩萨摩诃萨众,从地涌出,住世尊前,合掌供养,问讯如来。"

时弥勒菩萨摩诃萨,知八千恒河沙诸菩萨等心之所念,并欲自决所疑,合掌向佛,以偈问曰:

> 无量千万亿,大众诸菩萨,昔所未曾见,愿两足尊说。是从何所来?以何因缘集?巨身大神通,智慧叵思议,其志念坚固,有大忍辱力,众生所乐见,为从何所来?一一诸菩萨,所将诸眷属,其数无有量,如恒河沙等。或有大菩萨,将六万恒沙,如是诸大众,一心求佛道。是诸大师等,六万恒河沙,俱来供养佛,及护持是经。将五万恒沙,其数过于是,四万及三万,二万至一万,一千一百等,乃至一恒沙,半及三四分,亿万分之一,千万那由他,万亿诸弟子,乃至于半亿,其数复过上。百万至一万,一千及一百,五十与一十,乃至三二一,单己无眷属,乐于独处者,俱来至佛所,其数转过上。如是诸大众,若人行筹数,过于恒沙劫,犹不能尽知。是诸大威德,精进菩萨众,谁为其说法,教化而成就?从谁初发心?称扬何佛法?受持行谁经?修习何佛道?如是诸菩萨,神通大智力,四方地震裂,皆从中涌出。世尊我昔来,未曾见是事,愿说其所从,国土之名号。我常游诸国,未曾见是众,我于此众中,乃不识一人,忽然从地出,愿说其因缘。今此之大会,无量百千亿,是诸菩萨等,皆欲知此事。是诸菩萨众,本末之因缘,无量德世尊,唯愿决众疑。

尔时,释迦牟尼分身诸佛,从无量千万亿他方国土来者,在于八方诸宝树下,师子座上结跏趺坐。其佛侍者,各各见是菩萨大众,于三千大千世界四方,从地涌出,住于虚空,各白其佛言:"世尊,此诸无量无边阿僧祇菩萨大众，从何所来？"尔时，诸佛各告侍者："诸善男子，且待须臾。有菩萨摩诃萨，名曰弥勒，<u>释迦牟尼佛</u>之所授记，次后作佛，已问斯事，佛今答之。汝等自当因是得闻。"

尔时，<u>释迦牟尼佛</u>告弥勒菩萨："善哉！善哉！<u>阿逸多</u>，乃能问佛如是大事。汝等当共一心，被精进铠，发坚固意。如来今欲显发宣示诸佛智慧，诸佛自在神通之力，诸佛师子奋迅之力，诸佛威猛大势之力。"

尔时，世尊欲重宣此义，而说偈言：

> 当精进一心，我欲说此事，勿得有疑悔，佛智叵思议。汝今出信力，住于忍善中，昔所未闻法，今皆当得闻。我今安慰汝，勿得怀疑惧，佛无不实语，智慧不可量，所得第一法，甚深叵分别，如是今当说，汝等一心听。

尔时，世尊说此偈已，告弥勒菩萨："我今于此大众，宣告汝等。<u>阿逸多</u>！是诸大菩萨摩诃萨，无量无数阿僧祇从地涌出，汝等昔所未见者。我于是<u>娑婆世界</u>得阿耨多罗三藐三菩提已，教化示导是诸菩萨，调伏其心，令发道意。此诸菩萨，皆于是<u>娑婆世界</u>之下，此界虚空中住，于诸经典读诵通利，思惟分别，正忆念。<u>阿逸多</u>！是诸善男子等，不乐在众多有所说，常乐静处，勤行精进，未曾休息；亦不依止人天而住，常乐深智无有障碍，亦常乐于诸佛之法，一心精进求无上慧。"

尔时，世尊欲重宣此义，而说偈言：

> <u>阿逸</u>汝当知，是诸大菩萨，从无数劫来，修习佛智慧，悉是我所化，令发大道心。此等是我子，依止是世界，常行头陀事，志乐于静处，舍大众愦闹，不乐多所说。如是诸子等，学习我道法，昼夜常精进，为求佛道故。在<u>娑婆世界</u>，下方空中住，志念力坚固，常勤求智慧，说种种妙法，其心无所畏。我于<u>伽耶城</u>，菩提树下坐，得成最正觉，转无上法轮，尔乃教化之，令初发道心，今皆住不退，悉当得成佛。我今说实语，汝等一心信，我从久远来，教化是等众。

尔时，弥勒菩萨摩诃萨及无数诸菩萨等，心生疑惑，怪未曾有，而作是念："云何世尊于少时间，教化如是无量无边阿僧祇诸大菩萨，令住阿耨多罗三藐三菩提？"即白佛言："世尊，如来为太子时，出于释宫去伽耶城不远，坐于道场，得成阿耨多罗三藐三菩提。从是已来始过四十余年。世尊，云何于此少时大作佛事，以佛势力，以佛功德，教化如是无量大菩萨众当成阿耨多罗三藐三菩提？世尊，此大菩萨众，假使有人于千万亿劫数不能尽，不得其边。斯等久远已来，于无量无边诸佛所植诸善根，成就菩萨道，常修梵行。世尊，如此之事，世所难信。

"譬如有人，色美发黑，年二十五，指百岁人，言是我子，其百岁人亦指年少，言是我父，生育我等，是事难信。佛亦如是，得道已来其实未久，而此大众诸菩萨等，已于无量千万亿劫，为佛道故勤行精进，善入出住无量百千万亿三昧，得大神通，久修梵行，善能次第习诸善法，巧于问答。人中之宝，一切世间甚为希有。

"今日世尊方云得佛道时，初令发心，教化示导，令向阿耨多罗三藐三菩提。世尊得佛未久，乃能作此大功德事。我等虽复信佛随宜所说，佛所出言未曾虚妄，佛所知者皆悉通达。然诸新发意菩萨，于佛灭后，若闻是语或不信受，而起破法罪业因缘。唯然世尊，愿为解说除我等疑，及未来世诸善男子，闻此事已亦不生疑。"

尔时，弥勒菩萨欲重宣此义，而说偈言：

> 佛昔从释种，出家近伽耶，坐于菩提树，尔来尚未久。此诸佛子等，其数不可量，久已行佛道，住于神通力，善学菩萨道，不染世间法，如莲华在水，从地而涌出，皆起恭敬心，住于世尊前。是事难思议，云何而可信？佛得道甚近，所成就甚多，愿为除众疑，如实分别说。譬如少壮人，年始二十五，示人百岁子，发白而面皱，是等我所生，子亦说是父，父少而子老，举世所不信。世尊亦如是，得道来甚近，是诸菩萨等，志固无怯弱，从无量劫来，而行菩萨道，巧于难问答，其心无所畏，忍辱心决定，端正有威德，十方佛所赞，善能分别说，不乐在人众，常好在禅定，为求佛道故，于下空中住。我等从佛闻，于此事无疑，愿佛为未来，演说令开解。若有于此经，生疑不信者，即当堕恶道，愿今为解说，是无量菩萨，云何于少时，教化令发心，而住不退地？

如来寿量品第十六

尔时，佛告诸菩萨及一切大众："诸善男子，汝等当信解如来诚谛之语。"复告大众："汝等当信解如来诚谛之语。"又复告诸大众："汝等当信解如来诚谛之语。"

是时菩萨大众，弥勒为首，合掌白佛言："世尊，唯愿说之，我等当信受佛语。"如是三白已，复言："唯愿说之，我等当信受佛语。"

尔时，世尊知诸菩萨三请不止，而告之言："汝等谛听，如来秘密神通之力，一切世间天、人及阿修罗，皆谓今释迦牟尼佛出释氏宫，去伽耶城不远坐于道场，得阿耨多罗三藐三菩提。然善男子，我实成佛已来，无量无边百千万亿那由他劫。譬如五百千万亿那由他阿僧祇三千大千世界，假使有人抹为微尘,过于东方五百千万亿那由他阿僧祇国,乃下一尘,如是东行尽是微尘。诸善男子,于意云何?是诸世界,可得思惟校计,知其数不?”

弥勒菩萨等俱白佛言:“世尊!是诸世界无量无边,非算数所知,亦非心力所及。一切声闻、辟支佛以无漏智,不能思惟知其限数。我等住阿惟越致地,于是事中亦所不达。世尊,如是诸世界无量无边。”

尔时,佛告大菩萨众:“诸善男子!今当分明宣语汝等,是诸世界,若著微尘及不著者,尽以为尘,一尘一劫,我成佛已来,复过于此百千万亿那由他阿僧祇劫。自从是来,我常在此娑婆世界说法教化,亦于余处百千万亿那由他阿僧祇国导利众生。

“诸善男子!于是中间,我说燃灯佛等,又复言其入于涅槃,如是皆以方便分别。诸善男子!若有众生来至我所,我以佛眼观其信等诸根利钝,随所应度。处处自说名字不同、年纪大小,亦复现言当入涅槃,又以种种方便说微妙法,能令众生发欢喜心。诸善男子!如来见诸众生乐于小法,德薄垢重者,为是人说:‘我少出家,得阿耨多罗三藐三菩提。’然我实成佛已来久远若斯,但以方便教化众生令入佛道,作如是说。

“诸善男子!如来所演经典,皆为度脱众生,或说己身,或说他身,或示己身,或示他身,或示己事,或示他事,诸所言说皆实不虚。所以者何?如来如实知见三界之相,无有生死若退若出,亦无在世及灭度者,非实非虚,非如非异,不如三界见于三界。如斯之事,如来明见无有错谬。以诸众生有种种性、种种欲、种种行、种种忆想分别故,欲令生诸善根,以若干因缘、譬喻言辞、种种说法,所作佛事未曾暂废。如是我成佛已来甚大久远,寿命无量阿僧祇劫常住不灭。

“诸善男子!我本行菩萨道所成寿命,今犹未尽,复倍上数。然今非实灭度,而便唱言当取灭度,如来以是方便教化众生。所以者何?若佛久住于世,薄德之人不种善根,贫穷下贱贪著五欲,入于忆想妄见网中。若见如来常在不灭,便起憍恣而怀厌怠,不能生难遭之想、恭敬之心,是故如来以方便说:‘比丘当知,诸佛出世,难可值遇。’所以者何?诸薄德人,过无量百千万亿劫,或有见佛,或不见者,以此事故,我作是言:‘诸比丘,如来难可得见。’斯众生等闻如是语,必当生于难遭之想,心怀恋慕渴仰于佛,便种善根。是故如来虽不实灭而言灭度。

“又善男子!诸佛如来法皆如是,为度众生皆实不虚。譬如良医智慧聪达,明练方药,善治众病。其人多诸子息,若十、二十乃至百数。以有事缘,远至余国,诸子于后饮他毒药,药发闷乱宛转于地。是时其父还来归家。诸子

饮毒，或失本心，或不失者，遥见其父皆大欢喜，拜跪问讯：'善安隐归！我等愚痴误服毒药，愿见救疗更赐寿命。'

"父见子等苦恼如是，依诸经方求好药草，色香美味皆悉具足。捣筛和合与子令服，而作是言：'此大良药，色香美味皆悉具足。汝等可服，速除苦恼，无复众患。'

"其诸子中不失心者，见此良药色香俱好，即便服之，病尽除愈。余失心者，见其父来，虽亦欢喜问讯求索治病，然与其药而不肯服。所以者何？毒气深入失本心故，于此好色香药而谓不美。

"父作是念：'此子可愍，为毒所中，心皆颠倒。虽见我喜，求索救疗，如是好药而不肯服。我今当设方便令服此药。'

"即作是言：'汝等当知，我今衰老，死时已至。是好良药今留在此，汝可取服，勿忧不差。'作是教已，复至他国，遣使还告：'汝父已死。'是时诸子闻父背丧，心大忧恼而作是念：'若父在者，慈愍我等能见救护。今者舍我远丧他国。自惟孤露，无复恃怙。'常怀悲感，心遂醒悟，乃知此药色香美味，即取服之，毒病皆愈。其父闻子悉已得差，寻便来归，咸使见之。诸善男子，于意云何？颇有人能说此良医虚妄罪不？"

"不也，世尊。"

佛言："我亦如是，成佛已来，无量无边百千万亿那由他阿僧祇劫；为众生故，以方便力言当灭度，亦无有能如法说我虚妄过者。"

尔时，世尊欲重宣此义，而说偈言：

> 自我得佛来，所经诸劫数，无量百千万，亿载阿僧祇。常说法教化，无数亿众生，令入于佛道，尔来无量劫。为度众生故，方便现涅槃，而实不灭度，常住此说法。我常住于此，以诸神通力，令颠倒众生，虽近而不见。众见我灭度，广供养舍利，咸皆怀恋慕，而生渴仰心。众生既信伏，质直意柔软，一心欲见佛，不自惜身命。时我及众僧，俱出灵鹫山，我时语众生，常在此不灭，以方便力故，现有灭不灭。余国有众生，恭敬信乐者，我复于彼中，为说无上法，汝等不闻此，但谓我灭度。我见诸众生，没在于苦恼，故不为现身，令其生渴仰，因其心恋慕，乃出为说法。神通力如是，于阿僧祇劫，常在灵鹫山，及余诸住处。众生见劫尽，大火所烧时，我此土安隐，天人常充满，园林诸堂阁，种种宝庄严，宝树多华果，众生所游乐，诸天击天鼓，常作众伎乐，雨曼陀罗华，散佛及大众。我净土不毁，而众见烧尽，忧怖诸苦恼，如是悉充满。是诸罪众生，以恶业因缘，过阿僧祇劫，不闻三宝名。诸有修功德，柔和质直者，则皆见我身，在此而说法。或时为此众，说

佛寿无量，久乃见佛者，为说佛难值。我智力如是，慧光照无量，寿命无数劫，久修业所得。汝等有智者，勿于此生疑，当断令永尽，佛语实不虚。如医善方便，为治狂子故，实在而言死，无能说虚妄。我亦为世父，救诸苦患者，为凡夫颠倒，实在而言灭。以常见我故，而生憍恣心，放逸著五欲，堕于恶道中。我常知众生，行道不行道，随所应可度，为说种种法。每自作是意，以何令众生，得入无上慧，速成就佛身？

分别功德品第十七

尔时，大会闻佛说寿命劫数长远如是，无量无边阿僧祇众生得大饶益。

于时，世尊告弥勒菩萨摩诃萨："阿逸多！我说是如来寿命长远时，六百八十万亿那由他恒河沙众生得无生法忍；复有千倍菩萨摩诃萨得闻持陀罗尼门；复有一世界微尘数菩萨摩诃萨得乐说无碍辩才；复有一世界微尘数菩萨摩诃萨得百千万亿无量旋陀罗尼；复有三千大千世界微尘数菩萨摩诃萨能转不退法轮；复有二千中国土微尘数菩萨摩诃萨能转清净法轮；复有小千国土微尘数菩萨摩诃萨，八生当得阿耨多罗三藐三菩提；复有四四天下微尘数菩萨摩诃萨，四生当得阿耨多罗三藐三菩提；复有三四天下微尘数菩萨摩诃萨，三生当得阿耨多罗三藐三菩提；复有二四天下微尘数菩萨摩诃萨，二生当得阿耨多罗三藐三菩提；复有一四天下微尘数菩萨摩诃萨，一生当得阿耨多罗三藐三菩提；复有八世界微尘数众生，皆发阿耨多罗三藐三菩提心。"

佛说是诸菩萨摩诃萨得大法利时，于虚空中，雨曼陀罗华、摩诃曼陀罗华，以散无量百千万亿众宝树下师子座上诸佛，并散七宝塔中师子座上释迦牟尼佛及久灭度多宝如来，亦散一切诸大菩萨及四部众。又雨细末栴檀、沉水香等。于虚空中，天鼓自鸣，妙声深远。又雨千种天衣，垂诸璎珞，真珠璎珞、摩尼珠璎珞、如意珠璎珞，遍于九方。众宝香炉烧无价香，自然周至供养大会。一一佛上，有诸菩萨执持幡盖，次第而上，至于梵天。是诸菩萨以妙音声歌无量颂赞叹诸佛。

尔时，弥勒菩萨从座而起，偏袒右肩，合掌向佛，而说偈言：

佛说希有法，昔所未曾闻，世尊有大力，寿命不可量。无数诸佛子，闻世尊分别，说得法利者，欢喜充遍身。或住不退地，或得陀罗尼，或无碍乐说，万亿旋总持。或有大千界，微尘数菩萨，各各皆能转，不退之法轮。复有中千界，微尘数菩萨，各各皆能转，清净之法轮。复有小千界，微尘数菩萨，余各八生在，当得成佛道。复有四三二，如此四天下，微尘诸菩萨，随数生成佛。或一四天下，微尘数菩萨，余有一生在，当成一切智。如是等众生，闻佛寿长远，得无量无漏，清净之果报。复有八世界，微尘数众生，闻佛说寿命，皆发无上心。世尊说无量，不可思议法，多有所饶益，如虚空无边。雨天曼陀罗，摩诃曼陀罗，释梵如恒沙，无数佛土来，雨栴檀沉水，缤纷而乱坠，如鸟飞空下，供散于诸佛。天鼓虚空中，自然出妙声，天衣千万种，旋转而来下，众宝妙香炉，烧无价之香，自然悉周遍，供养诸世尊。其大菩萨众，执七宝幡盖，高妙万亿种，次第至梵天。一一诸佛前，宝幢悬胜幡，亦以千万偈，歌咏诸如来。如是种种事，昔所未曾有，闻佛寿无量，一切皆欢喜。佛名闻十方，广饶益众生，一切具善根，以助无上心。

尔时，佛告弥勒菩萨摩诃萨："阿逸多！其有众生，闻佛寿命长远如是，乃至能生一念信解，所得功德无有限量。若有善男子、善女人，为阿耨多罗三藐三菩提故，于八十万亿那由他劫，行五波罗蜜——檀波罗蜜、尸罗波罗蜜、羼提波罗蜜、毗梨耶波罗蜜、禅波罗蜜，除般若波罗蜜。以是功德比前功德，百分、千分、百千万亿分不及其一，乃至算数譬喻所不能知。若善男子、善女人有如是功德，于阿耨多罗三藐三菩提退者，无有是处。"

尔时，世尊欲重宣此义，而说偈言：

> 若人求佛慧，于八十万亿，那由他劫数，行五波罗蜜。于是诸劫中，布施供养佛，及缘觉弟子，并诸菩萨众，珍异之饮食，上服与卧具，栴檀立精舍，以园林庄严，如是等布施，种种皆微妙，尽此诸劫数，以回向佛道。若复持禁戒，清净无缺漏，求于无上道，诸佛之所叹。若复行忍辱，住于调柔地，设众恶来加，其心不倾动。诸有得法者，怀于增上慢，为此所轻恼，如是亦能忍。若复勤精进，志念常坚固，于无量亿劫，一心不懈息。又于无数劫，住于空闲处，若坐若经行，除睡常摄心，以是因缘故，能生诸禅定，八十亿万劫，安住心不乱。持此一心福，愿求无上道，我得一切智，尽诸禅定际。是人于百千，万亿劫数中，行此诸功德，如上之所说。有善男女等，闻我说寿命，乃至一念信，其福过于彼！若人悉无有，一切诸疑悔，深心须臾信，其福为如此。其有诸菩萨，无量劫行道，闻我说寿命，是则能信受。如是诸人等，顶受此经典：愿我于未来，长寿度众生，如今日世尊，诸释中之王，道场师子吼，说法无所畏。我等未来世，一切所尊敬，坐于道场时，说寿亦如是。若有深心者，清净而质直，多闻能总持，随义解佛语，如是诸人等，于此无有疑。

"又阿逸多！若有闻佛寿命长远解其言趣，是人所得功德无有限量，能起如来无上之慧。何况广闻是经，若教人闻，若自持、若教人持，若自书、若教人书，若以华香、璎珞、幢幡、缯盖、香油、酥灯供养经卷，是人功德无量无边，能生一切种智。

"阿逸多！若善男子、善女人闻我说寿命长远，深心信解，则为见佛常在耆阇崛山，共大菩萨、诸声闻众围绕说法。又见此娑婆世界，其地琉璃坦然平正，阎浮檀金以界八道，宝树行列，诸台楼观皆悉宝成，其菩萨众咸处其中。若有能如是观者，当知是为深信解相。

"又复如来灭后，若闻是经而不毁訾起随喜心，当知已为深信解相，何况读诵受持之者！斯人则为顶戴如来。阿逸多！是善男子、善女人不须为我复起塔寺，及作僧坊，以四事供养众僧。所以者何？是善男子、善女人受持读诵是经典者，为已起塔，造立僧坊，供养众僧，则为以佛舍利起七宝塔，高广渐小至于梵天。悬诸幡盖及众宝铃，华香、璎珞、末香、涂香、烧香、众鼓伎乐、箫、笛、箜篌、种种舞戏，以妙音声歌呗赞颂，则为于无量千万亿劫作是供养已。

"阿逸多！若我灭后，闻是经典，有能受持，若自书、若教人书，则为起立僧坊。以赤栴檀作诸殿堂三十有二，高八多罗树，高广严好，百千比丘于其中止，园林、浴池、经行、禅窟，衣服、饮食、床褥、汤药，一切乐具充满其中。如是僧坊、堂阁，若干百千万亿，其数无量，以此现前供养于我及比丘僧。是故我说如来灭后，若有受持读诵，为他人说，若自书、若教人书，供养经卷，不须复起塔寺及造僧坊供养众僧。

"况复有人能持是经，兼行布施、持戒、忍辱、精进、一心、智慧，其德最胜无量无边，譬如虚空东西南北、四维、上下无量无边。是人功德亦复如是无量无边，疾至一切种智。

"若人读诵受持是经，为他人说，若自书、若教人书，复能起塔及造僧坊，供养赞叹声闻众僧，亦以百千万亿赞叹之法赞叹菩萨功德，又为他人种种因缘随义解说此法华经，复能清净持戒，与柔和者而共同止，忍辱无嗔，志念坚固，常贵坐禅得诸深定，精进勇猛摄诸善法，利根智慧善答问难。阿逸多！若我灭后，诸善男子、善女人受持读诵是经典者，复有如是诸善功德，当知是人已趣道场，近阿耨多罗三藐三菩提，坐道树下。阿逸多！是善男子、善女人，若坐、若立、若行处，此中便应起塔，一切天人皆应供养如佛之塔。"

尔时，世尊欲重宣此义，而说偈言：

　　若我灭度后，能奉持此经，斯人福无量，如上之所说，是则为具足，一切诸供养。以舍利起塔，七宝而庄严，表刹甚高广，渐小至梵天，宝铃千万亿，风动出妙音。又于无量劫，而供养此塔，华香诸璎珞，天衣众伎乐，燃香油酥灯，周匝常照明。恶世法末时，能持是经者，则为已如上，具足诸供养。若能持此经，则如佛现在，以牛头栴檀，起僧坊供养，堂有三十二，高八多罗树，上馔妙衣服，床卧皆具足，百千众住处，园林诸浴池，经行及禅窟，种种皆严好。若有信解心，受持读诵书，若复教人书，及供养经卷，散华香末香，以须曼瞻卜，阿提目多伽，薰油常燃之，如是供养者，得无量功德，如虚空无边，其福亦如是。况复持此经，兼布施持戒，忍辱乐禅定，不嗔不恶口，恭敬于塔庙，谦下诸比丘，远离自高心，常思惟智慧，有问难不嗔，随顺为解说，若能行是行，功德不可量！若见此法师，成就如是德，应以天华散，天衣覆其身，头面接足礼，生心如佛想。又应作是念，不久诣道树，得无漏无为，广利诸人天。其所住止处，经行若坐卧，乃至说一偈，是中应起塔，庄严令妙好，种种以供养。佛子住此地，则是佛受用，常在于其中，经行及坐卧。

随喜功德品第十八

尔时，弥勒菩萨摩诃萨白佛言："世尊，若有善男子、善女人，闻是法华经随喜者，得几所福？"而说偈言：

　　世尊灭度后，其有闻是经，若能随喜者，为得几所福？

尔时，佛告弥勒菩萨摩诃萨："阿逸多！如来灭后，若比丘、比丘尼、优婆塞、优婆夷，及余智者若长若幼，闻是经随喜已，从法会出至于余处，若在僧坊，若空闲地，若城邑、巷陌、聚落、田里，如其所闻，为父母、宗亲、善友知识随力演说；是诸人等闻已，随喜复行转教；余人闻已，亦随喜转教；如是展转至第五十。阿逸多，其第五十善男子、善女人随喜功德，我今说之，汝当善听。

"若四百万亿阿僧祇世界，六趣四生众生——卵生、胎生、湿生、化生，若有形、无形、有想、无想、非有想非无想、无足、二足、四足、多足，如是等在众生数者，有人求福，随其所欲娱乐之具皆给与之，一一众生与满阎浮提金、银、琉璃、砗磲、玛瑙、珊瑚、琥珀诸妙珍宝，及象马车乘、七宝所成宫殿楼阁等。是大施主，如是布施满八十年已，而作是念：'我已施众生娱乐之具，随意所欲。然此众生皆已衰老，年过八十，发白面皱，将死不久，我当以佛法而训导之。'即集此众生，

宣布法化，示教利喜。一时皆得须陀洹道，斯陀含道，阿那含道，阿罗汉道。尽诸有漏，于深禅定皆得自在，具八解脱。于汝意云何？是大施主所得

功德,宁为多不?"

弥勒白佛言:"世尊!是人功德甚多,无量无边。若是施主,但施众生一切乐具,功德无量,何况令得阿罗汉果!"

佛告弥勒:"我今分明语汝,是人以一切乐具,施于四百万亿阿僧祇世界六趣众生,又令得阿罗汉果,所得功德,不如是第五十人,闻法华经一偈随喜功德,百分、千分、百千万亿分不及其一,乃至算数譬喻所不能知。

"阿逸多!如是第五十人展转闻法华经随喜功德,尚无量无边阿僧祇,何况最初于会中闻而随喜者!其福复胜无量无边阿僧祇,不可得比。

"又阿逸多!若人为是经故,往诣僧坊,若坐若立,须臾听受,缘是功德转身所生,得好上妙象马车乘、珍宝辇舆及乘天宫。若复有人,于讲法处坐,更有人来,劝令坐听,若分座令坐,是人功德转身,得帝释坐处,若梵王坐处,若转轮圣王所坐之处。

"阿逸多!若复有人语余人言:'有经名法华,可共往听。'即受其教,乃至须臾间闻,是人功德转身,得与陀罗尼菩萨共生一处,利根智慧,百千万世终不喑哑,口气不臭;舌常无病;口亦无病;齿不垢黑,不黄不疏,亦不缺落,不差不曲;唇不下垂,亦不褰缩,不粗涩,不疮胗,亦不缺坏,亦不喎斜,不厚不大,亦不黧黑,无诸可恶;鼻不匾㾼,亦不曲戾;面色不黑,亦不狭长,亦不窊曲,无有一切不可喜相。唇、舌、牙、齿悉皆严好,鼻修高直,面貌圆满,眉高而长,额广平正,人相具足。世世所生,见佛闻法,信受教诲。

"阿逸多!汝且观是劝于一人令往听法,功德如此,何况一心听说读诵,而于大众为人分别,如说修行!"

尔时,世尊欲重宣此义,而说偈言:

> 若人于法会,得闻是经典,乃至于一偈,随喜为他说,如是展转教,至于第五十,最后人获福,今当分别之。如有大施主,供给无量众,具满八十岁,随意之所欲。见彼衰老相,发白而面皱,齿疏形枯竭,念其死不久,我今应当教,令得于道果,即为方便说,涅槃真实法,世皆不牢固,如水沫泡焰,汝等咸应当,疾生厌离心。诸人闻是法,皆得阿罗汉,具足六神通,三明八解脱。最后第五十,闻一偈随喜,是人福胜彼,不可为譬喻。如是展转闻,其福尚无量,何况于法会,初闻随喜者!若有劝一人,将引听法华,言此经深妙,千万劫难遇,即受教往听,乃至须臾闻,斯人之福报,今当分别说。世世无口患,齿不疏黄黑,唇不厚褰缺,无有可恶相,舌不干黑短,鼻高修且直,额广而平正,面目悉端严,为人所喜见,口气无臭秽,优钵华之香,常从其口出。若故诣僧坊,欲听法华经,须臾闻欢喜,今当说其福。后

生天人中,得妙象马车,珍宝之辇舆,及乘天宫殿。若于讲法处,劝人坐听经,是福因缘得,释梵转轮座。何况一心听,解说其义趣,如说而修行,其福不可量!

法师功德品第十九

尔时,佛告常精进菩萨摩诃萨:"若善男子、善女人受持是法华经,若读、若诵、若解说、若书写,是人当得八百眼功德、千二百耳功德、八百鼻功德、千二百舌功德、八百身功德、千二百意功德。以是功德庄严六根皆令清净。是善男子、善女人,父母所生清净肉眼,见于三千大千世界内外所有山林河海,下至阿鼻地狱,上至有顶;亦见其中一切众生,及业因缘果报生处,悉见悉知。"

尔时,世尊欲重宣此义,而说偈言:

若于大众中,以无所畏心,说是法华经,汝听其功德。是人得八百,功德殊胜眼,以是庄严故,其目甚清净。父母所生眼,悉见三千界,内外弥楼山,须弥及铁围,并诸余山林,大海江河水,下至阿鼻狱,上至有顶处,其中诸众生,一切皆悉见。虽未得天眼,肉眼力如是。

"复次,常精进!若善男子、善女人受持此经,若读、若诵、若解说、若书写,得千二百耳功德。以是清净耳,闻三千大千世界,下至阿鼻地狱,上至有顶,其中内外种种语言音声——象声、马声、牛声、车声、啼哭声、愁叹声、螺声、鼓声、钟声、铃声、笑声、语声、男声、女声、童子声、童女声、法声、非法声、苦声、乐声、凡夫声、圣人声、喜声、不喜声、天声、龙声、夜叉声、乾闼婆声、阿修罗声、迦楼罗声、紧那罗声、摩睺罗伽声、火声、水声、风声、地狱声、畜生声、饿鬼声,比丘声、比丘尼声,声闻声、辟支佛声、菩萨声、佛声。以要言之,三千大千世界中,一切内外所有诸声,虽未得天耳,以父母所生清净常耳,皆悉闻知,如是分别种种音声而不坏耳根。"

尔时,世尊欲重宣此义,而说偈言:

父母所生耳,清净无浊秽,以此常耳闻,三千世界声,象马车牛声,钟铃螺鼓声,琴瑟箜篌声,箫笛之音声,清净好歌声,听之而不著,无数种人声,闻悉能解了。又闻诸天声,微妙之歌音,及闻男女声,童子童女声,山川险谷中,迦陵频伽声,命命等诸鸟,悉闻其音声。地狱众苦痛,种种楚毒声,饿鬼饥渴逼,求索饮食声,诸阿修罗等,居在大海边,自共语言时,出于大音声。如是说法者,安住于此间,遥闻是众声,而不坏耳根。十方世界中,禽兽鸣相呼,其说法之人,于此悉闻之。其诸梵天上,光音及遍净,乃至有顶天,言语之音声，法师住于此，悉皆得闻之。一切比丘众，及诸比丘尼，若读诵经典，若为他人说，法师住于此，悉皆得闻之。复有诸菩萨，读诵于经法，若为他人说，撰集解其义，如是诸音声，悉皆得闻之。诸佛大圣尊，教化众生者，于诸大会中，演说微妙法，持此法华者，悉皆得闻之。三千大千界，内外诸音声，下至阿鼻狱，上至有顶天，皆闻其音声，而不坏耳根，其耳聪利故，悉能分别知。持是法华者，虽未得天耳，但用所生耳，功德已如是。

"复次，常精进！若善男子、善女人受持是经，若读、若诵、若解说、若书写，成就八百鼻功德。以是清净鼻根，闻于三千大千世界上下内外种种诸香，须曼那华香、阇提华香、末利华香、瞻卜华香、波罗罗华香、赤莲华香、青莲华香、白莲华香、华树香、果树香、栴檀香、沉水香、多摩罗跋香、多伽罗香，及千万种和香、若末若丸若涂香，持是经者，于此间住悉能分别。

"又复别知众生之香，象香、马香、牛羊等香，男香、女香、童子香、童女香，及草木丛林香，若近若远所有诸香，悉皆得闻，分别不错。

"持是经者，虽住于此，亦闻天上诸天之香，波利质多罗、拘鞞陀罗树香，及曼陀罗华香、摩诃曼陀罗华香、曼殊沙华香、摩诃曼殊沙华香，栴檀、沉水、种种末香，诸杂华香，如是等天香，和合所出之香，无不闻知。

"又闻诸天身香，释提桓因在胜殿上五欲娱乐嬉戏时香，若在妙法堂上为忉利诸天说法时香，若于诸园游戏时香，及余天等男女身香，皆悉遥闻。如是展转乃至梵世，上至有顶诸天身香，亦皆闻之。并闻诸天所烧之香，及声闻香、辟支佛香、菩萨香、诸佛身香，亦皆遥闻，知其所在。虽闻此香，然于鼻根不坏不错。若欲分别为他人说，忆念不谬。"

尔时，世尊欲重宣此义，而说偈言：

是人鼻清净，于此世界中，若香若臭物，种种悉闻知。须曼那阇提，多摩罗栴檀，沉水及桂香，种种华果香，及知众生香，男子女人香，说法者远住，闻香知所在。大势转轮王，小转轮及子，群臣诸官人，闻香知所在。身所著珍宝，及地中宝藏，转轮王宝女，闻香知所在。诸人严身具，衣服及璎珞，种种所涂香，闻香知其身。诸天若行坐，游戏及神变，持是法华者，闻香悉能知。诸树华果实，及酥油香气，持经者住此，悉知其所在。诸山深险处，栴檀树华敷，众生在中者，闻香皆能知。铁围山大海，地中诸众生，持经者闻香，悉知其所在，阿修罗男女，及其诸眷属，斗诤游戏时，闻香皆能知。旷野险隘处，师子象虎狼，野牛水牛等，闻香知所在。若有怀妊者，未辨其男女，无根及非人，闻香悉能知。以闻香力故，知其初怀妊，成就不成就，安乐产福子。以闻香力故，知男女所念，染欲痴恚心，亦知修善者。地中众伏藏，金银诸珍宝，铜器之所盛，闻香悉能知。种种诸璎珞，无能识其价，闻香知贵贱，出处及所在。天上诸华等，曼陀曼殊沙，波利质多树，闻香悉能知。天上诸宫殿，上中下差别，众宝华庄严，闻香悉能知。天园林胜殿，诸观妙法堂，在中而娱乐，闻香悉能知。诸天若听法，或受五欲时，来往行坐卧，闻香悉能知。天女所著衣，好华香庄严，周旋游戏时，闻香悉能知。如是展转上，乃至于梵世，入禅出禅者，闻香悉能知。光音遍净天，乃至于有顶，初生及退没，闻香悉能知。诸比丘众等，于法常精进，若坐若经行，及读诵经法，或在林树下，专精而坐禅，持经者闻香，悉知其所在。菩萨志坚固，坐禅若读诵，或为人说法，闻香悉能知。在在方世尊，一切所恭敬，愍众而说法，闻香悉能知。众生在佛前，闻经皆欢喜，如法而修行，闻香悉能知。虽未得菩萨，无漏法生鼻，而是持经者，先得此鼻相。

"复次，常精进！若善男子、善女人受持是经，若读、若诵、若解说、若书写，得千二百舌功德。若好若丑，若美不美，及诸苦涩物，在其舌根，皆变成上味；如天甘露，无不美者。若以舌根，于大众中有所演说，出深妙声能入其心，皆令欢喜快乐。又诸天子、天女、释梵诸天，闻是深妙音声，有所演说言论次第，皆悉来听。

"及诸龙、龙女、夜叉、夜叉女、乾闼婆、乾闼婆女、阿修罗、阿修罗女、迦楼罗、迦楼罗女、紧那罗、紧那罗女、摩睺罗伽、摩睺罗伽女，为听法故，皆来亲近、恭敬、供养。

"及比丘、比丘尼、优婆塞、优婆夷、国王、王子、群臣眷属、小转轮王、大转轮王、七宝千子、内外眷属，乘其宫殿俱来听法。

"以是菩萨善说法故。婆罗门居士、国内人民，尽其形寿，随侍供养。又诸声闻、辟支佛、菩萨、诸佛，常乐见之。是人所在方面，诸佛皆向其处说法，悉能受持一切佛法，又能出于深妙法音。"

尔时，世尊欲重宣此义，而说偈言：

是人舌根净，终不受恶味，其有所食啖，悉皆成甘露。以深净妙声，于大众说法，以诸因缘喻，引导众生心，闻者皆欢喜，设诸上供养。诸天龙夜叉，及阿修罗等，皆以恭敬心，而共来听法。是说法之人，若欲以妙音，遍满三千界，随意即能至。大小转轮王，及千子眷属，合掌恭敬心，常来听受法。诸天龙夜叉，罗刹毗舍阇，亦以欢喜心，常乐来供养。梵天王、魔王、自在、大自在，如是诸天众，常来至其所。诸佛及弟子，闻其说法音，常念而守护，或时为现身。

"复次，常精进！若善男子、善女人受持是经，若读、若诵、若解说、若书写，得八百身功德，得清净身，如净琉璃，众生喜见。其身净故，三千大千世界众生，生时死时，上下好丑，生善处、恶处，悉于中现。及铁围山、大铁围山、弥楼山、摩诃弥楼山等诸山，及其中众生，悉于中现。下至阿鼻地狱，上至有顶，所有及众生，悉于中现。若声闻、辟支佛、菩萨、诸佛说法，皆于身中现其色像。"

尔时，世尊欲重宣此义，而说偈言：

> 若持法华者，其身甚清净，如彼净琉璃，众生皆喜见。又如净明镜，悉见诸色像，菩萨于净身，皆见世所有，唯独自明了，余人所不见。三千世界中，一切诸群萌，天人阿修罗，地狱鬼畜生，如是诸色像，皆于身中现。诸天等宫殿，乃至于有顶，铁围及弥楼，摩诃弥楼山，诸大海水等，皆于身中现。诸佛及声闻，佛子菩萨等，若独若在众，说法悉皆现。虽未得无漏，法性之妙身，以清净常体，一切于中现。

"复次，常精进！若善男子、善女人，如来灭后受持是经，若读、若诵、若解说、若书写，得千二百意功德。以是清净意根，乃至闻一偈一句，通达无量无边之义。解是义已，能演说一句一偈，至于一月、四月乃至一岁。诸所说法，随其义趣，皆与实相不相违背。若说俗间经书、治世语言、资生业等，皆顺正法。三千大千世界六趣众生，心之所行，心所动作，心所戏论，皆悉知之。虽未得无漏智慧，而其意根清净如此。是人有所思惟筹量言说，皆是佛法，无不真实，亦是先佛经中所说。"

尔时，世尊欲重宣此义，而说偈言：

> 是人意清净，明利无秽浊，以此妙意根，知上中下法。乃至闻一偈，通达无量义，次第如法说，月四月至岁。是世界内外，一切诸众生，若天龙及人，夜叉鬼神等，其在六趣中，所念若干种，持法华之报，一时皆悉知。十方无数佛，百福庄严相，为众生说法，悉闻能受持。思惟无量义，说法亦无量，终始不忘错，以持法华故。悉知诸法相，随义识次第，达名字语言，如所知演说。此人有所说，皆是先佛法，以演此法故，于众无所畏。持法华经者，意根净若斯，虽未得无漏，先有如是相。是人持此经，安住希有地，为一切众生，欢喜而爱敬，能以千万种，善巧之语言，分别而说法，持法华经故。

常不轻菩萨品第二十

尔时，佛告得大势菩萨摩诃萨："汝今当知，若比丘、比丘尼、优婆塞、优婆夷，持法华经者，若有恶口骂詈诽谤，获大罪报，如前所说；其所得功德，如向所说，眼耳鼻舌身意清净。

"得大势！乃往古昔，过无量无边不可思议阿僧祇劫，有佛名威音王如来、应供、正遍知、明行足、善逝、世间解、无上士、调御丈夫、天人师、佛世尊，劫名离衰，国名大成。其威音王佛，于彼世中，为天、人、阿修罗说法。为求声闻者，说应四谛法，度生老病死，究竟涅槃；为求辟支佛者，说应十二因缘法；为诸菩萨因阿耨多罗三藐三菩提，说应六波罗蜜法，究竟佛慧。

"得大势，是威音王佛，寿四十万亿那由他恒河沙劫，正法住世劫数如一阎浮提微尘，像法住世劫数如四天下微尘。其佛饶益众生已，然后灭度。正法、像法灭尽之后，于此国土复有佛出，亦号威音王如来、应供、正遍知、明行足、善逝、世间解、无上士、调御丈夫、天人师、佛世尊，如是次第有二万亿佛皆同一号。

"最初威音王如来既已灭度，正法灭后于像法中，增上慢比丘有大势力。尔时，有一菩萨比丘，名常不轻。得大势，以何因缘名常不轻？是比丘凡有所见，若比丘、比丘尼、优婆塞、优婆夷，皆悉礼拜赞叹，而作是言：'我深敬汝等，不敢轻慢。所以者何？汝等皆行菩萨道，当得作佛。'

"而是比丘不专读诵经典，但行礼拜；乃至远见四众，亦复故往，礼拜赞叹而作是言："我不敢轻于汝等，汝等皆当作佛。"四众之中，有生嗔恚心不净者，恶口骂詈言：'是无智比丘，从何所来？自言我不轻汝，而与我等授记当得作佛？我等不用如是虚妄授记。'

"如此经历多年，常被骂詈不生嗔恚，常作是言：'汝当作佛。'说是语时，众人或以杖木瓦石而打掷之。避走远住，犹高声唱言：'我不敢轻于汝等，汝等皆当作佛。'以其常作是语故，增上慢比丘、比丘尼、优婆塞、优婆夷，号之为常不轻。

"是比丘临欲终时，于虚空中，具闻威音王佛先所说法华经，二十千万亿偈悉能受持，即得如上眼根清净、耳鼻舌身意根清净。得是六根清净已，更增寿命二百万亿那由他岁，广为人说是法华经。

"于时，增上慢四众，比丘、比丘尼、优婆塞、优婆夷，轻贱是人为作'不轻'名者，见其得大神通力、乐说辩力、大善寂力，闻其所说，皆信伏随从。是菩萨复化千万亿众令住阿耨多罗三藐三菩提，命终之后得值二千亿佛，皆号日月灯明。于其法中说是法华经。以是因缘复值二千亿佛，同号云自在灯王。于此诸佛法中受持读诵。为诸四众说此经典故，得是常眼清净、耳鼻舌身意诸根清净。于四众中说法心无所畏。得大势，是常不轻菩萨摩诃萨供养如是若干诸佛，恭敬尊重赞叹，种诸善根。于后复值千万亿佛，亦于诸佛法中说是经典，功德成就，当得作佛。

"得大势，于意云何？尔时常不轻菩萨，岂异人乎？则我身是。若我于宿世不受持读诵此经、为他人说者，不能疾得阿耨多罗三藐三菩提。我于先佛所受持读诵此经，为人说故，疾得阿耨多罗三藐三菩提。得大势，彼时四众，比丘、比丘尼、优婆塞、优婆夷，以嗔恚意轻贱我故，二百亿劫常不值佛、不闻法、不见僧。千劫于阿鼻地狱受大苦恼。毕是罪已，复遇常不轻菩萨教化阿耨多罗三藐三菩提。

"得大势！于汝意云何？尔时四众常轻是菩萨者，岂异人乎？今此会中跋陀婆罗等五百菩萨，师子月等五百比丘尼，思佛等五百优婆塞，皆于阿耨多罗三藐三菩提不退转者是。

"得大势？当知是法华经，大饶益诸菩萨摩诃萨，能令至于阿耨多罗三藐三菩提。是故诸菩萨摩诃萨，于如来灭后，常应受持、读诵、解说、书写是经。"

尔时，世尊欲重宣此义，而说偈言：

过去有佛，号威音王，神智无量，将导一切，天人龙神，所共供养。是佛灭后，法欲尽时，有一菩萨，名常不轻。时诸四众，计著于法，不轻菩萨，往到其所，而语之言：我不轻汝，汝等行道，皆当作佛。诸人闻已，轻毁骂詈，不轻菩萨，能忍受之。其罪毕已，临命终时，得闻此经，六根清净，神通力故，增益寿命，复为诸人，广说是经。诸著法众，皆蒙菩萨，教化成就，令住佛道。不轻命终，值无数佛，说是经故，得无量福，渐具功德，疾成佛道。彼时不轻，则我身是。时四部众，著法之者，闻不轻言，汝当作佛，以是因缘，值无数佛，此会菩萨，五百之众，并及四部，清信士女，今于我前，听法者是。我于前世，劝是诸人，听受斯经，第一之法，开示教人，令住涅槃，世世受持，如是经典。亿亿万劫，至不可议，时乃得闻，是法华经。亿亿万劫，至不可议，诸佛世尊，时说是经。是故行者，于佛灭后，闻如是经，勿生疑惑，应当一心，广说此经，世世值佛，疾成佛道。

如来神力品第二十一

尔时，千世界微尘等菩萨摩诃萨从地涌出者，皆于佛前，一心合掌，瞻仰尊颜，而白佛言："世尊，我等于佛灭后，世尊分身所在国土，灭度之处，当广说此经。所以者何？我等亦自欲得是真净大法，受持、读诵、解说、书写而供养之。"

尔时，世尊于文殊师利等无量百千万亿旧住娑婆世界菩萨摩诃萨，及诸比丘、比丘尼、优婆塞、优婆夷、天、龙、夜叉、乾闼婆、阿修罗、迦楼罗、紧那罗、摩睺罗伽、人非人等，一切众前，现大神力，出广长舌上至梵世，一切毛孔放于无量无数色光，皆悉遍照十方世界。众宝树下师子座上诸佛亦复如是，出广长舌，放无量光。释迦牟尼佛及宝树下诸佛，现神力时满百千岁，然后还摄舌相。一时謦咳，俱共弹指，是二音声，遍至十方诸佛世界，地皆六种震动。其中众生，天、龙、夜叉、乾闼婆、阿修罗、迦楼罗、紧那罗、摩睺罗伽、人非人等，以佛神力故，皆见此娑婆世界无量无边百千万亿众宝树下师子座上诸佛，及见释迦牟尼佛共多宝如来在宝塔中坐师子座，又见无量无边百千万亿菩萨摩诃萨，及诸四众恭敬围绕释迦牟尼佛。既见是已，皆大欢喜，得未曾有。

即时，诸天于虚空中高声唱言："过此无量无边百千万亿阿僧祇世界，有国名娑婆，是中有佛，名释迦牟尼，今为诸菩萨摩诃萨说大乘经，名妙法莲华，教菩萨法佛所护念。汝等当深心随喜，亦当礼拜供养释迦牟尼佛。"

彼诸众生闻虚空中声已，合掌向娑婆世界，作如是言："南无释迦牟尼佛！南无释迦牟尼佛！"以种种华香、璎珞、幡盖及诸严身之具、珍宝妙物，皆共遥散娑婆世界。所散诸物从十方来，譬如云集变成宝帐，遍覆此间诸佛之上。于时，十方世界通达无碍，如一佛土。

尔时，佛告上行等菩萨大众："诸佛神力，如是无量无边不可思议。若我以是神力，于无量无边百千万亿阿僧祇劫，为嘱累故说此经功德，犹不能尽。以要言之，如来一切所有之法，如来一切自在神力，如来一切秘要之藏，如来一切甚深之事，皆于此经宣示显说。是故汝等于如来灭后，应一心受持、读诵、解说、书写、如说修行；所在国土，若有受持、读诵、解说、书写、如说修行，若经卷所住之处，若于园中，若于林中，若于树下，若于僧坊，若白衣舍，若在殿堂，若山谷旷野，是中皆应起塔供养。所以者何？当知是处即是道场，诸佛于此得阿耨多罗三藐三菩提，诸佛于此转于法轮，诸佛于此而般涅槃。"

尔时，世尊欲重宣此义，而说偈言：

诸佛救世者，住于大神通，为悦众生故，现无量神力，舌相至梵天，身放无数光，为求佛道者，现此希有事。诸佛謦咳声，及弹指之声，周闻十方国，地皆六种动。以佛灭度后，能持是经故，诸佛皆欢喜，现无量神力。嘱累是经故，赞美受持者，于无量劫中，犹故不能尽。是人之功德，无边无有穷，如十方虚空，不可得边际。能持是经者，则为已见我，亦见多宝佛，及诸分身者，又见我今日，教化诸菩萨。能持是经者，令我及分身，灭度多宝佛，一切皆欢喜。十方现在佛，并过去未来，亦见亦供养，亦令得欢喜。诸佛坐道场，所得秘要法，能持是经者，不久亦当得。能持是经者，于诸法之义，名字及言辞，乐说无穷尽，如风于空中，一切无障碍。于如来灭后，知佛所说经，因缘及次第，随义如实说，如日月光明，能除诸幽冥。斯人行世间，能灭众生暗，教无量菩萨，毕竟住一乘。是故有智者，闻此功德利，于我灭度后，应受持斯经，是人于佛道，决定无有疑。

嘱累品第二十二

尔时，释迦牟尼佛从法座起，现大神力。以右手摩无量菩萨摩诃萨顶，而作是言："我于无量百千万亿阿僧祇劫，修习是难得阿耨多罗三藐三菩提法，今以付嘱汝等：汝等应当一心流布此法，广令增益。"如是三摩诸菩萨摩诃萨顶，而作是言："我于无量百千万亿阿僧祇劫，修习是难得阿耨多罗三藐三菩提法，今以付嘱汝等：汝等当受持读诵，广宣此法，令一切众生普得闻知。所以者何？如来有大慈悲，无诸悭吝，亦无所畏，能与众生佛之智慧、如来智慧、自然智慧。如来是一切众生之大施主，汝等亦应随学如来之法，勿生悭吝。于未来世，若有善男子、善女人，信如来智慧者，当为演说此法华经，使得闻知，为令其人得佛慧故。若有众生不信受者，当于如来余深法中示教利喜。汝等若能如是，则为已报诸佛之恩。"

时诸菩萨摩诃萨，闻佛作是说已，皆大欢喜。遍满其身，益加恭敬，曲躬低头，合掌向佛，俱发声言："如世尊敕，当具奉行。唯然，世尊，愿不有虑！"诸菩萨摩诃萨众如是三反，俱发声言："如世尊敕，当具奉行。唯然，世尊，愿不有虑！"

尔时，释迦牟尼佛令十方来诸分身佛各还本土，而作是言："诸佛各随所安，多宝佛塔还可如故。"说是语时，十方无量分身诸佛，坐宝树下师子座上者，及多宝佛，并上行等无边阿僧祇菩萨大众，舍利弗等声闻四众，及一切世间天、人、阿修罗等，闻佛所说，皆大欢喜。

药王菩萨本事品第二十三

尔时，宿王华菩萨白佛言："世尊，药王菩萨云何游于娑婆世界？世尊，是药王菩萨，有若干百千万亿那由他难行苦行。善哉！世尊，愿少解说。"诸天、龙、神、夜叉、乾闼婆、阿修罗、迦楼罗、紧那罗、摩睺罗伽、人非人等，又他国土诸来菩萨，及此声闻众，闻皆欢喜。

尔时，佛告宿王华菩萨："乃往过去无量恒河沙劫，有佛号日月净明德如来、应供、正遍知、明行足、善逝、世间解、无上士、调御丈夫、天人师、佛世尊。其佛有八十亿大菩萨摩诃萨，七十二恒河沙大声闻众。佛寿四万二千劫，菩萨寿命亦等。彼国无有女人、地狱、饿鬼、畜生、阿修罗等及以诸难，地平如掌，琉璃所成。宝树庄严，宝帐覆上，垂宝华幡，宝瓶香炉周遍国界。七宝为台，一树一台，其树去台尽一箭道。此诸宝树，皆有菩萨、声闻而坐其下。诸宝台上，各有百亿诸天作天伎乐，歌叹于佛，以为供养。

"尔时，彼佛为一切众生喜见菩萨及众菩萨、诸声闻众说法华经。是一切众生喜见菩萨乐习苦行，于日月净明德佛法中，精进经行，一心求佛。满万二千岁已，得现一切色身三昧。得此三昧已，心大欢喜，即作念言：'我得现一切色身三昧，皆是得闻法华经力。我今当供养日月净明德佛及法华经。'即时入是三昧，于虚空中雨曼陀罗华、摩诃曼陀罗华、细末坚黑栴檀，满虚空中如云而下。又雨海此岸栴檀之香，此香六铢价值娑婆世界，以供养佛。

"作是供养已，从三昧起，而自念言：'我虽以神力供养于佛，不如以身供养。'即服诸香，栴檀、薰陆、兜楼婆、毕力迦、沉水、胶香，又饮瞻卜诸华香油。满千二百岁已，香油涂身，于日月净明德佛前，以天宝衣而自缠身，灌诸香油，以神通力愿而自燃身，光明遍照八十亿恒河沙世界。

"其中诸佛同时赞言：'善哉！善哉！善男子，是真精进，是名真法供养如来。若以华香、璎珞、烧香、末香、涂香、天缯、幡盖及海此岸栴檀之香，如是等种种诸物供养，所不能及。假使国城、妻子布施亦所不及。善男子，是名第一之施，于诸施中最尊最上，以法供养诸如来故。'作是语已而各默然，其身火燃千二百岁，过是已后，其身乃尽。

"一切众生喜见菩萨作如是法供养已，命终之后，复生日月净明德佛国中。于净德王家，结跏趺坐，忽然化生，即为其父而说偈言：

> 大王今当知，我经行彼处，即时得一切，现诸身三昧。勤行大精进，舍所爱之身，供养于世尊，为求无上慧。

"说是偈已，而白父言：'日月净明德佛，今故现在。我先供养佛已，得解一切众生语言陀罗尼。复闻是法华经，八百千万亿那由他甄迦罗、频婆罗、阿閦婆等偈。大王，我今当还供养此佛。'已即坐七宝之台，上升虚空高七多罗树，往到佛所，头面礼足，合十指爪，以偈赞佛：

> 容颜甚奇妙，光明照十方，我适曾供养，今复还亲觐。

"尔时，一切众生喜见菩萨说是偈已，而白佛言：'世尊，世尊，犹故在世。'尔时，日月净明德佛告一切众生喜见菩萨：'善男子，我涅槃时到，灭尽时至。汝可安施床座，我于今夜当般涅槃。'又敕一切众生喜见菩萨：'善男子,我以佛法嘱累于汝,及诸菩萨大弟子,并阿耨多罗三藐三菩提法,亦以三千大千七宝世界诸宝树宝台,及给侍诸天,悉付于汝。我灭度后,所有舍利亦付嘱汝,当令流布广设供养,应起若干千塔。'如是日月净明德佛,敕一切众生喜见菩萨已,于夜后分入于涅槃。

"尔时,一切众生喜见菩萨见佛灭度,悲感懊恼,恋慕于佛,即以海此岸栴檀为藉供养佛身而以烧之。火灭已后,收取舍利,作八万四千宝瓶,以起八万四千塔,高三世界,表刹庄严,垂诸幡盖,悬众宝铃。

"尔时,一切众生喜见菩萨复自念言:"我虽作是供养,心犹未足,我今当更供养舍利。"便语诸菩萨大弟子,及天、龙、夜叉等一切大众:"汝等当一心念,我今供养日月净明德佛舍利。"作是语已,即于八万四千塔前,燃百福庄严臂,七万二千岁而以供养,令无数求声闻众、无量阿僧祇人发阿耨多罗三藐三菩提心,皆使得住现一切色身三昧。

"尔时,诸菩萨、天、人、阿修罗等,见其无臂,忧恼悲哀,而作是言:'此一切众生喜见菩萨,是我等师,教化我者,而今烧臂,身不具足。'于时,一切众生喜见菩萨于大众中,立此誓言:'我舍两臂,必当得佛金色之身。若实不虚,令我两臂还复如故。'作是誓已,自然还复,由斯菩萨福德智慧淳厚所致。当尔之时,三千大千世界六种震动,天雨宝华,一切人天得未曾有。"

佛告宿王华菩萨:"于汝意云何?一切众生喜见菩萨,岂异人乎?今药王菩萨是也。其所舍身布施,如是无量百千万亿那由他数。宿王华,若有发心欲得阿耨多罗三藐三菩提者,能燃手指乃至足一指供养佛塔,胜以国城、妻子及三千大千国土、山林河池、诸珍宝物而供养者。若复有人,以七宝满三千大千世界,供养于佛及大菩萨、辟支佛、阿罗汉,是人所得功德,不如受持此法华经,乃至一四句偈。其福最多!

"宿王华,譬如一切川流江河诸水之中,海为第一;此法华经亦复如是,于诸如来所说经中,最为深大。又如土山、黑山、小铁围山、大铁围山及十宝山,众山之中须弥山为第一;此法华经亦复如是,于诸经中最为其上。又如众星之中,月天子最为第一;此法华经亦复如是,于千万亿种诸经法中,最为照明。又如日天子能除诸暗,此经亦复如是,能破一切不善之暗。又如诸小王中,转轮圣王最为第一;此经亦复如是,于众经中最为其尊。又如帝释,于三十三天中王;此经亦复如是,诸经中王。又如大梵天王,一切众生之父;此经亦复如是,一切贤圣学无学,及发菩萨心者之父。又如一切凡夫人中,须陀洹、斯陀含、阿那含、阿罗汉、辟支佛为第一;此经亦复如是,一切如来所说,若菩萨所说,若声闻所说,诸经法中最为第一。有能受持是经典者,亦复如是，于一切众生中亦为第一。一切声闻、辟支佛中，菩萨为第一；此经亦复如是，于一切诸经法中最为第一。如佛为诸法王，此经亦复如是，诸经中王。

“宿王华！此经能救一切众生者，此经能令一切众生离诸苦恼，此经能大饶益一切众生，充满其愿。如清凉池能满一切诸渴乏者，如寒者得火，如裸者得衣，如商人得主，如子得母，如渡得船，如病得医，如暗得灯，如贫得宝，如民得王，如贾客得海，如炬除暗；此法华经亦复如是，能令众生离一切苦、一切病痛，能解一切生死之缚。若人得闻此法华经，若自书，若使人书，所得功德，以佛智慧筹量多少不得其边。若书是经卷，华香、璎珞、烧香、末香、涂香、幡盖、衣服、种种之灯——酥灯、油灯、诸香油灯、瞻卜油灯、须曼那油灯、波罗罗油灯、婆利师迦油灯、那婆摩利油灯供养，所得功德亦复无量。

“宿王华！若有人闻是药王菩萨本事品者，亦得无量无边功德。若有女人闻是药王菩萨本事品能受持者，尽是女身后不复受。若如来灭后，后五百岁中，若有女人闻是经典如说修行，于此命终，即往安乐世界，阿弥陀佛大菩萨众围绕住处，生莲华中宝座之上，不复为贪欲所恼，亦复不为嗔恚、愚痴所恼，亦复不为憍慢嫉妒诸垢所恼，得菩萨神通、无生法忍。得是忍已，眼根清净，以是清净眼根，见七百万二千亿那由他恒河沙等诸佛如来。是时诸佛遥共赞言：‘善哉！善哉！善男子，汝能于释迦牟尼佛法中，受持、读诵、思惟是经，为他人说，所得福德无量无边。火不能焚，水不能漂，汝之功德，千佛共说不能令尽。汝今已能破诸魔贼，坏生死军，诸余怨敌皆悉摧灭。善男子，百千诸佛以神通力共守护汝。于一切世间天人之中无如汝者，唯除如来。其诸声闻、辟支佛乃至菩萨智慧禅定，无有与汝等者。’宿王华，此菩萨成就如是功德智慧之力。

“若有人闻是药王菩萨本事品，能随喜赞善者，是人现世，口中常出青莲华香，身毛孔中常出牛头栴檀之香，所得功德如上所说。是故，宿王华，以此药王菩萨本事品，嘱累于汝，我灭度后，后五百岁中，广宣流布于阎浮提，无令断绝，恶魔、魔民、诸天、龙、夜叉、鸠槃荼等得其便也。宿王华，汝当以神通之力守护是经。所以者何？此经则为阎浮提人病之良药。若人有病，得闻是经，病即消灭，不老不死。宿王华，汝若见有受持是经者，应以青莲华盛满末香供散其上。散已，作是念言：‘此人不久，必当取草坐于道场破诸魔军，当吹法螺，击大法鼓，度脱一切众生老病死海。’是故求佛道者，见有受持是经典人，应当如是生恭敬心。”

说是药王菩萨本事品时，八万四千菩萨得解一切众生语言陀罗尼。多宝如来于宝塔中，赞宿王华菩萨言："善哉！善哉！宿王华，汝成就不可思议功德，乃能问释迦牟尼佛如此之事，利益无量一切众生。"

妙音菩萨品第二十四

尔时，释迦牟尼佛放大人相肉髻光明，及放眉间白毫相光，遍照东方百八万亿那由他恒河沙等诸佛世界。过是数已，有世界名净光庄严，其国有佛，号净华宿王智如来、应供、正遍知、明行足、善逝、世间解、无上士、调御丈夫、天人师、佛世尊，为无量无边菩萨大众恭敬围绕而为说法。释迦牟尼佛白毫光明遍照其国。

尔时，一切净光庄严国中，有一菩萨名曰妙音。久已植众德本，供养亲近无量百千万亿诸佛，而悉成就甚深智慧，得妙幢相三昧、法华三昧、净德三昧、宿王戏三昧、无缘三昧、智印三昧、解一切众生语言三昧、集一切功德三昧、清净三昧、神通游戏三昧、慧炬三昧、庄严王三昧、净光明三昧、净藏三昧、不共三昧、日旋三昧，得如是等百千万亿恒河沙等诸大三昧。释迦牟尼佛光照其身，即白净华宿王智佛言："世尊！我当往诣娑婆世界，礼拜亲近供养释迦牟尼佛，及见文殊师利法王子菩萨、药王菩萨、勇施菩萨、宿王华菩萨、上行意菩萨、庄严王菩萨、药上菩萨。"

尔时，净华宿王智佛告妙音菩萨："汝莫轻彼国生下劣想。善男子！彼娑婆世界，高下不平，土石诸山秽恶充满。佛身卑小，诸菩萨众其形亦小。而汝身四万二千由旬，我身六百八十万由旬。汝身第一端正，百千万福，光明殊妙。是故汝往，莫轻彼国若佛、菩萨及国土生下劣想。"

妙音菩萨白其佛言："世尊！我今诣娑婆世界，皆是如来之力、如来神通游戏、如来功德智慧庄严。"于是妙音菩萨不起于座，身不动摇而入三昧，以三昧力于耆阇崛山去法座不远，化作八万四千众宝莲华，阎浮檀金为茎，白银为叶，金刚为须，甄叔迦宝以为其台。

尔时，文殊师利法王子见是莲华，而白佛言："世尊，是何因缘先现此瑞，有若干千万莲华，阎浮檀金为茎，白银为叶，金刚为须，甄叔迦宝以为其台？"

尔时，释迦牟尼佛告文殊师利："是妙音菩萨摩诃萨，欲从净华宿王智佛国，与八万四千菩萨围绕，而来至此娑婆世界，供养、亲近、礼拜于我，亦欲供养听法华经。"

文殊师利白佛言："世尊，是菩萨种何善本，修何功德，而能有是大神通力？行何三昧？愿为我等说是三昧名字，我等亦欲勤修行之。行此三昧，乃能见是菩萨色相大小、威仪进止。唯愿世尊，以神通力，彼菩萨来，令我得见。"

尔时，释迦牟尼佛告文殊师利："此久灭度多宝如来，当为汝等而现其相。"

时多宝佛告彼菩萨："善男子，来! 文殊师利法王子欲见汝身。"

于时妙音菩萨于彼国没，与八万四千菩萨俱共发来。所经诸国六种震动，皆悉雨于七宝莲华，百千天乐不鼓自鸣。是菩萨目如广大青莲华叶，正使和合百千万月，其面貌端正复过于此。身真金色，无量百千功德庄严，威德炽盛，光明照曜，诸相具足，如那罗延坚固之身。入七宝台，上升虚空去地七多罗树，诸菩萨众恭敬围绕，而来诣此娑婆世界 耆阇崛山。

到已，下七宝台，以价值百千璎珞，持至释迦牟尼佛所，头面礼足，奉上璎珞，而白佛言："世尊! 净华宿王智佛，问讯世尊：'少病少恼，起居轻利，安乐行不? 四大调和不? 世事可忍不? 众生易度不? 无多贪欲、嗔恚、愚痴、嫉妒、悭慢不? 无不孝父母、不敬沙门、邪见不善、心不摄五情不? 世尊，众生能降伏诸魔怨不? 久灭度多宝如来，在七宝塔中来听法不?'又问讯多宝如来：'安隐少恼堪忍久住不?'世尊! 我今欲见多宝佛身，唯愿世尊，示我令见。"

尔时，释迦牟尼佛语多宝佛："是妙音菩萨欲得相见。"

时多宝佛告妙音言："善哉! 善哉! 汝能为供养释迦牟尼佛，及听法华经，并见文殊师利等，故来至此。"

尔时，华德菩萨白佛言："世尊，是妙音菩萨种何善根，修何功德，有是神力? "

佛告华德菩萨："过去有佛，名云雷音王多陀阿伽度阿罗诃三藐三佛陀，国名现一切世间，劫名喜见。妙音菩萨于万二千岁，以十万种伎乐供养云雷音王佛，并奉上八万四千七宝钵，以是因缘果报，今生净华宿王智佛国有是神力。华德! 于汝意云何? 尔时云雷音王佛所，妙音菩萨伎乐供养奉上宝器者，岂异人乎? 今此妙音菩萨摩诃萨是。华德! 是妙音菩萨，已曾供养亲近无量诸佛，久植德本，又值恒河沙等百千万亿那由他佛。

"华德，汝但见妙音菩萨其身在此，而是菩萨现种种身，处处为诸众生说是经典。或现梵王身，或现帝释身，或现自在天身，或现大自在天身，或现天大将军身，或现毗沙门天王身，或现转轮圣王身，或现诸小王身，或现长者身，或现居士身，或现宰官身，或现婆罗门身，或现比丘、比丘尼、优婆塞、优婆夷身，或现长者、居士妇女身，或现宰官妇女身，或现婆罗门妇女身，或现童男童女身，或现天、龙、夜叉、乾闼婆、阿修罗、迦楼罗、紧那罗、摩睺罗伽、人非人等身，而说是经。诸有地狱、饿鬼、畜生，及众难处，皆能救济。乃至于王后宫，变为女身而说是经。

"华德！是妙音菩萨，能救护娑婆世界诸众生者。是妙音菩萨，如是种种变化现身，在此娑婆国土为诸众生说是经典，于神通变化智慧无所损减。是菩萨以若干智慧明照娑婆世界，令一切众生各得所知，于十方恒河沙世界中亦复如是。若应以声闻形得度者，现声闻形而为说法；应以辟支佛形得度者，现辟支佛形而为说法；应以菩萨形得度者，现菩萨形而为说法；应以佛形得度者，即现佛形而为说法。如是种种随所应度而为现形，乃至应以灭度而得度者，示现灭度。华德，妙音菩萨摩诃萨成就大神通智慧之力，其事如是。"

尔时，华德菩萨白佛言："世尊！是妙音菩萨深种善根。世尊，是菩萨住何三昧，而能如是在所变现度脱众生？"

佛告华德菩萨："善男子！其三昧名现一切色身。妙音菩萨住是三昧中，能如是饶益无量众生。"

说是妙音菩萨品时，与妙音菩萨俱来者八万四千人，皆得现一切色身三昧。此娑婆世界无量菩萨，亦得是三昧及陀罗尼。

尔时，妙音菩萨摩诃萨，供养释迦牟尼佛及多宝佛塔已，还归本土。所经诸国六种震动，雨宝莲华，作百千万亿种种伎乐。既到本国，与八万四千菩萨围绕，至净华宿王智佛所，白佛言："世尊，我到娑婆世界饶益众生，见释迦牟尼佛，及见多宝佛塔礼拜供养；又见文殊师利法王子菩萨，及见药王菩萨、得勤精进力菩萨、勇施菩萨等；亦令是八万四千菩萨得现一切色身三昧。"

说是妙音菩萨 来往品时，四万二千天子得无生法忍，华德菩萨得法华三昧。

观世音菩萨普门品第二十五

尔时，无尽意菩萨即从座起，偏袒右肩，合掌向佛，而作是言："世尊，观世音菩萨，以何因缘名观世音？"

佛告无尽意菩萨："善男子！若有无量百千万亿众生受诸苦恼，闻是观世音菩萨，一心称名，观世音菩萨即时观其音声皆得解脱。若有持是观世音菩萨名者，设入大火，火不能烧，由是菩萨威神力故。若为大水所漂，称其名号即得浅处。若有百千万亿众生，为求金、银、琉璃、砗磲、玛瑙、珊瑚、琥珀、真珠等宝入于大海，假使黑风吹其船舫，飘堕罗刹鬼国，其中若有乃至一人称观世音菩萨名者,是诸人等皆得解脱罗刹之难。以是因缘,名观世音。若复有人临当被害,称观世音菩萨名者,彼所执刀杖寻段段坏而得解脱。若三千大千国土满中夜叉、罗刹欲来恼人,闻其称观世音菩萨名者,是诸恶鬼尚不能以恶眼视之,况复加害?设复有人,若有罪、若无罪,杻械枷锁检系其身,称观世音菩萨名者,皆悉断坏即得解脱。若三千大千国土满中怨贼,有一商主将诸商人,赍持重宝经过险路,其中一人作是唱言:'诸善男子,勿得恐怖!汝等应当一心称观世音菩萨名号,是菩萨能以无畏施于众生。汝等若称名者,于此怨贼当得解脱。'众商人闻俱发声言:'南无观世音菩萨!'称其名故即得解脱。

"无尽意,观世音菩萨摩诃萨,威神之力巍巍如是。若有众生多于淫欲,常念'恭敬观世音菩萨'便得离欲;若多嗔恚,常念'恭敬观世音菩萨'便得离嗔;若多愚痴,常念'恭敬观世音菩萨'便得离痴。无尽意,观世音菩萨有如是等大威神力,多所饶益,是故众生常应心念。若有女人设欲求男,礼拜供养观世音菩萨,便生福德智慧之男;设欲求女,便生端正有相之女,宿植德本,众人爱敬。无尽意,观世音菩萨有如是力。

"若有众生恭敬礼拜观世音菩萨,福不唐捐,是故众生皆应受持观世音菩萨名号。无尽意,若有人受持六十二亿恒河沙菩萨名字,复尽形供养饮食、衣服、卧具、医药。于汝意云何?是善男子、善女人功德多不?"

无尽意言:"甚多!世尊。"

佛言:"若复有人受持观世音菩萨名号,乃至一时礼拜供养,是二人福,正等无异,于百千万亿劫不可穷尽。无尽意,受持观世音菩萨名号,得如是无量无边福德之利。"

无尽意菩萨白佛言:"世尊,观世音菩萨,云何游此娑婆世界?云何而为众生说法?方便之力,其事云何?"

佛告无尽意菩萨:"善男子,若有国土众生应以佛身得度者,观世音菩萨即现佛身而为说法;应以辟支佛身得度者,即现辟支佛身而为说法;应以声闻身得度者,即现声闻身而为说法;应以梵王身得度者,即现梵王身而为说法;应以帝释身得度者,即现帝释身而为说法;应以自在天身得度者,即现自在天身而为说法;应以大自在天身得度者,即现大自在天身而为说法;应以天大将军身得度者,即现天大将军身而为说法;应以毗沙门身得度者,即现毗沙门身而为说法;应以小王身得度者,即现小王身而为说法;应以长者身得度者,即现长者身而为说法;应以居士身得度者,即现居士身而为说法;应以宰官身得度者,即现宰官身而为说法;应以婆罗门身得度者,即现婆罗门身而为说法；应以比丘、比丘尼、优婆塞、优婆夷身得度者，即现比丘、比丘尼、优婆塞、优婆夷身而为说法；应以长者、居士、宰官、婆罗门妇女身得度者，即现妇女身而为说法；应以童男童女身得度者，即现童男童女身而为说法；应以天、龙、夜叉、乾闼婆、阿修罗、迦楼罗、紧那罗、摩睺罗伽、人非人等身得度者，即皆现之而为说法；应以执金刚身得度者，即现执金刚身而为说法。

"无尽意！是观世音菩萨成就如是功德，以种种形游诸国土度脱众生。是故汝等应当一心供养观世音菩萨。是观世音菩萨摩诃萨，于怖畏急难之中能施无畏，是故此娑婆世界皆号之为施无畏者。"

无尽意菩萨白佛言："世尊！我今当供养观世音菩萨。"即解颈众宝珠璎珞，价值百千两金而以与之，作是言："仁者，受此法施珍宝璎珞。"时观世音菩萨不肯受之。无尽意复白观世音菩萨言："仁者，愍我等故受此璎珞。"

尔时，佛告观世音菩萨："当愍此无尽意菩萨，及四众、天、龙、夜叉、乾闼婆、阿修罗、迦楼罗、紧那罗、摩睺罗伽、人非人等故，受是璎珞。"

即时观世音菩萨愍诸四众，及于天、龙、人非人等，受其璎珞。分作二分，一分奉释迦牟尼佛，一分奉多宝佛塔。

"无尽意，观世音菩萨，有如是自在神力，游于娑婆世界。"

尔时，无尽意菩萨以偈问曰：

世尊妙相具，我今重问彼，佛子何因缘，名为观世音？具足妙相尊，偈答无尽意：汝听观音行，善应诸方所，弘誓深如海，历劫不思议，侍多千亿佛，发大清净愿。我为汝略说，闻名及见身，心念不空过，能灭诸有苦。假使兴害意，推落大火坑，念彼观音力，火坑变成池。或漂流巨海，龙鱼诸鬼难，念彼观音力，波浪不能没。或在须弥峰，为人所推堕，念彼观音力，如日虚空住。或被恶人逐，堕落金刚山，念彼观音力，不能损一毛。或值怨贼绕，各执刀加害，念彼观音力，咸即起慈心。或遭王难苦，临刑欲寿终，念彼观音力，刀寻段段坏。或囚禁枷锁，手足被杻械，念彼观音力，释然得解脱。咒诅诸毒药，所欲害身者，念彼观音力，还著于本人。或遇恶罗刹，毒龙诸鬼等，念彼观音力，时悉不敢害。若恶兽围绕，利牙爪可怖，念彼观音力，疾走无边方。蚖蛇及蝮蝎，气毒烟火燃，念彼观音力，寻声自回去。云雷鼓掣电，降雹澍大雨，念彼观音力，应时得消散。众生被困厄，无量苦逼身，观音妙智力，能救世间苦。具足神通力，广修智方便，十方诸国土，无刹不现身。种种诸恶趣，地狱鬼畜生，生老病死苦，以渐悉令灭。真观清净观，广大智慧观，悲观及慈观，常愿常瞻仰。无垢清净光，慧日破诸暗，能伏灾风火，普明照世间。悲体戒雷震，慈意妙大云，澍甘露法雨，灭除烦恼焰。诤讼经官处，怖畏军阵中，念彼观音力，众怨悉退散。妙音观世音，梵音海潮音，胜彼世间音，是故须常念。念念勿生疑，观世音净圣，于苦恼死厄，能为作依怙，具一切功德，慈眼视众生，福聚海无量，是故应顶礼。

尔时，持地菩萨即从座起，前白佛言："世尊！若有众生，闻是观世音菩萨品自在之业、普门示现神通力者，当知是人功德不少。"佛说是普门品时，众中八万四千众生，皆发无等等阿耨多罗三藐三菩提心。

陀罗尼品第二十六

尔时，药王菩萨即从座起，偏袒右肩，合掌向佛，而白佛言："世尊！若善男子、善女人，有能受持法华经者，若读诵通利，若书写经卷，得几所福？"

佛告药王："若有善男子、善女人，供养八百万亿那由他恒河沙等诸佛，于汝意云何？其所得福，宁为多不？"

"甚多！世尊。"

佛言："若善男子、善女人，能于是经乃至受持一四句偈，读诵解义，如说修行，功德甚多。"

尔时，药王菩萨白佛言："世尊，我今当与说法者陀罗尼咒，以守护之。"即说咒曰：

　　安尔 (一) 曼尔 (二) 摩祢 (三) 摩摩祢 (四) 旨隶 (五) 遮梨第 (六) 赊咩 (七) 赊履多玮 (八) 膻帝 (九) 目帝 (十) 目多履 (十一) 娑履 (十二) 阿玮娑履 (十三) 桑履 (十四) 娑履 (十五) 叉裔 (十六) 阿叉裔 (十七) 阿耆腻 (十八) 膻帝 (十九) 赊履 (二十) 陀罗尼 (二十一) 阿卢伽婆娑簸蔗毗叉腻 (二十二) 祢毗剃 (二十三) 阿便哆逻祢履剃 (二十四) 阿亶哆波隶输地 (二十五) 欧究隶 (二十六) 牟究隶 (二十七) 阿罗隶 (二十八) 波罗隶 (二十九) 首迦差 (三十) 阿三磨三履 (三十一) 佛陀毗吉利袤帝 (三十二) 达磨波利差帝 (三十三) 僧伽涅瞿沙祢 (三十四) 婆舍婆舍输地 (三十五) 曼哆逻 (三十六) 曼哆逻叉夜多 (三十七) 邮楼哆 (三十八) 邮楼哆憍舍略 (三十九) 恶叉逻 (四十) 恶叉冶多冶 (四十一) 阿婆卢 (四十二) 阿摩若那多夜 (四十三)

"世尊，是陀罗尼神咒，六十二亿恒河沙等诸佛所说。若有侵毁此法师者，则为侵毁是诸佛已。"

时释迦牟尼佛赞药王菩萨言："善哉！善哉！药王，汝愍念拥护此法师故，说是陀罗尼，于诸众生多所饶益。"

尔时，勇施菩萨白佛言："世尊，我亦为拥护读诵受持法华经者，说陀罗尼。若此法师得是陀罗尼，若夜叉、若罗刹、若富单那、若吉遮、若鸠槃荼、若饿鬼等，伺求其短，无能得便。"即于佛前，而说咒曰：

痤隶（一）摩诃痤隶（二）郁枳目枳（四）阿隶（五）阿罗婆第（六）涅隶第（七）涅隶多婆第（八）伊缎（九）枳韦缎枳（十）旨缎枳（十一）涅隶埠枳（十二）涅犁埠婆底（十三）

"世尊！是陀罗尼神咒，恒河沙等诸佛所说，亦皆随喜。若有侵毁此法师者，则为侵毁是诸佛已。"

尔时，毗沙门天王护世者白佛言："世尊，我亦为愍念众生拥护此法师故，说是陀罗尼。"即说咒曰：

阿梨（一）那梨（二）兔那梨（三）阿那卢（四）那履（五）拘那履（六）

"世尊，以是神咒拥护法师，我亦自当拥护持是经者，令百由旬内无诸衰患。"

尔时，持国天王在此会中，与千万亿那由他乾闼婆众恭敬围绕，前诣佛所，合掌白佛言："世尊！我亦以陀罗尼神咒，拥护持法华经者。"即说咒曰：

阿伽祢（一）伽祢（二）瞿利（三）乾陀利（四）旃陀利（五）摩蹬耆（六）常求利（七）浮楼莎柅（八）頞底（九）

"世尊，是陀罗尼神咒，四十二亿诸佛所说。若有侵毁此法师者，则为侵毁是诸佛已。"

尔时，有罗刹女等，一名蓝婆，二名毗蓝婆，三名曲齿，四名华齿，五名黑齿，六名多发，七名无厌足，八名持璎珞，九名皋帝，十名夺一切众生精气。是十罗刹女，与鬼子母并其子及眷属，俱诣佛所，同声白佛言："世尊，我等亦欲拥护读诵受持法华经者，除其衰患。若有伺求法师短者，令不得便。"即于佛前，而说咒曰：

伊提履（一）伊提泯（二）伊提履（三）阿提履（四）伊提履（五）泥履（六）泥履（七）泥履（八）泥履（九）泥履（十）楼醯（十一）楼醯（十二）楼醯（十三）楼醯（十四）多醯（十五）多醯（十六）多醯（十七）兜醯（十八）兔醯（十九）

"宁上我头上，莫恼于法师。若夜叉、若罗刹、若饿鬼、若富单那、若吉遮、若毗陀罗、若犍驮、若乌摩勒伽、若阿跋摩罗、若夜叉吉遮、若人吉遮、若热病，若一日、若二日、若三日、若四日乃至七日若常热病，若男形、若女形、若童男形、若童女形，乃至梦中亦复莫恼。"

即于佛前，而说偈言：

若不顺我咒,恼乱说法者,头破作七分,如阿梨树枝。如杀父母罪,亦如压油殃,斗秤欺诳人,调达破僧罪,犯此法师者,当获如是殃。

诸罗刹女说此偈已,白佛言:"世尊!我等亦当身自拥护受持、读诵、修行是经者,令得安隐,离诸衰患,消众毒药。"

佛告诸罗刹女:"善哉!善哉!汝等但能拥护受持法华名者,福不可量;何况拥护具足受持供养经卷,华香、璎珞、末香、涂香、烧香、幡盖、伎乐,燃种种灯,酥灯、油灯、诸香油灯、苏摩那华油灯、瞻卜华油灯、婆师迦华油灯、优钵罗华油灯,如是等百千种供养者!皋帝,汝等及眷属,应当拥护如是法师。"

说是陀罗尼品时,六万八千人得无生法忍。

妙庄严王本事品第二十七

尔时,佛告诸大众:"乃往古世,过无量无边不可思议阿僧祇劫,有佛名云雷音宿王华智多陀阿伽度阿罗诃三藐三佛陀,国名光明庄严,劫名喜见。彼佛法中有王,名妙庄严,其王夫人,名曰净德。有二子,一名净藏,二名净眼。是二子有大神力福德智慧,久修菩萨所行之道,所谓檀波罗蜜、尸罗波罗蜜、羼提波罗蜜、毗梨耶波罗蜜、禅波罗蜜、般若波罗蜜、方便波罗蜜、慈悲喜舍,乃至三十七品助道法,皆悉明了通达。又得菩萨净三昧、日星宿三昧、净光三昧、净色三昧、净照明三昧、长庄严三昧、大威德藏三昧,于此三昧亦悉通达。

"尔时,彼佛欲引导妙庄严王,及愍念众生故,说是法华经。时净藏、净眼二子,到其母所,合十指爪掌白言:'愿母往诣云雷音宿王华智佛所,我等亦当侍从亲近、供养、礼拜。所以者何?此佛于一切天人众中说法华经,宜应听受。'

"母告子言:'汝父信受外道,深著婆罗门法,汝等应往白父与共俱去。'

"净藏、净眼合十指爪掌白母:'我等是法王子,而生此邪见家。'

"母告子言:'汝等当忧念汝父,为现神变。若得见者,心必清净,或听我等往至佛所。'

"于是二子念其父故,涌在虚空,高七多罗树,现种种神变,于虚空中行住坐卧,身上出水,身下出火,身下出水,身上出火,或现大身满虚空中,而复现小,小复现大,于空中灭忽然在地,入地如水,履水如地。现如是等种种神变,令其父王心净信解。

"时父见子神力如是,心大欢喜,得未曾有,合掌向子言:'汝等师为是

谁? 谁之弟子?'

"二子白言:'大王,彼云雷音宿王华智佛,今在七宝菩提树下法座上坐,于一切世间天人众中广说法华经。是我等师,我是弟子。'

"父语子言:'我今亦欲见汝等师,可共俱往。'

"于是二子从空中下,到其母所,合掌白母:'父王今已信解,堪任发阿耨多罗三藐三菩提心。我等为父已作佛事,愿母见听于彼佛所出家修道。'"

尔时,二子欲重宣其意,以偈白母:

> 愿母放我等,出家作沙门,诸佛甚难值,我等随佛学。如优昙钵罗,值佛复难是,脱诸难亦难,愿听我出家。

"母即告言:'听汝出家。所以者何? 佛难值故。'

"于是二子白父母言:'善哉,父母! 愿时往诣云雷音宿王华智佛所亲近供养。所以者何? 佛难得值,如优昙钵罗华,又如一眼之龟值浮木孔。而我等宿福深厚生值佛法,是故父母当听我等令得出家。所以者何? 诸佛难值,时亦难遇。'

"彼时妙庄严王,后宫八万四千人,皆悉堪任受持是法华经。净眼菩萨于法华三昧久已通达。净藏菩萨已于无量百千万亿劫,通达离诸恶趣三昧,欲令一切众生离诸恶趣故。其王夫人,得诸佛集三昧,能知诸佛秘密之藏。

"二子如是以方便力善化其父,令心信解好乐佛法。

"于是妙庄严王与群臣眷属俱,净德夫人与后宫彩女眷属俱,其王二子与四万二千人俱,一时共诣佛所,到已,头面礼足,绕佛三匝,却住一面。

"尔时,彼佛为王说法示教利喜,王大欢悦。

"尔时,妙庄严王及其夫人,解颈真珠璎珞价值百千以散佛上,于虚空中化成四柱宝台。台中有大宝床,敷百千万天衣,其上有佛,结跏趺坐,放大光明。

"尔时,妙庄严王作是念:'佛身希有端严殊特,成就第一微妙之色。'

"时云雷音宿王华智佛告四众言:'汝等见是妙庄严王于我前合掌立不? 此王于我法中作比丘,精勤修习助佛道法,当得作佛,号娑罗树王,国名大光,劫名大高王。其娑罗树王佛,有无量菩萨众,及无量声闻,其国平正功德如是。'

"其王即时以国付弟,与夫人、二子并诸眷属,于佛法中出家修道。

"王出家已,于八万四千岁常勤精进修行妙法华经。过是已后,得一切净功德庄严三昧,即升虚空高七多罗树,而白佛言:'世尊,此我二子已作佛事,以神通变化转我邪心,令得安住于佛法中得见世尊。此二子者是我善知识,

为欲发起宿世善根，饶益我故，来生我家。'

"尔时，云雷音宿王华智佛告妙庄严王言：'如是，如是，如汝所言。若善男子、善女人种善根故，世世得善知识。其善知识，能作佛事示教利喜，令入阿耨多罗三藐三菩提。大王当知，善知识者是大因缘，所谓化导令得见佛，发阿耨多罗三藐三菩提心。大王，汝见此二子不？此二子已曾供养六十五百千万亿那由他恒河沙诸佛，亲近恭敬，于诸佛所受持法华经，愍念邪见众生，令住正见。'

"妙庄严王即从虚空中下，而白佛言：'世尊，如来甚希有！以功德智慧故，顶上肉髻光明显照，其眼长广而绀青色，眉间毫相白如珂月，齿白齐密常有光明，唇色赤好如频婆果。'

"尔时，妙庄严王赞叹佛如是等无量百千万亿功德已，于如来前一心合掌，复白佛言：'世尊，未曾有也。如来之法，具足成就不可思议微妙功德，教诫所行安隐快善。我从今日不复自随心行，不生邪见、憍慢、嗔恚诸恶之心。'说是语已，礼佛而出。"

佛告大众："于意云何？妙庄严王岂异人乎？今华德菩萨是。其净德夫人，今佛前光照庄严相菩萨是，哀愍妙庄严王及诸眷属故，于彼中生。其二子者，今药王菩萨、药上菩萨是。是药王、药上菩萨，成就如此诸大功德，已于无量百千万亿诸佛所植众德本，成就不可思议诸善功德。若有人识是二菩萨名字者，一切世间诸天人民亦应礼拜。"

佛说是妙庄严王本事品时，八万四千人远尘离垢，于诸法中得法眼净。

普贤菩萨劝发品第二十八

尔时，普贤菩萨以自在神通力，威德名闻，与大菩萨无量无边不可称数，从东方来。所经诸国，普皆震动，雨宝莲华，作无量百千万亿种种伎乐。又与无数诸天、龙、夜叉、乾闼婆、阿修罗、迦楼罗、紧那罗、摩睺罗伽、人非人等，大众围绕，各现威德神通之力。

到娑婆世界耆阇崛山中，头面礼释迦牟尼佛，右绕七匝，白佛言："世尊，我于宝威德上王佛国，遥闻此娑婆世界说法华经，与无量无边百千万亿诸菩萨众共来听受，唯愿世尊，当为说之。若善男子、善女人，于如来灭后，云何能得是法华经？"

佛告普贤菩萨："若善男子、善女人成就四法，于如来灭后，当得是法华经：一者、为诸佛护念，二者、植众德本，三者、入正定聚，四者、发救一切众生之心。善男子、善女人，如是成就四法，于如来灭后必得是经。"

　　尔时，普贤菩萨白佛言："世尊于后五百岁浊恶世中，其有受持是经典者，我当守护，除其衰患令得安隐，使无伺求得其便者。若魔、若魔子、若魔女、若魔民、若为魔所著者，若夜叉、若罗刹、若鸠槃荼、若毗舍阇、若吉遮、若富单那、若韦陀罗等诸恼人者，皆不得便。

　　"是人若行若立读诵此经，我尔时乘六牙白象王，与大菩萨众俱诣其所，而自现身，供养守护，安慰其心，亦为供养法华经故。是人若坐思惟此经，尔时我复乘白象王现其人前。其人若于法华经有所忘失一句一偈，我当教之，与共读诵还令通利。尔时受持读诵法华经者，得见我身甚大欢喜，转复精进。以见我故，即得三昧及陀罗尼，名为旋陀罗尼、百千万亿旋陀罗尼、法音方便陀罗尼，得如是等陀罗尼。

　　"世尊！若后世后五百岁浊恶世中，比丘、比丘尼、优婆塞、优婆夷，求索者、受持者、读诵者、书写者，欲修习是法华经，于三七日中应一心精进。满三七日已，我当乘六牙白象，与无量菩萨而自围绕，以一切众生所喜见身，现其人前，而为说法示教利喜。亦复与其陀罗尼咒，得是陀罗尼故，无有非人能破坏者，亦不为女人之所惑乱，我身亦自常护是人。唯愿世尊，听我说此陀罗尼咒。

　　即于佛前，而说咒曰：

　　　　阿檀地（一）檀陀婆地（二）檀陀婆帝（三）檀陀鸠舍隶（四）檀陀修陀隶（五）修陀隶（六）修陀罗婆底（七）佛驮波膻祢（八）萨婆陀罗尼阿婆多尼（九）萨婆婆沙阿婆多尼（十）修阿婆多尼（十一）僧伽婆履叉尼（十二）僧伽涅伽陀尼（十三）阿僧祇（十四）僧伽波伽地（十五）帝隶阿惰僧伽兜略阿罗帝婆罗帝（十六）萨婆僧伽三摩地伽兰地（十七）萨婆达磨修波利刹帝（十八）萨婆萨埵楼驮憍舍略阿㝹伽地（十九）辛阿毗吉利地帝（二十）

　　"世尊，若有菩萨得闻是陀罗尼者，当知普贤神通之力。若法华经行阎浮提有受持者，应作此念：'皆是普贤威神之力。'若有受持、读诵、正忆念、解其义趣、如说修行，当知是人行普贤行，于无量无边诸佛所深种善根，为诸如来手摩其头。若但书写，是人命终当生忉利天上，是时八万四千天女作众伎乐而来迎之，其人即著七宝冠于彩女中娱乐快乐；何况受持、读诵、正忆念、解其义趣、如说修行！若有人受持、读诵、解其义趣，是人命终为千佛授手，令不恐怖、不堕恶趣，即往兜率天上弥勒菩萨所——弥勒菩萨有三十二相，大菩萨众所共围绕，有百千万亿天女眷属——而于中生。有如是等功德利益，是故智者应当一心自书，若使人书，受持、读诵、正忆念、如说修行。

世尊！我今以神通力故，守护是经，于如来灭后，阎浮提内广令流布，使不断绝。"

　　尔时，释迦牟尼佛赞言："善哉！善哉！普贤，汝能护助是经，令多所众生安乐利益，汝已成就不可思议功德，深大慈悲，从久远来发阿耨多罗三藐三菩提意，而能作是神通之愿守护是经。我当以神通力，守护能受持普贤菩萨名者。

　　"普贤！若有受持、读诵、正忆念、修习书写是法华经者，当知是人则见释迦牟尼佛，如从佛口闻此经典，当知是人供养释迦牟尼佛，当知是人佛赞善哉，当知是人为释迦牟尼佛手摩其头，当知是人为释迦牟尼佛衣之所覆。如是之人，不复贪著世乐，不好外道经书手笔，亦复不喜亲近其人及诸恶者，若屠儿、若畜猪羊鸡狗、若猎师、若衒卖女色。是人心意质直，有正忆念，有福德力。是人不为三毒所恼，亦不为嫉妒、我慢、邪慢、增上慢所恼。是人少欲知足，能修普贤之行。

　　"普贤！若如来灭后后五百岁，若有人见受持读诵法华经者，应作是念：'此人不久当诣道场，破诸魔众，得阿耨多罗三藐三菩提，转法轮，击法鼓，吹法螺，雨法雨，当坐天人大众中师子法座上。'

　　"普贤，若于后世受持读诵是经典者，是人不复贪著衣服、卧具、饮食、资生之物，所愿不虚，亦于现世得其福报。若有人轻毁之言：'汝狂人耳！空作是行，终无所获。'如是罪报当世世无眼。若有供养赞叹之者，当于今世得现果报。若复见受持是经者，出其过恶，若实若不实，此人现世得白癞病。若轻笑之者，当世世牙齿疏缺，丑唇平鼻，手脚缭戾，眼目角睐，身体臭秽，恶疮、脓血、水腹、短气诸恶重病。是故，普贤，若见受持是经典者，当起远迎当如敬佛。"

　　说是普贤劝发品时，恒河沙等无量无边菩萨得百千万亿旋陀罗尼，三千大千世界微尘等诸菩萨具普贤道。

　　佛说是经时，普贤等诸菩萨，舍利弗等诸声闻，及诸天、龙、人非人等，一切大会皆大欢喜，受持佛语，作礼而去。

四十二章经

经　序

昔汉 孝明皇帝，夜梦见神人，身体有金色，项有日光，飞在殿前，意中欣然，甚悦之。明日问群臣，此为何神也。有通人傅毅曰："臣闻天竺，有得道者，号曰佛。轻举能飞，殆将其神也。"于是上悟。即遣使者张骞、羽林中郎将秦景、博士弟子王遵等十二人。至大月支国，写取佛经四十二章。在第十四石函中，登起立塔寺。于是道法流布，处处修立佛寺，远人伏化愿为臣妾者。不可称数。国内清宁，含识之类，蒙恩受赖，于今不绝也。

序　分

世尊成道已，作是思惟：离欲寂静，是最为胜；住大禅定，降诸魔道。于鹿野苑中，转四谛法轮；度憍陈如等五人，而证道果。复有比丘，所说诸疑，求佛进止。世尊教敕，一一开悟，合掌敬诺，而顺尊敕。

第一章　出家证果

佛言："辞亲出家，识心达本，解无为法，名曰沙门。常行二百五十戒，进止清净，为四真道行，成阿罗汉。阿罗汉者，能飞行变化，旷劫寿命，住动天地。次为阿那含。阿那含者，寿终灵神上十九天，证阿罗汉。次为斯陀含。斯陀含者，一上一还，即得阿罗汉。次为须陀洹。须陀洹者，七死七生，便证阿罗汉。爱欲断者，如四肢断，不复用之。"

第二章　断欲绝求

佛言："出家沙门者，断欲去爱，识自心源，达佛深理，悟无为法。内无所得，外无所求。心不系道，亦不结业。无念无作，非修非证。不历诸位，而自崇最，名之为'道'。"

第三章　割爱去贪

佛言："剃除须发，而为沙门。受道法者，去世资财，乞求取足。日中一食，树下一宿，慎勿再矣！使人愚蔽者，爱与欲也。"

第四章　善恶并明

佛言："众生以十事为善，亦以十事为恶。何等为十？身三、口四、意三。

身三者：杀、盗、淫。口四者：两舌、恶口、妄言、绮语。意三者：嫉、恚、痴。如是十事，不顺圣道，名'十恶行'。是恶若止，名'十善行'耳。"

第五章　转重令轻

佛言："人有众过，而不自悔，顿息其心。罪来赴身，如水归海，渐成深广。若人有过，自解知非，改恶行善，罪自消灭。如病得汗，渐有痊损耳。"

第六章　忍恶无嗔

佛言："恶人闻善，故来挠乱者；汝自禁息，当无嗔责。彼来恶者，而自恶之。"

第七章　恶还本身

佛言："有人闻吾守道，行大仁慈，故致骂佛。佛默不对，骂止，问曰：'子以礼从人，其人不纳，礼归子乎？'对曰：'归矣！'佛言：'今子骂我，我今不纳；子自持祸，归子身矣！'犹回应声，影之随形，终无免离。慎勿为恶！"

第八章　尘唾自污

佛言："恶人害贤者，犹仰天而唾；唾不至天，还从己堕。逆风扬尘，尘不至彼，还坌己身。贤不可毁，祸必灭己。"

第九章　返本会道

佛言："博闻爱道，道必难会。守志奉道，其道甚大。"

第十章　喜施获福

佛言："睹人施道，助之欢喜，得福甚大。"

沙门问曰："此福尽乎？"

佛言："譬如一炬之火，数千百人，各以炬来分取，熟食除冥，此炬如故。福亦如之。"

第十一章　施饭转胜

佛言："饭恶人百，不如饭一善人。饭善人千，不如饭一持五戒者。饭五戒者万，不如饭一须陀洹。饭百万须陀洹，不如饭一斯陀含。饭千万斯陀含，不如饭一阿那含。饭一亿阿那含，不如饭一阿罗汉。饭十亿阿罗汉，不如饭一辟支佛。饭百亿辟支佛，不如饭一三世诸佛。饭千亿三世诸佛，不如饭一无念无住无修无证之者。"

第十二章　举难劝修

佛言："人有二十难，贫穷布施难，豪贵学道难，弃命必死难，得睹佛经难，生值佛世难，忍色忍欲难，见好不求难，被辱不嗔难，有势不临难，触事无心难，广学博究难，除灭我慢难，不轻未学难，心行平等难，不说是非难，会善知识难，见性学道难，随化度人难，睹境不动难，善解方便难。"

第十三章　问道宿命

沙门问佛："以何因缘，得知宿命，会其至道？"

佛言："净心守志，可会至道。譬如磨镜，垢去明存，当得宿命。"

第十四章　请问善大

沙门问佛："何者为善？何者最大？"

佛言："行道守真者善，志与道合者大。"

第十五章　请问力明

沙门问佛："何者多力？何者最明？"

佛言："忍辱多力，不怀恶故，兼加安健。忍者无恶，必为人尊。心垢灭尽，净无瑕秽，是为最明。未有天地，逮于今日；十方所有，无有不见，无有不知，无有不闻，得一切智，可谓明矣。"

第十六章　舍爱得道

佛言："人怀爱欲不见道者，譬如澄水，致手搅之，众人共临，无有睹其影者。人以爱欲交错，心中浊兴，故不见道。汝等沙门，当舍爱欲；爱欲垢尽，道可见矣。"

第十七章　明来暗谢

佛言："夫见道者，譬如持炬入冥室中，其冥即灭，而明独存。学道见谛，无明即灭，而明常存矣。"

第十八章　念等本空

佛言："吾法念无念念，行无行行，言无言言，修无修修；会者近尔，迷者远乎！言语道断，非物所拘，差之毫厘，失之须臾。"

第十九章　假真并观

佛言："观天地，念非常；观世界，念非常；观灵觉，即菩提。如是知识，得道疾矣！"

第二十章　推我本空

佛言："当念身中四大，各自有名，都无我者；我既都无，其如幻耳。"

第二十一章　名声丧本

佛言："人随情欲，求于声名；声名显著，身已故矣。贪世常名，而不学道，枉功劳形。譬如烧香，虽人闻香，香之尽矣；危身之火，而在其后。"

第二十二章　财色招苦

佛言："财色于人，人之不舍；譬如刀刃有蜜，不足一餐之美。小儿舐之，则有割舌之患。"

第二十三章　妻子甚狱

佛言："人系于妻子舍宅，甚于牢狱。牢狱有散释之期，妻子无远离之念。情爱于色，岂惮驱驰？虽有虎口之患，心存甘伏。投泥自溺，故曰凡夫；透得此门，出尘罗汉。"

第二十四章　色欲障道

佛言："爱欲莫甚于色，色之为欲，其大无外。赖有一矣，若使二同，普天之人，无能为道者矣！"

第二十五章　欲火烧身

佛言："爱欲之人，犹如执炬，逆风而行，必有烧手之患。"

第二十六章　天魔娆佛

天神献玉女于佛，欲坏佛意。佛言："革囊众秽，尔来何为？去！吾不用。"天神愈敬,因问道意。佛为解说,即得须陀洹果。

第二十七章　无著得道

佛言:"夫为道者,犹木在水,寻流而行。不触两岸,不为人取,不为鬼神所遮,不为洄流所住,亦不腐败;吾保此木,决定入海。学道之人,不为情欲所惑,不为众邪所娆,精进无为;吾保此人,必得道矣!"

第二十八章　意马莫纵

佛言:"慎勿信汝意,汝意不可信;慎勿与色会,色会即祸生。得阿罗汉已,乃可信汝意。"

第二十九章　正观敌色

佛言:"慎勿视女色,亦莫共言语。若与语者,正心思念:我为沙门,处于浊世,当如莲华,不为泥污。想其老者如母,长者如姊,少者如妹,稚者如子。生度脱心,息灭恶念。"

第三十章　欲火远离

佛言:"夫为道者,如被干草,火来须避。道人见欲,必当远之。"

第三十一章　心寂欲除

佛言:"有人患淫不止,欲自断阴。佛谓之曰:'若断其阴,不如断心。心如功曹,功曹若止,从者都息。邪心不止,断阴何益?'"

佛为说偈:

> 欲生于汝意,意以思想生;二心各寂静,非色亦非行。

佛言:"此偈是迦叶佛说。"

第三十二章　我空怖灭

佛言:"人从爱欲生忧,从忧生怖;若离于爱,何忧何怖?"

第三十三章　智明破魔

佛言:"夫为道者,譬如一人与万人战。挂铠出门,意或怯弱,或半路而退,或格斗而死,或得胜而还。沙门学道,应当坚持其心,精进勇锐,不畏前境,破灭众魔,而得道果。"

第三十四章　处中得道

沙门夜诵迦叶佛遗教经，其声悲紧，思悔欲退。佛问之曰："汝昔在家，曾为何业？"对曰："爱弹琴！"佛言："弦缓如何？"对曰："不鸣矣！""弦急如何？"对曰："声绝矣！""急缓得中如何？"对曰："诸音普矣！"佛言："沙门学道亦然，心若调适，道可得矣。于道若暴，暴即身疲；其身若疲，意即生恼；意若生恼，行即退矣；其行既退，罪必加矣。但清净安乐，道不失矣！"

第三十五章　垢净明存

佛言："如人锻铁，去滓成器，器即精好。学道之人，去心垢染，行即清净矣！"

第三十六章　展转获胜

佛言："人离恶道，得为人难；既得为人，去女即男难。既得为男，六根完具难；六根既具，生中国难；既生中国，值佛世难；既值佛世，遇道者难；既得遇道，兴信心难；既兴信心，发菩提心难；既发菩提心，无修无证难。"

第三十七章　念戒近道

佛言："佛子离吾数千里，忆念吾戒，必得道果。在吾左右，虽常见吾，不顺吾戒，终不得道。"

第三十八章　生即有灭

佛问沙门："人命在几间？"

对曰："数日间！"

佛言："子未知道！"复问一沙门："人命在几间？"

对曰："饭食间！"

佛言："子未知道！"复问一沙门："人命在几间？"

对曰："呼吸间！"

佛言："善哉，子知道矣！"

第三十九章　教诲无差

佛言："学佛道者，佛所言说，皆应信顺。譬如食蜜，中边皆甜，吾经亦尔。"

第四十章　行道在心

佛言："沙门行道，无如磨牛，身虽行道，心道不行。心道若行，何用行道？"

第四十一章　直心出欲

佛言："夫为道者，如牛负重。行深泥中，疲极不敢左右顾视；出离淤泥，乃可苏息。沙门当观情欲，甚于淤泥。直心念道，可免苦矣！

第四十二章　达世知幻

佛言："吾视王侯之位，如过隙尘。视金玉之宝，如瓦砾。视纨素之服，如敝帛。视大千界，如一诃子。视阿耨池水，如涂足油。视方便门，如化宝聚。视无上乘，如梦金帛。视佛道，如眼前华。视禅定，如须弥柱。视涅槃，如昼夕寤。视倒正，如六龙舞。视平等，如一真地。视兴化，如四时木。"